BRASIL, URGENTE
o JORNAL dos PÁRIAS da IGREJA

Oswaldo Coimbra

BRASIL, URGENTE
o JORNAL dos PÁRIAS da IGREJA

LetraSelvagem

Grafia atualizada segundo o Acordo Ortográfico
da Língua Portuguesa de 1990, que entrou em vigor no Brasil em 2009.

O logotipo Letra Selvagem *foi idealizado a partir de cerâmica Aruak, padrões utilizados nas bordas dos vasos compilados por Koch-Grünberg em1910.*

Coordenação editorial: Nicodemos Sena
Editora executiva: Marli Aparecida Perim
Design editorial (miolo): Cesar Neves Filho
Design editorial (capa): James Cabral Valdana
Preparação de originais: Nicodemos Sena
Revisão: Regina Guimarães
Representante comercial: Marcelo Nogueira

Dados Internacionais de Catalogação na Publicação (CIP)
Angélica Ilacqua - CRB-8/7057

C634B

Coimbra, Oswaldo
Brasil, Urgente: o jornal dos párias da Igreja / Oswaldo Coimbra.
1 ª ed. – Taubaté, SP: Letra Selvagem, 2024.
692 p.

ISSBN 978-65-89841-30-2

1. Jornalismo – Brasil – História. 2. Comunicação em massa
I. Título. CDD – 70.172

Coleção José do Patrocínio: Vol. 2

LETRA SELVAGEM

Caixa Postal 63 – Pindamonhangaba-SP.
CEP 12.400-970. Brasil. Telefone: (12) 99203-3836
letraselvagem@uol.com.br
editoraelivrarialetraselvagem@gmail.com
www.letraselvagem.com.br
www.livrariaselvagem.com.br

SUMÁRIO

Siglas utilizadas..........11
Os párias da Igreja..........13
Apresentação da nossa voz..........15

Seis momentos da pesquisa:

1963/1964..........21
1980..........22
1981..........24
1982..........25
1996..........27
2024..........27

2024: O contexto do Brasil, Urgente..........27
Confronto com o IBAD..........36
A denúncia do golpe..........39
A defesa da doutrina social católica..........42

Como o BU surgiu..........47
UH e BU..........56
Um jornal de ideias..........59
Amor pelo BU..........61
A luta..........63

A preparação do golpe militar nas edições do jornal:..........69

Março de 1963 (Constantino)..........71
1ª entrevista com Paulo de Tarso Santos. Pauta: março de 1963..........75
Religião e ordem social..........78
Lenildo Tabosa e o Cardeal Motta..........84
Ataques aos estudantes,..........92
Miguel Arraes e a repressão aos cristãos..........94
Comunistas e Lincoln Gordon..........97
Comunismo e cristianismo..........100

Abril de 1963 (Brasília)..........103
2ª entrevista com Paulo de Tarso Santos. Pauta: abril de 1963..........107

O BU denuncia o golpe militar, um ano antes..........107
A casca de banana 112
Lacerda, Mesquitas e Herbert Levy 115
O partido da "clientela" e o das "crianças mimadas" 119
Nem comunismo, nem capitalismo..........122
A CIA e os homens impolutos..........129
A Comissão de Inquérito contra o IBAD 132
Os "cavaleiros andantes" 136
A irritação com o "Papa camponês".......... 139
Cristãos e violência revolucionária..........143

Maio de 1963 (Catolicão)..........146
3ª entrevista com Paulo de Tarso Santos. Pauta: maio de1963..........151
Jânio visita Cuba..........151
Ecumenismo versus apologética..........157
"Raça degenerada dos jecas imbecilizados"..........160
O "congresso do povo"..........164
Afinal, quem era João Goulart?..........169
Os manipuladores de noticias 173
Betinho, irmão do Henfil..........178

Junho de 1963 (Tribunal de Inquisição)..........185
4ª entrevista com Paulo de Tarso Santos. Pauta: junho de1963..........191
O cardeal e a Inquisição..........191
Reformas: da CNBB e do PDC..........198
Estadão e Paulo de Tarso..........203
O histriônico mefistofélico..........209
O movimento dos sargentos..........212
Dentro do ministério de Jango..........215

Julho de 1963 (A vaia) 221
5ª entrevista com Paulo de Tarso Santos. Pauta: julho de1963..........224
A vaia no ministro..........225
A UNE e o americano..........229
O bispo e o "ouro de Moscou"..........234
BU acompanha a Educação..........236
Divisões: na Igreja e no governo 242
Inquérito contra o IPES/IBAD 245
Revolução armada cristã..........249
A banalização dos golpes..........253

Agosto de 1963 (ministro, come alcachofra?) 259

6ª entrevista com Paulo de Tarso Santos. Pauta: agosto de 1963..........259
O leitor de paredes de mictórios..........263
Corção odiava Brasília..........272
"Armai-vos uns aos outros"..........277
Militares do IBAD..........282
Eleitores do campo..........286
Esquerda rompe com Jango..........289
Combate à Aliança para o Progresso..........292

Setembro de 1963 (Deus, o acompanhe, Guevara!)..........302
7ª entrevista com Paulo de Tarso Santos. Pauta: setembro de 1963..........309
Começa o martírio do BU..........310
O cristão, a vida, a história, a humanidade..........314
Tito e Che no Brasil..........319
A rebelião dos sargentos..........325
Golpe de estado bem articulado..........332

Outubro de 1963 (O padeiro)..........342
8ª entrevista com Paulo de Tarso Santos. Pauta: outubro de 1963..........347
As encíclicas e o socialismo..........348
A insânia golpista, o ódio compacto..........353
Extermínio de Goulart e família..........358
A recusa do estado de sítio..........363
Atentado contra Paulo de Tarso 365
Super-homem brasileiro..........373
A saída do ministério de Goulart.......... 377

Novembro de 1963 (O endereço do inferno)..........384
9ª entrevista com Paulo de Parso Santos. Pauta: novembro de 1963..........386
A maior figura do catolicismo 386
Na disputa presidencial?..........390
O programa da ditadura..........394
Chantagista, escroque, ex-cáften, bandalho e caloteiro..........398
Goulart denuncia o golpe..........405

Dezembro de 1963 (O profeta ausente)..........417
10ª entrevista com Paulo de Tarso Santos. Pauta: dezembro de 1963..........418
Religiosos amavam o BU..........419
Governo americano *versus* João Goulart..........424
O assassinato de Kennedy..........431

Brizola, ministro de Jango?..........433
O grupo dos 11 companheiros..........439
A mão do gato. Os testas-de-ferro..........444

Janeiro de 1964 (Padre Vidigal: "armai-vos")..........448
11ª entrevista com Paulo de Tarso Santos. Pauta: janeiro de 1964..........452
Temor reverencial a Lincoln Gordon..........453
Uma adjetivação que cheira mal..........457
Companheiro carpinteiro São José..........460
Jango, o solitário de Brasília..........464
Erro da esquerda..........470
Cristãos e revolução 474
A água suada e a água vencida..........478
Solidariedade da Igreja..........490

Fevereiro de 1964 (Um conto de vigário)..........492
12ª entrevista com Paulo de Tarso Santos. Pauta: fevereiro de 1964..........494
Diáspora da democracia cristã..........495
A CIA no golpe..........502
O drama de Paulo Wright..........507
Figura menor da política 512
O falso seráfico..........515
Luta armada contra Goulart..........522
Eternos conspiradores..........526
Consciência de classe..........531
"A Igreja vai abandoná-lo"..........534
BU vira movimento político..........538

Março de 1964 (O recado) 545
13ª entrevista com Paulo de Tarso Santos. Pauta: março de 1964..........547
"Vão assassinar vocês todos!"..........548
O comício da Central do Brasil..........556
Marcha da família 562
Ofensas ao cardeal 569
Capitulação da CNBB..........575
A palavra final.......... 578
O exílio,.......... 582

O destino dos jornalistas do BU, depois do golpe..........583
Prisão e tortura do diretor do BU..........587
"Aprendiz de poeta"..........596

Prisão de um distribuidor do BU na Amazônia..........600

O caminho da cruz, para frei Carlos
1º ato: a nota da decisão (novembro de 1963)..........610
2º ato: a partida (dezembro de 1963) 620

A entrevista de frei Carlos:..........633
Na Escola Superior de Guerra..........634
Vaticano *versus* João XXIII..........636
Traição da Igreja?..........637
Longe do Brasil..........639

Frei Carlos desconhecido (Textos inéditos)..........641

A palestra na Escola Superior de Guerra
Os valores morais, sua importância para a segurança nacional..........643

A fábula
Jabuti vivaldino, a onça e o coelho:
História social da bicharada...........657

O longo silêncio de frei Carlos..........674

Requiescant in pace 681

Autor e obra............683
Fontes de informações impressas..........685
Entrevistas..........685
Documentos oficiais..........685
Artigos..........686
Bibliografia básica..........687
Bibliografia complementar..........688

SIGLAS UTILIZADAS

ADP - Ação Democrática Parlamentar.
AP - Ação Popular.
BNDE - Banco Nacional de Desenvolvimento Econômico.
BU - Brasil, Urgente.
CAMDE - Campanha da Mulher pela Democracia.
CERIS - Centro de Estatística Religiosa e Investigações Sociais.
CGT - Comando Geral dos Trabalhadores.
CIA - Central Intelligency Agency.
CLA - Council for Latin America.
CFC - Confederação das Famílias Cristãs.
CNBB - Conferência Nacional dos Bispos do Brasil.
CNTC - Confederação Nacional dos Trabalhadores no Comércio.
CNTI - Confederação Nacional dos Trabalhadores na Indústria.
CPC - Centro Popular de Cultura.
CPI - Comissão Parlamentar de Inquérito.
CSN - Conselho de Segurança Nacional.
CUTAL - Central Única de Trabalhadores de América Latina.
DNPS - Departamento Nacional de Previdência Social.
DNPS - Departamento Nacional de Saúde Pública.
DOPS - Departamento de Ordem Politica e Social.
ELD - Escola de Liderança Democrática.
ELN - Ejército de Liberación Nacional.
FAS - Fundo de Ação Social.
FIESP - Federação das Indústrias do Estado de São Paulo.
FJD - Frente de Juventude Democrática.
FNT - Frente Nacional do Trabalho.
FRONAPE - Frota Nacional de Petroleiros.
GAP - Grupo de Ação Patriótica.
IDAGO - Instituto de Desenvolvimento Agrário de Goiás.
IBAD - Instituto Brasileiro de Ação Democrática.
IPES - Instituto de Pesquisas e Estudos Sociais.
MAF - Movimento de Arregimentação Feminina.
MEB - Movimento de Educação de Base.
MFD - Marcha da Família com Deus.
MSD - Movimento Sindical Democrático.
PDC - Partido Democrata Cristão.
PN - Política e Negócios.
POLOP - Política Operária.

PSD - Partido Social Democrático.
PSP - Partido Social Progressista.
PUA- Pacto de Unidade e Ação.
SABU - Sociedade de Amigos do Brasil, Urgente.
SANBRA - Sociedade Algodoeira do Nordeste Brasileiro S.A.
SFICI - Serviço Federal de Informações e Contrainformações.
SNT - Serviço Nacional de Teatro.
SRB - Sociedade Rural Brasileira.
SUDENE - Superintendência do Desenvolvimento do Nordeste.
SUPRA - Superintendência de Reforma Agrária.
TFP - Sociedade Brasileira de Defesa da Tradição, da Família e da Propriedade.
UEE - União Estadual dos Estudantes.
UFC - União Cívica Feminina.
UNE - União Nacional dos Estudantes.
ULTAR - União dos Lavradores e Trabalhadores Agrícolas do Brasil.
UPI - United Press Internacional.

OS PÁRIAS DA IGREJA

"Nós estávamos partindo de bases teóricas, muitas delas não experimentadas, com o peso do Catolicismo. E faltava, justamente, que se organizasse um partido, do qual o *Brasil, Urgente* fosse o veículo, o inspirador. Nós conversamos muito sobre isso. Não nos interessava o Partido Democrata Cristão, que estava mais próximo. A gente não tinha, ainda, uma vinculação com a Ação Popular, e nem a AP tinha maturidade, naquela época, para se constituir num partido. Nós acabamos descobrindo que éramos um jornal, cujo partido era a Igreja. E, a cada número, estávamos nos divorciando deste partido. Este partido nos criticava. Grande massa de frequentadores deste partido odiava nosso jornal. Nós constituíamos, vamos dizer assim, o jornal dos párias da Igreja, como o padre Francisco Lage, Dom Hélder Câmara, Dom Jorge Marcos, pessoas em crise, contestadas, dentro da própria Igreja."

Roberto Freire,
diretor responsável do
Brasil, Urgente

APRESENTAÇÃO DA NOSSA VOZ

Nós, a geração de jovens que eram brasileiros católicos, em 1964, e fomos atingidos pela instauração de uma ditadura militar do Brasil, vivemos até anos antes, como crianças e adolescentes, num mundo criado por nossas famílias, pelos padres da igreja do bairro, e, pelos professores de nossas escolas.

Nosso mundo era tão bem explicadinho, tão organizadinho!

Para nós, bastava ouvir conselhos de adultos, em casa, os sermões dos padres, as aulas do curso primário, para obtermos um entendimento de Deus, do país em que vivíamos, da vida, enfim.

Se fôssemos suficientemente aplicados e atentos, aos poucos, iríamos também conseguir entender até aquilo que só os adultos, a quem respeitávamos, sabiam e que ainda não fora alcançado por nós.

Quando atingimos a juventude, porém, este mundo harmonioso, perfeitamente ordenado, começou a ruir, em situações banais.

Como uma simples aula de Geografia, em que o professor – certamente algum estranho no ninho no nosso ambiente – nos espantou, ao revelar que o universo, na sua origem, fora uma grande massa de material incandescente, atingida por uma espetacular explosão. Por isto, segundo ele, a Terra, como um pequeno fragmento daquela massa incandescente, ainda estava submetida ao processo de resfriamento, que ocorre de dentro para fora dela.

Ele acrescentou:

– É por esta razão que os vulcões expelem massas em brasas.

Neste dia, voltamos para casa desnorteados, chocados. Pensávamos agoniados:

– Então, a outra explicação, a da Bíblia, não era a verdadeira?

Outros abalos como aquele, nas explicações que nos dávamos, logo nos levariam a adotar uma posição de precaução e resistência, até, por fim, compreendermos que nunca mais poderíamos nos acomodar na aceitação passiva do que nos diziam os adultos acatados por nós, alguns dos quais amávamos.

Foi quando o país entrou na fase da preparação do Golpe Militar. E às nossas mãos começaram a chegar exemplares do jornal *Brasil, Urgente*. Boa parte da nossa geração de jovens católicos, já orbitava em torno da JEC – Juventude Estudantil Católica e da JUC – Juventude Universitária Católica, organismos oficias da Ação Católica Brasileira, àquela altura sob influência da renovação trazida à Igreja por Dom Hélder Câmara, através do fortalecimento de seu compromisso social.

Não importava se morávamos em São Paulo, na Bahia, no Pará, no Rio de Janeiro, no Rio Grande do Norte, ou, em qualquer outro lugar do Brasil, onde existiram membros da JEC e da JUC. Lá chegaram os números do BU, como o chamávamos e doravante o chamaremos neste livro.

Não por acaso. Afinal, era exatamente através da rede de jovens da JEC e da JUC, espalhados pelo Brasil, que o BU mantinha um grande privilégio, jamais acessível aos órgãos impressos da chamada Grande Imprensa, da época: o de alcançar distribuição nacional.

Assim, o jornal entrou na nossa história. Para exercer sobre nós um papel definitivo na determinação dos nossos destinos, a partir dali. Pois, coube ao BU intensificar os abalos das antigas explicações que sustentavam o modo como víamos o mundo e as pessoas.

Assim, para nossa geração de jovens católicos dos hoje mitológicos anos de 1960, o BU trouxe talvez a fase mais marcante, a mais profunda, no processo de seguidas transformações pelas quais passaríamos naquela década e na seguinte sob o fluxo de influências fortes exercidas sobre nós. Não seria exagero colocar o BU – com sua mensagem renovadora do catolicismo, lastreada no papado e nas encíclicas de João XXIII, assim como no Concílio Vaticano II – como o primeiro fenômeno político-cultural que impactou e transformou aqueles jovens que fomos, introduzindo-nos numa sucessão de outros impactos exercidos sobre nós naqueles anos – os da Revolução Cubana, da Contracultura, dos Beatles, da Revolução Sexual, do Feminismo, da Tropicália, de Marighella – os quais definiram os tipos de seres humanos em que nos tornamos vida a fora.

Oswaldo Coimbra

SEIS MOMENTOS DA PESQUISA

1963/1964

Em 1980, quando iniciamos, em São Paulo, a pesquisa sobre o Brasil, Urgente, como ficou claro, nem de longe éramos inocentes pesquisadores em relação àquilo que poderíamos encontrar na atuação – e na rejeição a ela – do BU.

Sabíamos, antes de iniciarmos este trabalho, da conjuntura hostil em que atuou o jornal, porque, como também adiantamos antes, estivéramos inseridos nela, em Belém do Pará, aos 15 e 16 anos de idade, na condição dos jovens membros da Igreja Católica que, lá, alimentavam suas ações políticas, nas entidades estudantis, com a doutrina que emanava do BU. Depois do golpe militar, sofremos individualmente com a intolerante exclusão do clero de Belém de três padres: Aluysio Neno, ligado ao movimento de educação popular, Diomar Lopes, teólogo brilhante assistente da JUC, e Moisés Lindoso, poeta e assistente da JOC – Juventude Operária Católica. Depois, livros como os de Márcio Moreira Alves – *O Cristo do povo*, *Torturas e torturados*, e *A Igreja e a política* – os dois primeiros, publicados em 1966, o último em 1979, nos trouxeram o doloroso conhecimento da perseguição à militância social católica em outras regiões do Brasil.

Em *O Cristo do povo*, Márcio nos emocionou ao se referir particularmente ao que sucedeu com o padre Diomar Lopes, nosso professor de Latim, expulso do clero de Belém, e, em seguida, abrigado por Dom Hélder Câmara, em Recife, junto com o padre Lindoso.

1980

Nossa pesquisa sobre o Brasil, Urgente, realizada em São Paulo, ficou na inteira dependência da obtenção de acesso à coleção completa dos 55 números editados do BU, antes de sua extinção, em abril de 1964.

Conseguir ler atentamente aquela coleção era indispensável porque precisávamos conhecer bem todo o conteúdo de suas edições.

Sem o que não poderíamos ter compreensão do papel exercido pelo jornal.

Nem da repercussão que ele obteve.

E mais: não poderíamos avaliar a consistência das informações veiculadas pelo jornal, como queríamos, isto é, num cotejo com os dados levantados nas quase cem obras sobre 1964, escritas por pesquisadores nas duas décadas seguintes, ao ano de sua circulação

Tampouco poderíamos identificar os membros das equipes responsáveis pelo jornal. Para buscar ouvi-los, onde estivessem.

Mas, não era algo simples, obter para simples leitura dela, em 1980, a coleção de um jornal que, havia 16 anos, deixara de ser impresso, e, desaparecera junto com sua frágil estrutura administrativa, sem deixar arquivo próprio, sem despertar, nas autoridades da época, qualquer predisposição para preservar sua memória.

Na verdade, havia até se tornado perigoso, depois do golpe militar, a posse de um mero exemplar do jornal. Era suficiente para levar alguém à prisão por subversão.

Para os policiais dos órgãos de repressão, os números do BU eram propagandas da resistência aos golpistas. Serviam-lhes como se fossem relatórios sobre a subversão, nos quais encontravam os nomes e as ações dos subversivos.

Quem nos livrou do aperto da necessidade incontornável da consulta à coleção do BU foi um dos Anjos da Guarda que protegem os pesquisadores: o bibliotecário do convento dos dominicanos – onde o BU nasceu – frei Márcio Alexandre Couto.

Em 1980, ele tinha 34 anos de idade. Dois anos antes, obtivera o título de Mestre em Teologia, na prestigiada Universidade de Friburgo, na Suíça. O que serviria de impulso para uma rica carreira dentro de sua ordem religiosa, como professor de Teologia, Provincial (aquele que ocupa a posição mais elevada na hierarquia de sua província religiosa). Mais tarde, ele foi integrado, como um dos intelectuais de sua ordem, na equipe de assistentes do Mestre dos Dominicanos (considerado sucessor de São Domingos), em Roma.

Ao saber de nosso trabalho sobre o BU, frei Márcio generosamente se dispôs a ajudar. Remexeu os papéis antigos dos arquivos do convento, até conseguir compor uma coleção completa das edições do BU, para nos oferecer. Àquela altura, esta coleção se tornou uma entre as quatro únicas existentes.

Com a obtenção dos nomes dos membros das equipes responsáveis pelo BU, publicados nos expedientes de seus exemplares, saímos a campo, em busca deles. E logo tivemos um deslumbramento quando descobrimos a origem da facilidade com a qual foram lidos em Belém, os exemplares do BU, graças ao estilo avançado da sua diagramação – tanto de seus títulos, como das suas matérias – e à contundência e clareza de suas manchetes. A explicação surpreendente era a seguinte: os responsáveis pela execução de todas as tarefas jornalísticas – diagramação, redação das reportagens, confecção dos títulos etc – eram jornalistas engajados na renovação da linguagem dos jornais impressos do Brasil, em atuação na sucursal do Última Hora, de São Paulo. Para o BU, havia se transferido o próprio diretor daquela sucursal, Josimar Moreira, levando com ele, o ácido cronista político Dorian Jorge Freire, o secretário de redação e mancheteiro Antônio Albino Pinheiro Machado, o chargista Arapuã (seu nome verdadeiro era Sérgio de Andrade), e, os fotógrafos Paulo Salomão e José Ferreira.

No final daquele ano, tínhamos conseguido localizar e entrevistar, em São Paulo, a maioria daqueles profissionais essenciais ao trajeto jornalístico do BU. E, também, Ruy do Espírito Santo, o ocupante do seu ingrato posto de diretor administrativo. Pois, o jornal se manteve permanentemente sem anúncios suficientes para sua sobrevivência, devido às suas denúncias que atingiam grandes empresas anunciantes.

Dorian Jorge Freire, em 1980, era o único membro das equipes do BU que não vivia mais em São Paulo. Felizmente, o localizamos, em Mossoró. Para lá, enviamos, por cartas, as perguntas que gostaríamos de lhe fazer. E ele as respondeu com boa vontade e detalhes.

Mais importante ainda para nós era entrevistar Josimar Moreira diretor do UH e do BU. Infelizmente, ele tinha morrido atropelado, numa rua do Rio, um ano depois do Golpe Militar. Ainda assim, pudemos saber sobre o que o envolvimento de Josimar com o BU representou para ele, através de entrevistas com seu biógrafo, o também jornalista Múcio Borges da Fonseca. Que, além do que conheceu através da sua longa convivência com Josimar, havia acumulado muitas outras informações numa pesquisa sobre ele, realizada a pedido da associação de imprensa dos conterrâneos dele, a de Pernambuco. No mesmo ano de 1980, Múcio lançou sua obra sobre Josimar, com o título "Nas Suas Veias Corria Tinta de Jornal".

Outra entrevista também muito proveitosa – embora perturbadora, como logo se verá –, realizamos com Roberto Freire, um dos ideólogos do BU, cujo nome apareceu em expedientes de exemplares do jornal, no cargo de seu diretor responsável.

1981

Este ano terminou com uma tentativa frustrada de ouvir o criador do BU, frei Carlos Josaphat. Como logo viemos a saber, ele se mantinha fora do Brasil, desde antes do golpe militar.

Tentamos, então, entrevistá-lo pela carta que enviamos para seu endereço na Bélgica, obtido graças a frei Márcio. Na carta apresentamos a frei Carlos, apenas, quatro questões porque nosso objetivo maior era verificar sua disposição para manter um diálogo aberto conosco.

Perguntamos por qual razão, na luta travada pelos católicos reunidos em torno dele, em São Paulo, houve a opção pela utilização de um jornal e não de uma rádio, por exemplo, mídia com penetração maior e de menor custo. Indagamos se a escolha por um jornal impresso manifestava alguma espécie de elitismo por parte dos católicos de alta classe média que havia se incorporado à equipe do BU, no início da sua formação.

Depois, pedimos que ele explanasse um pouco sobre seu apostolado atraído pelos veículos de comunicação.

Por fim, pedimos que ele nos dissesse como via a chamada terceira via, entre o comunismo e o capitalismo, de que tanto falaram, na época, alguns políticos ligados à Igreja Católica. Se como um estágio não desenvolvido de um pensamento revolucionário cristão. Ou se como um estágio avançado de um pensamento revolucionário cristão no qual o socialismo se incorporara, como filosofia humanística.

No fim da carta, admitimos que, para ele, muita água devia ter rolado por debaixo da ponte, desde a extinção do BU. Mas, acrescentamos que, ainda assim, alimentávamos um fio de esperança de poder proporcionar-lhe o desfrute de algum tipo de satisfação, ao atender às nossas indagações.

Aguardamos a chegada de uma resposta à nossa carta durante todo o ano de 1981, até nos convencermos de que frei Carlos não iria respondê-la.

1982

Um único entrevistado nos ocupou durante quase todo o segundo semestre deste ano, Paulo de Tarso Santos. Não era para menos, tal a dimensão da sua importância para nossa pesquisa.

O acesso a ele pareceu um outro grande privilegio patrocinado pelo Anjo da Guarda dos pesquisadores, num gesto de desculpas, talvez, por sua omissão frente à nossa tentativa fracassada de fazer contato com frei Carlos. Pois Paulo de Tarso nos concedeu nada menos que treze entrevistas, nas quais nos levou para o centro dos dramas políticos vividos pela sociedade brasileira. Ele as relatou provocado pelas questões abordadas, de forma contundente – melhor seria escrever incandescente –, semanalmente, pelo Brasil, Urgente, no ano de 1963 e início de 1964, que levamos a ele confrontadas com informações obtidas pelos pesquisadores daquele período.

Paulo de Tarso nos colocou no palco daqueles dramas, não na condição de um personagem qualquer. Mas como o deputado federal que tivera a ousadia de propor ao Congresso Nacional a criação de uma Comissão Parlamentar de Inquérito para investigar as ações – a maioria clandestinas – do IBAD – Instituto Brasileiro de Ação Democrática, o órgão ligado à Agência Central de Inteligência (CIA) dos Estados Unidos, que captou recursos junto a empresários brasileiros e estrangeiros com duas finalidades. Primeira, financiar, nas eleições dos governos estaduais e nas legislativas de 1962, as campanhas de candidatos anticomunistas e contrários a João Goulart. Segunda, comprar espaços na maioria dos canais de televisão, nas rádios e nos jornais impressos para a veiculação de propaganda anticomunista mentirosa, mas capaz de criar um grande pânico na população a ponto de levá-la a apoiar a implantação de uma ditadura, no Brasil, através de um golpe de estado.

Paulo de Tarso nos levou também para a intimidade dos dramas que se desenrolaram no Palácio da Alvorada, pois fora ministro de Educação de João Goulart. E, ainda fez um recuo em sua carreira para contar como, no cargo de prefeito de Brasília, recebeu Che Guevara num almoço protocolar, tendo, depois, sobrevoado com ele a nova capital federal, num helicóptero.

Como se isto tudo já não fosse um cesto enorme de ganhos para nossa pesquisa, a abordagem de Paulo de Tarso dos anos de 1963 e 1964 foi a que mais nos interessava. A de um católico engajado na militância política proposta pelas encíclicas de João XXIII, completamente afinado e, a partir da sua renúncia ao ministério de Educação, completamente envolvido com o Brasil, Urgente. Não fora por acaso que ele se viu eleito pelos membros da SABU – Sociedade de Amigos do Brasil, Urgente, de São Paulo, Presidente de Honra das SABUs, título que repartiu apenas com frei Carlos Josaphat.

O envolvimento dele com o BU ocorreu de forma inevitável pois, ele já havia se identificado doutrinariamente com a militância de frei Carlos. Tanto como político, como pensador católico. Se frei Carlos elaborou uma obra intitulada "Evangelho e Revolução Social", lançada em 1962, Paulo de Tarso escreveu "Os Cristãos e a Revolução Social", lançada no ano seguinte.

A relação de dádivas trazidas para nós por Paulo de Tarso, foi, por fim, completada pela magnificência com ele procurou abrir espaço em sua agenda para estar conosco durante todo o tempo das treze entrevistas.

1996

Finalmente, conseguimos ouvir frei Carlos, pessoalmente, em São Paulo. O que ele nos disse está na pauta, publicada adiante: A entrevista com frei Carlos.

2024: O contexto do Brasil, Urgente.

Em abril de 1963, o Papa João XXIII, com a publicação da encíclica *Pacem in Terris*, lançou uma ponte sobre o abismo que separava comunistas e cristãos, sustentando que a convivência entre eles deveria ser regida por dois princípios:

a) o homem que erra não perde a capacidade de abandonar o erro;

b) os movimentos históricos de finalidade econômica, social, cultural ou política não devem ser confundidos com as falsas filosofias que os inspiram, portanto, sempre é possível dialogar de modo proveitoso com as pessoas envolvidas nestes movimentos.

A iniciativa de propor o diálogo feita pelo Papa foi bem recebida pelos comunistas soviéticos. A agência de notícias Tass saudou a encíclica afirmando:

> Todos aqueles que desejam a paz veem na nova encíclica um passo à frente no caminho da unificação das forças políticas pacíficas com vistas a conjugar a ameaça de uma nova guerra (BU, nº 6, p.5-6).

Naquele mesmo mês, João XXII fez um outro gesto de boa vontade: recebeu em audiência privada a filha e o genro do mandatário soviético Kruschev.

Ao mesmo tempo em que aprovava o diálogo com comunistas, o Papa, na *Pacem in Terris* (JOÃO XXIII, 1963, p. 45), estimulou os cristãos a uma ação social que ultrapassasse o simples assistencialismo.

Afirmou ele:

> Ainda uma vez exortamos nossos filhos ao dever de participarem ativamente da vida pública e de contribuírem para a obtenção do bem comum de todo o gênero humano e da própria comunidade política.

Atento ao que acontecia no mundo, o Papa, numa carta escrita em 1962 e dirigida aos bispos brasileiros, tinha recomendado que não permitissem, em nosso país, a repetição do drama de Cuba, uma nação católica levada a se afastar da Igreja, pela inabilidade de seu clero (QUEIROGA, 1977, p. 344-345).

Em resposta àquele apelo do Papa, a CNBB – Conferência Nacional dos Bispos do Brasil criou um Plano de Emergência, destinado a guiar a sua ação. Nele, a CNBB reconheceu:

> A inércia da pastoral não provém apenas da perspectiva teológica deficiente, mas, também, da falta de sensibilidade sociológica e consciência histórica (QUEIROGA, op.cit., p. 354).

A CNBB, inspirada na *Pacem in Terris*, propôs, na Páscoa de 1963, um programa amplo de reformas para o Brasil, aprofundando sua disposição para atuar nos campos social e político. O plano atingia, entre outros setores da vida nacional, sua estrutura agrária, seu sistema de ensino, sua administração pública, suas empresas e sua arrecadação de impostos.

Justificou a CNBB (MENSAGEM da Comissão Central da CNBB, 1968, p. 151):

> Ninguém pode pensar que a ordem em que vivemos seja aquela anunciada pela nova Encíclica como o fundamento inabalável da paz. Nossa ordem é, ainda, viciada pela pesada carga de uma tradição capitalista, que dominou o Ocidente nos séculos passados. É uma ordem na qual o poder econômico, o dinheiro, ainda detém a última instância das decisões econômicas, políticas e sociais.

Esta iniciativa da CNBB encontrou grande receptividade entre os jovens que procuravam fazer de seu catolicismo um instrumento de atuação política.

No ano anterior (1962), um destes jovens, Herbert José de Souza, o Betinho, irmão de Henfil, na época um líder entre os estudantes universitários, escreveu, na obra incluída na nossa bibliografia (SOUZA, 1962, p. 107):

> Não podemos aceitar a tese da religião formalista, estática, voltada para o santo comércio com os santos, na contabilidade das promessas a troco de empregos, favores, notas escolares e recuperações de saúde. Cristianismo das novenas, das devoções superficiais e mecanizadas. Para nós, ser cristãos é ser alguém comprometido com a Vida, a História, envolvendo o destino de toda a Humanidade.

Betinho acompanhava com entusiasmo o movimento liderado pelo frei Carlos Josaphat, em torno de quem seria reunida uma equipe de católicos para o lançamento do Brasil, Urgente.

A posição de Betinho, contudo, contrariava as intenções dos golpistas de 1964.

Ao comentar as encíclicas do Papa, Paulo de Tarso Santos, o

ministro católico do governo João Goulart, relembrou (SANTOS, 1984. op. cit. 112):

– Quando a *Pacem in Terris* de João XXIII foi lançada, certas pessoas de pensamento conservador no Brasil ficaram profundamente irritadas, porque a encíclica admitia esquemas conjuntos de atuação social de católicos com não-católicos. O Papa XXIII, não sendo um intelectual, mas tendo uma visão camponesa da vida, procurava dar a suas encíclicas um conteúdo mais concreto, tentando aterrisagens na realidade (ver entrevistas).

Paulo de Tarso prosseguiu:

– Pessoas conservadoras passaram a dizer, aqui, que o sinal verde dado por ele para ações conjuntas com não-católicos iria servir para os comunistas imporem sua ideologia, nos países subdesenvolvidos. O Papa camponês fez cair por terra o maniqueísmo que havia na exigência de atestado ideológico de aliados.

Enquanto católicos brasileiros, como Betinho, tentavam se sintonizar com o pontificado de João XXIII, empresários, que se diziam católicos, reuniram-se sigilosamente para tramar a queda de João Goulart, sobretudo, no IBAD – Instituto Brasileiro de Ação Democrática, e, lateralmente, no IPES – Instituto Paulista de Estudos Sociais, seu congênere.

Estes empresários iriam fornecer os recursos materiais para que os militares tomassem o poder. Eles eram ligados aos interesses dos grupos econômicos internacionais.

Nos planos que fizeram, no IBAD, reservaram para a Igreja um papel oposto àquele recomendado pelo Papa, conforme relevou o mais importante pesquisador do golpe militar, René Armand Dreifuss, no seu livro, hoje um clássico, citado em nossa bibliografia (DREIFUSS, 1981, p.164).

Numa das suas reuniões – ocorrida em novembro de 1962, na sede do IPES carioca, instalada no Edifício Central – eles haviam chegado ao consenso de que as Força Armadas só deveriam intervir no processo político quando houvesse manifestações inequívocas da opinião pública favoráveis ao golpe de estado.

Eles, então, assumiram a tarefa de mobilização da opinião pública em favor do golpe. Para realizá-la, encomendaram um estudo intitulado "A Conquista das Classes Médias Para a Ação Política em Grupo", a um certo Arlindo Lopes Correa.

O estudo, em resumo, dizia (DREIFUSS,op.cit., p. 292):

> A conquista da classe média tem de ser feita através de propaganda que mescle argumentos racionais com argumentos emocionais. Dessa forma, a liderança dessa classe será alcançada.

Aí entravam os sentimentos religiosos da classe média.

Paulo de Tarso Santos (SANTOS, op.cit, p.129) analisou as razões pelas quais os golpistas se autoatribuíram o papel de salvadores da sociedade democrata e cristã:

– Se os golpistas ficassem privados do cristianismo, a que iriam recorrer como fundamento doutrinário da sua intervenção? Era preciso defender a todo custo o cristianismo, enquanto pano de fundo ideológico do movimento golpista. O sentimento cristão foi a sua alavanca. Todos nós que estávamos apoiando as Reformas de Base não poderíamos, de modo algum, ser admitidos como cristãos. Nós, em certa medida, ao usarmos uma linguagem cristã para nos opormos ao movimento golpista, éramos muito mais perigosos que os comunistas. Muito mais simples, portanto, era nos jogar na vala comum do comunismo.

Com base naquele estudo de conquista da classe média, o complexo IPES/IBAD iniciou uma guerra psicológica, através dos meios de comunicação, que levava pânico à sociedade brasileira.

O IPES, segundo Dreifuss:

> Fornecia material a 800 jornais e emissoras de rádio por todo o Brasil, com várias remessas semanais de material noticioso constituído de informações e análise, serviço este inteiramente gratuito (DREIFUSS, op.cit.p.235).

Além disto, dispunha de mais de 80 representações semanais no rádio, por todo o país. Este material passava pelas equipes de manipuladores de notícias.

(Eles) preparavam e compilavam material sob coordenação geral do general Golbey do Couto e Silva, especialista em guerra psicológica. Através de associações de ideias, fazia-se uma miscelânea de condenações a João Goulart, ao Partido Comunista, Tito, Mao, Kruschev, Cuba, uniões estudantis, sindicatos, à reforma agrária, à estatização, ao Partido Trabalhista Brasileiro, à corrupção, ineficiência e socialismo (DREIFUSS, op.cit., p. 234).

A confusão atingiu em cheio a Igreja sintonizada com as encíclicas de João XXII.

Comenta o ex-ministro Paulo de Tarso Santos (SANTOS, op. cit., p.52):

> A Igreja das pregações sociais era mostrada como se fosse formada por apóstatas e, portanto, ela, a classe média, deveria se mobilizar para defender o seu cristianismo ameaçado. Todos aqueles que, como eu, estavam defendendo uma política social, na linha proposta pelo Concílio Vaticano II, através das Reformas de Base, eram apresentados como traidores de sua classe e de seu cristianismo.

Analisando o material impresso usado em Belo Horizonte por uma entidade feminina ligada ao IPES/IBAD, nesta guerra psicológica, diz Heloisa Murgel Starling que a visão de comunismo veiculado ali era primária e grotesca. E, por isto, aterradora (STARLING, 1986, p. 171-172). Ela transcreve em seu livro trechos deste material:

> O comunismo é antidemocrático por ser um totalitarismo estatal, antibrasileiro porque luta por submeter nossa pátria ao escravismo russo, anticristão por seu ateísmo essencial. O comunismo fundou o regime de escravidão e da supressão da liberdade do homem, aniquila a pessoa humana transformando-a numa simples peça da engrenagem de seu materialismo dialético.

A transcrição feita pela pesquisadora na obra, também incluída em nosso bibliografia, termina com um trecho mais amedrontador ainda:

> Quer você trocar a vida tranquila e simples do tradicional lar mineiro pela vida que levam aqueles que choram atrás do muro da vergonha ou daquelas que assistem à destruição de seus familiares no paredón, enganados e esmagados pela ditadura vermelha?

A campanha de pânico anticomunista não apenas assustou a classe média. Também rendeu muitas contribuições de empresários ou golpistas, ao IBAD, gerando aquilo que foi, então, chamado de indústria do anticomunismo, denunciada pelo Brasil, Urgente.

Denunciou o jornal, numa de suas edições (BU, nº 2, p. 3):

> Monta-se a indústria do anticomunismo com tabuleta na porta, presidente e principalmente caixa registradora. O produto dessa indústria vende-se por aí, pesado como a vergonha e inútil como o ódio, num clima de perseguição, pressões, demissões e suborno. O prudente cidadão que ousa criticar com eufemismo e metáforas a injustiça social é logo qualificado de feroz comunista, com dinamite no bolso, pronto a fazer saltar pelos ares um bonde ou uma carruagem do senhor governador.

A ação do IBAD não ficou sempre impune, porém.

Embora grande parte do Congresso Nacional estivesse formada por parlamentares financiados por aquele organismo, criou-se, por iniciativa do, na ocasião, deputado federal Paulo de Tarso Santos, uma Comissão Parlamentar de Inquérito para investigar o que a IBAD fazia.

O deputado Eloy Dutra presidiu a comissão.

O livro em que ele registrou o trabalho de investigação da comissão (DUTRA, 1963) teve sua apresentação escrita pelo editor Ênio Silveira.

Nela, Ênio escreveu:

> Pretendem ser os cavaleiros da 'democracia' contra o comunismo anticristão, o comunismo antiocidental, o comunismo que prostitui donzelas, que transforma crianças em autônomos, que fuzila padres e atormenta senhoras católicas, que rouba fortuna legitimamente amea-

lhada. É exatamente o que esteve fazendo e continua a fazer, sob várias outras siglas e disfarces, o IBAD. Sob o pretexto velho, mas sempre usado, de defender a democracia e lutar contra a dominação comunista, o IBAD outra coisa não pretendia que manter a ordem vigente, impedir a efetiva independência de nosso povo, submetendo o país aos interesses da classe dominante vinculados estes aos do imperialismo.

Paulo de Tarso Santos, em seu livro, explicou:

> A indústria do anticomunismo vicejou naquela época com base na ignorância política do povo brasileiro, na sua maioria, despolitizado. O povo brasileiro poderia, é claro, rejeitar o comunismo, em termos racionais, como uma entre outras forças políticas, responsabilizando-o, quem sabe, pelo genocídio stalinista, comparável, ao genocídio hitlerista. Mas não era isto que havia. A análise que se propunha do comunismo era fantástica. O comunismo era o gênio do mal. Com o comunismo presente no inconsciente coletivo da população brasileira, como encarnação do Mal, a luta anticomunista, se unisse os cristãos conforme queria o IBAD, seria a luta do Bem contra o Mal. Mas aqueles que têm um mínimo de informações políticas sabem: o Partido Comunista, no Brasil, organizado como uma força reformista a mais, está longe de ser um grande núcleo de uma ação revolucionário radical (SANTOS, op. cit.p. 67).

Naquela confusão deliberadamente criada na opinião pública era impossível distinguir os objetivos sociais dos católicos impulsionados pelas encíclicas papais dos objetivos políticos que realmente perseguiam os comunistas brasileiros.

Para Paulo de Tarso Santos, no entanto, a distinção era clara. Disse ele (SANTOS, op.cit., p. 50):

> A nossa preocupação era a de definir um esquema de transformações sociais sem comunismo. Nós queríamos seguir um caminho próprio que não estivesse condicionado ao que os comunistas estavam fazendo. Nós não falávamos em transformações sociais contra o comunismo. A expressão 'sem comunismo' havia sido bem pensada. Se os comunistas estavam lutando por objetivos idênticos aos nossos, isto era

um acidente de percurso, um acidente até favorável à consecução dos objetivos.

Pouco antes de os militares colocarem seus tanques nas ruas, houve, porém, quem mantivesse a lucidez e a coragem de denunciar a manobra dos golpistas.

O presidente da Ação Católica, Pedro Calil, e o vice-presidente das Congregações Marianas, Pe. Luís Gargioni, em março de 1964, divulgaram um "Manifesto Ao Povo", em que diziam:

> Expressamos nosso profundo constrangimento às explorações da fé e do sentimento religioso do povo brasileiro e à utilização política da religião, criando um clima de divisão na Igreja a partir das diferenças de opções existentes no plano temporal (BU nº 55, p. 19).

Foi neste contexto que, entre meses de março de 1963 e março de 1964, circularam as 55 edições semanais do Brasil, Urgente, com a simpatia e o apoio de quem havia recebido com entusiasmo as encíclicas de João XXIII.

Confrontos com o IBAD

Abril de 1963

BU n° 6. Numa matéria publicada na página 16, desta edição, com o título "Caiu a Máscara das Forças Ocultas", o BU defende a iniciativa de Paulo de Tarso, então deputado federal, de propor ao Congresso Nacional a formação de uma comissão parlamentar de inquérito para investigar as ações do IBAD – Instituto Brasileiro de Ação Democrática. Na matéria, Paulo de Tarso aparece afirmando que aquele instituto pretende se sobrepor aos partidos políticos, com um poderio econômico muito grande, usado para distorcer o processo democrático, através da manipulação da opinião pública.

BU n ° 7. O BU publica editorial (p.2) chamando o IBAD, e seu congênere, o IPES – Instituto Paulista de Estudos Sociais, de peças da subversão. Depois de elogiar Paulo de Tarso por requerer a constituição de uma comissão de parlamentares, para a realização de uma devassa nos dois institutos, o jornal diz que ambos são engrenagens da próspera, mas desacreditada, indústria do anticomunismo, que lhes rende extraordinária abundância de recursos financeiros. Com os quais controlam agências de publicidade e emissoras de rádio e televisão. O BU ainda acusa os dois institutos de realizarem uma série de chantagens nos meios operários e estudantis com o objetivo de dividir e enfraquecer estas classes sociais.

Julho de 1963

BU n° 17. No acompanhamento das atividades da Comissão de Inquérito que investigava a ação do IPES/IBAD, o BU transcreve, longamente, à página 4, seção Brasília, Urgente, o depoimento dado, diante da comissão, por Arthur Oscar Junqueira, o dirigente daqueles dois institutos que havia renunciado ao importante cargo que ocupava neles por não ter conseguido identificar a origem do dinheiro que os mantinha.

BU n°19. O BU noticia, na seção Notas e Informações (p.4), que os responsáveis pelo IBAD tinham se recusado afrontosamente a responder às perguntas dos parlamentares daquela comissão de inquérito, manifestando hostilidades sobretudo em relação a dois de seus integrantes, os Eloy Dutra e José Aparecido.

Agosto de 1963

BU n° 20. Numa página inteira (p.9), o BU divulga um pormenorizado balanço do trabalho da comissão que investiga o IBAD, até aquele momento, com informações sobre o ponto nevrálgico tocado pelos parlamentares que a compunham: o relativo à identificação dos financiadores do instituto. Na realização desta difícil tarefa, os membros da comissão contaram com a ajuda de Miguel Arraes, governador de Pernambuco. Naquele estado havia sido apreendida uma lista dos contribuintes do IBAD.

Ao analisar aquele balanço, em outra página, num artigo intitulado "Gangsterismo no Brasil" (p.8), Dorian Jorge Freire, diz que recursos do Fundo do Trigo, depositado no BNDE, do Sociedade Algodoeira no Nordeste Brasileiro, e do City Bank eram entregues ao IBAD para financiamentos de campanhas de políticos do Nordeste e de outros. Dorian nomeia nove daqueles políticos. O comentarista político do BU diz ainda que a empresa de publicidade Promotion, a serviço do IBAD, negava anúncios aos órgãos de imprensa que não aderissem à campanha subversiva do instituto. E que o jornal O Estado de S. Paulo era aquinhoado com seguidos anúncios através da Promotion.

Por causa da divulgação desta lista, o BU é severamente atacado, neste mês.

BU n° 23. O BU, na matéria "Pelegos do IBAD em Pânico: Magaldi Fugiu para a Europa"(p.5), anuncia que os deputados financiados pelo instituto tentam criar diversas outras novas comissões para servirem de cortina de fumaça àquilo que vinha sendo apurado pela comissão parlamentar de inquérito.

BU n° 24. O BU avança nas suas ousadas divulgações. Publica uma lista com os nomes de 11 militares que tinham sido comprados pelo IBAD (p.7). Na lista, 6 generais, 4 coronéis, 1 major. De alguns deles, o jornal fornece endereço e salário pago pelo instituto.

Setembro de 1963

BU n° 25. O BU revela que os ataques contra os deputados Paulo de Tarso, e, João Dória chegaram até o interior do partido deles (p.4). Os motivos: Paulo tinha proposto a comissão de inquérito contra o IBAD, e, João Dória, atuara como membro ativo dela.
No texto da matéria o jornal dizia que ambos enfrentavam uma guerra de morte. Na mesma edição, em seu artigo(p.8), Dorian Jorge Freire sustenta que só restava ao governo mandar fechar o IBAD e o IPES.

BU nº 26. Na edição seguinte, o jornal se congratula com o presidente João Goulart por ter determinado a suspensão das atividades do IBAD, mas adverte que as investigações não devem parar (p.2). E, em outra matéria (p.8), o BU informou que a iniciativa de Jango alvoroçou os cúmplices do IBAD no Congresso Nacional, na Assembleia Legislativa e na Câmara Municipal de São Paulo, e nos órgãos de imprensa financiados pelo instituto, como o jornal O Estado de S. Paulo.

BU nº 27. O jornal anuncia: "Ibadianos Desafiam o Governo: Reaparecem Sob Novos Rótulos" (capa e p.13).

As denúncias do golpe

Abril de 1963

BU n°4. A edição do BU do dia 7 de abril de 1963, portanto, de um ano antes de o golpe militar ocorrer, trouxe a denúncia da sua preparação. O texto publicado na página 2, no espaço nobre dos editoriais, com o título "O Golpe Está em Marcha", foi aberto com o alerta: se o golpe em preparação fosse vitorioso o Brasil se encaminharia para uma ditadura neofascista.

Agosto de 1963

BU n° 22. O BU noticia que, na reunião da Federação Ruralista de Minas Gerais, foi proposta a criação de uma versão regional do IBAD, com o objetivo de reunir fundos para colaborar na derrubada do governo Goulart (p.5).

Setembro de 1963

BU n° 29. No intertítulo "Complô", da matéria "Eloy Dutra Acusa Herbert Levy: Deputado Banqueiro e Ibadiano" (p.17), o jornal divulga informações sobre apreensão de armas na Guanabara.

Outubro de 1963

BU n° 30. A capa desta edição é quase inteiramente ocupada com a manchete: "Marcha da Subversão: Direita tenta o Golpe contra Jango!" Em seu editorial "Contra o Golpe" (p.2), o jornal diz que a preparação de um golpe contra as instituições democráticas do Brasil continua infrene. Dorian Jorge Freire divulga a entrevista de Carlos Lacerda ao jornal norte-americano, no qual o governador da Guanabara anuncia a derrubada de Goulart (p.8).

BU n° 32. Numa matéria publicada com grande destaque, em duas páginas, BU registra que a imprensa encontrou numa mansão, a 700 metros do sítio onde Goulart costuma passar fins de semana, o armazenamento de metralhadoras, cartuchos, e, granadas, doados pelo setor de assistência da embaixada americana – o chamado Ponto IV – ao governador da Guanabara Carlos Lacerda. O BU fala de um plano para assassinar o presidente da república e sua família (p. 10-11)

Novembro de 1963

BU, n° 35. O próprio Goulart, avisa o BU, disse, em Florianópolis, que a trama contra seu governo e as instituições democráticas do Brasil é alimentada por extremistas de direita interessados em impedir medidas de Justiça Social e em servir empresas estrangeiras (p.2).

BU n° 37. Em Miami, informa o BU, o diretor de O Estado de S. Paulo, Júlio Mesquita, falando à Sociedade Interamericana de Imprensa discorreu sobre o programa a ser cumprido pela ditadura que vai se seguir ao iminente Golpe de Estado no Brasil. O BU diz que o jornal tem insistido na existência de uma conspiração contra a democracia no Brasil, pedindo providências imediatas e severas (p.2).

Dezembro de 1963

BU n° 38. O BU diz, no seu primeiro editorial de dezembro de 1963 (p.2), que nunca, como àquela altura, se falou tão abertamente em golpe, nem se preparou tão descarada e minuciosamente a subversão da ordem democrática.

BU nº 40. O jornal afirma, na seção Notas e Informações(p.4), que o governo federal está juntando provas das articulações golpistas e que pretende processar os civis pela Lei de Segurança Nacional enquanto os militares deverão ser julgados por um Conselho Militar.

BU n° 41. A denúncia constante da preparação do golpe de direita obrigou o exame semanal da situação do país, pelo BU, diz o jornal ao fazer o balanço do que fora para ele o ano de 1963 (p.13).

Janeiro de 1964

BU nº 46. A insistente na denúncia da preparação do golpe reaparece nas páginas do BU. Na página 6, o jornal diz ser incrível que o governo federal não enquadre os conspiradores nas leis de Segurança Nacional. Depois alerta que o deputado federal Bilac Pinto, da UDN, após almoçar com o governador de São Paulo, Adhemar de Barros, convocou os golpistas de direita a se armarem para enfrentar os operários. Duas páginas adiante, o BU amplia a denúncia. Diz que Adhemar de Barros transforma São Paulo num arsenal, convocando os conservadores a se armarem contra os comunistas. E que, no Rio Grande do Sul, a direita se mobiliza para uma aventura subversiva.

Fevereiro de 1963

BU n° 47. O jornal voltava a tratar do governador de São Paulo, no editorial "O Papel de Adhemar" (p.2). O BU diz que ele transformou seu estado no quartel-general das forças anti-Brasil, montando um dispositivo golpista que objetiva fascistizar o país.

Março de 1963

BU nº 55. A última edição do BU, impressa dias antes do golpe de Estado traz em sua capa a manchete "Fascistas Preparam Golpe contra Jango"!

A defesa da doutrina social católica

Junho de 1963

BU nº 16. Numa matéria sobre a detenção do monge beneditino Dom Jerônimo de Sá Cavalcanti, no Forte de São Pedro, em Salvador, pelo tenente-coronel Carlos Sequeira, sob o título "Pregação Social Apavora Reação" (capa e p.7), o BU diz que o militar quis saber do religioso qual era o conteúdo de suas pregações. Ao ouvir, como resposta, que eram as encíclicas de João XXIII o tenente-coronel afirmou que a *Pacem in Terris* era um documento na linha de Moscou. Ele acrescentou que o Brasil estava num período pré-revolucionário, por isto, o Exército tinha o direito de fazer convocações de suspeitos.

Setembro de 1963

BU nº 25. O BU inicia nesta edição (p.13) – e dará prosseguimento nas edições seguintes –, um mergulho na História da Igreja para mostrar que a disposição do jornal em enfrentar os problemas sociais do Brasil estava em perfeita harmonia com documentos da instituição, elaborados ao longo dos séculos. O jornal relembra que as encíclicas sociais nasceram com o Papa Leão X. Quando a América Latina estava sendo ocupada por portugueses, disse o jornal, aquele pontífice escreveu aos soberanos dos colonizadores mostrando que a escravidão era contrária à Humanidade e à Justiça.

BU n° 26. O BU, através de documentos da Igreja, se volta contra a coluna basilar do pensamento daqueles que são refratários às noções de Justiça Social: a busca de lucro individual. Mostra como a usura foi considerada um pecado duramente reprovado por Bento IV, na encíclica *Vix Pervenit*, de 1754, depois de ter sido condenada nos livros Êxodo e Ezequiel, do Velho Testamento, no livro de Lucas, do Novo Testamento, e em obras de São Tomaz de Aquino e de São Boaventura (p.6).

BU n° 28. Nesta edição, BU relembra a bula *Sublimis Deus*, de Paulo III, que, em 1537, reconheceu a condição de ser humano no índio colonizado na América (p.12).

BU nº 29. Nesta edição, em que o BU encerrou a reconstituição da série de documentos da Igreja com preocupações sociais, o jornal voltou sua atenção para o Liberalismo (p.12), corrente política defendida pelo golpista O Estado de S. Paulo. O BU lembra da fase histórica na qual a livre concorrência, dogma do Liberalismo, na área econômica, era vista como capaz de, por si só, resolver todos os problemas de criação e distribuição de riquezas. Diz que, então, julgava-se que, através do jogo dos mercados estariam garantidas a paz interna de cada país e a paz internacional. Foi quando, acrescentou o BU, em 1891, Leão XIII divulgou sua encíclica *Rerum Novarum*, condenando explicitamente o predomínio da livre concorrência nas relações econômicas de uma sociedade. No seu documento, o pontífice afirmou a necessidade da intervenção do Estado para que todas as pessoas tivessem garantidos seus direitos. O BU mostrou que um governo, guiado pelo Liberalismo era limitado na sua função de assegurar os direitos individuais. Por isto, recebeu condenações de Pio VI, Leão XII, Pio VIII, Gregório XVI, Pio IX, Leão XIII, Pio X, Bento XV e Pio XI. Finalizou o jornal: pode-se dizer que a Igreja jamais retirou, nem retirará, essas condenações.

Dezembro de 1963

BU nº 42. O lançamento do livro de Paulo de Tarso Santos, *Os Cristãos e a revolução social*, recebeu ampla cobertura do BU (p.8). No livro, o autor apresentou sua formulação de um embasamento doutrinário, extraído dos documentos da Igreja, sobretudo, das encíclicas de João XXIII, para a ação política dos católicos.

BU n° 45. O BU continuou na abordagem do livro de Paulo de Tarso, numa longa matéria que ocupou duas páginas (p.17-18). Informou que a obra contém uma carta de apoio ao autor, escrita pelo arcebispo de São Paulo, Cardeal Motta, e um prefácio assinado pelo monsenhor Enzo Campos Guzzo. Em seu texto, este religioso ligado à universidade católica paulista, disse que Paulo de Tarso havia assumido claramente uma opção política concreta como cristão, e, dentro do Cristianismo, do que aquele livro era prova. O jornal relacionou os temas dos capítulos: o capitalismo, o neocapitalismo, o comunismo, o socialismo, e a Doutrina Social Cristã. Outro capítulo, dedicado exclusivamente ao tema os cristãos e a revolução social foi inteiramente reproduzido nas páginas seguintes do BU.

TRUSTE DO CIGARRO FAZ DIVISA VIRAR FUMAÇA!

Brasil, Urgente

Um Jornal do Povo a Serviço da Justiça Social

ANO I — N.o 16

Edição Semanal

[illegible]

SÃO PAULO — 30,00

Outros Estados — 40,00

FREI CARLOS: MULHER SINAL DOS TEMPOS

PREGAÇÃO SOCIAL APAVORA A REAÇÃO

MUDANÇA DA ESTRUTURA AGRARIA PARA ELIMINAR O SUBDESENVOLVIMENTO!

QUATRO PAULOS

"Brasil, Urgente" anuncia, no quarto mês de sua circulação, dia 30 de junho de 1963, o começo da reação à sua pregação da Justiça Social.

COMO O BU SURGIU

Josimar Moreira foi o mais importante jornalista do BU. Diretor da sucursal do Última Hora de São Paulo, quando se transferiu para o BU levou com ele boa parte da equipe com a qual já trabalhava. Em 1980, o também jornalista Múcio Borges da Fonseca, àquela altura, editor da revista Brasil 21, da Editora Três, de São Paulo, se dedicava à pesquisa que iria permitir-lhe escrever um livro sobre Josimar, a pedido da Associação Pernambucana de Imprensa. Múcio fora amigo, conterrâneo e confrade de Josimar.

Na entrevista que nos concedeu, ele revelou:

– Josimar é um dos mitos da minha infância e da adolescência.

Múcio lembrou de uma curiosidade da meninice de Josimar, na década de 1920, a mesma em que nasceram frei Carlos Josaphat e Paulo de Tarso Santo, outros dois personagens relevantes da história do BU.

Disse Múcio:

– Na infância de Josimar, ele foi coroinha. Na minha pesquisa, lá em Bom Jardim, em Pernambuco, onde ele nasceu, me falaram que Josimar comprou uma batina, quando era coroinha. A mãe dele me disse: – Ele ia à Igreja, no domingo, voltava para casa e menino, com sete anos em 1927, tentava reproduzir os sermões que ele ouvia. Todo mundo pensava até que ele fosse ser padre.

Não muito depois da fase em que gostava de brincar de padre, manifestou-se em Josimar sua inclinação pelo jornalismo. Com dezenove anos de idade, ele fundou, em Recife, um jornal chamado Debates que chegou a vender 5.000 exemplares por edição. O jornal, segundo Múcio Borges, fora um impulso romântico de Josimar, e talvez estivesse na origem da causa que o levou a aceitar o mergulho, já como jornalista consagrado, em outra iniciativa sonhadora como Brasil, Urgente.

Com 23 anos, candidato derrotado a deputado estadual pelo Partido Socialista, em Pernambuco, o currículo profissional de Josimar era impressionante. Começara a trabalhar no vespertino mais antigo da América Latina, que curiosamente se chamava Jornal Pequeno; fundara o Debates; foi repórter do Jornal do Comércio e do Diário da Noite. Esteve no Rio de Janeiro e escreveu para o Tribuna da Imprensa. No Rio, ainda trabalhou para a agência de notícias Radiopress que fornecia notícias para o Jornal do Comércio, acumulando o cargo de correspondente de outro jornal pernambucano, o Folha da Manhã.

Depois que perdeu as eleições em Pernambuco, Josimar Moreira voltou para o Rio de Janeiro.

Em 1951, aos 24 anos, ele escreveu para o amigo e confidente, Homero Paiva, uma carta, copiada por Múcio Borges, em que contava sua participação numa convenção socialista e descrevia-se ideologicamente:

– Lá estive, na primeira sessão, divertindo-me, um pouco, com a maneira engraçada como João Mangabeira presidia a sessão. Na entrada, fui assediado por um certo senhor Milton que tentou cabalar meu voto para uma determinada corrente. Logo depois, conversei com Osório Borba, chefe de outra corrente. E a conversa de ambos de pouco me aproveitou. Mas, uma frase de Osório me impressionou: – Sou um socialista botocudo, disse ele. Eu acho que sou mais do que isto ou menos. Não chego sequer a ser socialista, pelo menos socialista de partido, muito menos de grupos, correntes, facções, e muitíssimo menos ainda, socialista de doutrina. O meu socialismo, que poderia ter qualquer outro nome, é inteiramente pessoal, quase diria original, não fosse o receio de parecer mais pretensioso do que realmente sou. Nem o definir sei. É uma coisa subjetiva, uma noção vaga e imprecisa. Diria melhor, um impulso de consciência ou do subconsciente. Tenho receio de qualificá-lo, pois, isto poderia fazer com que perdesse a sinceridade, mais do que isso, a generosidade de um impulso espontâneo e permanente.

Múcio Borges acrescentou:

– Josimar entrou no Última Hora como soldado raso e saiu como general. Foi um dos melhores homens do Última Hora. O Samuel tinha a sua corte, no Rio de Janeiro, formada por alguns bons jornalistas: Otávio Malta, Paulo Silveira, Moacir Werneck. O Josimar era muito intuitivo, muito talentoso, um profissional de jornal, extraordinário, que realmente captou este espírito de jornal popular do Última Hora. Para o meu trabalho sobre Josimar, eu ouvi o Samuel. O

Samuel me disse, numa longa entrevista: – O Josimar era o único que tinha talento para competir comigo. Ele, então, era um homem deste espírito UHense. Este espírito do Última Hora, o Josimar encarnava. Ele era um dos melhores. Ele sabia titular bem. Sabia escrever não apenas reportagens, mas editoriais. Com graça, sarcasmo, elegância e clareza. Sabia titular e ele sabia diagramar. E diagramar naqueles padrões do Última Hora, padrões que foram trazidos pelos diagramadores argentinos que o Samuel importou, quando fundou o Última Hora, em 1951.

Samuel Wainer encarregou Josimar de fundar o Última Hora de São Paulo. E, contraditoriamente, o sucesso que ele obteve em sua missão foi causa de atritos com o próprio Samuel.

Contou Múcio:

– Samuel lá no Rio não conseguia entender que eles quisessem fazer aqui, em São Paulo, um jornal com características próprias, a despeito do Última Hora, do Rio. Samuel achava que era uma rebelião contra ele não publicarem Stanislaw Ponte Preta todos os dias. Pelo contrário, Josimar inaugurou, aqui, certas colunas paulistas. Ele pôs o Arapuã, o Ricardo Amaral. Ele fez um jornal paulista. E o Samuel não concebia isto. Além disto, havia muita ciumada. Um dia, eis que o Última Hora de São Paulo vendeu mais que o do Rio. No outro dia, Samuel estava aqui. Ele ficava desesperado, com temor de que o jornal não fosse mais dele. Por causa destes atritos, Josimar entrou e saiu do Última Hora, por três vezes, alternando sua permanência neste jornal, com outras, no Diário Carioca, onde estava quando morreu em 1966, atropelado por um carro oficial, na madrugada do dia 10 de outubro.

Casualmente, Josimar estava desempregado quando surgiu a ideia de fundar o Brasil, Urgente. Tentava, na ocasião, uma experiência como comerciante. O dinheiro recebido em sua última saída do Última Hora, ele havia empregado na compra de um restaurante, o Cabeça Chata, especializado em pratos da sua região, nordestina. Seu sócio no negócio era o pintor e cantador de emboladas Manezinho Araújo.

Para Josimar não foi fácil aceitar o convite para participar do jornal que frei Josaphat queria criar, contou Múcio.

Ele prosseguiu:

– Josimar achava gravíssimo que um profissional do seu porte embarcasse numa experiência que tinha todas as características de amadorismo em Jornalismo. Um grande amigo dele, o diplomata Sérgio Lima e Silva, que anos depois se responsabilizaria pela administração do Última Hora e impôs a Samuel Wainer a terceira e última passagem de Josimar por aquele órgão, logo se desinteressou pelo Brasil, Urgente. Ele aconselhou Josimar a não embarcar no que considerava uma aventura profissional.

O responsável pela direção administrativa do Brasil, Urgente, Ruy do Espírito Santo explicou, para Múcio, por que Josimar aceitou o convite de frei Carlos para participar do jornal.

– Josimar tinha pelo frei Carlos algo mais do que uma simples relação de amizade. Ele tinha uma verdadeira ternura. Frei Carlos despertou no Josimar alguma coisa que, talvez, Josimar tivesse buscado. Um cara profundamente sério nos seus propósitos, um cara que lutava para fazer um jornal. Ele achava que, com o frei, era possível acontecer alguma coisa.

O próprio Múcio acrescenta uma outra razão:

– No fundo da alma de Josimar havia, quem sabe, o desejo de fazer ressurgir o semanário Debates, que ele lançou em Recife, com 19 anos. No fundo, ele estava ressurgindo Debates, e, talvez, achando que tivesse de tocá-lo para frente, tantos anos depois.

Josimar logo arrastou consigo para o BU alguns profissionais de sua equipe no UH, como vimos.

De seu biografado e amigo, Múcio guardou ainda esta lembrança:

– Josimar, diretor de jornal, todo-poderoso senhor, nunca se engajou com as classes dirigentes. Ele tinha um tipo de vida em que os seus amigos eram os pobres, não os ricos, embora, como administrador de jornal, se relacionasse com gente poderosa. Mas ele não se envolvia. No fim de semana, em casa, os amigos dele, eram os companheiros de jornal, os conterrâneos de Bom Jardim. Disse para mim o Samuel Wainer: – Josimar tinha vocação contra a classe dirigente.

Evidentemente, um jornal, com as características de Brasil, Urgente, num país como o nosso, estava predestinado a ter uma vida financeira muito atormentada. Para cuidar dela, a pessoa escolhida foi Ruy do Espírito Santo.

Ele contou como se deu sua aproximação com o BU, ao ser entrevistado por nós, em 1980:

– Antes de eu ir para o Brasil, Urgente, eu estava fora da Igreja. Eu me formei em Direito, em 1957, e, desde o segundo ano de faculdade, trabalhava e estudava à noite. No quarto ano, abri um escritório de advocacia. Advoguei durante cinco anos. Me casei, em 1958. Em 1960, tive uma espécie de crise existencial. Dizia que a vida não me dava respostas claras. Afinal, casei com a mulher que eu quis casar, escolhi a profissão que quis, porém, não me sentia, pessoalmente, gratificado com aquilo que eu fazia. Aí um amigo meu, que havia sido militante de esquerda, disse: – Você precisa assistir a um retiro. – Um retiro? Eu nunca fui de Igreja. Ele disse: – Mas quem vai pregar é Dom Jorge Marcos, o bispo de Santo André. E eu fui, com a minha mulher, a este retiro, em 1960. Neste retiro, aqui em Barueri, conheci Mário Carvalho de Jesus, que estava em plena greve de Perus. Logo me identifiquei muito com a luta do Mário. O Mário me convidou para fundar com ele, a partir deste retiro, um movimento, a Frente Nacional do Trabalho, que existe até hoje. E nós, com Dom Marcos, fomos os fundadores da FNT, que era um movimento não ligado à Igreja, mas fundado numa linha de busca de fundamentação cristã para a problemática social, de busca de uma ideologia cristã e revolucionária. O Mário me convidou para trabalhar profissionalmente com eles, mas não aceitei logo. Fiquei advogando com escritório próprio até acontecerem outros desencontros profissionais. Em 1962, eu voltei a procurar o Mário e disse: – Olha, eu vou vender o meu escritório e agora vou trabalhar com você. E o Mário Carvalho de Jesus era um dos elementos que compunham uma comissão liderada pelo frei Carlos e formada para fazer um jornal do povo, tanto que a ideia e o nome original do Brasil, Urgente era Jornal do Povo. A ideia de lançar o BU surgiu, em 1962, após um curso que o frei Carlos deu sobre a *Mater et Magistra*. Eu não participei integralmente desse curso, participei de algumas aulas. Essa ideia de fazer o jornal nasceu no convento dos dominicanos, em seguida ao curso. Na primeira hora, eu não estava vinculado a este grupo, mas eu estava vinculado ao movimento do Mário Carvalho de Jesus. Como era o mais novo, o mais recente componente do grupo, trabalhando profissionalmente como advogado, o Mário me convocou para me colocar à disposição da formação daquele que, inicialmente, seria o Jornal do Povo, do qual o Mário e a Frente Nacional do Trabalho faziam parte. Foram realizadas umas tantas reuniões, em agosto ou setembro de 1962, para organização dos trabalhos e eu fui o elemento escolhido, desde o início, para ficar já dedicado à organização, administração e lançamento do jornal.

Ruy do Espírito Santo, em 1980, professor da Pontifícia Universidade Católica de São Paulo e advogado do Tribunal de Justiça, continuava com uma calvície que quase não se acentuou em relação à que já tinha nas fotos do Brasil, Urgente, onde ele aparecia. Ruy é, fisicamente, quase a mesma pessoa das fotos, ao contrário de Roberto Freire que naquelas imagens aparecia sempre de paletó, gravata e óculos pesados, como um burocrata stalinista, e, vinte anos depois, com camisa esporte aberta no peito, deixando à mostra um amuleto, óculos redondos, leves, parece ter perdido idade.

– No começo – prosseguiu Ruy – nós tínhamos uma sala que funcionava no anexo do convento, ali na Cardoso de Almeida, onde havia cursos para domésticas e reuniões de senhoras cristãs. Ali, havia uma sala para o Brasil, Urgente. E a primeira coisa em que se pensou foi, exatamente, nas finanças. Além do nome escolhido – Jornal do Povo – havia uma ideia bem quixotesca: fazer um jornal que nós tínhamos consciência de que não receberia cobertura publicitária. Isto é, fazer um jornal pago, realmente, por aqueles que o lessem. A gente sabia que era inviável que o jornal se pagasse apenas com seu preço de capa. Por isto, o jornal formaria um capital popular, através de venda de ações. E a venda das ações implicaria em todo um projeto, que era quase um projeto político. Dom Jorge Marcos emprestou um jipe da arquidiocese de Santo André. Ruy e frei Carlos, com outros elementos do jornal, que variavam em cada viagem, começamos a viajar pelo interior do estado, promovendo reuniões, em auditórios, de grupos de pessoas pertencentes à Igreja Católica, e de estudantes.

Prosseguiu Ruy:

– Fazíamos, então, a plataforma do jornal, especialmente frei Carlos, que fazia verdadeiros comícios, lançando a ideia do jornal e a venda de ações. No próprio ato público, já se vendiam ações, já se estabeleciam representantes por estas cidades por onde passávamos. A pregação de frei Carlos era realmente poderosa. Sua tônica era a seguinte: os compromissos com o Evangelho e a Igreja exigiam do cristão uma atitude não mais de assistente, de usufrutuário. A nova perspectiva da Igreja, aquilo que João XXIII pregava, era um compromisso social. E um compromisso social mínimo era que essas ideias fossem defendidas publicamente. Não bastava criticar os abusos e as explorações dos mais pobres, dentro da Igreja, e continuar a usufruir os privilégios daquela situação. Aí é que ele situava a importância do jornal. Com esta pregação toda, foi-se conseguindo o capital. A minha tarefa era uma tarefa incrível: organizar cobradores das ações, vendidas nas praças. Para isto, aos poucos, fui organizando uma equipe de voluntários. Eu me lembro que, antes do final de 1962, fui apresentado ao Dorian Jorge Freire e ao Josimar Moreira, num escritório que eles tinham na Avenida Ipiranga, quase na esquina da Santa Efigênia. Eu não esqueço que um e outro achavam frei Carlos uma figura ótima, mas muito nas nuvens e que o jornal, provavelmente, nunca sairia. Se saísse, eles dariam colaboração.

Dorian, um dos membros da equipe de Josimar, colunista político do Última Hora paulista, ouviu frei Carlos pregar, no Convento dos Dominicanos, em Perdizes.

Antônio Albino, secretário de redação do Brasil, Urgente, descreveu desta forma, em 1980, aquele Dorian de 1963: – Um repórter político de boa qualidade, meio irascível, meio violento.

Dorian era muito amigo de Josimar Moreira, a ponto de eles repartirem um escritório, no centro de São Paulo.

Numa carta escrita para o livro de Múcio Borges da Fonseca, Dorian Jorge Freire contou como se deu a ligação entre frei Carlos Josaphat e Josimar Moreira:

Depois da nossa saída do UH, em 1962, fiquei muito aproximado da Igreja e de sua pregação mais autêntica, mais de vanguarda, que era aquela feita pelos frades dominicanos, especialmente frei Carlos Josaphat. O frade fizera uma série de conferências, empolgara meio mundo e todos queriam dar continuidade à sua pregação. Falava-se muito, então, em Lebret e Mounier. Ligadíssimo a frei Carlos, ouvi dele a intenção de um jornal, jornal diário, para defender a Justiça Social. Empolguei-me também e falei-lhe da disponibilidade do maior jornalista de todos nós, Josimar. Marcou-se um encontro com o grupo mais ligado ao convento de Perdizes. Josimar esteve esplêndido, conquistou a todos. Quando deixamos o casarão da rua Caiubi, ele me disse: – Já sei como controlar o grupo.

UH e BU

Roberto Freire, diretor responsável do BU, não trabalhava, naquele momento, com Josimar, no Última Hora, como outros jornalistas, colegas de redação dele. No entanto, se sentia fortemente atraído pelo jornalismo feito por Samuel Wainer, criador e proprietário do UH.

Na sua entrevista, em 1980, Roberto disse:

– Todos estes jornalistas do Brasil, Urgente são crias do Samuel Wainer. A influência do Samuel Wainer no BU foi direta. Só que não havia a presença dele, mas Samuel participava, através de pessoas que tinham trabalhado com ele, ou de pessoas que o admiravam muito, ou que admiravam aquele tipo de jornalismo popular que ele fazia. Eu, por exemplo, me dei muito mal em O Estado de S. Paulo, onde como médico tinha trabalhado como redator de Saúde

Pública, e, até, havia sido destacado para acompanhar o problema de esquistossomose. Eu acreditava piamente, naquela época, que a comunicação popular era a que se fazia através dos métodos de Samuel. Depois, vim a trabalhar com ele. No tempo do Brasil, Urgente, eu ainda não tinha trabalhado com Samuel, mas ele era para mim um ídolo.

Para o próprio Samuel Wainer, entrevistado por Múcio Borges, o Brasil, Urgente era um pioneiro da chamada imprensa alternativa, junto com o jornal Binômio, feito por José Maria Rabelo, em Belo Horizonte.

Pedimos a Múcio que comparasse o Brasil, Urgente com dois outros órgão do jornalismo alternativo, ligados às organizações de esquerda da época – Liga Camponesa e Novos Rumos.

Ele disse:

– Estes jornais que você está citando eram feitos amadoristicamente. O Brasil, Urgente era um jornal que convocou Josimar, que tinha o Albino, tinha uma equipe de profissionais bem mais calejada. Então, ele foi pioneiro, no aspecto do seu profissionalismo. Nenhum destes jornais extravasou e foi melhor que o Brasil, Urgente. Cada um tinha o seu papel no seu segmento. Mas, o Brasil, Urgente foi pioneiro quando se fala da diagramação, da titulagem. Ele usou, certamente, melhores artilheiros, artilheiros mais profissionalizados que os outros usaram.

Antônio Albino, quando entrevistado para este trabalho, também reconheceu igualmente a influência do UH no Brasil, Urgente:

– O gênero Última Hora estaria ali até por contágio. Estávamos lá, eu o Josimar, o Dorian, mais outros elementos. Então, até por contágio a coisa iria. Mas eu acho que a adoção deste gênero jornalístico no Brasil, Urgente, foi a tentativa de fazer o jornal aparecer. Era um jornal que todo mundo esperava bem comportado e que não foi bem comportado, foi um rebelde. Tanto que muita gente que apoiou o lançamento do jornal, à certa altura, começou a se afastar, cancelar assinaturas, retirar apoio financeiro. Isto porque os caras esperavam mais um jornal na linha tradicional da igreja, ou coisa parecida. E o jornal apareceu tratando dos problemas sociais.

Já começou, no primeiro número, com uma bordoada nos laboratórios multinacionais. Já foi um susto, no primeiro número. E foi, por aí. A tentativa era exatamente esta: fazer um jornal vibrante, a exemplo daquele velho slogan do Última Hora: um jornal vibrante, uma arma do povo. Não era exatamente fazer o Brasil, Urgente com a intenção de repetir o Última Hora ou adotar especificamente o estilo do Última Hora. Havia uma coisa: o Brasil, Urgente era um tabloide e um tabloide tem um estilo próprio e foi uma tentativa, um pouco – não tanto – de estabelecer um estilo de tabloide. Por falta de recursos e pela própria intenção do jornal, não poderia ser por inteiro um tabloide, isto é, um jornal de escândalos. Tinha de ser um jornal vibrante e de escândalo, na medida em que o pessoal considerava escândalo um jornal católico, dirigido por um grupo liderado por um frade, fazer aquele tipo de jornalismo e fazer aquele tipo de denúncias. Isto tudo foi pensado. A gente tem que fazer um jornal para mexer. E realmente o jornalzinho mexeu com o pessoal.

Para Albino, indagamos o que mais distinguia o Brasil, Urgente, do Última Hora.

Ele disse:

– O Última Hora era um jornal altamente organizado. Todo mundo pensava que era um jornal feito na gandaia. Mas, não era. Era muito rígido de horário. Organizado administrativamente e, também, na redação. Seguiam-se esquemas de horários precisos. Cinco minutos de atraso, numa página, dava relatório. E era organizado, como empresa. Já o Brasil, Urgente tinha muito de amadorismo. Na época, o papel era barato e havia possibilidade de que o jornal se mantivesse, se autossustentasse com a vendagem, uma vez que anúncio foi um negócio que logo de cara se verificou que era impossível ter. Primeiro, os anunciantes esperaram para ver o que era o jornal. Quando viram, claro, não iam anunciar naquele jornal, não iam ajudar um jornal rebelde. A diferença era muito grande. Vamos dizer assim, o Última Hora era um jornal comercial e o Brasil, Urgente não era. O Brasil, Urgente não chegou a ser uma empresa. Era um grupo lançando um jornal. Talvez, no início eles tivessem sonhado em transformar aquilo numa empresa. Mas era um grupo que tinha uma mensagem, tinha alguma coisa a dizer, liderado pelo frei Carlos, e o meio de fazer isto era um jornal. Então, lançaram o jornal. Tiveram a sorte de pegar um cara como o Josimar que organizou uma redação profissional.

Indagamos:

– Você sentia no Última Hora um tipo de censura, criada por conveniências empresariais, que não existiria no Brasil, Urgente. Isto é, no Brasil, Urgente haveria maior espaço para matérias mais contundentes, mais combativas do que no Última Hora?

Albino respondeu:

– Sem dúvida. O Brasil, Urgente não tinha compromissos comerciais, enquanto o Última Hora tinha. Na hora de falar mal de um banco, o Última Hora tinha que pensar quatro vezes antes, ao passo que o Brasil, Urgente, não tinha este problema.

Um jornal de ideias

De Roberto Freire, que respondeu, com visível paixão a todas as perguntas que lhe fizemos, em 1980, sobre o Brasil, Urgente, quisemos saber:

– Você aceitaria a visão do Brasil, Urgente, como a de uma experiência rara de uma publicação apoiada em ideias, as da luta por Justiça Social, cuja origem era a encíclica *Mater et Magistra*? Ele não terá testado a viabilidade da manutenção de um jornal desta natureza numa estrutura socioeconômica, em tudo contrária a este tipo de iniciativa?

– Esta pergunta me comoveu um pouco – confessou Roberto. Eu estou um pouco comovido, porque na minha vida eu acho que nunca me senti tão combatente, tão soldado, como me senti no Brasil, Urgente. Era realmente uma guerra. Uma guerra contra tudo e contra todos, mas calcada numa necessidade de justiça muito grande. E, aos poucos, fomos chegando ao desespero porque não tínhamos dinheiro, não tínhamos papel, não tínhamos colaboradores, as bancas se recusavam a vender os jornais. Mandávamos jornais para um estado, de repente íamos encontrar estes jornais trancados, como encontrei em Recife, no aeroporto, escondido numa sala: mil e tantos exemplares. Era um jornal extremamente combativo. Eu acho que foi o primeiro surgido no Brasil, de militância política revolucionária, com esta combatividade. O papel dele, eu acho muito importante. E acho que foi pela combatividade que ele se caracterizou mesmo. O sistema permite a existência deste tipo de publicação por algum tempo, depois há um corte. Especialmente um jornal de ideias que não está filiado a nada. Se a ideia é forte, ela vai ter uma atuação porque é muito mais fácil combater um partido, uma organização, do que combater uma ideia. Uma ideia é impossível porque ela se consubstancia. Então, ela se irradia com mais facilidade. Os jornais políticos que existiram no Brasil foram sempre de organizações, nunca jornais de ideias. Alguns colegas meus vão discutir, mas se eles botarem a mão na consciência vão ver que, de certa forma, determinado jornal sempre pertenceu à organização X ou Y. O jornal é inviável, mas a iniciativa é absolutamente necessária. Enquanto o jornalismo não for frequentemente catalisado, estimulado, desafiado, por iniciativas desta natureza, ele tenderá a ser, apenas, um jornalismo visando lucro, ou, apenas, um jornalismo de apoio, de valorização de coisas já acabadas e prontas. Então, um jornalismo inovador, de criações, de desafios, de pesquisa, de debates mesmo, precisaria estar um pouco desvinculado. Ele não dura, os jornais acabam sendo destruídos. Mas, o tempo que duram desafiam terrivelmente as organizações de esquerda e de direita. Para mim a existência destas publicações renova o jornalismo. Elas dão ao jornalismo mais independência. O fato de não existir, hoje, no Brasil, um jornal independente nos leva a viver com esta imprensa parada, cansada. O BU foi sofrendo progressivamente o esmagamento que todos os jornais de vanguarda e de esquerda sofrem no Brasil. Eles vão afetando o sistema, aí é duro sobreviver porque não têm anúncios. São agências multinacionais que controlam os anúncios. Exercem um tipo de pressão e fecham os jornais. No tempo do Brasil, Urgente eu fui expulso, aos berros, uma vez, de uma agência de publicidade norte-americana, por um americano. Eu tinha ido buscar uns desenhos de um colaborador que trabalhava ali. Eu fui lá. O "cara" me viu, percebeu que eu era do Brasil, Urgente e me expulsou. Fui expulso aos berros. Atravessei uma sala cheia de gente ouvindo gritos.

Amor pelo BU

O grupo que compôs o primeiro e numeroso Conselho de Redação do BU ajudou a viabilizar a obtenção de recursos. Todos eram pessoas socialmente bem situadas. Havia um diretor de empresa, Gilberto Moreira; um professor universitário, Alfredo Gandolfo; um executivo de empresa, José Raul Carneiro; um empresário na área de Saúde, Fausto Figueira de Melo, dono de um hospital. No total, eram dez pessoas, que frequentavam o convento dos dominicanos e tinham saído das pregações de frei Carlos convencidos de que era necessário fazer um jornal capaz de dizer a verdade. Por isto, o nome escolhido para a editora que lançou o jornal foi Editora Veritas Ltda.

No entanto, nem todas as pessoas socialmente bem situadas que integravam o Conselho de Redação mantiveram sua ligação com o BU, quando ele foi adquirindo sua feição de órgão combativo. Na carta que escreveu para este trabalho, de Mossoró, em fevereiro de 1981, Dorian Jorge Freire contou, com ironia:

> Como dizia Guimarães, no começo foram 'rosinhas flores'. Todo mundo e seu pai queriam aparecer com nome em letra de forma. Era chique ser do Brasil, Urgente. Depois... lembro que nas intermináveis reuniões que antecederam ao lançamento do jornal, conversamos com Paulo Egydio, Arrobas, Murilo Macedo, Charboneau. A fina flor. Depois...

Já os profissionais ligados a Josimar Moreira e ele próprio passaram a gostar mais e mais do jornal, pelo mesmo motivo que levou ao afastamento daqueles membros do Conselho de Redação.

Antônio Albino recordou deste amor dos jornalistas pelo jornal:

– Fui para o Brasil, Urgente ganhando 150 mil cruzeiros, quando no Última Hora eu ganhava 90. Fui ganhando bem mais, portanto. Quando o jornal começou a morrer, meu salário, também, foi morrendo. Houve uma reunião do Conselho Diretor, em que me elogiaram muito, e eu saí da reunião ganhando 100 mil cruzeiros. Numa segunda reunião, saí ganhando 50 mil cruzeiros. E até fiquei uns tempos sem receber nada, pois o pagamento atrasava. Eu gostava do jornal e isto não me prejudicava porque eu trabalhava no Última Hora. Inicialmente, eu tinha um motivo forte para estar lá: o Josimar, que era meu compadre, e tinha me trazido de Pernambuco para trabalhar em São Paulo. Havia um segundo motivo, o salário, que, no início, era excelente. Depois, havia a luta do pessoal por aquela coisa. Meu relacionamento com o jornal, à certa altura, foi de adoção. Eu comprei a briga deles. Não porque sentisse que aquele era o caminho exato de se fazer as coisas. Mas era um dos caminhos de se lutar, de se denunciar. O jornal era um dos poucos lugares onde se podia fazer denúncias, com a vantagem de que você podia denunciar, tanto de um lado, como de outro, sem ficar naquela coisa de centro. O jornal não era liberal-centrista. Era um negócio que dava bordoada para todo lado. Sem a rigidez das publicações do Partido Comunista ou correlato, aquela coisa chata e dogmática. E sem os compromissos dos jornais burgueses, comerciais. Então, era uma experiência, à certa altura, até adorável, até muito gostosa de ter.

Roberto Freire acrescentou:

– Muitos dos profissionais do Última Hora que estavam no Brasil, Urgente nada recebiam ou recebiam pouquíssimo. Alguns, como eu e Josimar, ao contrário, deram dinheiro para o jornal. Josimar deu muito dinheiro. No fim, a paixão dele era tal que ele dava tudo.

Ruy do Espírito Santo:

– Havia uma remuneração para os profissionais. Eu não me lembro de quanto, nem a quem era dada. O que eu posso assegurar é que, durante o tempo maior da duração do Brasil, Urgente, eu e o Dorian Jorge Freire, éramos os únicos elementos que tínhamos remuneração, porque, de fato, nós passamos a nos dedicar inteiramente ao jornal. O Dorian ainda manteve um trabalho no Última Hora, por algum tempo, mas, depois, ficou só no Brasil, Urgente. Os outros recebiam também – os colunistas, os diagramadores etc. –, mas uma quantia menor, não digo que fosse simbólica. Era uma remuneração compatível com as possibilidades do jornal e, com o passar do tempo, era mais baixa ainda. Às vezes, atrasava o pagamento, e tivemos ainda que fazer cortes de pessoal, até o final. No fim, havia muito pouca gente trabalhando, porque os recursos iam se esgotando.

A luta

Quando o BU apareceu, no dia 17 de março de 1963, já trazia uma carta, à página 3 de sua primeira edição, na qual transparecia o intenso debate que havia antecedido seu aparecimento. Mas, o que mais chamava a atenção na carta era esta advertência dirigida a seus acionistas e leitores: o BU não poderia se iludir a respeito de possível obtenção de apoio de anunciantes.

De fato, em mais de sessenta páginas publicadas nos três números do mês de março de 1963, os anúncios obtidos pelo jornal não foram suficientes para ocupar sequer uma única página. Quando deveriam ter ocupado vinte páginas, a fim de garantir a sustentação dele, segundo os cálculos corriqueiramente adotados na implantação de uma nova publicação. Por estes cálculos, uma publicação só se mostra viável se exibir a venda para anunciantes de um terço de seus espaços.

Dizia a carta:

> Prezado acionista. Saiu. Aqui está o nosso jornal, combatido, difamado, discutido. Tudo isso significa que ele vive há muito tempo. Somente um corpo vivo pode ser objeto de todas as críticas e elogios como é o nosso caso. Aliás, pretendemos que seja sempre bem vivo, como o nosso primeiro número. Para isso precisamos de você. Mais do que nunca. Precisamos que termine de pagar suas prestações. E nos comunique o novo endereço em caso de mudança. Que os da periferia e do Interior nos procurem, dada a dificuldade do envio de cobradores. Que todos encaminhem para cá aqueles que de qualquer forma nos possam auxiliar, em qualquer setor: informações, colaborações, reportagens e ainda publicidade. Que cada um conquiste pelo menos um novo acionista.

Também o primeiro editorial, publicado na mesma página 3, já trazia a convicção de que o BU dependeria dos leitores:

> Não desconhecemos o preço da liberdade, num mundo aparentemente liberal. Nem alimentamos ingênuas ilusões, face às engrenagens, pesadas ou sutis, que estrangulam ou amordaçam os meios publicitários, escravizando-os, de maneira, por vezes, disfarçada, mas sempre terrível, às ditaduras das forças econômicas. Para um jornal afirmar-se plenamente livre é necessário, antes de tudo, ser economicamente independente. Nesta convicção estamos partindo com um capital realmente fornecido pelo povo.

Ruy do Espírito Santo, diretor administrativo do BU, lembrou do instante do lançamento do jornal:

– Não chegou a haver uma reserva de fundos, mas havia o suficiente para alguns números. E confiávamos no retorno, com a venda do jornal e num número novo de assinantes e acionistas. Com a saída do jornal, porém, as defecções tiveram início. A partir do segundo e terceiro números, tivemos uma retração neste grupo de onde se extraiu o primeiro Conselho de Redação. E, na medida em que as pressões externas se faziam sentir, este grupo ia diminuindo. É evidente que cada saída representava uma perda de apoio entre o grupo que lançara o jornal – o grupo de alta classe média católica de São Paulo, ligado aos dominicanos. A perda de apoio neste grupo teve repercussão financeira. Muita gente deixou de pagar as prestações das ações que compraram. O número mais substancial de assinaturas perdeu-se. Isto representou uma queda no nosso orçamento. E a resistência, no sentido de se manter o jornal, foi tornando-se cada vez, mais dramática.

Roberto Freire explicou por que a JUC, a JEC, e depois também, a organização de esquerda cristã Ação Popular, ajudavam a distribuir o jornal:

– A gente usava tudo para a distribuição. Nós não podíamos confiar no distribuidor que nos boicotava. A gente tinha boicote nas bancas e boicote até nas remessas, como no episódio do aeroporto do Recife, onde, como contei, encontrei mais de mil exemplares amontoados. O distribuidor não estava interessado nem um pouco no jornal. O jornal atrasava, ele não chegava, faltavam números nas bancas etc. As bancas recebiam pressões de outros jornais e das outras editoras do tipo: – Se você vender o Brasil, Urgente, eu não te entrego este outro jornal. E o outro era o jornal que vendia mais. Um tipo de pressão que eu soube foi feita, anos depois, pela Editora Abril, contra a revista Bondinho. Eles chegavam à banca e diziam: – Se vocês venderem o Bondinho nós não vendemos mais o Pato Donald para vocês. Tínhamos vários tipos de pessoas ajudando, poderiam ser da Juventude Universitária Católica, da Juventude Estudantil Católica, da Juventude Operária Católica, padres, amigos, conhecidos. Com o tempo isto foi se esvaziando e ficaram as SABUs – Sociedades de Amigos do Brasil, Urgente e militantes, que pegavam o jornal, vendiam e mandavam o dinheiro para a gente. Me lembro de muitas edições que nós não estávamos podendo levar para a gráfica porque a gráfica só rodava o jornal com pagamento adiantado. De repente, chegava uma carta. A gente abria a carta e tinha um cheque suficiente para rodar o jornal.

Ruy informou, ainda:

– Na época das eleições de novembro de 1963, nós tivemos um pouco de publicidade eleitoral, publicidade da Petrobrás, a ajuda de políticos, um empréstimo mineiro. O mais era dinheiro de assinatura – cerca de cinco mil –, dinheiro das SABUs e ponto final. Não havia outra fonte de renda. E havia o trabalho mal pago, quase gracioso, de muitos, que permitia o jornal sair.

Leonel Brizola ajudou com dinheiro de seu bolso a pagar uma edição do jornal, segundo Dorian Jorge Freire. O governador de Goiás, Mauro Borges, também teria ajudado. A ajuda dos dois não surpreende porque se afinavam mais ou menos com a linha do Brasil, Urgente.

Surpreendente é a história que Ruy do Espírito Santo contou:

– O frei Carlos, na base de um certo desespero, buscou apoio em Minas Gerais. Ele é mineiro. E conseguiu, realmente, um empréstimo. Foi o único empréstimo que o Brasil, Urgente teve de algum banco, por interferência direta do governador golpista de Minas, Magalhães Pinto, que tinha uma afeição privada pelo frei Carlos. Magalhães Pinto emprestou, de fato, na época, pelo Banco Nacional de Minas Gerais. Não grande coisa, mas o suficiente para garantir uns três ou quatro números do jornal, numa época em que ele estava em grande crise. Depois aconteceu uma coisa engraçada. Após o golpe de 1964, na liquidação do jornal, o atual Ministro do Trabalho, Murilo Macedo, que trabalhava para Magalhães Pinto como seu advogado, foi procurado pelo advogado que fez a nossa liquidação. O advogado foi lá e disse: – Olha, há aqui esta dívida com o banco. E o Murilo: – Dívida? Que dívida? O advogado: – Do Brasil, Urgente. Ele, então: – Não! Esqueça isto, rasgue, por favor. Eles não queriam nem que alguém soubesse que existia algum vínculo do banco com o jornal. Esta dívida, então, nunca foi paga. Ficou, assim, quase como uma doação.

Ainda assim, mesmo sem dispor de recursos para pagá-los adequadamente, o jornal conseguiu contar, desde seu lançamento, não só com o apoio e a colaboração de alguns dos melhores profissionais dos jornalismo diário de São Paulo. Mas, também, a ajuda de intelectuais e artistas do porte do colunista político Victor Rego, do colunista Arapuã, do cartunista Claudius, e de Edgar Koetz, professor, desenhista, gravador, artista gráfico, pintor, responsável pelo projeto gráfico de sua capa.

A eles se juntaram, em colaborações episódicas, Paulo Emílio Salles Gomes, Aracy Amaral, Paulo Mendonça, Franco Paulino, Luís Lopes Coelho, Antônio Cândido, Alfredo Bosi, Ecléa Bosi, Waldemar Cordeiro e Jean Claude Bernardet.

O jornal foi impresso na gráfica do jornal da colônia alemã na Avenida Liberdade, no bairro do mesmo nome, em São Paulo. E distribuído oficialmente pela Chinaglia, tendo um encalhe entre 10 a 20% de sua tiragem.

Chegou a vender 60.000 exemplares por semana. Durante algum tempo, manteve-se, com uma vendagem de 50.000 exemplares. E, mesmo no auge de sua permanente crise financeira, nunca vendeu menos de 30.000 exemplares.

Porque, extraoficialmente, quem, de fato, o distribuía por todo o Brasil eram os jovens da JEC – Juventude Estudantil Católica e da JUC – Juventude Universitária Católica.

A PREPARAÇÃO DO GOLPE MILITAR NAS EDIÇÕES DO JORNAL

Brasil, Urgente

Um Jornal do Povo a Serviço da Justiça Social

GOLPE EM MARCHA!

ANO I — No 4

Edição semanal

7 ABRIL 1963

Preço:

SÃO PAULO

OUTROS ESTADOS

FREI CARLOS JOSAPHAT: SEMANA "SANTA"

ROBERTO FREIRE: GENTE COMO (E CONTRA) A GENTE

DORIAN JORGE FREIRE: O PECADO DA DIREITA

TRISTÃO DE ATHAYDE: CHARITAS URGET

DOLARES EM TROCA DE ADESÃO TOTAL

LIBERALISMO ECONOMICO É UM ÊRRO E É UM MAL

GORILAS À SOLTA!

MSD: "SINDICALISMO" A SERVIÇO DE BANQUEIROS

Industria Farmaceutica: Aspirina Dá Lucro de 1.000%

Um ano antes do golpe militar, no dia 7 de março de 1964, o jornal denunciou o uso da religião em sua preparação.

Março de 1963 (Constantino)

Com o lançamento do primeiro número do BU, emergiu a heterogeneidade do grupo que havia se reunido para fazer o jornal. Até aquele momento, a disparidade de formação dos diversos membros da equipe se manteve, mais ou menos, submersa na vontade coletiva de aplicar no Brasil, os princípios da Doutrina Social da Igreja, expressos pela encíclica *Mater et Magistra*. Veio à tona, porém, impulsionada pela necessidade concreta de definir bem a linha editorial e a identidade da publicação.

Ruy do Espírito Santo, diretor administrativo do jornal, falou, na sua entrevista a este trabalho, sobre como a heterogeneidade da equipe inicial complicava a ação dela, até mesmo quando obtinha um ganho extraordinário, como foi a valiosa adesão do grupo de jornalistas do Última Hora paulista, liderados pelo diretor deles, Josimar Moreira.

Disse Ruy:

– Com a vinda do dinheiro obtido com a venda de ações e assinaturas do jornal começaram a surgir outros problemas que eram os seguintes: primeiro, o amadorismo jornalístico do grupo de base, a começar por mim que nunca tinha feito jornal na minha vida, nunca fiz curso de Administração de Empresas e nem tinha formação maior no campo ideológico. Segundo, o choque do amadorismo desse grupo com o profissionalismo do grupo formado por Josimar Moreira e outros jornalistas da equipe dele. O choque não chegava a brigas. Mas éramos como azeite e água: duas formações, duas origens inteiramente diferentes. Curioso é que, eu que convivia mais com os jornalistas, tinha sempre a impressão de que nós éramos objeto de muita graça para eles e que eles diziam: – Queremos ver quanto tempo eles aguentam, nesta brincadeira de fazer um jornal. De fato, o tempo veio mostrar que eles tinham razão em tudo aquilo. Terceiro, as discordâncias quanto à suficiência e à aplicação dos fundos obtidos. O grupo amador, por ser amador, entendia uma ordem de prioridades e despesas, o grupo de profissionais entendia outra. O Roberto Freire era o elemento de ligação entre o grupo amadorístico e o grupo profissional, e frei Carlos o grande mediador. Frei Carlos buscava mediar, ora dando razão a um, ora dando razão a outro. Mas, sentia-se que ele confiava mais nas razões de ordem profissional, trazidas pelo Josimar e pelo Dorian, do que nas trazidas pelo outro grupo, que, de fato, não tinha conhecimento da coisa.

Havia, igualmente. divergências quanto ao estilo que o jornal adotaria.

Antônio Albino, criador das manchetes de impacto e comunicação rápida usadas pelo Última Hora e pelo BU, afirmou:

– Eu me lembro que tentei vulgarizar um pouco o jornal, dar um pouco mais de opção ao leitor. Além de oferecer o artigo disto ou daquilo. Quis pôr, também, palavras cruzadas. Cheguei a pôr, mas houve uma reação contra aquilo. Um jornal como aquele não podia ter estas coisas, era um jornal sério. Era este espírito que havia no chamado grupo cristão, o de se fazer um jornal sério, doutrinário. Evidentemente, iríamos cair na velha coisa dos jornais dos Partidos Comunistas, que são jornais chatos, ilegíveis. Não há um só operário que leia aquilo. Só que, no BU, que tinha na sua feitura técnica profissionais como Josimar, como Dorian, a gente podia exprimir um outro tipo de concepção jornalística.

O irascível comentarista político do UH, Dorian Jorge Freire, que passou a se dedicar unicamente ao BU, confirmou a divisão da equipe, em carta enviada para Múcio Borges da Fonseca, quando ele preparava a biografia de Josimar.

Na sua entrevista a este trabalho, Múcio cedeu este trecho da carta de Dorian:

> Sim, sempre houve divisão. Josimar e eu éramos do "grupo profissional". Os outros, do "grupo cristão". Talvez, desde o instante em que

Josimar vetou a armação de uma capela na Redação. Ou desde que frei Carlos desaconselhou Josimar a publicar seção de horóscopo.

Múcio Borges da Fonseca acrescentou:

– Pelo que sei do BU, houve muita briga, muita hesitação, convidava-se ou não Josimar para o BU. O grupo que se reuniu para fazer o jornal era um pessoal que lia O Estado de S. Paulo e já tinha uma má vontade orgânica contra o Josimar, por ele ser do Última Hora, que eles desprezavam, como jornal do Getúlio, popularesco. Pelo que eu soube, houve dois grupos e se discutiu muito. Até que frei Carlos, com a sua autoridade, disse: – É Josimar. Nós precisamos de um profissional e temos de aproveitar a disponibilidade deste grande profissional.

As discussões, contudo, não chegavam ao ponto de criar um impasse.

O próprio Albino afirmou:

– O contato com o grupo dos cristãos era muito amplo. Eles eram pessoas abertas, apesar das restrições a isto ou aquilo que faziam. Não havia, de fato, briga. Havia discussões.

Mas, a partir do momento que a ideia de fazer o BU se transformou num jornal concreto, surgiram as previsíveis reações. A tensão entre membros da equipe aumentou, quando começaram a surgir pressões sobre o jornal, tentando calá-lo nas denúncias que fazia.

Contou Ruy do Espírito Santo, um dos poucos que ficou do primeiro ao último número no Brasil, Urgente:

– A cada rodada do jornal era um que pulava fora, porque não resistia às pressões sociais em torno de sua atividade principal, colocada em geral fora do jornal.

No primeiro número do BU apareceram como componentes do Conselho de Direção, além de frei Carlos Josaphat, Ruy do Espírito Santo, Roberto Freire, Dorian Jorge Freire Josimar Moreira e outros nomes como Alfredo Gandolfo, Gilberto Moreira, Maria Olímpia França e Fausto Figueira de Mello.

Deste segundo grupo, apenas Fausto não abandonou o BU, permanecendo até a suspensão da circulação do jornal.

Sobre ele, disse Ruy do Espírito Santo:

– O Fausto Figueira de Mello era uma figura curiosíssima. Pai de onze filhos, patriarcal. Era um homem economicamente liberto porque atuava num campo onde não se podia fazer pressões sobre ele. Era empresário na área de Saúde. Tinha um hospital em São Bernardo, que até hoje existe. Fausto morreu num acidente. Acredito que tivesse ambições políticas que não chegaram a se delinear bem. Não tinha dentro do jornal uma função mais direta, senão a de alguém que ia conversar e estava nas reuniões. Emprestou sua Kombi, no início, para ajudar a fazermos as cobranças. Animava o grupo. Ele procurou fazer com que não houvesse defecções. Foi o amigo que assumia com a gente todas as coisas.

No primeiro número, Roberto Freire acumulava a função de Conselheiro da Redação, com a de Diretor Responsável do jornal. Ruy do Espírito Santo, a de Conselheiro, com a de Diretor Administrativo. No segundo número, Josimar Moreira empossado no cargo de Diretor Geral, passou a ter seu nome publicado no expediente acima dos nomes deles dois.

1ª entrevista com Paulo de Tarso Santos (Pauta: Março de 1963)

Conversamos com Paulo de Tarso, inicialmente, por meia hora, em seu escritório, na Av. Ipiranga, num ambiente alegrado por uma incrível coleção de quadros que recobre as paredes. Mais tarde, viemos a saber que os quadros é uma de suas paixões. Ele próprio, dez anos antes, começara a pintar.

No final deste nosso primeiro contato, ele confessou sua vontade de fazer um registro mais amplo daquele período anterior ao golpe de 64 em que circulou o Brasil,Urgente, a partir de sua própria atuação.

Disse ele:

– Tentei gravar um diálogo com os meus filhos, como se fosse um encontro de duas gerações, para evitar o livro convencional de memórias – que acho bobo – mas, não deu certo porque a muitos dados daquele período a geração deles não teve acesso, confessou Paulo de Tarso. Imediatamente, vislumbramos naquela frase dele um método para a ordenação do material de que eu dispunha.

Respondemos:

– Professor Paulo, podemos ordenar todo o fruto de nossa pesquisa em forma de perguntas ao senhor, montando uma longa conversa como a de Simone de Beauvoir com Jean Paul Sartre, publicada no livro *A cerimônia do adeus*, gravada quando o escritor, cego, não podia escrever.

Por algum motivo muito profundo começamos a nos dirigir a Paulo de Tarso, chamando-o de professor. Depois viemos a perceber, com constrangimento, que todos só o chamam de doutor Paulo, porque, de fato, ele é um advogado, bem sucedido. No entanto, para as pessoas da nossa faixa de idade que tinham feito política estudantil, quando Paulo de Tarso foi ministro da Educação, ficou a imagem dele de educador.

Paulo de Tarso se interessou logo pela nossa proposta e marcamos a primeira entrevista para alguns dias depois em nosso apartamento. Combinamos que, lá, almoçaríamos juntos e depois começaríamos a trabalhar. Foi a única entrevista realizada ali. Houve outra realizada novamente no escritório dele, as demais foram todas em sua casa, em Pinheiros, numa praça próxima ao Esporte Clube Pinheiros perto do rio, numa das raras regiões de São Paulo densamente recoberta de árvores, onde fomos encontrá-lo, em fins de tarde de domingos.

Se há muitos quadros no escritório de Paulo de Tarso, em sua casa, então, existe um acervo capaz de preencher um museu. Num dia em que chegamos um pouco mais cedo, o motorista da casa estava com um martelo na mão, tentando, com dificuldade, descobrir um espaço vago em alguma das paredes para pendurar mais uma obra.

Não resistimos à tentação de recomendar a Paulo de Tarso que mandasse imprimir um catálogo daquelas obras, tal a sua variedade.

Ele nos disse: -Tudo o que pude ganhar com o meu escritório de advogado, investi em obras de arte.

Para a primeira entrevista em nosso apartamento, ele chegou acompanhado de seu filho Vasco, também advogado. Surpreendentemente recusou quase inteiramente a comida que minha mulher havia preparado com o cuidado que lhe permitiu a falta de tempo provocada pelo acúmulo das funções de jornalista, mãe e estudante. O rapaz, felizmente, gostou da refeição. Depois percebemos que a falta de apetite de Paulo de Tarso, era sintoma da sua ansiedade, antes de ter de voltar a pensar na fase atribulada, para ele, dos anos de 1963 e 1964.

Havia tanta coisa a perguntar a Paulo de Tarso, naquela primeira entrevista, devido ao acúmulo dos conteúdos nervosos das matérias de todos os exemplares do BU, somado às luzes lançadas sobre este conteúdo por dezenas de livros sobre 1964, que não foi possível tornar amenas as nossas perguntas.

Assim, nós as oferecemos por escrito. Achamos justo e necessário garantir que ele pudesse dispor do tempo de que viesse a necessitar para entender bem o que queríamos ouvir dele. Criou-se um método improvisado para nossas entrevistas com ele, mas que se mostrou eficiente. Paulo lia as perguntas, pensava um pouco, e as respondia. Sempre com impressionantes clareza, articulação e profundidade de raciocínio. Qualidades obtidas por alguém que se tornara advogado aos 23 anos de idade, na mais conceituada faculdade de Direito do país, a do Largo de São Francisco, em São Paulo, depois de conquistar os prêmios de melhor aluno de todo o curso, e o de melhor aluno de Direito Civil. E que, nos anos seguintes, debateria no Congresso Nacional e no ministério de Jango os temas mais complexos de seu tempo, com membros brilhantes da sua geração de políticos.

Para a primeira entrevista, extraímos as questões mais relevantes abordadas nas páginas dos três primeiros números do BU, no mês de março de 1963.

Em resposta a nós, Paulo de Tarso desenvolveu um amplo raciocínio sobre os comprometimentos da Igreja Católica com o chamado poder temporal, ao longo da História.

Começou a abordar o tema intricadíssimo da relação entre o cristão e a violência política, como caminho para a alteração de uma situação de injustiça social, a que ainda voltaríamos, depois, mais duas vezes, em outras entrevistas.

Falou do tratamento que a grande imprensa deu à UNE e ao governo de Miguel Arraes.

E comentou a denúncia feita pelo embaixador norte-americano Lincoln Gordon sobre a presença de comunistas no governo Goulart.

Religião e ordem social

Coimbra: – Na seção Livros do primeiro número do Brasil, Urgente (p.19), Ruy do Espírito Santo escreveu a respeito da obra recém-lançada por frei Carlos Josaphat, *Evangelho e revolução social*:

> Para os organizadores deste jornal e particularmente para a equipe que o dirige o livro do teórico dominicano é absolutamente fundamental.

A nota se encerrava assim:

> Para o momento político e social brasileiro não acreditamos que se tenha escrito recentemente obra tão oportuna e necessária como *Evangelho e revolução social.*

Ruy do Espírito Santo destacava quatro aspecto da obra:

1°) As obras assistenciais podem ser necessárias, mas não bastam. É imperativo construir uma ordem social justa.

2°) Dentro de uma visão cristã da História humana, a tendência igualadora dos direitos humanos, com a correlativa supressão dos privilégios, é vista como desígnio da Providência.

3°) Diante de uma ordem social que represente a injustiça ou violência estabelecida o cristão não deve se acomodar. Para se alcançar a necessária, neste caso, mudança radical e brusca das estruturas deve-se, no entanto, dar primazia aos meios pacíficos.

4°) A exploração da crença cristã para impedir a renovação social e abafar as justas reivindicações dos menos favorecidos é uma gravíssima deformação do Cristianismo tão intrinsecamente má como o ateísmo militante. (p.19).

Já no BU n° 2, frei Josaphat escreveu um artigo cujo título era “Democracia e Farisaísmo”, em que dizia:

> É a mesma preocupação que inspirara Lebret, em Suicídio ou Sobrevivência do Ocidente. Apontar o equívoco de uma civilização que invoca valores e nomes sagrados para coonestar crimes e omissões

(...) Farisaísmo, suprema corrupção da religião, é também a primeira das ameaças para a democracia. (p.9).

O senhor poderia nos falar, como um cristão militante e estudioso da Doutrina Social da Igreja, sobre este embasamento teórico que se formulava, então, para o Brasil, Urgente, ligado à preocupação com a utilização da religião na manutenção de uma ordem social injusta – dois componentes do conteúdo do jornal presentes já nos seus primeiros números?

Paulo de Tarso: – Na época em que surgiu Brasil, Urgente e a pregação de frei Carlos, o país vivia às vésperas da agitação que culminou com o movimento de 1964. No convento dos dominicanos nas Perdizes, reuniam-se multidões para ouvir análises novas sobre o Cristianismo Social que, embora fundamentadas nas encíclicas, mostravam os aspectos, digamos, mais radicais da mensagem cristã constantes dessas encíclicas. Na pregação social-cristã, no Brasil, que até então havia funcionado como sustentáculo das estruturas sociais, passou a existir não só as conferências de frei Carlos Josaphat, como todos os pronunciamentos que estavam em linha semelhante a dele.

Eu teria uma ponderação a fazer. Aqui na pergunta escrita se menciona uma síntese que o Ruy do Espírito Santo fez, em um artigo, do livro de frei Carlos Josaphat, *Evangelho e revolução social*, onde se diz que, para que seja alcançada a necessária transformação social – que, nesse caso, significa mudança radical e brusca das estruturas –, deve-se dar primazia aos meios pacíficos.

Eu quero discutir um pouco essa mudança brusca. Lebret costumava dizer que o desenvolvimento era um processo pelo qual os países passavam de um estágio menos humano para um estágio mais humano, ao menor custo social possível, de maneira mais rápida possível, levando em conta a solidariedade internacional.

Então veja, quando ele dizia da maneira mais rápida possível, ele estava fazendo uma afirmação um pouco distinta deste brusco, porque nem sempre a mudança brusca era a mudança possível.

Aqui, quando o Ruy menciona, sintetizando frei Carlos Josaphat, primazia dos meios pacíficos, aí, sim, existe uma coincidência com a posição de Lebret, que era uma espécie de mestre de todo mundo, através do movimento de Economia e Humanismo.

Ele era ouvido nas suas vindas constantes a São Paulo e nas suas reuniões com as pessoas que lideravam o movimento social-cristão, em São Paulo.

O Lebret não falava propriamente, como eu mencionei, em meios pacíficos, mas em menor custo social possível. Ora, esse baixar o custo social equivale evitar a violência com o que ela significa de atentados contra a vida humana, derramamento de sangue etc. Há, no mais, uma certa coordenação, uma certa harmonia entre o que foi dito pelo frei Carlos Josaphat e pelo que posteriormente seria dito pelo Lebret, em alguns de seus livros. Esse é um aspecto.

O outro aspecto é a influência que a *Mater et Magistra* teria exercido sobre a linha do jornal e sobre a pregação de frei Carlos. Aqui eu posso falar com firmeza, sem maior hesitação, porque eu próprio fui um beneficiário da *Mater et Magistra*. Uns quinze dias antes do aparecimento da encíclica, eu, que era prefeito de Brasília nessa época, concedi uma entrevista à revista Manchete, que a publicou com um título, em caracteres grandes, que dizia assim: – O prefeito de Brasília declara: o capitalismo não é o dogma econômico do cristianismo.

E para desenvolver essa tese, eu sustentava mais ou menos os argumentos que estão mencionados na pergunta escrita que eu estou procurando contestar e que, por sua vez, repete a pregação de frei Carlos Josaphat e alguns dos editoriais do jornal.

Na verdade, quando veio a *Mater et Magistra*, aquilo que parecia uma heterodoxia em matéria de cristianismo social, passou a ser a palavra oficial da Igreja, porque a *Mater et Magistra* realmente esclareceu muitos pontos dúbios sobre a posição da Igreja diante das estruturas sociais.

Quanto a isso, eu pessoalmente tenho uma forma muito peculiar de analisar o problema. Eu acho que a coisa pode ser resumida assim: o mundo criado, segundo o cristianismo social, é um dom de Deus ao homem em geral, à humanidade. Deus não doou o mundo a um segmento social. Deus doou o mundo à humanidade. E a gente costuma dizer que esse é um dom gratuito porque a humanidade não fez nada para conquistar isso, não foi uma espécie de retribuição ao mérito da humanidade.

Os homens é que estabeleceram, entre si, normas para distribuir, entre eles, esses bens (e aí começou a iniquidade), o que é exclusivamente tarefa cultural e, portanto, tarefa dos homens. Não é parte daquilo que se chamava na época de Plano da Providência Para a História. Os bens existiam para que os homens pudessem se servir deles, a fim de ver atendidas as suas necessidades. O valor dos bens criados era a capacidade que eles tinham de atender às necessidades humanas. O homem tinha coisas para ser. Era o célebre ter para ser.

No entanto, nesta organização normativa para a distribuição dos bens ocorreu uma deformação. Ao invés de ter para ser, o homem procurou ter para poder, as coisas passaram a ser instrumentos de poder. Os homens quiseram ter poder uns sobre os outros, e esse foi o início do processo da dominação inter-humana.

Na verdade, o homem sucumbiu à tentação de ter cada vez mais poder. Eu acho que essa é uma tentação satânica, porque a gente sabe que a tentação do Demônio foi querer ser igual a Deus. Quando o homem, desviando as coisas de sua finalidade de atendimento das necessidades humanas, quis usá-las para adquirir cada vez mais poder, (através do controle dos meios de comunicação social, através do controle da vida política do país, através do poder econômico) o homem queria ser semelhante a Deus, como o Demônio quis. E a propósito disso, há um fato marcante na História da Igreja, que é o ano 313, depois de Cristo.

Eu resumiria assim: na Escritura existe o célebre episódio da tentação do Demônio feita a Cristo no alto da montanha.

Quando o Demônio diz a Cristo: – Olha, está vendo esses imensos latifúndios que têm por aí, tudo isso me pertence. Se você me adorar, eu te dou tudo isso. Abandone a pureza dos seus princípios, a sua pregação, entre aspas, subversivas, que você terá todo esse latifúndio, você será dono disso tudo, você vai viver tranquilamente, e não no meio da pobreza, dos leprosos.

E o Demônio ainda continuou e disse o seguinte: – Se você é o Cristo, filho de Deus, porque você não se joga dessa montanha, porque está escrito que os anjos do Senhor viriam te amparar e evitariam que você se esborrachasse lá embaixo.

Cristo disse: – Também está escrito que adorarás o Senhor teu Deus e evitarás as tentações do Demônio.

Bom, Cristo suportou a barra do Demônio, a tentação do poder temporal. Mas, trezentos e treze anos depois, o chefe da Igreja e os bispos, que eram representantes de Cristo na Terra, foram submetidos à tentação semelhante por Constantino, imperador de Roma. Contrariamente ao que ocorreu com Cristo, sucumbiram, e surgiu o que se poderia chamar de constantinismo, quase que substituindo o cristianismo. Ou então, se a gente não quiser formular de maneira tão radical, surgiu o cristianismo constantinista.

Eu imagino o seguinte diálogo de Constantino com os bispos que naquela altura representavam a Igreja, nos seus primórdios: – Vocês estão aí pregando fraternidade a escravos, vocês são a religião da escória da sociedade romana, que são os escravos. Ora, eu acho que isso é uma tolice, porque o que eu ofereço a vocês é que vocês sejam a religião oficial do Império Romano. Assim, cada vez que nas guerras tremularem os nossos pendões, os símbolos da Igreja Católica também tremularão. Vocês vão expandir o cristianismo por todas as partes. Roma é um império em expansão.

E aí os bispos sucumbiram e a Igreja passou a ser a Igreja oficial de Roma, dando respaldo às estruturas sociais injustas que inclusive incluíam a escravidão. E o Constantino continuou marombando entre o cristianismo e o paganismo.

A História conta que ele continuava frequentando templos pagãos, ao mesmo tempo em que frequentava a Igreja. Eu acho que essa subserviência dos representantes, entre aspas ou sem aspas, de Cristo na Terra, que eram os bispos, representou o início da confusão da Igreja com o poder temporal. A Igreja pagou um alto custo que significou a sua deformação como religião. Hoje, ela já volta a dizer que opta preferencialmente pelos pobres. Esse período de Constantino se estende até agora, até o Concílio Vaticano II, até Puebla, até Medellin, com altos e baixos.

É claro que eu estou dando um salto muito grande na História, mas realmente houve concessões, a gente sabe que a Igreja concedeu. Ela própria em Puebla pediu perdão ao povo de Deus pelos seus erros. A Igreja põe na testa as cinzas da penitência. Ela sucumbiu não uma vez só, não. Sucumbiu inúmeras vezes. Para afirmar sua perenidade, temendo que, de outra forma, essa perenidade fosse afetada, ela sempre, para usar uma expressão atual, transou com o poder temporal. Em 1964, no Brasil, você viu que a Igreja foi o grande sustentáculo do movimento militar. Apesar das divisões internas que ela tinha, a maioria esteve de acordo em que ela fosse esse sustentáculo.

Quanto à parte da pergunta que fala sobre democracia e farisaísmo, novamente citando frei Josaphat, eu gostaria de dizer o seguinte: numa hora em que a Teologia da Libertação ganha foros da doutrina oficial da Igreja é preciso distinguir, a meu ver, a Teologia da Libertação de uma Política da Libertação. Eu acho muito mais natural que, ao lado da Teologia da Libertação, se formule uma Política da Libertação do que forçar uma interpretação política da Teologia. A Teologia tem seu campo próprio de ação e eu acho que a política deve buscar inspiração nela, mas o âmbito da política é diferente. Agora, nós, que acreditamos nessa Teologia da Libertação, achamos que a dominação do homem sobre outro homem é contra os planos de Deus para a humanidade, porque o homem foi feito para atuar como sujeito da História, dominando o mundo e não dominando outros sujeitos. A dominação do mundo é natural, o homem deve transformar o mundo pelo trabalho, pela dominação. Mas quando desvia essa transformação do mundo e procura transformar o outro sujeito em oprimido, ele desumaniza o outro e se desumaniza.

Muito bem. Eu acho que esse farisaísmo a que faz alusão frei Carlos deve ser discutido não só, nem principalmente, no âmbito da Teologia da Libertação. Acho que isso deve ser objeto de discussão da Política da Libertação.

O que é preciso fazer para dar consequência prática, histórica, às teses da Teologia da Libertação?

A Teologia da Libertação se inspira na verdade de que, embora não seja deste mundo, o reino de Deus começa a ser construído neste mundo. Essa construção histórica, a maneira de construir a ciência, a arte, e obter a verdade, o bem dos homens na cidade temporal, é o objetivo da política. O farisaísmo se revela através do todo de um processo de alienação cultural, por exemplo. Através da célebre civilização cristã no Ocidente, que é uma panaceia para cobrir todos os erros, todos os pecados dos quais a Igreja se penitenciou depois.

Lenildo Tabosa e o Cardeal Motta

Coimbra: – Inicialmente, uma rápida digressão. Já nesta segunda pergunta vamos nos referir a um livro a que certamente voltaremos muitas vezes durante nossas conversas porque foi escrito com base em uma riquíssima documentação sobre este período, só recentemente descoberta. Referimo-nos a *1964: A conquista do estado – ação política, poder e golpe de classe*, de René Armand Dreifuss.

Novamente esquematizando, agora, para não nos perdermos na incrível massa de informações contidas na obra, vejamos o seguinte.

Segundo o autor:

1°) Numa reunião entre militares e empresários golpistas, realizada no Rio em novembro de 1961, na sede do Instituto de Pesquisa e Estudos Sociais – IPES, no Edifício Avenida Central (onde a rede de Exército e Informações, do General Golbery, funcionava em 4 dos 13 escritórios alugados pela elite orgânica) houve consenso em que para se evitar um fracasso, semelhante ao de 1961, as Forças Armadas só interviriam na política brasileira com manifestações inequívocas da opinião pública, neste sentido, (Petrópolis, Vozes, 1981, p.164).

2°) A mobilização da opinião pública em todos os setores da população foi uma tarefa entregue à coordenação do IPES.

3°) O IPES encomendou a um certo Arlindo Lopes Correa um estudo cujo título ficou sendo Conquista das Classes Médias para a Ação Política em Grupo (p.291). Em resumo, pregou Arlindo Correa: a conquista da classe média tem de ser feita através de propaganda que mescle argumentos racionais com argumentos emocionais. Dessa forma, a liderança dessa classe será alcançada (p.292).

4°) O Movimento de Arregimentação Feminina – MAF, surgido em 1954 para protestar contra a alta do custo de vida e a falta de instrução cívica nas escolas, passou no início da década de 1960 a assumir um papel político. Contando com 6.000 membros e mantido pelo IPES, o MAF devotava crescentes esforços para combater o comunismo e a corrupção através de panfletagem, comícios públicos, petições e propaganda de porta em porta. (p.295).

Os detalhes que nos interessam particularmente:

a) Imediatamente após esse encontro no Rio os representantes dos paulistas reuniram-se com Júlio de Mesquita Filho, proprietário de O Estado de S. Paulo que, com outros empresários, citados por Dreifuss, formavam a liderança militante do IPES – São Paulo (p.375).

b) Já a diretoria do MAF reunia membros exclusivamente de status bem alto das tradicionais famílias paulistas e sua ação se restringia a São Paulo. Sua presidente, Antonieta Pellegrini, era a irmã de Júlio de Mesquita Filho, proprietário de O Estado de S. Paulo (pág.295).

Voltemos, agora, ao BU. No seu segundo número, na seção Debate (p.6) o BU publicou uma violenta resposta de Lenildo Tabosa Pessoa, jornalista de O Estado de S. Paulo, a uma nota publicada pelo jornal, em edição anterior. (p.11).

Aquela nota dizia o seguinte:

> Um ex-seminarista, a serviço de um matutino do Estado de São Paulo, recebeu de um grupo de senhoras de alta sociedade a incumbência de criticar em público o livro *Evangelho e revolução social* de frei Carlos Josaphat, que não conseguiram ler, mas julgavam muito pernicioso. Foi articulada a palestra que acabou não se realizando. Conclusão: ou o ex-seminarista também não o conseguiu ler (pelas mesmas razões que as citadas senhoras) ou quem sabe após a leitura, converteu-se ao Cristianismo.

No texto de introdução da carta de Lenildo, o jornal diz que se trata de um esclarecimento que lhe foi dirigido por um dos mais brilhantes redatores do Estado de S. Paulo e também autorizado porta-voz do IPES, conforme o fac-símile de notícia publicada no mesmo O Estado de S. Paulo, em sua edição de 17 do corrente. Ao lado daquele texto, uma foto de um trecho de página de jornal onde uma matéria, com o título "Palestra de Jornalista na Televisão", anuncia a participação de Lenildo num programa de televisão do Instituto de Pesquisas e Estudos Sociais – IPES.

Na sua carta, Lenildo diz:

> Depois que participei de um recente programa de televisão, durante o qual, tive oportunidade de manifestar minha opinião sobre o livrinho (de frei Carlos) acima citado, recebi do Movimento de Arregimentação Feminina-MAF um convite para repetir na sede da Confederação das Famílias Cristãs-CFC a palestra, falando de todos os assuntos tratados na TV, como Concílio Ecumênico etc, o que significa que deveria falar também mas não exclusivamente do assunto ao qual seu jornalzinho restringiu o temário.

Lenildo acrescenta que a conferência não se realizou porque a CFC resolveu não mais ceder sua sede ao MAF, uma vez que frei Josaphat possui uma 'gang' devidamente amestrada que se insinua em reuniões familiares nas quais se suspeita que seu apostolado será criticado, para provocar tumultos.

Para Lenildo, "tudo se resumia à repetição de um outro caso, acontecido com um padre que foi forçado a abandonar esta arquidiocese, depois de ter ouvido juntamente com seu provincial 'elogios' da enfurecida autoridade eclesiástica (a mesma que impedira a cessão da sala para a conferência), sem qualquer possibilidade de defesa ou explicações, pelo inominável crime de ter derrotado o fradezinho em uma discussão".

Adverte a seguir o jornalista:

> Creio que quem tem a falta de escrúpulos de abusar da fraqueza da autoridade. em benefício de suas inegáveis tendências totalitárias e

anticristãs, deveria pelo menos ter a prudência, já que não sei se se poderia falar de dignidade em tais casos, de permanecer em silêncio, após cada 'vitória' em vez de tentar explorar o fato, expondo-se, em virtude da Lei de Imprensa, à obrigação de publicar esclarecimentos que, na realidade, louvam bem pouco os artífices de tais triunfos.

Por fim, Lenildo coloca a sua conclusão e adianta uma decisão:

> Como se vê, sr. Diretor, não se tratou de nenhuma conversão minha ao "cristianismo", inclusive porque se o seu jornalzinho considera cristianismo isso que anda pregando frei Josaphat, minha "conversão" encontra um insuperável obstáculo no fato de ter em alta conta e consideração a honestidade e de não levar em consideração em minhas tomadas de posição as correntes que possam oferecer mais altos preços no mercado da demagogia. Como qualquer polêmica deve pressupor de cada uma das partes um mínimo de crença na boa fé e na honestidade profissional da outra, desejo deixar bem claro que não pretendo entrar em discussão com seu jornalzinho, pelo que, qualquer que seja a resposta que se dê ou não à presente, julgo-me desde já dispensado de dedicar-lhe qualquer atenção.

A autoridade a que se refere Lenildo, sem citar seu nome, obviamente, é o cardeal Carlos Carmelo de Vasconcelos Motta, arcebispo de São Paulo, na época. No primeiro número do BU, na página 9, o jornal publicou uma matéria com aquela autoridade religiosa que trazia o título de "Cristo Também foi Chamado de Endemoniado". Nela, o cardeal dizia:

> Não devemos ter receio de ser qualificado de comunista. Afinal, Jesus Cristo não foi chamado endemoniado? O discípulo não pode pretender ser maior que o Mestre.

Doutor Paulo, o Cardeal Motta, era sabido, tinha um enorme apreço pelo senhor, demonstrado publicamente.

O senhor admite que estes ataques sofridos por ele, através da imprensa surgiam como manipulação dos sentimentos religiosos da classe média? Poderia analisar tais ataques?

Paulo de Tarso: – A morte do Cardeal Motta, ocorrida recentemente e que eu pessoalmente lamentei imensamente, como amigo dele e homem que deveu a ele inúmeras atenções, é o momento de definir melhor o papel que ele teve na comunidade católica de São Paulo, quando se começava a polêmica política de que resultou o movimento de 1964.

Dom Carlos Carmelo foi de uma valentia, nessa época, excepcional, que ainda não foi contada. Quando eu escrevi meu livro, *Os Cristãos e a revolução social*, publiquei o fac-símile de uma carta dele a mim, em que ele toma a minha defesa contra, diz ele, meus gratuitos inimigos, e chama a atenção para o direito que eu tinha à liberdade, nas coisas que não eram dogmáticas, que não eram formuladas de maneira necessária. Isto era um dom de Deus. E me estimulava a continuar exercitando essa liberdade. Agora, eu leio aqui que sobre o Brasil, Urgente ele foi ainda mais longe.

Ele diz:

– Não devemos ter receio de ser qualificado de comunista afinal Jesus Cristo não foi chamado de endemoniado? O discípulo não pode pretender ser maior que o Mestre.

Ora, essas expressões dedicadas por ele ao jornal eu as posso comparar com o que Dom Carlos disse publicamente a meu respeito na carta.

Ele disse o seguinte, quando se dirigiu a mim:

"Quanto ao que de mal inventam contra Vossa Excelência os seus gratuitos adversários, lembramos as seguintes palavras de Leão XIII na encíclica ao clero francês, em 8 de setembro de 1899: Não deis ouvidos a esses homens nefastos, que se dizendo cristãos e católicos, lançam cizânia na messe do Senhor, atacando e mesmo muitas vezes caluniando".

Então, Dom Carlos foi um homem participante, tomou uma posição valente na época. Isso eu acho que é ainda um fato quase que ignorado, não se insistiu suficientemente nisso. Dom Carlos aparece como o administrador que construiu a Catedral da Sé, que depois foi para Aparecida.

Na época, se dizia que foi para Aparecida porque estava em choque com o movimento de 1964. Lá, construiu a Catedral, e os jornais noticiam e dão ênfase a esses pontos. Mas os jornais não mencionaram os aspectos, digamos, que alguns consideram polêmicos da vida de Dom Carlos, aqueles que revelam a sua valentia apostólica.

Na hora em que o IBAD – Instituto Brasileiro de Ação Democrática e o IPES estavam publicando diariamente terríveis catilinárias contra mim, porque eu havia sido o primeiro signatário do requerimento de abertura de uma comissão de inquérito para saber o que eram esses organismos e como atuavam, Dom Carlos teve a coragem de publicar essa carta. Mostrava que, nos contatos que o IBAD e o IPES procuravam ter com a Igreja Católica, ele estava excluído. Dom Carlos não teve parte nisto, estava à margem disto. E é por isso que certas pessoas sectárias da época se enfureciam contra ele.

Eu mesmo fiz discursos na Câmara dos Deputados, ele menciona na carta, em defesa de Dom Carlos, porque ele era atacado por todos os que já estavam preparando a opinião pública católica para o que viria depois.

Isto que se diz na sua pergunta, citando esse Arlindo Correa, quanto a conquistar a classe média pela razão e pela emoção, coloca em pauta um tema importantíssimo. A emoção da classe média brasileira, naquela época não seria jamais tocada enquanto não fosse possível resgatar o cristianismo como a ideologia desta classe. Na medida em que não houvesse dúvidas quanto a se o cristianismo estava a favor de uma transformação social ou se estava contra essa transformação era fácil mobilizar a classe média. Mas quando se criou uma divisão, alguns dizendo que o cristianismo queria a transformação e outros que não, ficou mais difícil.

A classe média não queria ficar contra a Igreja, e toda a ideologia do movimento de 1964, como se vê lendo o livro de Dreifuss, supunha a defesa da civilização cristã no Ocidente, o pacto com a NATO, com os países ocidentais, a geopolítica do general Golbery, pela qual nós éramos países interdependentes, o que depois foi formulado pelo Juracy Magalhães.

Que o cristianismo fosse contestado como base ideológica desse movimento era realmente insuportável. Se eles ficassem privados do cristianismo, a quem iriam eles recorrer como fundamento doutrinário da sua ação de intervenção no processo político brasileiro? Por isso é que os católicos que assumiram uma posição de vanguarda naquela época tiveram contra eles os mais furiosos adversários. Em certa medida nós éramos mais perigosos que os comunistas porque nós contestávamos a ação golpista em movimento usando uma linguagem cristã. Assim, quando Dom Carlos Carmelo vinha em defesa do Brasil, Urgente e vinha em minha defesa, ele se expunha às iras dos que estavam tramando nas sombras o regime autoritário.

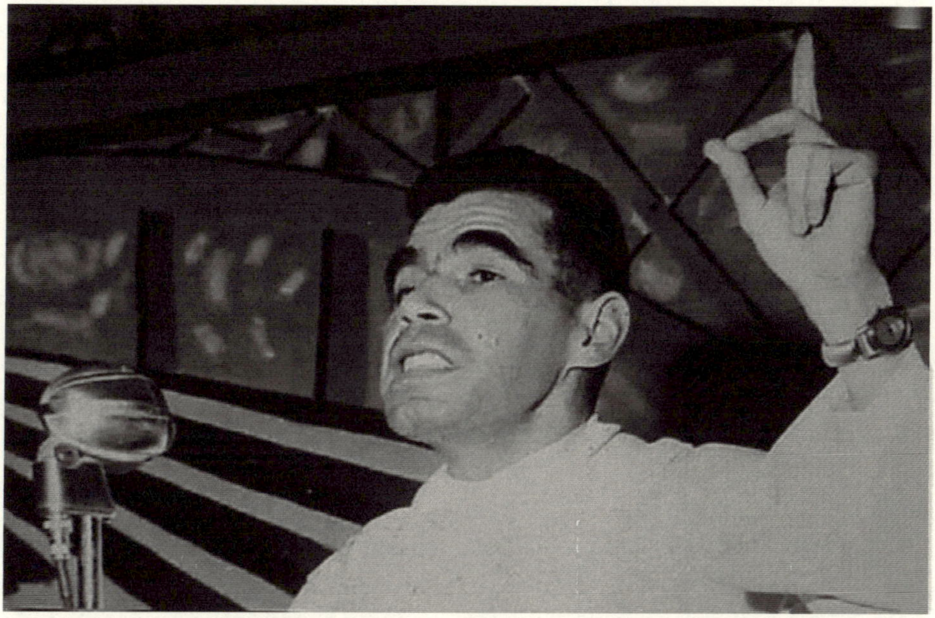

Frei Carlos Josaphat era considerado um orador empolgante

Ataques aos estudantes

Coimbra: – Não eram só, porém, os membros da hierarquia que sofriam com as investidas da imprensa. Membros leigos da Igreja Católica, como o senhor, de fato, também não escapavam delas. Tampouco o presidente da UNE, Vinicius Brandt, cuja eleição segundo Arthur José Poerner (*O poder jovem*, 2ª ed., Rio de Janeiro, Civilização Brasileira, 1979, p.188 e 196) representava a consolidação da hegemonia dos cristãos da Ação Popular no movimento estudantil, depois da profícua atividade de outro líder estudantil católico Aldo Arantes, diante daquela entidade.

O BU nº 1, numa matéria cujo título era "UNE: Aliança Povo-Estudante Assusta Classes Dominantes" (p.17), afirmou:

> Não há dia em que certos jornais deixem de caluniar a UNE. Não há dia em que falte uma mentira ou distorção desses jornais em relação à UNE. Por isso mesmo, a cada dia aumenta o descrédito desses órgãos de opinião. Quanto ao que nos cabe, estou certo de que a missão do cristão inclui necessariamente o ser odiado pelo mundo. Este mundo de opressão, da miséria e do antievangelho.

O senhor conhecia a origem desses líderes estudantis, antes de ir para o Ministério da Educação? Segundo ainda Poerner, eles provinham da Juventude Universitária Católica–JUC e agruparam-se na Ação Popular-AP por dissensões com a hierarquia Católica, entre outras razões por não aceitarem o ensino pago nas instituições católicas (POERNER, p.188 e 196). Concorda?

Paulo de Tarso: – Eu acho que um dos problemas mais graves derivados desse período autoritário é o fato de que a juventude foi intencionalmente marginalizada. Sobre ela caiu a suspeição, que não foi levantada, nem pela Anistia, de que ela era presa fácil do comunismo, isto é, das forças totalitárias de esquerda.

Cada vez que algum líder jovem católico assumia uma posição favorável à transformação social, ou pregava a organização do povo, ou pregava em favor da libertação da miséria, esse jovem era imediatamente confundido com os comunistas. Isso em parte era um jogo hábil dos que estavam tramando a mudança de 1964. Confundir todos os que estavam contra as injustiças sociais com o comunismo, tornava tudo mais fácil, já que sobre o comunismo há um veto muito especial, que se intensificou a partir do movimento de 1935 e que fecha, por exemplo, todas as Forças Armadas contra os comunistas. Já não ocorre o mesmo com os cristãos, tenham eles as posições que tiverem. Então, era preciso não admitir cristãos com uma posição social de vanguarda, era preciso confundi-los com os comunistas. Ficava mais fácil neutralizá-los. E foi o que aconteceu com gente como Vinicius Caldeira Brandt, como Aldo Arantes, que depois tiveram uma posição ideológica, em parte explicável pelo veto formal, violento, inapelável que receberam. Talvez se eles não tivessem recebido esse veto, num determinado momento, eles pudessem ter evoluído para uma posição semelhante à de Dom Paulo Evaristo Arns, para a Teologia da Libertação, ou para uma posição semelhante à do Paulo Freire, à do Plínio Sampaio, à que eu tenho procurado sustentar.

Nos artigos que escrevi sobre a Política da Libertação, busco um humanismo novo, realista, diferente do humanismo burguês, uma espécie de ideologia do homem, de ideologia democrática, que aliás também está sendo procurada pelo eurocomunismo, pelos partidos comunistas da Itália, da França, da Espanha. Este é um pouco o clima de trabalho com que todos os cristãos e muita gente fora do cristianismo está confrontado. Pessoas que radicalizaram a sua posição, foram levadas a isso por uma perseguição sem trégua que procurou confundi-los com os comunistas. E tanto insistiram para confundi-los com uma posição de esquerda radical, que alguns deles acharam melhor identificar-se com o modelo que a eles era atribuído.

Eu, por exemplo, fui chamado de comunista, você sabe, durante muito tempo, pelos setores que estavam identificados com o IBAD e com o IPES, por causa do livro que escrevi e por algumas coisas que disse. No entanto, chega o momento em que a gente tem que dizer a verdade. Eu tinha sido prefeito de Brasília, duas vezes deputado federal, ministro da Educação e nunca tinha estudado o marxismo a não ser através do Père Bigaux.

Como católico, eu achava mais ou menos que era pecado ler Marx. Eu, se fizesse isto, naquela época, acho que iria me confessar. Foi preciso o exílio no Chile para que eu conhecesse o marxismo. Foi lá que eu fui estudar o marxismo. Tanto me chamaram de marxista que eu fui querer saber o que era isso. Aí eu procurei estudar a Lógica Dialética, alguns autores marxistas, ou neomarxistas como o Marcuse, o Erich Fromm, que discutiam o problema do humanismo, e o jovem Marx, para tentar buscar neles fundamento para um novo humanismo.

Eu acho que existe aí alguns fundamentos que podem ser aproveitados. A mensagem cristã hoje deve ser renovada nesse sentido. Denunciar o humanismo burguês como contrário à libertação do homem, como uma categoria de dominação inter-humana, e reivindicar a possibilidade de formulação de um novo humanismo, normativo, realista, instrumento da libertação.

Miguel Arraes e a repressão aos cristãos

Coimbra: – Uma pesquisa foi feita pelo BU e seus resultados publicados em seu segundo número, a respeito das causas que existiriam no Brasil para uma revolução social (p.3). Concluiu o jornal: "Ao contrário do que se poderia esperar, apenas 5% dos entrevistados explicam a revolução como resultado da ação comunista, como pretendem os camelôs do otimismo da livre iniciativa que, valendo-se do anonimato do IPES para não se comprometerem, procuram atribuir à infiltração comunista o descontentamento popular que sua própria incapacidade e irresponsabilidade vêm gerando".

O jornal acrescentou:

> Monta-se, com esse objetivo, a indústria do anticomunismo com tabuleta na porta, presidente e principalmente caixa registradora. O produto dessa indústria vende-se por aí, pesado como a vergonha e inútil como o ódio, num clima de perseguição, opressões, demissões e subornos. O prudente cidadão que ousa criticar, com eufemismo e metáforas, a injustiça social é logo qualificado de feroz comunista, com dinamite no bolso pronto a fazer saltar pelos ares um bonde ou a carruagem do sr. governador.

Dentro, ainda, da mesma temática, o BU nº 3, (p.11) trouxe matéria sobre o governador de Pernambuco, Miguel Arraes, com o título de "UDN: 30 Contra o Resto. Chumbo Grosso Contra Arraes". A matéria trazia o seguinte:

> Os partidos conservadores e sua imprensa decidiram mudar o tratamento que vinham dando ao governador Miguel Arraes, de Pernambuco. Até recentemente procuravam dar o governador nordestino como "convertido", espalhando rumores sobre um hipotético desentendimento entre os srs. Miguel Arraes e Leonel Brizola. Agora, em face da posição do governador diante de fatos concretos – greves operárias e movimentos agrários –, resolveram retornar à campanha de insultos ao sr. Miguel Arraes, chamando-o de comunista e agente de Moscou.

Vamos lembrar que, segundo o jornalista-escritor Antônio Callado, no livro *Tempo de Arraes – a revolução sem violência* (2ª ed. Rio de Janeiro, Paz e Terra, 1979), em Pernambuco se encontrava o maior laboratório de experiências sociais e o maior produtor de ideias do Brasil. No seu livro, Antônio Callado faz a defesa de Arraes, dizendo ter ouvido do próprio general Justino Alves Bastos, que depôs o governador de Pernambuco, no ano seguinte, que não havia perigo comunista em Pernambuco (p.36).

O perigo, na verdade, era outro, bem diferente, como mostrou Moniz Bandeira, no livro *O governo João Goulart – as lutas sociais no Brasil* (Rio, Ed. Civilização Brasileira, 1978, p.136). Ele escreveu:

Em meados de 1962, da tribuna da Câmara Federal, o deputado José Joffily, do PSD, denunciou o fato de que, no princípio de 1963, o jornalista José Frejat, através de O Semanário revelou que mais de 5.000 militares norte-americanos fantasiados de civis, desenvolviam no Nordeste, intenso trabalho de espionagem e desagregação do Brasil, para dividir o território nacional.

Dentro deste quadro, gostaríamos que o foco de sua atenção descesse sobre Miguel Arraes. Como o via na época?

Paulo de Tarso: – Bom, o episódio Miguel Arraes eu situo no contexto da minha resposta à primeira pergunta. Era preciso defender a todo custo o cristianismo como pano de fundo ideológico do movimento. Ninguém poderia ter dúvidas quanto a que o cristianismo era a inspiração do IBAD, do IPES, porque cristianismo e anticomunismo eram expressões sinônimas. A todos aqueles que estavam pregando as chamadas Reformas de Base, na época, a propaganda do IBAD e do IPES procurava apresentar como comunistas ou inocentes úteis. Eu fui chamado das duas coisas.

O Arraes, em Pernambuco, esteve muito vinculado ao MEB – Movimento de Educação de Base, da CNBB. Aliás, a cartilha de alfabetização do MEB foi utilizada no governo Arraes num plano de educação que foi dirigido pelo professor Germano Coelho, fundador e presidente do Centro de Cultura Popular, de Recife. Este centro de cultura foi, por sua vez, inspirado no Movimento de Educação de Base, e, por isto, o Arraes tinha com a Igreja esse tipo de contato.

Isto é, a Igreja estava trabalhando a cultura popular, estava alfabetizando e o Arraes tinha uma sensibilidade grande para isso. No momento em que se considerou Arraes perdido para o movimento de 1964, era preciso chamá-lo de lacaio de Moscou, de comunista. Era preciso negar a Arraes qualquer tinta cristã, porque isso fazia parte de uma estratégia global. Não se podia admitir a ideia de que existissem cristãos a favor e contra 1964. Era preciso criar uma ideia indiscutível de que todos os cristãos estavam mobilizados para salvar a democracia do comunismo.

Em alguns aspectos, a repressão foi mais dura contra os que estavam defendendo uma posição de vanguarda, falando uma linguagem cristã. Eu digo sobre alguns aspectos, porque não é verdade historicamente dizer que foi sempre assim. Por exemplo, comparar o que eu passei em duas prisões, com o que sofreu o Gregório Bezerra, em Recife, é desrespeitar o martírio dele.

Eu fui preso duas vezes sem nenhuma coação física, embora tenha sofrido alguma coação moral. Mas, na verdade, fui tratado com o respeito que a radicalização emocional da época permitia. Eu não tenho queixas maiores a esse respeito. Lembro até que havia um general que me visitava, uma vez por dia, e perguntava: – Como está a comida, ministro. Eu dizia: – A comida está boa, mas o que eu queria mesmo era a liberdade, general. Não estou a fim de comer, não. Estou andando tão pouco porque o quartinho é pequeno.

Então, veja, eu acho que o fato de Arraes ter sido confinado em Fernando de Noronha se explica pela circunstância de ele ter uma liderança política numa área potencialmente explosiva como o Nordeste, tanto que mandaram para lá também o Seixas Dória, governador de Sergipe. Arraes foi porque tinha, pelo menos, bom diálogo com o Movimento de Educação de Base.

Comunistas e Lincoln Gordon

Coimbra: – Agora, uma questão que envolve o senhor diretamente. No BU nº 2, à página 10, Dorian Jorge Freire afirma, a respeito das denúncias do embaixador Lincoln Gordon sobre a presença de comunistas no governo Goulart:

> A imprensa nacional, em admirável unanimidade, dá como "mal entendido" os sucessos que tumultuaram as relações Brasil-EUA. Gordon não disse o que disse, nem o Departamento de Estado endossou palavras que Lincoln Gordon (embaixador norte-americano) disse e disse que não disse. Nós é que ouvimos mal. Tudo não passou de confusão armada para lá dos muros de Moscou e executada nas suas vene-

nosas minúcias por Brizola. Brasil-EUA dão-se as mãos, San Thiago (chanceler e ministro da Fazenda do governo Goulart) sorri a (Dean) Rusk (secretário de Estado dos EUA). John (Kennedy, presidente dos EUA) manda bilhetinho a João (Goulart) e, de permeio, Gordon volta a ser "autêntico amigo do Brasil".

Na página 4, do mesmo número, na secção Notas e Informações, há o seguinte:

> – Mas há mesmo comunista em seu governo? perguntaram ao presidente da República. Segundo o deputado Paulo de Tarso, a resposta foi: – Não exijo atestado de ideologia dos meus colaboradores, mas o importante é que se saiba que não há comunismo na minha administração! Muita gente é chamada de comunista sem o ser. Observação de um deputado: – Basta ver que até Vossa Excelência já foi chamado de comunista.

Na página 10, do primeiro número do BU, o general Osvino Alves Ferreira , comandante do I Exército, em 1963, dizia:

> Considero que há perigo comunista no Brasil. Como perigo comunista há em todo o mundo, mesmo naqueles países mais ricos. O problema existe, mas não com características que justifiquem o alarma ou atitudes alarmistas, muito notadas em determinados setores. Toda a intranquilidade decorre da miséria e da injustiça social. Desapareçam tais razões e a intranquilidade desaparecerá também. De que necessitamos é de maior solidariedade entre os homens na base de um cristianismo verdadeiro. Alcancemos a independência econômica e desaparecem o analfabetismo, os graves problemas de saúde pública, da defesa nacional e outros. Na minha opinião estamos no caminho dessa independência e, consequentemente, da solução de todos esses problemas.

O que senhor pode nos dizer a respeito destes fatos?

Paulo de Tarso: – Bom, essa é a primeira pergunta sobre o senhor Lincoln Gordon, que é uma figura central no episódio de 1964. Eu não estou dizendo novidade. O que eu posso lembrar a muita gente que talvez esteja esquecida disso, é que quando eu estava exilado na embaixada do Chile, no Rio de Janeiro, eu li, infelizmente não posso precisar se foi no Jornal do Brasil ou no Globo, foi num desses dois jornais, eu li que o senhor Lincoln Gordon estava embarcando para uma conferência em Porto Alegre, onde ele iria explicar a ideologia do movimento de 1964. Isso mostra que o Gordon, rompendo todas as barreiras da conveniência diplomática, não teve hesitação em se converter num dos teóricos, talvez no principal teórico do movimento de 1964. Isso mostra o grau de submissão aos esquemas da CIA, da diplomacia norte-americana, submissão que havia naquela época e, eu acho, não era do conhecimento de todos os que conspiravam, e estavam participando do movimento de 1964. Muita gente achava que estava fazendo um movimento autenticamente nacionalista, contra a intervenção externa de Moscou. Eles não sabiam que por trás disso havia toda uma corrente organizada de influência norte-americana.

Agora Lincoln Gordon tanto atuou nesse sentido que o livro de Dreifuss mostra como havia uma preocupação dele em acompanhar passo a passo o movimento todo e não apenas para mandar informações para os Estados Unidos. O general Werner Walters (adido militar dos EUA, no Brasil, de 1962 a 1967), está contado no livro de Dreifuss, tinha diálogos constantes com militares, e depois foi para o Chile. Enquanto nós estivemos exilados, ele esteve lá. Por sinal, eu ouvi do senador chileno Radomiro Tomic, que, candidato da Democracia Cristã à sucessão do Eduardo Frei, perdeu para o Allende, a afirmação de que ele participou de um seminário, numa universidade norte-americana, ao lado do Lincoln Gordon sobre a revolução de 1964 no Brasil e que o senhor Lincoln Gordon confessou toda a sua atuação favorável ao movimento. Gordon considerava o movimento a redenção democrática do Brasil, achava o Brasil peça muito importante na estratégia do mundo ocidental etc.

Comunismo e cristianismo

Coimbra: – Nos três primeiros números do BU, o jornal reagia ao pânico anticomunista pregando o diálogo e as Reformas de Base, como vemos em artigo de frei Josaphat:

> A filha e o genro de Nikita Kruschev (primeiro ministro da União Soviética) conversaram dezoito minutos com o Papa João XXIII. Todo um conjunto de fatos, grandes e pequenos, vem dando confiança ao mundo de que estamos entrando definitivamente na era do diálogo. E vamos deixando para trás a fase carregada de conflitos e da tensão, da polêmica ou da Guerra Fria ("Diálogos Por Cima dos Muros", BU, nº 1).

Como o senhor analisa este reforço para escapar da obsessão anticomunista?

Paulo de Tarso: – A primeira observação que eu faria sobre a sexta pergunta é uma certa coincidência de linguagem entre frei Josaphat, naquela época, e a que estou usando hoje. Outro livro que eu publiquei contém alguns dos artigos que eu mandei para a Folha de S. Paulo. Chama-se *Dialogar é preciso*. Havia toda uma preocupação com o diálogo, o oposto do sectarismo.

Na verdade, naquela altura, procurava-se fomentar o sectarismo, para que ficassem sectários cristãos, de um lado, os sectários comunistas, de outro. Assim ficava num maniqueísmo branco e preto, que fazia com que todos os que não estivessem a favor de 1964, fossem proscritos, banidos, condenados, torturados, presos como antipatriotas, etc. Eu me lembro dessa referência de frei Josaphat à filha e ao genro de Kruschev, e eu me lembro também que o genro de Kruschev veio a São Paulo, ficou hospedado num hotel aqui do centro, e concedeu uma entrevista aos jornais, na qual se perguntou a ele qual era a moral dele. Ele respondeu: – A minha moral é a moral do homem comunista, ou seja, é a moral do ateísmo militante.

Eu acho que, ao dizer isso, naquela época, ele estava diminuindo o comunismo soviético, o comunismo stalinista. Ele deu a oportunidade, que eu aproveitei, de mostrar a diferença entre a posição cristã e a posição comunista.

No meu primeiro livro, eu procuro mostrar que a diferença entre o cristianismo e o comunismo era muito de ordem religiosa. Quando o comunismo assumia o ateísmo de maneira militante, isto é, na medida em que eu queria converter você num ateu, eu estava fazendo uma pregação no sentido oposto a qualquer religião. Se o cristianismo é uma religião, está claro que o ateísta militante é o opositor dele. Eu procuro focalizar as divergências do cristianismo com o comunismo, em vários planos, especialmente no plano religioso. Já o socialismo democrático, por exemplo, que se tentava em países da Escandinávia, e era defendido pelo Domingos Velasco, fundador do Partido Socialista Brasileiro, é assunto completamente diferente.

Se o cristianismo não tem um sistema econômico para impor a ninguém, se não existe um dogma econômico do cristianismo, está claro que é possível pensar num socialismo cristão, embora a expressão não tenha sido até hoje batizada pelo Vaticano, apesar de algumas medidas diplomáticas aproximando o Vaticano de países socialistas.Dizemos isto de cabeça fria, analisando tranquilamente, fora de um clima passional como o que existia em 1964.

Isto está estudado naquele meu livro de maneira como eu fui capaz de estudar na época. Há uma encíclica que diz, se o socialismo não é verdadeiro socialismo – por verdadeiro socialismo entendia-se comunismo –, se não é ateísta militante, se não é radicalmente contra qualquer tipo de propriedade privada, inclusive dos bens de uso de consumo diário etc – o que é um exemplo extremado –, é possível pensar num regime econômico diferente do regime capitalista. Isso foi uma das grandes novidades que surgiu no diálogo que frei Carlos propunha. Até então, o cristianismo era apresentado como a face religiosa do capitalismo, e o capitalismo a face econômica do cristianismo.Se procurou mostrar que não havia nada disso.

O que havia era uma união espúria entre um regime tão materialista como qualquer outro, porque resultou na famosa exploração do homem pelo homem, criticada, quando o Rogê Ferreira, político militante do Partido Socialista Brasileiro, falou nela pela televisão, como sendo um chavão. O capitalismo também foi condenado. Nas encíclicas você vê a condenação do liberalismo, inclusive como herético. Você vê as condenações dos excessos do capitalismo.

O grupo que se organizou em torno do Brasil, Urgente e começou a pensar politicamente naquela época, deu um passo adiante. Negou frontalmente que aqueles que defendiam o capitalismo tivessem o direito de invocar o cristianismo para legitimá-lo.

Abril de 1963 (Brasília)

Durante grande parte do tempo de pesquisa sobre o Brasil, Urgente estivemos preocupados em entender como o BU, um jornal pobre, pôde se manter sempre tão bem informado a ponto de ter anunciado, com antecedência de um ano, o golpe de 1964, e em nenhum momento ter deixado de denunciar cada passo dado nas articulações dos golpistas. Neste mês de abril, a primeira manchete do jornal era "Golpe em Marcha".

Quem passava informações para o jornal? Perguntamos isto a todos os entrevistados. A resposta mais completa foi dada por Ruy do Espírito Santo:

– Eu atribuo grande parte da lucidez do jornal à cabeça e à inteligência do Dorian Jorge Freire. É muito importante enfatizar isto. Dorian dedicou-se inteiramente em fazer do BU um jornal sério. Era meticuloso na leitura de todos os principais jornais. Como o BU era semanal, ele lia atentamente toda a Grande Imprensa, selecionava e cortava tudo o que saía. Quem conhece Dorian pode perceber a imensa capacidade que ele tem de percepção, de síntese, de observação aguda dos acontecimentos e das pessoas. À parte isto, o próprio frei Carlos viajava o Brasil todo. Era convidado e, praticamente em toda semana, participava de algum tipo de reunião. Ele percorria o Brasil e com isto nos trazia muitos dados, pois levantava muita coisa. E mais: muita gente nos procurava para dizer coisas que não seriam publicadas em outros jornais e que nós publicávamos. Recebíamos matérias chegadas dos mais diferentes lugares, de assinantes. Havia pessoas que nos procuravam – operários, líderes políticos etc para nos dizer: – Olha, denuncia isto, fala aquilo.

Antônio Albino, secretário de Redação, lembra o trabalho de Dorian Jorge Freire:

– Ele não fazia exatamente uma cozinha (reescrita de matérias já publicadas). Apanhava o noticiário político e comentava, dando o seu ponto de vista. Era um repórter e um comentarista político de boa qualidade que aproveitava o fato político da semana para fazer a sua análise.

O próprio Dorian revelou na carta que nos escreveu:

> Eu compreendia que haveria um golpe ou tentativa de. Jornalista político desde 1955 em São Paulo, vi de perto os golpistas se mobilizarem desde cedo. Mobilizaram-se para impedir a posse de Juscelino, mobilizados estiveram para derrubar Juscelino, para impedir a posse de Jango. Frustrados, continuaram mobilizados. Só quem não via isto era o esquema militar de Jango.

Além da denúncia do golpe, neste mês ocorreram dois outros acontecimentos importantes para a Redação do jornal. O jornal dava a sua segunda de suas manchetes mais famosas: "Imperialismo Matou Jesus Cristo".

Surpreendentemente, seu autor não foi Antônio Albino, mancheteiro consagrado do Última Hora, a quem, na época, se atribuía o mérito de preservar nos títulos uma linguagem comunicativa. Quem escreveu foi o próprio autor da matéria, como se lerá a seguir.

A outra manchete famosa, anterior a esta, foi a primeira dada por Brasil, Urgente, a da edição nº 1: "Remédios Matam o Brasil". Com ela, o jornal começava a percorrer a difícil trilha do jornalismo de denúncia, atacando os laboratórios multinacionais.

Sobre esta manchete, disse Roberto Freire:

– No tempo do BU, eu ainda não tinha trabalhado com Samuel Wainer, mas ele era um ídolo para mim. "Remédios Matam o Brasil" foi uma manchete inventada por mim, mas era uma manchete nitidamente samuelwaineriana. Ele faria algo muito parecido. "Imperialismo Matou Jesus Cristo" foi uma manchete do frei Carlos Josaphat e vinha de uma visão que ele tinha do Jornalismo. Achava que para chegar até o trabalhador o Jornalismo tinha que ter a forma daquele que Samuel Wainer fazia.

Nem sempre, porém, os leitores do jornal reagiam favoravelmente ao esforço da equipe da Redação em evitar que o jornal se tornasse demasiado carrancudo. Neste mês, também, um leitor, do bairro de alta classe média, Perdizes, onde funcionava o próprio BU, teve sua carta publicada no BU nº 4. E invocou sua condição de acionista, cristão e brasileiro para exigir que fosse interrompida a publicação da seção de Horóscopo.

Os profissionais, no entanto, ainda assim, adoravam o jornal. Contou Albino: – Os repórteres, em sua maioria, eram focas. Num dia destes eu encontrei Roberto Freire num bar, meio bêbado. Ele disse: – Pô, foi este cara aqui que me ensinou a fazer jornal. Ele nunca tinha feito um jornal como o BU. Era médico psiquiatra, escritor, produtor de programas de TV, escreveu matérias especializadas para O Estado. Mas Jornalismo como aquele, mesmo, ele nunca tinha feito.

Certamente, pelo que representava de efervescência no Jornalismo o BU continuava atraindo grandes talentos. No BU nº 5, aparece uma seção de livros assinada por Jean Claude Bernadet, que logo desaparece, no número seguinte.

O segundo acontecimento importante foi a incorporação do cartunista Claudius que a, partir do BU nº 7, entregará preciosos trabalhos para mais de 40 números do jornal.

Mas, o jornal continuava pobre. Num mês de cinco edições, cada uma com 22 páginas, o jornal teve perto de três páginas ocupadas com anúncios. Precisaria ter tido 33. Uma destas páginas trazia material publicitário da Petrobrás. O contrato com a empresa estatal foi um dos raríssimos que o BU conseguiu e iria provocar mais tarde muita dor-de-cabeça.

Em suas cartas aos leitores, continuavam os convites para que eles fossem visitar a redação e se integrassem à equipe.

Mantinham-se também as publicações de anúncios de adesão

que os leitores deveriam recortar e enviar para o jornal. Nestes anúncios, os leitores poderiam se declarar dispostos a subscreverem ações de Cr$ 1.000,00 para aumentar o capital do jornal. Cada exemplar dele custava Cr$ 30,00, em São Paulo, e Cr$ 40,00, em outros estados.

A pobreza, no entanto, não impediu o BU de realizar aquela proeza jornalística notável que o tornaria único naquele período: exatamente um ano antes do golpe militar de 1 de abril de 1964, o jornal começaria a denunciar sua preparação com absoluta clareza.

2ª entrevista com Paulo de Tarso Santos (Pauta: Abril de 1963).

Paulo de Tarso, nesta segunda entrevista, lembra um aspecto esquecido pelos historiadores da conjuntura que facilitou os preparativos do golpe militar.

E fala, com detalhes de um debate com o deputado Herbert Levy, que ele via como um dos primeiros confrontos diretos de um defensor do governo Goulart com grupos civis organizados para o Golpe Militar.

Além disto, na entrevista, ele fez uma análise dos partidos políticos importantes da época, dando destaque ao PDC, o que melhor conheceu por ser o partido dele próprio, pouco estudado.

A entrevista traz, ainda, a visão que ele tinha do movimento comunista da época, no Brasil, e a repercussão da encíclica *Pacem in Terris*, do Papa João XXIII, cujos ensinamentos o BU também tentava aplicar no país.

Por fim, um artigo publicado por frei Josaphat neste mês obriga o retorno dele à abordagem do tema Os Cristãos e a Violência.

O BU denuncia o golpe militar, um ano antes

Coimbra: – Um ano antes do Golpe Militar de 1964, o BU dizia em seu editorial do dia 7 de abril de 1963 (BU n°4), iniciando uma série longa de denúncias a respeito:

> Denunciando os preparativos de um golpe que, vitorioso, encaminharia o Brasil às sombras de uma ditadura neofascista, tornando este país uma "banana republic", sensível às arruaças e quarteladas, queremos deixar claro que os motivos que inspiram os conspiradores é impedir as reformas de base com as quais poderemos chegar à emancipação econômica e ao fim da dolorosa via crucis de país subdesenvolvido e, num segundo capítulo, à instalação de um poder tirânico em mãos de homens nacional e internacionalmente comprometidos com os grupos que sustentam o periclitante liberalismo econômico ("O Golpe está em marcha" – p.2).

Duas páginas adiante, na seção Notas e Informações, à página 4, o jornal transcrevia uma carta, abertamente subversiva, do senhor Ruy Mesquita, diretor de O Estado de S. Paulo dirigida a seu cúmplice, nas articulações golpistas, Carlos Lacerda, governador da Guanabara. O motivo da carta: solidarizar-se com Lacerda, que poucos dias antes tinha atacado violentamente os chefes militares do governo Goulart:

> Carlos, melhor que ninguém você sabe que, como dizia Ignácio Silone, esse militante do antitotalitarismo de que os pobres diabos de comuno-nacionalismo caboclo jamais ouviram falar: o comunismo é o fascismo vermelho. Pois bem, Carlos, nós que sentimos aquele drama na nossa própria pele, podemos repetir agora, graças a homens como você: – Eles não passarão. Não importa que "Eles" não saibam do que se trata. Os "macunaímas" que governam este país, explorando a sensibilidade de certos ministros, nunca sabem do que se trata porque seus pais não utilizaram os privilégios financeiros de que gozaram para aparelhá-los para "saber do que se trata". Macunaímas, sim, "heróis sem nenhum caráter", que desaparecerão mais cedo do que pensam. O Brasil, Carlos, é grande demais para sucumbir aos macunaímas. O Brasil "passará" e continuará, seja qual for o preço que tivermos que pagar. Que gritem, que esperneiem os "heróis sem nenhum caráter". Eles não passarão porque nós não nascemos para sermos "castrados" como os castristas que a grande potência imperialista manipula diante do painel instalado no Kremlin a) Ruy Mesquita.

Vejamos duas referências da bibliografia sobre 1964 a estes dois personagens:

a) sobre Lacerda: "Um dos anticomunistas mais vigorosos e notórios da América Latina. Tem demonstrado uma atitude predominantemente pró-américa." (Relatório do serviço secreto da inteligência norte-americana enviado do Brasil para a Casa Branca, publicado em *1964: visto e comentado pela Casa Branca – Documentos Liberados pela Biblioteca Lindon Johnson, Universidade Texas*, de Marcos Sá Correa (Porto Alegre, LPM Editores Ltda. 1977, p.151).

b) sobre os Mesquitas: "No início de 1964, esse grupo paulista, civil e militar, temia uma tentativa governamental de criar um Estado totalitário. Do ponto de vista de alguns civis a escolha se colocava em termos de ir até o fim no movimento que haviam iniciado ou correr o risco de sérias represálias se as coisas mudassem. Começaram então a armar-se. Só o grupo Mesquita gastou dez mil dólares com armas, inclusive metralhadoras." (*1964: golpe ou contragolpe*, de Hélio Silva - Rio de Janeiro, Civilização Brasileira, 1975, p. 255 e 256).

Doutor Paulo, na sua opinião, por que Jango, alertado com tanta antecedência, não tomou medidas que evitassem a sua queda, um ano depois?

Paulo de Tarso: – Estes episódios todos se passaram já há bastante tempo, e muitos deles estão estudados com base em documentação que agora começa a ficar disponível. Então, a memória da gente talvez possa menos do que esses documentos em termos de fontes de dados. Não é muito o que eu tenho como experiência pessoal e como memória sobre o golpe propriamente dito. Mas como eu, naquela altura, fui ministro do Jango, está claro que algumas impressões eu guardo e essas eu posso contá-las, aqui.

Primeiro, eu tenho a impressão de que as informações de que o Jango dispunha eram muito insuficientes. Acho que o sistema militar que o Jango montou no qual ele confiava muito, com base no general Assis Brasil e outros, mostrou-se, na realidade, muito débil.

Segundo, acredito que o fato de o governo estar baseado em Brasília teve também sua influência. Em Brasília, não se tinha acesso a comunicações e a contatos com políticos, como se tinha antes no Rio. Brasília, naquela altura, estava bastante isolada.

Talvez por essa deficiência de informação, os políticos que compunham a Frente Parlamentar Nacionalista, uma vanguarda do Congresso inteiramente afinada com as chamadas Reformas de Base, por exemplo, tinham do processo uma visão demasiado otimista, para não dizer ingênua. A Frente considerava que o povo brasileiro estava mobilizado, em favor das reformas, o que era sonho de uma curta noite de verão. Na verdade, essa mobilização não existia, hoje sabe-se plenamente isto. Não existia a tal ponto que, já pouco antes do movimento de 1964, transformou-se a Frente Parlamentar Nacionalista numa Frente de Mobilização Popular. Houve a consciência assim um pouco difusa de que a Frente Parlamentar Nacionalista se limitava a debates no Congresso, à defesa dos interesses nacionais, à luta contra o capital estrangeiro espoliador. Mas que não realizava grandes iniciativas no sentido de mobilização popular. Essa Frente de Mobilização Popular quase não chegou a funcionar. Pouco tempo após a sua constituição, veio o movimento militar e, com este, a dissolução desses organismos todos.

Em síntese, eu acho que as medidas não foram tomadas porque havia insuficiente consciência do perigo da parte do governo. O governo superestimava o poder do seu dispositivo militar e subestimava o poder do dispositivo militar que lhe era adverso.

O governo confiava, também ingenuamente, num apoio espontâneo do povo a ele, contra uma tentativa de espoliação do seu poder. E a gente sabe que essas reações espontâneas do povo não ocorrem, haja vista o episódio da renúncia de Jânio Quadros. O povo só reage quando organizado, quando convenientemente liderado. Essas reações espontâneas da opinião pública, sem um esquema de organização, são apenas uma ficção.

A confiança no dispositivo militar próprio e num apoio espontâneo da população foram os dois motivos, talvez fundamentais, da atitude do presidente João Goulart naquela época.

Quando se iniciou o movimento militar e ele decidiu não reagir, aí realmente houve, e a História fará a justiça a ele, a intenção de evitar derramamento de sangue. Quando ele pegou um avião em Brasília e se dirigiu ao Uruguai, ouvi falarem desta intenção de evitar uma guerra civil. Contam que, na época, ele pensou em ir para a selva etc, mas acho isso tudo um pouco de lenda.

Na verdade, ele saiu do país, porque se convenceu, num determinado momento, que a presença dele poderia significar a guerra civil. E ele não era um homem violento. Por todos os contatos que eu tive com ele, posso dizer-lhes: ele não era um homem violento.

Além disso, o apetite, digamos, que o Jango tinha pelo poder, era pequeno. No fundo, no fundo, ele quase que preferia – acho que hoje se poderia dizer isto –, a sua vidinha tranquila de pecuarista no Rio Grande do Sul, a estar vivendo no mar agitado e tenebroso do poder político em Brasília.

A vocação política do presidente João Goulart, eu sempre questionei. Isto é uma coisa que ainda não foi suficientemente estudada. Jango foi lançado à política um pouco por força de circunstâncias que ele não dominou. Na época, dizia-se que ele vivia a contradição entre ser o herdeiro político de Getúlio e ser um grande latifundiário, um grande senhor de terras, um homem com fortuna pessoal grande. Ele teria feito esforços sinceros para integrar esses dois aspectos da sua personalidade, sem ter logrado êxito.

Contava-se o seguinte: ele fazia, por exemplo, um discurso sobre a Reforma Agrária. Chegava em casa, ia dormir e o latifundiário nele dizia: – Jango, mas onde você está com a cabeça. Você é dono de tanta terra, você com a vida arrumada, grande empresário agrícola, um homem que conhece o problema pecuário, que sabe ganhar dinheiro com isto, onde é que você está com a cabeça, fazendo o jogo dos extremistas, dos agitadores, defendendo a Reforma Agrária?

Aí, no dia seguinte, ele fazia um discurso moderado, quase que contra a Reforma Agrária, ou pelo menos um discurso que não estava suficientemente definido. Ele voltava para casa. E era a vez do herdeiro político do Getúlio interpelá-lo: – Mas como, Jango, você, o herdeiro do doutor Getúlio, o homem da República Sindicalista, o homem em que as massas confiam, assumindo uma posição de latifundiário?

Então, ele vivia eternamente essa dúvida hamletiana: ser ou não ser revolucionário.

Ele pessoalmente não tinha nenhum motivo para ser revolucionário. Os únicos motivos que ele teria seriam a expectativa de glória política, de um poder político. Mas, o poder político não o atraía tanto quanto parece. Ele não jogou mais em tudo isso porque a política não representava tanto na vida dele, a ponto de assumir uma posição extrema.

Em todo caso, essa é uma interpretação que eu estou improvisando aqui à base de minha experiência pessoal. Quer dizer, eu faço esta restrição porque pode ser que eu esteja equivocado. Mas, de qualquer forma, eu estou convencido de que a verdade anda muito próxima do que eu acabo de dizer.

A casca de banana

Coimbra: – Dezoito anos antes de René Armand Dreifuss revelar o que representava o Movimento Sindical Democrático – o MSD – em seu livro citado, à página 312, o BU já sabia. Diz Dreifuss, em 1981:

> O complexo IPES/IBAD controlava o Movimento Sindical Democrático – MSD, movimento este anticomunista e extremamente radical que operava com um "mascote político" de Adhemar de Barros, governador de São Paulo, de Herbert Levy, líder da UDN e dos empresários de São Paulo. O MSD também proporcionava a base de apoio de Carlos Lacerda entre as classes trabalhadoras; o MSD se responsabilizava por divulgar entre as classes médias em geral e os militares em particular o temor às pretensas tentativas de João Goulart de estabelecer uma República Sindicalista, um regime de estrutura neocorporativista e de feições calcadas no Peronismo, que manipulasse as classes trabalhadoras e abafasse as classes médias.

Dizia o BU, à página 5, da sua edição nº4, de 7 de abril de 1963, numa matéria de título "MSD Não tem Público, Mas Tem Dinheiro de Banqueiro":

> Contém nove laudas o documento em que os membros do MSD se nomeiam de praticantes do "sindicalismo autêntico". Na sua parte inicial repete velhas denúncias já há muito feito à nação por Carlos Lacerda, Herbert Levy (seu patrono e financiador), Armando Falcão e Lincoln Gordon, como em 1954, contra Getúlio e contra Jânio em 1961. É evidente que a proclamação veio na hora certa de novamente apoiar um "golpe em marcha", cujos primeiros sintomas o sr. Carlos Lacerda já encarnou e onde as vítimas são agora, o presidente João Goulart e o governador Miguel Arraes, de Pernambuco. A trajetória do MSD pode ser acompanhada através de uma coleção do jornal "O Estado de S. Paulo" que é o órgão de publicidade que mais lhe tem dado cobertura.

Tanto em Dreifuss como no BU aparece o nome de Antônio Pereira Magaldi, dirigente do Sindicato dos Farmacêuticos e presidente em exercício da Confederação Nacional dos Trabalhadores no Comércio – CNTC, como líder aparente do MSD.

Mas, vamos, agora, nos ater apenas ao nome de Herbert Levy. Ele está associado para o senhor, nesta época, a quê?

Paulo de Tarso: – A principal associação minha com o deputado Herbert Levy, ocorreu em virtude de um fato que foi noticiado pelo jornal O Estado de São Paulo. Eu era deputado, como o senhor Herbert Levy também, e num determinado dia, para surpresa minha, na última página de O Estado de S. Paulo, estava a foto de uma cadeira vazia, e, embaixo um texto legenda dizendo: – Nesta poltrona deveria sentar-se o ex-ministro e deputado Paulo de Tarso para discutir com o senhor Herbert Levy o problema da Reforma Agrária, mas ele fugiu. Uma coisa assim.

Eu estava absolutamente desinformado de qualquer gestão no sentido de um debate meu com Herbert Levy. Então, indignado, escrevi uma carta ao jornal protestando contra aquilo, dizendo que eu não tinha a menor ideia de que havia sido convocado para o debate e que estava à disposição do jornal. Demonstrei, concretamente, que eu não tinha nada a temer de um debate assim.

A explicação que se deu foi de que o Centro Acadêmico do Sedes Sapientiae, que havia sido encarregado de me convidar, procurara um contato comigo e não tinha conseguido.

Foi formulado o convite e eu vim e participei de um debate tumultuadíssimo, na sede do Sedes Sapientiae. Não me lembro quem coordenava o debate, tenho a impressão de que o debate foi coordenado por uma moça que era presidente do Centro Acadêmico, mas não tenho certeza. Esse debate ficou famoso pelo seguinte: foi um dos primeiros confrontos dos grupos civis organizados para o movimento de 1964 com o que eles consideravam o grupo que respaldava a posição do governo Goulart. Nas primeiras filas estavam senhoras do Movimento de Arregimentação Feminina, que depois participaram da Marcha da Família com Deus, estavam outras pessoas, alguns empresários agrícolas. Foi uma coisa preparada. Do nosso lado havia também um número grande de pessoas, especialmente estudantes. Quando começou o debate – e eu me lembro perfeitamente disso – eu li um texto sem dizer o que era. Dizia o seguinte:

> É preciso defender o sagrado direito que têm os que moram no campo, de marchar sobre os centros urbanos indiferentes ao drama da agricultura. E quando há uma indiferença diante do destino da agricultura essa marcha é mais do que razoável etc.

Não estou citando textualmente, nem posso, mas é fácil verificar isso. As fontes são conhecidas. O deputado Herbert Levy pisou na casca de banana que eu tinha posto no caminho dele. Ele disse: – Isto é demagogia!

Eu parei e, então, disse: – Estou lendo o discurso que Vossa Excelência pronunciou na Câmara dos Deputados dia tal, assim assado, publicado no Diário Oficial.

Era a defesa da famosa Marcha da Produção, que ele próprio tinha liderado. Na verdade, uma marcha dos empresários agrícolas e não dos camponeses. Lendo aquilo eu fiz com que ele cometesse o deslize de se colocar contra o próprio pensamento. Este recurso dialético de discussão irritou-o profundamente. Desde esta época, eu, que tinha relações pessoais razoáveis com ele, não me relacionei mais com ele. Nunca mais conversei com ele.

Quando eu fui preso em 1964, o jornal dele – eu não me lembro mais o nome do jornal, um jornal alternativo, surgiu naquela época, chamava-se Notícias Populares? – publicou em manchete imensa de primeira página, ocupando um espaço incrível, desproporcional à notícia: – Preso o ex-ministro Paulo de Tarso.

Aí ficou realmente um certo ressentimento entre nós. Ele ficou ressentido, achou desleal a maneira como eu havia citado o discurso dele.

Lacerda, Mesquitas e Herbert Levy

Coimbra: – Sobre o UDN, partido de Lacerda, dos Mesquitas e de Herbert Levy, dizia o BU n° 4, na página 11, sob o título "Partidos no Brasil: Três Letras sem Sentido":

> A UDN até ontem congregou a fina flor do conservadorismo nacional. Somente agora as divergências internas estão vindo a furo com a rebelião da "Bossa Nova", liderada por homens como José Sarney, José Aparecido, Celso Passos, Seixas Dória, Ferro Costa, José Carlos. Mas a UDN não é a Bossa Nova (oxalá fosse). A UDN são os "gorilas": Pedro Aleixo, Adauto Lúcio Cardoso, Herbert Levy e Carlos Lacerda. Congregando em uma mesma corrente altos interesses econômicos e a classe média "alienada", a UDN tem sido a força que se opõe a todas as reformas profundas que precisam ser feitas na estrutura socioeconômica do país. Tangendo as teclas de um "moralismo" farisaico e arvorando-se, agora, na grande defensora da chamada "civilização cristã-ocidental", a UDN procura criar na grande área da classe média um verdadeiro traumatismo anticomunista como antídoto para qualquer transformação real da nossa estrutura econômica.

Com ironia e argúcia, Leôncio Basbaum, em *História Sincera da República de 1961 a 1967* (2ª ed. São Paulo, Alfa-ômega, 1977 p. 77 a 80), resume a dez os propósitos ou convicções básicas da UDN. Depois de dizer que esses propósitos poderiam ser facilmente reconhecidos, por detrás das belas palavras nos jornais da UDN, particularmente no O Estado de São Paulo, Tribuna da Imprensa, O Globo, Correio da Manhã, Jornal do Brasil e outros.

Ele os relaciona:

> 1) Anticomunismo: Perfeitamente lógico e natural, dado que banqueiros e grandes industriais jamais poderiam estar de acordo com a supressão da propriedade privada e dos meios de produção.
> 2) A favor da iniciativa privada: O governo devia permitir o livre desenvolvimento das empresas e do capital privado, não intervindo, senão para acabar com as greves ou emprestar dinheiro.
> 3) Antinacionalismo: Dado que o dinheiro não tem pátria nem cheiro, o nacionalismo é injustificável.
> 4) Antipopulismo: Falar em 'massas', 'interesses das massas' e outras frases de efeito é pura demagogia. A grandeza do Brasil está na grandeza de suas classes dominantes, no comportamento tranquilo, elegante e sóbrio de uma aristocracia, dentro da paz em que cada um conhece o seu lugar.
> 5) Filiação à civilização cristã e ocidental: ... particularmente aos Estados Unidos, nossos tradicionais aliados.
> 6) Não mexer na terra. A terra é intocável.
> 7) Bipartidarismo.
> 8) Sindicalismo controlado.
> 9) Um pouco de paternalismo para com os operários ...com várias promoções de interesse: Miss Operária, Miss Sindicato, Taça para o Operário do Ano...
> 10) Poder civil: Para os udenistas é claro. As gloriosas Forças Armadas devem servir para manter os udenistas no poder. E desalojar do mesmo os inimigos da UDN.

Paulo de Tarso, quando era prefeito de Brasília, recebe Che Guevara (1961).

Que comentários o senhor poderia fazer a respeito destas duas análises da UDN?

Paulo de Tarso: – Pouca gente sabe, hoje, que a UDN, antes de ser UDN foi UDB. Logo após a restauração da liberdade política, em 1945, eu era estudante de Direito. Pertencia a um movimento que se chamava Frente Acadêmica pela Democracia, que reunia pessoas que se espalharam por vários partidos, depois. Mas cujo núcleo mais importante se concentrou na UDN.

Arrobas Martins, Roberto Sodré, Marcelo Vidigal, Hélio Mota, José Henrique Turner, Luís Francisco Carvalho, Germinal Feijó, Rui Pereira de Queiroz, Afrânio de Oliveira, Geraldo Vidigal, são alguns dos nomes que pertenciam ao movimento, que, com o nome de UBD, surgiu apoiando a candidatura do brigadeiro Eduardo Gomes.

A UDN já pensava na candidatura de um militar, capaz de afiançar a realização das eleições e de garantir a posse, se por acaso as oposições conseguissem eleger o presidente. Fixou-se no nome do brigadeiro Eduardo Gomes. Então, inicialmente chamava-se União Democrática Brasileira, depois passou a chamar-se União Democrática Nacional. Nós éramos os liberais lutando contra a ditadura estado-novista na Faculdade de Direito. O apoio ao brigadeiro era consequência natural da posição antitotalitária nossa, na faculdade de Direito.

Eu me lembro que, nessa época, chegou dos Estados Unidos, voltando do exílio, o Paulo Nogueira Neto, pai de José Bonifácio Coutinho Nogueira e do Paulo Nogueira, que foi secretário do Meio Ambiente, em São Paulo. Ele trouxe umas técnicas de organização eleitoral, próprias de um país desenvolvido, e tentou aplicá-las aqui. Por exemplo, para o famoso comício do Pacaembu, as cadeiras numeradas eram distribuídas como se fossem para um jogo importante do Campeonato Paulista de Futebol. Você arranjava dez pessoas que aderiam ao comício. Essas dez tinham que arranjar mais dez, as dez, outras dez.

O que dava uma ideia até gráfica da composição sociológica da UDN da época é que só se distribuíram lugares privilegiados, ou seja, numeradas e as arquibancadas. As gerais ficaram absolutamente vazias, chocantemente vazias, a ponto de O Correio da Manhã, com muita maldade, haver fotografado, em primeiro plano, o palanque do brigadeiro e, no segundo plano, toda a geral do Pacaembu, vazia. Alguém teve a ideia tétrica de pedir a nós, uns cem estudantes de Direito que estavam presentes, (me lembro que o sol estava muito quente e nós usávamos uns chapéus improvisados, de jornal) que fôssemos para as gerais. Ficou mais ridículo, ainda. Lá ficamos cantando hinos, consignas eleitorais etc. Eu me lembro que estava ao lado de Rubens Teixeira Scavoni, que depois foi procurador Chefe do Estado e é um escritor de science fiction. Isso dá ideia de como os estudantes atuavam como uma espécie de vanguarda do movimento. Mas, de fato, a composição sociológica da UDN era predominantemente de classes média e alta. Se houvesse algum empenho, talvez fosse possível mobilizar setores operários menos politizados, que estavam sempre disponíveis, para uma reunião como esta. Mas absolutamente não houve nada.Foi, a meu ver, durante a História Política do Brasil, o flagrante, o momento, em que ficou mais clara a composição política da UDN, em termos sociológicos.

O partido da "clientela" e o das "crianças mimadas"

Coimbra: – Sobre o PSD e o PTB, dizia o BU, na matéria citada na pergunta anterior:

> No PSD encontramos, digamos assim, a burguesia mais "viva". Os grandes industriais (Sebastião Paes de Almeida, Tancredo Neves, Cunha Bueno, Horácio Lafer, Abdalla, Lupion) e os grandes latifundiários, ao lado de homens novos e progressistas como Mauro Borges, Cid Carvalho, Fernando Santana, Waldir Pires, tudo isso regido pela "vivíssima" batuta do sr. Juscelino Kubitschek de Oliveira. O que quer o PSD? Quer o "desenvolvimento". Desenvolvimento para o PSD

quer dizer: indústria automobilística na base da instrução 113, grandes empreendimentos privados ou públicos dentro de uma inflação que proporcione altos lucros para os empresários do desenvolvimento e muito cuidado com a Reforma Agrária.

No PTB encontramos os "enfants gatés" ("crianças mimadas") do sr. Getúlio Vargas, a partir do sr. Jango Goulart e terminando com a sobrinha, deputada Ivete Vargas. Ao lado de grupo compacto, onde aparece indisfarçavelmente a nitidez ideologista na pessoa de homens como Almino Afonso, Temperani Pereira, Sérgio Magalhães e, agora, o sr. Brizola, encontramos os "populistas" tipo Carlos Jereissati, Henrique La Roque e Argemiro Figueiredo. O que fica desta mistura, porém, é uma linha mais progressista que, na Câmara Federal, sustentou na última legislatura, as mais duras batalhas pelas teses populares como a Lei de Remessa de Lucros, a defesa do monopólio estatal do petróleo, a reforma agrária (BU n° 4, p.11).

Para o brasilianista Thomas Skidmore (*Brasil: de Getúlio a Castelo*, Rio de Janeiro, Editora Saga, 1969, p. 280):

O PSD era o partido predominante de "clientela", acostumado a usufruir o poder e seus benefícios sob Getúlio e Juscelino. Abrigava, todavia, seus esquerdistas "agressivos" que pouco tinham em comum com os muito numerosos representantes dos grandes latifundiários.

O terceiro maior partido, o PTB, embora destinado por Getúlio a canalizar a seu favor os votos da crescente classe operária, associava alguns membros dos Estados atrasados, que representavam posições mais conservadoras do que os membros esquerdistas do PSD ou da UDN. O PTB tinha também seu "grupo compacto" que buscava uma identidade nova, mais radicalmente esquerdista para o partido.

Como o senhor via esses dois partidos?

Paulo de Tarso: – Nós sabemos que o PSD e o PTB foram partidos fundamentalmente criados por Getúlio Vargas como elementos da estratégia política dele. Eu diria até como jogada tática, talvez isto seja mais preciso.

O Getúlio era um homem com qualidades políticas que o tempo vai-se encarregando de colocar nos seus devidos termos, e que nós, quando estudantes de Direito ignorávamos. O Getúlio imaginou um governo que pudesse estabelecer a paz social, entre os empresários, que ele queria representados pelo PSD, e os operários, que ele queria ver militando no PTB, ambos os partidos sob a batuta dele.

Na verdade, ele organizou o PSD parte com a oligarquia rural decadente, parte com uma oligarquia comercial que estava emergindo, parte com os industriais que começavam o desenvolvimento do país, naquela época.

Ao mesmo tempo que o PTB era getulista, com muitos dos seus pelegos – é preciso dizer a coisa claramente –, com familiares dele, Getúlio, e com a emoção operária, naquela época.

Assim, ele podia controlar duas forças fundamentais em qualquer conflito social no país. Os presidentes do PSD e do PTB, ou eram indicados por ele, ou eram pessoas que tinham com ele um trato afável, um diálogo fácil.

Esta relativa harmonia entre os dois partidos foi realmente condição de estabilidade do governo Vargas. Seria preciso fazer uma análise mais profunda para ver como jogaram aí as contradições de classe social, ao longo da História dos dois partidos. Mas, em termos, assim, mais da crônica política, digamos, eu diria que foi uma artimanha getulista, como tanta gente tem dito, uma artimanha que deu certo.

Até hoje (1982), o PTB é o partido do Getúlio, embora outros líderes, em São Paulo tenham se assenhorado dele. A força do PTB foi tamanha que, agora, depois da chamada Abertura Política, as pesquisas revelaram que o PTB era, de todas as antigas legendas, aquela que ainda exercia atração popular. Por isso é que houve toda aquela disputa em torno do PTB que levou o Brizola até a chorar, quando perdeu o controle do PTB para Ivete Vargas.

Não sei se o vínculo emocional, emotivo, do PTB com Getúlio também havia entre o Getúlio e o PSD. Acho que não. A chamada

Carta Testamento do Getúlio, por exemplo, foi assumida pelo PTB como um documento político fundamental, coisa que não ocorreu com o PSD. Eu acho que o PTB tinha vínculos com o Getúlio mais importantes do que os vínculos do Getúlio com o PSD. E, talvez, o Getúlio tivesse mais propensão petebista do que pessedista.

É difícil uma palavra definitiva, numa análise tão ligeira. Prefiro assinalar um ponto que me parece incontroverso. Aparentemente classes com interesses opostos se compuseram através das cúpulas de dois partidos, organizados pelo mesmo presidente da República, senhor Getúlio Vargas.

Nem comunismo, nem capitalismo

Coimbra: – Finalmente, sobre seu partido, o PDC, dizia o BU, ainda na mesma matéria:

> É difícil definir o PDC. Não se pode falar que seja uma agremiação nascente porque isto importaria em desprestigiar um pouco as palavras, uma vez que já faz mais de dez anos que o grupo "democrata cristão", liderado pelos srs. Franco Montoro e Queiróz Filho, empolgou o partido e acenou para todos com a promessa de um partido verdadeiro, ideológico, capaz de apontar ao povo uma diretriz independente dos extremismos de esquerda e de direita. Na verdade, até agora, esta esperança não vingou. O partido não aprofundou esta "terceira posição" que permanece imprecisa e elementar, no plano ideológico, e que, no plano político não lhe permitiu fugir das contingências eleitorais, onde o seu oportunismo nem sempre o colocou ao lado das posições mais populares. Resta, contudo, a grande ideia de uma força política inspirada na facção mais jovem do partido que postula a "abertura para a filosofia social cristã e, agora, à realidade" querendo com a expressão situar a agremiação entre as correntes populares e progressistas. (BU n° 4, p.11)

Em outra matéria, cujo título significativamente era "PDC: Uma no Cravo e Outra na Ferradura", à página 10, em que o jornal informava sobre a eleição de Ney Braga para a presidência nacional do partido, o senhor foi citado.

> Quanto à eleição do governador Ney Braga para presidente nacional do PDC, em substituição ao sr. Queiroz Filho, ela foi defendida ardorosamente pelos paulistas, sendo que muito do trabalho em favor do governador paranaense foi realizado pelos srs. Paulo de Tarso e Plínio de Arruda Sampaio. Entendiam estes parlamentares que o governador paranaense estava perfeitamente de acordo com as suas ideias, identificado com o pensamento avançado da ala paulista e ninguém melhor do que ele para não apenas presidir a agremiação, mas para postular no futuro, a presidência da República. Logo após eleito, em entrevista dada aos jornais o sr. Ney Braga firmou suas posições: é favorável à Aliança Para o Progresso, contra a revolução de Cuba, admirador fervoroso do governador Carlos Lacerda, julga Francisco Julião um bobo e faz maiores restrições ao deputado Leonel Brizola que, na Câmara Federal, vem defendendo as reformas de base.

Na edição seguinte, a do BU nº 5, há uma carta publicada na seção debate, à página 6, de Plínio de Arruda Sampaio dizendo que o articulista, autor da matéria sobre a eleição de Ney Braga não fora bem informado sobre as opiniões do novo presidente do PDC. Admitia, contudo: o partido perdeu o medo de afirmar que existem divergências dentro de seus quadros.

Afinal, BU tinha razão nas críticas ao seu partido?

Paulo de Tarso: – O Partido Democrata Cristão nasceu numa reunião havida em Montevidéu, na primeira metade da década de 40. Lá estiveram, representando o Brasil, Alceu Amoroso Lima e Franco Montoro. A ideia era aplicar na política a Doutrina Social da Igreja contida nas encíclicas. Ocorre que essa doutrina era formulada em termos de princípios, e, portanto, em termos demasiadamente genéricos.

As encíclicas se prestavam, em virtude disso, a interpretações, às vezes, contraditórias. Grupos de direita procuravam argumentos nas encíclicas para respaldar suas posições, grupos de centro faziam a mesma coisa, e, com o tempo, alguns grupos que poderiam ser considerados de esquerda, ressalvado o desprestígio que essas expressões hoje ganharam, também imaginaram que era possível uma leitura popular das encíclicas.

Então, quando surgiu o Partido Democrata Cristão no Brasil, liderado em São Paulo pelo Franco Montoro e pelo Queiroz Filho – que foi seu presidente, de quem eu me tornei grande amigo e compadre –, sempre perseguiu o que o Brasil, Urgente chama de terceira posição. O Montoro formulava assim: – Nem o comunismo, que nega a liberdade, nem o capitalismo, que nega a justiça social, mas a terceira posição, que realiza a liberdade, sem negar a justiça.

Isso em termos de discurso político funcionava, mas, em termos de projeto específico, nunca chegou a ser uma realidade.

Hoje é que se está retomando esse tipo de reflexão, para tentar formular o que eu tenho chamado, em alguns artigos que publiquei na Folha de S. Paulo e o Montoro tem chamado, em alguns trabalhos que também publicou, de Humanismo Comunitário. O Humanismo Comunitário é a tentativa de dar consistência ideológica clara aos princípios democratas cristãos anteriores a 1964.

O que seria? Primeiro: o resgate da importância da expressão humanismo, que não pode ser abandonada como reacionária porque seria um simplismo. Sabe-se que, como já disse, historicamente o humanismo serviu à burguesia, como categoria de dominação política. O humanismo esteve vinculado à revolução burguesa e, portanto, vinculado à reação burguesa, passado o período revolucionário de atuação de classe da burguesia. Mas, o humanismo, enquanto doutrina que coloca o homem no centro das instituições, que faz com que o Estado seja o instrumento da realização das necessidades humanas, isto continua tendo validade. Nós fomos buscar em certos autores neomarxistas, como Erich Fromm, a inspiração doutrinária para reinventar o humanismo. O Fromm diz o seguinte: – Se a gente parte de uma concepção a priori do homem, de que o homem é um ser racional livre, que se realiza na convivência social, isso postula uma determinada forma de organizar essa convivência, de organizar a sociedade, se você quer que a sociedade seja o ambiente onde o homem possa viver a salvo de suas necessidades e conviver em paz com os outros homens. Então, diz o Fromm, esta visão postula normas de convivência. Por isso, ele chama seu humanismo de normativo. Ou seja, deixa de ser um tema retórico para ser uma inspiração para a transformação social. Você tem que reorganizar as estruturas sociais de maneira a permitir que as normas de convivência sejam compatíveis com as exigências de realização humana ou com as necessidades do homem. Então, toda a economia tem que ser orientada para o homem, daí o movimento de Economia e Humanismo, do Lebret. Toda a superestrutura cultural tem que estar centrada no homem.

A própria Teologia está procurando não apenas o homem, mas, entre os homens, os mais pobres, por causa da opção preferencial pelos pobres, de Puebla, Medellín, Concílio Vaticano II. Este é o caso das Comunidades Eclesiais de Base de hoje.

O humanismo comunitário está, de certa forma, expressa na proposta que o Montoro apresentou como candidato ao governo de São Paulo. Uma de suas marcas, por exemplo: a participação popular. Não mais a democracia representativa, mas a democracia participativa. O que significa isso? Que o povo vai participar do governo e não vai apenas eleger o governante. E para que o povo participe do governo ele deve estar organizado.

A proposta Montoro chamou essa organização de comunidade, por isso é que o humanismo se chama comunitário. Se o povo não estiver organizado essa participação se torna inviável. A ideia é a de se aproveitar organizações existentes, como as Sociedades Amigos de Bairros, organizações funcionais como a Ordem dos Advogados do Brasil, organizações religiosas como a CNBB, organizações de defesa do meio ambiente, de defesa de minorias, de defesa de posseiros, organizações que lutam pela melhoria da qualidade de vida nas grandes cidades, e outras organizações que serão fomentadas pelo próprio governo. É preciso falar com cuidado. Quando eu falo fomentada quero dizer respeitando a autonomia do povo e o saber popular, como fonte de cultura, dentro da problemática da Cultura

Popular que o Paulo Freire elaborou e que eu procurei defender quando ministro da Educação.

Outro ponto é a descentralização. A Doutrina Social da Igreja sempre falou no célebre Princípio da Subsidiariedade e nós do PDC defendíamos a subsidiariedade em termos genéricos e que se formulava assim: tudo aquilo que um grupo menor puder fazer, um grupo maior não deverá fazê-lo. Tudo aquilo que o município pode fazer, o Estado não deve fazê-lo; o que o Estado pode fazer, a união não deve fazê-lo. Aquilo que a família pode fazer, o Estado não deve fazê-lo. Esta ideia da subsidiariedade está hoje formulada pelo Montoro em termos de descentralização e, na verdade, tem muito de revolucionária no sentido de novidade que vai modificar o sistema de poder.

O Montoro está disposto a autolimitar o próprio poder, a dividir esse poder com a comunidade organizada. Quando ele fala nos Conselhos Regionais de Desenvolvimento em cada uma das sedes das regiões administrativas do Estado, quando ele fala em criar em cada município um Conselho Municipal de Educação, o que, aliás, está previsto na Lei de Diretrizes e Bases, ele está dizendo que esses organismos descentralizados não vão ser, apenas, os interlocutores do governo, intermediários entre a população e o governo. Eles vão ter força própria, poder político próprio, recursos orçamentários próprios.

Realmente, o poder político vai ser descentralizado. Isso se distingue do corporativismo fascista. O corporativismo era todo ele dependente de um poder centralizado no Estado fascista. Aqui não, aqui há uma descentralização, não apenas do poder político, como dos recursos orçamentários. A população como um todo é chamada a governar.

Eu menciono isso para fazer uma ponte histórica entre o PDC daquela época e os pedessistas de hoje, que estão militando no PMDB. Nós ainda estamos perseguindo nosso sonho daquela época, só que agora com um instrumental político melhorado. Eu, por exemplo, durante os seis anos de exílio procurei estudar Ciência Política, um pouco de economia, de sociologia política e fui conhecer lá fora o marxismo que me atribuíam aqui dentro. Tudo isso modernizou um pouco o discurso dos democratas cristãos daquela época.

Mas naquela oportunidade, o Plínio Sampaio e eu, entre outros companheiros, pensamos em realizar na Convenção de Águas de Prata, uma reunião que significasse um marco na história do partido. A expressão Abertura Para a Realidade fui eu que sugeri, mas o principal redator do documento foi o Plínio Arruda Sampaio. A nossa ideia era começar a tirar o PDC da serena esfera dos princípios e trazê-lo para a realidade brasileira, que o partido estudava muito pouco. O partido tinha uma assessoria muito diferente. A luta política do PDC era muito mais para defender princípios do que para defender uma forma de organizar o desenvolvimento brasileiro ou de estabelecer um pacto social do Brasil. Levando isto ao extremo, eu posso citar o exemplo de um companheiro nosso que dizia o seguinte: – Bom, eu tenho os meus princípios que estão nas encíclicas papais e nos documentos oficiais da Igreja. Se a realidade se coloca contra esses princípios, pior para a realidade.

Vem daí a expressão Abertura Para a Realidade. Você tem que partir do fato, da realidade. O princípio apenas pode servir para que você tenha uma visão mais ordenada da realidade. Você não pode substituir a realidade por princípio. Eu diria que o PDC daquela época era um partido centrado em princípios, com gente muito idealista, até no sentido próprio, filosófico da expressão, isto é, preocupada com ideias.

O episódio da eleição de Ney Braga, foi uma manobra mais tática que propriamente articulação de um grupo homogêneo. O grupo mais jovem do partido, com ou sem razão, – hoje eu preciso ver isso com mais calma –, entendeu que precisava derrotar a direção do partido. Era um pouco um choque de gerações. E, para derrotar a direção do partido, o preço a pagar era a composição com o Ney Braga. Nós analisamos e achamos que devíamos pagar esse preço. Em Águas da Prata, há um aspecto a registrar que foi a atuação do general Juarez Távora. O Juarez Távora, embora fosse militar, como o Ney Braga, tomou a posição tida como a mais conservadora, e nos combateu com muita veemência. Eu me lembro de um debate acre, meu com ele. Ele estava acompanhado de algumas pessoas do Rio de Janeiro.

Lembro que uma delas me atacou, sem citar o meu nome. É um caso digno de menção, embora um pouco pitoresco. Eu viajei com esta pessoa de automóvel de São Paulo para Águas da Prata. Eu não lembro o nome dele. Era, parece, vereador, suplente de deputado, uma coisa assim. E era um homem muito conservador. Mas, afável no trato, agradável, e foi conversando comigo daqui até Águas da Prata. Ele me perguntou à certa altura se eu gostava de ler. E eu disse: – Olha, eu tenho lido muito o Sherlock Holmes. Acho interessantes os livros do Conan Doyle. Acho que, para atividades políticas são muito instrutivos porque ensinam a valorizar o detalhe. O político tem que ser um analista capaz de valorizar o detalhe. Às vezes um detalhe diz muito.

Fomos conversando sobre as obras do Conan Doyle, sobre Sherlock Holmes. E ele, no discurso mais importante que fez lá na Convenção, depois que já estava levantada a posição dele, disse: – Imaginem esse partido governado por pessoas que não sabem ler outra coisa que não seja novela policial. Não era outra coisa, senão o meu papo com ele na ida daqui para Águas da Prata.

Quando eu deixei o Ministério da Educação, houve uma reunião do PDC para julgar o meu comportamento como ministro. A secção paranaense do partido, com a presença do Ney Braga, e por proposta do senador Afonso Camargo Neto, propôs a minha expulsão do partido. Alegavam que eu havia me composto com os comunistas, durante a minha gestão. E, na análise que se fez, havia um paranaense que falava uma linguagem típica de IBAD e de IPES, de quem eu não sabia nem o nome. Ele disse que votaria a favor da minha expulsão porque eu havia feito carteirinha para estudantes secundaristas e que isso era a prova de que a minha posição era comunista. Era este o grau de profundeza das análises realizadas. Mas isto serve para mostrar como esse entendimento com o grupo do Paraná foi um entendimento ocasional, embora houvesse relações pessoais boas, que em grande parte estão preservadas até hoje.

A CIA e os homens impolutos

Coimbra: – Na edição nº 6, o BU volta a tratar dos partidos. Agora, no editorial "A Decadência dos Partidos":

> Os partidos já não significam nem mesmo meros agrupamentos de interesses porque passaram a constituir simples legendas, de alguma importância nos períodos eleitorais, mas sem qualquer valor permanente. Divorciados da realidade política do país, completamente afastados do povo, sem contar com o respeito de ninguém, sem merecer a confiança de seus membros, nem dos governos e menos ainda do povo. Mas os parlamentares de melhores convicções democráticas e maiores vinculações populares para o exercício de uma atuação mais dinâmica e proveitosa veem-se compelidos a sair de seus partidos em busca da Frente Parlamentar Nacionalista, como os da direita fogem de suas agremiações clássicas para, na chamada Associação Parlamentar Democrática, participar da luta contra as reformas de base e de toda a política que leve o Brasil ao desenvolvimento e à sua emancipação. A reformulação dos partidos surge, assim, como uma necessidade imperiosa.

Outra causa do esvaziamento programático dos partidos políticos, naquela fase, aparece no livro *Diário da CIA* (São Paulo, Círculo do Livro S. A., 1976, p. 257), de Philip Agee. No qual, este agente do serviço de espionagem norte-americano, mostra como a CIA estava interferindo na política brasileira:

> As eleições no Brasil estão se realizando hoje, como o clímax de uma das maiores operações de ação política da Divisão WH. Durante a maior parte do ano, os agentes do Rio de Janeiro e as diversas bases, sediadas nos consulados por todo o país, têm estado empenhados em uma campanha de muitos milhões de dólares para financiamento da eleição de candidatos anticomunistas para postos federais, estaduais e municipais. Esperamos que esses candidatos se convertam em um reforço contra a tendência esquerdista do governo Goulart – a cada momento mais infiltrado por comunistas e elementos de extrema-esquerda em geral.

Até que ponto esta quebra das identidades dos partidos políticos não terá sido resultado da ação do IPES/IBAD, no ano de 1962, com o apoio da CIA, durante as eleições dos parlamentares em exercício de seus mandatos nos anos de 1963 e 1964?

Paulo de Tarso: – A análise que Brasil, Urgente fez dos partidos que atuavam na vida política brasileira, antes de 1964, acho correta, nos seus fundamentos. Realmente, os partidos estavam muito divorciados da realidade do país. Não eram propriamente partidos que contassem com militantes e estivessem estruturados. Eram mais partidos de cúpula do que de base.

Na verdade, eram partidos nos quais o povo não militava. Lembro que, na UDN, na época em que eu apoiei o Eduardo Gomes, havia um único operário escolhido pela UDN para falar em nome da classe operária nos comícios. E não era muito diferente nos outros partidos, não. Nós, do PDC, tínhamos alguns representantes da Juventude Operária Católica, como o José Morais Neto, que era um homem profundamente respeitado, e, ainda hoje, atua politicamente com muito bom sentido. Mas ele era muito mais um homem que defendia o operariado do que propriamente um operário. Nós tínhamos um ex-ferroviário, que se chamava Mafra, que falava nos nossos comícios também em nome do operariado. E era um homem engravatado que não usaria a camiseta do Lula. Não era propriamente um homem identificado com a classe operária. Era, digamos, um homem de origem operária, mas com aspirações de promoção à classe média.

Então, em termos de composição de classe, os partidos brasileiros, na sua imensa maioria, não representavam um determinado segmento da sociedade. Essa ideologia democrática que o Montoro persegue hoje, como justificativa do PMDB como Frente Popular contra o autoritarismo, naquela época não chegava sequer a ser formulada. Existe, hoje, um pouco mais de nitidez quanto a isso. Quando o Montoro fala na possibilidade de uma ideologia democrática até que se consolide a democracia, eu acho que ele fala uma linguagem concreta.

Naquela época não, os partidos disputavam setores de todas as classes sociais. Só os partidos de esquerda tradicionais, como o PCB, e que tinham a sua opção de classe. Os outros realmente procuravam o povo muito mais na época das eleições do que fora delas. Não tinham uma vida orgânica durante todo o tempo, existiam para atuar na época das eleições. Todos os partidos, sem excluir o PDC, quando ocorriam eleições, abriam possibilidades a que os candidatos a deputado, que nunca haviam militado no partido, se candidatassem pelo partido.

O PDC procurava, é justo que se diga, selecionar os seus candidatos a deputado, a vereador etc. Mas os critérios de seleção eram muito mais morais que políticos. Eu tenho um exemplo, um caso concreto de uma seleção de candidatos que se fez em São Paulo, realizada através de uma comissão de pró-homens do partido, tradicionais, impolutos, virtuosos. A comissão entrevistava os candidatos a deputado muito mais interessada em buscar a correção moral da vida deles do que propriamente em saber quais eram suas posições políticas. Então, a um deles um dos membros da comissão perguntou: – O senhor tem amante? E o sujeito, que era um ingênuo, eu não sei nem quem era, pensou que aquilo era uma abertura que estavam dando a ele para intimidades, disse: – Olha doutor, quem não tem, né? Quando ele disse isto, este pedessista tradicional, deu um murro na mesa e disse: – O senhor dobre a língua, eu não tenho. Eu sou um católico praticante e eu vivo para minha família. O senhor vá procurar o partido que quiser porque pelo PDC o senhor não será candidato a deputado. Eu não tenho amante.

Portanto, rejeitava-se ou aceitava-se um candidato pelo fato de ter ou não ter amante. O que mostra um pouco a confusão entre a política e a moral católica. Está claro que a política não pode ser divorciada da moral, mas são campos distintos. Embora nos nossos discursos nós sempre insistíssemos muito em dizer que distinguíamos a política da religião, a política da moral, na atuação concreta havia uma predominância das nossas convicções religiosas, das nossas posições morais. Política, mesmo, ficava assim como o molho da história. A formulação política caminhava pouco. Era mais uma arte de conquistar posições de poder para realizar a moral católica, para moralizar a coisa pública.

Havia pouca nitidez quanto ao conhecimento da realidade brasileira da época e em saber o que fazer para mudar essa realidade, e em sobre como se dava a correlação de forças políticas. Nós não tínhamos um cientista político que estivesse assessorando o partido. O Montoro tem hoje vinte comissões de técnicos trabalhando para dizer ao PMDB como ele deve organizar o país, se ele chegar a ser poder. Boa ou má, eu não quero entrar no mérito, embora eu esteja no PMDB e considere boa, a verdade é que o PMDB hoje, graças a assessoria que tem, pode formular uma alternativa de poder, coisa que naquela época era impensável. As assessorias funcionavam mal e nós éramos homens que dávamos testemunho da nossa fé na política, da moral católica na política.

A Comissão de Inquérito contra o IBAD

Coimbra: – "Caiu a Máscara das Forças Ocultas". Na matéria com este título, publicada na página 16, do BU nº 6, o senhor aparecia defendendo seu requerimento com solicitação ao Congresso de formação de uma comissão de inquérito para investigar a ação do IPES/IBAD. Nela, o senhor dizia:

> Vamos provar que o IPES pretende superpor-se às nossas agremiações partidárias, mediante um sistema de fixação quase compulsória de quotas para grandes empresas privadas. No caso dessas instituições, entretanto, por seu poderio financeiro muito grande, o que ocorre é uma distorção no processo político, através da manipulação da opinião pública por um crescente controle de órgãos de divulgação. E, segundo estou informado, o deputado João Mendes, presidente da Ação Democrática, em entrevista a jornais da Bahia, admitiu efetivamente a ajuda pelo IBAD a vários candidatos a postos eletivos. Além disso, basta que se acompanhe pelos jornais e televisão, monólogo longo e caro de determinados defensores da "filosofia de vida do liberalismo econômico" para comprovar a sua existência.

Segundo René Armand Dreifuss, na sua obra citada, à página 331, o IPES/IBAD financiou em 1962 a campanha de 250 candidatos a deputado federal, 600 a deputado estadual, 8 a governos estaduais e vários senadores, prefeitos e vereadores. Cento e dez parlamentares – mais de um terço da Câmara Federal – assumiam posições contra as reformas estruturais propostas por João Goulart porque tinham obtido seus mandatos com financiamentos do IPES/IBAD, segundo este autor.

Dreifuss diz ainda que destes deputados, 46 pertenciam à UDN, 37 ao PSD, 5 ao PRP, 5 ao PTB, 4 ao PSP, 3 ao PR, 3 ao PDC, um ao PL, um ao PRT e um ao MTR.

Os deputados do seu partido, o PDC, ligados ao IBAD, segundo ele, eram: Gladstone Chaves de Mello, Gabriel Chaves de Melo, da Guanabara, e Padre Arruda Câmara, de Pernambuco.

Numa também muito conhecida entrevista do embaixador norte-americano no Brasil, nesta época, Lincoln Gordon, ao jornalista Roberto Garcia, publicada na revista Veja, de 9 de setembro de 1977, o diplomata diz, falando do dinheiro americano gasto nas eleições brasileiras de 1962:

> Certamente foi muito mais de 1 milhão de dólares, e eu não ficaria surpreso se tivesse chegado a 5 milhões de dólares. Basicamente, era dinheiro para comprar horários de rádio, imprimir cartazes, esse tipo de coisa. E pode estar certo havia muito mais pedidos do que os que foram atendidos (citado por Phyllis R. Parker no livro *1964: o papel dos Estados Unidos no golpe de estado de 31 de março* (Rio de Janeiro, Editora Civilização Brasileira, 1977, p. 47).

Quanto ao controle da imprensa, diz Dreifuss, à página 235:

> Os canais para disseminação de material ideológico e político produzido ou reproduzido pelo IPES eram as agências de notícias, como a Planalto, administrada pelo próprio IPES, que fornecia material a 800 jornais e emissoras de rádio por todo o Brasil, com várias remessas semanais de material noticioso constituído de informação e análise, serviço este inteiramente gratuito.

Quando o senhor pediu a Comissão de Inquéritos já tinha ideia da dimensão da interferência do IPES/IBAD, na política nacional?

Paulo de Tarso: – Eu fui o primeiro signatário do requerimento de constituição da Comissão de Inquérito do IBAD, e isso acirrou ainda mais os ânimos contra as posições que eu vinha defendendo no Parlamento Nacional.

Lembro que, na época, era necessário algo assim como 120 assinaturas. O deputado Bilac Pinto, disse que assinaria, se eu assinasse o requerimento da Comissão de Inquérito dele, para apurar corrupção na Petrobrás. Este é um detalhe que mostra como foi difícil obter as 120 assinaturas. Foi uma luta de semanas a fio. Eu tinha que trabalhar, deputado por deputado, e muitos deles estavam comprometidos com o IBAD.

Por exemplo, naquela época, o deputado Juarez Távora, em discurso, se confessou devedor ao IBAD de ajuda. Tinham-lhe dado alguns cartazes. Ele, que era um homem profundamente honesto, embora tivesse posições, na ocasião, reacionárias, contou o que havia recebido do IBAD, publicamente. E disse que aceitara a ajuda porque se convencera de que aquilo havia sido uma medida de defesa da democracia. A última coisa que fiz como deputado, quando o general Juarez Távora foi à tribuna para defender o golpe, então já consumado, foi pedir aparte. Eu, no microfone de aparte, tentei três ou quatro vezes o aparte, e ele não me concedia: – Vossa Excelência, me concede um aparte? Ele continuava o discurso dele, e eu repetia: – Vossa Excelência me concede um aparte? E ele continuava. Depois da terceira vez, eu disse: – Em nome das tradições democráticas do tenente Juarez Távora, Vossa Excelência me concede um aparte? Ele era um homem sensível e decidiu me conceder o aparte. Então, eu disse o seguinte: – Vossa Excelência está condenando os que procuraram contatos com os sargentos para que eles pudessem ter algum tipo de participação política na vida nacional. Eu pergunto a Vossa Excelência onde fica, em tudo isso, o tenente Juarez Távora, revolucionário da Aliança Liberal? Se Vossa Excelência condena a participação dos sargentos na vida nacional porque isso atenta contra a hierarquia militar, eu pergunto: e o Tenentismo não foi um atentado contra a hierarquia militar também? O tenente Juarez Távora não foi subversivo naquela época?

Então, ele disse que aquilo tinha sido um pecado da juventude, que ele tinha revisto a posição dele, que aquela etapa do Tenentismo era uma etapa violenta, um arroubo de jovem, e que ele achava que o país devia caminhar por caminhos pacíficos. A minha opinião, em resumo, sobre o Juarez Távora, é de que ele era um patriota, entre aspas, que achava que a melhor maneira de servir o Brasil era atuar politicamente de maneira ultraconservadora. Mas era um homem impoluto, sincero, e que teve um certo pudor de haver recebido ajuda do IBAD.

Eu não tenho nenhum episódio concreto relacionado com esses três nomes do PDC mencionados. Agora, eu posso acrescentar a esses, como já fiz, o nome do deputado Juarez Távora. Posso imaginar que, também, o deputado Euclides Triches, que depois foi governador do Rio Grande do Sul e que era militar, talvez, tenha tido vinculações com o IBAD também, como Ney Braga seguramente teve. Então, o grupo do PDC, que teve vínculos com o IBAD, é maior que aquele que a pergunta insinua.

Na verdade, quando eu fiz o requerimento pedindo investigação sobre o IBAD, eu já tinha informações sobre toda a atuação do instituto. Estava tão impressionado com ela que fiz o requerimento. Uma Comissão de Inquéritos não se constituía por fatos banais, na Câmara.

Eu conheci o episódio do João Mendes que, em entrevista, na Bahia, havia se referido concretamente ao IBAD – parece que ele era um dos dirigentes do IBAD –, e havia até feito menção às obras que o IBAD estava realizando para ajudar à vitória da democracia. O jornal mencionava fatos concretos que eu repeti no meu discurso de lançamento da Comissão de Inquérito.

Quando estava completo o requerimento, eu fui apresentar à presidência o requerimento. Fiz um discurso e fui aparteado com certa irritação pelo deputado João Mendes. O plano parece que era o de ganhar a maioria do Congresso, para votar o impeachment do presidente da República. A ideia era conquistar o poder através do impedimento do presidente da República, coisa que depois, por fatos que eles não previram, não ocorreu.

Os "cavaleiros andantes"

Coimbra: – Para os leitores do BU também não foi necessário esperar Dreifuss encontrar as caixas com a documentação do IBAD/IPES – parte dela ocupa 300 páginas em seu livro –, para conhecer o grau de penetração destas entidades na vida do país, naquela época. Antes mesmo dos primeiros resultados daquela Comissão de Inquérito, o BU dizia, em seu editorial, da edição nº 7, página 2 ("IBAD e IPES: Peças da Subversão"), de 28 de abril de 1963:

> Andou certo o deputado Paulo de Tarso, requerendo a constituição de uma Comissão Parlamentar de Inquérito para realizar uma completa devassa nos Instituto Brasileiro de Ação Democrática e Instituto de Pesquisas e Estudos Sociais (IBAD e IPES). Engrenados na próspera indústria do anticomunismo, IBAD e IPES passaram a controlar e financiar o ridículo movimento há muito desacreditado no Brasil. Partindo do "perigo comunista" e da "iminente subversão comunista", as duas organizações realizam toda uma série de chantagens e pressões, inaugurando uma fase de macartismo que repugna as consciências democráticas ou, simplesmente, bem formadas. Ao mesmo tempo que criava a Ação Democrática Parlamentar, entregue ao comando do deputado udenista João Mendes, lançava a discórdia nos meios operários e estudantis com o objetivo de dividir aquelas classes, enfraquecendo-as nas suas campanhas, em favor de seus interesses específicos, como de superiores interesses da nação. E tudo com uma extraordinária abundância de recursos financeiros. Recursos que financiam jornais, revistas, programas em emissoras de rádio e televisão. Numa geral mobilização para desacreditar os defensores da política nacionalista de emancipação econômica do Brasil e valorizar quantos estão comprometidos com manobras e operações golpistas e direitistas. De um momento para outro, as poucas vozes independentes silenciaram: o

IPES passara a controlar jornais, emissoras de rádio e televisão, bem como empresas de publicidade, geralmente estrangeiras e habituadas às indébitas e impunes intervenções na política nacional.

Naquele mesmo ano de 1963, a Editora Civilização Brasileira lançou, no Rio de Janeiro, o livro *Sigla de corrupção*, de Eloy Dutra. Ele era o presidente da Comissão de Inquérito sobre o IBAD. Ênio Silveira, dono da editora, em sua apresentação do livro, endossa as palavras do BU, sobre os beneficiários da ação daquela entidade:

> Pretendem ser os cavaleiros andantes da" democracia" contra o comunismo anticristão, o comunismo antiocidental, o comunismo que prostitui donzelas, que transforma crianças em autônomos, que fuzila padres e tormenta senhoras católicas, que rouba fortunas, legitimamente amealhadas. É exatamente o que esteve fazendo e continuava a fazer, sob várias outras siglas e disfarces o IBAD. Sob o pretexto velho, mas sempre usado, de defender a democracia e lutar contra a dominação comunista, o IBAD outra coisa não pretendia que manter a ordem vigente, impedir a efetiva independência de nosso povo, submetendo o país aos interesses da classe dominante, vinculados estes aos do imperialismo.

Como cristão esclarecido e como autor do requerimento da comissão de investigação sobre o IBAD, o senhor, certamente, quando encarava o movimento comunista, naquela época, tinha uma visão livre das deformações criadas pela indústria do anticomunismo. Qual era sua visão?

Paulo de Tarso: – Eu encarava o movimento comunista como um movimento que discrepava das minhas posições políticas. Mas eu achava que o comunismo, como qualquer outro movimento político, devia ser combatido politicamente. Aquela história de dizer que a questão social não era uma questão de polícia, pode ser aplicada ao comunismo. Eu sempre achei que o comunismo não era um problema de polícia, era um problema político.

Eu me dava pessoalmente com vários homens de formação comunista, militantes comunistas. Estas relações pessoais se estreitaram no Chile. Alguns deles tinham uma grandeza humana extraordinária. Por exemplo, o Adão Pereira Nunes, do Estado do Rio, foi médico da colônia brasileira no Chile e virou uma espécie de herói dos exilados brasileiros de todas as tendências.

Eu, sobretudo, me opunha ao totalitarismo comunista. Com a formação política que eu tinha na época, a minha posição era contra o stalinismo, por tudo o que o stalinismo representava, era contra a forma soviética de socialismo e contra o totalitarismo genocida do Stalin. Foi com muita alegria que eu fui encontrar nas memórias de Pablo Neruda, uma condenação ao stalinismo.

A minha condenação ao comunismo era contra o totalitarismo representado por Stálin: aquela conversão forçada de camponês em operário, aquela coisa de começar dizendo que ia governar em nome do proletariado, depois em nome do partido do proletariado, depois governava em nome próprio. Eu, por intuição, identificava a ditadura do Stálin com os extremos do fascismo, do nazismo, embora eu não soubesse me movimentar muito bem como analista nessa confusão toda. Hoje, eu vejo com muito mais clareza isso. O Stálin, em nome do objetivo da industrialização da Rússia, por não ter uma formação humanística, não hesitou em cometer um verdadeiro genocídio.

A outra objeção que eu fazia ao movimento comunista era de ordem religiosa. Eu não tinha nada contra o ateísmo porque acho que todo mundo tem o direito de ter a posição que quiser. Mas, na medida em que o comunista fazia a militância do seu ateísmo, está claro que eu, que era também um católico militante, ia colocar-me numa posição antagônica ao comunismo.

No entanto, no plano das reformas sociais, havia muita similitude entre o que os cristãos chamados de vanguarda, os cristãos de esquerda, pregavam e algumas bandeiras comunistas. Como havia no país uma profunda desinformação política, estimulada por IBAD, IPES, Ação Democrática – com dinheiro norte-americano, como disse o senhor Lincoln Gordon –, foi extremamente estimulada essa desinformação política por uma propaganda que estava orientada nesse sentido. As posições cristãs foram confundidas com as posições comunistas. De boa ou de má fé. Eu acho que, no caso das lideranças do IBAD, IPES e da Ação Democrática, havia muita má fé. Eles sabiam que a posição da gente não era comunista, mas denunciavam a gente como comunista porque tinham receio que nós impedíssemos que eles utilizassem o cristianismo como o fundamento ideológico da tomada do poder. E eu acho que a desinformação política, que era característica da imensa maioria das lideranças dos partidos políticos no Brasil, foi grandemente estimulada pelos órgãos de comunicação de massa – televisão, rádio, jornal, etc –, que procuravam apresentar a civilização cristã ocidental como em perigo. O grande inimigo era o comunista. Como não era possível dizer que era, também o cristão de esquerda, então os cristãos eram identificados com os comunistas.

A irritação com o "Papa camponês"

Coimbra: – A imprensa do mundo inteiro saudou o aparecimento, neste mês de abril de 1963, da encíclica *Pacem in Terris*, de João XXIII, conforme matéria publicada no BU, nº6 ("Mundo Unânime Aplaudiu a Nova Encíclica de João XXIII"), páginas 5 e 6.

> Desde o Departamento de Estado norte americano (o governo dos Estados Unidos) recebe calorosamente a mensagem comovedora do Papa João XXIII, até a agência Tass soviética, todos aqueles que desejam a paz veem na nova encíclica um passo à frente, no caminho da unificação das forças pacíficas, com vistas a conjurar a ameaça de uma nova guerra.

Brasil, Urgente

Um Jornal do Povo a Serviço da Justiça Social

MARCHA DA SUBVERÇÃO:

DIREITA TENTA O GOLPE CONTRA JANGO!

EDIÇÃO SEMANAL
ANO I No 30
Preço Unico:
CR$ 40,00

★

Dorian:
SUBVERSÃO EM MARCHA

★

Tristão de Ataide:
RESSURREIÇÃO DA ESPERANÇA

★

Padre Milton:
CARTA AO GAL. PERY

★

Frei Carlos:
PROFETISMO E SENTIDO DA HISTORIA

Nacionalização Dos Superhomens

Seis meses antes do Golpe Militar, no dia 6 de outubro de 1963, o jornal volta a denunciar sua preparação em matéria de capa.

No entanto, segundo a mesma matéria do BU, o redator principal de O Estado de S. Paulo, Lenildo Tabosa Pessoa, não gostou, se julgando capaz de dar quinaus ao Papa e apontou imprudência e ingenuidade do Sumo Pontífice. Segundo o BU, Lenildo escreveu que a encíclica teve repercussão profundamente negativa e desalentadora para aqueles que se sentiram abandonados pelo Pai Comum da Cristandade.

Além de chamar de capitulacionista o documento papal, Lenildo acusou o Santo Padre de "aquiescência perante a ação dos inocentes úteis" e assinalou que, com a sua encíclica, "os caudatários dos comunistas conseguiram marcar um ponto". Para o ex-seminarista, com a *Pacem in Terris*, João XXIII abriu "as portas do catolicismo dos países com graves problemas sociais à infiltração comunista", uma vez que justifica a colaboração em certos casos entre católicos e não católicos e nos círculos vaticanos não se desmente as interpretações no sentido de que esses não católicos são também os comunistas". (BU nº.6, p. 6).

O trecho da encíclica, abordada pelo jornalista de O Estado de S. Paulo, havia sido comentado pelo BU, em matéria publicada na edição anterior, a de nº 5, com um resumo da *Pacem in Terris*. A matéria recebeu um título que ocupava as páginas 12 e 13 do jornal: "Papa Equaciona Salvação da Humanidade". Nela o jornal disse:

> O Papa trata das relações dos católicos e não católicos no campo econômico, social, político, recordando os ensinamentos da Igreja a este respeito. Dois princípios são, então, expostos: o homem que erra não perde a sua dignidade e não perde, portanto, o direito à estima, nem, por outro lado, perde a capacidade de abandonar o erro. Os movimentos históricos de finalidades econômica, social, cultural ou política não devem ser confundidos com as falsas filosofias que os inspiram, e, portanto, é possível entabular conversações proveitosas de ordem prática com pessoas que se acham nessas condições.

E o próprio Cardeal Motta, indiretamente, responderia às críticas de Leonildo, na matéria das páginas 12 e 13, do BU nº 6, que já vinha com um subtítulo irônico: "Tem Gente Mais Católica Que o Papa".

Dizia à certa altura a matéria:

> Referindo-se a certas incompreensões registradas sobre a nova encíclica, disse o Cardeal Motta que alguns estão se arvorando em árbitros da própria hierarquia, querendo ensinar Padre-Nosso a vigário e ser mais católico do que o Papa.

A matéria terminava com o cardeal estimulando a equipe do BU a prosseguir no que vinha fazendo. Os jornalistas tinham procurado o cardeal para desejar-lhe Boa Páscoa. Diante deles, o cardeal declarou que gostava de frutas ácidas e que não queria que o BU fosse como um caqui mole, doce e sem nervura.

Doutor Paulo, pode nos dizer como foi recebida a *Pacem in Terris* pelos cristãos engajados em ação social no Brasil?

Paulo de Tarso: – A *Pacem in Terris*, do Papa João XXIII, assim como antes a *Mater et Magistra*, foram recebidas como um apoio fundamental. Ficou claro que não havia um sistema econômico a ser dogmaticamente aceito pelos católicos.

O fato aqui referido, de a encíclica ser bem recebida no Departamento de Estado norte-americano e até na Tass soviética, mostra como as formulações das encíclicas eram genéricas. Estavam como já afirmei na esfera dos princípios, embora João XXIII tenha tentado uma aterrissagem. Foram os pontos de aterrissagem, na verdade, que provocaram reação dos elementos ultraconservadores, como o Lenildo, que depois organizaram a TFP – Tradição, Família e Propriedade.

A posição de árbitro da hierarquia foi um dado profundamente novo. Até aí, a hierarquia era também conservadora, se opunha às posições de aterrissagem desses princípios na realidade e se opunha a qualquer mescla dos católicos com não católicos ou com pessoas de formação marxista. Quando a *Pacem in Terris* admitiu, que, em matéria de atuação social, podia haver esquemas conjuntos de católicos com não católicos, as pessoas que tinham pensamento conservador, como o jornalista Lenildo, se irritaram profundamente. Isso foi uma espécie de endosso, de aval da suprema hierarquia da Igreja àqueles que estavam procurando construir a sociedade temporal, sem pedir atestado ideológico a seus aliados. Quando Lenildo disse que isso alentou os inocentes úteis e os comunistas, que iriam se servir dos problemas sociais dos países subdesenvolvidos para impor as suas ideologias, o que ele queria dizer era que dali para frente, quem defendesse a Reforma Agrária, a Reforma Urbana, a Reforma Universitária etc, já não poderia mais ser tachado de comunista com a mesma simplicidade de antes. O Papa João XXIII abriu, por assim dizer, o sinal para algum tipo de ação conjunta. Se eu tenho um objetivo claro, não importa saber quem está lutando comigo para atingir esse objetivo. Quando os objetivos se diversificarem, eu saberei seguir o meu caminho e os outros seguirão os seus. Quer dizer, o fato de eu exigir atestado ideológico de aliados é uma espécie de maniqueísmo que caiu com as posições do Papa camponês. O Papa, não sendo intelectual, com a visão camponesa que tinha da vida, naturalmente, fazia alguma revisão dos textos das encíclicas e procurava dar a elas um conteúdo mais concreto.

A grande contribuição de João XXIII à Doutrina Social Cristã foi exatamente essa aterrissagem na realidade, muito própria de uma mentalidade camponesa.

Cristãos e violência revolucionária

Coimbra: – Na entrevista passada o senhor estranhou a palavra brusca quando Ruy do Espírito Santo, no BU nº1, resumindo o livro de frei Josaphat, fala em mudança radical e brusca das estruturas, como algo a ser procurado pelos cristãos, quando estejam diante de uma ordem social que represente a violência estabelecida, embora, a primazia aos meios pacíficos de mudança, também fosse mencionada. A este respeito em seu artigo "Caridade e Agressividade", a página 9, do BU nº5, frei Josaphat indaga:

> O que é ter caridade num mundo de injustiças? Seria aceitar todos como eles são? Aprovar e abençoar tudo que está aí? Talvez desaprovando no íntimo o erro e a maldade? Essa interrogação se tem colocado à consciência cristã sob o nome da não-violência. É preciso não esquecer, que, ao entrar em Jerusalém, na hora de seu sacrifício supremo, Jesus foi terno até as lágrimas. Mas igualmente intransigente até o chicote. Em cada momento histórico é preciso que a cristandade contemple Jesus Cristo tal qual Ele é. Lágrima nos olhos e chicote nas mãos. A agressividade brotada do ódio e motivada no ressentimento é a negação do Evangelho. Mas também a passividade diante do mal. A incapacidade de se unir para enfrentar a injustiça triunfante. Contentar-se com suspiros e lamentações face à iniquidade que domina em toda a parte. Essa cumplicidade, de formas infinitamente diversas com a desumanidade, vem a ser prova provada e irrecusável da falta de amor, da total ausência da caridade de Jesus Cristo que o levou à morte.

Menos de três anos depois da publicação deste artigo, em 15 de fevereiro de 1966, o padre colombiano Camilo Torres Restrepo, ativista do ELN – Ejército de Liberación Nacional, foi fuzilado por membros do Exército de seu país.

Um outro padre colombiano, German Guzman Campos, no livro de Francisco Hardy, Kazukuta (São Paulo, Editorial Livramento, 1979, p. 139), fala do padre guerrilheiro assassinado:

> Para Camilo, nos países subdesenvolvidos as mudanças de estrutura se produzirão se houver pressão popular, e a revolução pacífica só é possível havendo concessões da classe dominante. A revolução violenta é uma alternativa bastante provável, se não houver compreensão dos dirigentes.

Vê-se assim que, na época, o eventual apelo às armas estava na cogitação de um grupo de cristãos latino-americanos. O senhor poderia voltar a esta questão?

Paulo de Tarso: – A posição do cristão diante da violência tem origem doutrinária em São Tomás de Aquino e em outros doutores da Igreja. Eles dizem que a luta contra o tirano só pode ser violenta se a tirania se tornou insuportável e quando os meios pacíficos de deposição do tirano – atualmente a gente diz meios pacíficos de transformação social – estejam esgotados.

A minha posição pessoal, na época, talvez tivesse ligeiras discrepâncias em relação ao pensamento do Brasil, Urgente. Eles usam essa expressão brusca, que eu não utilizaria, por achar que os meios pacíficos não estavam, ainda, esgotados.

Hoje, eu formularia a minha posição de maneira diferente. Os meios pacíficos não estavam esgotados porque não se fez nenhum esforço para organizar e conscientizar o povo. Aquele início de trabalho que eu fiz com o Paulo Freire, o Movimento de Cultura Popular, inspirado no movimento de Angicos, o Movimento de Educação de Base, da CNBB, o movimento que foi realizado por Germano Coêlho, como secretário de Educação do governo Arraes, tudo aquilo foi uma tentativa de conscientização popular. Mas, no plano da organização popular, não se caminhou. Houve um pouco de esforço no sentido de organização das Ligas Camponesas, dos sindicatos rurais. Mas isso tudo tinha ênfase muito pequena quando a grande prioridade deveria ser a organização popular e a conscientização popular. Quando eu, por exemplo, fazia conferência na rádio de Goiânia sobre a conscientização popular, eu estava conscientizando a direita. Não estava conscientizando o povo. Quem me ouvia era a direita. Eu falava à direita sobre a conscientização do povo. Muito do que eu disse assustou a direita e não conscientizou o povo.

Qual seria o caminho para evitar a violência? Seria aumentar o nível de organização popular e dar aos militantes dessas organizações uma visão clara de seu poder organizado. Eu tenho a esperança de que com a mudança da correlação de forças políticas em novembro de 1983, muito vá se poder fazer nessa linha. Pena é que, antes de 1964, não houvesse lucidez suficiente em todos nós para compreender que a nossa luta deveria ser uma luta no sentido da organização popular e da conscientização popular. Esta é que era a alternativa diante da luta armada, da luta violenta. Por temperamento sou infenso à violência. Tendo a achar que, ainda, há meio pacífico de luta, sempre.

Maio de 1963 (Catolicão)

É impressionante verificar até que ponto está deformada a visão que se tem da imprensa, da sua função e da sua missão. Assim começava um dos raríssimos depoimentos de Josimar Moreira sobre o Brasil, Urgente, escrito três anos antes de ele morrer. Os dois depoimentos daquele que levou consigo o grupo de profissionais do Última Hora para o BU e permaneceu no jornal, durante quase 50 de suas edições, estão nas únicas duas matérias que ele assinou no BU, ambas publicadas neste mês.

A que começa com a frase acima está na capa do BU n° 9 e tem por título "Por Que Existimos, Por Que Vamos Continuar".

– Que fascínio teria para um jornalista do porte de Josimar um pequeno periódico como o Brasil, Urgente?

Indagamos isso a seu biógrafo e conterrâneo Múcio Borges da Fonseca.

Ele respondeu: – Josimar sempre foi um jornalista de combate. Apesar de poderoso diretor de jornal, como eu já disse, ele sempre ficou fiel à sua infância pobre, às causas populares. O BU foi uma maneira de exercitar este Jornalismo de combate e Jornalismo popular. Não acredito que, na época do BU, ele ainda tivesse uma ideologia católica. Era, apenas, um profissional que, à certa altura, viu oportunidade de fazer um jornal popular e de singrar com ele, respeitando o veículo que tinha nas mãos, que era católico.

Numa foto publicada pelo BU n° 6, nas páginas 12 e 13, em que aparecem ainda frei Carlos, Dorian e Roberto Freire, numa das periódicas visitas que os membros da redação do jornal faziam ao cardeal Dom Carlos Carmelo Motta, de quem recebiam o apoio mais forte, dentro da Igreja Católica, Josimar está sentado ao lado do religioso. Roliço, de bigodes, papeira, mãos rechonchudas, baixinho, sorridente: esta a imagem que o jornal registrou dele.

Múcio mostra a entrevista que fez, para o livro sobre Josimar, com um dos diretores do BU que permaneceram menor tempo no jornal, José Raul Carneiro. Carneiro disse:

> Josimar sentia uma atração por tudo aquilo que ele tinha de visceral, de gordo, de aberto. Profundamente afetivo, tinha uma vontade danada de encontrar naquele jornal um momento de escoar aquele grande amor que ele tinha, mesmo, pela causa do povo. Aquilo era visceral.

Mas, a julgar-se pelo que escreveu Dorian Jorge Freire para este trabalho, e tendo em conta que o humorista Arapuã foi obrigado a abandonar o Última Hora, de propriedade de Samuel Wainer, percebe-se que nem mesmo o UH, cuja implantação em São Paulo foi obra de Josimar Moreira, se viu livre das pressões econômicas, embora tenha ficado na história do jornalismo do Brasil, como um momento de grande criatividade.

Diz Dorian em sua carta:

> A coisa não começou em 1963 com Brasil, Urgente. Em começos de 1962 o IPES conseguiu controlar o Última Hora, comprando a opinião do jornal e conseguindo, com Samuel Wainer, as cabeças de Wilson Rahal e a minha. Samuel Wainer confessava no Paulistano, sem vergonha, que negociara as nossas cabeças com a Associação Comercial e o Clube de Diretores Lojistas.

Depois do Golpe Militar, com Samuel exilado em Paris, Dorian, desempregado, tentou voltar ao Última Hora.

Ele conta: – Voltei ao Última Hora apenas uns meses. Logo em seguida, de Paris, veio a ordem de Samuel Wainer para me afastar outra vez. De acordo com o arreglo governo/Wainer, que permitiu o retorno de Samuel do exílio em Paris. Antes que Danton Jobim (senador do MDB) e Rubens Paiva (futura vítima da repressão política) atendessem ao patrão, apresentei ao Múcio meu pedido de demissão.

Josimar queria que o Brasil, Urgente fosse diferente. Dizia ele no seu artigo-depoimento:

> Existe uma mentalidade formada, uma certeza tranquila de que sem o apoio de grupos econômicos que sustentem, com anúncios ostensivos ou publicidade indireta, com auxílios escusos ou subvenções notórias, um jornal não pode existir ou passar do terceiro número. Aqui, em Brasil, Urgente, temos sentido dia a dia, hora a hora, a pressão dos argumentos deste tipo. Em conversas, por cartas, nos telefonemas, nos comentários colhidos lá fora, uma preocupação permanente, sincera não raro, quase sempre farisaica e eufórica, é externada em termos de que: – Sem anúncios vocês não podem continuar. E, todavia, estamos continuando. Semana após semana, o jornal está nas bancas, de Manaus e Porto Alegre, numa cobertura verdadeiramente nacional. Com imperfeições e falhas imensas, ainda, reconhecemos. Mas circulando. Existindo (BU nº9, capa).

No segundo artigo, "Diálogo", publicado no BU nº 10, à página 5, ainda mais importante que o primeiro para que se possa entrever a visão que Josimar tinha de seu jornal, ele escreveu:

> O articulista, o editor de jornais, quase sempre pratica o monólogo, escreve o que pensa, transmite às vezes o que ouve, interpreta, eventualmente, o que muita gente gostaria de dizer, mas, na verdade, o que predomina é a sua diretriz própria, quando não a soma de interesses que tem de defender. E o público lê ou não, aceita ou não, gosta ou não gosta. O que não impede o articulista ou o diretor de jornal de afirmar pomposamente que o seu artigo ou o seu veículo transmitem fielmente as aspirações e os anseios da opinião pública. Por que em Brasil, Urgente é diferente? Já explicamos: porque há diálogo. E este diálogo é mantido através de cartas, telegramas, telefonemas, aplausos, xingamentos, visitas, conferências e debates. Um artigo, um editorial, o parágrafo de uma reportagem, a notícia, o "potin", a charge, tudo é discutido e comentado.

A seguir, Josimar entra na esfera dos seus sonhos profissionais, em grande parte realizados, meses depois, com o surgimento das SABUs – Sociedades de Amigos do Brasil, Urgente:

> Estamos convictos de que, no Brasil, existe lugar vazio para um grande semanário nacional que não se destine apenas a mostrar pernas de mulher bonita ou publicar entrevistas com os poderosos do dia. Um semanário que estenda o debate dos grandes problemas nacionais a todo o território do país. E que transmita aos grandes centros as reivindicações e os anseios de populações marginalizadas pela concentração das grandes empresas jornalísticas em São Paulo e no Rio. Grandes cidades, Estados inteiros vivem inteiramente isolados da realidade brasileira no seu conjunto. Notícias há que são divulgadas com o atraso de mais de uma semana, através de recortes e sub-recortes e na maioria das vezes deturpadas. As revistas, em número limitado, chegam até com um mês de atraso. Brasil, Urgente pode e deve desempenhar o papel do grande semanário nacional, capaz de proporcionar a possibilidade de um diálogo entre as várias regiões do país, levando a todos os recantos o que se pensa por aqui e trazendo de toda parte a palavra dos que tem algo a dizer. Tecnicamente, fomos feitos para isso: um jornal leve, de transporte fácil e barato, com possibilidades de abranger no menor espaço de tempo todos os rincões do país. (Diálogo, BU n° 10, p. 5)

Neste mês, o jornal quebra um novo tabu, na imprensa brasileira: fala de Cuba, sem preconceitos. Mas, conta Ruy do Espírito Santo: – Enfrentamos problemas curiosíssimos quando começamos a publicar coisas de Cuba. Foi uma violência incrível. O jornal O Estado de S. Paulo publicou uma página inteira, na seção livre, com letras garrafais, assim: "Resposta a Ruy do Espírito Santo", assinado por um tal Graça Wagner, que era advogado. Estas matérias sobre Cuba, no entanto, eram colocadas em nível de pesquisa, apenas. O que estão fazendo como experiências revolucionárias? Como seria uma revolução no Brasil? Eu diria que a grande virtude do BU era uma abertura muito grande àqueles que se aproximavam. Uma abertura no sentido de dizer: – O que você pensa? Vamos pôr no jornal aquilo que você pensa. Era um jornal aberto para que se discutisse as possíveis alternativas ideológicas e a busca de nova ideologia que não fosse o marxismo, para uma revolução social. Este, aliás, era o grito dado por frei Carlos.

Neste mês, ainda, Paulo Emílio Salles Gomes continua a manter em sua coluna sobre cinema um tom de ampla descontração:

> Uma amiga, com aquele ar assim de gato, que às vezes as moças têm, indaga se eu sei por que não sou crítico de cinema. Eu já meditara sobre o assunto e tinha em estoque prontinho para o uso, uma razoável coleção de respostas. Utilizei na oportunidade a que mais me convinha e respondi, assim, à amiga: – Não posso ser crítico de cinema porque sou péssimo fisionomista, e confundo, respectivamente, as e os artistas, umas e uns, com as e os, outras e outros! (BU n° 8, p. 19).

Em mais de oitenta páginas editadas neste mês, apenas três foram ocupadas por anúncios, duas das quais com publicidade da Petrobrás. Deveriam ter sido 24.

3ª entrevista com Paulo de Tarso Santos (Pauta: Maio de1963).

Uma parte desta entrevista com Paulo de Tarso, correspondente às edições do BU deste mês de maio de 1963, foi feita em sua casa, onde até este momento apenas ele dedicava atenção a nós. Seus familiares, depois de um cumprimento rápido, desapareciam. Necessitamos de algum tempo para entender o comportamento dos habitantes da casa do ex-ministro. Outra parte da entrevista ocorreu no seu escritório.

Nesta entrevista ele conta a sua ida a Cuba, na comitiva de Jânio Quadros, e a conversa que tivera com o cardeal cubano.

Faz uma crítica implacável ao grupo de políticos reformistas a que ele próprio pertencia, durante o governo Goulart.

Começa a abordar um tema fundamental para este trabalho: a cumplicidade da Grande Imprensa com os golpistas.

E, por fim, traça um comovido perfil humano da figura do ex-presidente Goulart.

Jânio visita Cuba

Coimbra: – Neste mês e no mês seguinte, o BU publicou uma série de reportagens de Dorothy Day, uma senhora católica, de 65 anos de idade, fundadora do jornal Catholic Worker, sobre Cuba, sob o titulo "Uma Católica Americana na Iha de Fidel".

Já na segunda reportagem da série, publicada no BU nº 10, a página 8, Dorothy fala de liberdade religiosa em Cuba, na época.

> Quero informar, também, que fui, diariamente, à missa e à comunhão. Que as igrejas (escolas particulares, não) estão abertas. Que quase duzentos padres permanecem e mais estão vindo porque os que saíram, saíram voluntariamente (foram intimados, às vezes, insultados e, em alguns casos, ameaçados mas, não expulsos). Que dois seminários menores estão abertos. Que há classes de catecismo funcionando e a presença de irmãs e institutos alegram o coração.

A propósito da Revolução Cubana, padre Gervásio Fernandes de Queiroga, em tese de doutorado, defendida na Pontifícia Universidade Gregoriana de Roma (publicada pelas Edições Paulinas, de São Paulo, em 1977, sob o título de *Conferência Nacional dos Bispos do Brasil – Comunhão e Responsabilidade*), conta que o Núncio Apostólico do Brasil, Armando Lombardi, na Assembleia da CNBB, de 1962, falou de uma carta de João XXIII dirigida aos bispos latino-americanos, datada de 8 de dezembro de 1961, nos seguintes termos:

> Qual a origem de tal documento (a carta do Papa), importantíssimo, testemunho eloquente das preocupações e solicitude do Vigário de Cristo para com este Continente? É o drama sombrio de Cuba, que encheu de surpresa, de dor e de angústia o coração do Papa: drama de uma nação católica deste Continente que, quase inexplicavelmente, caiu nas garras do comunismo internacional, o qual imediatamente começou a aplicar os sistemas já conhecidos de luta contra a Igreja, a religião e a própria crença em Deus (p. 342 e 343)

Há duas questões que podem ser levantadas aqui:

A primeira é a do comportamento de certa parte do clero durante o período de revolução em Cuba. Há um depoimento a respeito colhido por Jurema Finamour de um promotor cubano, Santiago Cuba, (publicado no livro *Vais bem, Fidel!*, São Paulo, Editora Brasiliense, 1962, p. 321) em que ele fala dos conflitos entre a Igreja Católica e os revolucionários cubanos:

> Os locais religiosos – disse o promotor –, segundo declarou o dirigente contra-revolucionário (Reinold Gonzalez), serviam também para guardar bombas incendiárias enviadas pela Agência Central de Inteligência para a realização das sabotagens. Com base no ataque mercenário de Playa Giron, que teve a prévia benção do Cardeal Spellman, achou-se grande quantidade de propaganda contrarrevolucionaria e dinamites na Universidade Católica de Villanueva. Na igreja de Campo Florido, descobriram-se garrafas de líquidos explosivos. Na paróquia de La Caridad, grandes quantidades de moedas fraccionadas de prata subtraídas do tráfico mercantil com fins de sabotagens, uniformes do exército dos EUA e do exército rebelde. Em igrejas de distintas províncias apareceram provas múltiplas de atividades contrarrevolucionárias do clero reacionário.

Jurema transcreve em seu livro (p. 322 e 323) trechos de um artigo do escritor católico francês, Claude Julien, para a revista católica *Esprit*, em que ele diz:

> Ao que sabemos, as eleições que, no passado, eram sistematicamente fraudadas, jamais provocaram protesto da Igreja – que, no entanto, teria podido comover-se ante tão flagrantes violações da moral cívica.

Segundo Claude Julien, a atitude foi outra, depois da vitória revolucionária:

> Jamais, na História Cubana se viu, em tão curto espaço de tempo, tantas cartas pastorais e declarações episcopais. Teria a Igreja, então, pela primeira vez, liberdade para se exprimir?

No Brasil, o BU procurou auscultar a opinião dos seus leitores sobre Cuba. Descreveu o país nestes termos, durante o governo de Fulgêncio Batista:

> Na capital existiam 270 bordéis superlotados e mais de 700 cabarés. Os donos desses cabarés ganharam, em um ano, mais de 225 milhões de cruzeiros. Nos casebres em torno da capital, moravam em média 12 pessoas. Estes casebres não tinham luz elétrica e nem água encanada.

25 por cento da população estava permanentemente desempregada. Em todo o país, existiam somente 35 por cento de residências com água encanada. (BU nº 11, p. 3)

Depois o jornal perguntou se era justo derrubar aquele governo. Encontrou 71% de respostas afirmativas.

A segunda questão: em que medida a ação social dos cristãos do Brasil, no início da década de 1960, foi influenciada pelos erros cometidos pela Igreja Católica de Cuba, nos primeiros anos de governo revolucionário, posto que um dos resultados da mencionada carta do Papa aos bispos latino-americanos foi a criação, pela CNBB, de um PE – Plano de Emergência, para nortear a ação social da Igreja no Brasil. Sobre o PE, diz Padre Queiroga, no livro citado, p. 355 e 356:

> Para que se firme um trabalho de renovação paroquial, o PE (Plano de Emergência) propõe, como primeira etapa lógica (não necessariamente cronológica), um levantamento demográfico, econômico e religioso, simples e criterioso, a fim de se identificar os problemas urgentes, as forças disponíveis, a fisionomia humana. E, assim, despertar pela descoberta do real, o dinamismo apostólico, naqueles mesmos que ajudaram a fazer a pesquisa. Estas duas coordenadas: a teológica e a sociológica, ligando verticalmente a pastoral ao plano divino da salvação e inserindo-a, horizontalmente, na trama humana e histórica da realidade a salvar, darão à atividade pastoral o conteúdo de que precisa e o realismo de que carece, para responder as exigências do mundo hodierno.

Convidamos o senhor a abordar estas duas questões.

Paulo de Tarso: – Eu conheci Cuba, pessoalmente, depois da vitória de Fidel Castro. Viajei àquele país, juntamente com uma caravana composta por Jânio Quadros, então, candidato à presidente da República. Comigo viajaram, como é sabido, representantes da imprensa e da política. Entre eles, eu cito Adauto Lúcio Cardoso, da UDN, o Julião, das Ligas Camponesas, e boa parte do jornalismo político do Brasil daquela época, inclusive Castelo Branco e Márcio Moreira

Alves. Este último depois foi muito focalizado com o episódio do Ato Institucional, em consequência de um discurso dele.

Nessa oportunidade, Fidel não havia feito ainda sua opção marxista. Mas, foi possível observar vários aspectos da revolução cubana. Nós visitamos o cardeal de Cuba. Essa visita foi feita por mim, pelo, então, deputado Adauto Lúcio Cardoso, depois ministro do Supremo Tribunal Federal, e por outras pessoas que acompanhavam a comitiva. Com o cardeal, o tema foi, exatamente, o comunismo, em Cuba. O Adauto Cardoso perguntou ao cardeal o que ele opinava a respeito. Ele respondeu: – *Bien, el comunismo realmente existe, pero no es un problema específico de Cuba. Todos los países lo tienen.*

Aí, ele começou a dizer que gozava de liberdade religiosa em Cuba. Não haviam ainda surgido os problemas do governo com certa parte do clero. O cardeal estava tranquilo quanto às suas relações harmônicas com o governo. Depois, veio a opção do Fidel pelo marxismo, que, entre parênteses, pode-se dizer, foi consequência do modo como a revolução cubana foi tratada pelos Estados Unidos e pelo Mundo Ocidental, em geral. Considerou-se insuportável que houvesse no Ocidente Cristão um país socialista. Negaram pão e água a Fidel. A Fidel não ficou outra opção do que a do pacto com a URSS, que, como bom país, hoje conservador e imperialista, tratou Cuba como país satélite, e, parece, cobra de Cuba um alto preço, não apenas econômico como político. Cuba custa uma barbaridade à União Soviética. O último dado que me deram é que custa um milhão de dólares por dia. Esses fatos ocorreram depois da minha visita. Eu não sei bem analisá-los, salvo se quisesse opinar com base nos noticiários dos jornais, o que é altamente perigoso, porque as notícias que vêm de Cuba são notícias de governos ou de agências internacionais, sabidamente contrárias a Cuba. O que eu diria, em síntese, é que deve ser respeitada uma opção livre, democrática, de um país por um regime socialista. Se esta opção cubana foi uma opção livre ou não é um assunto a ser discutido em outra oportunidade. Não houve eleições pelas quais o povo tivesse escolhido o regime socialista, mas, eu estive lá numa época em que o povo inteiro adorava a revolução, endeusava-a. Senti a legitimidade do governo de Fidel, antes de Fidel fazer a sua opção marxista, na rua, com todas as pessoas com quem conversei. O governo era legítimo, plenamente legítimo, e a população estava identificada com o governo.

O que houve depois da opção pelo marxismo, com a saída de gente de Cuba, com os presos políticos – Fidel chegou a confessar que existiam cem mil presos políticos em Cuba, uma vez, num discurso –, é assunto muito polêmico, que eu tenho dificuldade de abordar por falta de dados objetivos. Acho, todavia, que numa opção democrática pelo socialismo nenhum outro país tem o direito de se intrometer. Se algum país latino-americano quiser livremente optar pelo socialismo isso não é um atentado contra a civilização cristã do Ocidente. Isso é conversa publicitária que já está, a essa altura, superada.

Eu leio aqui que o padre Gervásio de Queiroga, menciona a carta de João XXIII dirigida aos bispos latino-americanos, datada de 8 de dezembro de 1961. O apelo do Papa João XXIII, que foi transmitido aos bispos brasileiros pelo Núncio Apostólico Armando Lombardi fala do drama sombrio de Cuba, que encheu de surpresa, de dor e de angústia o coração do Papa: drama de uma nação católica deste continente que quase inexplicavelmente caiu nas garras do comunismo internacional.

Não é tão inexplicável assim, se a gente considerar as barbaridades da época do Batista. O que se vê é uma Igreja preocupada em encontrar soluções que evitem a queda dos países nas garras do comunismo. Uma posição militante anticomunista, uma posição de reação ao comunismo muito mais do que uma posição afirmativa de construção de uma ordem social justa. Nota-se, hoje, uma mudança de qualidade na posição da Igreja. Houve uma época em que a Igreja queria realizar obras sociais, queria fazer análises sociológicas, econômicas, para evitar que o comunismo vencesse. Hoje, a Igreja está preocupada com o novo pacto social – no Brasil, por exemplo –, porque optou preferencialmente pelo pobre. O centro de preferência da Igreja e de suas posições é o pobre. Ela atua para que o setor mais pobre da população possa viver humanamente. O problema do comunismo passou a ser secundário.

A Igreja, hoje, não está militando contra o comunismo. Ela milita a favor do homem pobre. Se a posição dela é diferente da posição comunista, isto é uma consequência da sua opção pelos pobres. Ou seja, a maneira da Igreja abordar o comunismo mudou fundamentalmente nos últimos anos. A Igreja hoje tem uma posição afirmativa no plano social. A preocupação de dar respostas ao comunismo cedeu lugar a uma preocupação maior de construir uma ordem social que faça justiça ao pobre, o beneficiário preferencial da opção da Igreja.

Ecumenismo *versus* apologética

Coimbra: – Mostrando uma outra faceta de seu espírito universalista, o BU nº 9, à p. 15, anunciava em manchete: "Evangélicos Entram na Luta pelas Reformas de Base".

E informava:

> A Igreja evangélica brasileira está adotando também uma atitude realista em relação aos problemas socioeconômicos da nação e, para isso, já vem desenvolvendo grandes esforços e traçou um amplo programa de estudos e ação relativo aos problemas do povo brasileiro para os anos de 1963 a 1967. E esse plano já foi precedido de importante trabalho, a Conferência do Nordeste – Cristo e o Processo Revolucionário Brasileiro, em julho de 1962, no Recife, com que culminaram três reuniões, sobre questões sociais, realizadas de 1955 a 1960. Contando com a participação dos mais destacados líderes das igrejas de todas as seitas evangélicas, sob a presidência do reverendo metodista Almir Santos, a Conferência do Nordeste, do ano passado, serviu para uma primeira e real tomada de posição, numa realização sem precedentes na história do evangelismo, no Brasil, encontrando ainda enorme repercussão fora do ambiente evangélico. Segundo seu presidente, a principal preocupação foi estabelecer um diálogo franco e honesto entre a realidade brasileira em dado momento histórico e os postulados da fé cristã, com o objetivo de informar as igrejas e auxiliá-las na busca de uma maior participação nas comunidades local, estadual e nacional e de estabelecer as bases para a ação social da Igreja. Da

conferência do Recife, que marcou uma reviravolta na atuação social dos evangélicos no Brasil, participaram, além dos líderes da Igreja, homens como Celso Furtado, Gilberto Freire e Paul Singer, que falaram sobre aspectos da situação da Igreja no Brasil, e, no mundo, sobre mudanças sociais na história contemporânea, sobre a participação do Nordeste no processo revolucionário brasileiro e sobre soluções para os problemas socioeconômicos do Brasil.

Uma atitude bem diferente desta, ecumênica, adotada pelo BU, o padre Gervásio, mostra dentro da Igreja Católica, na obra citada, p. 327 e 328, no período anterior ao Plano de Emergência de 1962:

> Vemos no início uma preocupação preponderante na CNBB com os perigos que ameaçam a sociedade cristã (comunismo, espiritismo, protestantismo, imoralidade, divórcio), levando-a a uma linha de ação em estilo marcadamente polêmico ou impositivo. Há, às vezes, o desejo de conquista ou de chegar na frente, em setores que se afiguram hoje como mais propriamente temporais.

O senhor, na entrevista anterior, manifestou seu ponto de vista, como católico, sobre o movimento comunista. O que poderia nos dizer, agora, sobre o protestantismo, e, em especial, sobre aquela parcela do protestantismo que tentava se alinhar com os que lutavam pela alteração do *status quo* reinante, naquele período?

Paulo de Tarso: – O que se nota aqui, apontada na obra do padre Gervásio, é uma preocupação daquela época de uma parte da Igreja que a gente costuma chamar de apologética. Uma posição de competição com as outras religiões, com o espiritismo, com o protestantismo, uma preocupação com o divórcio, com a imoralidade, assumindo polêmicas em tornos desses temas. Essa posição apologética da Igreja vem da noção da cristandade. Houve época em que a Igreja achou que sua função era salvar o povo de Deus, confundido com a cristandade. O povo de Deus era o conjunto dos cristãos. Isso mudou radicalmente. Nos últimos documentos houve uma mudança radical. Não se fala mais em cristandade. A Igreja está preocupada com a humanidade toda, entendida como sinônimo de povo de Deus. A Igreja quer não libertar da miséria o cristão, ela quer libertar da miséria o homem. E nessa luta pelo homem pobre, ela tem tido historicamente o apoio das outras igrejas cristãs. O fato de a Igreja ter diminuído a intensidade da sua competição com as outras religiões facilitou uma visão ecumênica. Sou inteiramente favorável a essa visão.

As igrejas cristãs poderem trabalhar juntas por uma ordem social mais justa é um sinal altamente esperançoso no nosso tempo. A igreja ter deixado de empenhar a sua energia na luta contra outras religiões para destiná-la à sua pastoral social é uma inspiração providencial, uma inspiração divina. Oxalá ela persevere nesse papel. Absurdo é ela lutar contra outras religiões, deixar os problemas fundamentais da humanidade de lado e pagar um preço elevado às suas relações com os poderosos de cada momento. Importante é a Igreja mostrar a sua face profética, se for necessário. Ela tem que ficar com o pobre, ainda que, como os profetas da Antiguidade, ela pague um preço. Lebret dizia que, em política, é fácil ser mártir, difícil é ser eficiente. Mas, às vezes, para ser eficiente é preciso pagar uma parcela de martírio e eu acho que a Igreja, por vocação histórica, tem de estar disponível para pagar esse preço.

Nós que militávamos em política, na verdade, não fazíamos discriminações contra protestantes e membros de outras religiões. Embora, nós não estivéssemos, é preciso que se diga, numa posição ecumênica, na época, a gente não tinha a abertura de visão que tem hoje. Na época, nós todos estávamos engolfados e envolvidos numa polêmica, num redemoinho político e não havia, está claro, a lucidez e a tranquilidade de raciocínio e de opinião que há hoje. Se eu fosse ouvido naquela época, talvez a minha resposta sobre a mudança brusca não fosse a que eu dei, há poucos dias atrás. É preciso distinguir aquilo que eu penso, hoje, daquilo que eu pensava na época do jornal, ou seja, em 1963/1964. É claro que esses anos não passaram em vão. Eu tive seis anos de meditação no exílio. Muita coisa foi revista, embora eu considere que a parte fundamental está preservada.

“Raça degenerada dos jecas imbecilizados”

Coimbra: – Este mês de maio de 1963 foi o da votação, no Congresso, do parecer da Comissão Especial que estudou emenda constitucional que permitisse a Reforma Agrária. O relator era Plínio de Arruda Sampaio.

O BU n° 9, em seu editorial, à página 2, dizia que qualquer que fosse o resultado da votação, ele serviria para identificar em definitivo os homens com assento nas duas Casas do Congresso e teria, igualmente, poderosos reflexos no presente e no futuro nacionais.

Dizia, ainda, o editorial:

> Ou o Congresso ficará com o povo, consolidará a democracia brasileira, promovendo a democracia social, ou, rejeitando a emenda, afinará com a reação e com os grupos econômicos, ficando desacreditado, irremediavelmente, em face da opinião pública e comprometendo o sistema democrático.

Quanto a esta questão, Darcy Ribeiro, Chefe da Casa Civil de Jango, diz, em *A História Vivida* (São Paulo, V. 2 O Estado de S. Paulo, 1981, p. 349, 3v.):

> Assim se vê que, naquela conjuntura, o que Jango tentava fazer não tinha nada de muito ousado nem de radical. Ele dizia sempre que, se o número de proprietários rurais fosse elevado de 2 para 10 milhões, a propriedade seria muito melhor defendida e simultaneamente possibilidades maiores seriam abertas a mais gente de comer mais, de educar-se melhor, de viver mais dignamente. Por isso é que Jango, latifundiário, queria fazer a reforma agrária, para defender a propriedade e assegurar a fartura, evitando o desespero popular e a convulsão social.

O relatório de Plínio de Arruda Sampaio, no entanto, sequer foi aprovado na Comissão Especial. Sua derrota, por sete votos contra quatro, levou Roberto Freire a escrever em sua coluna “Gente Como (e contra) a Gente”, do BU n° 10, p. 13, um artigo intitulado, exatamente, “Quatro e Sete”.

Trecho do artigo:

> Como a gente, quatro deputados a serviço da vontade de setenta milhões de brasileiros: Doutel de Andrade, Plínio de Arruda Sampaio, Leonel Brizola, Bocaiúva Cunha. Contra a gente, sete deputados a serviço de quarenta bilhões de cruzeiros, no mínimo: Ulysses Guimarães, Arnaldo Cerdeira, Aliomar Baleeiro, Ernani Sátiro, Pedro Aleixo, Martins Rodrigues, Gustavo Capanema.

No BU n° 11, p. 4 e 5, uma matéria, com o título "Reação Contra as Reformas Defende até Escravidão", transcrevia com indignação os votos, na Comissão Especial, dos três deputados da UDN (Aliomar Baleeiro, Ernani Sátiro e Pedro Aleixo) em que eles afirmavam:

> No Brasil a terra foi dada a quem quis (pois não tinha preço) porque a pediu ao Rei ou à Fazenda Pública ou porque teve a energia de penetrá-la, sem formalidades, desafiando os índios, as feras, as serpentes, a selva tropical, as endemias, o deserto, as dificuldades de toda a natureza, a fim de rasgar uma fazenda e fecundá-la com sua coragem, tenacidade e bravura.

O trecho do voto dos udenistas que mais revoltou o BU, a ponto de tornar-se manchete da p. 5 desta edição ("Parecer de Gorila: Querem Dar Terra aos Frouxos, Indecisos e Incapazes") foi o seguinte:

> A estes brasileiros ou a seus herdeiros a reforma agrária quer recompensar tomando-lhes a terra já bem ou mal preparadas e exploradas, para entregá-la aos frouxos, indecisos e incapazes, sem ímpeto nem iniciativa que querem a partilha de fazendas prontas ao invés de abri-las e organizá-las na direção Oeste. À raça dos conquistadores que desafiaram piratas e corsários e contra eles defenderam a posse da terra até as bordas dos Andes, sucede a raça degenerada dos jecas anônimos e imbecilizados de Monteiro Lobato, os que querem de presente o fruto do trabalho de outros e de seus antepassados.

Pode nos dizer algo sobre este relatório de Plínio de Arruda Sampaio?

Paulo de Tarso: – A pergunta traz uma manifestação retórica da UDN, sobre reforma agrária, muito pouco técnica. A questão agrária é hoje, em grande parte, um problema técnico, estudado em inúmeros documentos. É um processo de reorientação das relações que se estabelecem entre o homem como sujeito da produção, a terra como bem produtivo, as comunidades nacionais e as exigências do seu desenvolvimento. É muito mais do que distribuir terras.

Quando o Darcy Ribeiro mencionou que a posição do presidente Goulart era de aumentar o número de proprietários de 2 para 10 milhões, ele correu o risco de deixar indicado que o presidente tinha uma visão parcializada da Reforma Agrária. Tal reforma supõe, como já disse, uma reorientação total das relações homem/terra/comunidade nacional. O que, no Brasil, por sua vez, supõe localizar o campesinato, dar poder político ao campesinato, recolocar o campesinato, no conjunto da comunidade nacional, numa posição diferente da que ele tem hoje, uma posição diminuída, fazendo com que ele participe do poder político, graças à organização dele nas tomadas de decisões sobre seu próprio destino. Isso é ainda, uma parte da Reforma Agrária. Outra parte é o uso racional da terra, utilizando as melhores tecnologias.

Mas essa parte de modernização tecnológica é, também, apenas um aspecto do problema. O outro aspecto técnico é como comercializar o produto, como organizar o camponês nas novas unidades de produção etc. Tudo isso são problemas eminentemente técnicos e não há país do Terceiro Mundo, da América Latina, que possa prescindir de uma Reforma Agrária assim colocada.

Josimar Moreira levou para o jornal sua grande experiência no jornalismo de fácil comunicação praticado no Última Hora.

A UDN colocava isso em termos retóricos. Eu não conhecia essa manifestação. Acho que é uma peça literária de gosto discutível. Não tem nada a ver com uma análise técnica do processo de Reforma Agrária. Tal análise estava contida no parecer do Plínio de Arruda Sampaio que, na época, suscitou uma polêmica muito grande porque a nação não estava preparada para entendê-lo. O Plínio estava adiante da nação. O parecer deveria ser publicado. Por certo, a maioria da nação, hoje, entenderia e apoiaria o parecer do Plínio. Naquela época, por um subdesenvolvimento político e intelectual, foi considerado como um documento radical, quando, na verdade, apenas estudava tecnicamente a questão.

O "congresso do povo"

Coimbra: – Desencantado com os congressistas, o BU passa a defender a pressão popular para a aprovação das reformas. Diz, em editorial, no seu n° 10, p. 2, sob o título "Pressão Popular é Legítima":

> O comportamento negativo e intransigente de setores inacessíveis aos reclamos nacionais, no Congresso ou fora dele, está provando e justificando um amplo movimento de mobilização popular, destinado a levar às elites dirigentes do país os anseios das camadas menos representadas e menos ouvidas nas deliberações que a elas mais de perto atingem e interessam. Se esta classe, proprietária ou donatária dos meios de expressão, se intitula formadora e porta-voz da opinião pública, sem atingir sequer 5% da população (no Estado de São Paulo, com uma população de 14 milhões, todos os diários juntos não atingem a uma circulação diária de 600.000 exemplares) é justo e legítimo que os 95% restantes façam sentir os seus anseios, através dos meios de que possa dispor.

No número anterior do BU, frei Josaphat, em seu artigo "Reformas e Imposturas", havia escrito:

Quando se discute honestamente, tecnicamente, um estatuto jurídico que nos permita o aperfeiçoamento ou a reforma de nossa estrutura agrária, os donos de jornais, das rádios e das televisões, surgem com seus impropérios contra os destruidores do sagrado direito de propriedade (BU nº 9, p.9).

Neste número 9, o BU já estava plenamente engajado no fortalecimento da pressão popular para forçar a aprovação das reformas. Noticia na página 17 ("Povo Dirá em Congresso Como Quer as Reformas") a criação do Congresso do Povo Brasileiro pelas Reformas de Base e resumia as razões da iniciativa, divulgadas em manifesto:

1ª) O Brasil vive um momento dramático: o da autodeterminação do seu destino porque o povo despertado pelas crises começa a tomar consciência;
2ª) O povo está desiludido com os seus dirigentes e procura com seus próprios meios garantir-se contra qualquer violação de suas conquistas democráticas;
3ª) A nação sabe que suas dificuldades vêm da espoliação que os trustes imperialistas lhes fazem e que as nossas "classes produtoras" estão a eles aliadas para explorar o povo;
4ª) É evidente que há dois Brasis – um rico e opulento e outro que vegeta na miséria – situação inconciliável e que não pode mais ser mantida;
5ª) Convencido de que tem dever indeclinável de participar do estudo e da solução desses problemas o povo reivindica, a partir de agora, o direito de expor seus pontos de vista e exigir providências.

Segundo o BU:

O Congresso do Povo está formado pelas seguintes organizações: Partido Socialista Brasileiro, Política Operária – POLOP, jornal Brasil, Urgente, jornal Classe Operária, jornal Novos Rumos, Ação Popular-AP, União Nacional dos Estudantes, União Estadual dos Estudantes de São Paulo, Ligas Camponesas, Movimento Trabalhista Renovador, Partido Trabalhista Brasileiro, Partido Democrata Cristão, União das

Cooperativas do Brasil, União dos Lavradores e Trabalhadores Agrícolas do Brasil – ULTAR, Liderança Sindical, Federação dos Bancários, Frente Nacional do Trabalho e Frente Parlamentar Nacionalista (em entendimentos).

Para Dreifuss, na obra citada, p. 319, tudo, porém, estava sendo provocado pelos institutos IPES e IBAD:

> O objetivo estratégico do complexo IPES/IBAD era levar a estrutura política a um ponto de crise, no qual os civis apoiariam soluções extraconstitucionais e os militares se sentiriam compelidos a intervir, como moderadores, no que, em 1962, era um sistema político altamente polarizado. Ao impedir o Executivo de legislar, através do Congresso, a elite orgânica obrigaria o governo a apelar para a mobilização popular com o intuito de apoiar as suas propostas, que para serem transformadas em diretrizes teriam de ser implementadas por decreto. Contudo, a mobilização popular, a partir do Executivo, alienaria o apoio de um amplo espectro de opinião dentro das Forças Armadas e estimularia o descontentamento da opinião "pública" de classe média, convenientemente transmitida pela rede de mídia do complexo IPES/IBAD.

O que o senhor acha das palavras de Dreifuss?

Paulo de Tarso: – Esse fenômeno pode ser descrito assim: algumas forças políticas, possivelmente em maioria, num determinado momento, por não terem dado a ênfase necessária à mobilização dos setores da sociedade em que se apoiavam, passaram nitidamente a ser consideradas minoria, no quadro político brasileiro. Era muito difícil medir minoria e maioria. Só um eventual plebiscito poderia diminuir as margens de risco, na avaliação, e não se cogitou, em nenhum momento, desse plebiscito sobre se as Reformas de Base deveriam ser feitas ou não. Quando se criou a chamada pressão popular pelas reformas, o que se quis foi dar uma demonstração de que as elites políticas que estavam à frente das reformas não estavam isoladas. Ao contrário, elas representavam amplos segmentos da sociedade, que, em alguma medida, para muitos que estavam integrando esses grupos parlamentares, eram até setores majoritários. Essa pressão provocou uma reação violenta dos grupos que estavam mobilizados contra as reformas, tipo IBAD, IPES, Ação Democrática.

No momento em que se percebeu que as forças que apoiavam as Reformas de Base procuravam descer às bases da sociedade para ir buscar apoio institucionalizado, organizado, aquilo que era uma retórica, assim um pouco inconsequente, do ponto de vista político, passou a ser uma ameaça concreta. Eu acho que esse apelo à mobilização popular, em apoio às Reformas de Base, foi um dos elementos que fez com que se desencadeasse o processo repressivo reacionário que vinha sendo montado há muito tempo.

Eu me lembro que esse movimento de mobilização da opinião pública, em favor das reformas, surgiu com muita força. De repente, nós que estávamos apoiando as Reformas de Base, tivemos a consciência nítida de que não podíamos ficar isolados. Os setores favoráveis às reformas estavam dispersos.

Tive um amigo, naquela época, que dizia: – Olha, Paulo, quando o povo está desorganizado ele não sabe nem onde marcar encontro.

Não havia nem ponto de referência para encontros, para saber o que se fazer. Tudo isso parece detalhe desimportante, mas, na verdade, são elementos a indicar que, sem a organização popular, não existe qualquer apoio popular possível a nada. Nós, a meu ver, descobrimos a importância da organização do povo um pouco tarde demais. Um esforço no sentido de mobilizar a opinião pública deveria ter sido iniciado, muito antes, com uma ênfase muito maior. Se isso houvesse ocorrido, talvez os elementos da reação que estavam organizados em torno do IBAD, do IPES e da Ação Democrática, tivessem se intimidado.

Agora, a gente, hoje, sabe por livros como o do Dreifuss e outros, que o outro lado, o lado antirreforma, tinha uma consciência muito clara da necessidade de mobilização da opinião pública. Alguns líderes militares teriam dito que, sem uma manifestação pública convincente nas ruas, se sentiriam inibidos de qualquer ação no sentido de truncar o processo democrático. Aquela Marcha da Família, realmente, naquele instante, pelos erros cometidos pelos estrategistas das Reformas de Base – é preciso reconhecer –, representava a imensa maioria da classe média urbana. Não era, evidentemente, o setor majoritário da população. Se a gente pudesse mobilizar todos os camponeses, todos os operários, está claro que conseguiria pôr na rua um número maior de pessoas do que aquele. Mas a classe média urbana sempre foi importantíssima em qualquer modificação política no Brasil. Veja-se a Revolução de 1930, na qual ela jogou um papel de protagonista. E, naquele momento, o apoio da classe média, notório na Marcha, foi definitivo para convencer os líderes militares hesitantes. A classe média tem um poder de multiplicação da sua opinião muito grande, num país em que a maioria é iletrada. Sendo letrada e tendo um mínimo de voz na política, ela tem um poder de persuasão muito grande. Então, para legitimar aquela situação, de corte do regime democrático, jogou um papel realmente muito importante.

A revista Seleções publicou um número especial com o título: "Brasil, o País que Salvou a Si Mesmo", e uma fotografia, na capa, da Marcha da Família. A revista queria mostrar a importância da mobilização das classes médias urbanas nesse processo. E tinha razão quando salientava essa importância.

Na verdade, o que faltou da parte dos reformistas foi uma visão mais clara da necessidade de que essas reformas viessem de baixo para cima, de alguma forma, ainda que elas fossem suscitadas de cima para baixo. Elas deveriam vir de baixo para cima, em forma de apoio organizado, e isso não ocorreu, porque houve insuficiente consciência da necessidade desse apoio.

Em alguns momentos, nós que defendíamos as Reformas de Base, nos posicionamos numa postura idealista, um pouco afastada da realidade. Achávamos que, se nós formularmos um bom programa de Reformas de Base para o Brasil, com toda a excelente consciência que nós tínhamos – éramos todos pessoas dotadas de espírito público, queríamos o bem do país etc –, o povo, espontaneamente, ia abraçar isso. No momento em que se divulgasse o parecer do Plínio de Arruda Sampaio, os camponeses iriam se mobilizar pela Reforma Agrária. Mas nada disso ocorreu, e não costuma ocorrer, se o povo está desorganizado.

Naquela altura, as próprias elites políticas tinham um grau de formação política menor do que hoje. Imagine o grau de informação política dos camponeses e dos operários. Eu me lembro que o último discurso do Almino Afonso, líder do PTB, na Câmara dos Deputados, abordava esse problema de uma maneira que me parece digna de registro. Já o golpe de 1964 estava consumado. As tropas já se haviam movimentado de um ponto a outro do país, para dar uma demonstração de força, o presidente da Câmara dos Deputados, Ranieri Mazzilli, já estava preparado para assumir o governo. Tudo estava consumado. Nós estávamos na última sessão do Congresso a que assistimos. E, o Almino foi fazer um discurso que seria o ponto de vista dos reformistas naquela hora de gravidade histórica. Ele disse: – O povo está do nosso lado. E ele próprio parou um pouco, assim como a duvidar de que efetivamente aquilo ocorresse. E falou: – Ele está do nosso lado porque não poderia estar contra nós, que o defendemos, que estamos lutando para libertá-lo da miséria.

Ou seja, a racionalidade de nossa posição favorável ao povo, no nosso entender, levaria o povo espontaneamente a nos apoiar, o que é uma posição idealista.

Afinal, quem era João Goulart?

Coimbra: – Dorian Jorge Freire, em sua coluna, no BU n° 9, p. 10, escreveu um artigo ("Jango e a Reforma"), que iniciava assim:

> Jango afirmou que o governo, atento à realidade, concluiu pela necessidade das Reformas de Base. Entre elas, a agrária. A melhor divisão da terra, o fim do latifúndio, o aproveitamento racional da gleba, o acesso à propriedade por parte dos camponeses e a possibilidade de desapropriação, segundo o interesse social. O problema foi levado ao Congresso e não creio tenha Jango, no ato de denunciar a necessidade de reformas e indicá-las àquele poder, esgotado os seus deveres, e possa, transferida a decisão ao Parlamento, lavar as mãos, desinteressado do assunto, como se a ele já não dissesse respeito suas obrigações.

Escreve o ministro da Justiça de Jango, Abelardo Jurema (*Sexta-feira, 13*, Rio de Janeiro, Edições O Cruzeiro, 1964, p. 137) sobre o presidente deposto:

> Seu sonho era passar à História como o Grande Reformador e toda a sua inquietação era ver o tempo passar sem nada de positivo apresentar.

Já Paulo Shilling (*Como se coloca a direita no poder*, v. 1, São Paulo, Global Editora, 1979, p. 108 e 109, 2 v.), tem opinião diferente. Numa nota de rodapé, ele diz:

> Por ordem de Brizola, havíamos mandado fazer – um pouco antes do golpe – um levantamento sobre as propriedades rurais de Jango. Incompleto e confuso, pois algumas fazendas figuravam em nome de terceiros, o inventário chegou a 450 ou 470 mil hectares. Posteriormente, foi um tal de comprar fazendas no Uruguai, na Argentina e no Paraguai. Neste último país, através de uma negociata com Stroessner, denunciada por asilados guaranis em Montevidéu.

Diz ainda Paulo Schilling, neste capítulo do livro, cujo título pretende ser uma síntese de quem era Jango ("O latifundiário João Goulart e o líder populista Jango"), que o fato de ser um grande latifundiário não pareceu um obstáculo ao ex-presidente para uma carreira política de cunho populista.

Schilling acrescenta na p. 109:

> Além disso, Jango sempre demonstrou uma grande tendência mercantilista. Expert, conhecedor de gado, lhe dava muita satisfação comprar ou vender pessoalmente as boiadas e os rebanhos de ovelhas que lotavam suas estâncias. Todos estes aspectos da personalidade de Goulart devem ser examinados para que se possa entender, pelo menos aproximadamente, sua complexa e contraditória atuação política. Versão moderna e bem gaúcha de Dr. Jekyll And Mr. Hyde, Jango constituiria um material humano apaixonante para um biógrafo inteligente que o analisasse profundamente, inclusive, à luz dos métodos modernos de análise psicológica.

Schilling garante, à p. 118, que Goulart nunca pensou efetivamente em realizar reforma alguma.

Retrato menos desfavorável de Jango é traçado pelo vice-presidente do Comando Geral dos Trabalhadores, em 1964, Dante Pellacani, em *A história vivida*, v. 2 já citado, p. 297 e 298:

> Posso estar enganado, mas notava nele um interesse muito grande em fazer alguma coisa de bom para a classe operária. Ele se esforçava muito nesse sentido. Pessoalmente, era um homem boníssimo e revelou isso no exílio. Todos os políticos que estavam lá, no Uruguai, procuravam afastar-se dos mais necessitados para não ter de viver as suas dificuldades. Jango era o contrário: visitava os exilados, pensão por pensão, principalmente, os dirigentes sindicais e os marinheiros, e pagava a conta da pensão. Ora, nessa época, ele já não tinha nenhum objetivo político. Um dia chegou a nos dizer: – Enquanto eu tiver um boi em pé, vocês de fome não morrem. Como veem, era um homem sensível e bom. Claro que era um burguês. Lembro-me de uma das últimas reuniões do CGT com o Jango, quando ele nos alertou: – Estou com vocês na luta pelas reformas de base, mas só vou até aí. Não contem comigo para uma revolução. Não quero revolução nenhuma. Por isso, não foi nenhuma surpresa para nós ele não resistir ao movimento de março de 1964, porque já havia determinado até que ponto ia com o movimento operário: até às reformas de base.

Finalmente, seria bom recordar que Caio Navarro de Toledo em *O governo Goulart e o golpe de 64* (São Paulo, Editora Brasiliense, 1982, p. 55) diz que, embora a Reforma Agrária proposta por Jango fosse objeto de intensas e constante oposição por parte dos proprietários rurais e seus setores políticos, de setores da Igreja Católica etc, ela não tinha nenhum sentido revolucionário, correspondendo, pois, de um lado, às necessidades do capitalismo industrial e, de outro lado, à estratégia da dominação social burguesa.

Concorda em que a maior parte destes dados sobre Jango se harmonizam com o perfil que o senhor traçou dele, na entrevista passada?

Paulo de Tarso: – Existe sim uma coincidência substancial entre essas palavras e aquelas que eu usei. Fundamentalmente trata-se de tentar verificar essa contradição entre o latifundiário João Goulart e o líder populista Jango, o segundo herdeiro político de Getúlio.

Um aspecto que não está enfocado na pergunta, importantíssimo, é que ele, como homem do Sul, tinha toda aquela visão missionária da sua própria atuação política. Ele se achava, assim, com uma dívida de honra com o doutor Getúlio, que o obrigava a continuar a realizar os objetivos dele, a tomar a Carta Testamento como uma espécie de bíblia política para as transformações sociais no Brasil. Ele se movimentava no mundo mítico getulista que o comprometia moralmente. E que o comprometia com o sentimento de honra que o gaúcho tem, desde as lutas passadas, desde os Farrapos, das lutas de fronteira. Para Jango, não realizar as Reformas de Base era trair o doutor Getúlio com seus ideais, era trair a confiança que o chefe político dele havia depositado nele.

Por outro lado, realizar as reformas de base era contrariar a posição fundamental dele, um homem dono de vastas extensões de terra e, no fundo, um conservador que, com muito esforço, chegava a reformista. Essa contradição, a meu ver, ele procurou sinceramente integrar. Ele buscou a vida toda esta integração e não chegou a encontrá-la porque isto não era fácil.

Eu acho que os fatos históricos confirmam Dante Pellacani. Quando houve o movimento de 1964, Jango, em momento algum, pensou em resistir. A saída dele do país era a atitude consequente desse presidente que iria até às reformas e dali não passaria. Ele queria realizar as Reformas de Base através da persuasão, através do esforço por formar a convicção de setores da opinião pública, especialmente do operariado, do campesinato etc. Jango não foi um líder revolucionário. Foi um líder reformista que viveu a contradição que está apontada na pergunta e que não conseguiu integrá-la, apesar dos esforços sinceros que fez.

No entanto, é profundamente verdadeiro o perfil que Pellacani traça dele, no plano humano. Jango era muito bom amigo, excelente amigo. O fato de ele não abandonar, em Montevidéu, os exilados mais necessitados, embora já não tivesse objetivo político nenhum, é característico da bondade humana dele.

Jango era um homem quase carinhoso no trato. Era um homem que conversava com seus ministros – disso eu me lembro perfeitamente – coloquialmente. Em nenhum momento, pelo menos comigo, ele foi formal, autoritário. Um homem aprazível, cordial, quase fraterno, até um pouco tímido.

Havia momentos em que o Jango conversava com a gente, sem olhar nos olhos. Ele desviava o olhar para um dos lados, para o chão. Não fixava o olhar do interlocutor. Atribuo isso a uma certa timidez dele.

Em suma, eu acho que se Deus é brasileiro, ele reservou para a Presidência da República, naquela altura, um homem que evitou que alguns tresloucados da direita dessem o banho de sangue que programaram para esse país. Realmente, se o Jango tivesse esboçado uma reação militar àquela altura, só Deus pode dizer o que teria ocorrido no Brasil. Não duvido de que teria havido choques terríveis, logo no primeiro momento. Isso não quer dizer que não tenha havido violências posteriores. Mas é inegável que ele evitou, pelo menos na medida das possibilidades dele, que a violência ocorresse.

Os manipuladores de notícias

Coimbra: – O BU nº 11, com o título de "Tarso Arrasa Levy Mostrando Suas Contradições", traz, na p. 10, notícia do debate com o deputado Herbert Levy a que o senhor já fez referência em entrevista anterior.

O texto começa assim:

> Assistido por 600 pessoas entre as quais havia um terço de antirreformista e dois terços de reformistas, por dirigentes do IPES, senhores e senhoras bem vestidos, playboys e estudantes, os deputados Paulo de Tarso e Herbert Levy mantiveram, dia 19 último, debate sobre as reformas, que não terminou porque a assembleia se exaltou e impediu sua continuação.

Na matéria, queremos destacar o trecho em que o senhor faz uma alusão à imprensa:

> Sobre o IPES e IBAD (Paulo de Tarso) pediu a todos que prestassem atenção ao que acontecia no debate e lessem os jornais do dia seguinte. – Aí estará o resultado da ação desses organismos, disse. Efetivamente, no dia seguinte o jornal O Estado de S. Paulo dava uma descrição altamente desvirtuada do debate.

O BU, neste mês, estava atento à ação da imprensa. No seu número anterior (BU º 10), falando, à página 4, de um festival de cultura popular em Ijuí, patrocinado pela União Gaúcha dos Estudantes Secundários, dizia:

> Desde o início, o festival sofreu toda espécie de ataques e, inclusive, uma campanha de silêncio, pois nenhum órgão de imprensa, exceto os da cidade sede, divulgou qualquer coisa a respeito.

No BU nº 8, à p. 16, seção "Brasília Urgente", há esta nota:

> O IBAD e o IPES estão pagando um programa radiofônico em várias emissoras do país, intitulado Congresso em Revista, que dá uma visão deturpada das atividades do parlamento brasileiro. Somente focaliza a atuação dos parlamentares reacionários: seus aplausos, seus protestos, discursos, projetos etc. O fato foi denunciado pelo sr. Artur Virgílio, da tribuna do Senado Federal.

Ainda na mesma edição do BU, frei Josaphat em sua página, a p. 9, diz num dos itens do seu artigo "Credo Social Cristão":

> Cremos que não há democracia, sem formação e informação honesta da opinião pública; reconhecemos na dominação dos grupos econômicos sobre as organizações publicitárias a mais perniciosa das ditaduras. Sem a democratização econômica, particularmente dos meios de difusão, rádio, imprensa, cinema e televisão, não é possível verdadeira democracia política.

Por fim, voltando agora ao suculento livro de René Armand Dreifuss, lemos à p. 233:

> O IPES conseguiu estabelecer um sincronizado assalto à opinião pública, através de seu relacionamento especial com os mais importantes jornais, rádios e televisões nacionais, como: os Diários Associados (poderosa rede de jornais, rádio e televisão de Assis Chateaubriand), por intermédio de Edmundo Monteiro, seu diretor-geral e líder do IPES, a Folha de São Paulo (do grupo Octávio Frias, associado do IPES), o Estado de S. Paulo e o Jornal da Tarde (do grupo Mesquita, ligado ao IPES, que também possuía a prestigiosa Rádio Eldorado de São Paulo).

Adiante, na página 262, diz ainda o autor:

> O IPES organizava equipes de "manipuladores de notícias" que preparavam e compilavam material sob a coordenação geral do general Golbery do Couto e Silva, especialista em guerra psicológica. Esses "manipuladores" se responsabilizavam pelas campanhas de pânico. A campanha da "ameaça vermelha" empreendida pelo IPES mostrou-se muito útil na melhoria de sua situação financeira, já que atraiu contribuições de empresários tomados de pânico e profissionais que temiam o futuro.

Como o senhor sentia a ação do IPES/IBAD na imprensa, especificamente?

Paulo de Tarso: – Eu vou começar por algo que sempre me impressionou profundamente. Alguns meses antes do movimento de 1964, quando se apregoava que quem estava tramando o golpe era o governo federal, era o Jango, eu, ainda ministro da Educação, descia no aeroporto de Congonhas, em São Paulo. Um jornalista de O Estado de S. Paulo foi me entrevistar, como sempre ocorria. E me fez perguntas sobre o tal golpe. Eu disse que não estava informado, que não tinha sido convidado a participar, e falei sobre aspectos vários, relacionados com a política federal. No dia seguinte, o Estado de S. Paulo publicou: "O Senhor Paulo de Tarso, Até Que Enfim, se

Declarou Marxista". Eu fiquei horrorizado e comigo a minha família. A minha mulher estava ao meu lado e viu que absolutamente não houve nenhuma coisa parecida com uma declaração desta. Todo mundo sabe que eu nunca fui um marxista. Sempre fui um homem que procurou a verdade política nos repositórios contidos nas encíclicas pontifícias.

O tal processo de deformação da opinião alheia já era parte de toda uma movimentação, de todo um mecanismo. Por que disseram aquilo? Porque não era possível admitir que um líder cristão estivesse com as reformas.

Há um outro episódio do qual eu me lembro perfeitamente, relacionado a mim também. Alguém teve a ideia de criar uma *boutade* ou um jogo de palavras ao dizer que a Ação Popular – AP, iria lançar uma chapa à Presidência da República: Almino e Paulo de Tarso. Assim ficaria uma chapa AP: A de Almino e P de Paulo de Tarso. Foi mais um exercício de humor, a pessoa quis ser espirituosa. No entanto, todos os jornais, orquestrados, começaram a zombar da chapa Almino e Paulo de Tarso, como se ela tivesse sido lançada formalmente num partido político. Veja a implicância comigo. E houve uma revista, que publicou, atribuindo-a ao ex-presidente Juscelino Kubitschek, a indagação seguinte: – Paulo de Tarso para a presidência? O Juscelino teria acrescentado: – Só se for da UNE. Tudo para chamar a atenção para os meus vínculos com os estudantes e dizer que, no máximo, eu teria nível para presidir a UNE. Isso serviu para mostrar quem era Juscelino Kubitschek. Sabe o que ocorreu? No dia seguinte, eu fui procurado por Renato Azeredo, então deputado – eu também era deputado –, que me entregou uma carta de Juscelino Kubitschek. Dizia o seguinte:

> Paulo, eu li na revista tal essas declarações atribuídas a mim. Elas não são verdadeiras porque, além do mais, eu não as fiz. E se eu fizesse qualquer declaração sobre você, e você sabe disso, seria para elogiá-lo. Você fica autorizado a divulgar esta carta por qualquer meio que disponha.

E eu publiquei a retificação do Juscelino.

Mas veja, o Juscelino Kubitschek, um homem do PSD, conservador, era amigo dos amigos dele. E ele era meu amigo por causa da afeição que eu tinha por Brasília. Ficou meu amigo por isso. E se julgou na obrigação de dar um testemunho humano naquela altura afrontando sabe Deus que tipo de risco. Mas deu o testemunho.

Um outro episódio. Houve um dia em que eu estava no ministério da Educação e recebi um representante daquela empresa Lux Jornal, que recorta notícias e envia aos interessados. O Lux Jornal me mandava uma carta dizendo que me cumprimentava porque naquela quinzena eu havia sido o homem público brasileiro mais noticiado em toda a imprensa do Brasil. Ora, isso era uma forma de dizer que eu tinha sido o mais atacado. Por que razão, em determinado momento, o Paulo de Tarso passou a ser objeto de notícia de Norte a Sul do Brasil, em qualquer jornalzinho do Interior, de maneira absolutamente orquestrada? Porque estava funcionando contra mim o mecanismo de controle da opinião pública, mostrando-me como comunista. Era impensável um cristão do outro lado. Por isso o Brasil, Urgente foi tão combatido e tendeu a se transformar num movimento político. De órgão de informação passou a ser um movimento político. Quando se falou em Congresso do Povo Brasileiro pelas Reformas de Base, já se apresentou o jornal como um movimento. O Brasil, Urgente, acuado, se sentiu na obrigação de resistir. As informações foram realmente manipuladas. O controle das rádios que permitia anunciar apenas os deputados favoráveis ao movimento do IBAD, portanto, contrários às Reformas de Base, fez, num determinado momento, com que a nação formasse opinião de que, no Congresso, havia meia dúzia de irresponsáveis que queriam lançar o país numa aventura – meia dúzia de comunistas que queriam impor ao país uma estrutura estranha às suas tradições cristãs –, e que havia um grupo, felizmente, lúcido, mobilizado para impedir isso. Esse grupo, embora não aparecesse claro era, ora apresentado como o grupo dos empresários, ora como a Igreja. Nunca foi apresentado como o IBAD. O IBAD nunca falava diretamente. A Ação Democrática Popular falou algumas vezes, mas o IBAD nunca falou. O IPES também chegou a falar diretamente. Eu tenho, num meu livro, uma citação do João Batista Leopoldo Figueiredo, presidente do IPES, dizendo: – É com o nosso dinheiro que se elegem deputados que depois vão nos atacar.

Ele passou o recibo, pois, conclamava os empresários a se organizarem contra as reformas, lembrando que, com o dinheiro dos empresários, também deputados que defendiam as reformas tinham sido eleitos para o Congresso Nacional. Não sei até que ponto isso é um exagero. Ele quis chamar a atenção para a importância do poder econômico que eles detinham nas mãos e para como transformavam esse poder econômico num poder político.

No movimento de 1964, o controle da informação desvirtuou a atuação dos reformistas e enalteceu a posição dos antirreformistas. Os primeiros apresentados como comunistas, e os segundos, como patriotas, cristãos, defensores da liberdade.

Betinho, irmão do Henfil

Coimbra: – O BU nº 11, à página 7, mostra que o senhor, antes mesmo de se tornar ministro da Educação, já tinha grande aproximação com os estudantes. Numa matéria de página inteira ("UEE–Volante e Mensagem das Reformas no Interior") o jornal diz:

> Nos últimos dias 18 e 19, a equipe da UEE–Volante esteve em Ribeirão Preto acompanhada dos deputados Paulo de Tarso e Ortiz Borges e anteriormente já visitara Campinas e Santos, obtendo pleno êxito e aprovação de sua linha política.

E sobre a UEE–Volante:

> É constituída de trinta estudantes que se deslocam pelo Estado, apresentando peças e audições musicais, com a participação do elenco do Centro Popular de Cultura, promovendo comícios e atos públicos de que participam deputados nacionalistas, operários, camponeses e es-

tudantes e em que se discute o momento político nacional em termos de mobilização pelas reformas estruturais que a maioria da população brasileira exige. Ademais, a diretoria da UEE debate, em assembleia geral com os universitários das cidades visitadas, a linha política da UEE e da UNE obtendo ou não a aprovação da mesma e funda-se uma campanha de alfabetização de adultos.

Importante líder estudantil católico da época, Herbert José de Souza, o Betinho, que, depois, se tornou o seu coordenador de assessorias no Ministério de Educação, revela o seguinte, em depoimento a Celso de Rui Beisiegel (*Política e educação popular*, São Paulo, Editora Ática, 1982, p. 226):

> Quando Paulo ainda estava sendo cogitado para ministro de Educação, ele me chamou em Belo Horizonte. Eu, nessa época, estava trabalhando em Belo Horizonte. Era conhecido como coordenador de AP, e a AP já era, àquela altura, a força hegemônica no movimento estudantil. Então, o Paulo julgou que eu era um elemento importante na condução de uma política do Ministério.

O senhor poderia falar do seu convívio com os estudantes, antes de ocupar a pasta da Educação?

Paulo de Tarso: – Realmente, eu já convivia muito com os estudantes antes de ser ministro da Educação do governo João Goulart. A UEE–Volante foi uma tentativa que os estudantes fizeram de mobilização da opinião pública e eu participei dela o quanto pude. Viajei pelas cidades do interior com eles. Eu falava antes de eles apresentarem o "Auto dos 99%".

Eu e outros políticos sempre pedíamos o apoio da opinião pública para as Reformas de Base. Só que isso era muito pouco eficiente diante da máquina que o IBAD e o IPES estavam montando. Enquanto nós falávamos para 500 pessoas, em Ribeirão Preto, ou, a 1.000 pessoas, o IPES, o IBAD, a Ação Democrática Popular, estavam falando a toda a população do Brasil, através da televisão, das rádios, dos jornais. Havia uma desproporção de meios assustadora.

Nós tentávamos, timidamente, formar a opinião pública, através de contatos diretos, com reuniões, em recintos fechados e com comícios. Os fatos se encarregaram de mostrar que isso era uma gota d'água diante da avalanche publicitária que estava sendo montada.

A UEE–Volante serve apenas para mostrar que os estudantes tiveram a intuição de que era importante mobilizar a opinião pública, antes mesmo do momento decisivo, do choque das forças reformistas contra o antirreformismo. Mas, de efetivo, não houve muito. Havia, insisto, uma desproporção muito grande entre a atuação direta dessas forças, nos contatos com a opinião pública, e o mecanismo sofisticado, inclusive com assessoria de técnicos estrangeiros para a guerra psicológica. Eu costumava usar uma frase para justificar minha aproximação com os estudantes naquela época. É preciso lembrar que aquela era uma época bem retórica. O discurso da gente tinha muito de retórico. Dizia: – Quem tem por si a juventude é senhor do futuro.

Sempre tive a intuição política de que nada no Brasil se faria, de sério, sem a juventude. Eu optei pelo convívio com a UNE como um político opta por uma composição política com um setor da sociedade. Quase como o PT que, hoje, diz optar pelos trabalhadores e procura dar consequência a essa opção. Embora seja um pouco forçado o exemplo, porque, num caso, trata-se de uma classe social, e, noutro, de um segmento da sociedade. Mas, a minha opção pela UEE não foi uma opção ocasional. Foi uma opção política de quem achava que aquele apoio era fundamental e que nada se faria no país sem aquele apoio. Além do mais, a UNE era um dos poucos segmentos sociais brasileiros, mobilizáveis para as reformas, que estavam organizados. A UNE tinha uma UEE em cada Estado, e estava politizada. Tinha um nível de politização muito acima do nível médio da população brasileira. Conversar com a UNE significava conversar com um segmento organizado da população e com um segmento politizado. Era, assim, o apelo desesperado de quem olhava e via à sua frente os estudantes organizados e pouco mais do que isso. Nós estávamos nos primórdios de um processo de politização nas áreas rurais, quando veio o movimento de 1964. Procurei, então, os estudantes como quem procura aliados numa luta política comum.

Agora, quanto à AP, é preciso lembrar aqui o seguinte: a sua origem é católica, sabidamente católica. A AP veio da Ação Católica. Muito mais tarde, depois de 1964, no exílio, é que a AP fez uma opção marxista-leninista. Mas, naquela época, a AP era, para usar uma expressão da época, um grupo de esquerda independente, que procurava uma ideologia adequada à realidade brasileira e que falava muito uma linguagem inspirada no cristianismo social.

O Herbert de Souza era um dos seus líderes mais categorizados. Fui a um debate em Belo Horizonte, e respondi a várias perguntas do Betinho. A maneira como ele me interrogou, numa reunião pública, com muita gente, me impressionou muito. Antes de eu ser candidato ao Ministério da Educação, eu fiquei impressionado com a lucidez do Betinho, com a maneira clara como ele formulava os problemas nacionais. Quando se cogitou da minha ida para o ministério, eu já chamei o Betinho para conversar.

É preciso que se diga uma coisa que ninguém publicou até hoje. Fui procurado pelo Evandro Lins e Silva, ministro da Casa Civil, de Jango, para ir à Granja do Torto conversar com ele. Na tarde de um sábado, o convite foi feito na sede do Tênis Clube de Brasília. Nós estávamos sentados em uma mesa e o Evandro me fez o convite, em nome de Jango, para o ministério. Ele me disse: – Olha, o Jango me pediu que dissesse a você que pode escolher entre dois ministérios: Minas e Energia ou Educação. Eu disse: – A minha opção seria claramente Educação. Ele então: – Nesse caso o Jango já tem a outra escolha feita. Ele vai convidar um baiano para Minas e Energia. Você vá hoje à tarde falar com o Jango.

Na conversa com Jango, sobre o ministério, ele me disse uma coisa curiosíssima. Eu acho que deve ser mencionada, aqui, porque pode ter alguma importância para definir exatamente o quadro político da época. Falo isso com muito respeito pela memória do Jango. O Jango era um homem hábil politicamente. Não chegava a ser uma raposa do PSD mineiro, mas era um homem que tinha o seu jogo de cintura político, como se fala hoje.

Foi o nosso primeiro encontro. Nunca tinha visto o Jango, antes, e ele me disse:– Paulo, muita gente vai se apresentar a você como tendo sido quem me indicou o seu nome para o ministério. Eu quero que você saiba que você não deve este ministério a ninguém. Você está sendo convidado para ministro como meu amigo.

Quando ele dizia que eu estava sendo convidado como amigo dele usava de força de expressão. Nós estávamos nos encontrando pela primeira vez. Na verdade, ele queria, a meu ver, salientar que a fidelidade política eu passaria a dever a ele, como chefe do governo. Não era, nem ao setor chamado progressistas da Igreja, nem à AP, nem a outros núcleos da UNE, nem ao meu partido, PDC. O PDC, naquela época, estava contra a minha ida para o ministério, e dificultou o quanto pôde.

Paulo de Tarso, ministro, em reunião com Jango e secretários estaduais de Educação (1963)

Jango queria um relacionamento político direto meu com ele. O que mostra, assim, um pouco o caudilho que queria relacionar-se diretamente com a sua equipe, embora ele tivesse muito pouco das características de caudilho.

Quero acrescentar que o fato de a UNE, como eu disse, ser um dos poucos setores da sociedade brasileira organizado, naquela época, explica a sanha com que o movimento de 1964 se voltou contra ela. Explica até mesmo porque, numa etapa de abertura como a que nós tivemos atualmente, com anistia, etc, a UNE não foi ainda anistiada. A UNE representava muito naquela época como foro de debate da juventude. Era um dos poucos foros que funcionaram o tempo todo. Até hoje o governo considera perigoso liberar esse fórum.

Junho de 1963 (Tribunal de Inquisição)

Depois de ter atacado, já no seu primeiro número, os laboratórios multinacionais, neste mês de junho de 1963, Brasil, Urgente volta suas baterias contra outros gigantes.

As fábricas de automóveis: "Povo Desmente Truste: Carro Nacional Dá Lucro Demais" (BU n° 13, p. 3).

Empresas de aviação aérea: "Avião Comercial: Máquina da Sonegação e da Fraude" (BU, n° 13, p. 7).

O capital estrangeiro: "Pressão dos EUA e do FMI Sobre o Governo Brasileiro" (BU, n° 13, p. 5).

Empresas estrangeiras: "Imperialismo Mata Progresso – Firmas Estrangeiras Levam Dinheiro Até do BNDE" (BU n° 14, p. 14 e 15).

Multinacionais de cigarros: "Divisas Viram Fumaça Nas Mãos do Truste do Cigarro – Fumo: Souza Cruz Tem Monopólio Até de Papel" (BU n° 16 p. 14 e 15).

Como se já não bastassem tantas frentes de lutas, o BU mantém fogo cerrado, neste mês de junho de 1963, também sobre a Grande Imprensa. Não surpreende, portanto, o ódio compacto que o BU e seus aliados ainda inspiravam, quase duas décadas depois do desaparecimento do jornal.

"O Brasil, Urgente foi um jornal que, na época, superava em radicalismo até o Diário do Povo de Pequim, que hoje está moderado mas, naquela época era bem radical. O Brasil, Urgente era mais radical ainda." Quem diz isto, no final do ano de 1982, dezoito anos depois do desaparecimento do BU, é Lenildo Pessoa Tabosa, o arqui-inimigo do jornal. Muita água correu para Lenildo, depois do desaparecimento do BU. O seu desentendimento com os padres dominicanos tomou rumos perigosos durante os governos militares pós-1964. Sobre ele pesa a acusação grave, que ele nunca aceitou, de ter participado de interrogatório dos frades dominicanos em que eles foram torturados, por terem ajudado a fugir do país militantes políticos ligados à organização clandestina comandada por Carlos Marighela. Um dos frades presos – frei Tito de Alencar – suicidou-se, em Paris, atormentado pela visão de seus torturadores, na prisão. A acusação contra Lenildo, que teria se tornado uma espécie de assessor de Teologia do órgão repressivo policial, justa ou não, já foi incorporada à história da perseguição a militantes políticos de oposição ao regime militar. Está registrada em, pelo menos, duas obras: *Batismo de sangue*, de frei Betto (Rio de Janeiro, Civilização Brasileira, 1982) e *O integrismo brasileiro*, do padre Charles Antoine (Rio de Janeiro, Civilização Brasileira, 1980), que dedica mais de vinte páginas a um capítulo cujo título é "Lenildo Tabosa Pessoa e o caso dos dominicanos".

Mas quem esperava encontrar, em pequena sala da redação do Jornal da Tarde, no bairro do Limão, em São Paulo, um homem irascível, como parece ser aquele que escreve artigos impiedosos contra a chamada Igreja progressista, se surpreende inteiramente. Lenildo é, inacreditavelmente, afável.

Dissemos a ele que temíamos ser expulsos de sua sala só por falar em Brasil, Urgente. Ele riu e disse: – Eu sou brabo apenas nos meus artigos.

Quando ele começou a falar, no entanto, compreendemos, imediatamente, que estávamos diante daquilo que certos teóricos da comunicação chamam de estereótipo. Quem já assistiu a um programa de calouros de televisão conhece estereótipos, pois, é com eles que se compõem os corpos de jurados que julgam os calouros. Há o estereótipo do homem mau, o do jovem, o do refinado, o do conhecedor de música, o da mulher boazinha, que quer ajudar os calouros etc. Em literatura personagens, assim, são chamados de planos, porque as suas ações e as suas falas são previsíveis.

Ao contrário dos personagens côncavos, de reações inesperadas e que têm uma estrutura psicológica mais complexa, os planos agem sempre da mesma maneira. Qualquer telespectador sabe o que vai falar o homem mau, jurado de televisão, antes mesmo que um calouro, sem muito talento, encerre a sua apresentação. Lenildo se tornou o estereótipo do profissional do ataque à Igreja progressista. Se escrevesse um artigo elogiando-a, talvez perdesse o emprego. A empresa onde ele trabalha precisava de alguém que lhe prestasse este serviço. Antes teve Gustavo Corção, depois Nelson Rodrigues. Depois, Lenildo. Quatro de suas opiniões:

(1) Sobre o Brasil, Urgente: – O Brasil, Urgente era de uma desonestidade jornalística impressionante. Deturpava os fatos. Aliás, a maneira como o jornal terminou mostra muito bem o que era o jornal. Eles se batiam numa posição extremamente radical, supostamente pela Justiça Social, mas não pagavam seus próprios empregados. Então, quando houve revolução de 1964, os empregados se revoltaram contra o jornal porque estavam há muito tempo sem receber salários. Quiserem depredar o jornal e eles próprios pediram auxílio da polícia para defendê-los dos empregados. A polícia interveio e impediu que houvesse qualquer coisa. Aí o jornal desapareceu, deixou de circular.

Nós estávamos pesquisando sobre o Brasil, Urgente havia muito tempo e conhecíamos suficientemente a história do jornal para podermos medir o grau de fantasia que Lenildo estava pondo nesta narração do fim do jornal. Ainda assim, telefonamos mais uma vez para Ruy do Espírito Santo, o diretor administrativo do BU. Pedimos que ele se manifestasse. Disse Ruy: – Eu gostaria de saber de onde o Lenildo foi tirar esta história. A pobreza do BU nós nunca escondemos, nem escondemos que a equipe se sacrificava para fazer o jornal. Quando houve o golpe era menor do que cinco o número de pessoas que faziam o jornal. Não havia sequer o que depredar porque o jornal era rodado em gráfica alheia. A polícia nos visitou, sim, depois do golpe, mas ninguém precisou chamá-la. Ela foi atrás dos endereços dos diretores do jornal e se limitou a levar da redação uma coleção do jornal. Não nos incomodaram além disto.

(2) Sobre Tristão de Athayde: – Acho a vida intelectual no Brasil uma farsa. Há muitos casos de pessoas, como o Gustavo Corção, que durante a juventude foi filocomunista, e, depois, passou a ser anticomunista. Justamente por isso, o livro dele, *Século do nada*, se esgotou em pouco tempo. E nenhuma revista, que publique lista de livros mais vendidos, pôs sequer em último lugar o livro de Corção. Porque ele era classificado de reacionário, era simplesmente ignorado. Outros, como Tristão de Athayde, são considerados líderes esclarecidos, que estão sempre do lado do povo, quando não são exatamente isso. O caso do Brasil, Urgente vem a propósito. O Tristão de Athayde colaborava com o jornal, e, nas últimas semanas do governo Goulart, ele dizia que os gorilas estavam preparando um golpe, defendia o governo Goulart. Quando o Goulart caiu, ele imediatamente fez um artigo para a Folha de S. Paulo dizendo que a revolução de 1964 se enquadrava na linha das melhores tradições brasileiras. Depois, ele viu que a revolução era só brincadeira, não era para valer, e aí começou de novo a adotar as posições que rendiam mais na bolsa da demagogia e voltou para as posições antigas. Quando ele pensou que era uma revolução verdadeira, aderiu imediatamente. Este era o tipo de gente que fazia o Brasil, Urgente.

(3) Sobre frei Carlos Josaphat: – Era um homem que, como tantos outros, não tinha convicção de nada e aproveitava a onda para se projetar. Ele se destacava por um radicalismo bastante acentuado nessa linha progressista. Tanto no Brasil, Urgente, quanto no seu livro – o título, se não me engano, era *Cristianismo e revolução* – ele se situava defendendo claramente a posição revolucionária, inclusive contra as orientações do Papa, do magistério romano. Acho que era uma incoerência. Se eu, como leigo, quisesse defender uma posição desta, o problema era meu. Mas ele, como frade, estava supostamente ligado a uma organização hierárquica e tinha feito voto de obedecer a autoridade desta organização. Entretanto, o que ele defendia neste livro e no jornal era exatamente o oposto da orientação da Igreja, pelo menos na ocasião. Pode ser que eu me engane e

ele até tivesse convicções profundas. Mas, ele me parecia mais, que, como tantos outros dominicanos, era alguém que estava procurando aproveitar a onda.

(4) Sobre o cardeal Dom Carlos Motta: – Há um princípio que diz que dos mortos não se deve falar, se não o bem, e ele morreu, há pouco tempo. Mas, eu acho que, quando se trata de um homem público, deve haver objetividade. Os necrológicos do cardeal apresentaram-no como um verdadeiro santo, um homem que passou a vida toda em oração, se preocupando com a Igreja, quando não foi exatamente assim. Dizem que nos últimos anos ele mudou muito. Depois que ele saiu daqui, nunca mais tive contato com ele. Não sei. Mas, quando ele estava aqui, ele se distinguiu por uma atuação política bastante radical, bastante parcial, inclusive perseguindo padres que não concordavam com a orientação esquerdista que ele apoiava. Estes eram simplesmente perseguidos, punidos, sem direito à defesa. Então, não era exatamente este santo que apareceu nos necrológicos, quando ele morreu.

Na entrevista, Lenildo rechaçou a acusação que o BU fez a ele de pertencer ao IPES, embora tenha admitido que tinha muitos amigos neste instituto. E fez uma declaração inesperada: – Se você quiser saber de uma pessoa que, na realidade, tinha ligações com o IPES era o atual ministro Delfim Neto que, inclusive, foi convidado para ser ministro de Goulart. Ele estava muito inclinado a aceitar e não aceitou porque o IPES não deixou. Achou que não seria conveniente.

Mas, não houve só brigas no noticiário do Brasil, Urgente, neste mês. O jornal, comovido, anunciou a morte do Papa em quem buscava inspiração, com uma manchete no BU nº 13: "João XXIII: Herança de Paz Para o Mundo".

Albino conta a história desta manchete:

> Nós trabalhávamos com a gráfica do jornal alemão de São Paulo, onde o BU era composto e impresso, lá na avenida Liberdade. Não havia recurso nenhum na gráfica. Basta dizer que todos os títulos do BU

eram desenhados. A princípio desenhados por Edgar Koetz, que fazia letras muito bem. Depois, quando o jornal começou a morrer, o Edgar não podia mais ficar lá porque não se tinha como pagá-lo. O jornal passou, então, a ser titulado com normógrafo. Além disso, a impressão não era grande coisa. E, portanto, a gente não podia nem ter preocupação com a beleza gráfica do jornal por causa da falta de recursos. O BU não era um jornal feio, mas também não se podia criar muito. Eu me lembro que nós passamos umas três semanas com uma manchete pronta, esperando a morte de João XXIII. O Brasil, Urgente era muito baseado no pensamento dele. A manchete dizia: "João XXIII: Herança de Paz Para o Mundo". A gente fez a manchete em zinco. Demos quando ele morreu.

Um outro colaborador importante aparece no jornal. O escritor e professor de Literatura, Antônio Cândido, escreveu um artigo sobre o poeta Manuel Bandeira para o BU, n° 12, p. 18.

Há, neste mês, uma página inteira de publicidade do Partido Democrata Cristão com seu programa de reformas, assinado por Ney Braga. Há outra página com anúncio da Petrobrás e mais uma terceira, formada por pequenos anúncios espalhados pelas 120 páginas editadas. Um dos pequenos anúncios é de um candidato a vereador, o primeiro desta espécie que aparece no jornal e que depois se tornaria frequente.

4ª entrevista com Paulo de Tarso Santos (Pauta: Junho de1963).

Na entrevista correspondente a um mês de conflito agudo com a Grande Imprensa, Paulo de Tarso confessa que, até hoje, se sente marcado pelo jornal O Estado de S. Paulo. E conta uma história recente, que reforçou este seu sentimento.

Conta, também, um insólito julgamento a que foi submetido em 1963, por um verdadeiro Tribunal de Inquisição, constituído por católicos conservadores, realizado num salão amplo, com candelabro antigo, lembrando um ambiente da Idade Média, como disse ele.

Fala de uma imprevista solidariedade que recebeu quando estava preso no DOPS, de São Paulo.

Enumera as causas pelas quais, segundo o seu ponto de vista, Goulart convidou-o a assumir a Pasta da Educação, em seu governo.

E lembra de um tipo de contato político que lhe deu muitas dores de cabeça, quando foi submetido a inquéritos policiais militares, na prisão.

O cardeal e a Inquisição

Coimbra: – Durante os meses de maio e junho de 1963, o BU manteve uma seção fixa, que ocupava, pelo menos, uma página, de cada número do jornal, chamada Cartilha da Reforma, em que minúcias das propostas de Reforma Agrária eram discutidas numa linguagem bem simples, em forma de perguntas e respostas.

Quando, no BU nº 12, o jornal transcreve a emenda à Constituição, proposta por Plínio Sampaio à Comissão Especial (que a rejeitou, como já foi visto), muitas páginas já tinham sido preenchidas pelo jornal com a discussão sobre a Reforma Agrária.

Trechos de duas edições da página com a cartilha:

– Por que Reforma Agrária?
– Porque o nível de vida do camponês brasileiro é extremamente baixo.
– Por que o círculo vicioso: pobre porque doente, doente porque pobre?
– Porque o camponês não recebe tudo a que tem direito pelo trabalho que faz. Assalariado ou parceiro, a paga é baixa. Reivindica isolado (BU nº 9, p.12 e 13)

– Querem fazer Reforma Agrária, mas não querem mexer na Constituição.
– Mas para que mexer na Constituição, se há tanta terra devoluta do governo, que pode ser distribuída a tanta gente, terra de graça, sem problemas?
– Amigo, o problema não é de distribuir terras em qualquer lugar. O problema é mais sério. Muito mais sério. Quais são as grandes razões da Reforma Agrária?
1º) Baixíssimo nível de vida da população rural do Brasil;
2º) Existência e insistência de regimes, sistemas, contratos, relações de trabalho, níveis salariais defeituosos, injustos, impossíveis;
3º) Grande quantidade de terras improdutivas ou mal aproveitadas ou não cultivadas ou com baixo rendimento, em áreas onde já há estradas, armazéns, cidades, assistência técnica, assistência financeira, médicos, professores; ou em áreas próximas às grandes cidades. Esperando valorização, especulação, locupletação.
4º) Alijamento da população rural e da agricultura do mercado para a produção industrial do Brasil, dado o seu baixo nível de renda;
5º) Insuficiência na produção de gêneros alimentícios;
6º) Espoliação nos sistemas de produção com os intermediários ganhando demais, os produtores de menos e o povo sofrendo a alta de preços.
– E então, por que não se faz isto?
– Exatamente por causa da Constituição. Que não deixa fazer Refor-

ma Agrária nem na sua expressão mais simples, quanto mais na forma complexa que é necessária. Porque a Constituição obriga a pagar a desapropriação em dinheiro vivo. (BU n° 10, p. 12 e 73).

A emenda proposta por Plínio Sampaio é transcrita na íntegra, nas páginas 12 e 13, do BU n° 12. Começa assim:

> O Congresso Nacional decreta:
> Artigo Único – Os artigos 141 § 16 e 147 da Constituição passam a vigorar com a seguinte redação:
> Art. 141 § 16 – É garantido o direito de propriedade, salvo o caso de desapropriação pela necessidade ou utilidade pública mediante prévia e justa indenização em dinheiro ou por interesse social, na forma do Artigo 147.
> Art. 147 – O uso da propriedade será condicionado ao bem-estar social e para isto a lei poderá dispor sobre a justa distribuição da propriedade com igual oportunidade para todos e, para este único efeito, regular a desapropriação dos bens indispensáveis, assegurando ao proprietário indenização justa mediante títulos da dívida Pública resgatáveis em prestações.

A emenda proposta tratava ainda: da composição do órgão que planejaria e executaria a Reforma; das áreas que seriam consideradas de Reforma Agrária; dos casos em que as desapropriações seriam feitas mediante pagamento em títulos, e da correção dos valores dos títulos de dívida pública oferecido como indenização pela desapropriação.

Dois números adiante, há outra página inteira com a análise de um livro, com título "Reforma Agrária, Uma Questão de Consciência" (BU nº 14, p.20), feita pelo arcebispo de Goiânia, Dom Fernandes Gomes. Segundo o jornal, aquele livro foi lançado com caríssima publicidade em jornais e revistas, assim como com violenta campanha contra os que o leram e o condenaram. Acrescentava o BU:

> Um exemplo do processo de "proteção" à obra ocorreu quando sua eminência, o Cardeal Motta, o leu e dele discordou completamente.

O arcebispo de Goiânia, também, não gostou do livro, segundo o BU. Disse ele:

> Dois pontos, no entanto, nos parecem imprecisos e até suscetíveis de possíveis equívocos: a) a falta de maior esclarecimento de como poderia e deveria ser a reforma agrária de inspiração cristã; b) a preocupação absorvente de ver socialismo em quase tudo.

Curiosamente, o jornal não identificou o autor do livro, embora dedique à obra página inteira. O livro foi escrito, na verdade, por quatro pessoas: Dom Antônio de Castro Meyer, Dom Geraldo de Proença Sigaud, Plínio Correa de Oliveira e Luís Mendonça de Freitas, membros da alta cúpula da Sociedade Brasileira de Defesa da Tradição, da Família e da Propriedade – TFP.

A informação está no livro já citado do padre Charles Antoine, que, à página 27, afirma:

> Antes de 1964, a questão da reforma agrária constitui a principal preocupação dos responsáveis pela TFP. Receiam eles a tendência "socializante" do governo Goulart e a corrente católica de esquerda favorável a uma reforma agrária do tipo socialista, representada principalmente pelo sindicalismo cristão do Nordeste.

Entre as atividades da TFP, neste período, menciona padre Antoine uma polêmica entre o Cardeal Motta, arcebispo de São Paulo e os bispos Dom Meyer e Dom Sigaud (p. 28). Numa nota de rodapé, da mesma página, o padre indica:

> Ver a declaração do Cardeal Motta na revista Informations Catholiques Internacionales, de 15 de dezembro de 1961, a propósito da "opinião dissonante" de dois bispos, e a resposta destes em "Seção Livre", do jornal O Estado de S. Paulo de 12 de abril de 1962. Sem dúvida, o episódio pode ser visto como a fonte da crescente hostilidade de certos setores católicos de São Paulo contra o Cardeal Motta. Com efeito, este é violentamente atacado, em 1963 e 1964, a propósito do semanário católico de esquerda Brasil, Urgente e em razão do apoio prestado ao ministro de Educação, Paulo de Tarso. Algumas semanas

após o golpe de estado de 1° de abril, exatamente em 25 de abril, o Cardeal Motta deixa a sede de São Paulo pela de Aparecida, santuário mariano do Brasil.

Restringindo a questão a um único de seus aspectos gostaríamos de saber se o senhor aceita esta conclusão do autor a respeito da transferência do Cardeal Motta para Aparecida?

Paulo de Tarso: – Escrevi, recentemente, um artigo na Folha de S. Paulo em que procurei salientar o profundo respeito que todos nós que estávamos lutando pelas Reformas de Base tínhamos pelo Cardeal Motta. Não apenas como pastor da Igreja, mas também como um homem que sabia jogar-se na luta pelas causas que a consciência dele recomendava como justas.

Há um dramático episódio, a que eu apenas aludo em um artigo. Talvez, agora, seja a hora de registrá-la. Permeabilizada pela influência da direita contra as Reformas de Base, tradicionalista mais do que reformista, formou-se a Liga Eleitoral Católica que exigia dos candidatos a postos eletivos a assinatura de um compromisso com determinadas teses, como, por exemplo, contra o divórcio, contra o aborto etc.

O texto deste compromisso, um texto conservador do ponto de vista político, não foi sequer oferecido à minha apreciação. Para se ter ideia da radicalização que havia, naquela época, eu fui liminarmente excluído, como comunista, da lista dos que a Liga Eleitoral Católica recomendava ao eleitorado católico de São Paulo. Isto em uma hora em que eles recomendavam todos os candidatos populistas. A Conceição da Costa Neves foi indicada. Merecia o voto dos católicos. Eu fui excluído, sem ser ouvido, sem nada. Então, procurei Dom Carlos. Dom Carlos disse: – Não, eu acho que você tem direito a uma defesa. Isto é um absurdo. Vamos promover um encontro.

E esse encontro foi realizado na casa do Paulo Suplicy e da dona Filomena Suplicy, onde hoje se eleva um grande edifício, ao lado do Trianon. A reunião se deu num salão amplo, com candelabro antigo, lembrando um ambiente da Idade Média. E, na verdade, o que houve foi uma inquisição, com inquisidor e tudo. De um lado, estávamos, eu e minha mulher. Coitada!

O Cardeal Motta estava presidindo. A seu lado, o seu sobrinho monsenhor Motta, que está vivo até hoje e pode testemunhar tudo isso, e praticamente toda a direção da Liga Eleitoral Católica.

Quem foi escolhido como inquisidor, como promotor público, foi o doutor Adib Kasseb, homem de formação integralista, advogado que está por aí, também. O Kasseb disse que era meu amigo de faculdade e lamentava profundamente ter de fazer aquela acusação. Levou um monte de recortes de jornal. Toda a acusação foi baseada no noticiário do IBAD, do IPES, da Ação Democrática Popular. Eles se serviram do noticiário para me atacar. Tomaram as notícias dos jornais como se fossem uma coisa sagrada ou um documento. Como se eu houvesse firmado aquilo.

Eu me lembro que Dom Carlos presidiu a reunião de uma forma visivelmente isenta, mas que valorizava a minha posição. Ele me pôs em igualdade de condições, como pessoa isolada, frente a toda imensa organização da Liga Eleitoral Católica. Era eu, de um lado, a Liga do outro, e Dom Carlos procurando ser neutro, entre aspas, entre os dois lados. Num determinado momento, o Adib Kasseb, disse: – Concluo, em suma, que o Paulo de Tarso criou o décimo-primeiro mandamento: odiar o Capitalismo sobre todas as coisas. Aí eu disse: – Não, esse mandamento não precisa ser criado. Está no sétimo: não furtar. Dom Carlos deu uma gargalhada. E, no final da reunião, disse assim: – Bom, eu declaro encerrada essa reunião e saio daqui muito contente porque eu vejo que tenho excelentes ovelhas afinadas com o seu pastor.

É preciso que eu diga mais uma coisa. No curso da reunião, quando eles acusavam a minha atuação de pró-comunista, de contrária aos interesses da Igreja, para justificar a minha exclusão da lista dos recomendados pela Liga Eleitoral Católica, eu disse uma coisa que realmente provocou um impacto em toda a liga.

– Muito bem. Os senhores me acusam de ser um mau católico. Os senhores me acusam de estar atuando contra a minha Igreja. No entanto, eu entrei na política em função da minha conversão ao catolicismo. Para mim a política é, em certa medida, uma forma de apostolado. Este é o momento de eu dar um testemunho da minha sinceridade católica. E eu vou dizer solenemente o seguinte: os senhores acham que eu estou traindo os interesses da Igreja, que eu estou prejudicando a Igreja. Ora, a Igreja em São Paulo é representada por Dom Carlos que está presidindo a reunião. O meu cardeal, o meu pastor, é Dom Carlos Carmelo. Muito bem. Se Dom Carlos Carmelo disser uma só palavra de restrição ao que eu faço, ao que eu digo, ao que eu fiz ou ao que eu posso dizer, eu renuncio, nesse instante, ao meu mandato de deputado federal. Entrego aos senhores aqui, agora, o meu mandato. Repito: se Dom Carlos fizer, aqui nesta reunião, qualquer restrição mais grave à minha atuação, se ele, na sua autoridade de pastor, reconhecer que eu estou prejudicando a Igreja, os senhores fiquem tranquilos que o problema desaparece. Eu renuncio ao meu mandato.

E Dom Carlos, está claro, não fez isto. Menciono esses fatos pessoais para confirmar que Dom Carlos Carmelo, não só deu proteção a mim, como deu proteção ao jornal Brasil, Urgente, naquela época. Ele não atuava como um radical, nem mesmo como um político. Ele atuava como um pastor que estava acima dessas mentiras, dessas distorções todas. Dom Carlos considerava que existiam católicos com uma posição política e católicos com outra posição política, e não aceitava que uma das posições políticas se identificasse de maneira absoluta com a Mensagem Social da Igreja. Acho até que se fosse escolher uma das duas posições políticas, como a mais aproximada da posição social da lgreja, ele escolheria a nossa.

Quanto ao episódio da ida para Aparecida, eu soube por um parente dele que ele havia feito um pedido de transferência para este lugar já havia algum tempo, antes do movimento de 1964. Parece que esse pedido era um pedido formal, mas as circunstâncias políticas do Brasil o transformaram num fato consumado. A ida de Dom Carlos para Aparecida, ainda assim, foi providencial. Já com bastante idade ele pôde desenvolver um trabalho interessante. Pôde viver um fim de vida tranquilo, cercado do respeito de todo mundo, homenageado pelo Papa. Para quem foi amigo de Dom Carlos em 1963 e em 1964, a presença dele em Aparecida significou também certa tranquilidade.

Reformas: da CNBB e do PDC

Coimbra: – Entre diversas matérias publicadas neste mês de junho de 1963, sustentando a luta pelas Reformas, há uma entrevista com o comandante do II Exército, nas páginas 10 e 11, do BU nº 13: "General Pery Bevilaqua: – Povo Conseguirá as Reformas de Base que Almeja e Necessita". E há a transcrição de boa parte do discurso de frei Carlos Josaphat, na inauguração do Congresso pelas Reformas de Base, ocorrido na Faculdade de Direito da Universidade de São Paulo.

Uma edição antes, na de nº 12, o BU reservou espaço enorme (toda a página 17) para a publicação de um documento do PDC, "Reformas de Base Já", que dizia:

> Em nome de uma consciência cristã – tantas vezes comprometida por quantos interesses anticristãos dela se utilizam para encobrir e até justificar odiosos privilégios antipopulares – ergue-se o Partido Democrata Cristão para desfraldar, ao lado do povo, a bandeira de lutas em favor das transformações sociais que a nação reclama para sobreviver democraticamente. Defendemos as transformações sociais sem comunismo. Mas também não admitimos que a pretexto de combater o comunismo se procure, por um golpe de mistificação, impedir ou retardar reformas fundamentais.

Mais adiante o documento anuncia:

> Estas são as reformas pelas quais luta o PDC:
> 1– Reforma Agrária com emenda constitucional que permita a desapropriação de terras inaproveitadas, mediante o pagamento a prazo em títulos de dívida pública.
> 2– Reforma Urbana: para combater a especulação imobiliária
> 3– Reforma Eleitoral contra a influência do poder econômico e a corrupção eleitoral. Em favor do voto distrital, a apuração imediata das eleições pela própria Junta Receptora, o direito de votos aos analfabetos e praças de pré (soldados e cabos). Por uma Lei Orgânica que democratize e discipline as vidas dos partidos políticos.

4– Reforma Administrativa que substitua a improvisação pelo planejamento, remova os entraves burocráticos e, mediante rigorosa seleção por concurso, elimine o empreguismo e o clientelismo eleitoral.
5– Reforma Fiscal Tributária para acabar com os privilégios fiscais, coibir por ação penal, as diversas formas de evasão e sonegação e fazer dos tributos instrumentos de Justiça Social, de correção e orientação dos investimentos privados e da progressiva democratização do capital.
6– Reforma Bancária para estabelecer a seletividade do crédito, deter a agiotagem, e os privilégios, sustar a fuga de capitais brasileiros para o exterior, fixar critérios que estimulem o desenvolvimento econômico e combatam o capital improdutivo, especulativo e espoliativo; impedir que bancos estrangeiros operem no país com depósitos do público.
7– Reforma Cambial que proíba importações desnecessárias, fomente o consumo de produtos nacionais, incremente as exportações, suste a deterioração dos preços de nossas mercadorias exportáveis e impeça a evasão de capitais e divisas do país.
8– Reforma da Empresa com a finalidade maior de serviço social que lhe possibilite superar o interesse exclusivo do lucro.
9– Reforma Educacional que democratize e amplie o ensino no Brasil, transformando-o não em privilégio de classes, mas num instrumento de cultura popular ao alcance das massas operárias, urbanas e rurais.
10– Reforma da Consciência Nacional para que o povo possa resistir às pressões internas e externas dos que procuram impedi-las ou transfigurá-las através da influência que exercem na opinião pública pelos meios de divulgação.

Este documento, na verdade, transforma em programa partidário aquilo que a CNBB tinha defendido na sua "Mensagem de Páscoa", de 1963, e que, em grande parte, foi renegado pela instituição religiosa, depois do golpe militar de 1964, como veremos adiante.

Disseram, em 1963, os bispos:

1-Reforma Agrária. Não cremos constituir um atentado contra o direito de propriedade uma indenização total ou parcial em dinheiro ou em títulos de dívida pública, dando a estes títulos as garantias de revalorização.
2– Reforma Eleitoral. Não menos urgente são as reformas que garantam o caráter de representatividade dos candidatos, seja contra a

força seletiva do poder econômico, seja contra as manobras de cúpula, que constituem legendas com nomes muitas vezes desvinculados dos interesses autênticos e das inspirações das bases partidárias. Não podemos deixar de lamentar uma multiplicidade de partidos, de caráter puramente clientelístico, quase inoperantes fora dos períodos eleitorais.

3– Reforma Administrativa: Uma reforma da administração implica em uma mudança total de orientação da máquina burocrática a serviço do bem comum, não como oportunidade de promoção individual. Uma tal reforma deve atingir o estatuto do funcionalismo público, no sentido de oferecer-lhe justas garantias, mas, sem constituir uma sedução de empreguismo e uma oportunidade de favoritismo. A burocracia para o desempenho das suas tarefas de rotina e de planejamento a curto e longo prazo não pode ficar à mercê das conjunturas políticas que a privam da necessária continuidade de ação, nem pode constituir objeto de barganhas partidárias.

4– Reforma Tributária: Uma revisão nesta política deve orientar-se no sentido de dar um caráter mais eficazmente progressivo ao tributar a renda, adotando-se medidas enérgicas que colham diversas formas de evasão e sonegação tributária. Oportunas, também, nos parecem as vantagens fiscais que permitem uma crescente democratização do capital.

5– Reforma da Empresa: Na medida em que esta integração for promovida, progressiva, mas rapidamente, estaremos nos aproximando daquele tipo de empresa organizada em forma comunitária, da qual todos participam, na medida de suas responsabilidades, pensando, querendo e trabalhando para o objetivo comum de transformá-la, de um mecanismo de lucro, em um serviço eficiente, para responder as necessidades reais da comunidade nacional.

6-Reforma Educacional: Seria da maior importância lembrar o papel transformador que pode exercer a educação de base, como um instrumento de cultura popular, promoção desinteressada das populações operárias, urbanas e rurais.

7-Reforma das Consciências: Ao terminar a apresentação destas reformas que julgamos necessárias falharíamos se não apelássemos para a reforma essencial, a grande reforma, a das consciências. (BU n° 9, p.6 e 7)

Apenas nesta última proposta de reforma há discrepância entre o documento da CNBB e o do PDC. Enquanto ao longo do texto da tal "Reforma da Consciência" os bispos falam nos perigos dos métodos anticoncepcionais e do divórcio que ameaçam a família, por dentro e por fora, no seu texto o PDC fala nos perigos que os meios de comunicação representam, quando procuram impedir que o povo participe da luta de reconstrução e emancipação do país, ou seja, da luta pelas Reformas de Base.

Aquele documento dos bispos se abriu com o reconhecimento da influência da encíclica *Pacem in Terris*, sobre o que iria ser proposto nele.

> Saudamos a *Pacem in Terris*, como a grande alegria da Páscoa deste ano de 1963, e nesta saudação está contida a nossa decisão de trabalharmos em conjunto para que se aplique em nosso país o que ela nos oferece como sugestão. ("Mensagem da Comissão Central da CNBB na Páscoa de 1963", Revista Paz e Terra, Rio de Janeiro, Civilização Brasileira, n° 6, abr. 1968. p. 151)

Entre a divulgação do documento da CNBB e a publicação do documento do PDC, no BU, houve um espaço de tempo de apenas um mês e dois dias.

O documento do PDC vem assinado por Ney Braga, que, depois de 1964, afinou-se inteiramente com um governo militar, que, para dizer o mínimo, não se mostrou muito disposto a fazer cumprir a orientação das encíclicas sociais da Igreja, e até pelo contrário, caminhou para uma situação de quase enfrentamento com a Igreja, no Brasil.

O que o senhor pode nos dizer sobre a falta de originalidade do documento do PDC e a única discrepância nos dois documentos?

O senhor poderia falar também sobre este itinerário tortuoso do ex-presidente nacional do PDC?

Paulo de Tarso: – Eu acho que esse paralelo entre a posição do PDC e a posição da CNBB está na lógica das relações que o PDC mantinha com a Igreja naquela época. Não me surpreende. O PDC sentiu-se estimulado a publicar estes documentos por causa, possivelmente, do documento da CNBB.

Se eu tivesse de pinçar, entre os vários pontos, que são muitos, desse documento ligado à CNBB, o mais expressivo do pensamento do PDC daquela época, eu pinçaria este aqui:

> Defendemos as transformações sociais sem comunismo. Mas também não admitimos que, a pretexto de combater o comunismo, se procure, por um golpe de mistificação, impedir ou retardar as reformas fundamentais.

Tenho até uma coletânea de discursos parlamentares, publicada sob o nome *Democracia cristã na transformação social sem comunismo*.

A preocupação nossa era definir um esquema de transformação social sem comunismo. Esse sem comunismo foi uma expressão bem pensada. Nós não falávamos em transformações sociais contra o comunismo. Nós queríamos seguir um caminho próprio que não estivesse condicionado ao que os comunistas estavam fazendo. Mas, como nos chamavam de comunistas, nós dizíamos: – Veja, aqui está um programa de reformas que não tem nada de comunista, é sem comunismo.

O que não quer dizer que nós transformamos a nossa ação política numa ação de combate ao comunismo. Se os comunistas estavam lutando também por objetivos idênticos isto era um acidente do percurso. E um acidente até favorável à consecução dos objetivos.

A discrepância apontada entre os dois documentos mostra a preocupação mais política do PDC, enquanto a Igreja estava mais na linha pastoral. E indica a consciência aguda que nós começávamos a ter da falta de conscientização do povo para respaldar as reformas.

Quanto às contradições a assinalar nesse quadro todo, eu já mencionei uma aqui: a falta de unidade ideológica do PDC e o caráter vago das formulações sociais cristãs. Todo mundo se sentia em paz com a Doutrina da Igreja, exatamente porque a Doutrina da Igreja era pouco precisa.

Eu acredito que se alguém entrevistar um homem como o Ney Braga e perguntar a ele por que razão havia abdicado da posição política do PDC e da posição social da Igreja para ser pró-homem do novo regime militar, ele vá dizer que o novo regime era eminentemente cristão porque lutava contra o comunismo e procurava realizar a Justiça Social. Que é realizar a Justiça Social? É uma frase, apenas. Ela começa a ganhar consistência quando você a transforma em projeto que contrarie interesse e tem isso num contexto de conflito de classes. Quando isso começa a contrariar interesses criados, aí a coisa fica complicada. Mas você somente manifestar o desejo de Justiça Social é facílimo. Não assusta ninguém. A Justiça Social é uma espécie de coringa. Entra em qualquer jogo.

Estadão e Paulo de Tarso

Coimbra: – Este mês de junho de 1963 foi para o BU, também, o de defesa contra os ataques da chamada Grande Imprensa. Toda a largura da página 5, do BU n° 12, é ocupada com a manchete "Donos de Jornais e Privilégios Investem Contra a Igreja". E com a matéria "Estadão: Farisaísmo e Impostura", na qual o jornal disse:

> Torna-se cada vez mais revoltante para a consciência cristã de nosso povo o farisaísmo insolente dos donos de O Estado de S. Paulo em seus repetidos editoriais, altamente ofensivos à Igreja. Os editoriais escritos ou inspirados pelos seus donos, são romances criados pela impostura. Movem-se no terreno da ficção. Inventa-se uma oposição entre a atitude doutrinal do Cardeal Arcebispo de S. Paulo e declarações do L'Osservatore Romano, que lembram as condenações da Igreja ao comunismo. E chega-se ao supremo ridículo. Um velho dono de jornal, ao que tudo indica racionalista e positivista, se mete a pontificar, como sisudo mestre da Igreja, convencido de que é a palmatória de seus bispos. Dá conselhos. Repreende. Promete discretamente, em recompensa à suspirada docilidade, abrir de par em par o seu jornal imenso, em apoio à Hierarquia. Como o IBAD, o IPES, os donos de O Estado de S. Paulo e dos Diários Associados representam essa crosta de reação contra a força renovadora do Evangelho.

No editorial deste número, o BU, à página 2, dizia:

> Dono de jornal no Brasil sempre foi uma espécie de reizinho, com poderes e prestígio maiores, não raro, que os de um ministro de Estado. Com um jornal nas mãos, manda e desmanda neste país, pois se intitula o mais autêntico porta-voz da opinião pública. Edita, via de regra, jornalões imensos, com página e mais página de anúncios que lhes enriquecem e proporcionam uma vida de marajá.

Em sua coluna, também no BU nº 12, p. 10, Dorian Jorge Freire diz que O Estado de S. Paulo passou a aceitar Carlos Lacerda como seu líder.

> Seguindo as pegadas de seu guia, o Estadão ataca a Igreja, nas pessoas de seu eminente Cardeal-Arcebispo e de seus arcebispos e bispos. E de que a acusa? Simplesmente, ridiculamente, grotescamente de adesão ao comunismo. Para advogar os interesses de uma casta, o Estadão adota os métodos infames da calúnia e da mentira.

No capítulo em que trata das ações militares para a derrubada de Jango, Dreifuss, no livro citado (p. 387), mostra que, de fato, havia mais do que preocupação com a Igreja, no comportamento de O Estado de S. Paulo.

> Depois da demonstração no Pacaembu (em abril de 1963), foi realizada outra reunião com menor número de pessoas, desta vez no apartamento de Júlio de Mesquita Filho. Estavam presentes os generais Mourão Filho, Ramiro Gorreta e Ivanhoé Martins, com um representante do general Cordeiro de Farias, para coordenar as atividades do grupo civil-militar de São Paulo com o centro do Rio. Foi decidido, naquela reunião, que Júlio de Mesquita Filho ficaria encarregado do grupo que tomaria conta de assuntos políticos e orientações ideológicas. Como chefe de um importante complexo de imprensa e com o apoio logístico do Grupo de Opinião do IPES, Júlio de Mesquita Filho deveria manter apoio para os ativistas do golpe através da mídia.

Em uma nota, Dreifuss, acrescenta:

> Com Júlio de Mesquita Filho agia um grupo de colunistas de O Estado de S. Paulo, entre eles, Flávio Galvão, Luiz Werneck, João Adelino Prado Neto, Gastão Mesquita e Oliveira S. Ferreira, da Frente Patriótica.

Em outro trecho do livro, na página 370, Dreifuss diz, ainda:

> Os extremistas de direita eram, basicamente, um grupo marginal, com posições fanáticas anticomunistas e antipopulistas, a favor da modernização industrial conservadora, um ponto que tinham em comum com a corrente central do movimento civil e militar anti-Goulart. A pessoa que pode ser considerada como representante dessa tendência é o Brigadeiro (Coronel, na época) João Paulo Moreira Burnier, que participou dos cursos de Rearmamento Moral e que chefiara a malfadada rebelião da Aragarças. Esses oficiais, na realidade, estavam ligados a alguns dos mais agressivos membros do IPES-São Paulo e a Júlio de Mesquita Filho, diretor do jornal O Estado de S. Paulo.

Nesta época, foi possível ao senhor perceber, ou ao menos intuir, uma ligação direta entre os donos de O Estado de S. Paulo e os militares golpistas?

Paulo de Tarso: – A posição de Estado de São Paulo foi sempre uma posição virulentamente contrária à minha atuação política. Tenho relações pessoais com o Ruy Mesquita, meu companheiro na Frente Acadêmica pela Democracia, na Faculdade de Direito. Um outro jornalista do Estado, o Flávio Galvão, foi até meu colega de turma. O Flávio nunca escondeu sua irritação diante do que chamava de posições pró-comunistas minhas. Tenho a impressão de que a atuação do Flávio Galvão, nessa posição radical do jornal contra a minha atividade política, foi importante e talvez decisiva. Ele falava com a autoridade de quem tinha convivido comigo, como colega de turma. O Flávio, a quem eu respeito como ex-colega, na época foi um dos homens que atuou com maior paixão. Eu era para ele uma espécie de ponto de referência. Acho que o Flávio Galvão, com quem eu me dou ainda hoje, realmente, tem muito a ver com os ataques mais violentos que o Estado me fez.

Outro aspecto é que o jornal me identificava como um setor perigoso das forças reformistas. Volto ao argumento anterior. Por que eu era perigoso? Porque defendia as reformas em nome do cristianismo.

Eu pensei que tudo isso estava sepultado pelos meus seis anos de exílio e por essa etapa de abertura que nós estamos vivendo. Mas senti, com certa amargura, que não. O pessoal continua guardando um certo rancor contra mim e de certo modo me marcando politicamente. Eu visitei o jornal com o, então, presidente do Chile, Eduardo Frei. Ele faleceu logo depois, mas esteve constantemente comigo, enquanto permaneceu no Brasil. Nós estávamos, então, o senador Franco Montoro e eu, acompanhando o presidente Frei. Fizemos a visita ao Estado de S. Paulo, ao Jornal da Tarde, ao Ruy Mesquita, ao Júlio Mesquita Neto. Tivemos uma longa conversa, muito cordial. Fiquei até contente. Pensei: – Graças a Deus o tempo cicatriza as coisas, acho que o clima mudou. No dia seguinte o Estado publicou: Visitou o jornal o presidente Frei, acompanhado do senador Franco Montoro. E, ponto. Simplesmente me borrou no mapa, ignorou a minha presença na conversa. Eu não existi na conversa.

Isso mostra que, apesar de todos os esclarecimentos às confusões intencionalmente preparadas naquela época, que eu, até agora, pude fazer nos artigos e nos livros que publiquei, apesar de eu ter estado, por um efeito até das circunstâncias, numa posição muito mais discreta do que naquela época em que eu era mais jovem e mais impetuoso, O Estado de S. Paulo continua cobrando-me o radicalismo de 1963. Se eu fui, em 1963, um radical, eu não seria confiável. Para dizer a verdade, eu gostaria de ter uma conversa mais em profundidade, sobretudo, com o Ruy Mesquita, de quem eu fui companheiro de luta democrática, contra o Estado Novo, na Faculdade de Direito, para mostrar todo o equívoco dessa posição. O jornal é um órgão de certa importância na opinião pública e seria bom que isso se desfizesse. Sou uma pessoa interessada em desfazer isso. Também não estou disposto a pagar por este objetivo o preço da minha dignidade. Mas, na medida em que uma conversa fosse capaz de desfazer equívocos, eu estaria aberto a esta conversa.

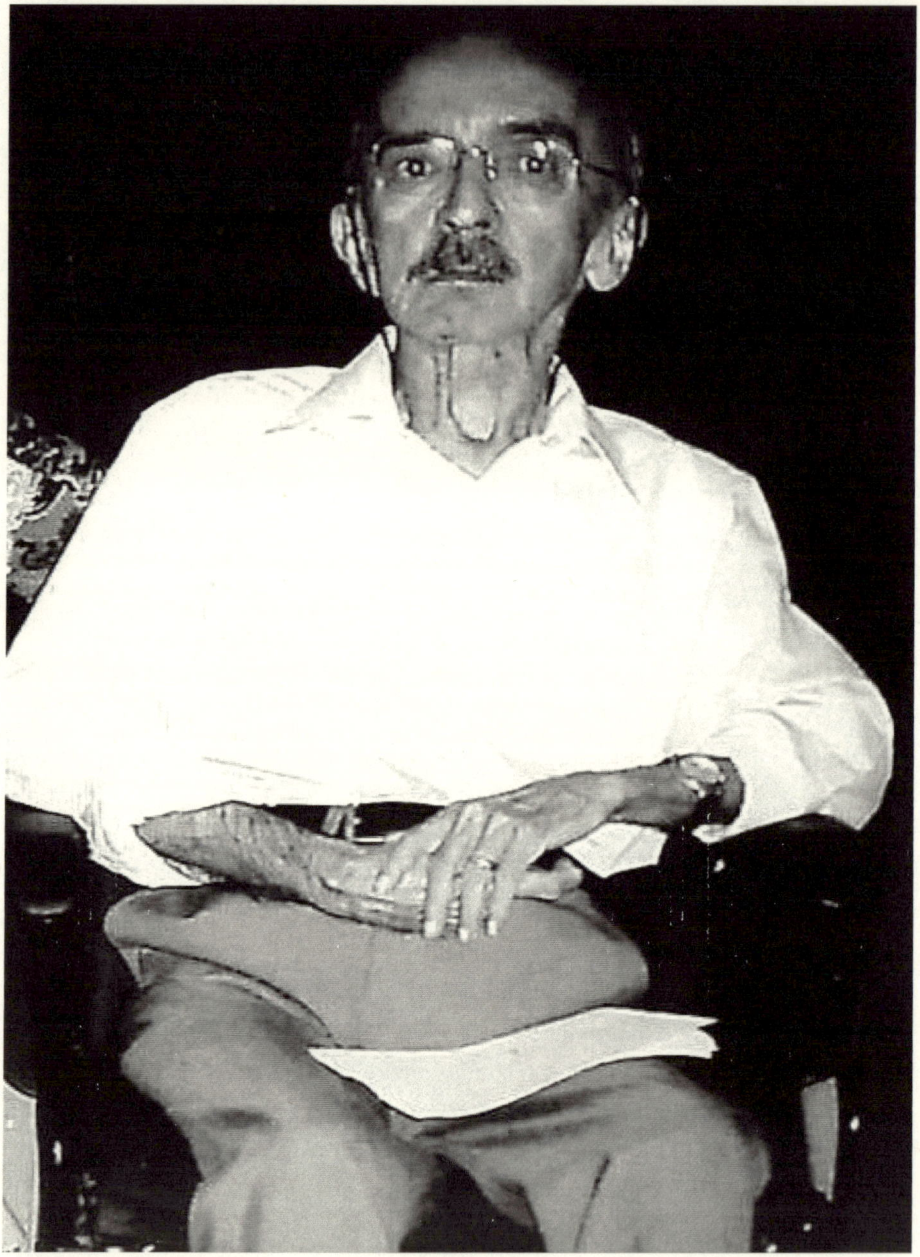

Dorian Jorge Freire atuou como comentarista político do "Brasil, Urgente" até sua última edição

O histriônico mefistofélico

Coimbra: – Era contra Adhemar de Barros que o BU se defendia no seu editorial "Do Desrespeito à Calúnia". O jornal (BU nº 13) referia-se a um pronunciamento feito em Brasília pelo governador de São Paulo.

> Disse o sr. Adhemar de Barros que há uma conspiração comunista em marcha, que o seu comando foi tirado do sr. Luís Carlos Prestes pelo Kremlin e entregue à responsabilidade do governador Miguel Arraes e do ministro Almino Afonso. Disse ainda que a encíclica *Pacem in Terris*, do chorado Papa João XXIII, foi redigida e inspirada por quem nutria a intenção de confundir a humanidade, a serviço do comunismo internacional. O sr. Adhemar de Barros disse mais. Afirmou que a conspiração bolchevista, em São Paulo, feita com base na *Pacem in Terris*, era realizada por frei Carlos Josaphat, homem divorciado do pensamento católico.

O pronunciamento de Adhemar chocou porque, havia poucos dias, João XXIII tinha morrido. Por isto, o editorial acrescentava:

> Chamamos a atenção para a insinceridade, a hipocrisia do governador paulista. Os seus telegramas de pêsames pelo falecimento do Papa João XXIII ainda não haviam chegado a seu destino e já o governador afirmava que a encíclica *Pacem in Terris* é instrumento de subversão comunista.

Regina Sampaio, que estudou a carreira política de Adhemar de Barros e o seu partido (no livro *Adhemar de Barros e o PSP*, São Paulo, Global Editora, 1982), mostra que, paradoxalmente, grande parte da projeção do ex-governador paulista deveu-se a acordos com o Partido Comunista. Segundo Regina, em 1947:

> A candidatura adhemarista (ao governo de São Paulo), até então considerada como um azarão – perspectiva que se refletia no apelido de "os cara-sujas", aplicado a seus correligionários –, só passa a ser

considerada como ameaça real quando se esboça a possibilidade de se concretizar a aliança com o PCB. Sem condições de se apresentar com candidato próprio em face da perspectiva de fechamento do Partido – já então configurada de modo bastante claro – tratava-se, para os comunistas, de tentar barganhar seu apoio com algum dos candidatos que pudesse lhes oferecer garantias para sua atuação no Estado, bem como de obter legenda para seus candidatos ao legislativo, na hipótese de serem cassados os mandatos de seus representantes. (p. 53 e 54)

Outro trecho do livro:

Em 19 de abril de 1958, Luís Carlos Prestes, em entrevista coletiva à imprensa, admite a possibilidade do Partido Comunista vir a apoiar novamente Adhemar de Barros para governador de São Paulo: – Compreendemos e reconhecemos o prestígio adhemarista em São Paulo. Já o apoiamos uma vez. Nós o elegemos governador. Depois rompemos com seu governo porque ele se tornou reacionário e matou trabalhadores, como aconteceu em Tupã. Isso marcou o sr. Adhemar de Barros definitivamente. Entendemos, por isto, que não será fácil apoiá-lo novamente. Se esse apoio, entretanto, for conveniente e necessário, acredito que nossos camaradas daquele Estado tenham suficiente prestígio junto à massa para conduzi-la mais uma vez ao adhemarismo (p. 92).

Tinha razão quem chamou Adhemar, uma vez, de mefistofélico?

Paulo de Tarso: – A formulação do senhor Adhemar de Barros do golpe de 1964 é a mais primária, a menos sofisticada. Muita gente pensava como ele, só que ele dizia a coisa, assim, de forma direta. O Adhemar tinha, em tudo isso, um papel histriônico. Ele foi utilizado, num primeiro momento, para ser vitimado, depois. Entrou nisso utilizando a VASP e a Polícia de São Paulo, numa posição puramente oportunista. Na verdade, era um homem preocupado com a própria carreira, um homem empirista, um populista, sem nenhum escrúpulo. Preocupado apenas com a própria sede de poder, entrou naquele movimento de 1964, por oportunismo.

Eu acredito que, se o movimento das Reformas de Base, com o João Goulart, obtivesse êxito, o Adhemar de Barros estaria lá segurando a bandeira da Reforma Agrária, da Reforma Urbana, com a condição de não perder o governo de São Paulo. Ele é um aspecto do oportunismo populista vigente naquela época. Eu acho que a atuação do Adhemar de Barros é a dimensão menor da articulação golpista. Ele não teve um papel de protagonista no movimento de 1964. Foi, a meu ver, utilizado.

Contudo, aqui eu devo dar um testemunho. O Brasil, mesmo nos instantes de radicalização política, guarda uma certa cor própria entre as nações latino-americanas. O Cantídio Sampaio, ademarista histórico, era secretário da Segurança, quando eu fui preso, no DOPS, em São Paulo, depois do golpe. E ele foi me visitar na sala 2 do DOPS. Não esqueço disso. No mesmo dia, me tirou do DOPS e me levou para o Batalhão de Guarda, ali mesmo, próximo da Tiradentes. E me deu todo o conforto possível, lamentando que ele fosse o meu carcereiro. Na verdade, ele teve uma extraordinária grandeza humana naquela época. Os jornais não publicaram isso. Eu nunca fiz menção a isto, mas é um bom momento para dizer que o Cantídio Sampaio, ademarista, secretário da Segurança, homem de 1964, quando me viu no DOPS, ficou quase que revoltado. Lembro, ainda, que me perguntou: – O que você quer que eu faça? Eu respondi: – Por mim, eu não quero que você faça nada, mas, por favor, substitua esses colchões infectos que estão nas outras celas. Os outros presos políticos estão sofrendo a falta de um colchão decente. Ele disse: – Está bom, seu pedido está atendido. Hoje à tarde mesmo, virão colchões novos para cá. E os presos políticos que estavam no DOPS, naquela época, ganharam colchões novos pelo pedido que eu fiz ao Cantídio Sampaio. Está claro que nem todos os problemas foram enfrentados, naquela época, no DOPS. Havia gente que havia sofrido maus tratos físicos, coisa que nem de longe aconteceu comigo. Eu estive dois dias só, no DOPS. Fui para o Batalhão de Guardas, por interferência de Cantídio Sampaio, movido a isso por amigos comuns, inclusive, o então deputado Luís de Carvalho, hoje membro da Justiça de São Paulo.

O movimento dos sargentos

Coimbra: – Um documento cujo texto é pouco conhecido, conquanto vez por outra, quando se estuda 1964, surjam referências a ele, o "Manifesto dos Sargentos ao Povo", é publicado, quase integralmente, na matéria "Sargentos Querem as Reformas que o Povo Quer", no BU nº 14, p. 10 e 11.

Diz o documento:

> Existe um fato novo na História Brasileira: é a participação dos suboficiais, subtenentes e sargentos das Forças Armadas e auxiliares no movimento de libertação de nossa Pátria. E por que participamos? Porque nos consideramos povo e somos oriundos da camada mais sofrida da população, e, apesar de vestirmos farda, somos cidadãos e sujeitos a refletir as consequências sociais, tal como qualquer outro cidadão, tanto nos momentos de normalidade, quanto nos mais aflitivos. São nossos irmãos, pais, cunhados e primos, enfim, a família brasileira, o povo brasileiro que vem dizer em alto e bom som que todos são iguais perante a fome.

Os sargentos avisam:

> Estaremos sempre alertas e vigilantes contra as manobras dos grupos reacionários, estaremos permanentemente acompanhando o desesperado esforço da reação, que, em derradeiros estertores, tenta evitar as reformas que o Brasil exige para sair do estado semicolonial em que se encontra e se tornar uma grande potência, onde seus filhos possam desfrutar de todas as riquezas nacionais. Ai, porém, dessa minoria reacionária se, com manobras sórdidas ou com o dólar sujo, conseguir evitar essas reformas, porque nós, sargentos e oficiais progressistas, pegaremos em nossos instrumentos de trabalho e faremos as reformas juntamente com o povo. E lembrem-se, senhores reacionários: o instrumento de trabalho do militar é o fuzil.

Paulo Schilling diz, na obra citada, volume 1, p. 86 e 87:

Nos anos 1960/1961, como um reflexo natural do processo democrático que vivia o país e do acelerado avanço popular, verificava-se uma considerável evolução no nível de politização dos suboficiais e sargentos das três armas. Essa traduzia-se em campanhas por uma maior democratização dos regulamentos militares, por diminuir o abismo que existia entre os vencimentos da oficialidade e dos sargentos, e por uma maior participação dos mesmos na vida política do país. Entre suas reivindicações políticas, os sargentos destacavam a concessão do direito – que lhes era assegurado pela Constituição – de ser votados para os legislativos municipais, estaduais e federal. Paralelamente, os sargentos assumiam as bandeiras reformistas dos setores políticos progressistas, especialmente as levantadas por Brizola.

O senhor já disse que o segmento da população para o qual se inclinava como político era o dos estudantes. Ainda assim, o que poderia nos dizer sobre a luta dos sargentos?

Paulo de Tarso: – Na realidade, os sargentos lutavam por objetivos de conquista de direito de voto, de melhora de condições de convivência com os seus superiores, através da modificação dos regulamentos militares. Uma parte, uma elite, eu diria, bastante politizada, queria os sargentos participando das Reformas de Base.

O texto dos sargentos, na pergunta, é muito incisivo. Eu acho um pouco retórico. E de uma retórica que causou problemas graves na época. Muita gente sabia que isso era figura de retórica, mas a direita tomou ao pé da letra e se mobilizou para neutralizar isso. Muitas medidas repressivas surgiram em função do que os militares chamavam de quebra de hierarquia militar.

Eu, em IPMs a que respondi, tive que dar várias respostas sobre a minha alegada participação num movimento de quebra da hierarquia militar. Eu dizia: – Mas, não tenho nada contra a hierarquia militar. Não participei disso. Eles diziam: – Mas o senhor se encontrou com sargentos. Eu dizia: – Eu me encontrei com sargentos como político, como homem que disputava o apoio dos sargentos com forças políticas, como o Partido Comunista, que procuravam aliciar os sargentos. E eu procurava aliciá-los para a Democracia Cristã.

Os sargentos, pela formação militar que tinham, eram muito pouco afeitos a uma filiação comunista. Preferiam a Democracia Cristã, pois achavam que ela era uma forma de ficar a favor das Reformas de Base, sem cair no pecado mortal do comunismo. Eu tinha toda a chance de mobilizar essa gente, numa linha do antigo Partido Democrata Cristão.

Acontece que estas explicações minhas não foram consideradas satisfatórias, na época, e líderes da classe dos sargentos e dos suboficiais, como o sargento Antônio Garcia Filho, por exemplo, foram cassados, depois de 1964, como se isto fosse um problema de vida ou de morte. Eu não sei, depois, o que foi feito do sargento Garcia. Ele foi deputado federal, líder da classe dos sargentos, apoiou as Reformas de Base, era membro da Frente Parlamentar Nacionalista. De repente, sumiu do mapa. Até hoje não sei o que aconteceu com o Garcia. O que eu sei é que houve um esforço no sentido de conquistar os sargentos para as Reformas de Base, com resultados positivos. A tal ponto que, apesar de toda a repressão, o regime que se instaurou em 1964, através da Presidência de Castelo Branco, consagrou a participação dos sargentos na vida política, deu-se-lhes o direito de voto e se procurou encontrar com os sargentos um modo de vida.

Interpelado sobre as manobras subversivas, entre aspas, que eu teria realizado junto aos sargentos, procurei explicar aos responsáveis pelos IPMs que eu era apenas um político à procura de apoio político. Eles me diziam que contato com os sargentos só poderia ser um contato militar ou com objetivo militar. Eu dizia: – Mas eu nunca tive um objetivo militar. Sou avesso a isso. Eu queria era trazer essa gente para o PDC. E argumentava: – Os senhores mesmos, depois que conquistaram o poder, ratificaram a outorga aos sargentos do direito de voto. Um deles respondeu: – Está certo, pois, depois de tudo o que os senhores aprontaram, como é que nós podíamos negar aos nossos companheiros de quartel aquilo que os senhores já haviam dado a eles.

Dentro do ministério de Jango

Coimbra: – A reforma do ministério de João Goulart, que elevou o senhor à condição de ministro, foi um momento de esperança para o BU. A nomeação para aquele cargo, naquele momento, mostrava uma ascensão contínua na sua carreira política, tal como ela havia sido resumida na biografia publicada na orelha do seu livro *Os cristãos e a revolução social*, editado no Rio de Janeiro pela Zahar Editores, em 1963:

> Paulo de Tarso nasceu no ano de 1926, em Araxá, cidade na qual viveu até completar o curso ginasial, no Colégio Dom Bosco. Indo para São Paulo, cursou o pré-jurídico no Colégio São Bento, bacharelando-se na Faculdade do Largo São Francisco. Seu curso de Direito foi feito com brilho invulgar, tendo conquistado, como primeiro aluno, os prêmios Rodrigues Alves Filho, Duarte de Azevedo, Teodureto de Carvalho Filho e Livreiro Saraiva. Ingressou no PDC, partido pelo qual se elegeu vereador, em 1955, e deputado federal, em 1958. Foi prefeito de Brasília, durante o governo Jânio Quadros. Reeleito deputado federal, foi escolhido para líder do bloco dos pequenos partidos, posto que deixou para assumir o Ministério da Educação. Ao longo dessa trajetória, afirmou sempre sua posição de cristão, atuando em política, e dessa atuação o presente livro é fruto.

Para o BU, sua chegada ao comando do Ministério da Educação foi um dos motivos de comemoração, no editorial "Mistério da 25ª Hora", da edição n° 15, à página 2:

> Indiscutível a habilidade política do sr. João Goulart. Indiscutível a demonstração de verdadeiro chefe das Forças Armadas dada pelo presidente da República. Ainda indiscutível o gabarito da maioria dos componentes do novo ministério. A reforma do ministério tem que significar o Ministério das Reformas. Parece-nos que assim o será. O povo exige que assim o seja. Depois de quase um ano de gestão presidencialista, o sr. João Goulart tem a obrigação de impulsionar, decisivamente, seu governo no sentido patriótico de dar à nação a re-

formulação de suas arcaicas estruturas, sob pena de passar à História como o grande mistificador de nossa República. Grande mistificador porque promete as reformas. Quer as reformas. Pensa nas reformas. Mas não reforma. Culpa o Congresso. O ministério. Há, agora, o novo Ministério. O novo ministro da Guerra. Defensor do plebiscito. Nas pastas civis, vemos um Paulo de Tarso, um Darci Ribeiro, um Evandro Lima, um Carvalho Pinto que, publicamente, manifestou-se pelas reformas. O Congresso foi ouvido. O povo foi ouvido. O presidente, numa prova de amadurecimento, convocou os homens mais indicados. Agora, esperamos. Diante do presidente estão os dois caminhos. O da traição ou o da salvação da Pátria.

Fazendo uso de documentos de João Goulart, a que teve acesso, Moniz Bandeira, num texto, muitas vezes grifado, do seu livro citado, p. 104 a 106, refere-se a cartas enviadas a Jango por Santhiago Dantas, chanceler e ministro da Fazenda, ao apreciar esta alteração no ministério.

Santhiago Dantas, demissionário, compreendeu a gravidade da situação. Aconselhou a tomar uma decisão que restabelecesse o espírito de iniciativa, pois, ao seu ver, o governo só sairia da crise se provocasse um impacto sério com medidas profundas e não paliativas. E disse mais: – O país inteiro está em suspense à espera dessa decisão, e, se ela não provocar o impacto a que acima me refiro, a crise estará apenas adiada, mas desta vez com perigos infinitamente maiores, quando voltar a eclodir, pois então talvez já não haja mais tempo para uma nova experiência. Dantas advertiu a Goulart que os grupos de pressão, tanto de esquerda, quanto de direita, queriam impedi-lo de formar um governo forte, definitivo, nacionalmente respeitado. Os da "esquerda menos responsáveis e aparentemente liderados por Brizola", segundo suas palavras, com o objetivo de envolvê-lo e dominá-lo em meio à crise. Os da direita, especificamente os da extrema, na esperança de debilitá-lo de tal forma, a, assim, abrir caminho para o golpe de Estado, do qual nunca desistiram. Dantas, no entanto, entrevia uma área imensa de opinião e de interesses, mas, ainda acreditava na possibilidade de constituição de uma equipe para ajudar a Goulart a transpor o resto do período do governo, realizar algumas reformas de estrutura e preservar sua liderança popular para depois de 1965. Nessa área é que ele deveria escolher os componentes do futuro Ministério incluindo "elementos da esquerda mais responsável", cuja participação lhe parecia essencial.

Ainda citando as cartas de Santhiago Dantas a Goulart, prossegue Moniz Bandeira:

> E Santhiago Dantas alertou-o para a "manobra dos gorilas" que tramavam contra o governo, sob o pretexto de defender, à outrance, a permanência de Amaury Kruel no Ministério da Guerra. "Para você ver a que ponto eles estão determinados a levar avante essa manobra" – salientou – "detenha-se na informação que hoje me transmitiram de que toda a articulação para o golpe, que estaria sendo preparado contra a governo, baseia-se na eventual demissão de Kruel". Em todo caso, Dantas julgava, de acordo com Goulart, que chegara o momento de pagar para ver. Jango demitiu todo o Ministério, inclusive Kruel, cuja cabeça a esquerda reclamava, limitando-se a reação das correntes conservadoras, com as quais ele se identificava, a simples protestos. Goulart, ao que tudo indica, aceitou algumas ponderações de Santhiago Dantas. Compôs nova equipe, talvez mais do centro do que de esquerda, proclamando que seu propósito era promover, com urgência, as Reformas de Base, pois o Brasil estava com pressa. E, como demonstração de que não pretendia radicalizar, nomeou o professor Carvalho Pinto, respeitável expoente da burguesia de São Paulo, ministro da Fazenda.

Do seu ponto de vista, o que significou para Jango e para a vida política do país esta troca de ministros? Num outro plano – mais pessoal – o que representou para o senhor a ascensão ao cargo de ministro da Educação? Considera-a o ápice de sua carreira política? Poderíamos, aqui, ter uma resposta mais longa, que fizesse um retrospecto de sua vida até aquele momento?

Paulo de Tarso: – Eu, e alguns companheiros de geração, só conseguimos avaliar corretamente Santhiago Dantas, como grande figura da vida política brasileira depois que ele morreu. É sabido que Dantas perdeu a eleição para primeiro-ministro durante o regime parlamentarista. Mas foi ele, talvez, na época, o que teve a visão mais objetiva dos riscos a que estava exposta a Democracia, naquela ocasião. Ele sustentava a necessidade de uma Frente Única. E lembro de um jornal do Rio de Janeiro – obedecia à orientação do Brizola –, que publicou uma charge altamente desrespeitosa ao Santhiago Dantas, sob o título Frente Única, na qual ele aparecia como se fosse uma donzela. No quadrinho, um pequeno saiote cobria-o de frente. No outro, quando ele mostrava a sua parte posterior, estava sem roupa nenhuma. Era a maneira de ironizar a Frente Única.

Hoje, acho o Santhiago Dantas um dos homens mais lúcidos daquela equipe que cercava o Jango. Ele pressentiu o perigo do golpe. Estava informado e percebeu a necessidade de organizar um ministério coerente em apoio às Reformas de Base. Ele procurou, na medida de suas possibilidades, alertar o Jango, sobre os riscos a que ele estava exposto. No entanto, o Santhiago Dantas não foi muito ouvido, na época. Mesmo assim, acho que o novo ministério presidencialista, que sucedeu ao ministério do último governo parlamentar, foi organizado pelo Jango um pouco em função das Reformas.

Fui escolhido, creio, por três aspectos essenciais. Primeiro, eu era identificado pelo presidente Goulart como o homem da "esquerda católica". Ele achava que eu representava a Igreja progressista. E ele queria atrair a Igreja progressista para o programa de reformas dele. De fato, ele superestimou a minha representatividade nesse setor da Igreja, aliás, na época, muito fluido, pouco importante. Não tinha nada a ver com a Igreja progressista de hoje.

Segundo: eu era muito visivelmente apoiado pela UNE e ele queria atrair também os estudantes. Finalmente: eu era um homem não só da Frente Parlamentar Nacionalista, como da Frente de Mobilização Popular. Então, ele estava atraindo um homem que tinha cobertura parlamentar do grupo que interessava a ele, o grupo que apoiava as reformas propostas pelo seu governo.

Acho, no entanto, que os pontos fracos da organização deste ministério, com todas as lacunas que cada setor podia ter, foram o dispositivo militar e o setor de informações. Jango não teve informações suficientemente claras sobre as forças militares que se estavam mobilizando contra ele. Ele não tinha condições de medir exatamente o risco militar a que estava exposto.

É sabido, o governo Goulart surgiu em circunstâncias nacionais graves, e, sob certos aspectos, dramáticas. Em muitos episódios, o Brizola teve, como todos sabem, uma atuação marcante e, sob alguns aspectos, decisiva mesmo.

A posição militar ou quase militar que o Brizola tomou, apoiado pelo comandante do Exército, no Rio Grande do Sul, foi, aparentemente, decisiva para assegurar a posse de Jango. Isso deu a Brizola grande poder, no conjunto de forças que apoiavam o governo. Acontece que o Brizola estava numa posição, realmente, radicalizada. Fazia constantes críticas às hesitações do governo Goulart que, achava, devia ter uma posição muito mais forte, para não dizer muito mais radical, também. Foi sob a inspiração do Brizola que se criou – embora eu não tenha esse dado muito concreto – a Frente de Mobilização Popular, em substituição à Frente Parlamentar Nacionalista. Sob certos aspectos, a Frente de Mobilização Popular foi uma radicalização da Frente Parlamentar Nacionalista. Depois, quando houve a escalada da violência, antes do golpe, o Brizola evoluiu, aí sozinho, não mais acompanhado pela maioria dos que compunham a Frente de Mobilização Popular, para os Grupos dos Onze e outros esquemas propriamente militares, dos quais eu, pessoalmente, nunca cheguei a participar.

Isso tudo mostra que, quando o Santhiago Dantas recomendava ao Jango que organizasse um governo forte, nacionalista, de defesa das riquezas nacionais, contra os grupos transnacionais e, ao mesmo tempo, recomendava que não se unisse aos extremos radicais da direita e da esquerda, ele estava excluindo dos esquemas do Jango o Brizola e o grupo organizado em torno dele. Foi por isso que surgiu a discórdia entre os dois grupos: o do Santhiago Dantas e o do Brizola.

Se alguém me pedir para comparar a importância que teve na minha vida a prefeitura de Brasília e o ministério da Educação, eu serei tentado a dizer que o cargo na prefeitura de Brasília me seduziu mais que o cargo de ministro da Educação. Brasília era um desafio maior. Tudo estava por criar, pedia mais criatividade. Além disso, fui prefeito de Brasília numa época menos tumultuada. Como ministro apanhei demais da Grande Imprensa. Vivi debaixo de um fogo cerrado dos grandes jornais e das televisões. Fui uma das vítimas maiores do IBAD e do IPES, na campanha que eles fizeram através dos meios de comunicação. A minha atuação no ministério foi uma atuação sacrificada, muita tumultuada pelos ataques que eu recebia. E, na prefeitura da Capital Federal, na época do Jânio, tudo tinha que ser criado, com uma equipe técnica boa, num clima nacional muito mais relaxado.

E, se me perguntassem se eu, na época, cheguei a considerar o Ministério da Educação fim de carreira, honestamente, eu deveria dizer que não. Na vida de um país, 18 anos não é muito tempo. Nela, a unidade de tempo é a década, e, às vezes, o século. A gente fala, ainda hoje, no Século de Péricles. Mas, na vida de uma pessoa, 18 anos é muito tempo. O que eu poderia ter feito, da minha vida política, nesses 18 anos? É difícil dizer, mas a minha intenção era continuar fazendo política. Está claro que eu tentaria continuar numa carreira ascensional. Possivelmente, eu tentaria disputar cargos em São Paulo. Se houvesse condições, eu tentaria disputar o governo do Estado, eu tentaria disputar o Senado, tentaria disputar até a Presidência da República, se houvesse condição. Digo isto não para parecer uma mania de grandeza, uma megalomania política. Faço questão de salientar: se houvesse condições. Depois de 18 anos, essa coisa fica inteiramente sacrificada, ou, quase inteiramente. A disposição que você tem aos 36, 37 anos, é claro, não é a mesma que você tem aos 55, 56 anos. Realmente, o movimento militar de abril de 1964 conseguiu tirar da vida política, em grande parte, a minha geração. Os anos de maior lucidez e de plenitude vital, dos 35 aos 55 anos, nós, forçadamente, ficamos fora da vida política do Brasil.

Julho de 1963 (a vaia)

Na edição final deste mês de julho de 1963, a do BU n° 20, quatro dos dez membros do Conselho de Direção do jornal já tinham abandonado o jornal: dois, no mês anterior, dois, durante este mês. Ficaram aqueles que foram fiéis até o fim ao jornal, ou que deles se ausentaram apenas por poucos números, forçados por circunstâncias diversas: frei Carlos Josaphat, Ruy do Espírito Santo, Roberto Freire, Dorian Jorge Freire, Josimar Moreira e Fausto Figueira de Melo.

Lembra Roberto Freire:

– Houve uma racha na direção do jornal, no que a gente chamava de Conselho de Redação. Existiam pessoas que eram menos radicais e não queriam que o jornal entrasse frontalmente em certos assuntos, como nós entrávamos. O Gandolfo foi um dos que, na época, nos criticou muito. No entanto, a radicalização atendia a uma autenticidade de posição, a uma coerência em relação à pregação de frei Carlos Josaphat. Existiam alguns referenciais, dos quais a gente não se afastava muito, que serviam para a gente assumir as nossas posições que eram: primeiro, o conteúdo e a linguagem da pregação que o frei Josaphat já fazia, antes do jornal. Segundo: as ideias emanadas de João XXIII. Quem leu *Evangelho e revolução social*, de frei Carlos, quem acompanhava o escândalo que era João XXIII, com a *Mater et Magistra*, pode verificar que o jornal tinha uma linha ideológica própria baseada no livro e na encíclica. Eu não chamo de radicalização o que houve com o jornal, chamo aquilo de autenticidade.

Dorian Jorge Freire escreveu em seu depoimento para este trabalho:

Na medida em que o jornal ia saindo e tornando nítida a sua linha, a turma começou a saltar do bonde. Chamaria a atenção sobre a evolução/involução do expediente do jornal. Minguante.

Já Ruy do Espírito Santo que, como Dorian, atravessou a breve história do BU, do primeiro ao último número, explicou assim sua persistência:

– A única pressão para que eu saísse do BU foi de ordem familiar. Nem tanto de parte da minha mulher, mais da família dela. Pressões quando diziam assim: – Como é que você pode estar casado com um comunista? E tal. Coisas deste tipo, próprias da posição conservadora da família de minha mulher. Acredito que os outros que saíram tenham sofrido isto redobradamente, sobretudo, junto a seus locais de trabalho.

O próprio Roberto Freire não parecia se importar com este tipo de pressão e punha lenha na fogueira, fazendo galhofa com o seu ex-patrão Júlio de Mesquita Filho, diretor do jornal O Estado de S. Paulo, onde ele tinha trabalhado tempos antes, como redator de Saúde. As farpas de Roberto tentavam alcançar o pânico anticomunista que O Estado de S. Paulo estava empenhado em criar.

Dizia Roberto, no início de uma carta publicada em sua coluna "Gente Como (e Contra) a Gente", do BU n° 17, p. 11:

> Doutor Julio: Li, como faço diariamente, seu editorial de hoje (3 de julho de 1963) no Estadão. Invariavelmente, após a leitura da terceira página do seu jornal, faço a minha oração pedindo ajuda contra a terrível tentação de perder a fé em Deus, no Cristianismo e no Evangelho e passar a crer no senhor, no Liberalismo Econômico e no Estadão. Todo dia é isto. Deus tem me ajudado e eu ainda continuava católico, apostólico e romano, apesar do senhor. Mas acontece, dr. Júlio, que hoje foi demais. Seu editorial me convenceu. E eu lhe sou muito grato por isto. Deus não existe! E, rei morto, rei posto. E morto o rei, viva o rei, isto é, viva o senhor. Assim, hoje, terminada a leitura da sua terceira santa página, fiz assim minha oração matutina: – Doutor Júlio, conheço as freiras e os padres dos colégios aos quais o senhor se referiu. Todos, sabe, são do Partido Comunista Brasileiro desde os doze anos de idade. O Partido os obrigou a se fazerem batizar, crismar e, a

seguir, preparados, para a primeira comunhão. Já conhecem, desde os oito anos, toda a obra de Engels, Marx, Lenine e Stalin. Por isso, ao lerem e estudarem a Bíblia, já estavam preparados para não se deixarem intoxicar, como eu, pelo "ópio do povo". Habilmente e por ordem de Moscou os colocaram nos Seminários.

Neste mês, para contrariedade dos que o queriam moderado, o jornal continua a manter muito elevado o seu grau de combatividade.

"Truste do Minério: Chantagem Contra o Brasil", dizia o BU nº 17, na p. 8.

"Estrangeiros Têm nas Mãos 72% da Energia Elétrica do Brasil", acrescentava o BU seguinte, na página 6.

"Capitalismo é Incapaz de Promover o Progresso", era a manchete da página 6, do BU nº 19, e.

"Monopólio do Jogo dá 14 Bilhões ao Jockey Clube", no mesmo número, quatro páginas adiante.

Esta última matéria mostrava foto de uma criança faminta com a legenda "Criança Subdesenvolvida" e outra foto de um puro-sangue, com a legenda "Cavalo Superdesenvolvido".

5ª entrevista com Paulo de Tarso Santos (Pauta: Julho de1963)

O local das entrevistas com Paulo de Tarso se fixou definitivamente na sua casa, no bairro de Pinheiros. O horário: fins de tarde de domingo. Seus familiares continuavam arredios, desconfiados. Um pequeno ritual ia se estabelecendo. Nós chegávamos, apertávamos a campainha da casa situada numa esquina e cercada de um muro baixo de madeira. Alguém, às vezes, o próprio ex-ministro, outras vezes sua esposa ou sua filha, pediam que entrássemos, sentássemos e esperássemos um pouco. Aproveitávamos para instalar o gravador e testá-lo em alguma tomada da sala ampla de paredes apinhadas de quadros.

Em geral, nos instalávamos num sofá da sala próximo a prateleiras de madeira, recobertas de trabalho de cerâmicas de diversas partes do mundo.

Quando Paulo de Tarso se acomodava a nosso lado, apresentávamos as folhas com as perguntas datilografadas. Ele as lia, ora sublinhando com a minha própria caneta trechos que iria comentar, ora pulando trechos conhecidos. Quando ele voltava a ler a sequência das perguntas, desde seu início, ligávamos o gravador e ele respondia. Ao terminar de ler todas as perguntas que lhe apresentáramos, já tinham transcorrida perto de duas horas de entrevista. Guardávamos rapidamente o gravador e com poucas palavras nos despedíamos, confirmando o horário da entrevista seguinte.

Nesta entrevista Paulo de Tarso fala do que ele classifica como uma das maiores frustrações de sua vida: uma vaia recebida num estádio de Porto Alegre.

Conta como sua assessoria, no Ministério da Educação, estruturou o mecanismo dos seus contatos com os estudantes.

Dá um depoimento importante sobre a sua aproximação com Paulo Freire, cujo método de alfabetização lançou nacionalmente.

Comenta as prisões de sacerdotes ocorridas durante o governo Goulart.

E avalia as condições de uma revolução violenta, na época, comandada por organizações de esquerda.

Por fim, fala dos boatos do golpe militar que circulavam, na ocasião.

A vaia no ministro

Coimbra: – Neste mês há uma grande efervescência no setor estudantil, exatamente quando o senhor inicia sua gestão no Ministério da Educação.

É o mês da movimentação em torno:

1º) do Seminário dos Estudantes do Mundo Subdesenvolvido, promovido pela UNE;

2º) do congresso da própria UNE, em Santo André;

3º) do congresso da União Brasileira dos Estudantes Secundaristas – UBES, em Curitiba e, ainda,

4º) da semana de estudos da JEC – Juventude Estudantil Católica.

Em algumas edições do BU surgiram anúncios com textos como este da UNE, na página 13, do BU nº 18:

> Os povos do mundo subdesenvolvido jamais aceitaram o domínio das nações colonialistas. A miséria, a fome, o atraso em que estão mergulhados lhes foram impostos pela ponta das baionetas e pelos canhões dos vasos de guerra das nações opressoras. À luta dos povos oprimidos pela sua libertação, as metrópoles opunham a sua violência e poderio contra as quais nada aparentemente podiam as nações subjugadas. Guerra do ópio, *boyers*, *boxers*, *talpings* exprimem, de um lado, o he-

> roísmo libertário dessa fase e a agressão, do outro. Nos dias de hoje, todavia, um dos traços fundamentais é a vitória dos povos explorados, é a libertação nacional e a derrota, apesar da violência que esgrime, do sistema colonial do imperialismo. O mundo subdesenvolvido inicia sua transformação revolucionária que é a transformação do mundo. É nessa perspectiva que a UNE realizará o Seminário dos Estudantes do Mundo Subdesenvolvido, em Salvador, de 7 a 14 de julho.

Neste mesmo número, na página 17, o seminário aparecia sob forma de notícia. Seu título: "Congresso dos Subdesenvolvidos Começou com Prisões e Apreensão de Livros e Filmes".

Dois trechos de seu texto:

> Malas de congressistas foram apreendidas na Guanabara, com panfletos e filmes que seriam exibidos no seminário e que foram considerados subversivos pelas autoridades do Galeão.
>
> Estudantes foram presos quando afixavam cartazes na cidade de Salvador, antes do Congresso.

De qualquer modo, o seminário foi instalado. Disse o BU, à página 17, na abertura da matéria:

> Prestigiado pela presença do governador da Bahia, sr. Lomanto Jr., abriu-se domingo último, em Salvador, o Seminário dos Subdesenvolvidos, conclave que reúne estudantes de 44 países, incluindo Nigéria, Argentina, Peru, as duas Alemanhas, Estados Unidos e União Soviética. Nos trabalhos do Congresso causaram funda impressão as declarações do delegado peruano, que expôs a situação de 7 milhões de índios do Peru, mantidos em estado de subvida, sem saber o que é carne e o que são ovos. O delegado de Angola também prendeu a atenção dos estudantes com a afirmação de que a luta não é contra o povo português, mas contra aqueles que exploram o homem.

Há um trecho, sob o intertítulo "Anti-seminário", que convém destacar:

A Frente da Juventude Democrática e a Ação Democrática Brasileira, órgãos associados ao IBAD promoveram um comício em Salvador, onde "defenderiam a democracia contra o Seminário". Para evitar incidentes, os congressistas tiveram o dia livre e retiraram-se da cidade.

No capítulo em que fala da ação do IPES/IBAD no meio estudantil, diz Dreifuss:

> Visando contrariar os esforços da AP e da UNE, a elite orgânica desenvolveu uma difícil e dura campanha de contenção e desagregação dirigida especialmente contra a UNE e também contra a sua congênere mais nova, a União Brasileira dos Estudantes Secundários – UBES, bem como contra outras organizações estudantis de cunho popular, como a Juventude Estudantil Católica – JEC, a Juventude Universitária Católica – JUC e a União Metropolitana dos Estudantes – UMES. Contudo, o líder ipesiano Antonio Galotti havia imaginado, desde o início, que a ação do IPES no movimento estudantil não seria somente em termos de apoio financeiro. Percebera, também, a necessidade de infiltrar "elementos democráticos" dentro da população estudantil militante, uma atividade que se entendia vital.
>
> Como chefe do Grupo de Levantamento da Conjuntura, o general Golbery encarregava-se pessoalmente da supervisão da campanha da elite orgânica na população estudantil, alvo para assuntos que exigiam um abrangente planejamento estratégico. O IBAD também se embrenhou no movimento estudantil por meio da Frente da Juventude Democrática, patrocinada pelo IPES e dirigida pelos ativistas de direita, Duval Viana e Alain Araújo (p. 283 e 284).

Assinalando, mais uma vez, a distância de dezoito anos, entre o BU e a obra de Dreifuss, gostaríamos de saber o que o senhor, como ministro da Educação, podia fazer nestes casos de repressão ao movimento estudantil, e se, por causa dela, teve atritos com as polícias dos diversos estados do país?

Paulo de Tarso: – Eu estive presente ao Seminário dos Estudantes do Mundo Subdesenvolvido, realizado em Salvador. Falei, li parte do discurso escrito e depois improvisei, com grande resposta do auditório. No congresso da União Nacional dos Estudantes, em Santo André, eu também estive, como ministro, e acho que foi uma das poucas vezes em que um ministro da Educação compareceu a um congresso da UNE. Pelas informações que eu tinha, isso era um fato sem precedentes, naquela época. Por coincidência, o policial encarregado do policiamento daquele congresso era um ex-colega de turma meu, na faculdade de Direito em São Paulo: o doutor Nerval Ferreira Braga. Ele me disse: – Olhe, é pena que você não possa vir todas as noites ao congresso porque a noite mais tranquila foi a em que você falou.

Houve um congraçamento dos estudantes com o ministro, a tal ponto o Ministério da Educação estava identificada com a UNE. Isso foi percebido pelos militares que, ao reprimir a UNE, pensavam logo na necessidade de reprimir o ministro que a havia prestigiado. Uma boa parte da repressão que sofri foi ocasionada pelo apoio que dei à UNE.

Da atuação do IBAD no movimento estudantil, através da Frente da Juventude Democrática, eu tenho lembranças ligeiras. Não saberia discuti-la em detalhes.

A minha luta ao lado dos estudantes não se resumia à participação em congressos e seminários estudantis. Eu tinha um contato muito próximo com as organizações estudantis católicas, tipo Juventude Estudantil Católica, Juventude Universitária Católica e com entidades como a União Metropolitana dos Estudantes. O meu assessor para assuntos estudantis, o Betinho, Herbert de Souza, estruturou um sistema de contatos do ministro com os estudantes, de maneira perfeita. Eu tinha um oficial de gabinete para tratar assuntos ligados ao ensino superior e outro para tratar de assuntos dos estudantes secundaristas.

Um dos artigos mais violentos que O Globo escreveu contra mim foi em virtude da carteirinha do estudante secundarista que criei, através de uma das sete portarias do Lauro Oliveira Lima, a que O Globo chamava de "Os Sete Pecados Capitais do Senhor Paulo de Tarso". Sete portarias que o Lauro Oliveira Lima preparou para o ensino secundário. Numa delas, foi criada a carteira nacional para o estudante secundarista.

Choques com a polícia eu tive alguns. Mas não propriamente nesses contatos com os estudantes. Eu me lembro, todavia, de um fato desagradável para mim. Acho que numa entrevista como esta, quando já tantos anos passaram, devo contar as coisas desagradáveis, também. Foi, na verdade, um erro político que eu cometi numa olimpíada universitária em Porto Alegre. Fui a essa olimpíada como ministro da Educação, representando o presidente da República. O estádio de Porto Alegre estava lotado. Eu estava ao lado do presidente da Confederação de Esportes do país e de outras autoridades esportivas. Fui fazer um discurso e cometi a imprudência de fazer um discurso político respondendo a um ataque que o Lacerda havia feito na véspera ao presidente João Goulart. O público, que estava presente no estádio para ver a olimpíada, e não para ouvir um discurso político, afinal de contas não foi convocada para um comício, vaiou. Sofri uma das maiores frustrações da minha vida. Vivi a experiência do político mal querido, do político que não consegue a simpatia popular. Aquela vaia me doeu terrivelmente, me marcou durante muito tempo. Foi uma vaia quase maciça, do estádio todo. Hoje acho que aquela vaia não ocorreu só pela minha imprudência. Esta talvez tenha sido a causa principal, mas já aquilo era um indício de que o meio estudantil estava dividido e de que estava caminhando a campanha do IBAD, do IPES e da Ação Democrática. Vaiaram o ministro do Goulart porque a opinião pública já estava bem trabalhada, tomando posição contra o governo Goulart.

A UNE e o americano

Coimbra: – O Congresso da UNE, em Santo André, que elegeu José Serra como o novo presidente da entidade, era descrito assim no BU n° 20, p. 13:

> Sob dificuldades de toda espécie, principalmente de organização colocadas pelo governador de S. Paulo; sob uma chuva de manifestos das entidades estudantis fantasmas (FJD, JED, AOE etc) que espalhavam mentiras e calúnias contra o movimento estudantil em geral e a UNE em particular; sob uma campanha publicitária que diz meias verdades por parte da imprensa; sob um policiamento que chega às raias do grotesco, com desfiles de "brucutus", cavalaria e metralhadoras, instalou-se e prossegue o XXVI Congresso Nacional de Estudantes da UNE. O Congresso apresenta lamentáveis condições materiais: os estudantes dormem em colchões de palha estragados, no chão. Comem num refeitório com capacidade para 200 pessoas (no Congresso há 7.500 pessoas). Os ótimos alojamentos da Vila Olímpica, para 1.500 pessoas, estão vazios: não foram cedidos pelo governador Adhemar de Barros.

Em editorial, neste número ("O Congresso da UNE"), o BU repudia, com veemência, o comportamento da Grande Imprensa em relação ao congresso

> E toda a grande imprensa, numa unanimidade vergonhosa, a impingir à opinião pública a mentira nunca suficientemente desmascarada de que o congresso é comunista, de que comunista é o seu programa, comunistas as suas finalidades. Não junta provas às acusações. Não discute, nem argumenta. Mente, calunia e insulta. Não noticia a marcha do grande conclave, não informa dos assuntos ali estudados, nem das teses ali submetidas a exame. Esconde que o Congresso Nacional de Estudantes reúne milhares de moços de todo o país, reunidos em delegações democraticamente eleitas nos seus Estados de origem. À grande imprensa o que importa é mentir, distorcer a verdade, desinformar um público que não respeita, confundir o povo, baralhar os fatos, armar a sua grande e bem paga impostura, para, atrás dela, esconder a pujança, o entusiasmo, a seriedade de autênticos líderes estudantis, alheios às propinas do IBAD e IPES e aos "favores" e "ajudas" dos grandes jornais. Matutino local, conhecido pelas suas posições antipopulares, pelo seu rancor aos movimentos

operários e estudantis, como de resto a todas as atividades que conduzam o Brasil à sua emancipação político-econômica, no auge de sua ira de deplorável aparência descontrolada e de ostensiva morbidez chamou de "juventude transviada" a mocidade reunida no congresso de Santo André. Não satisfeito em negar aos seus leitores informações legítimas sobre o incômodo certame, o jornal que advoga os negócios do IBAD, IPES e similares tenta alcançar os moços congressistas com os epítetos mais ridículos, comparando-os aos "teddy boys" e "beatniks" da democracia norte-americana, ao mesmo tempo que aponta como comunistas UNE, UBES e até mesmo a Juventude Estudantil Católica (JFC), entidades nas quais, diz o jornal da reação, se praticam "toda sorte de fraudes, imoralidades, patifarias, que fariam corar de vergonha o mais empedernido fraudador de eleições da velha República". Nada liga a juventude vadia das bebedeiras, dos sonetos tolos e das arruaças noturnas à juventude reunida em Santo André. Juventude que utiliza as suas férias para estudar os problemas do país, enquanto a elite rumina golpes antinacionais e enrodilhada em sociedades de gangsterismo político e econômico, se entrega à tarefa de fraudar a manifestação do povo, viciar o processo democrático e impedir a independência do Brasil. A verdade é que o Brasil jamais conheceu juventude mais séria e mais consequente. Juventude que, superando seus naturais impulsos, tem grandeza para entender a raiva de seus inimigos e lucidez para compreender que a brutalidade contra ela descarregada nada mais é do que demonstração de um submundo superado e exangue, vazio e ferido, que estrebucha na sua última agonia.

Sobre o Congresso da UNE, Dreifuss encontrou, nos arquivos da biblioteca do presidente John Kennedy, um impressionante telegrama enviado pelo Cônsul dos Estados Unidos, em São Paulo.

Diz Dreifuss, no livro citado, p. 285 e 286:

Foi no contexto desta mobilização estudantil que o próprio general

Golbery se ofereceu para tomar a direção da contracampanha para as eleições nacionais à liderança da UNE. O XXIII Congresso anual da UNE transcorreu, entre 22 e 28 de julho de 1963, em Santo André, no Estado de São Paulo. O seu resultado determinaria a linha de ação política da UNE, em um período crítico. Não se mediram esforços para aproveitar-se da propalada cisão Pequim/Moscou e desviar os estudantes de sua própria discussão política sobre a Universidade e as Reformas Básicas. Porém, eles fracassaram. A reação da imprensa foi extremamente desfavorável à liderança da UNE, em particular, e ao congresso, com intensa cobertura e muito comentário editorial negativo. O mais importante elemento de oposição aos representantes do trabalhismo e da esquerda nas eleições dos novos dirigentes da UNE era a Frente de Juventude Democrática, patrocinada pelo IPES, que o Cônsul dos Estados Unidos em São Paulo, Daniel M. Braddock, descreveu como "um grupo direitista ao extremo. Os líderes inclinados para a violência da FJD haviam feito todos os tipos de planos de arrepiar os cabelos". De acordo com Daniel Braddock, "Eles foram impedidos de bombardear e metralhar o congresso, mais por revista feita pela polícia, do que por bom senso. Ainda bem que foram refreados, pois, uma ação violenta só teria atraído a simpatia do público pelos ocupantes de cargos oficiais (da UNE), principalmente se houvesse mártires". (Telegrama ao Departamento de Estado, enviado do Rio de Janeiro e de Brasília, por Daniel M. Braddock, Cônsul dos Estados Unidos em São Paulo. Rascunhado pelo funcionário da Embaixada Datus C. Proper, 16 de agosto de 1963. Arquivos JFK, NSF. O telegrama significativamente tinha o cabeçalho: "Estudantes de tendências comunistas vencem as eleições nacionais").

Para Arthur José Poerner, no livro citado, p. 198, o presidente eleito neste congresso, José Serra, era membro da Ação Popular, partido não oficializado da chamada esquerda cristã. Com isto, portanto, somavam-se a três os mandatos conseguidos, seguidamente, pela AP, já que os dois últimos presidentes da UNE, Vinicius Caldeira Brandt e Aldo Arantes, eram, também, deste partido, segundo o mesmo autor.

Livro de frei Carlos, publicado em 1962, norteou a criação do jornal.

Como repercutiu, dentro do Ministério da Educação, a eleição de Serra, tendo em vista sobretudo que, como vimos em entrevista passada, Herbert José de Souza, a quem o senhor convidou para coordenar as assessorias do Ministério, era uma importante figura da AP?

Paulo de Tarso: – O telegrama do Cônsul dos EUA em São Paulo é, para mim, uma novidade, mas não me surpreende porque o clima era de absoluta radicalização. A direita estava disposta, como demonstrou depois, a ir aos últimos extremos de violência. Na leitura superficial que eu fiz do livro de Dreifuss eu não cheguei a ler esse texto.

No ministério, a eleição do Serra repercutiu muito bem. Naquele tempo, esse negócio de esquerda e direita estava muito mais em voga do que hoje. Hoje, já se sabe que essas expressões servem mais para confundir do que para esclarecer as coisas. O importante é que o estado de São Paulo deu um católico ao ministério que apoiava as Reformas de Base, e o Serra, que era um estudante da juventude católica, e, como presidente da UNE, iria ajudar o ministro e outras forças a tornarem realidade essas reformas. Então, eu fui ao congresso da UNE em Santo André, em grande parte para prestigiar o Serra e o Aldo Arantes, que tinha sido presidente, antes dele.

O bispo e o "ouro de moscou"

Coimbra: – O bispo de Santo André, Dom Jorge Marcos, acabou envolvido nas acusações contra o congresso da UNE. No BU n° 18, p. 9, ele aparece, dizendo na matéria "D. Jorge Marcos: Riquezas da Terra São Para Todos e Não Para Grupos":

> Contaram-me que dois jornais, um do Rio e outro de São Paulo, publicaram que o congresso da UNE seria realizado em Santo André em homenagem a seu pobre bispo que, segundo um destes ricos periódicos, se afasta cada vez mais da Igreja e se aproxima de Moscou.

> Infelizmente, eu nada soube de concreto sobre esse congresso. Nem fui convidado. O Globo e O Estado de S. Paulo não podem publicar informações desta natureza. Não sou, nem nunca fui, comunista, mas, por princípio de formação cristã, também não sou anti. Sou um sacerdote que aspira sempre por um mundo melhor, onde os homens, voltados para o Deus da Justiça, se irmanem, em lugar de se guerrearem e matarem.

José Serra relembra uma das acusações que se fazia à entidade, em *História da UNE – v. 1: Depoimentos de Ex-dirigentes* (São Paulo, Editorial Livramento, 1980, p. 29):

> No que se refere à corrupção, diziam que recebíamos "ouro de Moscou". De fato, a UNE tinha verbas indispensáveis para seu funcionamento como entidade nacional. Mas, eram insuficientes e tinham origem oficial, orçamentária, sendo aprovadas pela Câmara de Deputados. E, anualmente, a UNE tinha que prestar contas dessas verbas. Tratava-se, portanto, de recursos que vinham da sociedade, através dos impostos. Quem recebia dinheiro de fora do país, de forma abundante, eram muitos de nossos acusadores. Por exemplo, a CIA ou outras agências estrangeiras financiavam órgãos como o famoso IBAD.

No orçamento do Ministério da Educação havia algum item que reservasse verba para as promoções das entidades estudantis?

Paulo de Tarso: – O orçamento do Ministério da Educação, como eu descobri logo nos primeiros dias como ministro conversando com o chefe do Departamento de Administração, o Júlio Furquim Sambaqui, que depois ocupou o próprio ministério, durante algum tempo, era suficientemente flexível para dar-me o poder de usar, legalmente, verbas pessoais e verbas que poderiam ser transferidas de uma rubrica para outra. Eu nunca fui um especialista em Administração Pública ou em Orçamento, mas o Sambaqui encontrou a forma de viabilizar a nossa atuação no Ministério da Educação, jogando com os conhecimentos que ele tinha do orçamento. Ele encontrou a maneira de legalmente financiar manifestações da Cultura Popular, por exemplo. Então, as verbas que tocavam à UNE eram todas verbas orçamentárias. O Serra tem razão no que diz. As verbas constavam do orçamento do ministério e delas o ministro dispunha no limite das suas atribuições. A UNE trabalhava com verbas oficiais, votadas na Câmara dos Deputados, o que não ocorria com os organismos que combatiam a UNE.

BU acompanha a Educação

Coimbra: – O BU acompanhou, sempre com simpatia, e bem de perto, o seu desempenho diante do Ministério da Educação. A primeira notícia sobre uma decisão sua refere-se a uma carta que enviou ao Conselho Federal de Educação, depois de ter ouvido representantes dos alunos, em que desaconselhava o desmembramento da Faculdade de Direito da Universidade Mackenzie, na iminência de ser integrada à Fundação Wallace Simonsen ("Ministro Ouve Alunos e Impede o Desmembramento do Mackenzie", BU nº 16, p. 16).

No número seguinte, com chamada de primeira página, o BU dizia, na página 12, "Paulo de Tarso: 40h para Alfabetizar 50 mil Adultos":

> A alfabetização em massa efetuada com sucesso em Angicos (com 300 alunos) vai ser repetida, em larga escala, em Brasília: 50 mil adultos analfabetos aprenderão a ler e escrever, em 40 horas. Para chefiar essa experiência didática, o ministro da Educação, sr. Paulo de Tarso, convocou o professor Paulo Freire, criador do método que tanto sucesso alcançou no Rio Grande do Norte. O educador é catedrático da Faculdade do Recife e o principal estimulador dos movimentos de Cultura Popular. Razões de ordem político-regional impediram-no, até agora, de promover uma experiência em larga escala, como essa que lhe está sendo proporcionada pelo ministro Paulo de Tarso. (BU nº 17)

Dorian Jorge Freire assinala, em sua coluna, no BU nº 18, p. 8, sob o intertítulo "De Paulo a Paulo":

Paulo Freire alfabetiza qualquer cristão em apenas quarenta horas. Foi o que fez em Angicos, cidade do Rio Grande do Norte, e o que promete fazer em todas as outras cidades de meu Estado potiguar. No Ministério da Educação e Cultura, para desagrado do sr. Gustavo Corção, está outro Paulo. Como aquele, dinâmico, corajoso, moderno, bem intencionado, voltado inteiramente para os problemas do país e, agora, especificamente, para os assuntos de sua Pasta. Do encontro dos dois Paulos, poderá resultar uma solução para o vexatório problema do analfabetismo no Brasil. Desde que o presidente João Goulart não resolva modificar outra vez o seu gabinete, anulando todos os planos, dentro da sua vocação de destruidor de homens, situações e possibilidades. E teremos o fim do reinado do analfabetismo, ainda sob o pontificado de outro Paulo que agora são os Paulos que chegam – Sua Santidade Paulo VI. Deem condições de trabalho a Paulo de Tarso e – aposto – não teremos depois motivos de arrependimento.

No BU nº 20 continuam as notícias a respeito do Ministério da Educação:

O ministro Paulo de Tarso vai desfechar campanha, no próximo dia 30, em Recife, para aplicação em todo o país da lei que determina a toda empresa, com mais de cem funcionários, manutenção de ensino primário gratuito para os seus empregados e os filhos destes. (Notas e Informações, p. 4)

Adiante, o noticiário revelava um momento de aproximação no Ministério da Educação entre Paulo de Tarso, futuro presidente de honra das SABUs – Sociedade de Amigos do Brasil, Urgente, e o diretor do BU, Roberto Freire:

Foi empossado no cargo de diretor do Serviço Nacional de Teatro o nosso companheiro de Redação, Roberto Freire. Há mais de dez anos, o atual diretor do SNT vem desenvolvendo atividades diversas junto à classe teatral paulista. É autor das seguintes peças de teatro: "*Quarto de empregada*", "*Gente como a gente*" (montadas pelo Teatro de Arena), "*Sem entrada e sem mais nada*" (pelo Pequeno Teatro de Comédia) e "*Presépio na vitrina*" (pela Escola de Arte Dramática). Na televisão Roberto Freire tem programa de grande audiência, "*Gente como a gente*" – que é exibido, em São Paulo e no Rio. Foi professor de Psicologia do Ator, da Escola de Arte Dramática, Presidente da União Paulista da Classe Teatral, e superintendente do Teatro Brasileiro de Comédia. Recentemente, foi eleito presidente do Centro Popular de Cultura, de São Paulo. (Roberto Freire no SNT, p. 14)

Não apenas pela sua decisão, como Ministro de Educação e Cultura, de nomear Roberto Freire, diretor do jornal, para a direção do Serviço Nacional de Teatro, nem só, também, pela simpatia com que o senhor era visto à frente daquele ministério, mas, ainda, também, por uma nota publicada num livro do cronista político Carlos Castello Branco percebia-se a ligação profunda do BU com o senhor.

Por exemplo, dizia a nota, datada de 26 de marco de 1963 ("Introdução à Revolução de 1964", v. 1, Rio de Janeiro, Editora Artenova S. A., 1975, p. 142):

Nos corredores da Câmara continua a circular frei Carlos, dominicano. Ontem distribuía ele exemplares do jornal Brasil, Urgente. O sr. Paulo de Tarso, que o acompanhava, explicava que já agora a "revolução brasileira" não será marxista, pois, a vanguarda, a que aderiu, não recuara diante da necessidade de atos de força. "O compromisso dos dominicanos – disse – é com os Evangelhos e com a hora presente. Não mantemos contatos políticos, nem participamos de revoluções políticas. A revolução que nos interessa é a social. Se para realizá-la chegarmos à contingência da revolução material, não teremos por que hesitar".

Aqui gostaríamos, novamente, de propor mais de uma questão:

1ª) O senhor concorda com o que está no livro de Celso de Rui Beisiegel, *Política e educação popular* (São Paulo, Ática, 1982, p. 234 e 235), que, ao ser aplicado, em âmbito nacional, o método de alfabetização Paulo Freire poderia alterar o corpo eleitoral do país, com a absorção de 5 a 6 milhões de novos eleitores, afetando as bases do coronelismo e do próprio populismo? E, que isto teria sido percebido pelos articuladores do movimento que derrubou João Goulart?

2ª) Gostaríamos que destacasse a ida de Roberto Freire para o SNT.

3ª) Gostaríamos, ainda, que o senhor descrevesse, do seu ângulo, naturalmente, o seu relacionamento com o BU neste período.

Paulo de Tarso: – É curioso. A gente pensava que tudo isso estava superado e não voltaria mais. Fico um pouco mais animado ao lembrar que, ainda há três dias atrás, eu e o Paulo Freire nos reunimos no auditório do convento dos dominicanos, nas Perdizes, onde se passaram vários atos do relacionamento dos dominicanos com a juventude estudantil, para debatermos o tema: "Participação Popular nas Eleições e as Medidas Tomadas pelo Estado".

Havia mais de mil pessoas, só que o clima era de absoluto entusiasmo, embora boa parte do auditório fosse tipicamente representativa daqueles que fizeram a Marcha de Deus com a Família. Estavam totalmente solidárias com as teses que nós defendíamos. É claro que, num outro clima, num clima muito mais tranquilo, sem a paixão dos anos 1960.

Hoje, temos condições de análise que possivelmente não tínhamos na época. A gente aproveitou os anos de exílio, as viagens que fez, sobretudo o Paulo Freire, que permaneceu nos Estados Unidos, na Suíça.

Foi uma reunião interessantíssima. As nossas previsões mais pessimistas não estavam de todo corretas quando nós supúnhamos que só as novas gerações teriam condições de participar da vida política do país.

Sobre a aplicação em âmbito nacional do método Paulo Freire: na verdade, eu convidei o Paulo Freire para trabalhar comigo, por telefone, numa época em que ele se encontrava no Recife. A minha memória está um pouco indecisa sobre a primeira pessoa que mencionou a mim o nome do Paulo Freire. Foi uma de três pessoas:

1ª) O Darcy Ribeiro, que estava deixando o ministério e tinha conhecido o Paulo, na experiência de Angicos que – nunca é demais repetir – teve um certo financiamento da Aliança Para o Progresso, enquanto não se sabia bem o que era o método;

2ª) O Calazans Fernandes, secretário da Educação do Rio Grande do Norte e responsável por aquele programa de educação, "De Pé no Chão Também se Aprende a Ler";

3ª) o Germano Coelho, diretor do Programa de Cultura Popular do governo Arraes, na cidade do Recife.

A verdade é que eu fiquei sabendo da experiência do Paulo e me entusiasmei. Chamei o Paulo e propus um movimento nacional que começasse por Brasília. Nós calculávamos que Brasília tinha mais ou menos 50 mil analfabetos, naquela época. O principal traço que caracterizava o método era a possibilidade de alfabetizar em 40 horas. Nós iniciamos em Brasília essa experiência-piloto. Eu cheguei a observar com o Paulo vários círculos de cultura em que se buscava este objetivo. A ideia era a de que, testada a forma de trabalhar em Brasília, nós pudéssemos depois espalhar o método, ampliar a sua aplicação pelo país todo. Isso iria depender do novo orçamento do Ministério da Educação, no qual eu já pretendia oficializar o Movimento de Cultura Popular. Quero confirmar que, de fato, nós esperávamos colocar no processo político milhões de analfabetos para com isso mudar a correlação de forças.

Comecei, em conferências que pronunciei em Goiânia e em outros Estados, a dizer que o nosso instrumento revolucionário era o método Paulo Freire, a alfabetização de adultos. Fazia questão de marcar a minha diferença em relação aos comunistas, nestes debates públicos, até mesmo por razões de clareza de posição. Os comunistas eram muito visados, na época, e não tinham comigo vínculos políticos maiores. Conhecia um ou outro, mas a minha linha era eminentemente católica, com certa dificuldade de diálogo com os comunistas. Eles iam para as minhas conferências para me interpelar: – Se o senhor repudia os meios violentos de transformação social, o que defende em substituição a estes meios? Era quando eu, acuado pelos comunistas, e isto ocorreu várias vezes, dizia: – A nossa revolução pacífica vai ser feita pela alfabetização de adultos com o método do professor Paulo Freire.

Isto, aliás, fez com que a direita, já mobilizada pelo IBAD e pelo IPES, identificasse, no método e na alfabetização de adultos, um dos nossos principais instrumentos de ação. Em parte, isto explica a repressão excepcionalmente violenta que caiu sobre o método Paulo Freire, sobre todo mundo que trabalhou com ele, sobre o Paulo Freire pessoalmente e até, em alguma medida, sobre mim, também.

Como disse antes, no fim das contas, este tipo de coisa serviu muito pouco para conscientizar o povo, mas serviu muito para alarmar a direita que se opunha às reformas. Nós fizemos a direita tomar consciência dos riscos que ela estaria correndo porque, segundo as palavras que nós usávamos, a transformação social estava iminente. Iriam entrar no processo cinco milhões de novos alfabetizados, de uma hora para outra. Nesta época, éramos muito pouco ouvidos por camponeses e operários, que não assistiam à televisão, poucos ouviam rádio. Mas éramos muito anotados por pessoas da direita que queriam saber como estava evoluindo o processo político.

A nomeação do Roberto Freire para o Serviço Nacional de Teatro é um fato importante da minha passagem pelo Ministério da Educação. A minha assessoria era muito jovem e achava que era preciso colocar à frente das áreas mais importantes, como o Serviço Nacional de Teatro, pessoas que estivessem imbuídas de uma nova mentalidade, mais aberta, mais criativa. O Roberto Freire logo apareceu como o candidato indicado para o cargo. Mas, ao afastar daquele cargo o Edmundo Lins, que vinha dirigindo o SNT havia muitos anos, eu ganhei a animosidade do jornal Correio da Manhã, e, sobretudo, de sua proprietária, a dona Niomar Moniz Sodré, que era parente do Edmundo Lins. Isto ampliou a frente da Grande Imprensa contra mim. O Correio da Manhã começou a me atacar sistematicamente, e, daí em diante, não me deu mais trégua.

A minha ligação com o Brasil, Urgente se dava no plano da afinidade de ideias. Eu frequentei o curso de frei Carlos Josaphat, no convento dos dominicanos, aliás, como um grande número de pessoas o fez. O jornal surgiu de um desdobramento desse curso. Eu nunca fui da equipe dirigente do Brasil, Urgente. O jornal me deu cobertura, quando fui ministro da Educação, naturalmente. Eu encarnava, talvez, os princípios que o jornal defendia.

Eu era amigo de todos os diretores, do Ruy do Espírito, do Dorian Jorge Freire, do próprio frei Josaphat. Mas, não era, formalmente, membro da direção do jornal, nem tinha constantes contatos com o jornal. Tinha contatos eventuais e muita admiração pelo Dorian, como jornalista, desde a época em que ele escrevia no Última Hora. Mas, a afinidade de pensamento com o jornal foi a causa principal das referências que ele fez a mim, sempre num sentido elogioso.

Divisões: na Igreja e no governo

Coimbra: – As investidas contra a Igreja, neste mês, não se limitaram aos ataques feitos através de jornais. No editorial "As Duas Pregações", do BU, nº 16, p. 2, há o seguinte:

> Vinicius. D. Jerônimo. Padre Alípio. Serra. Padre Melo. Sacerdotes. Líderes sindicais. Representantes de todas as camadas sociais e de todas as correntes políticas e ideológicas. Todos preocupados com o próximo. Com o brasileiro caído e à margem da estrada, que aguarda o bom samaritano. São perseguidos. Presos. Interrogados. Mas estão cada vez mais firmes. Nada têm de pessoal para defender. Somente o bem comum. De outro lado, temos o IBAD. O IPES. "Movimentos democráticos". Escorados em milhões de cruzeiros.

E em um pequeno trecho da notícia sobre o Congresso dos Estudantes do Mundo Subdesenvolvidos, já mencionada nesta entrevista, o BU nº 18, p. 17, informa: "Participa do congresso o padre Alípio que foi muito aplaudido ao entrar pela vez primeira na sala das reuniões".

Em Notas e Informações, no BU n° 16, p. 4, o jornal havia informado:

> Absolvido na 2ª Auditoria Militar, por 3 votos a 2, o padre Alípio de Freitas foi libertado. Padre Alípio estava preso sob a acusação de pregar a revolução no Nordeste. – Não será uma prisão que me fará mudar de pensamento, foram as suas declarações, assim que recuperou a liberdade. Padre Alípio esteve incomunicável durante longo tempo, sendo que ultimamente só podia ser visitado por parentes (que não tem) e por seu advogado.

Na contracapa do seu livro *Resistir é preciso* (Rio de Janeiro, Editora Record, 1981) Alípio de Freitas é identificado assim:

> Alípio de Freitas nasceu no Nordeste de Portugal, na cidade de Bragança. Ordenou-se sacerdote em 1953. Emigrou para o Brasil em 1957. Foi professor de História e Filosofia, da Universidade do Maranhão. Jornalista. Vigário de subúrbio. Assistente da Juventude Operária Católica e da Ação Católica Operária. Participou da organização do movimento camponês no Norte e Nordeste do Brasil. Foi membro do Secretariado Nacional das Ligas Camponeses. Em 1962, por questões político-ideológicas, desligou-se da Igreja. Sequestrado no Recife (1962) e preso em João Pessoa (1963) respondeu a dois IPMs por causa de sua atividade política junto aos camponeses.

Em outra página o BU n° 16, sob o título "Pregação Social Apavora Reação", trazia:

> Mais uma violência militar foi cometida contra um sacerdote: a detenção e severo interrogatório do monge beneditino Dom Jerônimo de Sá Cavalcanti. Durante hora e meia, o tenente-coronel Carlos Sequeira, na presença do tenente Mello (escrivão) e do capitão Evandro, interrogou Dom Jerônimo, no Forte de São Pedro, em Salvador, Bahia, onde o monge fora atendendo à convocação feita por ofício do Comandante da 6° Região Militar ao arquiabade beneditino D. Plácido Staeb. Ao interrogatório não pôde assistir o acompanhante de Dom Jerônimo, o monge Dom Tito Amoroso Anastácio. O militar, numa autêntica demonstração de macartismo, perguntou ao padre sobre "o que achava

> do comunismo", tentando uma definição que lhe permitisse enredar Dom Jerônimo, enquadrando-o na Lei de Segurança Nacional. E perguntou-lhe também "qual o conteúdo de sua pregação". Ao afirmar Dom Jerônimo que o conteúdo de suas pregações eram as encíclicas papais, especialmente a *Mater et Magistra* e a *Pacem in Terris*, afirmou o cap. Evandro que esta última encíclica estava na linha justa de Moscou – "um documento dentro da linha justa de Moscou". E (Dom Jerônimo) quis saber com que direito o haviam submetido àquele inquérito. O cap. Evandro afirmou que estamos em um período pré-revolucionário (grifo do BU) e, portanto, o Exército tinha o direito de fazer tais convocações quando suspeita de algum cidadão. (BU nº 16, p.7)

Acrescenta o jornal:

> No mesmo inquérito em que foi ouvido o monge beneditino foram envolvidos Sérgio Gaudenzi, presidente da União de Estudantes da Bahia, e Cláudio Melo, presidente do Diretório Central dos Estudantes. Os dois dirigentes estudantis e mais o universitário Haroldo Lima atenderam à convocação do tenente-coronel Sequeira e, ao chegarem ao forte, foram presos e mantidos incomunicáveis em celas de prisão comum, até serem interrogados.

Como podemos entender estes atos de demonstração de força anticomunista, atingindo até figuras intocáveis como os padres, num governo acusado por seus inimigos de debilidade, ante uma suposta intenção de dominação comunista do país?

Paulo de Tarso: – Esse episódio com Dom Jerônimo eu conhecia, embora não me lembrasse bem dele. Numa das minhas visitas a Salvador, eu estive com ele, num convento beneditino. Era uma figura admirável de asceta, um homem tranquilo, quase místico. Estava realmente na linha de defesa das encíclicas *Mater et Magistra* e *Pacem in Terris*.

Em pleno governo Goulart um homem como este foi chamado a depor num quartel e intimado por militares porque o governo tinha contradições que acabaram por sacrificá-lo. O governo não era um todo homogêneo. O interrogatório do Dom Jerônimo, primeiro, indica que o governo não estava unido em torno das Reformas de Base. Segundo, que já, a esta altura, a pregação do IBAD havia penetrado em vastos setores do próprio governo e em muitos setores das Forças Armadas.

Por outro lado, indica que também a Igreja tinha suas contradições. A mesma Igreja que, em certa medida, dirigiu a Marcha da Família, aqui em São Paulo, era a Igreja de Dom Jerônimo. O país realmente estava vivendo uma grande divisão e uma grande confusão.

Inquérito contra o IPES/IBAD

Coimbra: – O BU não se descuidou no acompanhamento das atividades da Comissão de Inquérito que investigava a ação do IPES/IBAD.

O BU n° 17 transcreve, longamente, à página 4, seção "Brasília, Urgente", o depoimento, diante da comissão, de Arthur Oscar Junqueira. Ele havia ocupado cargo importante naquelas entidades, mas, delas se afastara, segundo afirmou, por não conseguir descobrir a origem do dinheiro que as mantinha.

No BU n° 19, p. 4, seção "Notas e Informações", um texto informava sobre os responsáveis pelo IBAD: *se recusam afrontosamente a responder as perguntas dos parlamentares*.

E mais: *a cólera do IBAD se volta particularmente contra os deputados Eloy Dutra e José Aparecido* (ambos membros a comissão).

Mas, é no BU n° 20 que ganham maior destaque os resultados obtidos pela comissão. Numa página inteira, a 9, há um balanço pormenorizado do trabalho dela. E na página 8, Dorian Jorge Freire diz num artigo intitulado "Gangsterismo no Brasil":

O Estado de S. Paulo, assumindo a apaixonada defesa dos negócios e patranhas do IBAD e IPES, chama de "carnaval político" o trabalho que realiza uma comissão parlamentar de inquérito, constituída na Câmara Federal para apurar objetivos, métodos e fontes de receita daqueles órgãos do terrorismo político e econômico. Registre-se que O Estado sai a campo na tentativa de minimizar os efeitos de um inquérito que estarrece o Brasil, no exato momento em que se vê envolvido pela devassa e tornadas do conhecimento público as suas vinculações estreitíssimas com aqueles "institutos democráticos" e seus similares. O véu foi levantado e a podridão está à mostra. Os dirigentes do IBAD, ou o seu gorila testa-de-ferro, Ivan Hasslocher, já fugiu para o exterior. Vão sendo conhecidos os nomes dos beneficiados com as verbas misteriosas do IBAD. Sabe-se que os seus recursos, segundo o sr. Genival Rabelo, ex-presidente da Associação Brasileira de Propaganda, resultam do "casamento das forças reacionárias com as forças imperialistas estrangeiras". Sabem-se coisas sobre recursos do Fundo do Trigo, depositados no BNDE à disposição da embaixada norte-americana, e que CVB, SANBRA e CITY BANK, entre outros, financiavam o "instituto". Sabe-se do mar de lama que crescia na Empresa Promotion, e se afirma que órgãos da imprensa sofreram restrições de publicidade porque ausentes dos arreglos ibadianos e ipesianos. Que empresas estrangeiras de publicidade (é hora de nacionalizá-las, deputados!) manipulam no Brasil mais de 18 bilhões de cruzeiros, "acreditando-se que os 5 bilhões gastos pelo IBAD fazem parte dessa cifra". Que o repórter José Nogueira "caiu" de um edifício guanabarino porque sabia demais. E que mais de meio bilhão foi gasto na propaganda de candidatos ibadianos no Nordeste. Revela-se que O Estado de S. Paulo financiava o Movimento de Renovação Sindical, também cliente da Promotian, editora do jornal Correio Sindical, dirigido por redator ou ex-redator de O Estado de S. Paulo e que o pasquim como o seu substituto Repórter Sindical vivia dos seguidos anúncios de O Estado de S. Paulo e do açúcar Esther. Que dinheiro do IBAD financiou em São Paulo as campanhas dos srs. Herbert Levy, Rodrigues Alves Filho, Afrânio de Oliveira, Arnaldo Cerdeira, José Afenck, Cunha Bueno, Ranieri Mazzili, Aniz Badra, Tamura.

Há inicialmente uma curiosidade histórica. Embora o BU, várias vezes, tenha registrado com elogios a sua iniciativa de requerer aquela Comissão Parlamentar de Inquérito, o livro do deputado Eloy Dutra, já citado, eminente membro da comissão, em nenhum momento reconhece isto. Ao contrário, à página 42, deixa subentendido que foi dele que partiu a iniciativa. Diz ele:

> Nasceu daí, ainda em 1962, o meu pedido para a constituição de uma Comissão Parlamentar de Inquérito que apurasse a verdade. Aconteceu, todavia, que a quarta legislatura estava chegando ao fim. Não haveria tempo, então, para coisa alguma. Como último recurso, denunciei as atividades do IBAD ao Conselho de Segurança Nacional. Empossado o novo Congresso, em janeiro, a ideia da CPI sobre o IBAD tomou novo impulso. Tudo correu segundo os trâmites normais: as assinaturas dos deputados foram recolhidas e o requerimento, apresentado à Mesa da Câmara, deferido.

O livro é contemporâneo do BU, foi editado em 1963, como mencionamos. Por que terá Eloy Dutra agido assim se, de qualquer modo, ele sempre foi colocado entre os parlamentares que mais se empenharam em trazer à luz do dia a ação do IBAD?

Sobre a infiltração do IBAD até mesmo na própria comissão, no mesmo livro, Eloy Dutra afirma, na página 43:

> Na realidade essa CPI nascera sem que ninguém, mesmo os ibadianos, acreditassem nela. Em primeiro lugar porque os deputados não ibadianos eram minoria na própria Comissão.

Os não ibadianos seriam, além dele, Eloy, do PTB-GB, José Aparecido, da UDN-MG, Rubens Paiva, do PTB-SP, João Dória, do PDC-BA, e, Benedito Cerqueira, do PTB-GB.

No entanto, considerando que o número total dos membros da comissão era nove, havia uma evidente contradição entre a afirmativa de que os não ibadianos seriam minoria na comissão e a relação dos cinco nomes. Certamente, Eloy Dutra estava protegendo o membro da comissão que, conquanto acusado de ter recebido benefícios do IBAD, passara a ter uma atuação corajosa no desmascaramento da entidade: José Aparecido.

Diz Dreifuss, à página 360, do seu livro:

> Até mesmo José Aparecido de Oliveira, membro da ala Bossa-Nova da UDN, braço direito de Jânio Quadros e muito ligado a José de Magalhães Pinto, foi denunciado pelo deputado Athos Vieira de receber apoio do IBAD.

De qualquer forma, a minoria de não ibadianos, na comissão, é confirmada pelo livro do ex-agente da CIA, Philip Agee, citado, p. 325:

> A Comissão Parlamentar de Inquérito foi de algum modo controlada: cinco dos seus nove membros eram receptadores de fundos monetários do IBAD e ADEP.

Creio que vale a pena transcrever a descrição do clima em que trabalhava a Comissão, feita pelo jornal Última Hora e registrada por Eloy Dutra, à página 43 de seu livro, sem indicação de data da sua publicação:

> Numa sala apertada e quente da Câmara dos Deputados, no recinto das Comissões de Inquérito, funciona em Brasília a CPI que investiga a origem dos recursos e a atuação do IBAD e do IPES. Travava-se, naquele recinto, acanhado e simples, uma terrível luta, que marcou o próprio nascimento dessa CPI, e que está trazendo a público revelações muito incômodas, envolvendo até mesmo o Congresso. O sucesso dessa CPI depende, hoje, fundamentalmente, de cinco homens. São cinco deputados que, enfrentando a visível hostilidade dos seus próprios companheiros de Comissão, carregam, unidos, o peso de uma tarefa que muitos ainda dizem ser impossível: a de desmascarar a hedionda conspiração dos encapuzados do IBAD, daqueles que organizaram uma trama inédita de suborno, corrupção e violência em escala nunca vista, com a finalidade única de distorcer o processo político nacional, impedir as reformas de base e abrir o caminho do poder às forças da reação. Esses cinco homens, esses cinco bons brasileiros, estão sendo alvo de todas as formas de pressões. Não raro são acusados

de "sensacionalistas". Ou de "instrumentos" dos que querem "desmoralizar o Congresso".

Houve muito alvoroço no ambiente político de Brasília por causa do funcionamento desta Comissão? Por que o senhor não participou dela?

Paulo de Tarso: – Sem dúvida, a constituição da comissão de inquérito do IBAD causou alvoroço na época. Os que estavam organizando a operação IBAD, IPES e Ação Democrática Popular não esperavam o surgimento desta comissão. Foi um fato, até certo ponto, inesperado. O esforço, neste sentido, realizei durante uns 20 ou 30 dias. Depois, fiz a apresentação do pedido de inquérito da tribuna, num discurso que está publicado nos anais do Congresso.

Esta omissão, entre aspas, do deputado Eloy Dutra, eu não sei explicar.

A posição do José Aparecido, acusado por alguns ibadianos de ter recebido benefícios deles, eu tenho motivos para defender. A ajuda que ele pode ter recebido foi, certamente, do mesmo tipo da que, em certa época, disseram que me deram, por um dia eu ter ido a um programa de televisão, quando era deputado. Só depois eu fiquei sabendo que este programa de televisão do qual eu participei, dirigido por um jornalista que se tornou mais tarde redator-chefe do jornal do deputado Herbert Levy, era um programa do IBAD. Quando eu pedi a constituição da comissão, eles publicaram que eu estava pedindo aquilo, contraditoriamente, pois eu era alguém que já havia recebido benefício do IBAD. O benefício era a minha participação no programa de televisão. Eu tenho certeza que a mesma coisa ocorreu com o José Aparecido, tanto que ele foi cassado logo depois do golpe, junto com os outros membros da comissão.

Eu não fui membro da comissão porque na Câmara, naquela época, havia uma tradição, já bem antiga, de que o primeiro signatário do requerimento de uma comissão nunca participava dela. Isto era praxe na constituição destas comissões.

Revolução armada cristã

Coimbra: – Queremos, agora, retomar aquela citação da quarta pergunta desta entrevista trazida pelo livro de Carlos Castelo Branco em que o senhor aparece dizendo:

> A revolução que nos interessa é a social. Se para realizá-la chegarmos à contingência da revolução, não teremos por que hesitar.

Somos forçados a voltar ao tema Evangelho e Revolução, mesmo já o tendo abordado em duas entrevistas passadas, porque no BU, n° 19, frei Josaphat, à página 7, torna a desenvolvê-lo de forma bastante direta no artigo "Os Cristãos e a Não-Violência".

> Todas essas verdades, já conhecidas da Tradição Cristã e, hoje, tornadas mais presentes à consciência católica, não excluem o delicado problema: diante de um poder tirânico ou de estruturas especialmente iníquas, não reconhecerá a Moral Evangélica o direito e mesmo o dever da Revolução?
>
> As Repúblicas Americanas têm batizado com o nome de Revolução aquilo que não passa de quarteladas, golpes de estados e insurreições inspiradas por interesses individuais ou de grupos nacionais e estrangeiros. Semelhante mentalidade dificulta o diálogo, quando falamos, como os católicos chilenos, de Revolução Social, de transformação radical das estruturas, sempre que estas são caducas e injustas, em oposição portanto ao Bem Comum.
>
> A Moral Natural, e muito especialmente a Caridade Evangélica, estarão a exigir em tais casos uma mobilização e uma formação do povo na consciência de seus direitos e deveres sociais. A aceitação de estruturas injustas, a cumplicidade com sistemas desumanos vem a constituir um pecado, gravíssimo. É incontestável que os meios pacíficos hão de ter prioridade e o ideal será sempre a Revolução Social, a mudança das estruturas desajustadas, sem a rebelião armada, sem derramamento de sangue, com o mínimo de prejuízos materiais e de desavenças entre concidadãos.
>
> Mas, se a tirania, a ditadura dos privilegiados torna impossível esta Re-

volução pacífica, devemos pregar, em nome da Moral e do Evangelho, a aceitação conformada do sistema injusto e desumano? Padre Jaime, não estamos de acordo em responder pela negativa?

Tudo faremos, é claro, em palavras e ações no sentido da Revolução Social pacífica, mediante a doutrinação e através dos processos democráticos.

E esperamos de Deus e do povo brasileiro que não seja necessário jamais o recurso dos direitos da Revolução armada.

O senhor diz, no livro de sua autoria, a que também já fizemos referência, *Os cristãos e a revolução social*, à página 112:

> A doutrinação social cristã, como se vê, não condena de modo absoluto a subversão, mas cria condições de ferro, sem as quais ela fica absolutamente vedada. As condições citadas justificam o que se tem chamado de legítima defesa do bem comum, quando deixado ao desamparo por um governo incapaz ou tirânico.

Em seguida, o senhor faz uma citação de um artigo de Gerardo Chaps, "El Cristiano Frente a La Revolucion Violenta", publicado na revista Mensaje, do Chile, sem data da sua publicação identificada:

> Existem estados de coisas que introduzem tais males e injustiças que podem considerar-se como um atentado à dignidade humana, como lesivos para uma considerável proporção de cidadãos. Em tal caso, a revolução violenta não introduziria novos ou maiores males e poderia ser o único caminho para suprimi-los.

Mas, independentemente do que poderia dizer ou não a Doutrina Social Cristã sobre a validade do uso da violência, na correção de injustiças sociais, houve, mais tarde, quem passasse a duvidar da viabilidade do uso dela, no Brasil, naquele momento.

Por exemplo, José Serra, presidente da UNE, no período. Em *História da UNE*, já citada, p. 30, ao analisar a atuação da sua entidade, ele fez este comentário:

Havia um irrealismo que exagerava e superestimava efetivas possibilidades de promover, a curto prazo, mudanças profundas no sistema econômico-social brasileiro. São falhas que caracterizavam todo o movimento popular da época. No que se refere particularmente ao irrealismo e ao voluntarismo, estiveram, por trás, fatores como a Revolução Cubana, que tendeu a criar na esquerda brasileira a sensação de que a revolução estava ao alcance das mãos. Não que a esquerda fosse toda socialista, veja bem. A Revolução Cubana, no começo dos anos sessenta, era considerada, sobretudo, em seus aspectos de independência nacional, reforma agrária e combate à pobreza. Por outro lado, a crise econômica, a inflação acelerada, as liberdades propiciadas pelo governo Goulart e o desconcerto dos setores sociais dominantes, criaram um espaço para a ativação das lutas sociais, que deu a impressão de ter uma dimensão, uma elasticidade que se revelaram ilusórias.

Esta questão da legitimidade do emprego da violência foi discutida por nós, até agora, do ponto de vista da Doutrina Social da Igreja. Seria interessante, no entanto, vê-la do ângulo político. Afinal, naquele instante havia possibilidades políticas palpáveis para uma transformação brusca da realidade social do país, no sentido de atender às necessidades da maioria da população?

Paulo de Tarso: – Olha, este problema de violência era discutido por nós muito mais do ponto de vista teórico do que do ponto de vista político. É conhecida a oposição da Doutrina Social da Igreja à violência e eu já mencionei isso anteriormente. Do ponto de vista político, não havia nenhuma condição para isso. Nós não tínhamos nenhum contato militar. Era uma discussão acadêmica, pelo menos no meu enfoque e no de algumas pessoas que pensavam o problema junto comigo. Nunca admiti participar, pessoalmente, de uma revolução violenta, por limitações pessoais minhas, por problemas de temperamento, por problema de formação teórica. No plano do engajamento pessoal, eu nunca me vi posto numa situação desta. Sempre tinha uma visão muito otimista daquele processo. Tinha chegado a hora das reformas. Era preciso converter a Igreja. Este era, e é, um aspecto fundamental do problema: converter a Igreja a uma posição favorável a transformação social, levá-la a dar um testemunho de apreço ao pobre.

Inquieta um pouco, de qualquer forma, pensar que, enquanto estávamos discutindo num plano teórico, algumas pessoas católicas nos lessem, talvez, numa perspectiva diferente. Isso, de um lado representa uma responsabilidade histórica a que não se pode fugir. Mas, por outro lado, também era mais ou menos inevitável que ocorresse, porque nós éramos considerados teóricos da posição social da Igreja. Estas ideias que nós expúnhamos sobre o problema da violência e da não violência não foram inventadas por nós, em função dos problemas que estavam sendo enfrentados no Brasil. Era posição tradicional da Igreja. Nós apenas estávamos repetindo coisas sabidas e consabidas. Ainda hoje, a posição da Igreja, com relação à violência, não é muito diferente. A legítima defesa do bem comum é a única saída possível, dentro daquelas condições de ferro, para que pessoas que tenham uma posição cristã possam engajar-se numa luta violenta. O dever do cristão é lutar até o último instante para que prevaleçam os meios pacíficos.

Aquela ideia muito vaga que nós tínhamos em 1963, de que iríamos mudar a correlação de forças porque iríamos jogar no processo eleitoral 5 milhões de analfabetos, hoje muda de figura. Hoje, a confiança em que o país caminhe no sentido do seu desenvolvimento social está posta nas organizações de base do povo.

A análise que o José Serra faz sobre a conjuntura da época é bastante realista. O irrealismo mencionado por ele eu já havia assinalado aqui, com outras expressões. Nós, realmente, exagerávamos e superestimávamos as possibilidades de se promover, a curto prazo, mudanças profundas no sistema econômico-social brasileiro. Muitos de nós tínhamos a ideia que hoje se sabe inteiramente ilusória de que o povo estava maduro para participar do processo de transformação social. O erro mais grave nosso é que tudo isso era planejado de cima para baixo. Embora com reta intenção, com o bom propósito de ajudar o povo, nós apresentávamos soluções acabadas. Um grupo elaborava as soluções em Brasília, ou nas capitais, e, depois, fazia com que essas soluções, no máximo, fossem discutidas nos organismos de base, como forma de conscientizar esses organismos. Isto, de fato, denotava um certo elitismo voluntarista, embora não intencional. A gente achava que a vontade da gente, como teóricos, era capaz de mobilizar o povo.

Os aspectos da Revolução Cubana, no início dos anos 1960, que mais seduziam a esquerda independente brasileira eram: independência nacional, reforma agrária e combate à pobreza. Quando a revolução cubana se pronunciou marxista-leninista, ela deixou de ser modelo para muita gente.

A banalização dos golpes

Coimbra: – O BU que, logo em seu número 4, em editorial, havia falado da marcha golpista, volta ao assunto no n° 17, em um artigo ("O Golpe"), assinado por Dorian Jorge Freire:

> Em abril, este jornal denunciou a existência de um golpe em marcha. Contra as instituições democráticas e preparado por extremistas da direita. Mais recentemente, o Jornal do Brasil, hoje, o melhor órgão da imprensa nacional, publicava comentários do lúcido Hermano Alves sobre rumores em torno de golpes que estariam sendo urdidos. Golpes da esquerda, direita, centro e, até mesmo, golpe com o endosso presidencial. Golpe para agosto teria anunciado o sr. Carlos Lacerda, em Santo André, segundo os confrades do Última Hora. No preparo do golpe estaria o sr. Adhemar de Barros, denunciou na Câmara Federal, o sr. Bocaiúva Cunha, líder do partido do presidente da República. Em artigo publicado, logo depois, na revista O Cruzeiro, o sr. David Nasser afirmou: "No instante em que as classes ditas conservadoras tomarem uma posição golpista, aliando-se aos partidários de uma solução de força em que espécie de democracia estaremos vivendo? Ruim com Jango, pior sem Congresso. Não é para destruir um inimigo da liberdade – Brizola – que vamos acabar com a liberdade". Por último, a Folha de S. Paulo, geralmente moderada nos seus comentá-

> rios, publicava um editorial de "repúdio" aos golpistas. Disse a Folha, em seu (bom) editorial que o Brasil repudia os golpistas. Sejam da direita, esquerda, centro ou da intimidade presidencial. Estejam à paisana, fardados ou de pijamas. "Na concentração (da UDN) rotulada de 'em defesa das instituições democráticas' – diz a Folha – realizada, sábado último, nesta capital, houve oradores que pregaram abertamente o golpe, como solução para as dificuldades do momento". E o matutino paulista continua: "O fato não teria maior importância, se não refletisse uma tendência, infelizmente, muito generalizada, em setores que vivem fazendo praça de amor à democracia: a de insistir na inevitabilidade do golpe, na necessidade do golpe, na justificação do golpe. É doloroso, mas é preciso que se diga: mesmo nas áreas conservadoras, que teoricamente tem os maiores compromissos com as instituições democráticas, há muita gente que pensa e age assim".

O que há de novidade, à parte a renovação do alerta para o ambiente golpista, neste artigo de Dorian Jorge Freire, em relação àquilo de que já tratamos, em nossas entrevistas, é a referência a articulações de golpes da esquerda, golpes do centro e até mesmo golpes com endosso presidencial. Disto, porém, teremos oportunidade de tratar em nossas próximas conversas. Gostaríamos de isolar aqui a posição da Folha de S. Paulo.

No livro que Carlos Guilherme Mota e Maria Helena Capelato escreveram sobre este jornal, (*História da Folha de São Paulo*, São Paulo, Impres, 1981, p. 189), eles dizem:

> Na verdade, a Folha foi anti-Jango, e os discursos do professor Darcy Ribeiro, paraninfo dos alunos da USP em abril de 1964, já voando para o exílio, no então democrático Uruguai, positivamente, não agradaram a empresa. Assim é que o golpe de Estado de 1964 foi bem recebido pela Folha.

Definindo como liberal democrática, (nem liberal-oligárquica, nem populista), a posição do jornal (p. 193), os autores lembram do patrocínio, em 1963, juntamente com o Correio da Manhã, dado pela Folha ao I Congresso Brasileiro das Reformas de Base.

E informam:

As teses foram publicadas em forma de anais, em dez volumes, e enviadas a todos os parlamentares da Câmara e Senado federais para auxiliarem, como subsídios, à elaboração de "proposituras que servissem de apoio às Reformas de Base". A Folha entrava, assim, na era das reformas, procurando interferir no processo político, valorizando o Legislativo e incentivando a qualidade dos debates.

Dreifuss, contudo, vê o congresso mencionado de um ângulo bastante diverso:

> Nesse esforço, o IBAD constituía a primeira linha de combate da elite orgânica empresarial. Ele se lançava no cerne da confrontação, adequando e encampando símbolos, temas e linguagens que, na época, eram bandeiras de luta das forças popular-reformistas, disputando o "centro ideológico", na tentativa de representar um grande projeto social da classe média (p. 240)
> O Primeiro Congresso Brasileiro para a definição de Reformas de Base foi o fórum individual mais elaborado para a apresentação de demandas empresariais, visando uma modernização conservadora, assim como para a expressão pública da sua oposição às reformas de cunho trabalhista, ambas afirmadas como um projeto nacional para o Brasil. Embora, ostensivamente, promovido por dois jornais do país, o Correio da Manhã (Rio de Janeiro) e a Folha de São Paulo, o Congresso das Reformas de Base representou um esforço conjunto dos Grupos de Estudo e Doutrina do IPES de São Paulo e IPES do Rio, sincronizados com o apoio de organizações subsidiárias, grupos e indivíduos aliados (p. 243)
> Depois de 1964, o cerne das propostas do Congresso para as Reformas de Base, preparadas nos grupos de estudo do complexo IPES/IBAD, foi adotado como diretrizes para inúmeras reformas administrativas, constitucionais e socioeconômicas, implementadas pelo novo governo militar. (p. 244)

A circulação de boatos sobre golpes iminentes, de cores políticas diferentes, foi afinal um elemento constante no panorama social do país, na época, com o qual o senhor conviveu, certamente. A constância com que surgiam estes boatos não retirava deles sua força e credibilidade, fazendo com que parecessem desnecessárias medidas e providências que evitassem a sua confirmação?

Paulo de Tarso: – O Primeiro Congresso Brasileiro para Definição de Reformas de Base representava um esforço para criar confusão na discussão. Quando eles também falavam em Reformas de Base, a divisão das águas entre reformistas e antirreformistas ficava confundida.

Falava-se de uma maneira tão generalizada do risco de um golpe que se passou a não acreditar no golpe, é verdade. Lembro que alguém me disse, ou eu disse a alguém, que o golpe era como o susto. Se você previne, não há. O golpe muito estudado, muito comentado, anunciado, objeto de comissão de inquérito, assunto de comícios, objeto de editoriais de jornal, motivo de reuniões políticas noticiadas dava a sensação de que ia terminar em nada. Os golpes, a gente supunha na época, tinham como uma de suas características fundamentais a surpresa, coisa que nesse caso absolutamente não houve. O Brasil, Urgente é a demonstração mais cabal disso. Durante meses e meses o jornal denunciou o golpe, dava detalhes do golpe e acabou havendo golpe. Isto mostra que muita gente leu o jornal e não acreditou no que o jornal disse, e que outros leram o jornal e acreditaram que era impossível lutar contra o inevitável.

Ruy do Espírito Santo, um dos três únicos membros da equipe do jornal que permaceram nele até sua extinção.

Agosto de 1963 (Ministro, come alcachofra?)

No mês de agosto de 1963, o BU não publicou um único anúncio da Petrobrás. Mas, o governador da Guanabara, Carlos Lacerda acusou o jornal, de ser financiado totalmente ou quase totalmente pela Petrobrás de quem o BU teria recebido 50 milhões cruzeiros. Fez isto perante uma inexpressiva e intrigante comissão de inquérito que apurava a existência de pressões sobre o Congresso Nacional. O próprio BU reagiu acusando Lacerda de tentar desviar a atenção da opinião pública das investigações sobre o IBAD. Além disto, Lacerda chamou alguns dos mais respeitados jornalistas brasileiros de peças de uma trama comunista.

Como se fosse por ironia, o jornal tinha começado o mês com uma edição na qual pedia aos leitores acionistas que concluíssem, em 60 dias, o pagamento de suas ações (BU n° 21, p. 2). O que já era indicativo do aperto por que passava.

No número seguinte, a inventividade da equipe do jornal se manifestava mais uma vez à procura de formas para fazer o BU sobreviver. Um anúncio de um terço de página (BU n° 22, p. 3) iniciava uma campanha que buscava convencer cada leitor do jornal a dar três assinaturas do BU como presentes amigos.

Nas entrevistas com os diretores do Brasil, Urgente, nenhum deixou de se manifestar sobre as dificuldades que o jornal encontrava para sobreviver.

Dorian Jorge Freire: – Desde nosso primeiro número, as agências de publicidade decidiram matar o jornal por asfixia.

Roberto Freire: – O dinheiro desaparecia, não pela vendagem

do jornal, que continuava boa. Desapareceu foi a contribuição. Havia pessoas que contribuíam regularmente e que foram deixando de contribuir. Os poucos anunciantes que nós tínhamos, quando perceberam a nossa linha retiravam os anúncios. Nós perdemos todos nossos anunciantes. Nós precisávamos de dinheiro para rodar o jornal e pagar o grupo de profissionais da Redação. Então a gente foi se autoflagelando para sobreviver. Não tinha copydesk, o Josimar se fazia de copydesk. Não tinha repórter, eu ia fazer reportagens. Fomos reduzindo o grupo para sobreviver mais um pouco, mas nós sabíamos que estávamos com os dias contados.

Ruy do Espírito Santo: – O meu trabalho de diretor administrativo do jornal era muito mais um trabalho de arranjar dinheiro para o jornal. Eu percorria as cidades mais próximas, como Belo Horizonte, Rio de Janeiro, Brasília, em busca de algum recurso com elementos locais que faziam a promoção do jornal. Tanto fiz isto que um dos nossos grandes débitos foi com a VASP porque eu tinha uma carteira para viajar e eles iam debitando aquilo. No fim do jornal, quando foi feita a sua liquidação, a VASP foi uma das grandes credoras.

O jornal, como quase sempre, estava em plena crise financeira, naquele mês em que teve de suportar a acusação de Lacerda. O editorial do BU n° 23 dizia que o jornal havia recebido, não 50 milhões, mas, 500 mil cruzeiros através de entendimentos normais e de rotina entre os setores de publicidade da Petrobrás e do Brasil, Urgente. E acrescentava:

> Por que recusaríamos publicidade da Petrobrás? Aceitando-a, por que não receberíamos pagamento? Que jornal fecha as suas portas aos anúncios e, no caso, a publicidade de uma empresa que orgulha o país e é a menina dos olhos dos melhores brasileiros?

E, mais adiante, referindo-se a Lacerda:

> Julgara, jornalista e ex-diretor de jornal que foi, que quinhentos mil cruzeiros financiarão total ou quase totalmente um jornal que atingiu a sua vigésima terceira semana?

A esta altura, quatro páginas já tinham sido suprimidas do BU. Agora ele circulava com edições de apenas 20 páginas, cada uma. Das oitenta páginas publicadas, neste mês, apenas três tinham anúncios, em sua maioria esmagadora de candidatos a cargos eletivos, certamente um fenômeno explicável pela proximidade das eleições. O candidato que mais utilizou o BU como veículo de promoção foi um irmão de Paulo de Tarso, Luís Carlos Santos, que pretendia se tornar vereador de São Paulo, pelo PDC. Em seus anúncios aparecia claro o apoio do, então, ministro da Educação.

A renovação permanente do quadro de colaboradores do BU fez aparecer neste mês Antônio Abujamra, na coluna de Teatro. E Lígia Fagundes Telles, na de Cinema. Abujamra, na coluna do BU n° 22, p. 14, registra a ida do diretor do jornal, Roberto Freire, para o Serviço Nacional de Teatro:

> Parece que, pela primeira vez, na história do teatro brasileiro, o governo colocou pessoas no poder que acreditam na força do teatro. O Ministro da Educação, senhor Paulo de Tarso, soube ver que a forma cultural mais imediata e profunda é o teatro. E está dando todo o apoio ao diretor do Serviço Nacional de Teatro em seu trabalho de popularização. E este dá apoio à Comissão Estadual de Teatro, na construção de prédios no Interior. As sementes germinarão mais depressa do que se imagina.

Neste mesmo número do BU, a seção de Esportes, p. 18, trazia a notícia também da ida de Rogê Ferreira – em 1982, candidato ao governo de São Paulo, pelo PDT –, para a presidência do Conselho Nacional de Desportos, a convite de Paulo de Tarso. Rogê Ferreira prometia, já no título da matéria: "Ou Faço as Reformas do Esporte ou me Demito e Digo Tudo o que Houve". Na matéria declarava: *O CND já se ressente de uma imagem negativa: para o povo, com justa razão, não passa de um órgão de politiquice esportiva, sem realização nenhuma.* Dizia-se ciente de que sua missão era, executar o plano de Jango e Paulo de Tarso: Reformas de Base também no esporte.

Aracy Amaral permanecia, ainda, como responsável pela coluna de Artes Plásticas. Ela escreveu, neste mês, um de seus artigos mais interessantes, no BU n° 22, p. 15:

Uma coisa que me irrita, pela sua ação deformadora, é ver o caderno de meu filho ou de qualquer criança de jardim de infância, ou melhor, suas folhas de "desenho dirigidos". São esses desenhos com carimbos que a professora usa na folha do menino e depois o manda "pintar dentro". Só a existência desses carimbos não recomenda muito a direção pedagógica de um colégio primário. Pois, o carimbo impresso na folha de desenho da criança significa a forma estereotipada que entra, tão cedo, no tão livre e até espontâneo mundo visual infantil. Não compreendo como se permitem carimbos nas escolas primárias. Se a criança desejar fazer um gato que o faça, como puder, com a sua força expressiva individual, com o seu traço que revelará o gato tal como ela o vê, dentro de suas possibilidades. Pois o carimbo já representa o disco em vez do violão que ela poderia tocar, a comida enlatada que ela faria, a escolha prensada pela publicidade, enfim, em vez do gesto espontâneo. E que raiva dá quando a gente ouve uma criança dizer cheia de um orgulho improcedente: – Fui o único que pintei só dentro, sem passar a linha! Os outros fizeram só rabiscos e estragaram tudo. Ótimo para os outros. Demonstraram que não se conformaram, que quiseram entender que tem uma escolha própria. Pois o mundo adulto tanto se queixa hoje de serem tão raros os líderes e os espíritos criativos.

A pobreza do BU em nada diminuiu, neste mês, a sua disposição de luta, revelada a partir das suas manchetes. "Dinheiro Brasileiro Financia Empresas Estrangeiras no País", dizia, em título, na sua edição n° 21, p. 5. E duas páginas adiante: "Mais da Metade da População do Brasil Vive em Favelas".

Indo ainda, mais adiante, nesta linha, no mesmo número, à página 13, o jornal dava a lista das empresas devedoras dos institutos de previdência social, debaixo do título "Cadeia Para Sonegador da Previdência Social". Num "box" da página, transcrevia artigos da Lei 3807/60 e do Código Penal, nos quais se estabelecia penas de prisão de 16 meses a 5 anos e 2 meses para este tipo de crime. A maioria absoluta das trinta empresas devedoras eram empresas da chamada Grande Imprensa.

6ª entrevista com Paulo de Tarso Santos (Pauta: Agosto de 1963)

Na entrevista correspondente a este mês, Paulo de Tarso fez uma revisão das críticas feitas a Jango por seu grupo político, a Frente de Mobilização Popular.

– Não seria melhor que ele sobrevivesse, ainda que numa posição ambígua? Indaga ele, um pouco angustiado. Narra o episódio da alcachofra servida num banquete ministerial que, segundo ele, mostrou a diversidade de forças políticas e sociais que Jango queria harmonizar, numa iniciativa que, à esquerda, lhe valeu acusações de cumplicidade com a direita, e, à direita, de cumplicidade com a esquerda.

De forma viva, Paulo de Tarso conta a imensa repercussão que teve na imprensa latino-americana e, especialmente, na brasileira, uma atitude rebelde sua durante a III Reunião Interamericana de Ministros da Educação, que culminou com um ataque à Aliança Para o Progresso.

Traça um precioso perfil do governador Carlos Lacerda, a quem define como uma figura matizada, rica de aspectos antagônicos, revelando a situação curiosa durante a qual conheceu o líder direitista.

Fala ainda de outro anticomunista ferrenho, Gustavo Corção, e do prognóstico insólito que ele fez sobre Brasília, cidade que odiava.

Num mês de noticiário rico, Paulo de Tarso comenta ainda a lista dos envolvidos com o IBAD, órgão coordenador das articulações do golpe militar que iria depor Jango.

Coimbra: – Dizia o BU nº 23, p. 5, na matéria "Pelegos do IBAD em Pânico: Magaldi Fugiu para a Europa":

> Enquanto a Comissão Parlamentar de Inquérito sobre a atuação do IBAD marcava novos depoimentos para as suas próximas reuniões, os deputados ibadianos provocavam o aparecimento de diversas outras Comissões de Inquérito, destinadas a desviar a atenção da opinião pública do grande escândalo político de 1963.

O jornal prosseguia:

> A Comissão Parlamentar de Inquérito que melhor vinha servindo às intenções divisionistas da ADP era a que investiga as pressões sobre o Congresso Nacional. Chamada "comissão da cortina de fumaça", vem se esmerando na tentativa de obter uma grande repercussão, com a cobertura de órgãos da imprensa ligados direta ou indiretamente ao IBAD e a seus financiadores. Para conseguir maior destaque, a comissão, sobre pressões, se deslocou para a Guanabara, onde se instalou com o objetivo de ouvir o governador Carlos Lacerda, dentro da cidade que Getúlio chamava de "o tambor do Brasil", local onde tudo tem grande repercussão. No entanto, os próprios amigos do governador da Guanabara reconhecem que tudo foi posto a perder com o depoimento de Lacerda. Como no caso da carta Brandt, em 1955 (cuja falsidade foi provada, depois de ter sido divulgada pelo, então, jornalista Lacerda, como verdadeira), o governador não resistiu e se desmandou no seu depoimento atacando todo o jornalismo político do Brasil e provocando um movimento de repulsa que abrangeu todos os jornais brasileiros, numa unanimidade a que não fugiu nem o Estado de S. Paulo. Consideram os observadores da política nacional que o depoimento do governador Carlos Lacerda, de defesa do IBAD numa CPI que estudava outras pressões sobre o Congresso, serviu para desmascarar definitivamente as intenções dessa CPI.

No editorial, desta mesma edição ("Lacerda Mentiu"), o BU nº 23, à página 2, dava mais detalhes do incidente:

Os jornais também saíram na defesa de seus funcionários. O Estado de S. Paulo, ostensivamente simpático à política e às ambições do caluniador, defendeu o seu repórter Fernando Pedreira, dizendo que ele goza de sua maior confiança. Foi adiante e ministrou ao sr. Carlos Lacerda uma oportuna lição de ética profissional e democrática: "Sempre foi norma desta casa não exigir atestados de ideologia para empregar quem quer que seja; para nós basta o exato cumprimento do dever de jornalista que é informar com objetividade os fatos, para que a nossos quadros pertença". A Folha de São Paulo esmagou a calúnia do governador, defendendo o seu funcionário D'Alambert Jaccoud: "A honorabilidade pessoal e profissional daquele jornalista está acima de quaisquer discussões". O Jornal do Brasil, em editorial, declarou: "O sr. Carlos Lacerda é um contumaz difamador e caluniador, mas é preciso que fique bem claro que o é, profissionalmente, por indústria e friamente". Desmentiram o governador o Correio da Manhã, Diários Associados, Última Hora, Correio Brasiliense, O Semanário.

No rol das acusações feitas por Lacerda à imprensa, como vimos, algumas tinham sido dirigidas contra o próprio Brasil, Urgente. Acusou-o de ser financiado pela Petrobrás. Naquele seu editorial, o BU respondeu:

> É lastimável verificar que um governador de Estado, candidato à presidência da República, não se peja de comparecer diante de um órgão da Câmara Federal para mentir. Tentando envolver este jornal nas redes de sua política inescrupulosa, não poderia ter sido o governador Carlos Lacerda mais infeliz nem menos verdadeiro. Porque Brasil, Urgente está em condições de proclamar que ele mentiu e publicamente desafiá-lo a provar a sua acusação.

O editorial encerrava-se com a renovação do desafio:

> Para nós é o quanto basta. Fica de pé o desafio para que o sr. Carlos Lacerda prove à nação que não é um mentiroso.

A propósito de Lacerda, há um artigo antológico, escrito por um dos maiores polemistas da história do jornalismo brasileiro, o velho nacionalista Gondin da Fonseca. Publicado, em 1957, originalmente em O Semanário, o artigo, depois, foi incluído no seu livro *Senhor Deus dos desgraçados* (São Paulo, Editora Fulgor, 1959, p. 21 a 28).

Nele, Gondin da Fonseca, com intenções claras de irritar Lacerda e seus apoiadores, tenta aplicar a teoria da Psicanálise no estudo do relacionamento mantido pelo governador da Guanabara com seu pai, Maurício Lacerda, um político, tribuno, escritor, também advogado, defensor de operários anarquistas e comunistas. O que não era de se estranhar pois Maurício era importante dirigente do Partido Comunista Brasileiro. À agremiação partidária, aliás, pertenciam igualmente dois irmãos seus, Paulo Lacerda e Fernando Lacerda, tios de Carlos Lacerda. Até mesmo o governador da Guanabara militara naquele partido, em sua juventude, antes de se tornar raivoso anticomunista.

Trechos do artigo de Gondim da Fonseca:

> Ele é garoto. Ignora seu inconsciente. (Quem conhece, a fundo, o próprio inconsciente?) Age por impulsos que lhe vêm desse inimigo recôndito e que não pode dominar. Não quer mal às pessoas que arrasta na lama, que vitupera espumando de cólera. O pai! O pai é que ele detesta. Já o matou uma vez, matando Getúlio. Mas ele continua a torturá-lo. Só o liquidara mesmo, suicidando-se. Porque o pai está dentro dele. Provocando-o a toda hora. Humilhando-o. Abraçando, possuindo, poluindo a mãe. Por que a UDN – partido onde há tantos nacionalistas esclarecidos como Gabriel Passos, Seixas Dória e outros – elegeu um garoto para seu líder? Porque deseja, através da sua boca irresponsável e da sua pena treinada nas paredes dos banheiros, bramir contra o governo a fim de o assustar ou de lhe arrancar benefícios. Julga-se credora do país e procede como os antigos agiotas dos meus tempos de moço que alugavam moleques desbocados e os mandavam insultar os devedores relapsos às portas onde trabalhavam. A UDN alugou Lacerda. Usa-o. Bem sabe que ele é antinacionalista. Que os Estados Unidos lhe pagam de vez em quando para achincalhar fulano ou beltrano, ir ali, ou acolá, inventar ou propalar uma calúnia. Já, de certa feita, o despacharam de Washington para o Oriente Médio com dinheiros largos e mensagens secretas. Sim, a UDN sabe disso. Mas quem possuiria a insolência, o impudor de chamar de canalha, ao Jus-

celino, infame, ao general Lott, traidor, ao Jango, pulha, ao Alkmin etc? Ninguém. Existe um certo código não escrito de Ética, de decência, que todos cumprem. Mas ele é garoto. Não cresceu psiquicamente. O pior é que gerou no Brasil um clima de desrespeito e insubordinação geral. Nunca, ninguém, antes deste moleque transviado, se abalançou a injuriar, tão rubramente, presidentes da República, ministros, almirantes, príncipes da Igreja. Eu me dou com Dom Carlos Carmelo de Vasconcelos Motta, cardeal de São Paulo. Longe de mim imaginar que alguém, um dia, o acusasse de oficiar Missa Negra, missa sacrílega. Não lembraria ao diabo semelhante coisa! Lembrou ao rapaz.

Gondin da Fonseca inseriu, neste mesmo artigo, talvez o mais forte ataque já feito a um político, através da imprensa, no Brasil. Disse, sobre Lacerda que:

> Todas as injúrias do seu vocabulário infantil foram enriquecidas, durante longos anos, com a leitura atenta de paredes de mictórios, universidade onde aprimorou as suas letras e de onde partiu armado cavaleiro para as lides da política e da imprensa.

Já pedimos ao senhor que falasse sobre Adhemar de Barros, Miguel Arraes e João Goulart. Gostaríamos, agora, de ouvi-lo falar a respeito de Carlos Lacerda.

Paulo de Tarso: – Conheci o Carlos Lacerda em circunstâncias especialíssimas. Era estudante da faculdade de Direito de São Paulo e pertencia a um grupo universitário de teatro dirigido por Décio de Almeida Prado e Lourival Gomes Machado, ambos amigos de Lacerda. O grupo decidiu encenar algumas peças do Carlos Lacerda. Uma delas chamava-se "A Bailarina Solta no Mundo". Eu trabalhei nessa peça, representando o papel de um nordestino, o Zeca, o único que falava português. Os demais personagens falavam inglês. A peça era sobre a presença de soldados norte-americanos na Amazônia. A figura principal da peça era um tenente neurótico.

Eu conheci o Carlos Lacerda no dia do lançamento dessa peça. Ele foi até os bastidores do teatro nos cumprimentar. Então, eu o conheci como um ator de teatro cumprimentado pelo autor da peça que havia encenado poucos minutos antes. O Lacerda, nessa ocasião, manifestou uma opinião muito desfavorável à peça. Mostrou-se crítico de si mesmo, já dando uma ideia do crítico violento que ele viria a ser depois. Fez uma crítica demolidora da peça que ele mesmo havia escrito. Ressalvando a interpretação do grupo, ele demoliu a peça numa conversa verbal com o Décio de Almeida Prado e conosco, que compúnhamos o elenco do grupo do Décio.

Depois, quando eu integrava, na faculdade de Direito, o partido acadêmico Frente Acadêmica pela Democracia, que considerava o Getúlio Vargas apenas ditador e lutava contra ele, o Lacerda, com os seus pronunciamentos terríveis, era uma espécie de ponto de referência, um grande herói daquela luta. O Lacerda, então militante da UDN, resolveu lançar o Tribuna da Imprensa. E eu ajudei um grupo de São Paulo a levantar recursos. Ele chegou a ser meu hóspede, após um programa de que participou numa estação de rádio. Eu morava, nesta altura, na rua Groelândia. Em minha casa ele recebeu visita dos dirigentes do PDC: Queiroz Filho, presidente do partido, e Arruda Sampaio, depois promotor da Justiça, procurador do Estado, pai de Plínio de Arruda Sampaio, e Franco Montoro.

Os temas da conversa foram as campanhas que o Carlos começava a fazer através da Tribuna da Imprensa e os primeiros passos para uma possível entrada do Carlos, no PDC. A ideia fracassou porque o PDC não se mostrou muito entusiasmado. Lembro de uma confidência que ele me fez. Disse: – Paulo, este é o único partido pequeno do mundo que tem a vocação de não crescer. Falou isso, é claro, protestando contra o que ele considerava a má vontade do partido em relação ao ingresso dele. Na verdade, os dirigentes do partido na época não desejaram o ingresso dele porque ele já tinha um peso político muito grande e, se ingressasse no PDC, achava-se, o PDC passaria a ser o partido do Lacerda. Pretendia-se criar um partido sem donos, na esperança de se chegar um dia a formular uma posição coerente, baseada na realidade brasileira, embora inspirada nos princípios da Doutrina Social Cristã.

Posteriormente a isso, eu me elegi deputado e fui contemporâneo dele na Câmara dos Deputados. Devo dizer que ele foi o maior orador parlamentar que eu conheci. Era realmente extraordinário.

Um dia, houve a célebre discussão sobre a emenda dos conselheiros. O PSD propôs que os ex-presidentes da República integrassem um Conselho da República. A UDN foi violentamente contra e começou a obstruir os trabalhos parlamentares, discutindo nas preliminares a interpretação que a mesa, presidida pelo Ranieri Mazzili, dava ao Regimento da Casa, quanto à forma de tramitação da emenda. Então, nesse aspecto puramente regimental, estudei o problema e tomei a posição de defesa da mesa, numa sessão noturna. Esta sessão, para mim, passou a ser um momento importante da minha vida. Calouro, foi a única vez que consegui ser ouvido por toda a Casa, lotada de deputados. Exatamente porque eu polemizei com o Carlos Lacerda. Ele começou a me apartear. E, num determinado momento, disse: – O senhor é o calouro mais sabido desta Casa. Eu não sabia se aquilo era um elogio ou um ataque. Era uma coisa um pouco equívoca. Eu, então, disse: – Não. O que eu estou fazendo não é uma prova de sabedoria. É, simplesmente, a exposição de um ponto de vista coerente do que eu estudei sobre uma matéria em relação à qual nós estamos em divergência. Ele terminou os dois ou três apartes que me deu com a seguinte afirmação: – Bom, eu para encerrar o debate com Vossa Excelência, reitero que é um calouro sabido, embora humilde. O pior é que essa humildade é sincera. Se não fosse, não seria problema. Devo dizer, no entanto, que, por tudo o que Vossa Excelência diz, me permite concluir que pode ser um cristão, mas não é um democrata. Antes que eu pudesse responder, o deputado Carvalho Sobrinho, do PSP, partido do Adhemar de Barros, ocupou o outro microfone de aparte da Maioria para dizer, em síntese, o seguinte: – Eu ouvi o debate de Vossa Excelência com o deputado Carlos Lacerda e concluo em sentido oposto ao dele. Ele disse que Vossa Excelência poderia ser cristão, mas não era democrata. Pois eu digo: Vossa Excelência pode ser um democrata, porque está defendendo uma posição, mas não é um cristão. Eu, então, disse: – Eu ainda tenho cinco minutos para falar, mas não vou perder a oportunidade de descer dessa tribuna com o diploma de democrata, que me dá o deputado Carvalho Sobrinho, e com o diploma de cristão que me deu o deputado Carlos Lacerda. Pois, o que eu quero é exatamente ser democrata cristão. Quando eu desci, Lacerda, contrariando todos os seus hábitos, foi até a escadaria que levava à tribuna, me cumprimentar. Então, havia momentos, assim, de cordialidade, no trato com ele.

Mas esse mesmo homem viajou comigo de Gênova para o Rio de Janeiro, durante 12 dias, no transatlântico Júlio César. E não me dirigiu a palavra uma só vez. Nós nos sentávamos, um ao lado do outro, na piscina, e ele ficava o tempo todo lendo. Não me dizia: – Bom dia. Lembro que me inscrevi num torneio qualquer, em que ele estava inscrito, e, quando soube disso, ele retirou o seu nome. Ao descermos no Rio de Janeiro, ele foi recepcionado por pescadores, que soltavam fogos. Este homem tão contraditório, tão talentoso, tão difícil de analisar, de tantas arestas, de tantas facetas, quando ia descendo do navio, eu estava na porta. Para surpresa minha, ele que, por 12 dias, havia ficado sem falar comigo, me disse: – Eu soube que a sua filha está doente, é verdade? Respondi: – É verdade. Recebi um telegrama a bordo dizendo que ela está doente. Ele, então: – Faço votos de que ela fique boa. E, eu: – Muito obrigado. Isso foi tudo o que nós conversamos em 12 dias de viagem.

Depois disso, veio a campanha do Jânio Quadros à Presidência da República. Eu voltei a ter inúmeros contatos políticos com ele. Lacerda desconfiava muito de Jânio. Achava o Jânio um mal que a UND ia ter que suportar. Naquela época, generalizou-se a afirmação de que o Jânio era a UDN de porre, a UDN desinibida. Houve até uma célebre frase atribuída ao Juarez Távora: – O Jânio se elege por seus defeitos e governa com as suas qualidades. A UDN acabou lançando a candidatura do Jânio à Presidência da República contra o Juraci Magalhães, numa célebre convenção.

Este é o momento de dizer: eu fui um dos articuladores da ida do Jânio a Cuba. A minha ideia, ao sugerir a viagem, veio de dois fatos. O Jânio havia renunciado como candidato e os jornais estavam comentando, negativamente, dizendo que o Jânio ia renunciar, novamente, que não tinha equilíbrio emocional para ser candidato.

Então, eu dizia: – Vamos criar um fato político de tal importância que desvie a atenção da renúncia à candidatura.

Depois, ele era acusado de entreguista pelo grupo do Lott, para quem ele seria um nome ligado a grupos multinacionais, o que, aliás, não era verdade. Eu acompanhava de perto a coisa e teria sabido, se isto fosse verdade. Para demonstrar a independência do Jânio, em relação aos Estados Unidos, eu propus a ida dele a Cuba e organizei essa viagem com o embaixador cubano no Brasil – se chamava Rafael Garcia Bárcena. Ele havia sido professor do Fidel Castro. E, como se diz em espanhol, tutiava Fidel. Chamava o Fidel de tu. Tinha intimidade com o Fidel.

Na volta, eu tive uma conversa com o Lacerda, no apartamento dele. O Lacerda me interpelou: – É verdade que você foi um dos inspiradores da ida do Jânio a Cuba? Eu disse: – É verdade. Ele: – Mas, como você fez uma barbaridade dessa? Eu disse: – Mas, Carlos, você não acha que a ida a Cuba funcionou para a campanha. Ele: – Funcionou porque isso aqui é um país de loucos.

Depois, o Lacerda se afastou totalmente de mim, perdi o contato com ele.

Se tivesse lido essa acusação dele a Dom Carlos, eu teria defendido, na Câmara dos Deputados, o cardeal. A referência à Missa Negra é bem característica do temperamento passional do Lacerda. Atacar Dom Carlos com essa irreverência, realmente, era atitude de uma pessoa totalmente presa aos seus impulsos e a seus problemas psíquicos. É absolutamente desproporcional o ataque. Dom Carlos era um homem ponderado, sobretudo, um homem de igreja.

A análise que o Gondin da Fonseca faz e que eu não conhecia, não me parece despropositada. O Carlos foi de tal maneira um demolidor, um político destrutivo que o conflito com o pai pode perfeitamente estar por detrás de todas essas suas atitudes.

Carlos era um homem profundamente inteligente. Mas, de uma inteligência destrutiva. Lembro, aliás, que publicamente ele ficou contra o seu pai, Maurício Lacerda, em defesa de sua mãe. Ele próprio, em alguns artigos, procurou explicar as razões desse seu gesto.

A atuação do Lacerda, no episódio da renúncia do Jânio, denunciando o golpe do Jânio, a atuação dele. Depois, dando cobertura ao golpe de 1964, e, em seguida, combatendo o golpe de 1964, em defesa da Frente Única, com o Juscelino e o Jango, torna o Lacerda uma figura de tal maneira nuançada, matizada, rica de aspectos antagônicos, que ainda há pouca distância histórica para podermos julgá-lo em termos definitivos.

O Carlos foi tudo: da Juventude Comunista até a extrema direita. Era um homem capaz de gestos de extrema valentia, de rasgos de extremo talento. E era um homem capaz de uma coisa pequena como esta de atacar um homem do porte de Dom Carlos, dizendo que ele celebrava Missa Negra.

O Carlos, de fato, representou na história política do Brasil, um elemento perturbador. Realmente, ele introduziu aquilo que o Gondin da Fonseca chama de clima de desrespeito e de insubordinação generalizada. Atacava gregos e troianos, Deus e o demônio, com a maestria de que só ele era capaz, sem nenhum limite. Quer dizer, com uma terrível agressividade.

Eu mesmo fui atacado por ele, pelo menos num artigo, em que ele tirou proveito do fato de eu ser genro do doutor José da Cunha Júnior, também meu tio, cuja memória eu venero.

Ele tinha sido diretor do Bradesco. Mas, naquela altura, já era apenas conselheiro do banco. Lacerda chamava meu tio de banqueiro. E dizia que eu era um homem que não trabalhava, pois, vivia à custa do meu sogro. Isto vinha de um homem que tinha tido comigo um trato extremamente cordial. E que, de repente, sai para um ataque na linha mais pessoal, mais mesquinha possível, devassando a minha intimidade, jogando-me contra meu sogro. E isto num debate político.

Corção odiava Brasília

Coimbra: – A carga cerrada contra o BU não vinha só da trincheira do governador da Guanabara, neste mês. De sua coluna, publicada em O Estado de S. Paulo, Gustavo Corção obrigou frei Carlos Josaphat a se defender em dois números seguidos do BU.

No BU nº 23, frei Josaphat escreveu o artigo "Corção, Trigo e Mandioca", (p. 7).

> Gustavo Corção escandalizou-se, profundamente, com uma frase de meu livro *Evangelho e Revolução Social*: "Cumpre-nos sermos fiéis ao Evangelho e ao nosso tempo". Multiplicando interrogações em torno daquele "nosso tempo", ajuntou maldosas insinuações contra a ortodoxia do autor, e mesmo, indiscriminadamente, de sacerdotes dominicanos. Aludindo à "medida de trigo" que, segundo a linguagem da Liturgia, nosso Pai S. Domingos distribuíra em tempo, como "servo fiel e prudente", o grande escritor "não duvida que algum dos filhos de S. Domingos tenha trocado o trigo tradicional pela mandioca marxista ou esteja tentando a mistura como nossas autoridades fizeram com o pão que comemos". E, ainda, nos acautela contra a sedução da moda, no domínio das doutrinas, particularmente da Teologia. Cita Freud, Ortega y Gasset, Riemann, Fernando Pessoa. Toda essa erudição se acumula para provar que a expressão "nossos tempos" é ambígua, e que o historicismo é de todo inaceitável.

Pelo seu tom respeitoso, frei Carlos parece ainda acreditar numa possibilidade de entendimento com Corção:

> Dr. Corção, falemos de cristão para cristão. Seu prestígio, sua cultura e seu estilo primoroso ampliam, grandemente, a gravidade das injustiças que o seu nervosismo o leva a cometer. A leviandade de suas insinuações contra um de seus irmãos, contra um sacerdote, que sem contar com os grandes dotes de sua fina inteligência e extensa erudição, quer igualmente trabalhar pelo Reino de Deus, enche de tristeza aqueles que fomos e somos seus amigos. Nós que vibramos com a leitura de *A descoberta do outro* e tantas de suas grandes obras. Não, dr. Corção, não há no Brasil, filhos de S. Domingos misturando marxismo e doutrina tradicional, como este governo que o senhor detesta, mistura trigo e mandioca, no pão que lhe servem à mesa. O senhor anda mal humorado e mal informado. Seus irmãos, os filhos de S. Domingos, não descreem da JEC ou da JUC, não jogam pedras na UNE, não amaldiçoam Brasília. Mas, estudam Santo Tomaz de Aquino. E, mais que

tudo, querem ser, humildemente, inabalavelmente fiéis ao Evangelho de Nosso Senhor Jesus Cristo e à sua Santa Igreja Católica.

No BU seguinte (o de n° 24, p. 3), frei Carlos está bem menos paciente. Seu artigo chama-se significativamente "A Leviandade em Gustavo Corção":

> Diante dos insultos atirados contra o autor de "Evangelho e Revolução Social" também eu me contento em dizer: – Dr. Corção, xingar pode. Refutar, não. Xingar, dr. Corção, insultar, injuriar, isto o senhor pode e sabe fazer. Com muitas letras e com muita técnica. Ninguém neste país poderia disputar com Gustavo Corção a palma do insulto requintado e da injúria perfeita. Gustavo Corção já foi liturgista, como já foi marxista. E agora, deu de delirar dessa forma, numa revolta incontida contra trechos do seu passado. Ainda uma lição deste venerando especialista nos segredos de bem xingar. Reconhecendo, de certo a contragosto, que as asserções de "Evangelho e Revolução Social" são completamente inatacáveis, para um cristão medianamente informado, Doutor Corção passa a introduzir, no livro, várias afirmações suas, isto é, do próprio Dr. Corção. Em seguida, garboso e heroico, arremete-se contra os erros, que, afinal são produtos de sua rica fantasia. Compraz-se, então, no sabido processo de envenenar um escrito, mediante a pretensa adivinhação das intenções do autor.

Num tom já bem elevado, prosseguiu frei Josaphat:

> Não sei se adianta desafiar ou reptar um homem já tão fechado em si mesmo e tão prisioneiro de seu egoísmo intelectual, como está ficando Gustavo Corção. A leviandade que ele tanto condena nos rapazes da JUC ou da UNE, torna-se indecente num distinto sexagenário. Pois bem, leviano Doutor Corção, prove, eu o desafio que prove, não com o seu "vai ver que está pensando", mas com escritos meus, prove aquilo que o senhor afirma, com a ligeireza dos vaidosos irresponsáveis: "A evidência da simpatia mal disfarçada de frei Josaphat e de seus companheiros pelo padrão socialista e mais especificamente pelo padrão comunista". Ora, Dr. Corção, não termine assim a sua carreira como vil caluniador. Onde em minhas palavras faladas ou escritas há "evidência dessa simpatia mal disfarçada pelo padrão comunista". Seja

anticomunista. Cegamente anticomunista. Para desabafar, se lhe faz bem, xingue algumas vezes. Mas, não calunie, não, Dr. Corção. O senhor conclui o seu artigo dizendo: "O esquerdista é, antes de tudo, um chato". Mas, o direitista caluniador, o que seria, Dr. Corção?

A fúria de Gustavo Corção certamente terá sido intensificada contra o BU porque, no mesmo número em que havia o primeiro artigo de defesa de frei Josaphat (o de n° 23), o jornal republicou, na seção de debates, um texto a que deu o título de "Anticomunismo" (p. 16), em que se lia:

> Os anticomunistas católicos convenceram-se de que pilharam em flagrante o foco inteiro de todo o mal: julgam ter descoberto como naquela extraordinária história de Mark Twain, a pista do Dragão. Localizam histórica e geograficamente a sua caverna e soltam brados de irritado otimismo, diante da inércia de toda a cristandade, que não corre a tomar parte em empreendimento policial de acorrentar definitivamente o Demônio. Jacques Maritain foi vítima desses furiosos. Seu nome andou arrastado em calúnias de um baixo jornalismo que ostentava título cristão. Sua obra foi cortada e arrumada em pedaços. Palavras que ele nunca disse foram impressas como suas. Sua boa face de filósofo verdadeiro, de bom cristão, foi estampada com insultos em letras garrafais. Tudo isso porque o filósofo não desceu de seu magistério, onde, repetidas vezes, condenou a doutrina marxista, para se alistar numa falange de energúmenos, e, sobretudo, porque também denunciou a dialética fascista que pretendia se servir do Corpo Místico do Cristo para uma política clerical "decorativamente cristã". O comunismo, em si, já representava um mal bastante grave para o mundo. Direi, entretanto, que sua pior consequência foi o anticomunismo.

Ao final do texto eram indicados a data de sua publicação, 1953, e o seu autor: o próprio Gustavo Corção. Tratava-se de um trecho de A *descoberta do outro*, editado no Rio de Janeiro, pela Livraria Agir Editora, antes da adesão de Corção ao fanatismo anticomunista.

Ainda sobre Corção, diz o padre Charles Antoine, na obra citada, p. 44 e 45:

> Falar da obra jornalística de Gustavo Corção não é tarefa fácil, tanto

mais que a sua posição na imprensa brasileira conservadora dificilmente encontra paralelo na de outras nações do mundo. Conhecem-se, com efeito, o crítico literário, o crítico teatral. E o "cronista" religioso. Gustavo Corção criou a categoria de "crítico religioso", pois seus extensos artigos são mais comentários teológicos e polêmicos da vida da Igreja do que crônicas relacionando fatos.

Doutor Paulo, o senhor, que escreveu um livro, em muitos pontos, próximos ao de frei Josaphat, poderia, embora como leigo, avaliar os motivos pelos quais as críticas de Corção, inequivocamente, feriram, em profundidade, frei Carlos, a ponto de ele deixar transparecer a impressão de se sentir obrigado a defender aspectos essenciais à sua opção de vida sacerdotal?

Paulo de Tarso: – O Corção tem um artigo criticando, violentamente, o meu livro *Os cristãos e a revolução social*. Curioso é que parece que frei Carlos se queixava de que o Corção havia treslido o trabalho dele, apenas folheado, e lamentava que isso houvesse ocorrido. Com o meu livro ocorreu exatamente a mesma coisa. Corção começa dizendo que entrou numa livraria, viu o livro, o folheou, e, daí, partiu para um artigo violentíssimo. O título do artigo era algo como "Zero à Esquerda". Dizia que o livro continha um amontoado de tolices. Este foi um dos entreveros que eu tive com ele.

Outro foi sobre Brasília. Eu fui o primeiro prefeito de Brasília, de fato, porque, antes, o Israel Pinheiro foi nomeado prefeito *ad honorem*. Ficou prefeito uma semana e passou o cargo a mim. Apenas porque ele havia sido o construtor de Brasília, como presidente da Novacap, o Juscelino quis dar a ele a condição de prefeito.

Eu me apaixonei por Brasília, defendi Brasília, procurei neutralizar os ímpetos anti-Brasília da equipe do Jânio etc. Em virtude dessa defesa, eu me choquei com o Corção. Ele começou a escrever contra mim, também por eu estar defendendo Brasília.

E eu tinha sido amigo dele. Juntos nós fundamos o Centro Dom Vital, de São Paulo. Ele chegou a ir à minha casa. Na casa do meu sogro, foi onde se realizou a primeira assembleia de Centro Dom Vital, de São Paulo. Quem lavrou a primeira ata, a de fundação do

Centro, na presença dele, fui eu. Ele havia se filiado ao Centro Dom Vital, que o Alceu Amoroso Lima fundara no Rio de Janeiro, com o Jackson de Figueiredo, alguns anos antes. Depois, ele, o Arrobas Martins, o professor Geraldo Pinheiro Machado, eu, e alguns outros militantes de Ação Católica, fundamos o Centro, aqui. De repente, ele passa a ser violentamente contra mim porque eu era um defensor de Brasília e ele inimigo figadal. Era um passional, também. Nas vésperas de 1964, com todo o clima do IBAD e do IPES já composto, ele passou a me considerar um filocomunista, um inocente útil.

Uma vez, eu desci no aeroporto do Rio de Janeiro e perguntaram minha opinião sobre um artigo que ele havia escrito contra a minha proposta de Brasília. Disse que ele havia criado o décimo-primeiro mandamento: "Odiar Brasília sobre todas as coisas". Convidei-o a conversar comigo pelo telefone que, segundo ele, nunca seria instalado em Brasília. Ele chegou até a negar a possibilidade científica da existência do lago de Brasília. Dizia que a terra era porosa, que aquela água toda ia ser absorvida pela terra e que jamais Brasília teria um lago. Isto dá uma ideia do que era o Corção. Ele foi o mais ferrenho anticomunista e com isto cometeu graves injustiças.

"Armai-vos uns aos outros"

Coimbra: – Não por acaso, o mês de agosto de 1963, em que o BU recebeu todos estes ataques foi aquele em que ele ocupou muitas das suas páginas na divulgação da relação completa dos políticos que serviam aos interesses do complexo IPES/IBAD.

O BU n° 21, p. 5, na matéria "Nomes Começam a Surgir na Devassa: Inquérito Continua: IPES no Banco dos Réus", dizia, debaixo do intertítulo "Os Nomes":

> Deputados recebiam dinheiro do IBAD e se comprometiam a votar com o IBAD. Compareciam diante do povo para pedir seu voto, quando já haviam assumido compromisso de representar no Parlamen-

to, não o povo, mas os grupos econômicos nacionais e estrangeiros, fornecedores dos recursos do IBAD.

A seguir vinha a lista, com o aviso de que ela fora publicada antes no Correio da Manhã, do Rio de Janeiro. Eram os seguintes, os deputados comprometidos com o IBAD, identificados estado a estado:

São Paulo: Aniz Badra, Antônio Feliciano, Arnaldo Cerdeira, Carvalho Sobrinho, Celso Amaral, Cunha Bueno, Dias Menezes, Derville Alegretti, Hamilton Prado, Hélcio Maghenzani, Henrique Turner, Herbert Levy, Lauro Cruz, José Menck, Nicolau Tuma, Mário Covas, padre Antônio Godinho, Pereira Lopes, Ranieri Mazzilli, Tufy Nassif, Yukishigue Tamura.
Rio de Janeiro: Daso Coimbra, Edilberto Castro, Raimundo Padilha, Amaral Peixoto, Napoleão Fontenele.
Guanabara: Aliomar Baleeiro, Amaral Neto, Arnaldo Nogueira, Cardoso de Menezes, Maurício Joppert.
Minas Gerais: Abel Rafael, Aécio Cunha, Celso Murta, Elias Carmo, Guilhermino Oliveira, José Bonifácio, Manuel Taveira, Ormeo Botelho, Oscar Correia, padre Nobre, padre Vidigal, Teófilo Pires, José Humberto.
Paraná: Plínio Salgado, Braga Ramos, Ivan Luz.
Rio Grande do Sul: Afonso Anschau, Cid Furtado, Clóvis Pestana, Euclides Triches, Luciano Machado, Raul Pilla, Rubens Bento Alves, Daniel Faraco.
Santa Catarina: Albino Zeni, Antônio Almeida, Diomício Freitas, Orlando Bertoli, Pedro Zimmer.
Ceará: Álvaro Lins, Armando Falcão, Furtado Leite, Leão Sampaio, Martins Rodrigues, Ossian Araripe, Paulo Sarasate, Wilson Roriz.
Rio Grande do Norte: Aristófanes Fernandes, Xavier Fernandes, Djalma Marinho.
Paraíba: Ernani Sátiro, Flaviano Ribeiro, Jandui Carneiro, Luiz Bronzeado, Plínio Lemos, Raul de Góes.
Pernambuco: Aldo Sampaio, Arruda Câmara, Augusto Novais, Costa Cavalcanti, Dias Lins, Nilo Coelho.
Alagoas: Medeiros Neto, Oseas Cardoso, Segismundo Andrade.
Bahia: Aluísio de Castro, João Mendes, Oscar Cardoso, Regis Pache-

co, Vasco Filho, Rubem Nogueira.
Espírito Santo: Dirceu Cardoso, Floriano Rubim, Oswaldo Zanello.
Goiás: Alfredo Nasser, Anízio Rocha, Benedito Vaz, Castro Costa, Emival Caiado.
Mato Grosso: Correia da Costa, Rachid Mamed, Saldanha Derzi.
Amazonas: Abraão Sabbá, Leopoldo Peres.
Pará: Gabriel Hermes.
Maranhão: Alberto Aboud, Eurico Ribeiro, Lister Caldas, Luís Coelho, Pedro Braga.
Piauí: Sousa Santos

Há dois nomes na lista que deixamos para mencioná-los à parte: Laércio Vieira, de Santa Catarina, o relator da Comissão de Inquérito Sobre o IPES/IBAD. E Peracchi Barcelos, do Rio Grande do Sul, o próprio presidente da Comissão de Inquérito Sobre o IPES/IBAD.

Comparando esta lista do BU com a de Dreifuss (p. 333 a 335), que consultou dez fontes diferentes, e até mesmo os arquivos do IPES, vemos que desaparecem na do pesquisador apenas os nomes de Pereira Lopes, de São Paulo; Braga Ramos, do Paraná; e, Álvaro Lins, do Ceará. Enquanto os 109 nomes restantes são confirmados, um a um. Além disso, Dreifuss, ainda, acrescenta, como influentes beneficiários do apoio financeiro da elite orgânica, os receptores de assistência técnica e administrativa, com os quais foi estabelecida ação política coordenada, antes e depois da eleição (p. 333), os seguintes nomes:

Guanabara: Hamilton Nogueira, general Menezes Cortes, general Juracy Magalhães, Lopo Coelho, coronel Danilo Nunes, general Juarez Távora, Raul Brunini, Theófilo de Andrade e governador Carlos Lacerda.
Minas Gerais: Geraldo Freire, Nogueira de Rezende.
Pernambuco: Aurino Valois, José Lopes de Siqueira Santos.
Santa Catarina: Laerte Vieira, general Gentil Barbato, Gil Veloso.
Paraná: Munhoz da Rocha, Othon Mader, governador Ney Braga.

Diz Dreifuss, a respeito:

> Os critérios para a seleção dos beneficiários da rede IPES/IBAD/ADEP não levam em conta as afiliações partidárias, mas sim a orientação ideológica, que transpunha as linhas do partido. Os candidatos eram declaradamente compelidos a assinar um compromisso ideológico, através do qual prometiam sua lealdade ao IBAD, acima da lealdade ao seu partido, e que os comprometia a lutar contra o comunismo e defender os investimentos estrangeiros. Além disso, os candidatos apoiados pela rede IPES/IBAD/ADEP assinavam um compromisso prometendo ligar-se à Ação Democrática Parlamentar – ADP, liderada pelo deputado udenista João Mendes. (p. 324)

Muitos dos nomes citados estão apagados na memória dos atuais eleitores. O senhor poderia resgatar alguns deles do nosso esquecimento?

Paulo de Tarso: – Aqui, eu acho que não cabe uma análise de nome por nome mas, eu poderia pinçar alguns nomes. Por exemplo, de Minas Gerais, Abel Rafael. O primeiro aparte que o Plínio Salgado recebeu na Câmara dos Deputados, quando ele fazia o seu primeiro discurso da tribuna foi meu. Eu disse: – Eu me congratulo com Vossa Excelência porque se converteu à Democracia. Antes, Vossa Excelência era contra o sufrágio universal. Generalizou-se um tumulto e o Abel Rafael, num momento incontido, gritou: – Respeitem o chefe. Quando ele falou isto, a Câmara caiu em cima dele: – Aqui ninguém tem chefe nenhum. O Abel Rafael, hoje, é membro ilustre da Censura Federal, querendo acabar com todas as imoralidades que se praticam neste país, e é, sabidamente, um militante integralista. Com este o IBAD não teve nenhuma dificuldade.

Plínio Salgado era compreensível, também, que recebesse ajuda, já que era de uma posição muito afim. Na Bahia, o João Mendes era o líder da Ação Democrática Popular, com o qual eu tive um entrevero parlamentar sobre o IBAD que eu já mencionei.

Isso foi um processo de corrupção sofisticada. Aqui, há muito deputado honesto a quem eles não podiam chegar oferecendo dinheiro, pois seriam rechaçados. Então, camuflavam a corrupção com toda uma parafernália ideológica. Procuravam mostrar que eles estavam todos no mesmo barco, que constituíam um mesmo grupo e, portanto, nada mais natural que um ajudasse o outro.

Muita gente honesta, como o Hamilton Nogueira, o próprio Juarez Távora, o padre Arruda Câmara, aceitaram a ajuda porque supunham que estavam lutando pela democracia. Assim, não tinham escrúpulos de consciência em receber instrumentos para a sua própria luta. Se isso fosse apresentado de uma outra forma muitos, desses 109 nomes, certamente não aceitariam a ajuda do IBAD. Ajuda, entre aspas, porque ajuda era o nome com que camuflavam o suborno. Mas a roupagem ideológica impedia que muita gente visse nisso suborno.

Há, ainda, a registrar um episódio ocorrido com um deputado: o padre Pedro Maciel Vidigal, de Minas Gerais. Quando eu fazia o discurso, no dia em que eu apresentei o requerimento de constituição da comissão de inquérito, o padre Vidigal foi um dos aparteantes. Ele me aparteou para dizer o seguinte: – Pois é, Vossa Excelência está aí defendendo interesses antidemocráticos. Eu quero ver que satisfação vai dar quando for interpelado pelos 38.824 eleitores que votaram em Vossa Excelência. Não lembro se o número e se as palavras foram exatamente estas. Mas não importa. O que importa é que ele sabia o número exato dos votos que eu havia recebido, coisa da qual nem eu mesmo lembrava mais. Portanto, eles tinham uma ficha de cada um de nós, de tal maneira perfeita, que ele pôde, num aparte, dizer até a unidade dos votos que eu havia recebido. E acrescentou: – Vossa Excelência vai ter que dar satisfação a 38.824 brasileiros que certamente não o teriam mandado para o Congresso se soubessem que não viria aqui para defender a Democracia contra o Comunismo. E, depois, virou-se e disse algo que foi muito mencionado, naquela época: – O que nós estamos precisando no Brasil é de substituir a norma "Amai-vos, uns aos outros", pela norma "Armai-vos, uns aos outros".

Militares do IBAD

Coimbra: – No BU n° 24, vinha a lista dos militares do IBAD, à página 7. Além do nome do militar denunciado, o jornal dava seu endereço e, em alguns casos, o salário que receberia do IBAD. A seguir, são citados somente os que voltam a aparecer no livro de Dreifuss como pessoal de vanguarda, da rede IPES/IBAD/ADEP (p. 366):

> Generais: Paulo Vieira da Rosa (Sta. Catarina), Francisco Assis Almeida Souza (Piauí), Hermelino Ramos Filho (Paraná), Artur Teixeira Carvalho (Maranhão), Humberto Ferreira Ellery (Ceará), Epaminondas Moncorvo (Bahia).
> Coronéis: Ardovino Barbosa, (Rio de Janeiro) Arthur Frederico de Guilherme Kemp (Pará), Adalberto Albuquerque Cavalcante, Joaquim José de Carvalho Cascaes (Amazonas);
> Major: Raimundo Cavalcanti da Silva (Pará).

O BU fala ainda no general Victor Moreira, como o militar mais antigo deste movimento. E acrescenta:

> Os militares general Gentil João Barbato e coronel Jurandir Palma Cabral foram os arregimentadores dos militares acima citados. Todos tinham remuneração que variava entre 80 a 120 mil cruzeiros, nos Estados. Quase todos os militares citados tinham à sua disposição viaturas Aero-Willys.

A lista do BU, no entanto, desaparece no quadro do pessoal de vanguarda do complexo IPES/IBAD, de Dreifuss (p. 366 e 367), onde são arrolados não menos que 45 nomes, dos quais 26 são de generais, e, quatro de brigadeiros.

A lista de Dreifuss abre com os nomes de dois ministros da Guerra de João Goulart (Nelson de Melo e João de Segadas Viana), seguidos do comandante da 29ª Região Militar, também, no governo de Jango (Décio Palmeira Escobar).

Fazem parte ainda desta lista o general Orlando Geisel, brigadeiro Grün Moss, e o então tenente Heitor Aquino Ferreira.

No final da lista, Dreifuss acrescenta:

> Como se torna evidente nesta extensa lista, algumas das figuras mais influentes das Forças Armadas, em particular, pertenciam à rede IBAD/IPES/ADEP. Muitos deles ocupavam posições-chaves de comando de tropas no governo de João Goulart. Mas, mantiveram-se ativamente envolvidos no movimento para derrubar o presidente (p. 367). Os oficiais envolvidos na campanha dirigida pelo IPES eram constantemente apoiados e protegidos de forma a torná-los capazes de atingirem posições-chave também dentro das Forças Armadas. Todos os esforços eram feitos para alertar esses jovens oficiais contra possíveis atos de indisciplina que poderiam justificar sua transferência para periferias geográficas ou administrativas. Uma vez organizada, a rede de Ipesianos e Ibadianos serviu para coletar um volume coerente e amplo de informações políticas, especialmente no que dizia respeito a lealdades e posições dentro do establishment militar, nas empresas do governo e na administração pública. (p. 368).

Em 1963, Paulo de Tarso lança seu livro com estudos
da Doutrina Social da Igreja.

Que visão o senhor tinha dos militares brasileiros, em geral, no período 1963/1964?

Paulo de Tarso: – A minha visão dos militares brasileiros, no período de 1963/1964, era a de alguém distante. Eu os observava de muito longe. Não tive maiores contatos com eles, praticamente não tive contato algum, a não ser com ministros militares do governo Jango, quando eu também fui ministro.

Mencionaria aqui uma tentativa que fiz de aproximação com as Forças Armadas que foi rejeitada. Quando ministro da Educação, mandei um ofício ao general Jair Dantas Ribeiro, ministro da Guerra, propondo que o meu ministério se encarregasse da alfabetização dos conscritos, jovens que participam da seleção para prestar serviço militar do exército brasileiro. Ele me respondeu, agradecendo, mas dispensando a colaboração. Isto consta dos arquivos oficiais. Eu pensei numa integração do Ministério da Educação com o Ministério da Guerra, pois é sabido que há uma tarefa de alfabetização dos que são convocados. Isso, naturalmente, foi rejeitado pelas implicações políticas que tinham.

Nunca cultivei relações políticas, nem mesmo pessoais com os militares. Não por rejeição minha, mas porque este tipo de contato sempre foi difícil. Não era fácil, e continua não sendo, o contato de político com militar. Porém, acho que nós devíamos ter procurado mais este tipo de contato. Muito militar, mas muito mesmo, entrou nessa sarabanda toda, nessa confusão, em paz com sua consciência de patriota, achando que estava defendendo o Brasil. Faltou um diálogo, capaz de desalienar politicamente muitos dos que optaram por essa solução. Um trabalho desse tipo, para não exagerar, não alcançaria todo mundo. Muita gente tinha um tipo de compromisso infenso a qualquer persuasão. Mas, seguramente, muitos dos que aceitaram a solução da deposição do Goulart e todo o regime autoritário que se seguiu, possivelmente não teriam adotado esta atitude, se tivesse havido um diálogo mais estreito com os que estavam defendendo as Reformas de Base, naquela época.

A posição de muitos militares contra o comunismo foi uma reação emocional provocada pelo célebre episódio de 1935. Eles não perdoam os comunistas até hoje. Aquilo de matar oficiais nos quartéis, dormindo, o que os comunistas contestam, mas, os militares insistem em dizer que é verdade. Com mais algum tempo, há de ser esclarecido se isso foi ou não verdade. De qualquer modo, para todos os efeitos, as Forças Armadas consideram isso um fato histórico. Ora, se você parte desse pressuposto, é fácil compreender toda a sanha anticomunista dos militares. Imagine se começam a pensar na possibilidade de que ocorra com eles o mesmo que teria acontecido com seus colegas em 1935. Passa a haver uma insegurança generalizada e uma desfiguração daquilo que eu aprendi, respondendo a IPMs, ser a preocupação fundamental deles: a hierarquia militar.

Quando a hierarquia militar é afetada eles se sentem afetados substancialmente. Assim, repito, a reação contra o comunismo, deles, foi, em muitos casos, emocional. Acho até que muitos deles, com a experiência desses 18 anos de poder, aprenderam várias lições, inclusive a respeito do caráter antinacional, não só de muitos grupos transnacionais, como também da célebre divisão internacional do trabalho norte-sul, objeto de discurso do general Figueiredo, na Organização das Nações Unidas. Se alguém, em 1963, houvesse feito o discurso que Figueiredo fez, na ONU, seguramente, em 1964, teria sido cassado e preso como comunista ou inocente útil.

Eleitores do campo

Coimbra: – A movimentação para a derrubada de Jango continuava sendo denunciada pelo BU. No seu n° 22, p. 5, na matéria "Fazendeiros de Minas Criam a Versão Regional do IBAD", havia o seguinte:

> Belo Horizonte (sucursal) – Com o objetivo de reunir fundos para as campanhas antirreformistas, promover concentrações no interior e colaborar na derrubada do atual governo, considerado esquerdista,

foi proposta em reunião na Federação dos Ruralistas de Minas Gerais a criação da "Liga Democrática", versão regional do IBAD. O líder do movimento é o candidato derrotado ao Senado, presidente da FAREM, que tem patrocinado concentrações em todo o interior com a participação dos deputados Último de Carvalho, José Bonifácio, Oscar Correia, Armando Falcão, João Mendes e Abel Rafael. Nestas concentrações, além de pregarem a subversão direitista, os "líderes ruralistas" insistem em dois itens principais: 1º – Após falar que estão defendendo a democracia, a liberdade de expressão, mandam "baixar o porrete" em quem pregar as reformas no interior. 2º – Aconselham os fazendeiros a comprar armas e munições para a defesa de suas propriedades. Em consequência, os estoques de armas e munições do Sul, da zona da Mata e da região de Governador Valares tem-se esgotado com facilidade. Ao mesmo tempo, o sr. Josafá Macedo solicita colaboração dos Associados Rurais para "caixinha" destinada a campanha antirreformista.

Moniz Bandeira escreve em seu livro mencionado, p. 124, tendo como fontes de informações o próprio marechal Odylio Denys, assim como o almirante Sílvio Heck, seus entrevistados:

> Elementos vinculados ao marechal Odylio Denys armavam os fazendeiros, no Sul do país, e o mesmo o almirante Sílvio Heck fazia, no Estado do Rio de Janeiro e em Minas Gerais, distribuindo petrechos bélicos, conseguidos por intermédio do governador de São Paulo, Adhemar de Barros, e do jornalista Júlio Mesquita Filho, diretor de O Estado de S. Paulo. Em vários pontos do território nacional havia campos de treinamento para guerrilha, montados clandestinamente pelos militares que conspiravam contra o governo de Goulart, desde 1961.

Um número antes, (BU 21, p. 9), o jornal havia registrado o encerramento do IV Congresso Sindical de Minas Gerais, no qual representantes de 250 sindicatos mineiros aprovaram carta de princípios contra o golpe e a favor das reformas de base. Dizia o BU que o congresso durou três dias – de 12 a 14 daquele mês – foi aberto com um pronunciamento reformista do governador mineiro Magalhães Pinto e teve um caráter nacionalista e antigolpista.

No final da matéria, sob o intertítulo "Golpe", o BU trazia, a respeito da Carta de Princípios aprovada naquele congresso:

> A declaração menciona reivindicações trabalhistas como salário-família, salário profissional, salário móvel, férias de trinta dias, licença-prêmio, fiscalização eficiente do trabalho, cumprimento da Lei Orgânica da Previdência Social, direito irrestrito de greve, contenção do custo de vida, ratificação de todas as alterações da CLT propostas pelos trabalhadores no Fórum Lindolfo Color, garantia de liberdade de organização e pleno funcionamento para os sindicatos rurais. Manifesta-se contra o golpe e apela para a união de todos a fim de libertar o país do jugo do imperialismo.

Em outra matéria, no BU 22, p. 6, o jornal denunciava no título principal da página: "O Povo Não Tem Vez na Democracia Brasileira, Não Há Um só Camponês no Congresso".

E acrescentava, no corpo do texto:

> Dentro de nosso sistema eleitoral, um operário ou camponês, normalmente não pode se eleger deputado ou senador. Porque é preciso muito dinheiro para vencer uma eleição. O resultado é que, na democracia brasileira, as classes capitalistas (que são minoria) possuem muito mais parlamentares do que as classes proletárias (que são maioria). É bom notar que os camponeses representam 2/3 da população nacional.

A sua base eleitoral, doutor Paulo, foi sempre eminentemente urbana ou o senhor pôde, em alguma circunstância, se ligar ao universo da problemática rural?

Paulo de Tarso: – Estou na dúvida se eu compareci pessoalmente ou não ao Congresso Sindical de Minas Gerais. Mas, eu acompanhei muito de perto porque, antes, se cogitou da sua realização em Brasília. E, já nessa época, criou-se uma polêmica em torno disso. O clima político já estava muito agitado, a temperatura do ambiente político havia aumentado muito e as paixões já estavam acirradas. Então, preferiu-se realizar o congresso em Belo Horizonte.

Ele representou um momento importante da luta operária contra as manobras golpistas. Disso eu lembro, perfeitamente.

Quanto à minha base eleitoral devo confessar que ela foi sempre, não apenas eminentemente urbana, mas quase exclusivamente urbana. Nunca tive contato, por exemplo, com sindicatos rurais. A minha base eleitoral foi mais de classe média do que propriamente de classe popular. Talvez por isso é que O Globo publicou, depois da Conferência de Bogotá, um artigo, em primeira página, intitulado "O Traidor de Sua Classe Social".

Eu havia sido votado em boa parte por aquela classe média que fez a Marcha da Família. Essa classe era a mais sensível à pregação social da Igreja. Depois, trabalhada pelos meios de comunicação, se insubordinou contra a orientação da Igreja porque foi convencida de que aquela era uma Igreja de apóstatas. Não era possível convencer a classe média a atuar contra o seu Cristianismo. Assim, eles tentaram, e conseguiram, convencê-la de que o seu cristianismo estava em jogo, de que ela devia se mobilizar pelo cristianismo ameaçado. Todos aqueles que, como eu, estavam defendendo as Reformas de Base, em nome do socialismo, na linha do Concílio Vaticano II, eram apresentados como os traidores da sua classe social e até os traidores do seu cristianismo.

Esquerda rompe com jango

Coimbra: – No atribulado relacionamento de João Goulart com as organizações populares, há um momento de cisão, registrado pelo BU nº 22, p. 9. "FMP Rompe e Denuncia: Jango Quer Neutralizar a Esquerda", diz a manchete da página.

Em seguida vem o seguinte:

> O rompimento da Frente de Mobilização Popular com o governo Federal deixa o governo sem a cobertura e a sustentação de um poderoso dispositivo político e não traz ao presidente João Goulart, como compensação, o apoio das forças conservadoras, hoje como ontem, hostis

ao seu governo, e ainda empenhadas em encontrar fórmulas que determinem o seu afastamento da presidência da República.

Três eram os motivos alinhados como causadores do rompimento:

> 1)Porque o Comando Geral dos Trabalhadores passou a ser hostilizado pelo governo, através do senhor Gilberto Chrockatt de Sá, homem de inteira confiança do presidente da República. 2)Não permanência do marechal Osvino Ferreira Alves no comando do I Exército. 3) Composição heterogênea e conciliatória do atual ministério. O presidente abandona as forças de vanguarda numa tentativa, até o momento infrutífera, de conquistar os setores reacionários, conservadores e direitistas.

Quanto a Gilberto Chrockatt, diz Paulo Schilling, na obra referida, p. 159:

> Goulart sempre preferiu rodear-se de elementos absolutamente subservientes, sem nenhuma personalidade, autômatos que atuassem como seus porta-vozes, do tipo do superpelego Chrockatt de Sá, seu principal assessor sindical.

Com relação ao segundo motivo do rompimento – o afastamento do marechal Osvino –, Moniz Bandeira afirma (obra citada, p. 121):

> Esse conflito entre a cúpula militar e os sindicatos, instigado pela sucessão de greves, eclodiu justamente quando o general Osvino Ferreira Alves, nacionalista por convicção, deixava o comando do I Exército, apesar de todas as pressões (de Arraes a Magalhães Pinto) para que Goulart o conservasse no posto, contornando a lei compulsória, ou o nomeasse ministro da Guerra. O general Osvino Ferreira Alves tinha sua própria faixa de influência no Exército, uma das razões pelas quais o ministro Dantas Ribeiro não quis que ele continuasse como seu subordinado, e gozava de enorme prestígio com o CGT, pelas atitudes consequentes que tomara. Goulart perdeu aí o controle da situação

militar e a conspiração começou a envolver maior número de oficias brasileiros, atemorizados com o inconformismo dos sargentos, que espelhava, dentro das Forças Armadas, as contradições de classe.

O senhor poderia falar sobre o terceiro e último motivo relacionado pelo BU como causa do afastamento da FMP de Jango: a composição heterogênea e conciliatória do atual ministério? Em que medida tal heterogeneidade da equipe de ministros de Jango, àquela altura do seu governo, atrapalhou a sua ação frente ao Ministério da Educação?

Paulo de Tarso: – O ministério de Jango, que eu integrei, era heterogêneo, não há como negar isso. Essa heterogeneidade eu a senti desde o primeiro dia. Posso até contar um fato pitoresco. No primeiro almoço, depois da posse do ministério, serviu-se alcachofra. Ninguém na mesa sabia comer alcachofra, nem o presidente da República. Só o ministro Carvalho Pinto é que sabia e nos ensinou a todos como comer alcachofra, que é símbolo de todo um padrão de vida, parte de certos hábitos próprios de uma determinada classe social.

Lembro de uma outra passagem, essa já não mais pitoresca, mas bem política. O ministro Hermínio de Moraes, do Comércio, conversava comigo, uma vez, na presença de outros ministros. Eu lhe disse, então, que era favorável à legalização do Partido Comunista. Ele logo respondeu: – Eu absolutamente não estou de acordo com o senhor. Sou absolutamente contra. Eu disse: – Pois é, ministro, mas se o senhor quiser um dia distinguir a posição do governo da posição do Partido Comunista o único caminho é a existência legal do Partido Comunista. Ele definirá as suas posições, e muitas delas seguramente não estarão de acordo com as do governo. É a forma de se estabelecer um divisor de águas. Ele, então, começou a alinhar todos os argumentos que costumam ser alinhados: – O Partido Comunista não respeita as regras do jogo democrático etc.

Quanto ao movimento da Frente de Mobilização Popular e os motivos que determinaram o seu rompimento com o Jango, eu me lembro que realmente, naquela ocasião, houve radicalização exagerada. Eu, hoje, tenho uma posição crítica quanto à atitude que nós tomamos, naquela época, forçando uma radicalização artificial do Jango, sem termos base em movimento popular organizado, sem analisarmos a correlação de forças do país. Tenho uma posição bastante crítica contra a posição da Frente de Mobilização Popular, que eu ajudei a assumir naquela época. A posição do Goulart era mais realista do que a nossa. Quando o Goulart buscava a conciliação, buscava a única maneira de sobreviver no poder. E eu me pergunto se não teria sido melhor que ele sobrevivesse, ainda que numa posição um pouco ambígua, mas, que assegurasse o clima democrático e permitisse o crescimento da organização popular.

Combate à Aliança para o Progresso

Coimbra: – Um instante importante de sua passagem pelo Ministério da Educação é apreendido, novamente com grande destaque, em três números seguidos do BU. Mais de três páginas do jornal foram preenchidas para noticiar a sua participação na III Conferência Interamericana de Ministros de Educação, em Bogotá. No BU 22, p. 10 e 11, tinha como título "Paulo de Tarso Denuncia: a Aliança Defende Privilégios" a matéria que iniciava a intensa cobertura jornalística do evento. Dizia:

> O sr. Paulo de Tarso afirmou à Terceira Conferência Interamericana de Ministros da Educação, reunida em Bogotá, que a Aliança Para o Progresso é um instrumento para prolongar os privilégios das minorias reacionárias da América Latina. O ministro da Educação do Brasil declarou, ainda, que a América está dividida em duas partes: uma privilegiada e antinacional e outra sem privilégios e decidida a sair de sua condição de subdesenvolvida.

A matéria prosseguia, registrando trechos do seu discurso:

> A América necessita de uma revolução, mas a Aliança para o Progresso não é capaz de se manter à altura das ideias da autêntica revolução de

> que a América necessita – disse o ministro Paulo de Tarso, calorosamente aplaudido pelo plenário da Conferência. – Há uma contradição entre os Estados Unidos, comprometidos a realizar a sua revolução, e uma Aliança incapaz de viver o seu preconizado ideal revolucionário. Ou tomamos conhecimento desses fatos ou a História nos julgará por nossa omissão, como corresponsáveis pela revolução violenta. Paulo de Tarso disse, a respeito da situação no Brasil, que o povo quer soluções pacíficas, mas os privilegiados lutam por impedir a mudança da situação e estão empurrando o país para a ação violenta.

Sobre educação havia uma declaração sua que parecia sintetizar seu pensamento: "Em matéria de educação, existe apenas um caminho: o desenvolvimento mediante a cultura libertadora".

No BU seguinte (n° 23, p. 5), aparecia uma nota da União Nacional dos Estudantes com este título: "UNE em Defesa de Paulo de Tarso":

> A União Nacional dos Estudantes vem a público manifestar sua posição face às repercussões do discurso do Ministro Paulo de Tarso, na cidade de Bogotá. Os estudantes consideram: 1 – Absolutamente pertinente a colocação do discurso do Ministro do problema da Aliança para o Progresso. 2 – Sendo a Aliança instrumento de opressão dos capitais norte-americanos sobre os povos latino-americanos, opressão que se traduz em manutenção do subdesenvolvimento na América Latina, são absolutamente justas as posições exprimidas em Bogotá por um ministro da Educação de um país latino-americano. 3 – Normal a campanha desencadeada por setores da grande imprensa contra o Ministro da Educação do Brasil, posto que seu discurso feriu justamente aqueles aos quais essa mesma imprensa serve: Mr. Lincoln Gordon e seus companheiros. A UNE e as diversas UEEs, traduzindo as posições dos estudantes brasileiros – reafirmadas de modo absoluto, no congresso nacional em Santo André, SP, encerrado há dias, repudiando a Aliança para o Progresso e lutando pela Reforma Universitária, luta que tem a "Aliança" como um de seus maiores obstáculos –, não poderiam deixar de manifestar seu inteiro apoio, que se projetará em luta concreta se for preciso, às posições assumidas em Bogotá pelo Ministro da Educação Paulo de Tarso. Rio de Janeiro, 9 de agosto de 1963. José Serra – Presidente.

No final da nota, era acrescentado:

> A UEE de São Paulo, através dos seus presidente e vice-presidente, Otávio Mercadante e Rubens Bueno, endossaram os termos da nota da UNE, tendo se encarregado, inclusive, de distribuí-la à imprensa.

Já o BU n° 24 transcrevia integralmente, nas páginas 10 e 11, o discurso proferido em Bogotá.

De sua parte, escreveu o embaixador norte-americano Lincoln Gordon, em seu livro *O progresso pela aliança* (Rio de Janeiro, Distribuidora Record Editora, 1962, p. 123 e 124), pondo à mostra o caráter político da Aliança Para o Progresso:

> A Aliança para o Progresso destina-se a atacar essa fraqueza em suas raízes. É a extensão lógica da política de Boa Vizinhança iniciada pelo presidente Roosevelt. Ao mesmo tempo, justamente como foi necessário suplementar o Plano Marshall na Europa, com ajuste de defesa coletiva estabelecido por meio da NATO, assim também existe na América Latina um problema de defesa comum contra a agressão comunista. A guerra fria, infelizmente, não deixou a América Latina de lado. Pelo contrário, há quarenta anos existe um esforço sistemático para minar as instituições democráticas por dentro ajudado e instigado com dinheiro, espionagem e até armas de fontes soviéticas. Este esforço tem sido grandemente intensificado nos últimos dez anos, e ganhou, recentemente, uma base em Cuba. Essa agressão interna não é o mesmo que as hostilidades através das fronteiras, mas tem os mesmos objetivos e não é menos perigosa. Diz-se, algumas vezes, que a mais eficiente defesa contra ela é a cura das dificuldades econômicas e sociais que criam receptividade para as ideias e a liderança comunistas entre os trabalhadores e camponeses. Esta é, certamente, a melhor defesa e deve ser construída sem perda de tempo. Mas, a experiência também demonstra que as minorias bem organizadas, por meio de um processo de subversão e infiltração, podem produzir violenta revolução de cúpula sem consultar os desejos populares.

José Serra, o presidente da UNE, naquele momento, diz no seu depoimento ao livro *História da UNE* , já mencionado, p. 27 que ele havia:

... protestado contra o embaixador norte-americano, Lincoln Gordon, porque ele se imiscuía nos negócios internos do Brasil (sabíamos que havia pressionado o governo porque seu ministro da Educação, Paulo de Tarso, criticara a Aliança para o Progresso).

Por que a sua intervenção numa conferência de ministros de Educação adquiriu coloração tão fortemente política? Seria exagerado dizer que, com este discurso, naquele contexto político, e depois de ter requerido investigações parlamentares sobre o IBAD, o senhor quase que se autoexpurgou do Ministério da Educação? Por que colocou em risco a viabilidade de sua permanência frente ao Ministério da Educação?

Paulo de Tarso: – Em Bogotá, eu vivi, quando da realização da Conferência Interamericana de Ministros de Educação, em 1963, uma experiência política muito importante. Acho que não foi ainda suficientemente contada.

Eu fui presidindo uma delegação composta de quatro técnicos em Educação: Guilherme Dutra, Luís Alberto, Celso Laparelli e Milton Silva. Eram pessoas todas com currículos profissionais muito bons e que se preparam com antecedência para a atuação nesta conferência. Ao contrário das outras delegações, a do Brasil ficou sozinha, num hotel diferente, mais discreto. Nós queríamos trabalhar o discurso, que foi elaborado neste hotel e traduzido para o espanhol pelo secretário da Embaixada do Brasil, com a supervisão do próprio embaixador. Neste hotel, nós fomos visitados pelo chefe da delegação mexicana, chamado, pomposamente, pelos membros das outras delegações como El Maestro de las Americas. O nome dele era professor Torres Bodet. Já havia sido ministro da Educação, no México, e era homem de confiança da delegação norte-americana. A primeira surpresa dele é que a nossa conversa foi presenciada pela delegação toda. Eu falei: – Olha, ministro, o senhor me desculpe. Mas o sistema nosso, aqui, é este. O senhor vai conversar com todo mundo. Ele não gostou muito. Aí, me propôs, literalmente, que eu lesse e, se pudesse, desse a minha aprovação às conclusões da conferência, que iria se iniciar no dia seguinte. Eu disse:

– Ministro, deve haver um problema de língua. Eu não estou entendendo como um dia antes de começar a conferência o senhor me propõe um texto com as conclusões da conferência.

Ele disse:

– Não, o senhor é muito jovem, não entende ainda disso. As conferências internacionais são sempre assim. A gente coordena as conclusões já desde o início. Respondi:

– Olha, ministro, na delegação brasileira assuntos como estes são submetidos a voto. Peço ao senhor que me dê um dia para discutir o assunto com meus companheiros. Amanhã eu dou uma resposta. No dia seguinte eu informei a ele: – Ministro, nós discutimos, foi votado: a delegação brasileira não aceita as conclusões. E comunico oficialmente ao senhor que nossa delegação prefere ficar escoteira no plenário da conferência para poder dizer tudo o que pensa.

Bom, isto provocou uma reação enorme porque era inteiramente inusitada a atitude do Brasil. Os americanos, sobretudo, ficaram muito preocupados porque o Brasil, com o peso que tem na América Latina, prenunciava uma atuação divergente da atuação americana, e, possivelmente, até assumiria uma atitude de rebeldia contra a forma como havia sido concebida a conferência. No primeiro dia da conferência, nós estávamos no plenário, o professor Torres Bodet me procura e diz assim:

– O chefe da delegação norte-americana pede que eu ofereça ao senhor a comissão tal. Uma comissão inexpressiva qualquer.

Eu disse:

– O senhor diga a ele que o Brasil não faz questão de comissão nenhuma. Mas, se alguma comissão tiver que ser dada ao Brasil, o Brasil só aceita a Comissão Financeira. Era a que tratava da Aliança para o Progresso. Aí ele me disse:

– Mais um minutinho, eu vou conversar com os americanos.

Ele foi, conversou com o chefe da delegação americana. Cochichou na minha frente – tudo, ali, na minha frente. Voltou e disse:

– Infelizmente a presidência da Comissão Financeira está prometida à Costa Rica.

Eu falei:

– Tudo bem, o Brasil não reivindica comissão nenhuma.

Ele disse:

– Não, o senhor me dá mais uma oportunidade.

Foi lá, conversou novamente, voltou, e disse assim:

– O chefe da delegação americana pede que diga ao senhor que ele está de acordo em que o Brasil fique com a Comissão Financeira, mas com uma condição.

Eu já pensei comigo:

– Eu não vou poder aceitar.

Ele me disse:

– O senhor terá que assumir o compromisso de que presidirá esta comissão, pessoalmente.

Eu disse:

– Eu não posso aceitar este compromisso porque o senhor não está oferecendo a presidência a mim. A presidência pertence à delegação brasileira e quem vai representar a delegação brasileira nesta comissão é problema interno da nossa delegação e nós não abrimos mão disso.

Resumindo: nós falamos uma linguagem inteiramente heterodoxa, diferente da de todas as rotinas anteriores. Houve nova consulta aos americanos e nova resposta:

– Aceitamos.

Eu pus na presidência da comissão o negro Milton Silva, que era um grande técnico, com experiência na Organização das Nações Unidas. Ele falava várias línguas, fumava um cachimbo elegantíssimo. Presidiu, na comissão, a todas as delegações americanas, inclusive a norte-americana, com a maior classe, mas com um certo escândalo porque até visualmente, naquela época, um negro presidindo uma comissão dessas, em nome do Brasil, era uma coisa inteiramente inesperada.

Os discursos eram intermináveis.

– Tem a palavra o senhor ministro da Educação de tal país.

Ele ia para a tribuna e se prendia às estatísticas educacionais do país dele.

– Em mil novecentos e não sei quanto, nós tínhamos tantos

alunos matriculados no ciclo básico, tantos no ciclo médio, tantos nas universidades. Agora, com o governo do presidente fulano, nós temos tantos alunos.

Enfim, estatística, estatística, estatística. Todos os discursos eram dedicados às estatísticas. Quando chegou a minha vez, eu disse:

– Senhores ministros, as estatísticas sobre a educação brasileira estão à disposição de Vossas Excelências na secretaria. Esta é uma reunião política e o discurso do ministro da Educação no Brasil será um discurso político.

Antes de ler o discurso que nós elaboramos, eu fiz um improviso dizendo que, no Brasil, as Reformas de Base não apenas não eram combatidas pelo presidente, como eram patrocinadas por ele. Eram compromissos do governo. Nós havíamos jurado fazer as Reformas de Base e, infelizmente, a Aliança para o Progresso estava se vinculando aos privilegiados contra os que lutavam pelas reformas, em benefício do segmento mais pobre da sociedade e por isso é que o seu destino, no Brasil e na América Latina, estava comprometido.

Bom, isso foi um escândalo, provocou uma reação furibunda da grande imprensa no Brasil, sobretudo do Globo, que publicou dois artigos seguidos, de primeira página. Um eu tenho vontade de reler até hoje. Era aquele que já mencionei. Se intitulava: "O Traidor de Sua Classe Social". O outro, "O Bogotaço do Senhor Paulo de Tarso". Comparava a minha atitude em Bogotá com a atitude que o Fidel havia adotado em Bogotá. Antes da Revolução Cubana, na época do Batista. O Fidel fez uma manifestação em Bogotá que acabou em quebra-quebra e passou à História como O Bogotaço.

Eu desço na Venezuela, de volta ao Brasil, e sou recebido pelo primeiro-secretário da nossa embaixada. Quando eu estou terminando de descer a escada do avião, ele me disse:

– Ministro, eu quero me apresentar. Sou o secretário fulano de tal. Infelizmente, tenho uma péssima notícia a dar.

Eu pensei que era alguma notícia de falecimento de parente meu, ou de doença na família, ou alguma coisa assim. Ele disse:

– Infelizmente, O Globo de hoje traz este artigo contra o senhor.

Era "O Bogotaço de Paulo de Tarso", que eu li, já na Venezuela, em Caracas.

Ao chegar ao Brasil, este discurso estava na dinâmica IBAD/IPES/Ação Democrática Popular versus governo Goulart. Aproveitaram o meu discurso como uma demonstração de radicalismo do governo Goulart e como pretexto para continuar a campanha demolidora que haviam iniciado contra mim. Mais tarde, estava na antessala do Jango, logo depois de ter vindo da Colômbia, para contar ao presidente o que havia ocorrido em Bogotá. Foi quando o ministro das Relações Exteriores, o Evandro Lins e Silva, me procurou. Cumprimentou-me e falou:

– Olha, Paulo, eu muito lealmente tenho de dizer a você que estou trazendo ao presidente um telegrama do Lincoln Gordon de protesto contra a sua atuação.

E me mostrou o telegrama. Eu disse a ele:

– Foi ótimo você me mostrar isto porque eu também estou trazendo ao presidente uma carta que escreveu o embaixador do Brasil, em Bogotá, dizendo que ele, pessoalmente, reviu o meu discurso e que o discurso foi elaborado em consulta com ele e que, portanto, o Itamarati inteiro está envolvido com o discurso. Por sinal, o embaixador não só diz isso na carta, como diz, também, que foi o momento mais glorioso da carreira diplomática dele e que dava gosto ver como um representante do Brasil, afinal, era celebrado por toda a imprensa da Colômbia pela sua independência diante dos Estados Unidos. Mostrei a carta a ele.

O Evandro, então, disse:

– Ah! Bom. Diante dessa carta eu nem vou apresentar este telegrama ao Jango.

Mas eu acho que o Jango acabou tendo conhecimento, tanto desse telegrama, quanto da carta. Este embaixador depois foi transferido para o Japão. Até há pouco tempo eu ainda guardava a carta dele comentando o meu discurso em Bogotá. Nós mandamos imprimir o discurso com o título de "Educação Para o Desenvolvimento, Cultura para a Libertação" e o distribuímos para o Brasil inteiro.

Apesar da imensa repercussão do episódio de Bogotá, eu não

creio que ele possa ser relacionado com a minha saída do ministério. A minha saída do ministério foi muito mais um gesto pessoal meu, talvez equivocado. Hoje eu posso dizer isso. E foi consequência da ruptura da Frente de Mobilização Popular com o governo Goulart. Eu achava, naquela época, que a Frente de Mobilização Popular estava numa posição correta. Hoje acho que, taticamente, a Frente estava equivocada. Ela pedia ao governo Goulart uma radicalização fora da realidade, uma radicalização sem harmonia com a correlação de forças que existia naquela época. A minha opinião, até humilde, sobre a minha saída do ministério é que foi a consequência de um erro de interpretação meu da conjuntura política daquele momento. Talvez hoje eu tivesse continuado no ministério, até o final.

É preciso dizer mais uma coisa. O meu discurso teve uma repercussão imensa na imprensa de Bogotá, que também o publicou na íntegra, como um grande momento da conferência. Digo isso, hoje, sem nenhuma jactância, apenas, como quem menciona um fato histórico. A repercussão foi tamanha que eu fui convidado pelos estudantes da principal universidade da Colômbia para uma conferência, como ministro da Educação do Brasil. Eles fizeram distribuir por toda Bogotá um cartaz imenso dizendo:

> Compareçam ao auditório tal para ouvir o ministro da Educação do Brasil que falará sobre Educação e Desenvolvimento, ou alguma coisa assim.

Toda Bogotá foi coberta, pelos estudantes, com cartazes. Na minha conferência havia umas duas mil pessoas. Tive um debate acirrado com os comunistas colombianos. Os comunistas pensaram que iriam encontrar, da minha parte, uma posição afim com a deles. Quando eu sustentei pontos de vista que eles sustentavam, mas falando uma linguagem diferente da deles, uma linguagem cristã social, digamos assim, alguns deles se irritaram um pouco com a minha atitude. Era um pouco o que nós chamados hoje de patrulha ideológica.

Para encerrar este item, quero acentuar que o discurso não foi improvisado. Foi longamente debatido por mim com os assessores que foram comigo. Todo mundo sabia que a retórica de Punta del Leste e da Aliança para o Progresso não tinha nada a ver com as alianças concretas que a Aliança para o Progresso fazia em cada país. Quando nós dissemos: – Eles falam uma coisa, mas agem de maneira diferente. Eles dizem que querem fazer a reforma em benefício das maiorias, mas se compõem com as minorias, o que nós dissemos foi que o rei estava nu. E essa coisa tão simples, tão verdadeira teve uma repercussão espantosa porque todo mundo sabia disso.

Quando eu terminei o discurso, os assessores dos ministros de outros países me mandavam recados escritos: – Infelizmente, eu não posso falar publicamente, mas Deus lhe pague pelo que o senhor falou. Nós estamos com a alma limpa, todos nós queríamos dizer isso.

Eu tinha recados escritos de assessores de ministros de outros países.

Setembro de 1963 ("Deus o acompanhe, Guevara!")

Logo no primeiro número deste mês, no BU nº 25, há uma estranha modificação no já muito alterado expediente do jornal.

O nome do frei Carlos Josaphat sai da lista dos diretores, reduzida, então, a cinco nomes (Dorian, Josimar, Fausto, Ruy e Roberto). E reaparece, à parte, debaixo de outra rubrica: a de fundador do jornal.

No mês anterior, Lacerda atacou o BU, no Congresso Nacional, e foi rechaçado. Agora, neste mês, os inimigos do jornal tentam atingir o jornal na sua base, comprometendo a ligação dele com a Igreja. Como instrumento, não têm o pudor de usar Dom Jaime de Barros Câmara, cardeal do Rio de Janeiro (por acaso, padrinho de um dos cinco diretores do jornal que nele permaneciam: Dorian Jorge Freire). Esta forma rasteira de atacar, talvez, tenha levado alguns leitores da publicação a começarem a entender por que o nome de frei Carlos foi retirado, no expediente, de entre os diretores corresponsáveis por tudo aquilo que o BU publicava.

Escreveu Dorian, no BU nº 28, p. 8:

> Conheço Dom Jaime Câmara desde quando ele era humilde bispo de uma humilde diocese nordestina. Entre as lições que o menino de ontem aprendeu estava a que mandava respeitar, admirar e estimar o grande e operoso bispo. Por ele, meus pais tiveram uma admiração que se manteve inalterável até a morte. O padrinho que o menino potiguar escolheu de livre e espontânea vontade é um homem de bem, sério e digno. É intolerável que tentem envolver o cardeal na grande mentira armada para sufocar este país. É um desrespeito a Dom Jaime, uma afronta à Igreja e um desafio à comunidade católica de todo o Brasil.

O que levava os inimigos do jornal a se preocuparem tanto com a ligação existente entre o BU e a Igreja Católica, naquele momento, foi explicado por dois outros de seus diretores, cujos nomes permaneceram em seu expediente.

Relembrando o aparecimento do jornal, contou Roberto Freire:

– Nós, os adeptos da ideia de manter o BU, começamos com as mesmas ideias, juntos com os dominicanos e um grupo de leigos próximos a eles. Eu pregava em igrejas. Subia no púlpito, tranquilamente. Falava do BU e pedia dinheiro. A gente andava por todo lugar. Eu sentia padres ingênuos, paroquianos inocentes vendo no BU uma coisa que ele não era. Mas, os reacionários políticos viram desde o início. Desde o comecinho, já começaram a perceber.

Ruy do Espírito Santo nos contou, em 1980: – Depois que começou a circular, a penetração do jornal no interior da Igreja não foi pequena. O jornal era distribuído em todos os conventos. Aliás, o fato foi largamente denunciado, na ocasião, pela parte mais conservadora da Igreja. Isto é até meio misterioso. Até hoje, não sei bem por que a coisa aconteceu, com esta extensão. Eu fui perceber isto quando o BU acabou e fui dar aulas num Instituto de Filosofia e Teologia. Lá, os alunos, que eram de diversas ordens religiosas, todos conheciam o BU, todos tinham lido. Alguns daqueles alunos já são até bispos, hoje. Aquilo tudo que era o BU chegava pela primeira vez aos seminários.

Além do ataque vindo de dentro da própria Igreja, outro fato importante, neste mês, foi a aproximação do BU com o jornal Movimento da União Nacional dos Estudantes. Encartado no BU n° 25, foram distribuídos exemplares do órgão oficial da entidade estudantil, com uma edição de doze páginas.

Por causa disto, talvez, Paulo Cézar Botas, escreveu num resumo de sua tese de doutoramento sobre o BU, ainda inédita no Brasil, publicado sob o título: “Brasil, Urgente: Engajamento Cristão no Brasil 1963-1964” (Cadernos do Instituto Superior de Estudos da Religião. Rio de Janeiro. Tempo e Presença n°. 8, p. 42, abril de 1979):

Frei Josaphat aparecia como fundador do jornal a partir do seu n°25. Neste momento, começara a crise entre Brasil, Urgente, a hierarquia da Igreja Católica e da Ordem Dominicana. O jornal seguia o processo de radicalização das "forças nacionalistas", reunidas na Frente de Mobilização Popular. O jornal assumia o projeto socialista da Ação Popular. E provocava uma fissura no interior da Igreja.

Embora, aparentemente isto pudesse ter acorrido, já que a organização política cristã da esquerda, Ação Popular, estava na direção da UNE, àquela altura, parceira do BU, nenhum dos diretores do jornal entrevistados confirma o surgimento de uma ligação oficial entre o jornal e a AP.

Disse Ruy do Espírito Santo:

– Eu, pessoalmente, participei de contatos com muita gente, especialmente na área universitária da UNE. Tanto que o jornal da UNE veio a sair como encarte do BU. Fui eu quem fez este contato. Na época, discuti com o pessoal da UNE. Lá, sim, a orientação era toda da AP. Conheci, até mesmo, algumas pessoas que eram da UNE e da AP, como o Duarte Pacheco e o Betinho. Mas havia uma distinção entre o BU e eles. Eles representavam um posicionamento ideológico bem marcado. E nós não tínhamos ainda assumido isto. O jornal tinha uma linha própria.

Algo muito próximo foi dito, também, por Roberto Freire:

– Nós queríamos que o jornal fosse totalmente independente. Neste sentido, a gente era independente, também, das instituições políticas, tipo AP, PC, fosse o que fosse. Existia uma consciência política muito próxima destas organizações, mas nós nos sentíamos independentes até mesmo da Igreja.

Dorian relembra no seu depoimento:

– Já na nossa agonia quiseram vender (ou passar) o jornal à AP. Também fui contra. Não porque não pertencesse à AP. Porque entendia que a AP fizera uma opção política independente dos postulados cristãos. E eu achava que devíamos permanecer fiéis àqueles postulados. Cheguei a conversar com Betinho, no Rio, sobre o assunto.

Embora externamente o BU tivesse um convívio tranquilo com

os estudantes, internamente continuavam a surgir problemas no convívio com seus colaboradores.

Neste mês de setembro de 1963, o jornal perdeu mais dois deles que vinham acompanhando-o havia muitos números: Aracy Amaral, responsável pela seção de Artes Plásticas, e Franco Paulino, crítico de Música Popular Brasileira.

Nas duas dezenas de edições do BU para as quais escreveu, Franco Paulino fizera primoroso trabalho na tentativa de criação de uma consciência crítica da história da MPB. Tratou, em seus artigos, por exemplo, da chegada do samba no Brasil, do significado da Bossa Nova – já em crise, na época, por causa do seu sabor elitista e da futilidade de suas letras –, estudou a importância de artistas de diversos estilos, como Isaurinha Garcia, Vadico, Joel de Almeida, Claudete Soares, Geraldo Cunha, Maricenne Costa e outros.

Antônio Albino, secretário da redação do BU, relembrou:

– O Franco Paulino era um cara que entendia bastante de música, embora não fosse um José Ramos Tinhorão, isto é, um sujeito caturra. Aceitava e adorava Bossa Nova. A sua coluna servia não só para amenizar o jornal como, também, para diversificá-lo e para defender a bandeira da Música Popular Brasileira, na época, atingida em cheio pela invasão do iê-iê-iê, que estava se iniciando. Lembro que, não muito depois, estourou a Jovem Guarda.

Quase sem colaboradores, o BU adota mais um artifício para sobreviver, com seus poucos recursos, sem perder seu nível de qualidade, a de republicar artigos importantes dos grandes jornais, a maior parte numa seção que foi chamada de Destaque da Semana.

Logo neste mês, republica artigos de Otto Maria Carpeaux, Adalgisa Nery e Tristão de Athayde.

A imaginação da equipe, na busca de modos de sobrevivência, continuava funcionando a todo vapor. São criados grupos de assessoria e grupos de bairros, que certamente foram as sementes da futura SABU – Sociedade de Amigos do Brasil, Urgente.

Na carta aos acionistas, diz o BU n° 25, na página 2:

Você já é dos que participam ativamente de nossas assessorias, enfim do seu jornal? Ou é dos que ficam vendo fantasmas e não arregaçam as mangas para nos ajudar? De qualquer forma é sempre tempo de você trazer sua colaboração efetiva. Além das assessorias, já em funcionamento, criaremos agora os Grupos de Bairros, cujas finalidades principais serão cuidar da promoção e da distribuição em cada bairro. Seja o representante do BU, em seu bairro ou na sua cidade. Para os Grupos de Bairro faremos uma reunião preparatória e explicativa, no próximo dia 31, às 14 horas, aqui em nossa Redação. Para os acionistas ou leitores do Interior, pedimos que nos escrevam para, então, fornecermos maiores explicações.

Paulo Freire e Paulo de Tarso observam alunos do curso de alfabetização de adultos

Neste número, o jornal passa a custar não mais Cr$30,00, mas Cr$40,00. Novamente, num mês de 5 edições, teve poucas páginas de publicidade – apenas 3. Nem estas dificuldades fazem o jornal atenuar o seu espírito de luta.

O BU n° 26 diz, em manchete na página 10: "Empresas de Aviação Enriquecem à Custa da Segurança de Vôo". O BU seguinte, também em manchete, na página 6, afirma: "Ajuda Externa Americana Beneficia Apenas os Estados Unidos". No BU n° 28, às páginas 10 e 11, o alvo é a empresa norte-americana Hanna Corporation. Diz a manchete de uma matéria: "Tribunal Faz Parar a Exploração: Brasil Recupera 200 Trilhões da Hanna Co". Num canto de página, com destaque, aparece uma lista de nomes sob o título: "Estes São os Homens do Truste do Minério". São arrolados nove nomes, entre os quais os de George Humphrey, identificado como presidente da Hanna Corporation, e ex-secretário do Tesouro dos EUA no período de Eisenhower. John Foster Dulles Jr., apresentado como filho do falecido secretário de Estado dos EUA. O diretor do truste no Brasil, Lucas Lopes: brasileiro, ex-ministro da Fazenda do Brasil. E Roberto Campos: brasileiro, embaixador do Brasil nos Estados Unidos.

Ao mesmo tempo, o jornal continuava a sua luta pela nacionalização do petróleo, sustentando a necessidade de que o governo encampasse a refinaria de Capuava. "Palavra de Ordem: Encampar Capuava", afirmava a manchete das páginas 10 e 11 do BU n° 27.

Disse Roberto Freire:

– O BU foi o único jornal brasileiro que manteve o apoio à encampação das refinarias. Os editoriais e as capas dos outros jornais contra a encampação eram uma vergonha. Alguns deram uma virada em 24 horas. O BU foi o único que manteve a sua posição até o fim.

7ª entrevista com Paulo de Tarso Santos (Pauta: Setembro de 1963)

De repente, muda o clima das entrevistas com Paulo de Tarso. Sou convidado a cear com a família. À mesa, dona Maria Nilse, a esposa, e a filha Teca, contam passagens do exílio. Depois da refeição ligeira, apropriada ao regime alimentar a que se submete Paulo de Tarso, dona Maria Nilse se desculpa por ter mantido um certo distanciamento e explica:

– A nossa família foi muito traumatizada por jornalistas.

Paulo de Tarso fala de Dom Jaime Câmara, identificando-o como uma espécie de intérprete das tendências mais conservadoras da Igreja.

Recorda a verdadeira histeria anticomunista criada pela imprensa contra a visita do presidente Tito, da Iugoslávia, ao Brasil e compara-a com a vinda de Che Guevara ao país, durante o governo de Jânio Quadros, quando ele, Paulo de Tarso, era prefeito de Brasília.

Conta como foi, para ele, o dia em que, como ministro de Estado, viu Brasília tomada por sargentos revoltados contra as discriminações que sofriam dentro das Forças Armadas.

E, a propósito dos sargentos, lembra de um episódio por ele considerado inesquecível, ocorrido durante um dos interrogatórios a que foi submetido, quando esteve preso.

Finalmente, faz um balanço final do trabalho da Comissão Parlamentar de Inquérito, constituída a partir de um requerimento seu, para investigar a atuação do organismo que coordenou as ações para a derrubada do governo Goulart, dizendo, a respeito de sua própria iniciativa neste sentido:

– Foi uma das coisas mais importantes que fiz como deputado.

Começa o martírio do BU

Coimbra: – Como se pressentisse o que viria, a seguir, o primeiro BU deste mês de setembro de 1963, publicou um editorial com o título "Reafirmação de Princípios", em que declarava:

> Não fugimos um centímetro dos objetivos traçados para a nossa ação. Enquanto a maior parte da imprensa silenciava sobre o IBAD e o IPES ou minimizava os efeitos de sua atuação, apontamos ao Brasil as gravíssimas consequências de uma atuação ilegítima e antidemocrática. Defendemos a Petrobras, Fronape, Sudene, siderúrgicas. Denunciamos o controle estrangeiro sobre a indústria farmacêutica, já quase totalmente desnacionalizada. Apontamos os vícios que marcam e comprometem a indústria automobilística. Batemo-nos por Reformas de Base, humanas e cristãs: constitucional, agrária, urbana, bancária, empresarial, universitária, eleitoral. Apontamos realidades sanitárias que estarrecem: o alarmante índice de tuberculose existente no país, verminose, tétano. Denunciamos o negócio do confinamento da prostituição, os trustes dos cigarros e dos minérios, as iníquas condições de vida do operário brasileiro, especialmente do trabalhador rural. Defendemos o salário-família, participação dos empregados nos lucros e direção das empresas. Defendemos a Doutrina Social Cristã, lutando tenazmente para a compreensão real e a aplicação prática e dinâmica das encíclicas sociais, notadamente, da *Mater et Magistra* e *Pacem in Terris*.

Em seguida, o jornal acrescentava:

> A reação contra nós desencadeada é furiosa e visa, tão-somente, liquidar uma das poucas vozes livres e autênticas da imprensa no Brasil. Sobre Brasil, Urgente caem todas as acusações, difamações. Acusam o jornal, seus diretores, redatores e colaboradores de comunistas, extremistas. De pretender interpretar o pensamento da arquidiocese e ser porta-voz da hierarquia católica.

Sobre este último ponto o jornal acentuava bem:

> Com uma direção constituída na sua unanimidade de católicos, cônscios de suas graves responsabilidades e que escolheram este campo para o exercício de suas atividades cristãs no plano temporal, Brasil, Urgente não é porta voz da Igreja nem intérprete do clero, da hierarquia.

A demonstrar que algo grave vinha ocorrendo nos bastidores do jornal, no BU nº 27, frei Josaphat ainda insistia em seu artigo "A Hora dos Leigos", p. 7:

> Nada de equívocos, ingênuos ou maldosos. Brasil, Urgente foi sempre apresentado como "um jornal do povo", não da Igreja; "a serviço da Justiça Social". Cristãos o fundaram com a liderança de alguns sacerdotes como, aliás, com a participação de pastores e grupos cristãos não católicos.

Finalmente, já na capa do BU nº 28, sob imenso título "Cardeal Motta Desfaz Equívocos", era publicado, com grande destaque, um bilhete manuscrito, em papel timbrado, com a insígnia do cardeal arcebispo de São Paulo e com a sua assinatura:

> As notas oficiais, publicadas pela Redação do Brasil, Urgente e Conferência Nacional dos Bispos do Brasil bastam para desfazer os equívocos; deixando bem claro para a gente de boa fé que esse jornal não é órgão da Imprensa Católica, isto é, não é de propriedade nem da responsabilidade da Igreja. É jornal da iniciativa particular e de apostolado de católicos leigos.

No editorial deste número transparecia, afinal, o motivo das preocupações:

> Surge, agora, uma circular da Comissão Central da Conferência Nacional dos Bispos do Brasil, assinada pelo Cardeal-Arcebispo do Rio de Janeiro, Dom Jaime de Barros Câmara, no seguinte teor: "A Comissão Central da Conferência Nacional de Bispos do Brasil vem declarar que o jornal Brasil, Urgente não pertence à imprensa católica, nem aprova tudo o que vem sendo por ele divulgado".

Com coragem o editorial acrescentava:

Pouco se nos dá a opinião dos que vêm lutando, com todos os recursos, ainda os mais vis, contra o Brasil, Urgente. Pouco nos interessam os comentários que a grande imprensa, empenhada em enganar o povo, teça em torno do documento que o Cardeal Câmara assinou, sozinho, e em véspera de embarcar para a Europa. A curta nota assinada pelo Cardeal Câmara, sejam quais forem as explorações a que der ocasião, reforça a nossa decisão de luta inspirada no Evangelho e na sua sede de justiça. Somos cristãos, mas porque a nossa atividade não se desenvolve nos âmbitos das sacristias, compreendemos as dificuldades do Cardeal Câmara em não "aprovar tudo o que vem sendo por nós divulgado".

Em uma extensa matéria – "Cardeal Motta Interpreta a Circular dos Bispos" –, nas páginas 5 e 6, do mesmo número, o arcebispo de São Paulo dá informações sobre a divulgação da nota da CNBB.

Diz o Cardeal Motta:

Na qualidade de membro da Comissão Central da Conferência Nacional dos Bispos do Brasil, fui consultado pelo seu atual presidente, o Cardeal Câmara, sobre aquela circular. Manifestei o meu acordo com a afirmação de que o Brasil, Urgente não é um jornal da Igreja, lembrando que, naquela mesma data em que estava sendo consultado, ele, em editorial, se declarava jornal de católicos, mas não o porta-voz da hierarquia ou intérprete do clero. Rejeitei, no entanto, a expressão "não é um jornal católico" porque ela daria a entender que o jornal não é fiel aos princípios da Igreja ou que não o sejam os seus diretores. Para mim, outro não é o sentido da nota assinada pelo sr. cardeal-arcebispo do Rio de Janeiro.

Quando, mais de vinte números antes, o BU tinha noticiado, no BU n° 2, à página 12, a festa do seu lançamento, trouxe um brevíssimo discurso que o Cardeal Motta fizera:

Frei Carlos pediu que eu dissesse, em uma palavra, o que acho do vosso trabalho. Pois bem, aqui está esta palavra: Amém!

Além disso, o Papa João XXIII tinha estabelecido como diretriz pastoral sua, igualmente, o dever de participação na vida pública, na encíclica *Pacem in Terris*, pela qual também se guiava o jornal.

> Ainda uma vez exortamos nossos filhos ao dever de participarem ativamente da vida pública e de contribuírem para a obtenção do bem comum de todo o gênero humano e da própria comunidade política; e de esforçarem-se, portanto, à luz da fé cristã e com a força do amor, para que as instituições de finalidade econômica, social, cultural e política sejam tais que não criem obstáculos, mas antes facilitem às pessoas o próprio melhoramento, tanto na vida natural como na sobrenatural.

Dizia mais o Papa:

> Para impregnarem de retas normas e princípios cristãos uma civilização, não basta gozar da luz da fé e arder no desejo do bem. É necessário para tanto inserir-se nas suas instituições e trabalhá-las eficientemente por dentro. (São Paulo, Edições Paulinas, 1963, p. 45 e 46)

Se o BU não podia ser considerado porta-voz da Igreja Católica do Brasil, naquela época, em que medida, doutor Paulo, o cardeal Câmara, ao dar munição aos que combatiam o BU, mereceria tal título?

Paulo de Tarso: – Este episódio indica as divergências que existiam na Igreja Católica, naquela época. Vê-se claramente que o Cardeal Motta assumiu posição diferente da de Dom Jaime de Barros Câmara, que era uma espécie de intérprete das tendências mais conservadoras da Igreja. De fato, quando ele afirmou que o Brasil, Urgente não era um jornal católico, ou seja, um jornal oficial da hierarquia católica, não disse novidade. A hierarquia não costumava, naquela época, oficializar jornal algum. O jornal O São Paulo existia, mas não com as características de um periódico de combate como o Brasil, Urgente. Era mais um boletim informativo, com acentuado cunho litúrgico. Posteriormente, ele sofreu uma transformação, e, hoje está aí, sendo motivo de polêmica novamente.

Naquela época, o que o Brasil, Urgente pretendeu foi ser um jornal de católicos. Como não havia um outro jornal de católicos, capaz de enfrentá-lo no mesmo nível de disposição de luta, de informação objetiva, de tomada de posições concretas, face aos problemas brasileiros, o Brasil, Urgente passou a ser o foco da atenção de todos que estavam mobilizados pelo IBAD e pelo IPES.

O combate ao Brasil, Urgente feito por Dom Jaime de Barros Câmara, também na base de dizer que ele não concordava com muitas das coisas que o jornal disse, igualmente não era uma novidade. Sabidamente Dom Jaime de Barros Câmara não podia concordar, por exemplo, com o combate que o Brasil, Urgente fazia ao IBAD e ao IPES, naquela época travestidos de defensores das tradições cristãs. O grave do episódio é que Dom Jaime de Barros Câmara, falando, em alguma medida, em nome da CNBB deu munição aos inimigos do jornal, deu pretexto aos que a ele se opunham para combatê-lo, em nome da hierarquia católica. E isso, com certeza, agravou grandemente as dificuldades do jornal na época. Eu acho que o Brasil, Urgente, a partir deste momento do pronunciamento da CNBB, através de Dom Jaime de Barros Câmara, vai começar a viver o que eu chamaria o seu martírio. Aqui começa o martírio do Brasil, Urgente.

O cristão, a vida, a história, a humanidade.

Coimbra: – Possivelmente inquieto com a crise que se desenhava na nota da CNBB, o BU, a partir do seu n° 25, p. 13, inicia, neste mês de setembro de 1963, um esforço para demonstrar que a sua disposição para enfrentar os problemas sociais brasileiros estava em perfeita harmonia com antigas linhas do pensamento cristão. Com uma série de matérias a que chamou Reportagens de Caráter Histórico em Torno das Encíclicas Sociais, o BU começa, neste número, com uma constatação:

> Os Documentos Sociais da Igreja, quase sempre foram acatados de maneira oficial. Por vezes, conseguiram vencer o peso morto dos interesses contrariados, inspirando atitudes, e até legislação. Mas, na maioria dos casos, ficamos com a triste impressão de uma voz pregando no deserto.

Neste número, o BU relembra inicialmente os documentos papais sobre a escravidão:

> Arredondando as datas, podemos dizer que as Encíclicas Sociais nasceram com a América. Tendo em vista a América Latina que ia sendo ocupada por portugueses e espanhóis, o Papa Leão XIII escreveu aos soberanos destes povos mostrando que a escravidão era contrária à Humanidade e à Justiça.

Reconhece, no entanto, o jornal:

> Dolorosa constatação histórica: apesar de Gregório XVI, já em pleno século XIX, ameaçar com excomunhões o tráfico e a prática da escravidão, entretanto, esta mancha social perdurou em países cristãos até o fim do século passado.

No BU seguinte, o de nº 26, é discutida uma velha questão: a da usura. Depois de encontrar condenações a ela no Velho Testamento (Êxodo e Ezequiel), no Novo Testamento (Lucas), em São Tomás de Aquino e São Boaventura, o BU chega à encíclica *Vix Pervenit*, de Bento XIV, de 1 de novembro de 1745, onde a usura é considerada um pecado duramente reprovado nas Sagradas Escrituras.

A matéria, neste número (p. 6), no seu último intertítulo ("Usura Hoje"), atualiza a discussão:

> Hoje, como ontem, a usura é condenada. Essa condenação se fundamenta em dois títulos; primeiramente, o excesso na quantidade de lucro exigido em um empréstimo. Depois, considera a simples posse do dinheiro como uma fonte de novo enriquecimento, sem trabalho próprio e apenas com o suor alheio. O segundo princípio foi geralmente esquecido na moderna civilização capitalista.

Esgotada a questão da usura, no BU n° 28, fala-se da Bula de Paulo III, de 1537, *Sublimis Deus*, que reconhece a condição de ser humano no indígena colonizado na América.

No último BU deste mês, as reportagens em torno das encíclicas Sociais prosseguem, abordando o controvertido problema do liberalismo.

Com honestidade, o jornal reconhece os interesses políticos da Igreja, nesta questão:

> Pio VI, que exerceu o pontificado dos anos de 1775 a 1799, tomou uma posição radicalmente contrária à Revolução Francesa, o que se explica por vários motivos. Primeiramente, dois dos Estados pontifícios se sublevaram e se anexaram à França. Este motivo pesará cada vez mais sobre o ânimo dos papas, em sua apreciação dos governos liberais, sobretudo quando a política destes acarretar a perda total dos Estados pontifícios que virão a constituir o reino da Itália, já sobre o pontificado de Pio IX. A segunda razão da incompatibilidade dos papas com as liberdades proclamadas e difundidas pela Revolução de 1789 foi o seu caráter nitidamente anticlerical e sua oposição violenta ao alto clero, assim como à nobreza e ao Rei. (BU n° 28, p. 12)

Mas, o BU sustenta que há, também, continuamente, condenações do liberalismo nos pontificados de Pio VI, Leão XII, Pio VIII, Gregório XVI, Pio IX, Leão XIII, Pio X, até chegarmos a Bento XV e Pio XI.

> Pode-se dizer que a Igreja jamais retirou, nem retirará, essas condenações, no sentido em que o liberalismo proclama, não apenas a liberdade, como um direito a uma prerrogativa, e apregoa o seu abuso como uma faculdade que assiste ao homem.

O jornal, porém, lamenta que:

> O equívoco tão doloroso para os católicos mais lúcidos do século XIX e começo do século XX consistia em que, ao lado dos anátemas, pouca luz era projetada sobre os aspectos positivos da democracia.

Segundo o BU, com Pio XI há uma abertura ao mundo moderno.

> O tratado de Latrão, em 1929, não significa, apenas, a solução da chamada Questão Romana, a reconciliação da Santa Sé com a Itália, mas, a nova disposição dos papas de serem apenas um poder espiritual e de conduzirem os cristãos e atuarem no mundo de hoje como um fermento de massa. O Papa da Ação Católica é igualmente o desbravador de caminhos para a participação dos cristãos na construção da democracia. Para a felicidade de nossa época, a Igreja não insiste, apenas, na condenação dos abusos da liberdade com Pio XII e, mais particularmente, com João XXIII, passou a indicar os rumos de um mundo novo, em que a liberdade se irmane com a justiça e com a fraternidade humana.

Com estas reportagens o jornal deixava claro que havia, em certos setores da Igreja, sobretudo no de leigos da Ação Católica, coragem para repensar o catolicismo, de modo a torná-lo num instrumento de atuação prática, política. A propósito disto, numa obra publicada em 1962, pela Editora Universitária, de Belo Horizonte, *Cristianismo hoje*, escreve Herbert José de Sousa, o Betinho, p. 107:

> Não podemos aceitar a tese da religião formalista, estática, voltada para o santo comércio com os santos, na contabilidade das promessas a troco de empregos, favores, notas escolares e recuperações de saúde. Cristianismo das novenas, das devoções superficiais e mecanizadas. Para nós ser cristão é ser alguém comprometido com a vida, a história, envolvendo o destino de toda a humanidade.

O senhor que, na ocasião, vivia essa bidimensionalidade de cristão e político, acha que o pensamento deste pequeno grupo de católicos atingira, na época, um grau de amadurecimento capaz de tornar eficiente a ação do grupo, do ponto de vista político?

Paulo de Tarso: – Nós, católicos recebíamos, na época, uma formação idealista, no sentido filosófico. Os cristãos estavam com as costas voltadas para a realidade, e a frente voltada para os princípios, dizendo: – Isto está certo e isto está errado. O estudo mais profundo do real para transformá-lo, no sentido de uma ordem social mais de acordo com as necessidades humanas desatendidas, isto não era o forte da posição cristã daquela época.

Quando o Betinho critica o cristianismo das promessas, o cristianismo das novenas – embora eu seja um saudosista das novenas, devo confessar – e, ao mesmo tempo, opõe a isto o cristianismo como a atitude de alguém comprometido com a vida e com a história, na verdade, ele estava assinalando uma encruzilhada do cristianismo.

Ou o cristianismo continuava na adinamia, na falta de força, dos princípios ditos imutáveis ou o cristianismo aterrissava na realidade histórica, assumindo compromissos concretos, correndo os riscos desses compromissos, que natural, compreensível e inelutavelmente, contrariam interesses criados. A Igreja, ao sair da esfera dos princípios, ao tomar posição no plano concreto do conflito social, tem aliados e tem adversários, para não dizer inimigos. Então, houve, mais tarde, uma verdadeira conversão quando a Igreja – que procurava captar a simpatia do maior número de pessoas, especialmente dos poderosos, dos que detinham o poder econômico e o poder político –, de repente, optou pelos pobres. Ela fez um pouco aquilo que certos recém-nascidos têm de fazer quando nascem com um problema de sangue: o RH contraditório, causador de um processo de anemia progressiva que leva à morte. Ela teve que fazer uma troca de sangue, o que em Medicina se chama exsanguíneo transfusão. Puebla, Medellín e Vaticano II, foram uma espécie de exsanguíneo transfusão da Igreja. Ela se modificou por dentro. As alianças que ela tem hoje são opostas às que ela tinha antes. Isto não significou apenas uma posição a mais da Igreja, ao longo de tantas posições que ela tomou. Representou uma verdadeira conversão, como eu disse.

Nas encíclicas sociais de João XXIII há um esforço de aplicação dos princípios da Igreja à realidade histórica dos países. João XXIII falava de colonialismo e não ficava aí. Ele passava a falar também de neocolonialismo, que estava ocorrendo em muitos países naquela oportunidade. Este neocolonialismo, ainda hoje, ocorre através da penetração ideológico-cultural das transnacionais, da cultura alienada, do deslocamento do centro de decisões do Brasil para o Exterior, onde estão nossos credores que discutem a nossa dívida, e impõem condições para liquidá-la. Há um neocolonialismo cultural, e um neocolonialismo econômico. Isso não é descoberta dos nossos dias. Está nas encíclicas de João XXIII. O que ocorre é que as encíclicas falavam linguagem um pouco cifrada, e, às vezes, um pouco genérica, como eu já disse. Não falavam a linguagem técnica de projetos específicos. Mas, João XXIII avançou muito. Não porque ele tenha acumulado projetos específicos. Mas, porque ele concretizou muito mais as tomadas de posição da Igreja, no plano das encíclicas papais.

Agora, no plano de definição de forças e de tomada de posição, nos conflitos sociais internos do Brasil, o Brasil, Urgente representou um marco da maior importância. Ele ficava absolutamente harmônico com as encíclicas papais, e as interpretava em favor dos pobres, dos não privilegiados, dos seguimentos populares da população. Então, a atuação, hoje, da Igreja não é um ato isolado. Está dentro de um processo histórico que, no Brasil, teve no Brasil, Urgente um marco muito importante.

Tito e Che no Brasil

Coimbra: – O BU se insurgiu, neste mês, contra a tentativa da grande imprensa de se utilizar dos católicos para hostilizar o presidente Tito, da Iugoslávia, em visita a nosso país. Escreveu Dorian Jorge Freire, no BU nº 27, à página 8:

> Agora o “caso Tito”. A mesma imprensa, os mesmos politiqueiros, tentando jogar os católicos contra um estrangeiro que visita o Brasil a convite de nosso governo. Quando a Igreja determinou, oficialmente, aos seus fiéis não participar de atos favoráveis ou contrários ao visitante, isto valeu a ela e ao nosso cardeal outros ataques, notadamente, de O Estado de S. Paulo e do cronista de futilidades do Diário de S. Paulo. Não receber Tito porque o iugoslavo é ditador. Mas, receber Trujillo, Stroessner, receber Craveiro, na época testa-de-ferro de Salazar.

Não receber Tito que hostiliza e prende padres, grita uma reação que vive de injuriar a Igreja e que recentemente encarcerou padre Alípio e Dom Jerônimo. Tudo a culminar com a ridicularia do sr. Adhemar de Barros de não receber o estadista visitante e a explicação tola de que age em nome de seu catolicismo. Logo, ele, o sr. Adhemar de Barros, cujo sincretismo religioso é da pior qualidade. O que está aí não é sentimento religioso, não é defesa da Igreja. É embuste, má fé. Servir-se da Igreja e da fé para fins escusos.

No número anterior (BU nº 26, p. 9), o jornal em extensa matéria ("Visita de Tito: Prova de Fogo Para Nossa Política Exterior") já havia alertado:

Políticos e jornais que vêm se destacando no combate ao governo brasileiro, atrelados às companhias "anticomunistas" patrocinadas por IBAD e IPES, vêm procurando, a propósito dessa visita, confundir a opinião pública e preparar uma recepção hostil ao visitante e uma nova crise política. O argumento invocado contra a visita de Tito são as relações entre o governo da Iugoslávia e a Igreja Católica. Tenta-se envolver a hierarquia católica brasileira num movimento que nada tem de religioso e confundir a opinião pública.

Simultaneamente, o BU também denunciava o sentido da celeuma provocada por uma simples charge publicada no jornal Última Hora. Na mesma coluna de Dorian Jorge Freire, citada acima, cujo título, aliás era "Igreja, Ópio do Povo", ele aduzia à celeuma:

A publicação por Última Hora de uma charge sobre a visita de atletas ao Santuário de Aparecida foi explorada até a grosseria. Transformaram a charge num insulto à Igreja, ao povo católico, e até às pessoas sagradas. Não bastaram o protesto da arquidiocese e as escusas pelo jornal. O episódio, que nesta troca de explicações normalmente seria encerrado, foi artificialmente engordada. Jornais como O Estado de S. Paulo, useiro em ataques à Igreja, ao Papa e ao nosso cardeal, em editoriais inflamados passaram à "defesa" de Nossa Senhora Aparecida, como se ela carecesse de defesa e necessitasse de tais advogados. O senador Calazans, que aplaudiu o sr. Carlos Lacerda nas suas alusões hostis ao Cardeal Motta, no Senado, em voz tremelicante "defendeu" a Mãe de Deus, da heresia de um artista a soldo das feras do ateísmo de Moscou. Quando o cardeal encerrou o caso, aceitando as desculpas do jornal, a ira caiu sobre ele e o mesmo O Estado de S. Paulo da véspera, tão cioso na defesa da Igreja, insultou o cardeal-arcebispo, dizendo-o envolvido pela esquerda e dócil às ordens dos comunistas de Brasília. A verdade é que a gritaria não tinha sentido religioso. Tentava-se incompatibilizar-se com o público católico um jornal que apoia o presidente da República e defende a política nacionalista.

Escreve Leôncio Basbaum, no seu livro mencionado, capítulo "O Terror Psicológico", p. 114:

> O pavor do desemprego se espalhou por São Paulo e daí para todo o país: era perigoso ser ou simpatizar com os comunistas, com a URSS, com Jango, com a Democracia. Essa espécie brasileira de macarthismo se tornou ainda mais grave com a chegada ao Brasil do presidente Tito, da Iugoslávia. Cada jornal procurava se esmerar, mais do que o outro, em mostrar como Tito era um criminoso, que se alimentava de crianças ao almoço e burgueses ao jantar. Destacavam-se A Gazeta, O Estado de S. Paulo e a Folha de S. Paulo.

Dreifuss nos dá mais informações sobre o tumulto causado pela vinda de Tito, mencionado por ele, quando estuda, no seu livro referido, a Mobilização da Classe Média e Apoio Feminino, e trata da penetração da rede IPES/IBAD nos diversos setores da vida do país.

> A União Cívica Feminina foi organizada em São Paulo, em 1962, visando o "esclarecimento" da opinião pública, a "defesa do Regime Democrático" e a "despertar a consciência cívica das mulheres". A UCF destacava-se, também, em extraordinárias atividades para promover tumulto. Sua ação tinha pouco a ver com as decantadas atitudes da dona-de-casa brasileira. Ela representava a face da propaganda da máquina liderada pela IPES, a outra face sendo constituída de atividades paramilitares organizadas. O governador Adhemar de Barros apoiava a UCF nessas atividades, auxiliado pela rigorosa polícia estadual, disfarçada de estudantes. Paulo de Tarso, Miguel Arraes, Leonel Brizola,

> Almino Afonso, João Pinheiro Neto e Eloy Dutra representavam alvos especiais das violentas atividades desses grupos organizados. A UCF mostrou-se útil ao proporcionar a parte vocal agressiva das demonstrações de massa contra a visita do Presidente Tito, da Iugoslávia, bem como contra inúmeras medidas governamentais. (p. 295)

O senhor era prefeito de Brasília quando Ernesto Che Guevara foi condecorado por Jânio Quadros. Em que medida se pode comparar a passagem de Guevara pelo Brasil com a do presidente Tito?

Paulo de Tarso: – Com relação às acusações que o senador Calazans fez a Dom Carlos Carmelo Motta no Senado da República, devo dizer que coube a mim a defesa do cardeal, nessa oportunidade. Ele foi atacado, no Senado, pelo padre Calazans e eu o defendi na Câmara dos Deputados. Por isso, é que Dom Carlos Carmelo, na carta que me escreveu, que eu publiquei em meu livro e já mencionei aqui, agradece a defesa pública que eu fiz do nome dele.

Não havia razão para receber de maneira hostil o presidente Tito. Ele representava o neutralismo diante do diálogo ou do choque da Guerra-Fria, Leste-Oeste. Isto é, representava os países socialistas que procuravam a própria autonomia, diante da União Soviética. Havia uma série de motivos políticos para considerar o presidente Tito até como adversário da União Soviética. Era um homem que o Ocidente sempre procurou tratar com luva de pelica para não integrar as contradições que ele tinha com o sistema soviético.

Assim, quando se procurou transformar a reação popular à vinda de Tito ao Brasil numa espécie de guerra santa de cunho religioso, cometeu-se uma atitude farisaica para dar cobertura de opinião pública ao golpe que vinha sendo montado.

Eu participei do banquete que se deu a Tito, no Palácio da Alvorada, porque, na época, era ministro da Educação do governo Goulart. Lembro que as igrejas de Goiás, por exemplo, fizeram repicar os sinos, quando ele, saindo de Brasília, apenas pode fazer uma visita a uma cidade próxima. O clima era de tal maneira exacerbado que, tenho a impressão, ele sequer foi a Belo Horizonte. Não havia clima para ir a Belo Horizonte e, quando foi a Goiás, as igrejas repicaram os sinos. Isso estava orquestrado para dar a impressão de que o Brasil já estava numa marcha acelerada para o comunismo e que a única solução era a deposição do governo. Os que estavam interessados em depor João Goulart precisavam de uma ideologia e essa ideologia era claramente o cristianismo católico. A confusão entre política e religião, na época, foi usada e abusada. Era preciso confundir a política reacionária conservadora com o cristianismo católico para que a Igreja pudesse ser um instrumento de deposição do governo.

Esse episódio de Aparecida mostra como Nossa Senhora Aparecida é um símbolo da religiosidade popular católica fortíssimo, sempre explorado em termos emocionais, em momentos assim difíceis. O curioso é que lendo estas passagens do Brasil, Urgente, retomando contato com o jornal, eu posso até dizer que eu estou descobrindo o verdadeiro Brasil, Urgente, agora. Eu vivia em Brasília e não li todos os números do jornal, embora eu soubesse dos contornos gerais que tinha. Sabia que o jornal era importante para definir uma posição cristã favorável à transformação social do Brasil, naquela época. Mas não tinha detalhes que as perguntas me estão dando. Eu, pouco a pouco, estou recompondo a minha visão do Brasil, Urgente. E o jornal cresce na minha visão, como um instrumento poderoso. E também cresce na minha visão a atitude desassombrada de Dom Carlos Carmelo, sem o qual o Brasil, Urgente não teria existido.

Eu fui testemunha tanto da visita do Guevara, quanto da visita do Tito. Eu participei pessoalmente das duas, muito mais da do Guevara. O Guevara foi deixado às moscas, depois da condecoração, às seis horas da manhã, que o presidente Jânio Quadros fez a ele com a Ordem do Cruzeiro do Sul.

Esta condecoração tem uma história que vale a pena contar. Pelos fatos que chegaram ao meu conhecimento, se prende à atuação do ministro Clemente Mariani, da Fazenda, na Conferência de Punta del Leste. Como ministro, ele não seguiu exatamente as instruções do, então, presidente Quadros, que teria dito a ele: – "Eu conheço Guevara. É um homem sedutor que saberá conquistar a simpatia do auditório na Conferência de Punta del Leste. Eu sei que ele vai se levantar e vai fazer um discurso terrível. Eu apenas quero que o senhor ministro diga que o Brasil não discrimina ninguém".

E o Mariani não apenas não disse isso em plenário, como se aliou aos norte-americanos para uma defesa ortodoxa da Aliança para o Progresso, que estava sendo demolida pelo célebre Discurso da Latrina, de Guevara. Por isso, a condecoração foi muito artificial. Não era uma adesão política do Jânio Quadros ao Che Guevara. O governo todo ficou horrorizado com a condecoração. E ninguém quis dar o almoço de protocolo ao Che Guevara. Eu fui visitado, como prefeito de Brasília, pelo chefe do Protocolo do Itamaraty, que me contou, claramente, isto. Nenhum ministro se dispunha a dar o almoço oficial a Guevara, e o Palácio do Planalto tampouco ia homenageá-lo com um almoço. O diplomata me perguntou se eu me dispunha, como prefeito de Brasília, a oferecer o almoço, coisa que fiz. Depois, sobrevoei Brasília de helicóptero, com ele. Mostrei a cidade com um mapa que eu dediquei a ele. Nós voltamos de helicóptero, descemos no aeroporto de Brasília, e no aeroporto não havia um soldado, uma figura oficial, um ministro de Estado. Não havia ninguém. As únicas pessoas que estavam no aeroporto para dar as despedidas ao ministro Guevara, naquela oportunidade, eram os deputados da Frente Parlamentar Nacionalista. Eu me lembro que eles fizeram duas filas, uma de cada lado, e o Guevara e eu passamos no meio dessas filas. Ele foi sendo cumprimentado pelos deputados da Frente Parlamentar Nacionalista, até a escada do avião, onde já estavam todos os seus companheiros de comitiva. Quando ele se despediu de mim – preparei isso anteriormente –, eu disse a ele: – Boa viagem, ministro. Que Deus o acompanhe! Sublinho esta frase: – Que Deus o acompanhe. Pensei: – Qualquer resposta do Guevara vai ser importante para que eu marque a minha posição de católico, embora cordial, capaz de reconhecer todo o lado heroico da personalidade dele. Mas, acontece que a minha manobra resultou totalmente infrutífera. O Guevara não contraiu um músculo da face.

Não disse uma só palavra. Ele já havia me cumprimentado. Voltou-se, subiu a escada e tomou o avião para Cuba novamente.

A rebelião dos sargentos

Coimbra: – O senhor era ministro de Estado, quando, no dia 12 de setembro de 1963, sargentos revoltados tomaram Brasília. Em matéria que ocupava toda a página 20, a última do BU nº 27, o jornal disse:

> Seria uma superficialidade ver na revolta dos sargentos apenas um ato de insubordinação. Desafio à decisão da Justiça ou tentativa de subverter a ordem pública, em instante de tão intensa perplexidade nacional. Há que entendê-la como um protesto. Violento, mas fundamentalmente justo, contra a impostura que se acoberta sob o manto da legalidade. Os sargentos foram compelidos à revolta, não por espírito de rebeldia e sim pelo desatendimento de reivindicações justas e pacientemente reclamadas. O episódio sirva aos legisladores como prova da urgência da reestruturação político-social da Brasil, a partir da reforma de uma Constituição, que todos reconhecem eivadas de erros, equívocos e omissões, incapaz de refletir a realidade do país e mesmo comprometedora do desenvolvimento nacional, em todos os seus sentidos. Estamos com os sargentos, pela extensão efetiva dos direitos democráticos a todos os brasileiros e, certos da justeza de sua causa, esperamos das autoridades compreensão e lucidez, tanto no julgamento do grave incidente, como no atendimento de uma aspiração que não é específica de uma corporação ou de uma classe, mas que, hoje, constitui uma clara exigência da opinião pública brasileira.

Quem melhor conta o episódio é o próprio ministro da Justiça de Goulart, Abelardo Jurema, num capítulo do seu livro citado, chamado *A revolução dos sargentos* (p. 107 a 121):

> Naquelas 5 horas da manhã, já se tinha conhecimento de que a revolta estava circunscrita a Brasília, que se achava totalmente ocupada pela

sargentada da Marinha e da Aeronáutica, embora permanecesse leal toda a guarnição do Exército. Oficiais daquelas duas armas estavam presos pelos revoltosos e alguns civis, entre os quais deputados, deviam estar presos. Eram necessárias providências preventivas em todas as bases navais e zonas aéreas para impedir a propagação do movimento. Pouco depois das sete horas, chegavam ao Ministério da Guerra os ministros da Marinha e da Aeronáutica. Todo o comando militar do governo se achava reunido e tomando providências sincronizadas. O General Jair era o comandante-em-chefe. Dava ordens rigorosas para Brasília e para o resto do país. Seguro, pronto, e incisivo, o General Jair, pessoalmente pelo telefone, e, posteriormente, pela radiofonia, determinava ao cel. André Fernandes, comandante em Brasília – o general Fico achava-se, também, no Rio Grande, acompanhando o Presidente da República – o cerco e a investida sobre as posições dos rebeldes: Ministério da Marinha, da Aeronáutica, aeroporto militar e civil, acampamentos da Marinha e da Aeronáutica, Chefatura de Polícia, sede da Empresa Telefônica, prefeitura e todos os demais pontos por eles dominados. Durante todo o resto do dia, a ação do Exército se fez sentir em Brasília, inflexivelmente. Um por um, caíram os focos rebeldes. As ordens do General Jair eram terminantes e não admitiam parlamentações. Em dado momento, ouvi ordens severas, pelas quais o Ministro da Guerra determinava que se bombardeasse o Ministério da Marinha, caso insistissem os revoltosos em se manter de armas na mão. Estava o Ministério da Marinha cercado por carros blindados. Já no fim da tarde, estava toda a situação dominada em Brasília e mais de mil prisioneiros foram transportados para o Rio, sendo alojados em navios cedidos pela Marinha, para este fim.

Abelardo Jurema mostra, ainda, o quanto era amplo o quadro de insatisfações nos quartéis:

Apesar de todo o sigilo natural, guardado pelas autoridades militares, várias situações surgiram na área militar, requerendo não apenas ação repressiva, mas prudência e muito tato. Sargentos da Aeronáutica, nas bases de Salvador e de Natal, assim como, em menores proporções em Belém, Recife e Porto Alegre, passavam de insatisfação a atos de indisciplina e até rebeldia. Os superiores, segundo informações muito reservadas, estavam pernoitando em dependências isoladas dos alojamentos e quartéis, todos armados de metralhadora. Na Marinha, a situação era a mesma, inquietação, intranquilidade e desconfianças generalizadas entre inferiores e superiores. Este quadro se agravava ainda mais com a sensível irradiação dessa insatisfação aos quadros das Polícias Estaduais. Aliás, nas Polícias Estaduais, o ambiente era ainda mais propício, em face dos parcos salários que os seus membros recebiam, em estados pequenos com os do Norte e os do Centro-Oeste. Até rebeliões já tinham eclodido, como as do Piauí e do Rio Grande do Norte, cujos governadores contaram, de imediato, com o apoio do governo Federal, através da ação pronta e eficaz do Ministério da Justiça e do Ministério da Guerra.

AMERICANOS FINANCIAM GOLPE DA DIREITA

Brasil, Urgente

Um Jornal do Povo a Serviço da Justiça Social

HANNA MUDA DE NOME PARA VOLTAR A AGIR

Centro Dos Cabos e Sargentos Reivindica o Direito de Voto

Dois meses antes de ocorrer o Golpe Militar, no dia 2 de fevereiro de 1964, o jornal denunciou de novo sua preparação.

Paulo Schilling fala, no seu livro citado, sobre as divisões nas Forças Armadas. Uma destas divisões a que ele se refere, e chama de vertical, ele descreve assim, à página 85:

> A contradição fundamental que se verifica em todas as organizações militares – a existente entre os comandos e os segmentos inferiores, sargentos, cabos, soldados – assemelha-se, mantidas as proporções e considerada a existência de toda uma série de fatores diferenciais, à que se verifica na sociedade civil entre as classes dominantes e trabalhadores. A grosso modo, poder-se-ia dizer que os generais usufruem um nível de vida de classe rica e média alta. A oficialidade jovem tem um padrão de classe média baixa; em muitos casos são forçados a exercer uma atividade complementar para sobreviver razoavelmente. Os sargentos, cabos, os soldados e marinheiros estão condenados a um nível de vida equivalente aos operários não classificados e inclusive inferior. Essa situação de contradição social pode evoluir, sempre que a esses fatores objetivos se misture um mínimo de conscientização política. Pode inclusive chegar à quebra da disciplina nos quartéis, à ruptura da hierarquia militar e mesmo a situações revolucionárias ou pré-revolucionárias.

Como foi para o senhor, doutor Paulo, o dia 12 de setembro de 1963?

Paulo de Tarso: – O sargento Antônio Garcia Filho havia sido eleito deputado federal e causava profunda inquietação na hierarquia porque era um sargento que chegava àquele cargo. O direito a voto, dado aos sargentos, incluía, está claro, o direito de ser votado. Mas muita gente discutiu a legalidade do mandato do sargento Garcia. A revolta dos sargentos se deu num clima predominantemente de reivindicação de possibilidades de atuação política deles. Eu me lembro dos episódios da revolta, lá em Brasília. Meu próprio carro foi detido pelos sargentos, quando saía da Península dos Ministros, na altura do aeroporto de Brasília. Quando me reconheceram, mandaram seguir.

Lembro, também, de ter ido ao Palácio do Planalto e de ter acompanhado as medidas que se estavam tomando, de minuto a minuto, para conter a rebelião. Fiquei com a impressão, nessa época, de que o governo Goulart, estava profundamente interessado em conter essa revolta. Não sei se todas, mas pessoas que atuaram com destaque no governo, na época, nada tinham a ver com a revolta dos sargentos. Ao contrário, estavam preocupados com ela. Estavam, até mesmo, mobilizados para terminar com ela. Tanto que ela foi terminada, rapidamente. Não havia, neste episódio, divergência entre Goulart e as Forças Armadas. Aquela rebelião foi um pouco romântica. Eles esperavam conexão, parece, com outros pontos do país, o que não chegou a ocorrer.

O episódio dos sargentos serviu de argumento, posteriormente, para mostrar como, pouco a pouco, se estava procurando minar a hierarquia militar.

Acho injusto considerar esta rebelião como um primeiro elo de uma corrente de eventual desgaste desta hierarquia. Dou testemunho pessoal de que o governo Goulart, absolutamente, não estava favorável à rebelião, nem estava insuflando a rebelião. Ao contrário, reitero, ele estava preocupado em que ela terminasse o mais rapidamente possível e colaborou neste sentido. Sem querer descer a detalhes, eu me lembro da atuação do chefe do Gabinete Civil, professor Darcy Ribeiro, claramente contraria a esta rebelião. Ouvi algumas opiniões do professor Darcy Ribeiro, no sentido de que a autoridade do governo precisava ser preservada da insubordinação dos sargentos.

Com relação aos sargentos, quero contar um episódio. Posteriormente a 1964, eu fiquei, ainda, sete meses no Brasil, quatro dos quais eu passei em Brasília. Quando os meus filhos estavam em férias escolares, vim para a fazenda do meu sogro, em Pompéia, no interior de São Paulo. Uma fazenda que se pode dizer urbana porque estava a três quilômetros da cidade, em estrada pavimentada. Num determinado dia eu fui a um sepultamento de um menino pequeno, primo meu, falecido, em Marília. A minha presença na região foi denunciada à autoridade do II Exército. Fui preso no dia seguinte, com uma verdadeira demonstração de força. Contam alguns, que a presenciaram, que havia cerca de quinze ou dezesseis pessoas armadas para me prender. Fui levado para a delegacia de Marília, mas não sofri maus tratos. Aliás, um coronel pediu que eu deixasse manuscrito que eu não havia sofrido maus tratos. Numa perua, com um ou dois investigadores, me trouxeram de Marília até São Paulo. Nos interrogatórios, longos, a que eu fui submetido, viu-se claramente que o motivo fundamental pelo qual eu fui enquadrado nos IPMs, na Lei de Segurança Nacional e considerado um inimigo da hierarquia militar – apesar de eu ser oficial da reserva –, foi uma certa atitude minha de tentativa de conquista política da classe dos sargentos para o PDC, a que já fiz referência. Nos interrogatórios, eles diziam: – Se o senhor quisesse fazer proselitismo político devia procurar os seus parentes que são oficiais do Exército. Não podia fazer proselitismo político com sargentos.

Mas, o fato que eu quero contar é o seguinte. Eu estava depondo num IPM para apurar as atividades subversivas dos sargentos no Parque da Aeronáutica, em Cumbica. E disse ao capitão que dirigia o inquérito: – Capitão, eu não conheço Cumbica, Eu nunca estive lá. Ele se surpreendeu: – Como? O senhor nunca entrou em Cumbica? Eu disse: – Eu não sei onde fica, eu nunca entrei no Quartel de Cumbica. Eu conversei, sim, com sargentos da Aeronáutica que me faziam perguntas sobre o momento político que o Brasil vivia, sobre o desenvolvimento da nossa crise política.

Num determinado momento, de madrugada, quando o meu depoimento já estava longo e eu já havia deposto umas quatro horas seguidas, o capitão disse ao sargento datilógrafo, que estava anotando as minhas declarações: – Sargento, chegou a hora do senhor ser substituído. O senhor já trabalhou muitas horas. E o sargento, com certa ingenuidade maravilhosa, que até hoje me alenta, disse: – Capitão, será que o senhor não se importa de deixar eu terminar o depoimento do doutor. Eu estou aprendendo muito com ele. O capitão, que era amigo do sargento, disse assim: – Bom, continue, então. E se virou para mim: – O senhor veja. O senhor ainda tem coragem de negar os seus vínculos com os sargentos. Até o meu sargento datilógrafo que está participando de um IPM contra o senhor está aprendendo com o senhor. Eu disse: – Eu não nego os vínculos.

Eu apenas disse que os vínculos eram de ordem política e não de ordem militar.

Eu nunca conspirei, nunca pensei numa revolução violenta no Brasil. E me parecia desleal pregar uma coisa na qual eu não tinha condições de envolver a minha própria vida. Então, aquele sargento, ao dizer "eu estou aprendendo muito com o doutor", contou o espírito de todos os meus contatos com os sargentos.

Golpe de Estado bem articulado

Coimbra: – Prosseguia, neste mês, a cobertura jornalística que o jornal vinha dando aos desdobramentos das investigações parlamentares sobre o IPES/IBAD.

> Guerra de morte decretada dentro do PDC contra o ministro Paulo de Tarso e o deputado João Dória. Motivos: o primeiro convocou a CPI sobre o IBAD e IPES e formulou críticas à Aliança para o Progresso e o outro tem atuação destacada naquela comissão de inquérito. Os líderes do movimento contra aqueles dois homens públicos são Everaldo Magalhães Castro e Hélio Machado, sendo que o último recebeu (e confessou) auxílio do IBAD (BU n° 25, p, 4).

No mesmo número, p. 9, Dorian Jorge Freire pediu o fechamento dos dois organismos, em artigo que se chamava, exatamente: "Agora é Fechar":

> Depois de tudo quanto já foi dito e provado na Comissão Parlamentar de Inquérito que investiga os negócios, processos e objetivos do IBAD e IPES, não resta ao governo, senão fechar as duas instituições. A mentira perdeu a máscara exposta ao povo pelo que ainda resta de vigilância. Por Paulo de Tarso e José Aparecido, João Dória, Max da Costa Santos, Neiva Moreira, Eloy Dutra e por este Brasil, Urgente, uma das primeiras, senão a primeira voz da imprensa na denúncia da podridão.

Para demonstrar o nível de atenção que o jornal vinha dando ao trabalho da CPI, na mesma edição, havia, ainda, uma terceira matéria sobre o assunto: "CPI do IBAD Vem a São Paulo Investigar IPES":

> A Comissão Parlamentar de Inquérito, que investiga as atividades do Instituto Brasileiro de Ação Democrática, vai deslocar-se para São Paulo, provavelmente na próxima semana, a fim de levantar as atividades do IPES. Os membros da CPI cuidarão, em São Paulo, de obter a documentação (inclusive de contribuintes) que foi prometida pelo presidente do IPES e, até agora, não enviada a Brasília.

O BU tocava, aí, no ponto nevrálgico das investigações: quem financiava o IPES/IBAD.

> Coca-Cola, Texaco e Shell foram acusadas pelo governador Miguel Arraes, de contribuírem com dinheiro para o financiamento das atividades do IBAD. Arraes exibiu documentos apreendidos em Recife que comprovam suas acusações. Estão ainda na lista de contribuintes as seguintes firmas estrangeiras: General Electric, Companhia de Cigarros Sousa Cruz, IBM, Tecidos Lundgren, Standard Brands, Remington Rand, Siderúrgica Belgo-Mineira, Lojas Americanas, Perfumaria Coty, Companhia AEG de Eletricidade e Herm Stolz. Também a indústria farmacêutica estrangeira comparece como financiadora da IBAD: Pfizer, Ciba, Grozz, Schering, Enila e Bayer estão na lista de Arraes. A própria Federação do Comércio de Recife aparece na documentação do governador pernambucano. Finalmente, estão também arrolados três estabelecimentos bancários: Novo Mundo, Irmãos Guimarães e Banco Nacional do Norte (p. 12)

Em seus depoimentos, diante da CPI, os dirigentes do IPES/IBAD despistaram o tempo todo. Eloy Dutra fala do comportamento do presidente do IBAD, em seu livro citado, p. 26 a 32.

> Cínico, acima de tudo, Ivan Hasslocher pretendeu insinuar, de certa feita, que os recursos do IBAD promanavam da venda da revista Ação Democrática. Isso foi logo ao começo da grita crescente contra

as atividades do pernicioso instituto. Mais tarde, quando se evidenciou que as despesas do IBAD ascendiam a bilhões e bilhões, não somente em campanhas eleitorais, mas, para o funcionamento rotineiro de sua máquina política, a conversa tomou outros rumos. Solene, Ivan Hasslocher forneceu a explicação, segundo a qual 70 firmas, industriais e comerciais do Rio e São Paulo, entravam com o numerário suficiente. Essa conversa, aliás, foi a que usou o "vice-dono" do IBAD, da ADEP e da Promotion, o espoleta Frutuoso Osório, em imaginoso depoimento prestado perante a CPI sobre as atividades desses órgãos. Apenas, um fato até cômico: além dessa fonte de recursos, o finório "vice" acrescentou que o IBAD recebia considerável recursos em "contribuições anônimas pelo correio". A comissão, no entanto, apurou que três bancos estrangeiros guardavam o dinheiro do IBAD: o Bank of Boston, o The National City Bank of New York e o The Royal Bank of Canada. A Comissão quis saber, dos bancos, quem fazia os depósitos nas contas do IBAD. Apenas o The Royal Bank of Canada respondeu, e, ainda assim, tergiversando. Ao invés de entregar o extrato de conta do IBAD, mandou à Comissão uma simples demonstração de movimento de conta, sem revelar a origem dos depósitos.

O presidente da República João Goulart, então, determinou a suspensão das atividades do IBAD. Na edição seguinte (BU nº 26, p. 2), o jornal publica o editorial "IBAD e Consciência Cristã". O BU se congratula com o presidente João Goulart por sua decisão, mas adverte: as investigações não devem parar.

> Agiu certo o governo da República, atendendo aos interesses nacionais e às exigências do povo, determinando a suspensão, em todo território brasileiro das atividades do IBAD. Nem se pense, igualmente, que o episódio vergonhoso deva ser encerrado com a medida profilática adotada pelo governo federal. A opinião pública continua querendo, com firmeza cada vez maior, conhecer tudo sobre o IBAD e IPES, instrumentos da iniquidade eleitoral.

Em outra matéria ("UDN e PSD na Defesa do IBAD Desafiam o Governo Federal"), à página 8, o jornal mostrava que a questão não estava, de fato, encerrada.

> O decreto presidencial alvoroçou os advogados do IBAD, IPES. A defesa do IBAD foi adotada pela UDN, maioria do PSD, integralistas da PRP, PSP, PL. A favor do IBAD se pronunciaram o senador padre Calazans, deputados federais, padre Godinho, Raimundo Padilha, Eurípedes Cardoso de Menezes, Adauto Lúcio Cardoso, José Bonifácio de Andrade, Laerte Vieira, Arnaldo Nogueira, João Mendes, todos da UDN. Do PSD: Anísio Rocha, Peracchi Barcelos, padre Vidigal e Benedito Vaz. Em São Paulo todos os udenistas, pessedistas e pessepistas passaram à defesa do IBAD. Na Assembleia Legislativa, na Câmara Municipal e nos seus órgãos de imprensa como o Estado de S. Paulo, Folha de São Paulo.

E vinha a informação mais importante:

> O deputado ibadiano Fidélis Amaral Netto (UDN) já comunicou que o IBAD continuará funcionando, agora, com o nome de Comitê Nacional de Defesa Contra o Comunismo, sob a sua direção.

Dreifuss diz que os membros da Ação Democrática Parlamentar acorreram ao comitê criado pelo deputado Amaral Netto, dois dias depois do decreto presidencial, suspendendo as atividades do IBAD:

> O comitê adotou as bandeiras políticas e ideológicas que o complexo IBAD/ADEP havia conduzido até o período da investigação (obra citada, p. 336 e 337).

Uma outra medida foi tomada pelos deputados comprometidos com o IBAD. A CPI, que vinha atuando, suspendeu os seus trabalhos, alegando que o presidente da República havia prejulgado o IBAD, desrespeitando os trabalhos da comissão. Foi, então, constituída outra comissão.

O BU número nº 27, p. 13, revelou "Ibadianos Desafiam o Governo: Reaparecem Sob Novos Rótulos".

E dava a relação dos integrantes da nova CPI sobre o IBAD: Ulysses Guimarães (presidente da comissão), Bocaiúva Cunha, José Maria Alkmin, Getúlio Moura, Temperani Pereira, Pedro Aleixo, Adauto Lúcio Cardoso, Franco Montoro e Bento Gonçalves.

Mas, a nova CPI pouco pôde avançar, além do ponto a que já tinha chegado a primeira. De qualquer modo, no mês seguinte Goulart determinou o fechamento definitivo dos escritórios do IBAD. Segundo Dreifuss, no entanto, quando isto aconteceu, grande parte dos ativistas do IBAD já estavam integrados na rede do IPES e as duas CPIs nunca conseguiram levantar com exatidão as ligações entre IBAD e IPES. Embora soubessem que as fontes financeiras eram comuns aos dois institutos, um mesmo membro participava dos dois organismos e havia ação conjunta entre eles (obra citada, p. 336 e 337). Assim, o IPES foi poupado.

Quanto às finanças do IPES/IBAD, segundo Dreifuss, pouquíssimo veio à tona, nas investigações das CPIs. Isto porque havia o cuidado de fazer uma limpeza nas contribuições financeiras. Dreifuss mostra como era feita esta operação.

> Muitas das doações eram tramitadas através das Associações de Classe, o que permitia que não se revelasse identidade de companhias isoladas. Esse era o caso dos associados da Federação das Indústrias que se responsabilizavam por dar uma grande participação mensal, através de sua associação de classe. Mais doações chegavam ao IPES por intermédio da Associação dos Banqueiros, do Centro de Indústrias, do Sindicato das Companhias de Seguro, do CONCLAP (Conselho das Classes Produtoras) e das Associações Comerciais. Os banqueiros participavam através dos Sindicatos dos Bancos, com o intuito de "disfarçar" sua contribuição ao IPES.

Dreifuss relaciona, ainda, mais outras quatro formas de camuflagem das contribuições:

> 1ª) A organização de seminários pelo IPES dos diversos Estados. As firmas estariam 'pagando' pelos 'serviços técnicos' prestados através de sua participação nos seminários.
> 2ª) Escritórios de consultoria. Esses escritórios seriam procurados por corporações privadas por 'precisarem' de estudos de viabilidade e outros projetos.
> 3ª) Associações democráticas, subsidiadas pelo IPES que pudessem emitir recibos.

> 4ª) Organizações filantrópicas e centros sociais de que participavam esposas de proprietários ou diretores de empresas, para onde eram canalizados os recursos que depois retornavam ao IPES (p. 203 a 205).

A delicada questão das contribuições estrangeiras, em que também pouco pôde avançar as CPIs, Dreifuss esmiúça em seu livro. (p. 205 a 208)

> Em março de 1962, em São Paulo o Fundo de Ação Social – FAS foi criado, na certeza de que "o Brasil era um dos cenários estratégicos da Guerra Fria e que a empresa privada não poderia permanecer ociosa e ver-se destruída pela demagogia e ignorância". Estabeleceu-se o FAS com o objetivo de obter uma "maior cooperação da comunidade empresarial estrangeira com suas congêneres brasileiras". Ele foi criado por umas cinquenta empresas privadas que, mais tarde, se aglutinariam na formação do CLA (The Council for Latin America), como "uma organização para promover projetos cívicos, fora da esfera normal das operações da Chamber of Commerce". Suas atividades incluíam "estudos sobre os problemas básicos do Brasil, trabalho com grupos sindicais democráticos, esforços de comunicação com grupos nacionais chave". O FAS era um dos maiores contribuintes do IPES.

As fontes de Dreifuss, neste trecho citado acima, são John Foster Dulles (Unrest in Brazil: Political Military Crisis 1956/1964, Austin, Univ. of Texas, 1970, p. 189), e uma circular do próprio FAS, de São Paulo, datada de outubro de 1965.

Acrescenta Dreifuss, com informações de outras fontes:

> Duzentas e noventa e sete corporações americanas deram apoio financeiro ao IPES. Não chegava à elite orgânica apenas fundos de empresas privadas. Dinheiro da CIA americana também era canalizado para o IBAD.

Dreifuss, então, reproduz este trecho do livro do jornalista, escritor e educador A. J. Lanngguth (*Hidden Terrors*, New York, Pantheon Books, 1978, p, 90) no qual aquele autor menciona o embaixador dos Estados Unidos, no Brasil, Lincoln Gordon:

Certamente Gordon conhecia tudo sobre o IBAD. Ele estava ciente não só de que o IBAD era o meio da CIA canalizar dinheiro para as campanhas políticas locais, mas também que tais contribuições clandestinas eram uma absoluta violação da lei brasileira. O regulamento da agência exigia manter um embaixador com volumes adequados de informação, de acordo com a sua disposição para recebê-las. Algumas operações não poderiam ser disfarçadas; durante esse período os Estados Unidos aumentaram o número de seus consulados em todo o Brasil para proporcionar cobertura para as operações ampliadas da CIA.

Finalmente acrescenta Dreifuss, com base em uma ata do IPES, do Rio de Janeiro, de 5 de fevereiro de 1962:

Ainda outra fonte de cooperação financeira transnacional era a Konrad-Adenauer-Stiftung, órgão do partido União Democrata-Cristã, da Alemanha, que contribuía por intermédio do gigantesco complexo siderúrgico Mannesmann e da Mercedes-Benz.

No Apêndice H, de sua obra, Dreifuss publica a lista de contribuintes do IPES, obtida nos Arquivos do IPES do Rio de Janeiro, onde aparecem quase quatrocentos nomes de empresas (p. 627 a 638).

Enfim, entender a extensão da lista dos contribuintes do IPES/IBAD é entender uma tese central do livro de Dreifuss:

A história do complexo IPES/IBAD relata o modo pelo qual a elite orgânica da burguesia multinacional e associada evoluiu de um limitado grupo de pressão para uma organização de classe capaz de uma ação política sofisticada, bem como o modo pelo qual ela evolveu da fase de projetar uma reforma para o estágio de articular um golpe de estado. Nesse processo, a elite orgânica modelaria as forças sociais burguesas em uma classe, processo este que culminaria com a transposição do poder privado dos interesses multinacionais e associados para o governo público do Brasil. Para isto o bloco econômico dominante teria de vir a ser o Estado autoritário em que efetivamente se transformaria (p. 761 e 162).

No início do último capítulo do seu livro, diz ainda Dreifuss, a respeito desta questão central:

> Este capítulo tenta esclarecer suposições aceitas e não questionadas a respeito da forma do regime pós-1964, suposições estas que superestimam seu aspecto militar e subestimam o papel político dos industriais e banqueiros. Apesar de a administração pós-1964 ser rotulada de "militar" por muitos estudiosos de política brasileira, a predominância contínua de civis, os chamados técnicos, nos ministérios e órgãos administrativos tradicionalmente não-militares, é bastante notável. Entretanto, um aspecto a ser imediatamente considerado é que atribuir o rótulo de tecnocratas aos novos ocupantes das posições de poder é errôneo, como este capítulo tenta mostrar. Um exame mais cuidadoso desses civis indica que a maioria esmagadora dos principais técnicos em cargos burocráticos deveria (em decorrência de suas fortes ligações industriais e bancárias) ser chamados mais precisamente de empresários ou, na melhor das hipóteses, de tecno-empresários. Além disso, este capítulo objetiva fornecer evidência de que os empresários e tecno-empresários que ocuparam os setores-chave da administração do Estado e os Ministérios eram ativistas do complexo IPES/IBAD ou industriais e banqueiros que compartilhavam das metas daqueles e que haviam contribuído para os esforços dirigidos pelo IPES para derrubar J. Goulart.

O senhor gostaria de acrescentar algo a este balanço final da ação das CPIs que investigaram o IBAD e que nasceram, como já foi dito, de um requerimento seu?

Paulo de Tarso: Num balanço superficial, a comissão de inquérito sobre o IBAD conseguiu, em primeiro lugar, levantar o tema IBAD como assunto focal para a atenção de todos quantos estavam interessados em acompanhar a evolução da crise política brasileira. Muita gente tinha ouvido falar no IBAD, mas não sabia o que era. Apesar de todo o esforço da Grande Imprensa para sufocar a comissão, ela conseguiu um certo impacto. No instante em que o governo federal fechou o IBAD, essa notícia teve uma força tão poderosa que aqueles que procuravam calar a Comissão Parlamentar de Inquérito já não tiveram mais condição de encobrir o IBAD, impedindo a nação de vê-lo como um articulador de um golpe de Estado.

O livro do Dreifuss não sofreu até hoje mais séria contestação. Na lista de Dreifuss há cerca de quatrocentas empresas, muitas multinacionais, que contribuíram para que o IBAD tivesse recursos imensos para realizar a operação que realizou, com certa sofisticação política e maestria estratégica e tática. É preciso dizer isso: foi um golpe bem articulado. Como já disse, procuraram aproveitar a opinião pública católica brasileira com apelos à classe média urbana, cujos valores são absolutamente opostos ao comunismo. Com isto confundiram as posições de defesa das Reformas de Base com a posição comunista. Tudo isso veio à tona, talvez antes da hora que o IBAD desejava, graças à primeira comissão de inquérito. A segunda, parece que não teve muita oportunidade de atuar porque os acontecimentos se precipitaram.

Uma das coisas mais importantes que fiz, como deputado, foi a constituição dessa comissão de inquérito. Na ocasião eu tinha, como disse antes, uma consciência bem clara do que ela significaria em termos de denúncia de manobra contra o governo. Mas, eu devo confessar agora, que, depois de ler as perguntas que você preparou, me surpreende o grau de importância da comissão e me surpreende também o gigantismo do IBAD e do IPES. Em certos aspectos foi até surpreendente o resultado obtido pela primeira CPI do IBAD, já que o poder político do sistema IBAD era tamanho, até mesmo no Congresso que, dentro da própria comissão, ele tinha o presidente e o relator. Imaginar, então, que a comissão podia chegar ao resultado a que chegou, realmente era arriscado.

Eu acho que ela obteve esses resultados graças à dedicação de alguns de seus membros. Eu destacaria o João Agripino Doria, o Eloy Dutra e o José Aparecido. Curioso é que a Frente Parlamentar Nacionalista que assumiu a luta contra o IBAD tinha, naquela época, noventa e poucos deputados. E eu consegui cento e vinte assinaturas para constituir a comissão.

Portanto, o IBAD ainda não havia conquistado, como imaginava, a maioria do Congresso. Vendo à distância o jogo do IBAD, do

IPES, da Ação Democrática Popular, os recursos financeiros imensos que este sistema mobilizou, e a influência que chegou a ter, em quase todos os setores da vida nacional, a ponto de pôr a Igreja Católica na Marcha da Família, em São Paulo, tudo isso me leva a uma reflexão: como foi possível a uma comissão, aparentemente pouco poderosa, enfrentada com um poder tamanho, como o do IBAD e do IPES, conseguir fechar o IBAD e denunciar, como fez com apoio do Arraes no Nordeste, as fontes de financiamento do IBAD? Como foi possível este resultado todo?

Eu acho que o IBAD não tinha previsto, na sua estratégia, enfrentar uma investigação formal, a fundo, do Congresso Nacional. A comissão, embora tenha sido um Davi diante de Golias, foi uma pedra no sapato do IBAD. É verdade que o IBAD conseguiu jogar essa pedra fora e caminhar neste sapato, tranquilamente. O trabalho da comissão ficou como uma demonstração de que nem todo mundo se calou naquela hora. O Brasil, Urgente não estava sozinho.

Outubro de 1963 (O padeiro)

A chuva caía persistente e todo mundo se molhava. Sobre o caminhão e em seu redor alguns guarda-chuvas se abriam, mas quase todos preferiam permanecer de cabeça descoberta. Ao lado sob as marquises, no interior de ônibus estacionados sob árvores da praça, centenas de pessoas aglomeravam-se. O primeiro a subir no caminhão, improvisado de palanque, foi o governador Mauro Borges. Veio depois frei Carlos Josaphat. Em seguida, deputados, secretários do governo, representantes de sindicatos e associações operárias e estudantis, de entidades da lavoura. Todas tomaram o seu lugar, debaixo de chuva para falar ao povo que, sob a chuva, escutava. Era o lançamento de Brasil, Urgente, em Goiás, sábado passado, dia 23.

Esta cena contida numa reportagem de última página publicada no primeiro mês de existência do jornal, no BU n° 3, em que aparece um governador falando de uma carroceria de caminhão debaixo de chuva, não apenas retratava um instante do lançamento do Brasil, Urgente, em Goiás. Pois, igualmente, mostrava um pouco da epopeia em que iria se transformar toda a trajetória do BU.

Roberto Freire lembrou de outros instantes desta epopeia que envolveram diretamente frei Carlos:

– Nós tivemos viagens para pregações do Brasil, Urgente, com conferências de frei Carlos que terminaram em porrada. Porrada. Não existe outra palavra, não. E frei Carlos entrava na briga. Ele enfrentava as coisas. As pessoas, na reação, logo perceberam o poder dele como pregador. E ele passou a ser odiado e ameaçado o tempo inteiro. Isto fazia com que aumentasse a agressividade e a ironia dele.

Aquela viagem a Goiás, porém, terminou sem incidentes. Na verdade, a equipe do BU se sentiu acolhida pelos goianos, ao perceber o rumo que o candidato eleito por eles, Mauro Borges, estava imprimindo a Goiás.

Na matéria citada, o BU disse ainda:

> Goiás é, hoje, o retrato mais autêntico do Brasil de nossos dias. Na extraordinária politização do seu povo, no dinamismo e espírito construtivo do seu governo, nas dificuldades com que lutam ambos – governo e povo – para se libertar do subdesenvolvimento.

Não surpreende que Mauro Borges afirmasse, no segundo número do jornal, em outra matéria que ocupava duas páginas (10 e 11), com o título "Mauro Borges: Reformas a Curto Prazo ou Soluções Violentas":

> Impossível tenhamos que pagar o preço cruel de sangue derramado, de destruição de valores, para podermos atualizar as nossas instituições.

No BU nº 7, página 14, Mauro Borges, já encarado pelo BU como um aliado, volta ao jornal. É apresentado como um dirigente político-administrativo brasileiro que vinha desenvolvendo um programa de reformas fundamentais dos mais ousados.

Naquela matéria, Borges anuncia a criação em Goiás de uma empresa semiestatal – a Dispetrólogo – para distribuição de derivados de petróleo em Goiás. Acrescenta a reportagem:

> Mauro Borges reabriu a luta da Petrobrás e deu o primeiro passo na luta pelo monopólio estatal da distribuição do petróleo no Brasil.

No mês de setembro, no BU nº 26, o jornal usa mais duas páginas – 12 e 13 – para transcrever uma longa reportagem publicada pelo jornal Última Hora, na qual o governador de Goiás coloca a sua visão sobre vários aspectos do instante político ("Mauro Borges: A Reforma Agrária é Incoercível").

Finalmente, neste mês de outubro de 1963, aparecem as duas últimas matérias com Mauro Borges.

A primeira, publicada no BU n° 30, à página 17, com o título "Reforma Agrária Começa em Goiás", traz informações sobre a ação do Instituto de Desenvolvimento Agrário de Goiás – IDAGO:

> A Reforma Agrária patrocinada pelo governo Mauro Borges procura obedecer ao instinto gregário do homem instalando os camponeses em cidades que crescerão à medida em que a exploração agrícola dos lotes se for intensificando.

Na última matéria, publicada pelo BU n° 33, p. 13, sobre uma experiência administrativa estadual que, àquela altura, já tinha tido tanta divulgação no jornal, é descrito o esforço na defesa das reservas de níquel do Estado, contra os avanços sobre elas do Grupo Votorantim. Depois destas sete matérias sobre o governo Mauro Borges, o jornal silencia. Na carta que escrevemos para Mossoró pedindo a Dorian Jorge Freire o seu depoimento sobre o Brasil, Urgente acentuamos:

> A leitura dos 55 exemplares do BU mostra uma insistência tão grande em promover o governo Mauro Borges que a gente fica suspeitando estar o jornal retribuindo, talvez, algum apoio material, pois apoio político é certo que a publicação recebeu. Basta lembrar da matéria de última página de um dos exemplares, onde o governador aparecia, numa foto, ao lado de frei Josaphat, no dia do lançamento do BU em Goiás.

Indagamos, então, diretamente: o que havia entre o BU e Mauro Borges? Dorian respondeu:

> Mauro patrocinou o lançamento do jornal em Goiânia, nos jardins do palácio. Contratou-me para escrever artigos para a Rádio Brasil Central, artigos que passou a publicar no Diário Oficial, e, depois, no Diário de Goiás, jornal que Josimar estruturou sob contrato. O seu homem de imprensa, Eloísio Rodrigues da Silva, irmão do ex-padre que era secretário de Educação daquele governo, chegou a me sugerir

transferência para Goiânia. Oferecia-me até o seu lugar. Tenho cartas sobre a assunto. Realizado o golpe, iniciado o processo de deposição de Mauro, este negou tivesse apoiado o jornal e suas relações comigo. Na verdade, porém, as matérias sobre seu governo eram graciosas. De fato, Mauro foi um grande governador, merecia a nossa confiança e começara a estudar a Doutrina Social Cristã.

Em outra matéria, neste mês de outubro de 1963, o jornal traçava, com certo ufanismo, o quadro da sua penetração em outros Estados. Dizia uma matéria na página 3, do BU n° 31: "Brasil, Urgente: jornal empolga todo o Nordeste".

> Pouquíssimos jornais brasileiros têm circulação nacional. Brasil, Urgente, sim. Este jornal circula, em São Paulo, como na Guanabara; suas edições se esgotam no Rio Grande do Sul e Minas Gerais, seus leitores constituem legiões em Goiás. Chega ao mais distante interior do Mato Grosso. É perseguido pelas autoridades (udeno-integralistas) de Santa Catarina. Recebe aplausos no Paraná. Alcança o Piauí. Causa espécie no Rio Grande do Norte a lucidez com que comenta fatos da sua política. É dos mais vendidos jornais no Ceará e Paraíba. Constitui uma bandeira em Pernambuco. Agita Alagoas. É discutido na Bahia. Leva sua mensagem de Cristianismo ao Amazonas e Pará. Incentiva os patriotas do Maranhão. É tema de debates em Sergipe e Espírito Santo. Em síntese, cobre todo o território nacional, levado pela multidão de seus acionistas, entusiastas, colaboradores e amigos.

No entanto, enquanto a vendagem dos números do jornal sempre se manteve alta, o espaço para publicidade era sempre pequeno, em relação às suas necessidades de sobrevivência. Neste mês, este espaço cresceu um pouco: 5 páginas de anúncios em 100 publicadas. A maioria destes anúncios eram, ainda, de candidatos a cargos eletivos. O Partido Democrata Cristão e o Partido Socialista Brasileiro, compraram, cada um, metade de página para publicar a relação de seus candidatos a vereador, em São Paulo.

O jornal, ainda neste mês, sai em defesa do cinema nacional, com a matéria "Vera Cruz: Patrimônio Abandonado Falta de Leis Está Matando o Cinema Nacional" (BU n° 33, p. 10 e 11).

A escritora, ex-favelada, Carolina Maria de Jesus, manda para o jornal, como colaboração, uma matéria em que diz:

> Estou contente com o Brasil, Urgente, um jornal decidido. Defende o povo oprimido. (BU n° 33, p. 15)

8ª entrevista com Paulo de Tarso Santos (Pauta: Outubro de 1963)

– Eu não dormi à noite. Irá nos dizer Paulo de Tarso, a respeito do dia em que realizamos esta entrevista, na semana seguinte. O motivo de sua insônia: o mês de outubro de 1963 foi aquele em que o BU retratou o período de maior turbulência na curta passagem dele pelo Ministério da Educação. Há momentos, na fita na qual foi gravado seu depoimento, correspondente a este mês, em que a voz de Paulo de Tarso perde a firmeza, parece cansada.

Em uma das, até então, raras oportunidades nas quais não estávamos tratando deste trabalho, nós já tínhamos conversado a respeito de certos condicionamentos no comportamento dos políticos, criados pela vida pública, que os impede de serem inteiramente espontâneos e os torna empertigados, rígidos, impostados. O tom da voz de Paulo de Tarso, em certos trechos desta entrevista, no entanto, revelava-o abalado, desarmado, vulnerável.

Curioso que a entrevista tenha acontecido tão pouco tempo depois de dona Maria Nilse, a esposa do ex-ministro, ter mencionado para nós o trauma que a Grande Imprensa causou na sua família, pois, o noticiário político do BU, neste mês, certamente, refletindo o da Grande Imprensa, é quase todo ocupado por Paulo de Tarso.

A entrevista começou serena, com ele contando como se tornou um estudioso da Doutrina Social da Igreja Católica. – Vivi uma crise existencial muito profunda.

Em seguida, referindo-se ao clima de ódio político detectável naquele mês, já próximo do golpe militar, levanta a hipótese de ter sido criada por meios científicos uma neurose coletiva.

Revela, então, que seu nível de informação sobre a preparação do golpe de estado era absolutamente insatisfatório. Entre outras razões, porque, embora ministro de Estado, nunca teve acesso às informações dos Serviços Secretos das Forças Armadas.

Ele conta quatro episódios dramáticos ocorridos nos seus últimos dias como ministro da Educação.

1) O da conversa que teve, num apartamento do Rio, com a diretoria da União Nacional dos Estudantes, sobre o pedido de Estado de Sítio feito por João Goulart;

2) O da audiência que concedeu a uma senhora enviada pelos diretores dos Diários Associados. E revela o recado que ela lhe trouxe;

3) O dos tumultos criados por um grupo paramilitar que o impediram de pronunciar uma conferência na Universidade Mackenzie. Diz: – Eu estava inteiramente à mercê deles. Se eles quisessem, poderiam ter me matado facilmente;

4) O da conversa com Jango, quando foi levar a ele um projeto de nacionalização das histórias em quadrinhos.

Nesta entrevista, Paulo de Tarso conta, também outra conversa – esta mais dramática ainda – que teve com o presidente da República, ocorrida quando foi levar a ele o seu pedido de demissão do cargo de ministro da Educação.

E ele, ainda, faz um balanço da sua atuação frente aquele ministério.

As encíclicas e o socialismo

Coimbra: – Na fase final da série "Reportagens Sobre as Encíclicas Sociais", publicada pelo BU, desde o mês anterior, são estudados, neste mês de outubro, os temas ligados ao Liberalismo Econômico, ao Socialismo e ao Comunismo ateu. Sobre o liberalismo, diz o BU n° 29, p. 12, na matéria "A Igreja Condena Como Amoral o Liberalismo Econômico":

De fato, Leão XIII encontrou como dogma universal, em economia, os preconceitos de que a livre concorrência resolve, por si mesmo, todos os problemas econômicos (isto é, os da) criação e distribuição de riquezas. Os problemas sociais seriam automaticamente encaminhados, uma vez que as relações entre patrões e operários também se harmonizariam através da lei sapientíssima da oferta e da procura. Quanto à paz nacional e internacional, seria a resultante do jogo de mercados. A encíclica *Rerum Novarum* proclama a imoralidade deste predomínio da economia sobre o social, e, até, sobre o moral. Condenando o predomínio da livre concorrência, afirma a necessidade da intervenção do Estado: "Os governantes devem atender a defesa da comunidade e dos seus membros".

Quanto ao socialismo, o jornal lembra a condenação que lhe faz Pio IX no *Syllabus* (espécie de catálogo dos erros modernos). Mas, acrescenta:

> Na época contemporânea, especialmente no pós-guerra, o socialismo se diversificou numa série de movimentos, grupos e partidos, cada vez mais voltados para as soluções técnicas dos problemas políticos e sociais e mais afastadas de uma concepção filosófica antirreligiosa.

O jornal acentua ainda:

> Muitos autores chegam a preconizar que se fale no plural, de socialismos, pois é difícil agrupar num só movimento o socialismo "personalista" de Emmanuel Mounier, da Revista Esprit, decididamente católica; o socialismo trabalhista, que timbra em respeitar as convicções religiosas de seus partidários; e os socialistas materialistas e ateus. (BU n° 30, p. 12)

Finalmente, na reportagem que encerra a série, publicada no BU n° 31, p. 12, diz o jornal que Pio XII:

> ... se empenhou decididamente em impedir a ascensão dos partidos comunistas ao poder, especialmente na Europa Ocidental.

No encerramento do texto, o jornal acrescenta:

> Condenando o comunismo, enquanto materialista e ateu, a Igreja manifesta sempre o empenho de não permitir que os cristãos se refugiem em um anticomunismo meramente negativo.

Num retrospecto das encíclicas sociais da Igreja, gostaríamos de lembrar que Márcio Moreira Alves em *A Igreja e a política no Brasil* (São Paulo, Editora Brasiliense, 1979), de qualquer forma, é bastante pessimista quanto à atuação da Igreja. Diz ele à página 259:

> Chegamos, pois, à última conclusão deste estudo: os que baseiam as suas esperanças de uma profunda transformação do regime político e social do Brasil na mobilização militante da Igreja Católica enganam-se redondamente. Alguns setores da Igreja poderão contribuir para estas transformações. A Igreja poderá adaptar-se a uma sociedade transformada. Mas não estará nas vanguardas das lutas necessárias para a realizar. Não há atalhos para a revolução. Os que passam pelas sacristias não vão mais longe que qualquer outro.

Comentando este trecho do livro, no prefácio, frei Beto, o dominicano de conhecida atuação política, afirma na página 13, da mesma obra:

> Não se deve esperar que a Igreja faça o que o povo deve fazer, nem que ela substitua o papel das organizações populares e dos partidos políticos.

O que levou o senhor, formado numa faculdade de Direito, a escrever um livro chamado *Os cristãos e a revolução social*? O que o impelia na direção do estudo da Doutrina Social da Igreja?

Paulo de Tarso: – Fui um católico tradicional até a morte de meu pai, no ano de 1950. Vivi uma crise existencial em 1950 muito profunda. Passei a questionar a vida, a me preocupar com o sobrenatural, coisas que, até àquele momento, eu ia levando, sem muito aprofundamento. Essa crise acabou evoluindo para uma inquietação religiosa. A pessoa que me acompanhou nesse momento foi um frade dominicano que hoje está no Egito, frei Reginaldo de Sá. Falava 14 línguas e foi ficar em silêncio na Trapa, antes de ir para o Egito. Era um homem de uma profundeza de pensamento, de uma formação filosófica admiráveis. Com toda essa erudição ele estava escrevendo um livro sobre a filosofia do samba. Era carioca e gostava muito de samba. Um tipo humanamente extraordinário, o frei Reginaldo, posso dizer, foi aquele que me conduziu para a conversão ao catolicismo. E eu que sou um temperamento apaixonado, entrei para o catolicismo e comecei a frequentar as reuniões da Ação Católica, com o Franco Montoro, Queiroz Filho, João Arruda Sampaio, Carlos Pinto Alves e vários outros intelectuais católicos, professores universitários. Da Ação Católica evoluí para a política como quem escolhe um campo de apostolado.

Nas conversas que eu comecei a ter com esses líderes que estavam começando a organizar o Partido Democrata Cristão, fui identificado como o hábil político mineiro tradicional. Eles diziam: – Nós precisamos de um mineiro no Partido Democrata Cristão. Aquilo me incomodava um pouco porque eu adquiri fama de hábil e eu era muito mais um impulsivo. Mas, como eu era um homem de convivência fácil, achavam que eu era uma vocação política e se convenceram e me convenceram de que eu devia ingressar no Partido Democrata Cristão. E eu aceitei os conselhos deles. Depois, fui me politizando. Mas, no primeiro momento, eu aceitei a política como quem aceita mais uma área do apostolado católico. Eu, que já fazia apostolado católico entre os advogados e os bancários porque eu trabalhava como advogado do Banco Brasileiro de Descontos, passaria a fazer apostolado católico entre os políticos. Vim a me dar conta, depois, da diferença brutal de planos que há entre a Religião e a Política. Mas fui tomando gosto pela ação política, sobretudo, porque fui tomando consciência da importância que a ação política tem na construção de uma sociedade humana – o grande objetivo de qualquer cristão. Então, se existe uma opção idealista pela ação política, esta opção foi a minha. Idealista porque isenta de qualquer interesse menor de ordem pessoal, e, idealista, no sentido filosófico, porque tinha pouco compromisso com a realidade. Era uma coisa muito mais em função de princípios.

Estudava tanto que cheguei, num determinado momento, a dominar as encíclicas todas. As discussões políticas entre nós eram com seguidas citações das encíclicas. Quando se levantava um problema, em vez de se apontar uma solução, nós citávamos a opinião da *Mater et Magistra*, da *Rerum Novarum*: – O Papa tal disse tal coisa. Alguém, que era um dos mais conservadores, dizia: – Em nenhum momento as encíclicas condenaram o capitalismo. Eu dizia: – Mas, se condenaram o liberalismo que era a base filosófica do capitalismo e se condenaram as formas históricas que o capitalismo assumiu, isso implica numa condenação global ao sistema. Então, isso era uma discussão interminável. Pessoas diziam que um católico não podia usar a expressão socialista, que o socialismo era expressão vetada pelas encíclicas. Eu dizia: – Não, nenhuma encíclica vetou a expressão socialismo. O que elas dizem é que o socialismo, se é ateu militante, não pode ser assumido pelos católicos.

No livro que eu escrevi, *Os cristãos e a revolução social*, eu disse que estava disposto a aguardar que a Santa Sé liberasse – imagine o grau de minha identificação com a Igreja – a expressão socialismo para o uso dos cristãos que estavam envolvidos na ação política. Não iria insistir na expressão socialismo cristão porque reconhecia que a possibilidade do uso dessa expressão era, apenas, implícita nas encíclicas. Mas eu esperaria que tal possibilidade fosse um dia explicitada.

Hoje, acho essa discussão superada porque muito nominalista. Era uma discussão terminológica. Não levava a nada. A minha opinião, hoje, talvez seja um pouco mais pragmática. Acho que há problemas e há soluções. E que essas soluções devem ser apontadas. O fato de essas soluções se identificarem ou não com o filósofo do século passado, ou com uma determinada doutrina, para mim é um aspecto menor. Hoje, eu sou um homem muito mais preocupado em conhecer o Brasil, os problemas que nós vivemos e procurar uma solução para estes problemas, estejam essas soluções onde estiverem.

A insânia golpista, o ódio compacto

Coimbra: – O BU que, nos seis meses anteriores, denunciou insistentemente as manobras de empresários e políticos tendo como objetivo a derrubada de Jango, colocava, novamente, a mesma denúncia, em manchete de primeira página, na edição da primeira semana de outubro de 1963: “Marcha da Subversão: Direita Tenta o Golpe Contra Jango!”

Dorian Jorge Freire, no seu artigo intitulado “Subversão em Marcha” (BU n° 30, p. 8), dizia:

> Não é a primeira vez que o sr. Carlos Lacerda imita o seu correligionário Raimundo Padilha e trai o Brasil. Agora, o governador da traição foi além. Falando ao Los Angeles Times, anunciou a próxima derrubada do presidente da República. E aconselhou os EUA a refrearem toda ajuda ao Brasil. Disse que os militares estão indecisos, entre a tutela do presidente e a sua deposição. Afirmou que o governo federal é um ninho de comunistas. Terminou dizendo, num descaramento capaz de estarrecer os próprios especialistas em Carlos Lacerda: “Há uma atitude que devia ser adotada pelos Estados Unidos com respeito à luta daqui: cruzar os braços e esperar”. O sócio do sr. Carlos Lacerda, na empreitada contra o Brasil, o povo e a Democracia, é o irrecuperável sr. Adhemar de Barros. O homem que prometeu, quando candidato, realizar em São Paulo um governo de tranquilidade, mas, eleito, transformou este Estado em porão dos golpistas, fábrica de conspirações, sucursal do IBAD e IPES, filial do palácio do governador da Guanabara. Superado no tempo e no espaço, incapaz de realizar uma administração ao menos sofrível, responsável por um governo pródigo em escândalos e suspeitas (Baleeiro etc.), o sr. Adhemar de Barros passou a conspirar. A pregar o pessimismo, a ameaçar os trabalhadores, instaurando, entre nós, um governo policialesco, que é uma afronta à cultura do povo bandeirante. Diariamente, estamos vendo o espetáculo desprezível de um governador que procura fugir à sua fraqueza ameaçando céus e terras. A falar em armas e soldados, prontos a atender às suas ordens, a prometer que “o pau vai descer” sobre trabalhadores grevistas, a ameaçar o governo federal, a intrigá-lo.

No editorial deste número, "Contra o Golpe", afirmava o jornal (p. 2):

> A reação não desistiu. Continua infrene a preparação de um golpe contra as instituições democráticas, tentativa desesperada de impedir, pela brutalidade, o desenvolvimento independente do Brasil e a promoção social das classes vítimas de seus engodos e de seus privilégios inaceitáveis.

A ação da Polícia de São Paulo foi acompanhada atentamente pelo BU, neste mês. Na seção Praça Literária, p. 16, do mesmo número do jornal, havia uma nota, sob o título "Policialismo":

> Não julgou o sr. Adhemar de Barros suficiente atentado à cultura e à liberdade apreender exemplares da "Coleção Cadernos do Povo", editado pela Civilização Brasileira. Diante do protesto do editor Ênio Silveira pela ilegalidade (mais um absurdo cometido pelo atual governo de São Paulo), o secretário da Segurança Pública, general Aldévio Lemos, respondeu, num bilhete, que é o mais autêntico retrato do estado de espírito da atual administração paulista: "Desentranhe-se dos autos a presente carta e devolva-se ao safardana signatário. Que o crápula engula as injúrias em pensamentos, pois, repugna-me ação contra cão de tal maneira raivoso". O editor Ênio Silveira vai processar o violento secretário de Segurança por crime de injúria e abuso de autoridade.

Dois números depois, no BU nº 32, na seção Notas e Informações, p. 4, havia outra nota. Seu título: "Insegurança":

> São Paulo vive em clima de insegurança e de reiterados desrespeitos à lei. Depois da apreensão de livros da Editora Civilização Brasileira por elementos do DOPS, da prisão e espancamento do deputado estadual Salgot Castillon, a mesma Polícia, obedecendo às ordens do general Aldévio Lemos, continua sendo fator de intranquilidade pública. Ainda agora, o deputado federal Paulo Mansur foi vítima de um atentado praticado pelo "tira" Mário Assunção. Pelo que, por telefone, do secretário da Câmara Federal, o referido general ouviu poucas e boas.

Escreve Dreifuss, sobre os golpistas de São Paulo:

> A cooperação do governador de São Paulo era considerada essencial, principalmente, no setor de Segurança Pública, pelo qual o general Aldévio Barbosa de Lemos era responsável, como Secretário de Segurança do Estado. Não se deve esquecer que o governador Adhemar de Barros tinha à sua disposição, somente em São Paulo, uma Força Pública de 15.000 homens e uma Guarda Civil de 10.000 homens, o que igualava o número de soldados em todo o II Exército. É interessante observar que foi o general Aldévio quem organizou o sistema de escuta das chamadas telefônicas de J. Goulart para São Paulo. Além disso, a Rede da Democracia, o centro da cadeia de estações de rádio patrocinada pelo IPES, e, coordenada por seu Grupo de Opinião Pública, veio a ser instalada no Gabinete do Secretário de Segurança, sob a supervisão do próprio general Aldévio Barbosa de Lemos, que tinha, então, seus trabalhos coordenados com os do Estado Maior Civil-Militar, organizado pelo IPES em São Paulo. (obra citada, p. 376)

As informações contidas neste trecho Dreifuss as encontrou nos livros do general Olympio Mourão Filho, *Memórias: a verdade de um revolucionário* (Rio de Janeiro, LM, 1978), e no de Hélio Silva, já citado.

O painel que Dreifuss monta é completado com dados obtidos através dos militares do Serviço Federal de Informações e Contra-Informações (SFICI) e do Conselho de Segurança Nacional (CSN). Outros dados, fornecidos por militares da equipe de João Goulart, Dreifuss encontrou através de Moniz Bandeira que, no seu livro citado, diz (p. 128):

> Apesar da infiltração de oficiais ligados a Lacerda na Secretaria Geral do CSN (Conselho de Segurança Nacional), o SFICI (Serviço Federal de Informações e Contra-informação) conseguiu levantar várias pontas da conspiração. Inteirou-se de que o governador Adhemar de Barros recebia armas do Paraguai, contrabandeadas, e que o general Kruel, no comando do II Exército, não o ignorava. (O SFICI) constatou o desvio de material bélico de arsenais das Forças Armadas, tomou conhecimento de que aviões da FAB transportavam armas para

os conspiradores e descobriu uma rede de transmissão, no Rio Grande do Sul, montada pelo, então, Major Álcio da Costa e Silva. O Serviço Secreto do Exército informou-se, por sua vez, dos preparativos de Adhemar de Barros, cuja amante, Ana Benchimol, mantinha as conexões com Lacerda, no Rio de Janeiro. E acompanhou os passos do Major Grossman, ex-Chefe da Guarda Civil de São Paulo, do tenente coronel Reinaldo Saldanha da Gama, vinculado ao IBAD e um dos responsáveis pelo tráfico de armas, e do general Ivanhoé Gonçalves Martins, que convidou o general Dário Coelho para participar do levante planejado pelo governo do Estado de São Paulo. O general Dario Coelho repeliu a proposta e comunicou o fato ao Comandante da 5ª Região Militar (Informe n° 23/63, Ministério da Guerra, Gabinete do Ministro, 2ª Divisão – SSI-D2, 14/11/1963, secreto. Documentação de João Goulart).

Os militares que deram estas informações a Moniz Bandeira foram: Ivo Acioly Corseuil, ex-chefe de Gabinete do Secretário do CSN e depois subchefe da Casa Militar de João Goulart, coronel aviador Afonso Ferreira, ex-oficial do SFICI, e Paulo Werneck, encarregado da 2ª Secção do CSN, durante o governo Goulart. (obra citada, p. 128).

Como político cuja base eleitoral estava em São Paulo, o senhor, com certeza, vinha sempre a este estado. Como sentia o clima político, aqui, nesta época, independente do que ocorreu com o senhor na Universidade Mackenzie, objeto de outra pergunta?

Paulo de Tarso: – Eu sentia este clima, mas devo dizer que, agora, lendo sobre tais fatos, me assusto. Eu não tinha, na época, uma consciência completa desta insânia toda que passou a se expressar através de um ódio tão compacto. A gente sentia as divergências violentas, sentia que a sociedade se dividia. Mesmo nas reuniões sociais, a gente percebia esta divisão. No entanto, nunca imaginei que a linguagem tivesse chegado à violência que encontro aqui usada, por exemplo, contra o Ênio Silveira. Se existe um inconsciente coletivo, deve existir, também, uma neurose coletiva. Acho que, naquele momento, foi induzida uma neurose coletiva por meios científicos, subliminares, com bons resultados, porque a neurose chegou a extremos de jogar brasileiros uns contra os outros.

Há alguns pontos que eu gostaria de comentar. Carlos Lacerda era o que se pode chamar de político observador moderno, um homem de cultura política específica, informado. O único paralelo que se pode fazer atualmente com o Lacerda, na área dos políticos conservadores do Brasil, é com o senhor Roberto Campos. Lacerda tinha uma formação política estruturada, articulada, estava em dia com as publicações de política de direita de sua época. Já Adhemar de Barros, como frisei, atuou por oportunismo. Ele tinha nisso um papel completamente diferente do papel do Lacerda. O Lacerda via globalmente o processo e deve ter ajudado a definir a tática e a estratégia usadas. Ele tinha formação dialética que vinha da militância na Juventude Comunista. E aplicou esta lógica dialética na análise da conjuntura brasileira daquela época.

Espanta que o serviço de contrainformações houvesse informado ao presidente da República todos estes detalhes sobre o processo de deposição dele. Devo confessar que o meu nível de informação, na época, era absolutamente insatisfatório. A gente ouvia falar de golpe em Brasília, a gente ouvia falar de articulação militar contra o Jango. Mas Brasília funcionava como um anteparo para tudo, como uma espécie de aparato de desinformação. Em Brasília não ocorreram coisas graves, a não ser aquela rebelião dos sargentos, que foi logo abafada. A gente tinha impressão de que o país todo estava como Brasília, tranquilo. Em Brasília, o presidente da República tinha o domínio total da situação. Embora com debates veementes, o Congresso estava aparentemente tranquilo. Aparentemente, o presidente Goulart tomou conhecimento destes fatos de contrabando de armas, de sistema de conspiração que se montava contra ele, mas não lhes deu crédito. Se ele houvesse dado o crédito necessário a estas informações, o mínimo que se podia esperar dele é que fosse capaz de montar um sistema para neutralizar isso. Pode ser também que ele já estivesse desanimado com o exercício da Presidência e desmotivado para continuar a luta social em que ele estava envolvido. Realmente, não se notava nele aquele élan do líder político.

Extermínio de Goulart e família

Coimbra: – No BU n° 32, o jornal mantinha, em grande destaque, a denúncia da preparação do golpe de Estado. Numa matéria de duas páginas (10 e 11), com seu título transformado em manchete da capa desta edição – "Conspiração da Direita: Jango Transige e Recua" –, o jornal afirmava:

> A imprensa noticiava, até nas suas colunas sociais, que elementos das classes conservadoras, levados ao histerismo pela indústria anticomunista, compravam metralhadoras, armazenavam armas, nas horas de folga, iam ao exercício de tiro ao alvo. Para quê? A revelação está em Jacarepaguá, no Estado da Guanabara. Dez metralhadoras Thompson, seis mil cartuchos, calibre 45, 3 granadas de gás lacrimogênio, 20 carregadores, uma rádio de transmissão e recepção movida à bateria. Doações feitas ao Brasil através do Ponto IV norte-americano, setor de assistência militar da embaixada dos Estados Unidos. Tudo na mansão do português Alberto Pereira da Silva, amigo particular do governador Carlos Lacerda, homem que recentemente obteve um empréstimo de 120 milhões de cruzeiros no Instituto de Previdência do Estado da Guanabara. Armas levadas à mansão do compadre do sr. Carlos Lacerda pelo indivíduo Charles Borer, irmão do famigerado Cecil Borer, chefe da Divisão de Polícia Política e Social da Guanabara, homem de absoluta confiança do governador do Estado, também conhecido pela alcunha de "carrasco nazista". Armas escondidas na mansão de quatro andares do português terrorista que, contra a lei, explorava uma pedreira na Estrada Capenha. E tudo a setecentos metros do Sítio do Capim Melado, pertencente ao presidente da República, e onde o sr. João Goulart costuma passar os fins de semana, quando se encontra na Guanabara. De quem as armas? Do governo do Estado da Guanabara, confessou o próprio governador Carlos Lacerda, depois que o seu secretário de Segurança, coronel Gustavo Borges, procurou negar a evidência. Para quê? Para assassinar o presidente da República e sua família, reeditando em 1963 a "revolução dos covardes", realizada contra a família do presidente Getúlio Vargas, em 1938, pelos integralistas do sr. Plínio Salgado.

Três números antes (BU n° 29, p. 17), na matéria "Eloy Dutra

Acusa Herbert Levy: Deputado Banqueiro e Ibadiano", o intertítulo "Complô" já adiantava informações a respeito de apreensão de armas em outro local da Guanabara:

> Simultaneamente, o general Idálio Sardenberg, presidente do IPM que investiga o tráfico de armas, descoberto na Guanabara, prossegue o seu trabalho. Já tem em seu poder dados impressionantes e estuda farta documentação e denúncias recebidas em torno do assunto, procedentes de todo o país e enviadas pelo Serviço Secreto do Exército. As investigações estão sendo realizadas em São Paulo e poderão apontar fatos que irão estarrecer o Brasil. Estão presos incomunicáveis os indivíduos Manuel Lopes do Nascimento, Luís Gama de Lima e Noir Gonçalves, surpreendidos quando, procedentes de São Paulo, conduziam carabinas e estavam a serviço do Grupo de Ação Patriótica, entidade secreta ligada ao terrorismo do MAC. Seu dirigente maior, indivíduo Paulo de Sales Galvão, estaria sendo caçado pela polícia, dizendo-se, no entanto, que já estaria preso nesta capital. As investigações, em São Paulo, vão adiantadas e deverão, em tempo oportuno, chegar ao conhecimento público. Com nomes de envolvidos na trama, fábricas que entregavam armas, financiadores nas compras etc. O ministro da Guerra afirmou que o relatório final será divulgado amplamente "para que sejam apontados à nação os que estão agindo à sombra contra a vida do país e levando a intranquilidade à família brasileira".

A intenção de exterminar a família de Goulart é confirmada por um relatório do general Paulo Torres, presidente do inquérito que investigou o caso de Jacarepaguá, e por um parecer do general Dantas Ribeiro, Ministro da Guerra, encaminhado à Justiça Militar, os quais foram encontrados entre a documentação de João Goulart, por Moniz Bandeira, e publicados na obra citada, p. 133 e 134. Diz Bandeira:

> O sítio pertencia a um amigo de Lacerda, o português Alberto Pereira da Silva, e as armas eram tão modernas que os oficiais do Exército brasileiro, ainda não as conhecendo bem, estranharam. Segundo o ministro da Justiça, Abelardo Jurema, as metralhadoras Thompson entraram clandestinamente no Brasil, pois não existia nenhuma daquele tipo nas organizações de Polícia do país, nem sequer do Exército. As

> investigações evidenciaram que se tramava o assassínio de Goulart e de seus filhos, bem como o de muitos políticos e generais favoráveis ao governo. O Inquérito Policial-Militar comprovou a intenção criminosa do inspetor José Pereira Vasconcelos, do delegado Cecil Borer, diretor do DOPS, de seu irmão Charles, e, sobretudo, do coronel Gustavo Borges, secretário de Segurança do Estado da Guanabara, o principal responsável pela colocação das armas no sítio do português Alberto Pereira da Silva. O propósito de abater Goulart a tiros, aliás não era recente. Agentes do governo da Guanabara viajaram ao Chile, com o intuito de assassiná-lo, quando de sua viagem àquele país, em abril.

Esta última informação consta de um Informe do Serviço Federal de Informações e Contrainformações (SFICI), também encontrado nos arquivos de Goulart, citado por Moniz Bandeira.

Quanto às ações atribuídas ao Grupo de Ação Patriótica – GAP, o historiador Hélio Silva foi ouvir diretamente o presidente daquela organização clandestina, Aristóteles Drummond. O que ele disse a Hélio Silva, o historiador reproduziu no capítulo "Atuação do GAP", do seu livro citado (p. 257 e 259):

> Como conta Aristóteles Drummond: "Por sorte, o IPM que o Ministro da Guerra instaurou foi confiado ao Gen. Idálio Sardenberg. Como a imprensa janguista insistisse em citar Heck, o GAP, e seu presidente, tomei a iniciativa de procurar pessoalmente o gen. Sardenberg, em sua casa, na rua Sousa Lima. Na conversa com o militar, aleguei que o movimento apenas distribuía livros, combatia a UNE etc. E que o noticiário dos jornais era maldoso".

Prosseguiu Hélio Silva:

> Idálio Sardenberg ouviu Aristóteles e por fim lhe disse: "Eu sei que as coisas não são bem como você diz, mas elogio o seu civismo e peço levar ao alm. Heck minhas palavras de tranquilidade. Vocês não serão incomodados".

O senhor, enquanto foi ministro de Jango, alguma vez, recebeu informações secretas de órgãos das Forças Armadas sobre os preparativos do golpe que derrubaria o presidente?

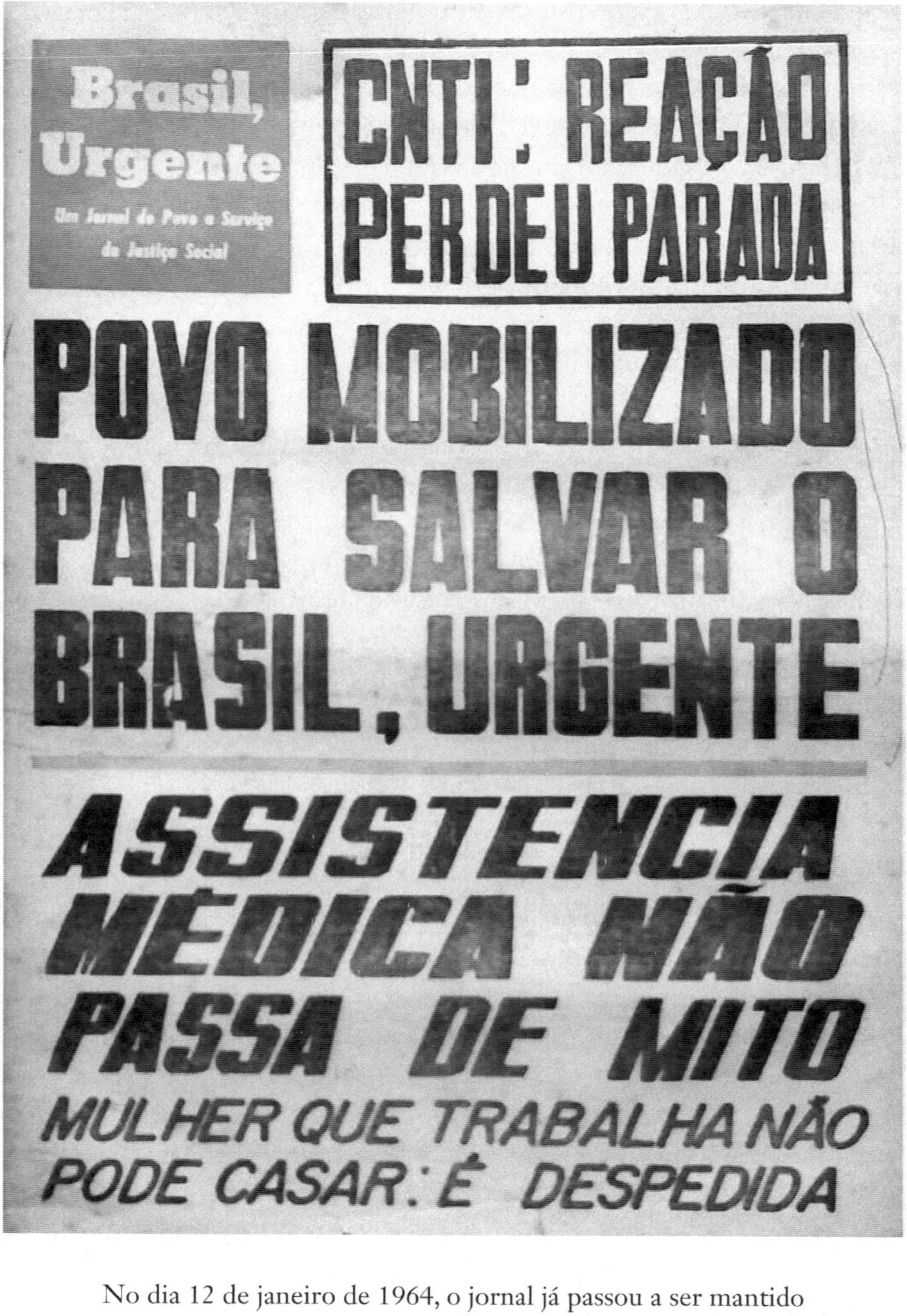
Brasil, Urgente

Um Jornal do Povo a Serviço da Justiça Social

CNTI: REAÇÃO PERDEU PARADA

POVO MOBILIZADO PARA SALVAR O BRASIL, URGENTE

ASSISTENCIA MÉDICA NÃO PASSA DE MITO

MULHER QUE TRABALHA NÃO PODE CASAR: É DESPEDIDA

No dia 12 de janeiro de 1964, o jornal já passou a ser mantido por seus leitores.

Paulo de Tarso: – Nunca recebi qualquer informação secreta dos órgãos das Forças Armadas sobre preparativos para a derrubada do presidente. Isso ouvia-se em conversas no Congresso, nas repartições públicas, nas casas dos deputados e senadores. Mas eu devo dizer que a tendência era a de não dar muita importância a esses comentários. Eu estou um pouco estarrecido, devo confessá-lo, ao ler, agora, em detalhes, o que estava acontecendo naquela ocasião. Acho que não sabia disso dez por cento. Eu tinha uma ideia do que estava acontecendo, mas jamais imaginei que a coisa tivesse esta articulação toda. As perguntas, com fontes diferentes, estão montando uma visão global daquele momento, e esta visão me assusta, embora eu tenha sido, em alguma medida, personagem daqueles fatos históricos. O grau de consciência que eu tinha naquela época do risco a que estava exposto o presidente da República – risco de vida, inclusive – era mínimo. Existiam divergências graves, mas eu achava que isto iria ser resolvido em termos políticos. Nós acreditávamos numa solução favorável ao presidente da República porque o povo estaria mobilizado para respaldá-lo. Era uma posição ingênua. A confiança que se depositou, por exemplo, nos camponeses era puramente ingênua. Os primeiros sindicatos de camponeses estavam sendo organizados e não havia nenhum trabalho de elucidação dos camponeses quanto ao risco político que corria o presidente da República. A CGT, que se organizou no Rio de Janeiro, não chegou a criar nenhum movimento sério de mobilização de sindicatos. E não se podia confiar numa ação dissuasiva dos estudantes.

Em suma: quando se decidiu dar o golpe, o presidente da República estava absolutamente indefeso. Isto é o que eu sinto hoje. Na época eu não senti tão claramente isto. Houve uma total desinformação do esquema político do presidente da República ou quase total. Ou então houve mesmo uma decisão política do Jango de não resistir. Eu levanto isso como hipóteses: ou – repito – o Jango não deu crédito às informações que chegavam, ou tomou uma decisão política de ver-se livre de uma liderança que lhe era, sob certos aspectos, um fardo pesado.

Ele era um homem de excelsas virtudes humanas, um homem bom, leal, com o qual se podia conversar. Agora, eu nunca senti nele a força de um líder carismático. Ele não era isso, realmente. Eu acho que aquele drama hamletiano de ser o agropecuarista ou o líder da transformação social no Brasil, no momento do golpe, resolveu-se em favor do pecuarista.

A recusa do Estado de Sítio

Coimbra: – É sabido que João Goulart, depois da entrevista de Lacerda, nos EUA, pediu ao Congresso Nacional a aprovação do Estado de Sítio. Mas não obteve apoio, nem das forças que queriam as Reformas de Base.

O BU em seu editorial do n ° 31, p. 2, "Prova de Fogo", também se colocou contra aquela medida:

> Vetando o reclamado Estado de Sítio, derrotando-o, antes que ele fosse aprovado pelo Congresso Nacional, cada vez mais distanciado do povo, as forças democráticas agiram com admirável lucidez. Para a sua histórica tomada de posição não teve de ouvir uma só voz discordante. Frente Parlamentar Nacionalista, Frente de Mobilização Popular, CGT, Pacto de Unidade e Ação, UNE, Fórum de Debates foram unânimes: apoiavam o governo na sua decisão de combater os marginais da política, inimigos do regime e do Brasil. Emprestariam ao governo o apoio de que ele necessitasse para a adoção de medidas populares. Sem, contudo, afastar-se da ordem democrática, que é também uma de suas maiores conquistas.

O ministro da Justiça de Jango, Abelardo Jurema, conta assim o episódio em seu livro citado, p. 123 a 138:

> À tarde, em nova reunião, cada ministro militar trouxe a sua nota. Cada qual mais azeda e mais veemente, nas suas adjetivações e no seu repúdio à entrevista do governador da Guanabara. Reunidos, novamente, com o Presidente, os Ministros Militares procuravam um

meio de punir o governador da Guanabara. Do enquadramento na Lei de Segurança à Intervenção Federal no Estado, da prisão ao seu banimento do país. De tudo isto ao Estado de Sítio foi um passo. Em meio à reunião, chegavam notícias de encontros dos governadores da Guanabara e de S. Paulo, e, deste último, pronunciamentos igualmente graves, que iam ao ponto de afirmar dispor ele de homens e armas para ação revolucionária contra o governo da República. Logo compreenderam os ministros militares e todo o governo que os dois chefes estaduais estavam articulados para a derrubada do Presidente. Passadas 72 horas, já com todos os governadores contra, inclusive os de maior compromisso com o Presidente, como os de Pernambuco e Minas Gerais, a atoarda contra o pedido de Estado de Sítio começou a incomodar o sr. João Goulart, que é um homem da massa. Das cúpulas sindicais patronais às trabalhadoras, a voz era uma só de protesto contra a medida. Dos estudantes aos intelectuais, da imprensa ao rádio, ninguém compreendera a situação e ninguém confiava na execução de medidas excepcionais pelo Presidente. Mais tarde, o próprio Arraes me dizia que ficara contra o pedido de Estado de Sítio porque, em sequência ao que pudessem sofrer Carlos Lacerda e Adhemar de Barros, viria ele.

Como o senhor, na posição de ministro, oriundo da Frente Parlamentar Nacionalista, se situou diante desta questão? Julga que foi correta a atitude dos reformistas rejeitando o pedido de Goulart?

Paulo de Tarso: – Eu fui o elemento que procurou conversar com a UNE para sentir a posição daquela entidade, a propósito deste Estado de Sítio. Era normal que fosse eu esta pessoa porque era ministro da Educação. Tive com os diretores da UNE, num apartamento em Copacabana, uma longa conversa. Não houve uma só voz divergente. Todos eles eram contra o Estado de Sítio. Consideravam o Estado de Sítio o golpe do Jango e diziam: – Não há golpe que não seja contra o povo. Comentei isso, com o Jango. Eu disse: – Olha, presidente, os estudantes, através dos diretores da UNE, me disseram taxativamente que eles são contra o Estado de Sítio. Eles estão dispostos a dar ao senhor a cobertura necessária para proteger o seu governo. Mas eles querem manter-se dentro do regime democrático. E o argumento que eles me deram eu repito, textualmente, para o senhor: disseram que todo e qualquer golpe sempre seria contra o povo. Ao que o Jango respondeu: – Sim, mas, se eu chegasse um dia a dar um golpe, o meu seria uma exceção. Não seria contra o povo.

Eu concordei com as forças que estavam apoiando o governo e que eram contra o Estado de Sítio. Eu tinha a impressão de que o Estado de Sítio iria deflagrar uma luta da qual não se teria nenhum controle. Hoje, eu não saberia dizer se o Estado de Sítio teria tido o condão de evitar os fatos que aconteceram. É fácil ganhar uma batalha, depois da guerra terminada. Mas, naquela altura, seria uma temeridade apoiar o Estado de Sítio. O governo, ele próprio, estaria dando um golpe no sentido da ilegalidade. Apesar da aparência de legalidade, porque seria votada pelo Congresso, o Estado de Sítio repercutiria como uma atitude antidemocrática do governo. E poderia ser o pretexto para que o governo fosse esmagado em nome da democracia, um pretexto até bom. O governo, com o Estado de Sítio, iria tomar medidas contra os principais adversários que estavam articulando o golpe. Estas medidas iriam seguramente ser medidas antidemocráticas. Eu não me arrependo de ter ficado com as forças que desaconselharam a adoção do Estado de Sítio.

Quanto a esta afirmação do governador Arraes, de que se fosse punido o governador Carlos Lacerda, em seguida viria ele, eu já a tinha ouvido. Dizia-se à boca pequena, para que todo mundo tomasse conhecimento, no Rio de Janeiro, em Brasília, que os militares haviam pedido a Goulart a cabeça do Arraes e haviam oferecido a ele a cabeça do Lacerda. Ou seja, ele daria um golpe na direita, punindo o Lacerda e, ao mesmo tempo, compensaria isso com um golpe à esquerda, punindo o Arraes. Em todo caso é difícil encontrar prova formal para um fato como este.

Atentado contra Paulo de Tarso

Coimbra: – "Métodos Nazistas na Guerra da Reação Contra Pauto de Tarso", anunciava a manchete da p. 9, do BU nº 31. Embaixo dela, este texto:

> Quem leu o livro *Ascensão e queda do III Reich*, se compareceu na semana passada à Universidade Mackenzie, terá recordado aquelas manifestações de "jovens", antecedendo o advento do nazismo na Alemanha. O que ali aconteceu é penoso até de noticiar. Uma malta de desordeiros, impedindo que uma maioria ouvisse o ministro Paulo de Tarso. Gorilinhas e alugados a urrar, espancar, tumultuar, para que não pudessem ser ouvidas as palavras que dizia, a convite da UEE, o ministro da Educação e Cultura. O homem da alfabetização em massa, da cultura popular, do trabalho planificado, da administração incorruptível.

A matéria ocupava todo o espaço da página e trazia uma série de indagações:

> Uma pergunta está sendo feita em todo o Brasil: por que o furioso ódio da reação contra o ministro Paulo de Tarso, titular da pasta de Educação e Cultura? Por que tanta fúria no combate ao parlamentar de São Paulo? Por que, em se tratando do ministro Paulo de Tarso, a direita perde o controle, passa à histeria e usa até publicamente linguagem chula que não identifica pessoas civilizadas? Ou urros, que não identificam pessoas, mas lembram gorilas? Por quê? Por que a imprensa deturpa as notícias que envolvem o ministro Paulo de Tarso e seguidamente deforma o seu pensamento? Por que os fascistas decidiram impedir, até pela brutalidade, que o ministro Paulo de Tarso fale ao povo em atos públicos? Por que o ódio da UDN ao ministro Paulo de Tarso?

O próprio jornal respondia:

> Muitos são os motivos que inspiram o ódio da reação contra o sr. Paulo de Tarso. Citá-los todos seria ocupar todo o espaço deste jornal.

Lembraremos apenas alguns. A irrepreensível vida doméstica e pública do jovem líder; a sua coerência política; o sentido de defesa do povo que deu à sua atuação de homem público, ao fato de ser o autor do requerimento que constituiu uma Comissão Parlamentar de Inquérito que desmascarou IBAD e IPES, a denúncia que fez no exterior, da chamada "Aliança Para o Progresso"; o grande trabalho que vem realizando no Ministério da Educação e Cultura.

O jornal prossegue publicando, na íntegra, a carta de Dom Carlos Carmelo Motta em defesa do senhor. E descreve a ira que a iniciativa do cardeal despertou.

Ainda sábado último, o Diário da Noite (órgão pertencente à rede Diários Associados, de Assis Chateaubriand) publicava um artigo injurioso ao Cardeal Motta, "A Vaia e a Carta". Nele lemos: "A capa que o Cardeal Vasconcelos Motta lhe atirou sobre os ombros, para que as portas do céu lhe sejam franqueadas, não o protegerá da condenação dos homens e da divindade. O ouro da cobertura não oculta o vermelho que está por baixo. O lugar do sr. Paulo de Tarso não é entre os arcanjos e sim na falange demoníaca que ainda anda solta a reclamar fortes e convincentes exorcismos .... Lamentável que o cardeal de São Paulo se apresente como fiador de uma religiosidade inexistente, pois não pode ser religioso quem vai a missas negras e vermelhas, quem é comensal de Lúcifer. Muitos poderosos devem ser os filtros do ministro Tarso, para conquistar a incomensurável indulgência que enche de alto a baixo duas colunas de todos os jornais".

A seguir o BU lembra, com ironia e amargura:

As "senhoras católicas" não fazem manifestos em defesa do cardeal. Nem as associações religiosas programam procissões de desagravo. Silenciam os padres, senadores e deputado. Calam vigários que, nos seus jornais e púlpitos de suas igrejas, falavam em nome da Igreja ofendida. O governador não se levanta impulsionado pelo seu ardente catolicismo. Nem o padre Baleeiro fala nas "tradições religiosas da Terra de Santa Cruz". "São Paulo católico", que foi tão cioso na campanha contra Tito e Última Hora, não descruza os braços enquanto o seu grande e honrado Cardeal-Arcebispo é vítima de injúrias. O que vem provar o nosso julgamento sobre aquelas "manifestações religiosas": farisaísmo, hipocrisia, impostura, desonestidade.

Na edição seguinte (BU n° 32, na página 4), na seção Notas e Informações, o jornal acrescentava, sob o intertítulo "Desordeiros":

> Não eram estudantes os desordeiros que, na Universidade Mackenzie, promoveram arruaças para impedir uma conferência do sr. Paulo de Tarso. A malta era chefiada por Eduardo Levy (filho do deputado Herbert Levy) vulgo Dadixe, jogador de polo.

Sob o intertítulo "Razões", havia uma explicação mais detalhada:

> Se alguém quer saber a razão do ódio contra o sr. Paulo de Tarso, bastará lembrar a sua denúncia do programa norte-americano "Aliança Para o Progresso", o requerimento para uma CPI sobre IBAD e IPES, o inquérito em torno do Programa de Auxílio Brasileiro-Americano de Ensino Elementar, a extinção da Comissão Executiva Brasileiro-Americana do Ensino Industrial e a denúncia do convênio com o Ponto IV, pelo qual foi instruído o CAGE, órgão misto brasileiro-americano e a demissão de todos os seus membros.

Dreifuss (obra citada, p. 381 e 382), mais uma vez, é quem apresenta visão mais ampla do incidente na Universidade Mackenzie, mostrando-o como resultado da atuação de "tropas de choque" organizadas pelos golpistas:

> Agostinho Cortes também estava envolvido no campo de "opinião pública", isto é, organização, coordenação e estímulo à ação paralela de tropas de choque voltadas para táticas de intimidação contra estudantes de centro-esquerda, líderes sindicais e ativistas, bem como para executar operações para tumultuar o bom andamento de encontros públicos, conferências e comícios. Essas unidades de ação estavam sob a liderança de José Ely Vianna Coutinho, Eduardo Levy e Sérgio Barbosa Ferraz do IPES, entre outros. A organização dessas tropas de choque, formadas principalmente por jovens das classes médias, estava sob a supervisão de Paulo Quartim, que também coordenava suas ati-

vidades com as de outras formações de ações. Entre essas estava a Escola de Liderança Democrática – ELD, dirigida por Frederico Abranches Viotti. A ELD estava envolvida na preparação e doutrinação de tumultuadores e para que participassem de debates públicos, conferencias, reuniões e comícios, bem como na preparação de ativistas sindicais, camponeses e estudantis. As tropas de choque também tinham a finalidade de proteger esses ativistas e de perturbar violentamente as atividades nacional-reformistas. Uma série de ações planejadas, sob a direção de Frederico Viotti, destinavam-se a neutralizar a presença do governo federal em São Paulo. De acordo com o líder do IPES, Hermann de Morais Barros, em alguns casos, figuras políticas conhecidas e "até ministros de Estado foram inesperadamente amedrontados". João Pinheiro Neto, diretor da Superintendência da Reforma Agrária, e Mario Donato, seu representante em São Paulo, foram alguns dos políticos atacados. Para essas atividades desestabilizadoras, o general Agostinho Cortes recebia o apoio do setor de Opinião Pública do IPES – São Paulo, e, de maneira especial, de Fernando e Roberto Levy, filhos do líder da UDN e empresário Herbert Levy, assim como do Instituto de Engenharia, sediado em São Paulo, e da polícia de Adhemar de Barros. Policiais, às vezes disfarçados de estudantes, participavam de "recepções tumultuosas" oferecidas a figuras do governo. Uma dessas ocasiões que recebeu muito publicidade foi o impedimento, por oitocentos desses "estudantes", da realização do discurso que Paulo de Tarso, ministro da Educação, pretendia fazer na Universidade Mackenzie de São Paulo.

Sobre o que o senhor iria falar? Como começou o tumulto?

Paulo de Tarso: – Acrescentaria mais uma medida ao elenco das tomadas por mim mencionadas e que causaram irritação: a luta com os Diários Associados. Pois tomei posse no Ministério da Educação, e, no dia seguinte, fui procurado no ministério por uma senhora que se dizia representante do senhor Leão Gondin, diretor dos Diários Associados. Eu a recebi, a pedido do chefe da Casa Civil, o professor Darcy Ribeiro. Ele recomendou que ouvisse o que ela tinha a dizer. Esta senhora teve comigo um diálogo que, até hoje, eu ainda não reproduzi num documento público, embora tenha contado a dezenas de amigos. Tenho dele uma memória absolutamente detalhada. Ela me disse: – Ministro, eu represento o meu diretor, Leão Gondin, que pediu dissesse ao senhor que a direção dos Diários Associados acha o senhor um político jovem de grande futuro na vida política do Brasil. Eu disse: – Muito obrigado, dona fulana. Ela continuou: – Meu diretor pediu também que comunicasse ao senhor que a direção dos Diários Associados decidiu, a partir de amanhã, apoiá-lo totalmente com todos os seus meios de divulgação, no Brasil inteiro. E eu, então, com a insolência dos jovens, embora tranquilamente, perguntei a ela: – Quanto custa isso, dona fulana? Ela disse: – Imagine, ministro. É de graça.

Eu disse: – Então não serve. É muito caro. Eu vou dizer à senhora por que que é muito caro. A senhora está me oferecendo isso como forma de fazer comigo um contrato para imprimir as cartilhas que O Cruzeiro costumava encartar nas suas edições e que distribuía pelo Brasil todo. Era um contrato que os Diários Associados tinham tido com o Ministério da Educação que pagou as cartilhas e elas foram distribuídas encartadas em O Cruzeiro, como se fosse um brinde aos leitores. As cartilhas foram adotadas por um programa de alfabetização, um tanto abstrato, do Ministério da Educação. Disse a ela: – Olha, dona fulana, eu não posso atender à senhora por vários motivos, entre outros porque eu acabo de convidar o professor Paulo Freire para dirigir a campanha de alfabetização e, pelo que eu já conheço, uma das características do método dele é justamente a de prescindir de cartilha. Então, nós não vamos necessitar disto. Eu agradeço à senhora, mas não posso aceitar o oferecimento de cobertura publicitária ou política, já que não posso atender àquilo que a senhora seguramente me pediria: o contrato de publicação destas cartilhas. Muito bem. Houve, aí, mais um ou outro detalhe e ela se despediu.

No dia seguinte, mas no dia seguinte, não foi uma semana depois, não. No dia seguinte, na primeira página do Diário de São Paulo, em nome do senhor Assis Chateaubriand – nessa época, ele estava muito doente, portanto, é provável que o artigo tenha sido escrito por outro, com o nome dele –, fazia-se um ataque terrível, hidrófobo, contra mim. O título do artigo era "O Cão". E o título conta o conteúdo. O que eu podia fazer contra uma organização poderosa como era naquela época os Diários Associados? Eu não tinha um jornal, a não ser o Brasil, Urgente, que me desse cobertura. Nenhum outro me dava cobertura alguma. Ingenuamente, comecei a sair pelas cidades de São Paulo fazendo conferências, sobretudo aos estudantes e a certos setores intelectuais, e nelas respondia ao Chateaubriand. Por exemplo, em Campinas, nós fizemos uma conferência com o Teatro Municipal lotado. Nesta conferência estiveram monsenhor dr. Emílio José Salim, naquela época reitor da PUC, e o atual vice-governador de São Paulo, Orestes Quércia, então dirigente estudantil. Ainda há pouco, ele me lembrava que participara da mesa que dirigiu os trabalhos. Neste tipo de reunião, eu dizia o seguinte: – O Chateaubriand me chamou de cão e não me ofendeu. Citava a poesia do Guerra Junqueira sobre o gorro do pintor e o cão que demonstra toda a sua fidelidade, até a sua afetividade, entre aspas, ao pintor. E concluía, assim: – O cão é o símbolo da fidelidade e eu procuro ser fiel ao meu país, embora enfrentando interesses poderosos como os dos Diários Associados, enquanto o senhor Assis Chateaubriand trai o Brasil a cada artigo que escreve. Isto era uma espécie de refrão das conferências que eu ia produzindo pelas universidades do interior. Mas, enquanto eu falava para mil pessoas, o Diário de São Paulo falava a cem mil. Era uma desproporção de meios realmente aterradora.

Além disto, o ódio deles contra mim também se explica pelo fato de eu falar em linguagem cristã. Não era possível admitir – volto, mais uma vez, a este tema – que alguém usasse uma ideologia cristã para se opor ao golpe em marcha. O golpe tinha no Cristianismo a sua base ideológica e não era possível admitir que esta base ideológica fosse dividida. Eu era um homem da Igreja Católica, o que pode ser comprovado, facilmente. Há muita gente para dar testemunho disso. Eu era um homem de vida sacramental. Hoje não estou tão próximo da Igreja, como estava naquela época, embora continue católico. Naquela época, eu era um homem, em certos momentos, de comunhão diária, portanto, quer agradasse, quer não agradasse aos que estavam tramando a deposição do presidente da República, era um homem da Igreja e tinha o apoio do cardeal de São Paulo. Era possível admitir que este homem continuasse falando? Era possível permitir que eu, na Universidade Mackenzie, defendesse o presidente da República e atacasse os que estavam articulando o golpe contra ele?

Fui ao Mackenzie a convite do pastor Borges, um dos dirigentes daquela instituição. O Mackenzie estava vivendo uma crise financeira. A minha intenção era a de ajudar ao Mackenzie. Mas, na verdade, a coisa começou, desde o primeiro momento. Quando eu tentei falar, começaram as vaias, de um lado, e os aplausos, do outro. Eu percebi que tudo já estava montado, depois que estava à mesa. Os amigos me tinham dito: – Olha, cuidado que eles matam você. Eles não estão brincando. Mas a tendência de quem está numa posição idealista, de quem não quer destruir ninguém, não quer matar ninguém é a de não acreditar neste tipo de coisa. É incrível. Tenho a impressão de que Deus protege porque não haveria outro tipo de proteção nestas situações. Eu sou um homem que acredita nisso. Acho que ali houve proteção divina, pois eu estava inteiramente à mercê deles. Se eles quisessem poderiam ter me matado facilmente.

O discurso que eu iria fazer, seguramente, teria uma ou outra referência ao problema do choque das forças reacionárias contra as forças reformistas porque sempre eu dava um colorido político aos meus discursos. Mas, fundamentalmente, ia abordar o problema do Mackenzie. Porém, cometi, talvez, uma imprudência, no início do debate. Alguém do público já instruído – vê-se que isso foi muito preparado – disse: – O senhor vai falar porque nós toleramos que o senhor fale. Eu tive uma tirada infeliz, talvez. Disse assim: – Não. O senhor está querendo transformar o Mackenzie numa casa de tolerância e o Mackenzie é uma universidade. Isso exacerbou ainda mais os ânimos. Num determinado momento, eu via que o público estava dividido em dois grupos que se digladiavam. Se saísse o primeiro tiro, ali, ia ser um massacre, porque o pessoal nosso não tinha nem um canivete.

Quem me salvou foi um conterrâneo mineiro meu, um padeiro, um líder sindical padeiro, que estava lá. Quando percebeu o que estava acontecendo, ele, forte, me agarrou. De repente, eu estava jogado por ele e por mais duas ou três pessoas num corredor do auditório do Mackenzie, que saía para a rua. Eles diziam: – Saia, ministro, que eles vão matar o senhor. Eu fui empurrado por eles, e, quando percebi, estava fora de lá. Ainda estava lá dentro, quando alguém jogou de um pequeno frasco de vidro um líquido contra a Mesa. Foi dito, na ocasião, que este líquido, se nos atingisse, nos deformaria. Era um corrosivo muito poderoso. Eu, ao ser ouvido num dos IPMs, citei este fato a um dos oficiais. Ele me respondeu o seguinte: – Ácido nós não levamos, não. Mas metralhadoras nós todos tínhamos, sim senhor. Ele confessou que esteve presente ao Mackenzie e que portava arma. Naquele dia vivi novamente. Eu me livrei de um assassinato político. Às vezes, fico pensando que a intenção deles era de criar um fato político em São Paulo que deflagrasse a luta no país todo. Mas Deus não quis que acontecesse, e, depois disso, eu ainda fiz um debate com o deputado Herbert Levy.

Aqui, quero esclarecer que fui preso, duas vezes, em caráter preventivo. As minhas duas prisões foram prisões preventivas, para averiguações. A primeira durou 29 dias. E a segunda, 23 dias. Depois, eu pedi asilo na embaixada do Chile. E estive seis anos no Chile, exilado. Este é o momento oportuno para registrar que o pastor Borges, do Mackenzie, teve uma atitude desassombrada, valente nesta época. Quando eu fui preso ele foi me visitar, se ofereceu e deu um testemunho por escrito dos motivos que me levaram ao Mackenzie, naquela oportunidade. Como eu já disse, havia sido ele quem me convidara inicialmente. E, em carta escrita, lamentando aqueles episódios, ele disse que o ministro tinha ido àquela universidade a convite dele, para resolver um problema da instituição. Ele assumiu essa atitude num clima de total exacerbação, já pós-1964, quando eu estava preso.

Super-homem brasileiro

Coimbra: – Uma matéria aparentemente desvinculada do clima de exaltação política daquele momento é editada com grande esmero pelo BU, no seu n° 30, preenchendo duas páginas (10 e 11), com muitas ilustrações e um bom título: "A Nacionalização dos Super--homens".

Suas primeiras frases:

> Os editores das 180 revistas de Histórias em Quadrinhos que circulam no Brasil vão ter que despedir 60% de seus heróis importados: até janeiro de 1966 dois terços das historietas devem ser nacionais.

Depois seu texto informou:

> Há dez anos os desenhistas nacionais vêm tentando conseguir do governo medidas de proteção às historietas brasileiras.

E explicou:

> O ministro da Educação, Paulo de Tarso, estudou o problema e o encaminhou, ao presidente da República. O próprio Ministério da Educação está atualmente cuidando de organizar os desenhistas para o fornecimento das historietas. Em São Paulo, Reinaldo de Oliveira, um dos maiores conhecedores de Histórias em Quadrinhos, no Brasil, foi indicado ao ministro Paulo de Tarso para organizar a classe.

Sete anos depois, José Marques de Melo, em seu livro *Comunicação social – teoria e pesquisa* (Petrópolis, Editora Vozes Limitada, 1970, p. 193 e 194), lembra do decreto encaminhado durante sua gestão. Mello transcreve parte de uma carta publicada pela revista Visão, em 22 de novembro de 1965, escrita por um adversário do governo Goulart, Celso Siffert. Em que ele diz:

Esperei passar o calor do Ato Institucional, a série de debates sobre os porquês da Revolução, a polêmica causada pelo Capibaribe Tranquilo, para lembrar uma lei elaborada pelo discutido e talvez péssimo governo anterior. Em meio às impensadas e demagógicas patriotadas da "gang" deposta, rotuladas de nacionalismo, apareceu uma legítima defesa dos desenhistas brasileiros ligados à imprensa. Os senhores sabem que nossa imprensa, considerada uma das melhores do mundo, tem sua parcela de culpa no escoamento de divisas para o estrangeiro, importando uma matéria-prima que temos possibilidades de fabricar aqui mesmo. São as Histórias em Quadrinhos e outros serviços de imprensa, como Curiosidades, Mundo Pitoresco etc. A quase totalidade das Histórias em Quadrinhos publicadas pela imprensa brasileira é de origem americana, controladas aqui pelo King Features Syndicate, Los Angeles Tribune etc. Temas e costumes americanos, a maioria com tiros, assassínios e roubos. Dólares que poderiam ser cruzeiros. E o que previa esta lei? A brasilização das historietas, que deveriam ser feitas por brasileiros e com temas e tipos nossos. E não poderiam ser perniciosos ou amorais. Seria uma nacionalização progressiva: 30%, logo após a publicação da lei, mais 30%, seis meses depois, mais 30%, um ano depois, deixando para os americanos uma tira em cada dez publicadas, com seu Flash Gordon, ou Brucutu, ou Nick Holmes.

A carta era encerrada indagando: "Gostaria de saber o que foi feito daquela lei. Foi esquecida? Arquivada?"

Como surgiu a iniciativa da elaboração desta lei?

Paulo de Tarso: – O decreto das revistas em quadrinhos, na verdade, tem muito a ver com a campanha da imprensa deflagrada contra mim. Ao concordar com essa nacionalização de 90% das revistas por considerá-la uma medida que interessava ao país, subestimei a sua importância em termos financeiros para a Grande Imprensa. Só depois vim a saber que de cada 100 pessoas que liam um jornal como O Globo, 35 compravam o jornal por causa dos quadrinhos. As Histórias em Quadrinhos, pouca gente sabe disso, vinham para o Brasil em envelopes pelos Correios. Não pagavam nenhum tipo de imposto. O Brasil havia pago, no ano em que eu publiquei esse decreto, algo em torno de dez milhões de dólares de *royalties* para o uso das figuras Pato Donald, Super-Homem e Flash Gordon. Mas, essas revistas eram redigidas por brasileiros, desenhadas por brasileiros. E pagavam-se *royalties* aos Estados Unidos. Em alguns casos, elas vinham com o texto pronto de lá, e eram apenas traduzidas. Era uma coisa da qual o Brasil podia perfeitamente prescindir porque nós tínhamos recursos humanos habilitados para fazer a nossa própria revista em quadrinhos. Pois bem, quando eu fui levar o decreto ao presidente João Goulart, ele leu-o, e, para surpresa minha, antes de assiná-lo, me encarou e disse: – Paulo, eu espero que você saiba o que está fazendo. Eu vou assinar porque eu prometi a você, quando o convidei para ministro, que não deixaria de assinar nenhum dos projetos que você trouxesse. Mas eu devo prevenir a você que o mundo vai cair sobre as suas costas. Não sobre as minhas, sobre as suas costas. Este é um tema profundamente polêmico e você está enfrentando interesses que não consegue dimensionar.

As palavras dele foram proféticas porque, a partir do decreto das revistas em quadrinhos e de outros fatos mencionados, a imprensa passou a ter uma especial predileção por mim. A imprensa controlada pelo IBAD e pelo IPES, como se diz na gíria, tirou uma assinatura comigo.

Noto, na pergunta, com surpresa, que em 22 de novembro de 1965 o senhor Celso Siffert escreveu uma carta em defesa do decreto. Aqui agradeço a este senhor pois não sabia que, em pleno apogeu do movimento de 1964, ele tinha tomado a defesa do decreto. Ele não foi o seu único defensor. Aqui está outra informação, em primeira mão. Voltei do Chile, exatamente, no dia 15 de novembro de 1970. Tinha um apartamento pequeno, ali na Alameda Santos, quase na esquina com a Brigadeiro Luís Antônio. Fiquei uns 20 dias numa espécie de lua de mel com o Brasil. Estava, assim, numa euforia extraordinária pelo reencontro com o país. Puxava conversa com o jornaleiro, puxava conversa com o motorista de táxi, parava na rua para conversar com o engraxate. Gostava de ouvir português, coisa que eu não ouvia havia tanto tempo, assim, falado pelo homem do povo. Eu andava a pé pela Avenida Paulista para curtir melhor esse clima. Descobri que país tem cheiro, que existe um cheiro de Brasil que os outros países não têm. Estava animado, reconciliado com a vida – essa é a expressão –, quando ao passar pelo Trianon verifiquei que, com a presença do, na época, ministro Passarinho, havia ali um seminário para discutir o problema das revistas em quadrinhos. Isso poucos dias depois de eu haver voltado do Chile. Eu olhei e aquilo chamou a minha atenção. No dia seguinte, fui ler os jornais e procurar notícias sobre o seminário das revistas em quadrinhos. Qual não foi o meu espanto quando eu encontrei lá a conclusão fundamental do seminário: retomar o decreto de 1964, mas sem demagogia. Ou seja, a única restrição que se fez ao decreto de 1964 foi uma restrição puramente subjetiva, sem nada a ver com o problema técnico das revistas em quadrinhos.

Na verdade, a classe dos desenhistas levou o ministério de 1970 a retomar o decreto e apoiá-lo. Portanto, as coisas quando têm do seu lado a verdade ganham uma força extraordinária. Apesar de todos os anos de autoritarismo o decreto sobrenadou, sobreviveu com apoios estranhos, como este de um seminário presidido pelo ministro Jarbas Passarinho, e com o apoio de um empresário como o sr. Celso Siffert, cujo nome eu leio com certo agrado, devo confessá-lo, pela primeira vez aqui, agora.

Sobre as revistas em quadrinhos, depois, no Chile, conversei muito com Armand Mattelart, que tem um livro publicado sobre as multinacionais da cultura. Nós trabalhamos com ele, o Plínio Sampaio, eu e o Paulo Freire. Fomos companheiros dele, no Instituto de Capacitação e Investigação e Reforma Agrária, da FAO e do governo do Chile. Mattelart fazia leitura ideológica dos principais jornais do Chile e conhecia a fundo a ideologia das revistas em quadrinhos. As conversas que nós tivemos esclareceram muito quanto à ira que o decreto provocou porque, além do prejuízo financeiro, ele havia, ainda, tocado, na ferida da colonização cultural através das Histórias em Quadrinhos. Lá, no Chile, conversando com o Armand Mattelart, me dei conta da importância do decreto.

A saída do ministério de Goulart

Coimbra: – O BU publicou integralmente a carta entregue a João Goulart, em que o senhor pedia demissão do Ministério de Educação e Cultura, numa edição (n° 32) em que, logo na página 2, sob o título "Luta Continua", o jornal anunciava:

> Caiu Paulo. Ou caiu o Ministério. Pela sua atuação cristã e nacionalista. Sua coragem. Seu devotado interesse pela causa pública marcou um período governamental que agora termina. A ele Brasil, Urgente deu e dará, se assim continuar na vida pública, todo o merecido apoio. É o assunto principal deste número de Brasil, Urgente.

A carta vinha na página 9, sob o título de "Paulo de Tarso Não Transigiu". Alguns trechos importantes da carta entregue a Jango:

> Conspiradores internos tramam às claras sua deposição com o apoio, ostensivo ou não, das forças imperialistas, entrosadas no processo político brasileiro, em esquemas de perpetuação dos próprios privilégios. Isto torna ainda mais imperiosa a acentuação da marca popular do governo. Ontem, entretanto, ocorreu um fato novo, destinado a ter a maior repercussão na vida política nacional: o movimento popular decidiu combater publicamente a política de conciliação, recomendando ao mesmo tempo a adoção de uma nova linha de governo, balizadas por medidas concretas como a expulsão da Hanna, o rompimento das negociações de compra da Bond & Share, a encampação da refinaria de Capuava, o congelamento da remessa de lucros, a suspensão do pagamento das dívidas externas, o monopólio estatal do câmbio e das exportações e elegibilidade, libertação e anistia dos sargentos e soldados. Estou convencido do acerto histórico dessa decisão. Não me parece mais possível, numa hora de conspiração organizada, tentar

conciliar o Brasil novo que surge com as estruturas que agonizam. Procuro, assim, senhor Presidente, num gesto que certamente merecerá a compreensão de Vossa Excelência, dar consequência à luta que travo pela transformação social cristã de nosso país, desmentindo serenamente com fatos o noticiário dirigido de uma imprensa corrupta e antinacional que procura distorcer minha atuação e da equipe que compus no Ministério.

No editorial deste número ("Paulo de Tarso"), o BU comentava:

Parece haver uma irresistível incompatibilidade entre o atual governo e os bons ministros. O que aconteceu, em passado recente, com os srs. Almino Afonso e Darcy Ribeiro, acontece, agora, com o sr. Paulo de Tarso. Os três não tiveram condições objetivas para permanecerem nas suas pastas ministeriais. Malgrado fossem os melhores homens dos gabinetes a que pertenceram. Os mais eficientes, os mais ilustres, os mais patriotas, os mais dignos. Ou exatamente por isso. Tiveram que sair. Nunca contra um homem público – nem mesmo contra o grande ministro do Trabalho que foi o sr. Almino Afonso – guerra tão violenta foi desencadeada. Utilizaram tudo contra o sr. Paulo de Tarso. Todos os meios foram tidos como justos para combatê-lo. Usaram da mentira, das injúrias, das calúnias mais grosseiras. O decidido apoio que o sr. Paulo de Tarso recebeu dos estudantes de todo o país foi um motivo a mais de irritação para a direita. Daí passaram a acusá-lo de comunista, negando ao ministro a sua condição de cristão, a sua qualidade de católico autêntico, reconhecidas em documento memorável e definitivo pelo Cardeal-Arcebispo de São Paulo, o eminente, lúcido e corajoso Dom Carlos Carmelo de Vasconcellos Motta.

Beisiegel, com sua autoridade de especialista em Educação, também viria a tratar, quase 40 anos depois, de sua passagem pelo ministério de Jango. No livro citado, p. 231, ele diz:

A curta passagem de Paulo de Tarso pelo Ministério da Educação, onde foi substituído, inicialmente em caráter provisório, pelo mesmo Júlio Sambaqui, marcara um fenômeno novo e significativo. Representava a firme consolidação das lideranças do movimento estudantil no centro de decisões da política educacional do governo da União.

Segundo Beisiegel, a sua saída do Ministério da Educação alterou o rumo do Programa Nacional de Alfabetização.

Ele diz isto num trecho de seu livro (p. 236 e 237), no qual, à certa altura, transcreve, de início com palavras dele mesmo, depois, literalmente, o que ouviu de Betinho, seu assessor para assuntos estudantis, no Ministério da Educação:

> Com a renúncia de Paulo de Tarso ao Ministério da Educação e a substituição dos integrantes católicos de sua assessoria estudantil por outros assessores, os grupos de orientação comunista teriam retomado parcialmente o controle das atividades. "Nós tínhamos um controle hegemônico também no Ministério, isto no que diz respeito ao PC. O Paulo de Tarso não era da AP, mas simpatizava com nossas posições. Eu era o coordenador da assessoria, portanto, tudo o que dependia de uma orientação, e de uma influência, eu estava lá. E não era um negócio sectário, a relação da AP com o PC. Eu creio que, depois que o Paulo renunciou, aí nós todos da assessoria saímos, e, depois que nós saímos, aí eu acho que o PC realmente ocupou com o Sambaqui. A nossa saída foi a ocupação dessas áreas pelo PC".

Na avaliação que o senhor próprio faz, qual aspecto de sua passagem no Ministério de Educação e Cultura melhor a marcou? Como foi sua despedida de Jango?

Paulo de Tarso: – O que marca minha passagem pelo Ministério da Educação é a descoberta que fiz da importância da Educação no processo de transformação social no Brasil. Eu tenho a impressão de que, quando eu fui convidado para o ministério, não havia ainda consciência do papel que a Educação podia representar numa fase de transição, num momento conflitivo como o que o Brasil ia viver. Nós – digo "nós" porque comigo estava um grupo de jovens estudantes da UNE – demonstramos em pouco tempo – eu fiquei no ministério 120 dias – que a Educação era um instrumento poderoso de mobilização da opinião pública e procurei utilizar este instrumento em favor das Reformas de Base. Mobilizei os estudantes neste sentido. Transformei o ministério numa tribuna. Era um dos ministros que mais falava e falava uma linguagem clara como essa que está na minha carta de demissão.

Talvez, até, a carta tivesse representado uma pressão no sentido de uma radicalização exagerada para o governo Goulart, em descompasso com a correlação de forças sociais daquela época. Sou propenso, hoje, a admitir isto: a carta pedia ao presidente Goulart uma radicalização, também pedida pelas forças populares, que ia além das possibilidades dele. Eu já disse antes algo a este respeito. Nós estaríamos numa posição pouco realista. É possível que isto ocorresse. Olhando, hoje, as coisas, com mais calma e com uma certa distância, a gente pode até reconhecer que não havia apoio social suficiente para uma radicalização, como a que se pedia ao presidente Goulart. Naquela época, nós tínhamos a certeza de que estávamos agindo corretamente. Não era uma jogada. Não era uma manobra tática. Não era vontade de aparecer. Não era ímpeto de precipitar as coisas. Isto era fruto da convicção de que a única atitude politicamente sustentável para o governo Goulart era a de compromisso mais fundo com o que se chamava de forças políticas populares. O que representaria, em consequência, uma ruptura mais nítida dele com as forças que se opunham às Reformas de Base. Isto na época era viável? Talvez não fosse, mas o processo estava tão radicalizado que pedir a quem era parte desse processo uma lucidez, que só se pode ter depois de 18 anos, era pedir o impossível. Nas análises que fazíamos na época ia muita da emoção que púnhamos como personagens do drama que o país estava vivendo.

Quando eu fui entregar minha carta de demissão ao presidente Goulart, na Granja do Torto, o presidente ficou muito chocado. E eu fiquei muito incomodado diante dele porque eu tinha afeto por ele. Ele sempre me tratou, humanamente, muito bem. Senti que o presidente se entristeceu com a carta. E se sentiu solitário. Ou melhor, a solidão que ele sentia pareceu mais clara nesse momento. Houve algo que eu, também, devo registrar. Jango perguntou:

– Mas, Paulo, eu alguma vez neguei o meu apoio às medidas que você tomou no Ministério da Educação? Eu disse: – Não, o senhor nunca me negou o seu apoio e eu devo reconhecer isto.

Eu falei a ele que o meu problema não era só realizar o programa que vinha cumprindo no Ministério da Educação porque eu não era um técnico em Educação. Eu era um político que ele havia mobilizado para dirigir a pasta da Educação. Mas a minha obrigação e o meu compromisso maiores eram com as forças populares. Estas forças estavam advogando, naquele momento, algumas medidas políticas bastante radicais que eu achei corretas. Para ser franco, se eu pudesse voltar àquela época, com a consciência que eu tenho hoje, não sei se apoiaria todas aquelas medidas, com a veemência com que apoiei. Na época tinha a consciência perfeita. Se alguma coisa me ocorresse, eu estaria no céu no qual os católicos acreditam, porque eu agia com absoluta paz de consciência. Realmente, acreditei que aquelas medidas eram as que convinham ao país. E eu não era um homem interessado apenas em cumprir a meta educacional das forças populares. Eu estava envolvido numa luta política muito mais ampla.

FASCISTAS

Edição Semanal – Cr$ 50,00

Brasil, Urgente

Um Jornal do Povo a Serviço da Justiça Social

TENTAM INCENDIAR O BRASIL!

A EXPLORAÇÃO DA FÉ

Brasileiros em Paris Fundam SABU

Um mês antes do Golpe Militar, no dia 7 de março de 1964, o jornal denunciou o uso da religião em sua preparação.

Novembro de 1963
(O endereço do inferno)

Neste mês, de repente, foi possível reconhecer vestígios do estilo de Dorian Jorge Freire em quase todas as seções do jornal. Indagamos a Dorian, na carta que lhe escrevemos, a razão de sua presença ubíqua nas edições do jornal. Disse ele:

> Você está certo. Houve números quase inteiramente escritos por mim. Editorial, a minha própria coluna, seção de cartas, noticiário miúdo, reportagens políticas, entrevistas, seções de livros e arte. – Por que a minha presença ubíqua? Porque estávamos sós. Eu, Ruy e Fausto. Era preciso fazer o jornal. Fausto nos animava. Ruy administrava a nossa pobreza. Eu escrevia. Na época, fizemos com que o pessoal empregado elegesse também um diretor. É o nome que aparece conosco nos últimos números.

O diretor eleito a que Dorian se referiu é José Reinaldo Barbosa, que foi incorporado ao expediente do jornal a partir da edição n° 35. Na página 2 desta edição o BU dizia:

> No nosso expediente há um novo nome: José Reinaldo Barbosa. E isso tem um significado: é a corporação de Brasil, Urgente, desde o faxineiro ao secretário de Redação, passando por toda a cúpula de direção do pessoal administrativo, representada por um de seus elementos. José Reinaldo foi eleito por voto de seus companheiros que o escolheram por unanimidade. E ele bem o merece. Dedicado, amigo, não deixou nunca de dar sua valiosa contribuição de sacrifício. Desse sacrifício com que todos mantemos este jornal da Verdade.

O jornal continuava se valendo do artifício de republicar matérias de outros órgãos conferindo-lhes o título de Destaque da Semana. Neste mês de novembro de 1963, republicaram matérias de colaboradores de dois jornais do Rio de Janeiro. De Joel Silveira, do Diário de Notícias, e de Carlos Drummond de Andrade, do Correio da Manhã, e ainda de Paulo Francis, do Última Hora, de São Paulo.

Mas, embora com poucos recursos, o jornal prosseguiu fazendo suas denúncias. Diz o BU nº 35, p. 10 e 11, em manchete: "Negociata no Contrato dos Telefones: CTB Levará 180 Milhões do Povo!". No número seguinte, o jornal visava a FIESP, poderosa entidade das indústrias de São Paulo: "FIESP: Filigrana Jurídica Para Não Enfrentar CNTI", anunciava o título da página 13, referindo-se à disputa que aquela entidade travava com a Confederação Nacional dos Trabalhadores na Indústria, e que levou a uma grande greve em São Paulo (BU nº 36). No BU nº 37, o alvo passava a ser as multinacionais do petróleo. Duas páginas (10 e 11) eram ocupadas com uma matéria de título: "Petróleo: Pressão Internacional Contra Denúncia da Negociata na Argentina".

Novamente, o jornal tinha pouca publicidade. Somente cinco páginas, em 80 publicadas durante o mês.

9ª entrevista com Paulo de Tarso Santos (Pauta: Novembro de 1963)

Paulo de Tarso confessa que a maior parte das entrevistas que fizemos, até agora, tem provocado nele pequenas dores de cabeça. Ele disse: – Depois das nossas conversas vêm muitas imagens à minha mente.

Nesta entrevista, Paulo falou de Tristão de Athayde que considerava a figura maior do catolicismo brasileiro laico.

Analisando a atuação da Grande Imprensa, naquele momento da vida do país, considerou o desempenho de O Estado de S. Paulo como uma capitulação de sua posição liberal em benefício do totalitarismo.

Ele analisou os ataques que Chateaubriand lhe fez, através dos jornais dos Diários Associados.

E recordou uma polêmica acre que manteve com o velho dono de jornais, quando era um jovem advogado, numa fazenda da família de sua mulher.

Para ele, conforme palavras ditas nesta entrevista, a indústria do anticomunismo criada pelos órgãos de imprensa, na época, era fruto do nosso subdesenvolvimento político.

A maior figura do catolicismo

Coimbra: – No BU nº 33, o jornal por três vezes se referu a Tristão de Athayde. Duas vezes por causa dos ataques feitos a ele por

Gustavo Corção. Na sua página de humor, Arapuã (p. 19) escreveu, com ironia, debaixo de uma foto da cena de um filme, onde aparecem, remando, numa canoa, vários atores caracterizados com roupas iguais aos dos pioneiros da colonização norte-americana, no estilo de Daniel Boone: – Chega mais gente para lutar contra Tristão de Athayde no Centro D. Vital.

Três páginas antes, o BU transcreveu um artigo de Octavio Malta, "Um Católico na Direita Sombria" (p. 16), publicado naquela semana, originalmente, no jornal Última Hora. Trecho do artigo:

> O Corção veio, anteontem, em entrevista no Jornal do Brasil, dizendo que deixou o Centro Dom Vital por "divergências" doutrinarias. Esse samaritano às avessas considera "errôneas" as interpretações dadas por Tristão de Athayde às encíclicas.

E, também naquele número, o jornal prestou sua homenagem aos setenta anos do líder do catolicismo leigo do Brasil, completados naqueles dias, com a publicação de uma página inteira sobre ele (BU nº33, p. 7), escrita por frei Carlos Josaphat. Seu texto se encerrava assim:

> Uma espiritualidade de ação fundada na coerência interior, iluminada pela fé aberta ao diálogo com todos os homens, firme na denúncia dos erros e das injustiças, mas, acima de tudo, disposta a compreender e a construir – eis a grande lição e o exemplo discreto que a nova geração pode receber do contato com Alceu Amoroso Lima.

Quatro números depois, no BU nº 37, ainda prosseguiam as homenagens a Tristão. Na página 16, o jornal transcreveu do Correio da Manhã, do Rio, um artigo de Carlos Drummond de Andrade, "O Professor Vai Para Casa", em que o poeta diz, sobre Tristão de Athayde:

> É, cada vez mais, o homem que procura entender, avaliar e esclarecer os dilacerantes conflitos do nosso tempo, vendo em cada homem um semelhante e não um aliado ou um inimigo. Daí a força moral de suas

atitudes, no plano das questões imediatas, juntando-se ao seu prestígio de crítico de ideias e de livros, já incorporados ao quadro histórico de nossa evolução literária.

Na obra citada do padre Charles Antoine, há, sobre Tristão e Corção (p. 45 e 46):

> Gustavo Corção é o anti-Alceu, por excelência. Este, que escreve no Jornal do Brasil e na Folha de São Paulo, torna-se um dos alvos preferidos da pena ferina do mentor do grupo integrista no Rio de Janeiro. A divergência teológica e política entre os dois nasce e se afirma no momento em que, sob a influência da Ação Católica, os cristãos do Brasil se sensibilizam para o problema social. A ruptura se consuma em 1968, quando desaparece o Centro Dom VitaI, após quarenta anos de atividade sob a presidência de Alceu Amoroso Lima. E Gustavo Corção funda o Centro Permanência. A partir daí, o encarniçamento de Gustavo Corção contra o seu ex-amigo apela para a violência e a continuidade. Segundo ele, Alceu Amoroso Lima faz parte de uma "sub-raça de obstinados rebeldes" que povoa a Igreja.

Como o senhor via a figura de Tristão de Athayde, cuja atuação na imprensa da época, aliás, foi reunida no livro *Revolução, reação ou reforma*?

Paulo de Tarso: – Tristão de Athayde é a figura maior do Catolicismo brasileiro laico em todos os tempos. Ele próprio, acho, se interrogado, procuraria salientar a importância de Jackson de Figueiredo. Eu sei que Jackson de Figueiredo foi um homem muito importante. Mas viveu pouco, infelizmente. Já Alceu, por graça de Deus, está vivendo seus 90 anos bem vividos. Até hoje, se vê que cada artigo dele é mais lúcido do que o anterior, mais valente. Alceu Amoroso Lima transmitia à gente, naquela época, a segurança de uma fé muito sólida, além de uma sensibilidade social admirável. O que caracterizava a vida dele e caracteriza ainda hoje, aliás, é a fidelidade a essa fé e à manutenção dessa sensibilidade. A vida toda, Gustavo Corção polemizou com Alceu Amoroso Lima, esse homem que é um paradigma da liderança cristã e católica no Brasil, e ao qual a minha geração, por muito que fale, nunca renderá as homenagens suficientes. Alceu nunca respondeu a um único ataque do Corção. O Corção, pouco antes de morrer, escreveu um artigo lamentando que ele não desse atenção a seus ataques. Corção não se conformava que os ataques dele não merecessem uma resposta.

Alceu é um homem de uma grandeza extraordinária, e nunca teve com Corção um relacionamento, da parte dele, marcado pela discórdia mais profunda, nem pelo ódio porque ele é incapaz disso. Mas o fato de ele não ter respondido ao Corção dá a medida exata dos extremos a que chegou Corção, na sua luta quase fanática, ou fanática mesmo, contra o comunismo. Alceu entendia, com razão, que essa polêmica não iria esclarecer nada. Ele está acima desse tipo de disputa, é um homem que conseguiu uma altura espiritual, no seu desenvolvimento pessoal, que supera todas essas questiúnculas.

E ele foi o homem, isto eu ouvi do próprio Corção, que guiou o Corção nos seus primeiros passos no sentido do catolicismo. Corção o apresentava como um dos homens que o haviam levado a se converter.

Curioso é que eu ouvi, também, do Corção que ele, Corção, havia convertido o Carlos Lacerda. Numa época em que estava irritado com o Carlos Lacerda, ele me disse no escritório da casa dele, lá nas Laranjeiras: – Nesta cadeira em que você está sentado, conversando comigo, o Carlos Lacerda chorou, no momento em que ele estava optando pelo catolicismo. Corção me contou isto para tentar fixar o quadro no qual o Carlos Lacerda havia começado sua marcha para o catolicismo.

Não houve pessoa neste país que tivesse um direito humano vilipendiado ou sofresse uma violência que não obtivesse, imediatamente, a solidariedade de Alceu. Quando fui para a Embaixada do Chile, no Rio de Janeiro, na antiga Baixada do Flamengo, a primeira visita que eu recebi foi dele. Foi lá me levar uma palavra de conforto, de carinho, embora eu, como ministro, houvesse lhe negado a permanência na direção da Rádio Ministério da Educação de uma pessoa – creio que até parente de Rubem Braga. Isto é uma das poucas coisas de que eu me arrependo por ter feito no ministério.

Eu não tinha o direito de negar um pedido ao Alceu. Devia ter atendido. Não que a outra pessoa que foi para a rádio – uma professora –, por indicação do Sérgio Magalhães, não tenha sido uma boa diretora da rádio. Mas eu podia, perfeitamente, em paz com o meu programa no Ministério da Educação, manter o parente do Rubem Braga, na Rádio Ministério da Educação. Hoje, lamento, realmente, não haver atendido o Alceu no único pedido que ele me fez. Ele, mostrando o homem superior que é, esqueceu-se desta negativa e foi carinhosamente me visitar, quando eu estava asilado na embaixada.

Quando eu escrevi um livro despretensioso sobre Guimarães Rosa, *O diálogo no Grande Sertão Veredas*, mandei os originais para ele. E ele teve a delicadeza de me mandar uma carta, comentando o livro em termos elogiosos, autorizando a publicação da sua carta na contracapa do livro. Esse é o Alceu: um homem realmente disponível para as demonstrações de carinho, de amizade, de cristianismo e, sobretudo, um apóstolo valente do cristianismo. Não houve – insisto –, durante estes anos de ditadura e de autoritarismo, alguém que tenha batido à porta de Alceu e tenha se decepcionado. Então, é compreensível que o Corção se preocupasse por não obter resposta e julgasse isto uma desconsideração com ele. O Corção devia ter pelo Alceu, apesar de tudo, uma grande admiração. Parece que, no fim da vida dele, eles tiveram uma espécie de reconciliação.

Na disputa presidencial?

Coimbra: – Ao lançamento de seu nome como candidato à vice-presidência nas eleições de 1965, em chapa encabeçada por Almino Afonso, o senhor, em outra entrevista, não deu grande importância, classificando-o como uma espécie de boutade, de exercício de humor. No entanto, em certo momento o BU a levou a sério. Pois, numa nota com referência à chapa, publicada na coluna Notas e Informações, do BU nº 33, à página 4, o jornal diz que, nas eleições presidenciais de 1965, para não criarem um falso dilema como o surgido com uma proposta de chapa formada por Juscelino Kubitschek e Carlos Lacerda, sobre quem a lideraria, os integrantes da Frente de Mobilização Popular lançariam dois nomes de suas fileiras: para a presidência da República, Almino Afonso, para a vice, Paulo de Tarso.

Informações sobre as circunstâncias do aparecimento e do destino da ideia da composição desta chapa, impregnadas do tom de um cronista político da Grande Imprensa, da época, foram dadas por Carlos Castelo Branco. A sua obra citada, v, 2, p. 126, traz um texto dele datado de 19 de novembro de 1963, em que o cronista diz:

> Em face das dificuldades surgidas com o governador Miguel Arraes, a Frente de Mobilização Popular transferiu do Recife para Santa Maria, no Rio Grande do Sul, o seu congresso, convocado para debate de posições e fixação de táticas relativamente à sucessão presidencial. Persiste entre elementos do movimento a ideia de lançar a chapa estatística Almino Afonso-Paulo de Tarso, a qual serviria para dar balanço de forças e abrir a propaganda revolucionária por conta própria. O Partido Comunista resiste à sugestão, preferindo reservar-se para atuar, dentro do quadro das candidaturas burguesas, tacitamente. Compreendendo que sem o PC – que detém em suas mãos os instrumentos de ação esquerdista, principalmente, o controle de organizações sindicais - a chapa própria teria escassa ressonância, o grupo não filiado passou a trabalhar dentro do partido para alterar a disposição da cúpula prestista. O governador Miguel Arraes também prefere aliança com candidatos do centro.

É interessante observar que o apoio à cogitação dos nomes para a chapa no BU aparece num instante em que o jornal está praticamente rompido com o partido ao qual o senhor pertencia, atacando com vigor Ney Braga e Juarez Távora, respectivamente, presidente e secretário-geral do PDC.

No seu editorial "De Ney a Juarez", o BU n° 34, p. 2, diz:

> Nem seria logicamente possível uma surpresa quanto ao governador Ney Braga. Não haveria neste país homem público mais oportunista, mais indefinido, mais Maria-vai-com-as-outras. Mais desejoso de agradar gregos e troianos para obter, de ambos, favores, aplausos e simpatia. Finalmente, agora, quando a direita mobilizada decretou guerra de morte ao ministro Paulo de Tarso, decidida a impedir, até pela brutalidade, realização do plano administrativo do homem público de São Paulo, o governador foi encontrado a participar da campanha reacionária, lado a lado, com os piores inimigos do povo. Que esperar do general Juarez Távora que, candidato à presidência da República, ameaçou fechar a Petrobrás e entregar o petróleo brasileiro aos trustes internacionais? Que esperar, finalmente, do general Juarez Távora, que, ainda recentemente, tornou pública a sua solidariedade ao general Pery Bevilacqua nos ataques deste ao movimento operário do país? Que o PDC sob as batutas dos srs. Ney Braga e Juarez Távora passe à reação, forme ao lado da UDN, do sr. Carlos Lacerda, do PSP do sr. Adhemar de Barros, do PSD do sr. Amaral Peixoto, e dos fisiológicos do PTB, é problema seu. Mas não tente ludibriar os que confiavam na sua ação e esperavam muito de seu patriotismo. Por um comezinho dever de dignidade feche entre aspas as palavras democrata e cristão de seu título.

No texto de Castelo Branco, de qualquer modo, fica clara uma distinção entre o grupo de políticos a que o senhor pertencia e o grupo do PC, dentro da FMP.

Foram, realmente, divergências entre os dois grupos que impediram que a chapa Almino-Paulo de Tarso prosperasse? Por que o PDC não pôde ser o partido que daria consequência prática às ideias do BU, colaborando, em consequência disto, para colocar o jornal no dilema de ter que encerrar-se no plano das discussões teóricas ou caminhar para transformar-se, ele próprio, num movimento político – a razão maior, talvez, das frustrações do BU em relação a seu partido?

Paulo de Tarso: – Realmente, a linha do Partido Democrata Cristão não era a mesma do Brasil, Urgente. O jornal representava uma tendência de vanguarda do cristianismo social. E o partido era uma espécie de frente de movimentos sociais cristãos. Tinha alguns elementos conservadores – como, tipicamente, eram o caso do general Juarez Távora e do próprio Ney Braga. Outros procuravam antecipar essa opção preferencial pelos pobres da Igreja, de hoje, como fazíamos o Plínio Sampaio, eu, o Richa, que foi, agora, eleito para o governo do Paraná, e, na época, era da Juventude Democrata Cristã, o Moraes Neto, então vereador, e, sobretudo, outros jovens. Mas a nossa posição era, não digo isolada, mas minoritária, no partido.

A maioria do partido era, digamos, de uma posição centro-reformista em que se desejava a democracia, se pregava a necessidade de realizar a justiça social, sem negar a liberdade. Tudo, porém, em termos mais de princípios que de projeto para ação. O PDC sofria um pouco a tentação do idealismo político, filho do idealismo filosófico. Isso não quer dizer que o partido vivesse sempre nas nuvens. O partido teve os seus bons momentos, suas aterrissagens na realidade brasileira, através de atuações dos seus membros. Aí, por exemplo, está o projeto do salário-família do Montoro. Deve ser mencionada, também, a ação do Plínio Sampaio. O que nós pudemos fazer, no Ministério da Educação, com uma equipe de jovens cristãos vindos da JUC, foi, também, uma tentativa de dar o recado social cristão em termos populares. Houve, assim, momentos populares, na atuação cristã e democrata do PDC. Mas, o que prevaleceu foi o partido bem intencionado, fiel à Igreja que, porém, se movimentava mais nas áreas dos princípios.

Essa chapa Almino Afonso–Paulo de Tarso, na verdade, nunca teve maior consistência política. Eu ignorava até mesmo que o Carlos Castelo Branco, com o peso de sua autoridade de cronista político, tivesse registrado a ocorrência dessa chapa. Vejo, agora, que sua ressonância foi maior do que eu imaginava. Mas, ela não tinha nenhuma condição de prosperar. O próprio Almino, e eu também, tínhamos uma posição muito crítica em relação a ela.

Como já contei, a Grande Imprensa do IBAD e do IPES procurou ironizar a chapa. A chapa foi objeto de conversas bem-humoradas, para não dizer irônicas, dos membros do IBAD, em relação à possibilidade de eu vir a ser candidato à presidência ou a vice-presidência da República. A disposição do PC e do Arraes de apoiarem candidatos do centro era um fato, realmente. Fazia parte de uma tática política. Se o processo democrático não tivesse sucumbido em 1964, acho que nós teríamos essa tendência dominante, pelo menos por algum tempo. Eu não sei o que a práxis faria com ela, mas eu acho que o primeiro candidato à Presidência da República seria um homem de centro progressista, com o apoio do PC, e, possivelmente, com o apoio de outras forças de esquerda.

O programa da ditadura

Coimbra: – O diretor de O Estado de S. Paulo, Júlio Mesquita, neste mês fez um pronunciamento em Miami, Estados Unidos, que teve enorme repercussão. O BU comentou-o, no editorial "Traição ao Brasil", publicado em sua edição n° 37, p. 2:

> Em Miami, refúgio dos contrarrevolucionários cubanos e base de adestramento dos mercenários que preparam a invasão da ilha, o sr, Júlio Mesquita Filho, diretor da jornal O Estado de S. Paulo, falando à suspeitíssima Sociedade Interamericana de Imprensa, dirigida pelo intrigante internacional Judes Dubois e controlada de Washington, anunciou iminente um Golpe de Estado no Brasil. E discorreu sobre o programa a ser cumprido pela ditadura que se seguiria ao estraçalhamento da Constituição e à deposição do presidente da República. Disse o sr. Júlio Mesquita Filho que "o governo do sr. João Goulart será derrubado em breve, pois os minutos estão contados e não há tempo a perder". Aconselhou o governo de Washington a negar ajuda a este país, "enquanto Goulart estiver no poder". Indagado sobre qual posição deveria ser a norte-americana, em face do golpe, respondeu: "O governo dos Estados Unidos conhece e compreende a situação e provavelmente se antecipará". Não ficou aí o prócer da UDN. Traçou o programa de ação da ditadura neofascista que deverá seguir-se ao golpe. Deposto o presidente, "os brasileiros estarão numa situação em que até as liberdades mais comuns poderão perder" porque "o país não poderá sair desta situação e passar imediatamente a uma etapa

constitucional". No lugar do presidente derrubado, será colocado um governo forte "mas isto não será eterno porque a ditadura não é compatível com a vontade do povo brasileiro". Contudo, "quando o governo cair, duvido que haja um governo democrático em seu lugar".

O BU ressaltava:

> Dispensáveis quaisquer comentários. Este jornal vem insistindo sobre a existência de uma conspiração contra a democracia e contra o povo. Vem pedindo repetidamente que as autoridades adotem providências imediatas e severas, contra os que estão traindo e vendendo o Brasil, aqui como no estrangeiro. Ninguém mais ignora que a direita prepara a subversão da ordem democrática, o advento de uma ditadura, o esmagamento das conquistas dos trabalhadores, a submissão nacional ao capital alienígena.

Sobre este pronunciamento de Júlio Mesquita, diz Moniz Bandeira, na sua obra citada, p 143:

> As palavras alarmistas de Mesquita Filho, explorando contra o governo do Brasil a histeria antissoviética e anticubana, que havia nos Estados Unidos, causaram forte impacto. O governo, cuja queda próxima ele também vaticinara, pretendeu processá-lo, nos termos da Lei de Segurança Nacional. Mas, conquanto não ignorasse totalmente a marcha da conspiração, nem o envolvimento de Mesquita Filho, o governo recuou.

E Maria Victória de Mesquita Benevides, em *A UDN e o Udenismo* (São Paulo, Paz e Terra, 1981, p. 128 e 129), acrescenta:

> É importante lembrar que, já em 1962, o jornalista Júlio Mesquita Filho, de O Estado de S. Paulo, dirigia carta aos chefes militares da conspiração anti-Goulart, no sentido de propor o "Roteiro da Revolução". As medidas sugeridas apoiavam-se em três pontos essenciais: 1) o recurso ao expurgo e à repressão, para a tarefa básica do "saneamento político e moral", "limpeza radical dos quadros da Justiça", "derrubada total dos Tribunais", estado de sítio com suspensão das

imunidades parlamentares, e posterior dissolução do Congresso; 2) reformulação da política externa, com adesão ao "bloco ocidental democrático", sobretudo à política dos Estados Unidos e aliança com o Mercado Comum Europeu; 3) prioridade ao sistema da economia privada, reforçando-se o combate ao comunismo pelo corte ao avanço da ingerência do Estado.

A fonte da autora é um artigo do próprio Júlio Mesquita Filho, "Roteiro da Revolução", publicado, inicialmente, em seu jornal, e, depois, em seu livro, *Política e cultura*, em 1969.

Dreifuss que, em diversos trechos de sua obra, alguns já citados, menciona o envolvimento dos Mesquitas com os militares golpistas diz, ainda, numa nota na página 407, referindo-se a uma reunião deles, realizada em 1961:

> É interessante observar que, entre as afirmações de J. Mesquita Filho, ele sugeriu que os nomes de Lucas Lopes, do senador Mem de Sá, de Milton Campos, Dario de Almeida Magalhães, O. Marcondes Ferraz, general Macedo Soares, Roberto Campos e Prado Kelly deveriam ser considerados para o governo futuro. Excetuando-se Lucas Lopes, diretor da Hanna Mining, e Prado Kelly, todos esses empresários e tecnoempresários, ligados ao complexo IPES/IBAD, tornaram-se membros da administração pós-1964. J. Mesquita Filho preparou também com Vicente Rao, advogado ligado à Hanna Mining Co, o rascunho de um Ato Institucional.

Finalmente, num livro de 1980, *A Censura política na imprensa brasileira 1968-1978*, escrito por Paolo Marconi (São Paulo, Global Editora, p. 172), o próprio Ruy Mesquita, filho de Júlio Mesquita, reconhece:

> Os nossos jornais são contra o rumo político que a revolução seguiu. Mas não tínhamos ilusões. Meu pai – que participou, como eu também, da conspiração que deu na Revolução de 1964 (tínhamos reuniões diárias com militares que se opunham à situação e que acabaram derrubando Goulart) – sabia que não era possível, caso a Revolução fosse vitoriosa, implantar, imediatamente depois, um regime plena-

mente democrático. Era forçoso impor um período de anormalidade política, até que se saneasse o campo político brasileiro para que se pudesse reiniciar o processo democrático no país.

O senhor, que foi colega de Ruy Mesquita, na Faculdade de Direito do Largo de São Francisco, tinha noção do profundo grau de envolvimento da família Mesquita na conspiração contra Jango?

Paulo de Tarso: – Os editoriais do jornal O Estado de S, Paulo não deixavam dúvidas sobre a harmonia de pensamento entre o diário, o IBAD e o IPES. Sabia-se que o diretor do jornal, Júlio de Mesquita Filho, tinha uma proeminência entre os conspiradores. Mas eu ignorava que era da autoria deles esta plataforma para o movimento de 1964 que, por sinal, em linhas gerais, foi atendida. Sobretudo, ignorava que ele previa um período de ditadura do IBAD e do IPES, num primeiro momento, por achar impossível cumprir o programa político do grupo, sem passar antes por um período totalitário. Lástima para o Brasil que este período totalitário tenha durado dezoito anos e que tenha sido o que foi. É lástima, também, que isso tenha sido feito em nome da democracia, quando o que houve foi uma negação do regime democrático, como hoje o próprio Estado de S. Paulo reconhece.

Curioso, no episódio, é a práxis jornalística do Estado de S. Paulo. O jornal se colocou, naquela época, a serviço da conspiração, mas, depois, ao perceber que se estava demorando demais a etapa totalitária, sentiu na pele as consequências deste totalitarismo. Começou a publicar as receitas de bolo e os poemas de Camões como forma de protestar contra a falta de liberdade de imprensa no país. Ou seja, quando doeu no jornal a inexistência da liberdade de imprensa, o jornal deu uma demonstração de defesa do Liberalismo. E, é preciso que se diga, cumpriu um papel de certa importância na restauração das liberdades democráticas.

Mas, a atuação do Estado de S. Paulo no episódio de 1964 – talvez, movida pela convicção de que o país estava na iminência de cair no comunismo – foi de capitulação em sua posição liberal, em benefício do totalitarismo. Quer dizer, um jornal liberal, num determinado momento, aceita um governo totalitário, em nome de uma restauração futura da democracia. No entanto, combate azedamente a ditadura do proletariado, como tese stalinista – que eu acho superada, hoje, pelo movimento do Eurocomunismo e outros movimentos similares – a qual pretende exatamente, num período transitório, impor a ditadura de uma classe para que depois haja uma democracia perfeita, sem os conflitos de classe. Ou seja, o jornal em 1964 acabou praticando aquilo que condenou.

Chantagista, escroque, ex-cáften, bandalho e caloteiro

Coimbra: – Outro personagem com quem o BU esteve preocupado neste mês foi Assis Chateaubriand. Na seção O que Dizem os Jornais, do BU n° 33, à página 6, ele indagava:

> Uma pergunta está sendo feita: que bicho mordeu a Chateaubriand? Que houve com o velho? Piorou? Por que o seu mau humor atingiu a fase irracional? É verdade que Chatô passou ao estágio de irresponsabilidade? Que está querendo? Por quê? É que o ex-senador, ex-embaixador e ainda jornalista anda a imitar um dos seus piores escribas: David Nasser. E em artigos sucessivos, numa ira que nada tem de sagrada, está a desafiar céus e terras, numa linguagem que é um desafio à Delegacia de Costumes. Em primeiro lugar, escolheu para alvo o deputado Paulo de Tarso e em artigo que intitulou "Cão" jogou sobre o democrata cristão gentilezas tais como: canalha, cafajeste, patife, traidor, saltimbanco, porco. Depois lançou à praça (que já o conhece) mais dois artigos, agora visando atingir o Cardeal-Arcebispo de São Paulo, Dom Carlos Carmelo de Vasconcelos Motta, pastor querido do povo, homem limpo e lúcido, colocado em tal altura que jamais poderá ser atingido por insultos e injúrias dos que urram cá embaixo. Para Chateaubriand, o Cardeal Motta é um traidor do povo (?), da democracia, do Brasil e da Igreja. Dom Jorge Marcos de Oliveira, o bispo operário de Santo André, um "hipercínico" e todos os bispos do Nordeste imbecis e inocentes úteis dos.... comunistas!

Em duas notas, na edição n° 36, p. 4, o BU continuava tratando do mesmo assunto:

> Uma missa foi celebrada, semana passada, nesta capital, pelas intenções do Cardeal Motta torpemente caluniado pelo sr. Assis Chateaubriand. Ao ato religioso estiveram presentes membros de associações católicas e amigos do Cardeal Motta. Grosseiramente atacado pelo sr. Assis Chateaubriand, o Cardeal Motta comentou junto a amigos que foram hipotecar sua solidariedade à sua eminência: "Partindo de quem partem, os ataques não me inquietam. Fossem aplausos, exigiriam de mim um exame de consciência".

Chateaubriand e sua rede de emissoras aparecem no livro de Dreifuss, numa nota da página 263. Nela, ele diz, citando entre parênteses o livro *Hiddens Terros*, de A. J. Langguth (New York, Pantheon Books, 1978, p. 77):

> Ao final de 1961 João Punaro Bley, comandante da 4ª Divisão do I Exército, em Minas Gerais, fez um discurso, em Belo Horizonte, na Auditoria da Associação Comercial do Estado. O encontro fora patrocinado pela rede dos Diários Associados, cujo editor "estava sendo financiado pela CIA para promover o anticomunismo. Como não poderia ser de outra forma, Punaro Bley proferiu um discurso anticomunista. Punaro Bley clamava que os comunistas haviam penetrado em todos os níveis da sociedade brasileira e punham uma série ameaça à democracia".

Já Nelson Werneck Sodré, no seu *A história da imprensa no Brasil* (Rio de Janeiro, Civilização Brasileira, 1966, p. 485 e 486), cita uma reportagem da revista PN, do Rio de Janeiro, de 25 de outubro de 1962, em que aparece um outro aspecto da campanha anticomunista, alimentada por empresários como Chateaubriand:

> Na verdade, dinheiro de procedência estrangeira rola em quantidade generosa por esse Brasil. E não é mandado para cá como auxílio econômico. Chega, farto, quando as eleições se aproximam. Mas está sempre comparecendo, na sua missãozinha de fazer os brasileiros ado-

> tarem um certo "way of life". Dinheiro dessa procedência aluga jornais. Financia eleições de centros acadêmicos. Corre generoso, quando se trata de eleger um deputado ou senador, que, por si só, nada representa. Mas que diz ufano: 'Sou anticomunista!". E não sabe nem o que está falando. Dinheiro dessa procedência, também financia uma fabulosa indústria no país, a do anticomunismo. É safadíssima, pois é decalcada na premissa de que o Brasil já está praticamente comunizado. Por isto os dólares vêm. E os relatórios vão. Para inglês ver? Não, americanos. No caso da imprensa, o trabalho desses maus brasileiros e maus panamericanos (ora!) é facilitado pela crise financeira em que a totalidade dos nossos jornais e revistas se debate.

Esta chamada indústria do anticomunismo aparece também no livro citado do ex-agente da CIA, Philip Agee. Ele dá uma cifra estarrecedora (p. 325), como cálculo do que foi gasto no Brasil, durante as eleições de 1962.

> As operações no Brasil não foram em nada ajudadas pela investigação do Parlamento brasileiro, na operação eleitoral maciça de 1962, investigação essa que teve início em maio passado e continua nas cortes judiciais. As investigações revelaram que uma das principais operações políticas da base do Rio de Janeiro – o Instituto Brasileiro de Ação Democrática (IBAD) – e uma organização correlata chamada Ação Democrática Popular (ADEP) dispenderam durante o ano de 1962, na campanha eleitoral, pelo menos o equivalente a uns doze milhões de dólares, com o financiamento de candidatos anticomunistas, atingindo, talvez, até quase vinte milhões. Fundos provenientes de fontes estrangeiras foram utilizados em oito, dos onze Estados, em suas eleições governamentais, para quinze candidatos à senatoria federal e para cerca de seiscentos candidatos a legislaturas estaduais.

Ainda sobre o grau da venalidade reinante na imprensa e na política, desde 1959, quando Juscelino Kubitschek ainda era presidente da República, e que iria, em 1962, 1963 e em 1964, permitir a compra da adesão dos jornais para o golpe militar, Gondin da Fonseca escreveu, no seu livro citado (p. 34 a 41):

Com o marginal Assis Chateaubriand posto no galarim, condecorado, dignificado, erguido a posições a que normalmente só o mérito pode aspirar, justificariam os Estados Unidos, de modo satisfatório, uma intervenção armada no Brasil. Assim como procederam na América Central, no tempo de Sandino. – Como deixar de intervir para a manutenção da ordem e da decência – explicariam eles às demais nações –, se esse mal sorteado país elege, para recipiendário de todas as honras um desclassificado como Assis Chateaubriand, chantagista conhecido, escroque de longo curso, ex-cáften da Zwi Migdail, bandalho e caloteiro? Fizeram desse meliante embaixador, senador, membro da Academia de Letras. Tudo! Outrora inda Chatô passeava alegremente pelo Rio de Janeiro e parava nas esquinas para bater papo, dar dois dedos de prosa com este ou aquele. Hoje, só sai de automóvel, entre capangas, e não avança um passo na rua sem que os seus mata-paus o vigiem de olho atento e mão no gatilho. A campanha nacionalista desencadeada bravamente por todo o país, apontou-o como traidor da pátria, pôs a nu as suas rapinagens, esmiuçou falcatruas imensas em que ele se envolveu. E, hoje o desfibrado marginal vive tonto, receoso da própria sombra, passando a mão pelo pescoço e imaginando quanto tempo ainda o poderá manter ileso, sem uma corda num ramo de figueira ou, na sua falta, a um poste de eletricidade. Outrora, seus processos de assaltos eram tremendos! Obrigou o milionário Rosalino Sanchez Larragoiti Junior a oferecer-lhe todas as instalações da TV Tupi. Pretendendo, depois, nova estação de TV, decidiu arrancá-la, ainda, do mesmo coronel. Ele protestou. Não! Nunca! Já tinha sido escorchado. E como! Aí o pirata passou a publicar diariamente, na TV Tupi, esta maliciosa declaração: "confessamo-nos sinceramente reconhecidas ao Banco Hipotecário Lar Brasileiro S. A. que nos deu de presente todas as instalações desta TV". Isto saiu assim durante meses. Rosalino bramia. Rosalino pulava de raiva. Por fim, Rui Carneiro, senador e gerente do Banco, teve de abotoar o escroque: ou parava com aquele "agradecimento" ou ele lhe enfiava a peixeira. Em métodos de chantagem o malandro é fecundo.

Quando o senhor foi procurado, no Ministério da Educação, como contou, pela enviada de Chateaubriand, para oferecer apoio, o senhor perguntou quanto custaria aquilo. Isto significa que já conhecia essa fama de venal que cercava o comandante dos Diários Associados?

Paulo de Tarso: – Os artigos publicados nos Diários Associados contra mim foram os mais grosseiros que se possa imaginar. Hoje, ao reler isso, eu confesso que sinto uma profunda tristeza, embora sinta, também, uma profunda paz de consciência. Eu, que não precisava da política, que entrei para a política pelo menos remediado e saí pobre, que entrei na política por idealismo cristão, de repente, vejo um homem desclassificado moralmente – infelizmente ele está morto, mas é preciso dizer isto – como foi o Chateaubriand a me chamar de canalha, de cafajeste, de patife e coisas como estas.

Àquela altura, possivelmente, um artigo como este não tenha sido escrito pelo Chateaubriand. Não que ele não fosse capaz de escrevê-lo, mas ele estava tão enfermo, estava paralítico, e era tão duvidosa a sua capacidade intelectual, que o mais provável é que algum cupincha seu, a serviço do IBAD e do IPES e dos que me combatiam, por ser o autor do requerimento contra aqueles institutos, tenha escrito o artigo. O David Nasser, depois, escreveu um artigo violentíssimo contra mim que se chamava: "A Montanha Pariu um Tarso". Este artigo foi usado quando estive preso por um oficial jovem, com o intuito de me intimidar. Eu me indignei e disse a ele: – Capitão, eu fiz o CPOR, sou aspirante a oficial da reserva, e aprendi com o Exército brasileiro a respeitar a dignidade do vencido. Eu faria ao senhor um apelo no sentido de que, como homem do Exército, soubesse respeitar a minha dignidade de homem vencido. O coronel, que presidia o IMP, se sensibilizou com aquilo. Disse: – Os meus companheiros de inquérito são mais jovens e mais impetuosos do que eu. Daqui para a frente se quiserem fazer alguma pergunta ao doutor Paulo de Tarso que a façam por meu intermédio.

Se o David Nasser foi capaz de escrever um artigo injurioso, baixo, vil, é provável que ele tenha escrito, também, um outro artigo em nome do Chateaubriand. Eu, hoje, vejo isso sem revanchismo, sem ódio, com profunda mágoa e profunda tristeza. Reler isso para mim é um sacrifício muito grande. Eu só o faço porque acho que devo uma palavra de satisfação à sociedade brasileira, aos amigos que me acompanharam na luta política naquela época e por solidariedade ao Brasil, Urgente, que lutou o bom combate.

Acho mais: tenho o dever de situar isso no contexto absolutamente neurótico, e até psicótico, em que estes ataques ocorreram porque tenho onze netos e vou para doze netos e não quero que estes netos deixem de ter a versão correta destes fatos todos. Eu não quero que eles tenham do avô uma visão distorcida por estes homens que me atacavam a serviço de interesses inconfessáveis.

A fama de venalidade dos Diários Associados já era amplamente conhecida. Eu diria que era um fato notório, naquela ocasião. Chateaubriand vivia de papagaio em papagaio, procurando tomar dinheiro, sobretudo da burguesia paulista. É verdade que ele fez o Museu de Arte de São Paulo. A gente tem de reconhecer que isso foi um benefício prestado à comunidade paulista. Isto não evita que se diga a verdade sobre a maneira absolutamente irregular, e sabe Deus se não era mais que isso, com que ele obtinha dinheiro, sobretudo, junto aos bancos, aos empresários, a quem tinha dinheiro, em suma.

Eu acho que os fatos já se encarregaram de repor as coisas nos seus devidos lugares. Os Diários Associados aí estão, quebrados. Os companheiros do senhor Assis Chateaubriand, que sobreviveram, estão desmoralizados, aqueles que escreviam artigos por ele. Os Diários Associados estão longe de ser uma página gloriosa do Jornalismo brasileiro. A minha vida está aí, também. Eu estive seis anos no exílio, estive preso. Os vitoriosos de 1964 viraram a minha vida do avesso e não encontraram nada que pudesse macular a minha reputação.

Respeito a morte do senhor David Nasser e a morte do senhor Assis Chateaubriand. Se os dois estivessem vivos talvez eu tivesse mais adjetivos para qualificar o inominável do seu atentado psicótico contra a minha pessoa, a quem eles queriam atingir para atingir o autor do requerimento contra o IBAD e como forma de receber dinheiro do IBAD. Eles atacavam aqueles que eles consideravam o inimigo n° 1 do IBAD, e, naturalmente, depois iam receber do IBAD os honorários correspondentes. Mas estes homens estão mortos e a morte, até certo ponto, representa uma anistia. Acho que o historiador do jornalismo brasileiro vai condená-los com a maior veemência. Estiveram sempre a serviço de interesses antinacionais e, se fizeram alguma coisa pelo Brasil, como o Chateaubriand fez pela aviação civil e pelas artes, isto mostra que o homem é contraditório, porque no seu jornal era um homem que dava as costas aos reais interesses brasileiros. De repente, virava embaixador e dava festa faraônica na embaixada do Brasil, em Londres, que repercutia no Brasil, como um acinte à pobreza nacional. Ele tinha tão pouca sensibilidade para um país em desenvolvimento como o nosso, com problemas de miséria, que apareceu diante do mundo como um homem capaz de dar uma festa nababesca, naturalmente à custa dos cofres públicos brasileiros, das verbas orçamentárias que tocavam ao Itamaraty. E eu me lembro que, naquela ocasião, ele escreveu um artigo dizendo que desejava oferecer as mulheres brasileiras que fossem à festa como lobas amansadas – a expressão era esta –, em homenagem à rainha da Inglaterra. Então, era um homem exótico, um homem estranho.

Eu tive uma polêmica com Chateaubriand uma vez e isso é bom contar. Ele conseguiu que um tio da minha mulher fizesse a doação ao Museu de Arte de São Paulo de um Van Dyck. Ele foi recepcionado, em Marília, na sede da fazenda tradicional da família da minha mulher que se chamava Fazenda Bom Fim, com um almoço. Eu, recém-casado, recém-formado advogado, fui convidado para fazer a saudação ao Chateaubriand. Eu disse que ele era um diplomata – isto, antes de ele ser diplomata, realmente – porque a História tinha se encarregado de mostrar que diplomacia era demonstração de força e o que ele fazia era isso, era ameaçar as pessoas com o poder que ele detinha para obter coisas, às vezes, em favor da comunidade como, no caso, daquele quadro, o Van Dyck. Ele se levanta e diz assim: – Este menino que falou saudando-me não está a par de nada do que eu faço. Menino, se me escorvarem aparece em mim o cangaceiro. Eu sou um cangaceiro. Se consigo alguma coisa é porque o padre aqui na minha frente, o vigário, quando quer obter dinheiro para as suas obras paroquiais ameaça os fiéis com um inferno sem endereço. O meu tem endereço. O meu inferno fica na rua 7 de Abril, n° tal. Trabalho no andar tal. É por isso que eu consigo as coisas. Aí eu me levantei e disse assim: – Bom! O doutor Assis Chateaubriand não entendeu exatamente o que eu disse. O que ele disse confirma o que eu havia afirmado. Falei que o embaixador era aquele que ameaçava para obter vantagens. O senhor fique com o seu inferno e engula a sua diplomacia. Aí ele se levantou, me abraçou, curiosamente. E disse assim: – Vamos ficar em paz. Afinal somos dois baixinhos e os baixinhos são impossíveis mesmo. Vamos ficar todos em paz. E sentou-se.

O Chateaubriand era este homem estranho, até certo ponto talentoso, sem maiores escrúpulos, quando se tratava de arrumar dinheiro, que fez alguma coisa pela comunidade brasileira. Eu teria preferido não necessitar apresentar o requerimento do IBAD. Mas também não podia descumprir o meu dever. Se eu achava que o meu dever era aquele, precisava cumprir o meu dever. Paguei caro pelo cumprimento deste dever, mas pagaria novamente.

Goulart denuncia o golpe

Coimbra: – Uma denúncia feita pelo próprio presidente João Goulart, em discurso pronunciado em Florianópolis, naquele mês, mereceu destaque no BU, n° 35. Em seu editorial "Golpistas e Ladrões", diz o jornal à página 2:

> O sr. João Goulart, que já identificara na trama contra o seu governo e as instituições democráticas a ação de interesses estrangeiros que o Brasil exige sejam contrariados, expõe à nação sem subterfúgios, os ingredientes que compõem a conspiração contra o Brasil. E afirma que houve contra o seu governo, contra a democracia, contra o povo, a coligação de golpistas e ladrões. Não só de extremistas de direita, ávidos de fascistizar este país para entregá-los à sanha do imperialismo internacional, impedindo as reformas de base, as medidas de justiça, os esforços para atingirmos uma sonhada democracia social, mas de ladrões também. Dos que continuam a enriquecer às custas do sofrimento cada vez mais doloroso de imensas maiorias. Dos que vivem de expedientes. Dos que engordam à medida em que o povo definha.

> Andou certíssimo o presidente da República, dizendo aquilo que a nação sabia e desejava ouvir de sua máxima autoridade. Só um país de toupeiras poderia continua aceitando o "moralismo" e o "legalismo" de uma malta que recebe os dinheiros do IBAD, que se submete servil às injunções do IPES, que faz mil e um negócios com o erário público, que vive presa nas gavetas das embaixadas estrangeiras e dos falsos planos assistenciais do estrangeiro e que, de noite como de dia, trama a queda da legalidade democrática, porque está convencida de que no caos terá maiores oportunidades e melhores condições para continuar roubando este país e este povo.

Mas, neste mesmo número, com estas denúncias de Goulart, havia a volta a outro grande assuntos nas edições deste mês do jornal: a corrupção da imprensa. No BU nº 35, à pagina 5, este outro grande assunto ganha destaque numa matéria com o diretor da revista PN – Política e Negócios, Genival Rabelo. Genival Rabelo relaciona três recursos empregados para manipular a opinião pública. Primeiro, diz ele: são os dinheiros suspeitos que financiam órgãos já agora desmascarados, como IBAD, ADEP, IPES e que servem para corromper e subornar jornalistas, políticos, dirigentes de jornais, revistas e emissoras. Segundo: são as pressões econômicas exercidas sobre a "grande imprensa", através da publicidade por anunciantes, e agências em grande parte estrangeiras. E, terceiro: são as invasões de revistas estrangeiras no mercado editorial brasileiro, dirigidas aos escalões técnicos, administrativos, políticos e de decisão nacional.

Numa nota publicada, em edição anterior (BU n° 33, p. 4), o jornal já alertara:

> O presidente da Federação dos Radialistas, sr. Antônio Teixeira Filho, denunciou a chamada Cadeia Democrática, chefiada pelo deputado João Calmon e constituída por parlamentares da UDN e diretores dos jornais O Globo e Jornal do Brasil. Afirmam que "o ressurgimento do IBAD visa atentar contra os interesses dos trabalhadores em geral e dos radialistas em particular".

Roberto Freire, então, repórter da Editoria de Saúde
do jornal O Estado de S. Paulo.

Aliás, neste mês, o BU está particularmente desconfiado em relação ao noticiário da Grande imprensa. Disse o jornal sobre um conflito por terras no Mato Grosso na matéria "Camponeses Fazem Em Mato Grosso a Revolução do Pindaíba" (BU n° 33, p. 8 e 9):

> Colonos assassinados, lavouras destruídas, casas incendiadas, crianças torturadas, o saque tornado norma e o crime recompensado pelas autoridades. Esse o saldo da chamada Revolução do Pindaíba, um dos maiores movimentos camponeses registrados no país e sobre o qual a opinião pública tudo desconhece, pois os grandes órgãos de informação do Rio e São Paulo silenciaram a respeito.

Já uma greve de operários, promovida pela CGT, em São Paulo, considerada a maior da história do Estado, também entra no noticário do jornal, como o título de "Greve, greve" (BU n° 34, p. 6), e recebe do BU o seguinte comentário:

> Falemos de greve. E registremos o nosso espanto diante do unânime pensamento de jornais e emissoras de rádio e televisão de São Paulo sobre o movimento de 700 mil trabalhadores paulistas. Todo mundo a condenar a parede. Todo mundo a dizer o diabo dos grevistas. Todo mundo, a uma só voz, a afirmar que a "greve fracassou".

Por fim, há ainda a denúncia sobre o resultado das eleições em São Paulo, na matéria "Reação Não Ganhou Nada Nas Eleições de S. Paulo" (BU n° 34, p. 9):

> A grande imprensa tem procurado fazer crer ao país que o eleitorado de São Paulo – capital e interior –, chamado às urnas, demonstrou o seu repúdio às forças populares – "às esquerdas"–, garantindo um grande triunfo à direita ou às forças reacionárias. A grande impostura foi trombeteada até mesmo nas Casas do Congresso. Mais uma vez a verdade é o contrário do que afirma a grande imprensa.

No livro citado de Nelson Werneck Sodré, há dois depoimentos reveladores de jornalistas que, naquela fase tumultuada, assumiram posições antagônicas. O primeiro é o de David Nasser, transcrito por Sodré, na página 479. O autor o extraiu de uma entrevista concedida pelo antigo jornalista dos Diários Associados à revista Manchete, do Rio de Janeiro, de 15 de outubro de 1965. Disse Nasser:

> Eu resolvi me emancipar porque cheguei à seguinte conclusão: no Brasil, nunca houve na realidade, liberdade de imprensa. O que existe e sempre existiu é a opinião do dono do jornal. Ora, a minha opinião nem sempre coincidia com a do meu patrão e eu era despedido. Então eu resolvi ser rico, para poder ter opinião como jornalista. No jornalismo, como vocês sabem, só se faz fortuna sendo picareta ou então alugando a opinião.

O outro depoimento é, na verdade, a carta que o humorista Arapuã, (que depois ganharia uma página inteira em todos os números do BU, enquanto o jornal existiu), escreveu, quando foi forçado, em agosto de 1962, a se afastar do jornal Última Hora, onde trabalhava, por pressão do que chamou de "poder econômico". No período em que ficou sem espaço na imprensa Arapuã escreveu o livro *Ora, bolas!*.

Em sua carta, ele disse:

> Aos companheiros de UH. Nesta data, deixo este jornal. Sempre disse que não escreveria sem o mínimo de liberdade indispensável à dignidade profissional do palhaço aqui. Não culpo e espero não culpem o UH. Manteve-se, até onde pôde. O cerco do poder econômico, porém, cada vez, se torna mais implacável. E foram eles, e não o UH, afinal de contas uma empresa capitalista e que precisa sobreviver, foram eles os autores remotos desta despedida. Sou grato a todos os companheiros. Aqui passei os melhores anos de minha vida de jornalista, participando, humildemente, desta equipe corajosa. Sou grato, também, à própria direção do jornal: até ande pôde, manteve-me. Quando não resistiu mais, pediu o sacrifício de uma parcela daquela liberdade que sempre exigi para minha coluna. Não houve alternativa. Entre ceder naquilo que para mim é intocável e continuar, preferi sair. Se minha saída servir para qualquer ideia de luta, que não seja contra o jornal, afinal de contas o último que ainda noticia uma greve ou dá cobertura a uma reivindicação operária. A luta é contra o IPES, a canalha do po-

der econômico e, justamente, por isso saio, para poder manter minha cabeça erguida. Erguida, para continuar lutando. Até breve, companheiros. Eles vão apertando em todos os locais de trabalho. Iremos pulando de um para outro, até cair atrás de uma barricada onde eles ouvirão a última sentença. Obrigado a todos.

Nelson Werneck Sodré também publica (p. 483, do livro citado) um documento da categoria dos jornalistas, em luta por melhores condições de trabalho, datado de novembro de 1962, em que se diz:

> Os donos dos jornais alegam "dificuldades financeiras", perante jornalistas cujos salários estão em terrível processo de deterioração desde 1944. Entretanto, nos últimos 15 anos, nem um único dos jornais em circulação, nem um único, deixou de ampliar suas sedes e oficinas, realizando custosas aquisições de prédios e máquinas, beneficiando-se de favores fiscais e elevados empréstimos do Banco do Brasil. Apesar das "dificuldades financeiras", todos os proprietários de jornais são milionários, possuem fortunas pessoais feitas com a utilização dos jornais. As últimas eleições carrearam, para os cofres dos jornais e seus proprietários, fabulosa quantidade de dinheiro, quer como propaganda ostensiva dos candidatos e partidos, quer na larga subvenção proporcionada por entidades como o IBAD, o IPES e outras "caixinhas", de origens nem sempre confessáveis. Isto para não falar daquelas matérias pagas, de objetivos políticos, fornecidas pelos governos ou por aqueles proprietários de jornais que conquistam cargos eletivos e vantagens pessoais, através de campanhas ora demagógicas, ora antipopulares, mas sempre vantajosas.

Dreifuss acrescenta, na sua obra citada:

> O IPES se certificava de que os editores dos mais importantes jornais do país dirigissem seus próprios jornais, de fato, conforme a linha da elite orgânica (p. 234).
> Um fluxo constante de denúncias diárias era instrumentalizado pelo grupo de opinião pública. Através de associações de ideias, fazia-se uma miscelânea de condenações a João Goulart, ao Partido Comunista, Tito, Mao, Kruschev, Cuba, uniões estudantis, sindicatos, à reforma

agrária, à estatização, ao Partido Trabalhista Brasileiro, à corrupção, ineficiência e socialismo (p.263).

Segundo Dreifuss, em 1962, o IBAD:

No auge de suas atividades, dispunha de mais de oitenta apresentações semanais no rádio para todo o país, nos horários especiais. No apogeu da campanha anterior às eleições, financiava mais de trezentos programas diários, praticamente controlando o horário nobre das estações de rádio do país (p. 349).

E mais:

De julho a setembro de 1962, antes das eleições de outubro para o Congresso, a Promotion S. A. patrocinou programas em nome da ADEP, em treze estações de televisão, em todo o país, muitos dos quais eram retransmitidos por várias emissoras de rádio, num total de 312 estações. (p. 248).

Estes dados Dreifuss recolheu em fontes diversas. 1) Um artigo de James W. Rowe, *Revolution or Counterrevolution in Brasil: an Interim Assessment*, publicado no East Coast South America Series, pela American Univ. Field Staff, em junho de 1964. 2) A Revista Veja, de 16 de março de 1966. 3) O livro de Robinson Rojas, *Estados Unidos en Brasil*, publicado em Santiago, Chile, pela Prensa Latinoamericana, em 1965.

Para o senhor, este enfoque da chamada indústria anticomunista, como fonte de renda, capaz de fornecer vultosas quantias de dinheiro, independente dos seus fins ideológicos, constitui-se em novidade?

Paulo de Tarso: – Ocorreu que, num determinado momento, todos os chamados grupos econômicos transnacionais, que se identificavam com a chamada Civilização Cristã do Ocidente, descobriram, de repente, que o governo Goulart era o grande empecilho ao paraíso ocidental. E passaram a atuar com os recursos de que dispunham, especialmente, com dinheiro, para destroçar este governo, para desestabilizar este governo, como eles diziam.

Havia consciência disso na época? Eu, lendo as perguntas, noto que havia muito mais do que eu supunha na época. Na agitação em que nós estávamos, eu não lia tudo isto. Muita coisa que estou lendo, agora, não li naquela ocasião. Na verdade, eu subestimava o golpe. Pensávamos que o governo estava com uma sustentação popular e militar que era capaz de desencorajar qualquer tentativa de golpe. Hoje, se vê que isso era uma ilusão.

Quando o presidente denuncia a tentativa de golpe contra o seu governo, já estava nos estertores, na fase final, já não tinha mais como se defender da terrível máquina que montaram contra ele.

Está claro que estas organizações como o IBAD ajudavam a grande imprensa, davam publicidade a ela. Mas é preciso dizer algo, não sei se em defesa da grande imprensa – eu não seria o melhor defensor dela –, mas para que se compreenda exatamente toda a questão. À grande imprensa não era uma violência ideológica receber dinheiro do IBAD. Ela estava convencida, pelo menos dizia estar, de que o país estava na iminência de cair no comunismo, estava sendo esquerdizado e que era preciso restabelecer os direitos da iniciativa privada. Quer dizer, todo o ideário de 1964 era facilmente aceito pela Grande Imprensa, daquela ocasião. Assim, o trabalho do IBAD deve ter sido um trabalho facílimo porque era recompensar àqueles que pensavam como ele, como essa Cadeia Democrática, chefiada pelo deputado João Calmon.

Registro, também, para mostrar como o país, em certa medida, evoluiu, pois, o povo se organizou, pagou sua cota de sacrifícios. Este mesmo deputado João Calmon, quando senador da República, me mandou um ofício, assim como a todos os ex-ministros da Educação, convidando-nos para falarmos na Comissão de Educação, sobre um projeto educacional para o Brasil e para criticarmos a educação brasileira. Escrevi a conferência que está publicada num livro. Só não fui porque houve um choque do ex-ministro Darcy Ribeiro com a comissão, e eles cortaram os convites que haviam sido feitos. Mas o João Calmon, como presidente da Comissão de Educação no Senado, teve esta iniciativa.

Lembro perfeitamente desta Cadeia Democrática, a cadeia do IBAD e do IPES. Era a cadeia preparatória da desestabilização do governo Goulart.

Em termos teóricos é preciso dizer que a grande imprensa é parte da superestrutura ideológica do sistema. Portanto, ela atua solidária com as outras instituições. Num momento em que o IBAD colocou a necessidade de salvaguardar as instituições democráticas –, este era o discurso deles na época –, a instituição grande imprensa ficou solidária com a instituição Forças Armadas, com a instituição empresa privada, com tudo aquilo que, na superestrutura, representava uma infraestrutura em xeque, pelo programa de Reformas de Bases do governo Goulart.

Quando os grupos internacionais vieram para cá para financiar o movimento, eles devem ter encontrado um terreno muito fértil. Aquilo que eles propunham vinha exatamente ao encontro do que as forças reacionárias brasileiras, que supunham ter os seus interesses contrariados pelas Reformas de Base, desejavam. Digo supunham porque, na verdade, hoje o que se está vendo, são as próprias forças empresariais mais esclarecidas que compreendem a necessidade de mudar o modelo econômico brasileiro, de fortalecer o mercado interno. Não haverá, por exemplo, desenvolvimento industrial, digno desse nome, se não houver algum tipo de Reforma Agrária, como forma de aumentar a capacidade de aquisição de campesinato, e, de uma maneira geral, a capacidade de compra da população ativa brasileira, isto é, dos que consomem no Brasil. Naquela ocasião, era isso considerado como um atentado direto aos interesses que estas forças representavam.

O Chateaubriand era um homem enfermo. E David Nasser era um homem lúcido, na época. Então, quando ele escreveu aquilo, realmente colocou a sua pena a serviço do golpe. Não posso ter ódio dele. Ainda que ele estivesse vivo, eu não teria ódio dele. Mas a minha mágoa com relação a ele é maior do que a mágoa do Chateau. Em todo caso, quando ele diz que resolveu ser rico para poder ter opinião como jornalista, e que, no Jornalismo, só se faz fortuna sendo picareta ou, então, alugando opinião, não sou eu que irei contradizê-lo. Eu sou uma das vítimas dele e só tenho motivos para aplaudir a sua brilhante opinião, lapidar opinião.

A posição do Arapuã é completamente diferente. Ele sempre manteve a sua dignidade profissional e sempre colocou seu talento real a serviço dos interesses brasileiros. Ainda hoje é um homem digno de respeito. Quando ele deixou Última Hora e denunciou o poder econômico que deforma a grande imprensa, prestou mais um serviço a essa operação de desvendar a camuflagem com que atuavam os que procuravam corromper a grande imprensa no Brasil. A posição do Arapuã, a meu ver, representa exatamente o oposto da do David Nasser. Mas Arapuã, diz: – Iremos pulando de um para outro até cair atrás de uma barricada onde eles ouvirão a última sentença. Vê-se a que ponto o Arapuã estava radicalizado. Hoje, não está com essa posição, nem de longe. Isso dá uma ideia do clima de tensão, que chamei de psicose coletiva, que havia, na época. Estava todo mundo desesperado. Tomava-se bordoada de todos os lados, não tínhamos como nos defender.

Imagine alguém sendo atacado pela grande imprensa, tendo a defendê-lo apenas o Brasil, Urgente, e, sentindo que o jornal está naufragando, está desaparecendo, e que frei Carlos, a alma do Brasil, Urgente, está sendo exilado na Europa. O único instrumento que você tinha, pequenininho, para se defender da imensa grande imprensa brasileira, estava desaparecendo. Eles batiam em você como quem bate em homem deitado. Nós éramos homens deitados, naquela ocasião, sem nenhuma condição de defesa. Era como atirar em homem desarmado. Perguntaram por que eu não respondia aos ataques. Disse: – Eu fiz várias tentativas para responder, mas todas em vão. Além disto, se eu fosse responder a todos os ataques que me fizeram na época da comissão do inquérito do IBAD, eu precisaria de um departamento jurídico só para mim. Precisaria contratar uns dez advogados só para processar essa gente. Estes ataques eram diários.

Falou-se tanto da liberdade de imprensa, defendeu-se tanto a liberdade de imprensa, mas a liberdade de imprensa era a liberdade de fazer o que o IBAD mandava, de lutar para desestabilizar um governo popular eleito, de aceitar uma linha que o IBAD impunha.

Hoje é possível analisar isso com cabeça fria. Eu diria com toda tranquilidade: sou absolutamente contrário a qualquer tipo de revanchismo. Deus nos livre de fazer um IBAD às avessas – isso seria um crime contra o Brasil ainda mais calamitoso que o próprio IBAD. Se, por milagre, eu tivesse condições de montar um sistema para corromper a opinião pública brasileira a fim de impor as ideias de transformação social que eu defendo, pediria a Deus que não me desse estes recursos. Seria uma tragédia nacional. Eu não sou contra o IBAD porque eu fui atingido por ele. Eu sou contra o IBAD porque este é um método antidemocrático, autoritário, corruptor. O que se deve desejar para o Brasil é um caminho novo, onde o povo, liberado, possa dizer a sua palavra e se libertar da opressão, não só policial, mas, também, da opressão decorrente da falta de liberdade de imprensa que o IBAD impôs ao Brasil. Mentir sobre uma greve é uma forma de opressão. Para as pessoas mais lúcidas que fizeram o IBAD, os dias todos de sua vida são poucos para curtir o remorso de lançar o país numa aventura que deu os piores frutos e só não levou toda a nação a uma tragédia porque parece que Deus ainda não cancelou sua cidadania brasileira.

A indústria anticomunista foi um fruto do subdesenvolvimento político do Brasil. A população brasileira, despolitizada na sua imensa maioria, não era, naquela ocasião, capaz de dizer em que se constituía o Comunismo. Na época, se contavam várias piadas. Por exemplo a do homem que dizia: – Acho que o comunismo devia ser assim: a pessoa só podia ter trezentos contos. Era o que ele tinha: trezentos mil cruzeiros.

Não havia uma compreensão correta do problema. O comunismo, então, passou a ser sinônimo do mal, do demônio. Por isso o Chateaubriand me chamou de cão. Sinônimo de tudo que há de negativo. Não se estudou o marxismo nas universidades brasileiras. O marxismo foi reprimido. Contudo, a lógica dialética é a única lógica que faz sentido numa análise política. E a dialética é muito anterior a Marx. Aprendi no exílio, por exemplo, as origens judaico-cristãs do pensamento de Marx. Aprendi como o jovem Marx era humanista, como perseguia o humanismo judaico-cristão.

Se eu próprio não sabia o que era o marxismo, antes do exílio, o que dizer da população brasileira. Eu era considerado um líder marxista, um líder revolucionário e não havia lido Marx, não era capaz de dizer, com precisão, em que consistia as teses fundamentais do marxismo. Eu tentei um resumo do marxismo no meu livro *Os Cristãos e a Revolução Social*, mas é um resumo absolutamente superficial. O que se dizer, então, da grande massa política brasileira, quanto ao seu pensamento sobre a comunismo?

A indústria do anticomunismo vicejou com base na ignorância política do povo brasileiro. O povo brasileiro poderia saber o que era o comunismo e rejeitá-lo. Mas rejeitá-lo como uma tendência política a mais, responsabilizando, quem sabe, o comunismo pelo genocídio stalinista, comparando este genocídio com o genocídio hitlerista. Tudo isso era possível, mas se fosse situado em termos racionais o comunismo. Uma, entre outras forças políticas. Mas não, a análise que se propunha era uma análise fantástica, em que o comunismo aparecia como o gênio do mal. Isso foi parte de uma campanha de contrainformação.

É preciso ainda registrar o seguinte: esta guerra anticomunista dava dividendos a curto prazo. Como no inconsciente coletivo da população brasileira – eu diria até no consciente – o comunismo estava presente corno a encarnação do mal, uma luta anticomunista tinha todas as possibilidades de ganhar. E se a luta anticomunista unisse os cristãos, então era a luta do bem contra o mal.

Hoje, aqueles que têm informações políticas razoáveis sabem que o Partido Comunista está longe de ser o grupo mais radical do espectro de forças políticas no Brasil. No entanto, ainda é o grupo mais visado. Muita gente na direita, muitas forças conservadoras, ainda identificam o PC como o grande núcleo de uma ação revolucionária radical no Brasil, quando o PC, hoje, está organizado como uma força reformista a mais. Mas ele ainda paga o pesado tributo aos episódios de 1935 e ao mito de demônio comunista.

Dezembro de 1963 (O profeta ausente)

O jornal, neste mês, abalado pelo afastamento de frei Carlos do Brasil, não deixou de acompanhar cuidadosamente o início da fase de maior turbulência política, anterior ao golpe. Seu comentarista da Política Internacional, Vitor Rego, bem informado, com análises seguras, vinha fazendo um balanço dos problemas de várias regiões do mundo, desde setembro, já tendo escrito sobre o racismo nos Estados Unidos, os conflitos econômicos entre a Europa e os Estados Unidos, o salazarismo, o governo de Stroessner no Paraguai, o fascismo alemão, a guerra do Vietnã, Cuba, África, entre outros assuntos. Neste mês Vitor Rego ocupa as páginas centrais (10 e 11) do BU nº 42 para uma agudíssima análise dos problemas econômicos brasileiros, numa matéria cujo título era "Raio X da Crise Econômica Mostra o Declínio do Capitalismo".

Em dois números daquele mês, surge um novo colaborador para a área de Artes Plásticas: Waldemar Cordeiro.

No mais, o jornal continua republicando matérias de outros veículos na seção Destaque da Semana. Neste mês, foram usados artigos de Tristão de Athayde e Joel Silveira.

Oitenta páginas foram publicadas, neste outro mês de 4 edições. Número de páginas ocupadas com anúncios: 5.

10ª entrevista com Paulo de Tarso Santos (Pauta: Dezembro de 1963)

O ambiente na casa de Paulo de Tarso é, agora, de harmonia, embora eu não me sinta à vontade, quando percebo que estou monopolizando o dono da casa, em momentos – os finais de semana – que, pela rotina doméstica, deveriam ser dedicados aos filhos e netos.

Chego até mesmo a receber o auxílio da família, num dia em que meu gravador resolveu não trabalhar. Foi-me emprestado o gravador da casa.

Paulo de Tarso mergulha nos candentes temas políticos noticiados pelo BU, neste mês.

Fala de uma importante reunião, ocorrida apenas dez dias antes do golpe militar, na Granja do Torto, em Brasília, entre João Goulart e deputados da Frente de Mobilização Popular.

Recorda a figura de Santhiago Dantas. E aproxima os argumentos que usa atualmente seu partido, o PMDB, dos que sustentava o chanceler e ministro da Fazenda do governo Jango, naquela época, para justificar a necessidade da criação de uma frente ampla dos políticos progressistas.

Fala dos reflexos da morte do presidente norte-americano John Kennedy na política interna brasileira.

Relembra o período em que foi exaustivamente anunciada a ida de Brizola para o Ministério da Fazenda, especulando sobre o rumo que a vida nacional teria tomado, se isto tivesse ocorrido, realmente.

Por fim, em um dos bons momentos das entrevistas, admite que o chamado Movimento Popular, no qual se inseria, era superficial. E que embora o movimento cobrasse atitudes radicais de João Goulart, na verdade, não teria tido condições de respaldá-las, se ele as tivesse tomado.

Religiosos amavam o BU

Coimbra: – No livro em que frei Carlos imprimiu um curso sobre os Evangelhos, ministrado por ele, em 1962, em São Paulo (*Evangelho da unidade e do amor*, São Paulo, Duas Cidades, 1962, p. 325), ele estimulou o que o Papa João XXIII propusera como engajamento dos católicos nas questões sociais. Disse ele:

> A Caridade Evangélica é contemplação amorosa de Deus mas, igualmente, serviço humilde, lúcida e eficaz dedicação aos homens. Aprimorando nossa estima a Deus, elevando-a acima de todos os afetos, o Amor Sobrenatural não nos conduz à evasão nem nos afasta dos problemas humanos. O contemplativo, alheio ao sofrimento e às necessidades do próximo, pode ser um imaginativo, não um discípulo do Senhor.

Com o afastamento de frei Carlos do Brasil, o BU nº 39, à página 14, trouxe, neste mês de dezembro de 1963, uma curiosa matéria assinada por Murilo Mendes, com aparente provocação ao tipo de católico que devia estar satisfeito com a ausência do fundador do jornal. O título da matéria é "Perfil do Catolicão":

> O catolicão vai pontualmente à missa aos domingos (embora muitas vezes ignore o que se passa no altar). Contribui com uma pratinha para as despesas do culto. Assina o jornal da paróquia. Confessa-se e comunga uma vez por ano. Pertence a uma irmandade ou associação e discute política local com o vigário. O catolicão recebeu a religião como se recebe de herança um terreno ou alguns milhares de cruzeiros. Sabe que a sua religião é muito boa; mas não sabe por que. O catolicão lembra-se de Deus nos apertos, nos momentos decisivos de aflição e quando tem dor de cabeça. Para o catolicão Deus é cafiaspirina. O catolicão não aborda os livros de Dom Columba ou de Dom

Vonier – mas sabe de cor páginas inteiras de *Uma rosa de piedade* ou do *Manualzinho da perfeita devoção* (Que encanto, que delicadeza, que mimo!). Quando se refere ao Cristo cita logo o Meigo Nazareno. É claro que as solteironas carolas, as senhoras de sacristia, acham o catolicão de uma finura, de uma sensibilidade... No dia de sua morte, o catolicão terá uma grande surpresa ao constatar que Deus, de fato, existe!

O jornal, contudo, já havia publicado, desde seu lançamento e ao longo das edições semanais, manifestações de religiosos e leigos cujas imagens não correspondiam à caricatura feita por Murilo Mendes. Elas demonstravam que nem o BU, nem frei Carlos tinham se tornado vozes isoladas, entre os católicos.

Tristão de Athayde, por exemplo, em diversas oportunidades havia expressado sua simpatia pelo jornal. Logo no seu n° 4, o BU transcreveu um artigo de Tristão publicado na Folha de São Paulo sobre o seu lançamento.

Ele escreveu:

> O primeiro número do semanário Brasil, Urgente", que começa a aparecer na Capital de S. Paulo, corresponde a uma exigência premente da hora atual. Essa hora se caracteriza por uma definição mais explícita do conceito de democracia. (p. 17).

Do mesmo líder católico, o BU, na edição de n° 6, (p. 6), divulgou a carta enviada para sua redação. Na carta, ele disse:

> Terminando a leitura do editorial de lançamento de Brasil, Urgente. Veio-me à mente aquela velha sentença francesa: "c'est trop beau pour être vrai" ("é muito bom, para ser verdade"). O programa: tão belo, corresponde tão perfeitamente à exigência do atual momento universal e brasileiro, está tão no espírito do mais autêntico pensamento democrático e cristão, que voltam à nossa mente todas as decepções, com que se vai marcando a nossa passagem pela vida, quando nos aproximamos da última saída. A necessidade de uma publicação periódica como essa se fazia sentir há muito.

Também o cônego Milton Santana, de Campinas, esteve com o jornal, desde seu início, tornando-se, depois da partida de frei Josaphat, um de seus articulistas. No BU n° 10 ele escreveu, também numa carta enviada ao jornal (p. 6):

> Trinta anos de luta me dão experiência para pintar o panorama em que Brasil, Urgente aparece. A alta burguesia está tão cega que talvez nem tome conhecimento do jornal. Lendo-o é bem possível que não o entenda. A pequena burguesia há de ficar aparvalhada. Dirá: – Onde se viu pregar a luta de classe, o operário já está tão viciado. Uns certos católicos que nos dão vontade de chorar – ou melhor, participantes deste paganismo com algumas superstições cristãs –, hão de destemperar-se e já lhes leio os despautérios: – Desvios dominicanos! – Resultados dos ensinamentos de Maritain em nossa Pátria! – Mãos estendidas aos filocomunistas! E: – Ou se acaba com os inocentes úteis ou os inocentes úteis acabarão com o Brasil!

No BU n° 15 as cartas de religiosos reaparecem. Na página 15 desta edição, um padre de Aguaí, padre Tomás Domingo Rodrigues, se manifesta:

> Eis aí o jornal esperado por todos. Diferente na sua estrutura e conteúdo. Corajoso em sua exposição e claro nas ideias. Feito para o diálogo franco com o leitor. Sua finalidade é formar, esclarecer, orientar, escandalizar. Principalmente esta: escandalizar. Escandalizar os hipócritas, os fariseus, os ladrões de colarinho duro e gravata. Os cristãos acomodados que se sentem perfeitamente satisfeitos com uma religião sem exigências. Os clericais, mais clericais do que eclesiais, defensores fanáticos e intransigentes de velhas formas já gastas pelo tempo. Os beatos que carecem de sentido cristão do mundo e medrosos por natureza procuram segurança nos hábitos talares dos ministros da Igreja.

A solidariedade de religiosos retorna no BU n° 19. Desta vez sob forma de um artigo, à página 14, do professor de Teologia Moral dos padres Redentoristas, padre Jaime Snoeck C. Ele assim se manifestou sobre o livro de frei Carlos Josaphat, *Evangelho e revolução social*:

É como um trovão que vem perturbar o sono das nossas boas consciências, convocando-nas clamorosamente para aquela salutar intranquilidade de que precisamos.

Até um teólgo francês, cônego René Laurentin, da Universidade Católica de Angers, no Oeste da França, em visita a São Paulo, se manifestou sobre o jornal, em entrevista publicada no próprio BU:

Já ouvira falar em Brasil, Urgente na Europa. Muitas pessoas se mostraram interessadas pelo fato de que os católicos brasileiros tenham levantado esses problemas prementes, que a maioria prefere abafar seguindo uma política de avestruz. Entre nós, católicos franceses, o aparecimento de Brasil Urgente lembrou as experiências corajosas e difíceis da revista Sept, dirigida pelos padres dominicanos e do semanário Témoignage Chrétien (BU n° 25, p. 5).

De Londrina, um pastor presbiteriano, Argemiro Oliveira Souza, escreveu para o BU n° 27 (p. 15):

Sou assíduo leitor de Brasil, Urgente. Esposo a linha de orientação nele impressa. Admiro-lhe a coragem de fazê-lo com a objetividade que o assunto e o momento exigem. Parabéns.

De Porto Alegre, Rio Grande do Sul, escreveu frei Tranqüilo para o BU n° 29, p. 15:

Meus parabéns, contem comigo. Sou da Faculdade de Ijuí. É uma faculdade que como Faculdade está com vocês.

O cônego Milton Santana, de Campinas, retornou ao BU n° 30 (p. 15), para contar:

Tenho viajado por S. João da Boa Vista, onde quase fui agredido, Marília, Bauru, e nestes lugares sirva-lhes de consolo: na hora dos debates – pois onde vou é a serviço da pregação da doutrina social cristã, a cujo apostolado me engajei – na hora da palavra livre é a primeira pergunta: "Que acha do Brasil, Urgente?".

De Bruxelas, Bélgica, padre José Sotero Caio mandou carta publicada no BU n° 32, p. 15:

> Estou contentíssimo com a fidelidade com que estão me enviando os números tão corajosos – felicito-os por isso – de Brasil, Urgente. É um banho para a minha cabeça de brasileiro; de brasileiro preocupado com a História do meu país.

Ainda, o cônego Milton Santana, no BU n° 36, p. 15:

> O católico, porém, fiel a seu catolicismo, que sabe que a religião, além da dimensão religiosa, tem outra dimensão, a social, aceita e com entusiasmo o que diz o Brasil, Urgente.

No mesmo número 39, em que o BU publicou o Perfil do Catolicão, há, também, uma carta, na página 15, do Rio de Janeiro, escrita pelo padre José Bezerra:

> Sou um modesto padre que deixa o seminário e vai entrar na luta de mangas arregaçadas pelo Cristo, pela Igreja e pela pessoa humana. Espero em Deus ser mais um humilde dos membros da padroada do Nordeste, no dizer do insignificante Chatô. Permitam dizer que o nosso BU tem um lugar na História do Brasil de hoje.

Quando frei Josaphat já estava em Paris, frei Ático da Luz assinou no BU n° 42, à página 15, um artigo, "Sinal de Contradição", em que é dito:

> Procuro imaginar se há uma coisa que haja surgido com mais oportunidade que este jornal. O próprio nome é uma escolha feliz que o destina a ser o jornal preferido das massas.

Como o senhor entendia, na época, este apoio de certa parcela dos cristãos, ansiosos por uma prática religiosa de conteúdo social-político progressista?

Paulo de Tarso: – As correspondências, neste caso, diziam respeito, especialmente, a padres da Igreja. Eu acho que entre os leigos era, ainda, mais acesa a consciência da necessidade de uma pregação do tipo da do Brasil, Urgente. O grande fato novo, a partir daquele instante e de lá para cá, foi que nós passamos a ler as encíclicas de maneira diferente, buscando nelas o oposto do que buscava a reação. Nós íamos às encíclicas para buscar, nelas, um referendum ao que nós estávamos fazendo, de apoio às lutas pelas reformas sociais, no Brasil. Foi isso que ensandeceu representantes do conservadorismo católico brasileiro. Jamais havia passado pela cabeça deles que aquelas encíclicas pudessem ser utilizadas como instrumento da transformação social no Brasil. Nós éramos anatematizados, como os instrumentos do Mal, que estavam pensando as encíclicas de maneira que eles consideravam irregular. Nós fomos aqueles que apregoamos, aos quatro cantos, que, pelo menos, as encíclicas permitiam leitura antagônica a que eles faziam.

Governo norte-americano *versus* João Goulart

Coimbra: – Ao fazer o balanço, na matéria "Brasil, Urgente Em 63: Espelho da Luta Contra Roubo e Injustiça", do que fora o ano de 1963, para o próprio jornal, o BU, n° 42, p. 13, acentua:

> A denúncia da preparação do golpe de direita. Esta é uma denúncia constante a que nos obriga o exame semanal da situação nacional.

Com o primeiro editorial deste mês de dezembro de 1963 ("Reformas Sim, Golpes Não!"), o BU nº 38 mantinha viva aquela denúncia:

> Nunca, como agora, se falou tão abertamente em golpes. Nunca, como atualmente golpes de Estado foram preparados mais minuciosa e mais descaradamente. A reação não esconde o seu trabalho criminoso. E o governo confessa, numa ingenuidade espantosa, acompanhar, através de seu dispositivo de segurança, a trama que se prepara contra o povo e contra o Brasil. Golpistas agem abertamente, conspiram à luz do dia, pregam a subversão da ordem democrática nas tribunas parlamentares, nas colunas de seus jornais e até nas praças públicas (p. 2).

Dois números depois, o jornal voltava ao assunto na secção Notas e Informações do BU nº 40, à página 4:

> O governo federal está juntando provas das articulações de golpes contra as instituições democráticas. Já tem, em seu poder, documentos suficientes para desmascarar todos os envolvidos nas articulações ilegais. Terminado o recolhimento de provas, o governo vai processar todos os civis indiciados pela Lei de Segurança Nacional, sendo que os militares serão julgados por um Conselho Militar. Está convencido o governo de que, com a documentação que já possui, poderá mandar uns e outros para uma longa temporada na cadeia.

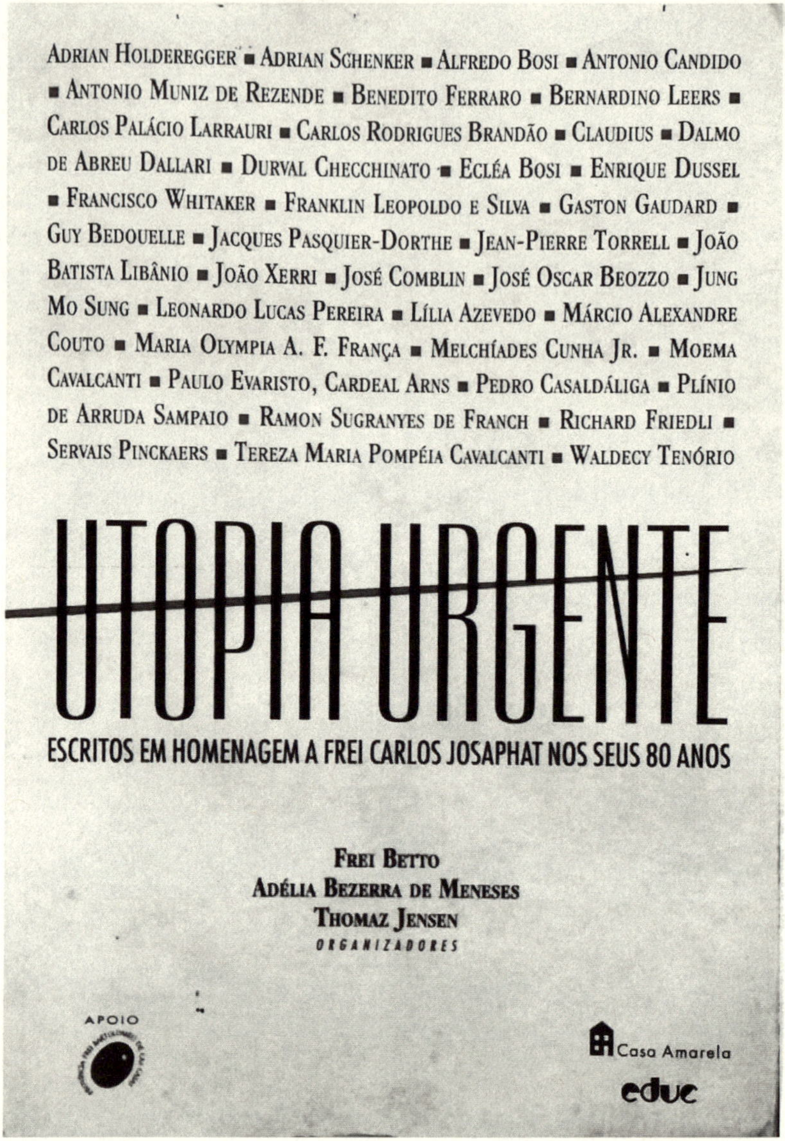

Trinta e nove anos depois de ter abandonado, no Brasil pré-ditadura, seus companheiros do jornal, frei Carlos Josaphat revela, neste livro, que foi forçado a isto pela Igreja.

Com dados obtidos em entrevistas com o ex-deputado Renato Archer, Moniz Bandeira, em sua obra citada, p. 150, mostra um Goulart não só ciente da iminência de sua derrubada como resignado com ela:

> No dia 1° de janeiro de 1964, o diplomata Miguel Osório, chegando às pressas de Washington, onde servia, procurara-o (a Jango), em companhia de Santhiago Dantas e do deputado Renato Archer, para transmitir-lhe urgentemente a informação de que os Estados Unidos se dispunham a declarar a bancarrota do Brasil. E que a única forma de o evitar seria um pronunciamento de Goulart favorável à Aliança para o Progresso. Goulart ouviu todo o relatório e, ao fim, afirmou dirigindo-se a Santhiago Dantas: – Já não adianta mais, professor. Não acredito que nenhuma frase minha detenha a conspirata que os Estados Unidos patrocinam. Apanhou, então, uma pasta, com alguns informes do serviço secreto, e contou que um certo general Bell chegara ao Brasil, numa fortaleza-voadora, e o Brigadeiro Eduardo Gomes, que tramava contra o governo, fora recebê-lo. – Esse general – Goulart acrescentou – esteve com o general Castelo Branco e até mesmo o meu ministro da Guerra o visitou.

Dreifuss, com base em um aerograma enviado ao Departamento de Estado, pelo cônsul americano em São Paulo, Daniel Braddock, sustenta que, desde 1962, generais americanos visitavam o Brasil. Às vezes, como, no caso do general William H. Draper, ocorrido em outubro de 1962 (e relatado por Dreifuss), disfarçados de diplomatas. O aerograma, diz Dreifuss, foi encontrado nos arquivos da biblioteca presidencial de J. F. Kennedy, em Boston.

> Em uma das reuniões realizadas pela equipe do general Draper, durante sua missão de investigação de ocorrências no Brasil, John Richards, presidente da American Chamber of Commerce em São Paulo, expressou sua grande preocupação a respeito do futuro político e econômico do Brasil. Richards declarou que "ele considerava João Goulart pessoa extremamente perigosa e sugeriu que o governo dos Estados Unidos deveria forçar o colapso econômico do Brasil, cortando toda ajuda à administração de João Goulart". Quando isso ocorresse, es-

perava-se que os militares interviessem e "corrigissem as condições existentes".

Os trechos que Dreifuss coloca nas aspas são transcrições do aerograma, datado de 19 de outubro de 1962 (obra citada, p. 398 e 399).

O que o senhor pensava dos militares que rodeavam o presidente, como o Ministro da Guerra, mencionado por ele no relato de Moniz Bandeira?

Paulo de Tarso: – O meu relacionamento com eles foi sempre cordial. Eles nunca me deram a impressão de que estavam numa posição contrária a do governo, nem isso seria praticável, em reuniões sociais. E foi nesse tipo de reunião que nós estivemos juntos. Por outro lado, nunca tive informações confiáveis de que eles estariam participando de um movimento para desestabilizar o governo Goulart.

A posição do governo norte-americano contra o governo Goulart era um fato, este sim, notório, mesmo para nós, naquela época. Apenas nós achávamos que eles não chegariam ao extremo da ousadia a que chegaram, de se articularem com brasileiros para um golpe de Estado. A gente mencionava a posição norte-americana como um fato de relativa importância porque o sistema militar que apoiava o presidente seria um sistema forte. Mas, nem esta informação, de que o sistema militar do presidente seria forte, a gente tinha por observação direta. A formação que cada um de nós tinha não permitia avaliar a força desse sistema. Esta informação vinha da área do governo. Hoje se percebe que era inteiramente destituída de fundamento. O general Assis Brasil (Chefe do Gabinete Militar da Presidência da República), sabia-se, transmitia ao presidente uma versão absolutamente otimista sobre como estavam correndo as coisas, dando ao presidente a impressão de que, se houvesse uma tentativa de rebelião contra o seu governo, ela seria imediatamente sufocável. Dez dias antes do golpe, eu ouvi numa reunião na Granja do Torto, do presidente com a Frente Parlamentar Nacionalista, ele dizer:

– Eu não acredito que haja qualquer movimento concreto contra o governo de uma direita articulada, mas, se chegar a ocorrer, esse movimento será massacrado.

Ele não falava massacrado em termos de violência porque ele não era um homem violento. Os fatos demonstraram que ele poderia ter reagido com alguns militares, quando foi deposto, mas preferiu o exílio. Ele dizia que o golpe seria massacrado pelos próprios militares e por falta de apoio político. Haveria, no máximo, uma intentona do tipo do Jacareacanga. Alguns militares se sublevariam, fariam pronunciamentos públicos, seus superiores determinariam que eles se recolhessem à prisão. Com isso se abortaria o movimento militar contra o governo.

O próprio presidente, mal informado pelos seus assessores militares mais diretos, não tinha noção exata da gravidade da situação que se armava contra o governo dele. E era excessivamente otimista quanto à eficácia do seu próprio sistema militar. No momento mais dramático de um eventual confronto, o que se viu foi que o presidente da República estava abandonado. O que ele tinha era um apoio desarticulado e não suficientemente expressivo para enfrentar um movimento que já àquela altura havia ganho dimensões absolutamente desproporcionais à eventual capacidade de resistência dele.

O deputado Renato Archer – hoje está voltando à política do Maranhão – sempre foi um homem tido como de excepcional habilidade política. Era muito respeitado na área política, tinha um trânsito muito fácil entre os vários setores da classe política que se sediavam, tanto em Brasília, como no Rio de Janeiro. Um homem bem articulado politicamente, e, portanto, bem informado. O fato de ele ter ido com o ministro Santhiago Dantas à presença de Goulart, e de ter ouvido dele que ele, Goulart, sabia de tudo, e que, naquela altura, uma palavra dele seria incapaz de alterar o rumo das coisas, está em contradição com o que eu ouvi dele na Granja do Torto. Eu me pergunto, agora: o presidente teria mudado de opinião? Ele estaria numa crise de depressão, no instante em que conversou com o Renato Archer e com o ministro Santhiago Dantas? Depois, estaria novamente com o ânimo elevado, quando conversou com os deputados da Frente Parlamentar Nacionalista e apresentou um quadro inteiramente róseo da situação?

A impressão que eu tenho é de que realmente houve uma mudança nele, desde este instante da conversa com Santhiago Dantas até os dias imediatamente anteriores ao golpe de 1964. Ele teria formado, nesse curto período, a opinião de que a sua capacidade de superar as articulações que se estavam fazendo contra ele era suficientemente forte para que ele se mantivesse no poder.

A menção ao nome do ministro Santhiago Dantas me faz lembrar novamente a importância que teve, no cenário político brasileiro, a sua imensa sabedoria política, da qual a gente só teve uma noção correta depois da morte dele. Estive com ele um pouco antes da sua morte, em companhia de vários deputados da Frente Parlamentar Nacionalista, conversando exatamente sobre a situação brasileira. Ele repetia toda a sua visão pessimista do quadro brasileiro. Se o ministro Santhiago Dantas tivesse sido escolhido pelo Parlamento – o que não ocorreu – primeiro-ministro do último governo parlamentarista, outro teria sido o rumo das coisas políticas do Brasil. Talvez não tivesse havido 1964. Infelizmente, não só ele não foi eleito, como depois foi vítima de uma doença fatal, o câncer, que impediu que continuasse, com a sua lucidez, a serviço de uma posição democrática no Brasil. Ele pregava uma frente ampla única, naquela ocasião. Hoje, este parece que teria sido o único caminho capaz de evitar as coisas que vieram a ocorrer depois. Ele foi muito combatido por setores ligados ao Brizola, mas a verdade é que ele estava na posição histórica mais correta, porque ele tinha consciência exata do poderio das forças que se antepunham ao presidente Goulart.

O PMDB, hoje, é a frente única que o Santhiago Dantas quis, naquela ocasião. E o PMDB está sendo criticado por razões muito semelhantes àquelas que levavam o Santhiago Dantas a ser criticado. Hoje eu estou absolutamente convencido de que a atuação do PMDB, como frente democrática, é o caminho correto para impedir que haja uma recaída autoritária no processo político brasileiro.

O assassinato de Kennedy

Coimbra: – Para o BU, a morte de John Kennedy equivaleu a um golpe de Estado. Como apareceu literalmente nas manchetes das páginas 10 e 11 de sua edição de n° 38: "Morte de Kennedy Foi Um Golpe de Estado".

O jornal ressaltou o papel de Kennedy na crise diplomática decorrente da descoberta, em Cuba, de foguetes soviéticos:

> É preciso que se diga: o campeão da coexistência não foi Kruschev mas Kennedy. Para a extrema direita ianque não interessava que a nação pudesse ter ganho um lance na luta diplomática com os soviéticos. Interessava-lhes, sim, que o armamentismo, a publicidade, a sede de guerra, não sofressem golpes. E com Kennedy sofriam.

Já Phyllis R. Parker, em sua obra citada, p. 75 e 76, prendeu-se à chegada no Brasil da notícia do crime político ocorrido nos Estados Unidos:

> O embaixador Roberto Campos estava na Rio, na época, em busca de uma decisão para o seu pedido de exoneração da embaixada brasileira nos Estados Unidos, que ele apresentara, em agosto, mas que não fora aceito. Roberto Campos ficou impressionado com a profunda reação emocional manifestada no Brasil, em consequência da morte de Kennedy. Para ele, aquilo "demonstrava, de modo geral, que o antagonismo para com os Estados Unidos não era mais do que um fenômeno político superficial". Goulart fez uma visita à casa do embaixador norte-americano para prestar sua homenagem ao presidente recém-morto. Para o presidente brasileiro, um fio importante, que o ligava aos Estados Unidos, acabara de ser cortado. Goulart admirava Kennedy e achava que tinha alguma afinidade com o presidente norte-americano. Sua visita a Washington não se tornou um fundamento para uma colaboração consolidada entre o Brasil e os Estados Unidos, mas seus encontros pessoais com o presidente Kennedy abrandaram sua inclinação natural para o antagonismo aos Estados Unidos, quando ele regressou ao Brasil. Essa afinidade agora desaparecia.

O autor cita como fontes deste trecho de seu livro entrevistas que realizou com Roberto Campos e Lincoln Gordon.

Como o senhor, doutor Paulo, avaliou a mudança de presidente nos Estados Unidos no que ela significava para o Brasil? Acha que, depois de Kennedy, a atitude dos Estados Unidos com relação ao Brasil tornou-se mais dura, o que talvez explicasse o desânimo de Goulart, evidente, no trecho do livro de Moniz Bandeira citado na pergunta anterior?

Paulo de Tarso: – Bem, é preciso não esquecer uma coisa: a Aliança para o Progresso foi obra do Kennedy. E, aliás, foi no contexto desta sua obra que se desencadearam as pressões contra o governo Goulart. Levar o país à bancarrota, exigir um apoio público do Goulart à política da Aliança para o Progresso, o protesto formal, e, por escrito, do embaixador Lincoln Gordon, porque, em Bogotá, eu acusei a Aliança para o Progresso de aliar-se aos poderosos na América Latina. Tudo isso mostra que a política do Kennedy para a América Latina nunca foi uma política pró-Goulart. O que ocorre é que, com a morte do Kennedy, as forças de direita americana ganharam um poder ainda maior. Não se pode dizer que Goulart fosse apoiado pelo Kennedy e que ele tenha chorado a morte de Kennedy, como quem chora a morte de um aliado. Mas, o que se pode dizer é que a morte de Kennedy – possivelmente um episódio causado pela luta interna política norte-americana, como se diz aqui – tenha preocupado Goulart, pelo fortalecimento que ela significou das forças reacionárias norte-americanas, forças que, seguramente, iam intensificar a luta contra governos reformistas, entre os quais se incluía o do Goulart. No fundo, essas forças consideravam que experiências, como a do Goulart, no Brasil, de tentar realizar as reformas sociais, eram experiências pró-comunistas. Por cegueira, ou, pelo menos, por estrabismo político, eles não eram capazes de perceber que a única alternativa possível para o comunismo na América Latina era uma atenuação da injustiça social, através de programas como os do Goulart. Não houve sensibilidade suficiente para perceber que as Reformas de Base eram uma alternativa política que permitiria ao país respirar um ar mais democrático, mais justo, desfazendo a ameaça de uma guinada comunista, que só se tornaria real – e não se tornou, nunca – à medida em que a nossa sociedade fosse uma sociedade fechada, uma sociedade absolutamente impermeável às aspirações dos injustiçados.

A Aliança para o Progresso, ao invés de ajudar na luta contra o comunismo no Brasil, era um obstáculo ao êxito dessa luta. O que não impedia que vários comunistas tivessem participado da luta pelas transformações sociais que queríamos. Essas eram contradições próprias da vida política.

Acho que o sentimento antiamericanista, naquela época, que o embaixador Roberto Campos achou superficial, ao contrário, talvez fosse maior do que é hoje. Por uma razão muito simples: o neocolonialismo norte-americano. Os acordos educacionais com os Estados Unidos, o acordo militar, as pressões econômicas, a ameaça de levar o Brasil à bancarrota, tudo isso criava um quadro real demais para ser ignorado.

Hoje, a situação mudou um pouco. Foram denunciados os acordos – o militar, e o MEC-USAID (Acordo secreto assinados por representantes da Ditadura Militar Pós-1964 e da agência americana USAID para reformar o ensino brasileiro de acordo com padrões impostos pelos Estados Unidos). O Brasil tomou consciência da sua viabilidade como nação. Nós estamos, bem ou mal, caminhando num sentido democrático. Oxalá essa marcha seja constante, não haja retrocesso! Entendo que o sentimento antiamericanista pode ser, hoje, apenas um sentimento subjacente ao pensar político brasileiro mais representativo da maioria da população. Mas, naquela época, as coisas estavam mais acesas.

Brizola, ministro de Jango?

Coimbra: – O BU acreditou que Leonel Brizola estivesse na iminência de assumir o Ministério da Fazenda, naquele mês. O jornal chegou até a publicar o programa que o novo ministro cumpriria, no BU nº 41, p. 4, seção Notas e Informações:

> Nomeado ministro da Fazenda, o programa a ser cumprido pelo deputado Leonel Brizola é o seguinte: 1) Nacionalização dos estabelecimentos de crédito e sociedade de investimentos, financiamentos, seguros e capitalização; 2) Revisão da legislação sobre *royalties*, patentes e licenças; 3) Aplicação da lei que limita a remessa de lucros ao exterior; 4) Proibição de empréstimos, avais e fianças por estabelecimentos oficiais a empresas de capitais estrangeiros; 5) Controle estatal de todo o comércio exterior, com monopólio do câmbio; 6) Nacionalização das indústrias de leite, trigo e carne; 7) Nacionalização progressiva da indústria farmacêutica; 8) Monopólio estatal da exportação de café; 9) Monopólio da importação de petróleo e derivados; 10) Monopólio da distribuição e encampação das refinarias particulares; 11) Revisão da política de fretes e seguros e combate ao contrabando.

No número seguinte viria o desencanto do jornal:

> Quando o sr. Carvalho Pinto, desgastado pelas maneiras políticas do presidente da República, e, em pânico diante das numerosas e poderosas emissões que não pudera evitar, deixou o ministério da Fazenda, o sr. João Goulart teve, em suas mãos, a grande oportunidade de cumprir as suas promessas e atender às necessidades do Brasil e exigências do povo, entregando o comando de nossa política econômico-financeira às forças nacionalistas. Outra vez, no entanto, o presidente não esteve à altura de seu país e de seu povo. Outra vez faltou ao sr. João Goulart aquela coragem de decidir, que é uma das melhores qualidades dos verdadeiros estadistas. Mais uma vez, recorreu às manobras pessoais, de política primária, responsáveis pelo desgaste de seu governo. (BU nº 42, p. 2)

No entanto, não foi apenas o BU que acreditou na nomeação de Brizola. O cronista político Carlos Castelo Branco, no livro citado, v. 2, p. 140, assinala, numa crônica de 6 de dezembro de 1963:

> O sr. João Goulart estranha que a oposição queira proscrever o sr. Leonel Brizola da vida pública. Invocando as notórias dificuldades nas

relações entre ele e o deputado. Diz o presidente que não pode desconhecer o fato de que o sr. Brizola é um líder de ressonância em todo o país e, portanto, com direito a desempenhar um papel na vida pública. Ele perguntou: – Por que o Brizola não pode ser ministro da Viação? Por que o Brizola não pode ser ministro da Fazenda?

Em outra crônica, do dia 18, do mesmo mês, Castelo Branco ressaltava:

> Os dirigentes da Frente de Mobilização Popular estão firmemente convencidos de que o sr. Leonel Brizola será nomeado Ministro da Fazenda, possivelmente, em janeiro. (p. 150)

Nomeado Ney Galvão, em lugar de Brizola, Castelo Branco registra qual poderia ter sido o motivo da aparente vacilação de Goulart, em nova crônica, do dia 24 de dezembro de 1963:

> A troca de cartas entre os presidentes João Goulart e Lyndon Johnson está sendo relacionada, nos meios esquerdistas, ao episódio da frustrada candidatura do sr. Leonel Brizola, ao Ministério da Fazenda. Ao estimular a reivindicação do político radical, dando a entender que a atenderia, o presidente João Goulart estava alcançando o plano externo, com uma pressão extrema, sabedor que era dos cuidados do Departamento de Estado não permitir que se deteriorassem as relações entre os dois países, neste momento. O movimento esquerdista teria, em consequência, sido, maliciosamente, manipulado pelo chefe do governo brasileiro para obter reajustamento nas relações entre nosso país e os Estados Unidos. E, uma vez promovidas com êxito parcial as negociações, fica de toda afastada a hipótese de um estreitamento nas linhas governamentais no âmbito esquerdista. O sr. Brizola prestou, portanto, indiretamente, um serviço ao sr. João Goulart, possibilitando-lhe a tensão indispensável à solução da crise entre seu governo e o governo norte-americano. (p. 155 e 156).

Esta intenção de manobrar a esquerda é confirmada pelo ministro da Justiça de Jango, Abelardo Jurema, no seu livro citado, p. 90:

Nunca acreditei que o Presidente nomeasse o ex-governador Brizola para Ministro da Fazenda. A boataria desenfreada não merecia do presidente um desmentido formal. Mas, fazia parte do seu jogo para manter a Frente Nacionalista e os seus líderes em constante expectativa de maiores agrados, a fim de que as dificuldades não aumentassem, tanto na área parlamentar, como na sindical.

O senhor foi um dos que acreditou na nomeação de Brizola? Era comum, na sua opinião, ver em Jango matreirices como esta de que foi acusado, neste episódio? Qual seria o sentido desta demonstração de habilidade aparente de Jango, num momento em que a sua permanência no governo estava claramente ameaçada?

Paulo de Tarso: – Lembro de ter ouvido do Brizola uma declaração importante: – Se eu assumir o Ministério da Fazenda, eu vou assumi-lo com o microfone de uma grande transmissora na minha mesa. O povo vai ter informação direta de cada um dos meus despachos. Vou administrar o Ministério da Fazenda em permanente comunicação com o povo brasileiro. Se me aparecer um problema ligado a uma multinacional, eu vou despachá-lo da maneira que me parecer correta e pedagogicamente contá-lo ao povo brasileiro.

Cada um desses pontos que aqui aparecem, como parte do programa do Brizola, ele me disse que iria transformar em temas didáticos de formação política do povo brasileiro. Ouvi isso diretamente dele.

O Castelo Branco sempre foi um jornalista político muito bem informado. Realmente, o presidente da República, que não tinha excelentes relações com o Leonel Brizola, declarou o que está aqui transcrito. Eu me lembro até das expressões dele. Também é verdade que os dirigentes da Frente de Mobilização Popular, da qual eu fazia parte, estavam firmemente convencidos de que Brizola seria nomeado ministro da Fazenda, possivelmente em janeiro. O que teria ocorrido, se o Brizola fosse o ministro da Fazenda? Brizola é uma figura política controvertida, polêmica. Isto teria determinado uma radicalização maior no processo? Teria abreviado a conspiração ou o Brizola teria encontrado um caminho para evitar a conspiração?

Eu proponho essas perguntas sem respondê-las porque eu acho que a capacidade política do senhor Brizola, sobretudo, a sua capacidade de adaptação às situações políticas mais intrincadas, mais contraditórias, e a coragem física pessoal dele não devem ser ignoradas. Acho que se ele tivesse assumido o Ministério da Fazenda este fato político teria uma importância tal que é difícil dizer hoje qual seria a sua consequência. Não sei dizer que desdobramentos teria. Acho que, num primeiro momento, provocaria uma radicalização das forças contrárias ao governo. Por outro lado, também poderia ter determinado uma coesão maior das forças que apoiavam o governo. Veja quantos fatos poderiam ter ocorrido e não ocorreram que, eventualmente, poderiam ter mudado o rumo das coisas. Este é um deles. Se o Brizola tivesse chegado ao Ministério da Fazenda, ou 1964 teria sido antecipado, ou o governo teria alcançado um grau de coesão que permitiria a ele uma sobrevida maior, ou até, quem sabe, uma sobrevivência real, definitiva.

O outro ponto da questão levanta a hipótese de o Brizola ter sido utilizado para amedrontar os Estados Unidos, e, assim, obter uma renegociação das relações, sobretudo, econômicas do Brasil com os Estados Unidos, durante o governo Johnson. Não acho isso fora da realidade. Acho perfeitamente aceitável. Não tenho informações diretas a respeito, mas, na minha visão, isso se articula, perfeitamente, com a conjuntura que o país estava vivendo naquela ocasião. É bem possível que o presidente da República tenha utilizado o nome do Brizola e a sua eventual ida para o Ministério da Fazenda como expediente político, para mostrar aos Estados Unidos até onde ele poderia chegar, se não obtivesse a compreensão dos norte-americanos. Essa compreensão, entre aspas, veio na forma de renegociação das relações entre os dois países.

Aí, está revelado o verdadeiro grau de identificação do presidente João Goulart com os grupos considerados como de esquerda que integravam a Frente de Mobilização Popular –, realmente uma frente. Tinha gente de variadas tendências, inclusive o Plínio Sampaio, eu e outras pessoas de formação cristã. Essa frente popular chegou ao extremo de romper com o Goulart. E foi no contexto desse rompimento que eu renunciei ao Ministério da Educação. Quer dizer, não se pode considerar o Goulart como um a mais nesse esquema. Ele era apoiado por esse esquema e deixou de ser apoiado num determinado momento. Entre as contradições da direita, que se opunha ao seu governo e conspirava contra ele, e uma esquerda matizada, que ia do centro-esquerda até a extrema-esquerda, Goulart não tomava partido. Ele procurava utilizar o apoio que lhe ofereciam, mas procurava pairar sobre as tendências. Isto era um pouco fruto do temperamento conciliatório do presidente Goulart. E era, também, um pouco fruto das suas hesitações sobre qual rumo seguir.

Se antes do momento de ruptura da Frente de Mobilização Popular com o presidente Goulart ele houvesse assumido as posições da Frente, esse fato teria uma repercussão imediata, no contexto de suas relações de antagonismo com as forças que procuravam depô-lo. Se ele tomasse o partido da Frente de Mobilização Popular – novamente, eu digo – isso poderia ter determinado um grau maior de coesão do governo, possibilitando-lhe uma sobrevida maior, e, eventualmente, frustrando o golpe. É pouco provável que isso ocorresse, mas, de qualquer maneira, a hipótese fica levantada porque ela tinha o apoio da realidade.

Naquele momento, os aliados do presidente Goulart criticavam muito nele essa falta de identificação com a vanguarda do governo, digamos, com as forças que levavam a bandeira das reformas sociais. O que ocorreria, se Goulart assumisse o comando dessas forças? É possível que o movimento popular houvesse caminhado mais. Mas está claro que isso suporia uma tomada de posição, no momento oportuno. Se ele fosse fazer isso, poucos meses antes de abril de 1964, a minha opinião é de que já não adiantaria nada, porque a sorte já estaria lançada. Mas, se ele houvesse optado por uma posição mais consequente de realização das reformas, digamos, um ano antes de 1964, possivelmente, o rumo das coisas teria sido outro.

Essa chamada demonstração de habilidade era muito mais expressão das contradições internas do sistema político do qual Jango, como presidente da República, era o porta-voz mais autorizado. Esse sistema político era um sistema contraditório. Ele era apoiado por setores empresariais e era apoiado pela vanguarda sindical e pela vanguarda parlamentar. Goulart negociava com os americanos, conseguia um modo de vida com eles, e, ao mesmo tempo, estimulava o processo de Reforma Agrária no Brasil, a organização do campesinato no Nordeste, através das Ligas Camponesas do Julião. O governo dele foi tragado pelas próprias contradições internas das quais ele não conseguiu se libertar. O que eu chamo de falta de coesão poderia ser chamado de falta de integração das contradições internas do sistema. O sistema vivia contradições internas muito graves que ele não pôde ou não soube compor.

O grupo dos 11 companheiros

Coimbra: – No BU n° 42, vinha a reação do que o jornal chamava de forças nacionalistas à frustração com a nomeação de Brizola. A manchete da página 8, desta edição, dizia: "Grupo dos Onze: Resposta da Esquerda ao Recuo de Jango". No texto, o jornal afirmava:

> Os nacionalistas apoiam-se nos seguintes fatos para concluir que João Goulart decidiu abrir mão de seu apoio e encostar-se na direita: 1) Desde junho, líderes sindicais populares vêm enfrentando oposição de elementos ligados ao governo (pelegos) que procuram derrubá-los da direção dos sindicatos. 2) Enquadramento (e consequente prisão) dos líderes sindicais Plácido e Delellis, na Lei de Segurança Nacional, por seu apoio à causa dos sargentos; 3) Incentivo à formação de uma organização sindical que enfraqueça o CGT e a CNTI, que são de inspiração esquerdista; 4) Nomeação de Ney Galvão para o Ministério da Fazenda, depois de haver a Presidência da República acenado para as esquerdas com um ministério nacionalista. A mobilização das esquerdas para a derrubada de Carvalho Pinto foi usada pelo sr. João Goulart para atender aos negocistas que queriam um "ministro maleável"; 5) Derrubada de Dante Pelacani, do DNPS.

O jornal avançava:

Um dos movimentos de mobilização das forças nacionalistas foi idealizado pelo deputado Leonel Brizola e procura aproveitar a experiência popular na organização de clubes de futebol: são os Grupos de Onze Companheiros (ou Comandos Populares). Considera o criador dos grupos que o que falta ao povo é organização. As tarefas de organização das massas populares, num país muito extenso, são bastante difíceis. Os Grupos de Onze Companheiros devem ser formados em cada local em que haja um nacionalista. Ele se unirá a outros nacionalistas, até o máximo de onze. Instruções estão sendo distribuídas a todo o Brasil e divulgadas pela Rádio Mayrink Veiga, sugerindo uma primeira reunião para a escolha do líder do Grupo e a lavratura da ata respectiva. Os Onze Companheiros têm por objetivo: 1) Atuação organizada em defesa das conquistas democráticas de nosso povo; 2) Luta e resistência contra qualquer tentativa de golpe (venha de onde vier); 3) Instituição de uma democracia autêntica e nacionalista; 4) Concretização das reformas (especialmente a agrária e a urbana); 5) Determinação de luta pela libertação da Pátria da espoliação internacional. O Grupo organiza um sistema de avisos, de forma que todos possam estar reunidos (e unidos aos outros grupos, da mesma cidade), em poucos minutos. Cerca de trezentos grupos já estão funcionando no Brasil e o noticiário de suas atividades é divulgado diariamente pela Rádio Mayrink Veiga, logo após a meia-noite, de cada sexta-feira. Informações escritas são distribuídas mediante solicitação à Rádio Mayrink Veiga, rua Mayrink Veiga, 15 – Rio de Janeiro – Guanabara.

Uma análise extensa dos Grupos dos Onze foi feita por Paulo Schilling (obra citada, 243 e 244). Diz ele, à certa altura:

Continuava faltando, porém, o fundamental: um movimento de massas, que, com base na ideologia do nacionalismo popular-revolucionário (já, então, perfeitamente definida, como vimos), se estruturasse num partido revolucionário. Somente em fins de 1963 é que Brizola, já então consciente da gravidade da situação, decidiu-se a lançar os "Grupos dos 11", destinados a constituir as bases da futura organização. Numa demonstração do enorme potencial organizatório que, até então, havia sido desperdiçado, em somente três meses foram criados entre 30/40 mil grupos. Num ritmo violentamente ascendente que chegaria – se não fosse o golpe -– a seguramente 200 mil, antes do fim do ano. A partir do movimento de massas, constituído pelo "Grupo dos 11", pensava-se organizar, numa segunda etapa, o partido revolucionário, já então considerado indispensável por Brizola. Um partido que teria inclusive o seu "braço armado", constituído pela oficialidade nacionalista, pelos sargentos e marinheiros. Entretanto, por haver surgido muito tarde, a organização foi alcançada pelo golpe, em sua fase embrionária. Somente no Rio de Janeiro, havíamos começado a estabelecer os contatos entre os "Grupos dos 11", para vinculá-los verticalmente. O fato de não havermos lançado o movimento, logo depois da "Resistência Democrática", quando o prestígio de Brizola era absoluto, e de haver perdido dois anos de tempo precioso, esperando que os generais nacionalistas fizessem a Revolução, ou que ocorresse uma nova explosão de espontaneísmo popular (como em agosto de 1961) constitui a grande responsabilidade histórica do brizolismo. A radicalização verbal não respaldada num partido revolucionário constitui um suicídio político. Equivale a cutucar a onça com vara curta.

Como o senhor via a formação dos Grupos dos Onze Companheiros?

Paulo de Tarso: – A conjuntura política brasileira hoje é muito mais amena do que aquela. Num clima de liberdade política indiscutível, e, depois de ter refletido, durante esses anos todos, alguns dos quais, no exílio, eu, hoje, pergunto se teria sido preferível para o Brasil que o Goulart radicalizasse a sua posição e assumisse o controle das forças de vanguarda, na época, chamadas "de esquerda", que apoiavam seu esquema de Reformas de Base. Eu me pergunto isso, e assumo o risco que um líder político não pode deixar de assumir, de dar uma resposta sujeita à discussão. Acho que o movimento popular, naquela época, não havia caminhado suficientemente para dar ao presidente da República respaldo para este tipo de radicalização. Acho que o que levou Goulart a um programa de contemporização com a direita não foi propriamente uma capitulação dele diante das forças reacionárias. Talvez tivesse sido, realmente, uma manobra para ganhar tempo e realizar, no Brasil, não um governo comunista, como a direita procurou apregoar com intuitos conhecidos, para tornar o seu golpe possível, mas um governo reformista, que fizesse caminhar a Justiça Social no Brasil.

O movimento popular era muito superficial. Os fatos posteriores mostraram isso. Não houve qualquer intento de reação ao golpe. O que havia era muito mais uma cúpula atuando, sem bases articuladas mais expressivas, do que o povo organizado, apoiando o seu presidente. Nessas perguntas, relembro uma atuação um pouco agitada das lideranças populares da época. Mas, hoje, noto que essas lideranças, por muito bem intencionadas que fossem, não representavam o movimento popular real, articulado, conscientizado. Acho que o grau de organização do povo era absolutamente insuficiente para que o presidente da República assumisse as posições da Frente de Mobilização Popular. Realmente é difícil julgar o presidente Goulart, nessa altura. A moderação que ele teve, no instante do seu confronto com a Frente de Mobilização Popular, talvez estivesse mais consentânea com a realidade brasileira verdadeira, do que com a realidade brasileira, tal como ela era pensada pela Frente.

A Frente – e eu participei dela – tendia a idealizar um povo brasileiro que a respaldava, que a apoiava, porque ela, sinceramente, trabalhava pelo que supunha, e realmente era, em grande medida, o bem do povo brasileiro. Mas, a partir das boas intenções, concluir que, também, o povo brasileiro estava convencido de que a Frente de Mobilização Popular era o grande instrumento da sua redenção, ou da sua libertação, vai uma distância muito grande. Acho que não havia absolutamente essa identificação da Frente com o povo brasileiro organizado. Antes de tudo, porque a organização popular estava a níveis ínfimos, absolutamente desproporcionais à tarefa de se opor a um golpe das proporções daquele que houve em 1964, com respaldo internacional, com toda uma doutrina pensada, com antecedência, e com uma logística perfeitamente estruturada. O movimento popular estava engatinhando, dando os primeiros passos. A Frente de Mobilização Popular não tinha o respaldo popular organizado, sem o qual era, como realmente foi, um movimento de cúpula.

Esse dado de que se chegou a criar de 30 a 40 mil Grupos dos

Onze, e que, até o fim do ano de 1964, seriam criados em torno de 200 mil me surpreende. Não tive ligação maior com o Grupo dos Onze. Poderia, aliás, dizer que não tive ligação nenhuma. O que eu sei do Grupo dos Onze foi o que eu li nos jornais. Com isto, fica visível o enorme potencial de organização popular que havia, na ocasião. Se a liderança isolada de Leonel Brizola conseguiu mobilizar o povo brasileiro para um esquema radical de luta violenta que poderia ter chegado a 200 mil unidades, naquela oportunidade, isso mostra o que o governo Goulart teria podido fazer, se desde o seu início tivesse decidido organizar o povo, a dar ao povo uma educação política adequada àquele momento que ele vivia. Essa tarefa, seguramente, teria frustrado o golpe de 1964. O movimento de Cultura Popular, que o Paulo Freire e eu deflagramos no Ministério da Educação, tinha esse objetivo. O golpe teria sido frustrado, até sem violência, pelo poder de dissuasão. Uma luta violenta acho que vinha um pouco ao arrepio das tendências, daquele momento. Havia uma certa radicalização emocional, mas eu não identificava nos grupos com os quais eu convivi, aos quais eu falava nas minhas conferências, disposição, imediata, para um confronto armado, nem nada parecido com isso.

Mas, se apesar de tudo isso, houve condição de organizar dezenas de milhares desses grupos, em poucos meses, imagine-se o que o governo Goulart teria conseguido fazer através, não de um esquema de organização para luta armada, mas de um esquema sindical camponês, sindical urbano, de movimento de organização dos profissionais liberais, em suma, da organização da sociedade civil, com um programa de conscientização cívico-política, para mostrar o que representavam as Reformas de Base, procurando detalhar essas reformas e submetê-las ao crivo da discussão popular. Essas reformas foram concebidas de cima para baixo. E, a meu ver, aí está a causa principal do seu fracasso. Goulart teria conseguido seguramente o respaldo da sociedade civil que, se fosse articulado a tempo, teria retirado o apoio que essa mesma sociedade civil deu ao golpe de 1964.

A mão do gato. Os testas-de-ferro

Coimbra: – "Parlamento Vai Levantar o Véu do Controle Estrangeiro da Imprensa", anunciava a manchete da página 9 do BU n. 38.

A seguir o jornal informava:

> Importantíssima Comissão Parlamentar de Inquérito está funcionando na Câmara Federal, convocada pelo deputado nacionalista João Dória, para investigar o comportamento das empresas jornalísticas estrangeiras no Brasil. Como já denunciamos, ao arrepio das leis brasileiras, vem funcionando neste país – e de forma irrecusavelmente abusiva – dezenas de empresas jornalísticas estrangeiras ou dirigidas por indivíduos estrangeiros.

E adiantava:

> Há empresas, disse o sr. João Dória, que tem dirigentes brasileiros natos que são apenas testas-de-ferro dos proprietários estrangeiros. O deputado apontou como infratores do artigo 180 da Constituição Federal, as revistas Visão, Dirigente Industrial, Dirigente Rural (pertencentes ao Grupo Vision Inc. de Nova Iorque), Seleções do Reader's Digest, Quatro Rodas, Cláudia, Capricho, e outras revistas da Editora Abril, de São Paulo. Enumerou, ainda, as publicações do Grupo Mc Graw Hill, representadas pelo Escritório Banas, em São Paulo. Ele pediu que a CPI investigasse as várias agências de notícias, como a United Press Internacional (UPI), "que contrariam a lei, distribuindo notícias nacionais em território brasileiro", através do famigerado Repórter Esso, bem como as agências de publicidade estrangeiras que operam no Brasil, "no que tange à influência que possam exercer sobre o pensamento e a orientação das empresas jornalísticas e de radiodifusão, o volume concentrado de suas verbas publicitárias, em grande parte provindas de anunciantes internacionais".

Mais informações sobre esta CPI são dadas por Nelson Werneck Sodré (obra citada, p. 498):

A CPI requerida pelo deputado João Doria vinha na sequência da que abalava o país com as espantosas revelações a respeito do IBAD. A justificação apreciava, em seguida, a concentração dos recursos publicitários no Brasil. "Das trezentas agências de publicidade em funcionamento no Brasil, oito apenas – e todas estrangeiras ou representantes de grupos estrangeiros – faturam nada menos de 35 bilhões de cruzeiros (isto em 1963), anuais, de um total de 120 bilhões gastos em publicidade, dos quais 80 bilhões por intermédio de agências".

Diz, ainda, Werneck Sodré:

Era a que se propunha o IBAD, segundo, ainda, a justificação do deputado João Doria: "Primeiro: alienação da consciência nacional pela propaganda dirigida. Abrangia uma série de operações: corrupção da imprensa, do rádio e da televisão, discriminação publicitária contra publicações independentes, ou, não alinhadas; invasão de publicações estrangeiras editadas em português no Brasil. Segundo: intervenção na política interna do país, pela corrupção e controle do processo eleitoral e da ação parlamentar. Terceiro: golpe militar para a conquista do poder".

FASCISTAS PREPARAM GOLPE CONTRA JANGO!

Edição Semanal – Cr$ 50,00

Brasil, Urgente

Um Jornal do Povo a Serviço da Justiça Social

S. PAULO SEM TRANQUILIDADE: ADHEMAR CONTRA A LEGALIDADE!

Três dias antes de os militares instalarem a ditadura no Brasil, no dia 28 de março de 1964, o jornal ainda os denunciou.

O senhor tem lembrança desta CPI, doutor Paulo?

Paulo de Tarso: – É correto relacionar a comissão de inquérito proposta pelo, então deputado João Dória, sobre a desnacionalização da grande imprensa no Brasil, com a comissão que investigou as atividades do IBAD. As duas comissões obedeciam ao objetivo comum de preservar a autonomia política brasileira de influência de forças internacionais poderosas, que agiam aqui dentro, através de testas-de-ferro brasileiros, impondo uma dominação livre das reações que a dominação, em geral, costuma suscitar nos dominados. Era uma dominação camuflada que não chamava a atenção de quem estava sofrendo as suas consequências. Essa comissão sobre a grande imprensa, realmente, é parenta próxima da comissão sobre o IBAD. Ambas foram fruto da conjuntura em que o Brasil vivia naquele momento, quando as forças internacionais decidiram salvar o Brasil do perigo, que diziam existir, de tornar-se comunista. Imaginava-se um país que deveria ser salvo por seus aliados ocidentais e cristãos poderosos. Mas, a coisa foi tão bem articulada, e a resistência tão insignificante, que foi possível apresentar ao mundo o episódio de 1964 como um episódio interno da vida brasileira, sem influências estrangeiras, como se tudo tivesse sido um episódio de confronto de brasileiros com brasileiros, ou de grupos que pensavam de maneiras diferentes, mas ambos nacionais. Isto foi possível pelo modo altamente sofisticado que caracterizou a intervenção dos grupos estrangeiros econômicos, empresariais, jornalísticos e até militares. Eles intervieram no Brasil sabendo o que faziam, isto é, com a mão do gato. A mão do gato eram os testas-de-ferro brasileiros. Felizmente a história costuma consertar essas coisas. Hoje, se tem uma noção realista, pormenorizada, da interferência desses grupos estrangeiros.

Janeiro de 1964 (Padre Vidigal: "Armai-vos")

Neste mês de janeiro de 1964, a venda de espaço publicitário do jornal, que desde seu lançamento era insuficiente para produzir a renda necessária à manutenção da sua circulação, se tornou ainda menor: menos de três páginas em oitenta publicadas, quando cerca de 24 páginas de anúncios precisariam ter sido comercializadas.

O jornal passa a apelar diretamente a seus leitores, iniciando uma campanha pela sobrevivência do Brasil, Urgente. Em cada edição aparece, agora, uma página do BU com um anúncio do próprio jornal para o leitor recortar e enviar pelos Correios, junto com um cheque, um vale postal ou uma ordem de pagamento como colaboração à batalha de preservação do Brasil, Urgente, explica a sua redação, no anúncio.

Esta extrema dificuldade financeira do jornal acaba por dar a ele, definitivamente, o caráter de um movimento social. Pois, a movimentação provocada pelo apelo desesperado do jornal aos seus leitores deixa à mostra que o BU era algo mais que um simples jornal. Ao mesmo tempo, a mobilização dos leitores, obtida com os pedidos de ajuda, torna mais clara a visão do que pode ser um jornal como um movimento social autônomo.

Roberto Freire, considerado o ideólogo do jornal, tinha clareza sobre a complexidade disto:

– Nós estávamos partindo de bases teóricas, muitas delas não experimentadas, com o peso do catolicismo. Faltava, justamente, que se organizasse um partido, do qual o BU fosse o veículo, o inspirador. Nós conversamos muito sobre isso. Não nos interessava o PDC, que estava mais próximo. A gente não tinha, ainda, uma vinculação com a Ação Popular, e nem a AP tinha maturidade, naquela época, para se constituir num partido. Nós acabamos descobrindo que éramos um jornal, cujo partido era a Igreja. E, a cada número, estávamos nos divorciando deste partido. Este partido nos criticava, grande massa de frequentadores deste partido odiava nosso jornal. Nós constituíamos, vamos dizer assim, o jornal dos párias da Igreja, como o padre Francisco Lage, Dom Hélder Câmara, Dom Jorge Marcos, pessoas em crise, contestadas, dentro da própria Igreja. Então, tínhamos que encontrar este novo partido para que surgisse uma nova ideologia aprofundada e uma nova ação, que não fosse a Ação Católica, totalmente insuficiente para nós. A gente encontrava o Partido Comunista muito organizado, na época, batalhando muito, com uma práxis direta que chocava a gente. Nós os invejávamos porque não podíamos participar já que tínhamos discordâncias fundamentais. Se não houvesse o golpe militar, o BU talvez tivesse se esvaziado por falta de ação, de uma práxis na qual ele estivesse apoiado. Nós estávamos nos transformando num jornal que contestava tudo, mas não tinha o que apoiar.

Roberto fala de um outro tipo de dificuldade para que o jornal adquirisse uma feição ideológica bem delineada:

– As pessoas que apoiavam o jornal e eram católicas queriam o socialismo, mas morriam de medo do comunismo. O problema, então, era a separação: a ideia de um socialismo sem comunismo – um grande drama. E se procurava, através de pensadores católicos, dos quais frei Carlos era o porta-voz, uma terceira força – nem capitalismo, nem comunismo – que poderia ser emanada de dentro da Igreja. Frei Carlos dizia muitas vezes: – Os comunistas roubaram o socialismo, de Cristo. O socialismo pertence a Cristo. A Igreja bobeou. Mas, nunca se conseguiu fazer esta síntese. A própria Ação Popular não conseguiu. Então, o jornal reflete esta confusão, esta esperança e vontade de que o mundo não tivesse que ser socializado pelo Partido Comunista tradicional. As experiências não eram, ainda, bem conhecidas, naquela época, mas já começavam a pintar as grandes decepções. Hoje, são mais graves, estão confirmando-se. A gente já tinha, então, suspeitas. Hoje, a gente tem certeza dos encaminhamentos incorretos para o socialismo. Esta posição equidistante do capitalismo e do comunismo é bem a posição da Igreja. Ela não quer mais carregar nas costas os erros do capitalismo. Mas, também, não pode se aproximar do comunismo.

Ruy do Espírito Santo tinha também um ponto de vista sobre esta questão:

– Talvez, se o Roberto Freire tivesse permanecido mais tempo na direção do jornal, ou, se frei Josaphat não tivesse saído do Brasil, nós tivéssemos conseguido definir melhor uma linha de pensamento ideológico para o jornal. Algo que fosse mais do que aquilo que frei Carlos já tinha oferecido, no início do jornal, com o livro *Evangelho e revolução social*. Mas, a verdade é que nós estávamos numa linha de busca. Como não houve, até o final, um líder, ou um ideólogo que propusesse um programa revolucionário claro, que tivesse nascido dentro do BU, então, é compreensível que as pessoas que nos observaram à distância, ora nos tenham situado como um apoio à Ação Popular, ora nos situassem dentro de um certo reformismo. Muitos, até hoje, dizem que o jornal apoiava o João Goulart, quando muito se escreveu no BU sobre a incompetência, a ambiguidade, a fraqueza de João Goulart, como líder político.

Voltado para si mesmo, o esforço do próprio BU para não morrer foi a sua grande notícia este mês. Nem por isto o jornal descuidava de outras denúncias.

O BU n° 43, na página 9, vinha com a manchete: "Exportação Está Acabando Com o Manganês do Brasil". E, na página 14: "Inversão de Valores e Desprestígio da Medicina". Esta matéria começava com uma indagação:

– Quanto vale um homem no mundo contemporâneo?

Na edição seguinte, o jornal dizia, numa manchete de página: "Mulher Que Trabalha Não Pode Casar: É despedida" (BU nº 44, p. 13).

Virando a folha, o leitor, na página 14, se defrontava com outra denúncia na manchete: "Realidade Brasileira; Milhares Morrem

Sem Assistência Médica". E, na página 17, com "Salário Mínimo Financia Patrão".

Por fim, o último número do mês, o da edição 46, tinha como manchete principal da sua capa: "Brasil: Um milhão de Mulheres Vivem da Prostituição". A matéria correspondente ocupava as páginas 10 e 11, centrais.

Neste mês, Vitor Rego firmava sua posição como responsável por uma das melhores seções do jornal. Escreveu sobre a chamada coexistência pacífica entre as grandes potências, o movimento de guerrilha em Angola, as ameaças a Cuba e o fascismo. Roberto Freire continuava a escrever sua coluna.

11ª entrevista com Paulo de Tarso Santos (Pauta: Janeiro de 1964)

Agora, toda vez que eu chegava à casa de Paulo de Tarso encontrava uma perua, cuja lataria estava coberta com propaganda de um candidato de origem japonesa a vereador pelo PMDB. Ele recebia o apoio do ex-ministro, e conseguiu eleger-se.

A família de Paulo de Tarso estava engajada ativamente na campanha do partido de Franco Montoro. Algumas vezes fui às entrevistas portando a estrela do PT na camisa. Paulo de Tarso mexeu comigo, por causa disto. Nós tínhamos nos propostos a não deixar que o rebuliço da campanha impedisse a conclusão do nosso trabalho.

Nesta entrevista, Paulo de Tarso diz que ninguém inventou nada, quando no período de 1963/1964, os jornais noticiavam tentativas do embaixador norte-americano Lincoln Gordon de intervir na política interna brasileira.

Com relação à falta de reação oficial da Igreja aos ataques desrespeitosos que Assis Chateaubriand fazia a Dom Carlos, Dom Jorge Marcos, padres do Nordeste e outros religiosos, ele deu uma explicação sucinta: – A Igreja em sua maioria estava favorável ao golpe.

Ele se refere novamente à Frente de Mobilização Popular, de que participou e à qual fez críticas em entrevistas anteriores, para dizer, porém, que considera correta a posição que ela assumiu, quando negou apoio ao pedido de Estado de Sítio feito por Goulart. Disse: – A esquerda brasileira, da época, não era autoritária.

Paulo de Tarso trata de um dos aspectos mais intrigantes da conjuntura política de 1964: a confiança de grande parte da esquerda brasileira – até mesmo do Brasil, Urgente – numa reação popular violenta a qualquer tentativa de golpe da direita. Classifica-a de otimismo ingênuo.

A aproximação dele com Franco Montoro também é abordada, nesta entrevista. Ele narra um episódio curioso, ocorrido, quando ainda era estudante, na escadaria do Mosteiro de São Bento, o qual fez com que Montoro o convidasse para uma reunião na casa dele.

Por fim, faz os seus comentários a respeito da tendência do Brasil, Urgente em se tornar um movimento social.

Temor reverencial a Lincoln Gordon

Coimbra: – Já na segunda página do BU n° 42, havia uma manifestação de repulsa do jornal ao comportamento do embaixador norte-americano no Brasil, Lincoln Gordon. Dizia a matéria no título: "Embaixador Impertinente":

> Como todos os embaixadores dos Estados Unidos em países subdesenvolvidos, o sr. Lincoln Gordon é um homem impertinente. Useiro e vezeiro em interferir em assuntos que não dizem respeito ao governo a que serve. Recentemente, os jornais noticiaram que o embaixador de Washington estivera com o presidente João Goulart para vetar a nomeação do deputado Leonel Brizola para o Ministério da Fazenda. A notícia causou a repulsa devida e não foi desmentida, quer pelo governo brasileiro, quer pelo embaixador metediço. Agora, em discurso pronunciado na Guanabara, o embaixador Lincoln Gordon volta a abusar da hospitalidade brasileira. Criticando a doutrina social marxista e apontando o capitalismo como solução para os problemas de todos os povos, o professor de Harvard tentou ridicularizar a decisão nacional de reformar as nossas estruturas. Ora, cabe ao povo brasileiro decidir sobre tais reformas. Só ele deve dizer se as estruturas atuais são boas ou más. Acresce que a batalha reformista tem como comandante, o presidente da República. Comentando o assunto, através de chacotas de gosto duvidoso, o sr. Lincoln Gordon desrespeita o povo do Brasil e o presidente da República. Infelizmente, nada acontecerá. Os embaixadores norte-americanos têm carta branca para fazer as suas

intromissões intoleráveis. O governo se omite, mesmo quando desrespeitado. Só o povo reage e reage como pode; considerando o embaixador "persona non grata", homem que não merece o seu respeito e muito menos o seu apreço.

A atuação de Lincoln Gordon é abordada por Paulo Schilling, de forma muito crítica em relação à passividade de Jango, em sua obra citada v. 1, p. 267 e 268:

> Toda uma série de fatores – desde a enorme diferença de QI e de cultura entre o professor de Harvard e a ignorância enciclopédica de Goulart em todos os assuntos que não fossem comprar gado e manobrar a liderança sindical, até o enorme poderio econômico dos Estados Unidos e a trágica situação de dependência que vivia o Brasil naquele momento – determinou que Jango caísse sob total controle do embaixador. Com exceção dos embaixadores norte-americanos destacados nas Bananas Republic da América Central, possivelmente nenhum outro diplomata teve tanto poder de decisão, influiu tanto no governo de outro país, quanto Lincoln Gordon, no Brasil. Atuando como se fosse um vice-rei inglês na Índia, fazia e desfazia, dava ordens que eram acatadas sem vacilação; vetava decisões presidenciais e inclusive a escolha de auxiliares diretos da presidência. Usando como instrumento de chantagem a dívida externa, que necessitava ser prorrogada e a Emenda Hickenlooper, transformou Goulart numa simples marionete.

Documentando estas suas afirmações, Schilling, ao final do segundo volume de sua obra, publica diversos informes da Embaixada dos Estados Unidos no Brasil enviados ao governo norte-americano durante o período de Goulart, encontradas nas bibliotecas John F. Kennedy e Lyndon Johnson.

Num destes informes, assinado por Gordon e destinada ao Departamento de Estado, com data de 23 de fevereiro de 1963, há este trecho, no qual Jango aparece, de fato, como um empregado prestando contas a seu patrão:

Quanto a Brizola, eu disse que ele próprio, Hermes Lima e Santhiago Dantas me haviam repetidamente garantido que o presidente discordava seriamente dele, mas que era difícil conciliar isto com as recentes nomeações de associados de Brizola como Cibilis Vianna e João Caruso. Goulart respondeu que realmente discordava de Brizola, mas que via remotas possibilidades de convencê-lo ou de pelo menos fazê-lo calar-se. Ele disse que as diferenças entre os dois ficavam cada vez mais evidentes; mas que ele evitava um rompimento público, pelo menos por ora, porque muitos dos que apoiam Brizola são também seus partidários. Quando ocorrer o rompimento, ele pretende manter consigo a maior fração possível destas pessoas. Ele acha que Brizola vem perdendo apoio, que, numa eleição, hoje, na Guanabara, teria uns 200 mil votos, em vez dos 300 mil de outubro e que continuava enfraquecendo. Esses são aspectos complicados da política brasileira, disse Goulart, em relação aos quais estrangeiros deveriam confiar na sua habilidade. Quanto a Cibilis e Caruso, ele disse que o segundo certamente não é comunista, e que duvidava que o primeiro fosse. Cibilis trabalhou com ele, há alguns anos. Disse que os cargos para os quais haviam sido nomeados são de pouca importância e insinuou que essas nomeações haviam sido uma concessão a Brizola, em troca do cargo de Ministro ou outro lugar importante que este desejava. Disse que se recusava a nomear Paulo Schilling assessor presidencial, descrevendo Schilling como realmente perigoso. No BNDE, ele agora havia acertado as coisas, nomeando Genival Santos para a superintendência, por recomendação de Campos, e o havia feito de maneira a evitar fortes protestos da esquerda. Leocádio Antunes agora renunciaria à presidência. Na Petrobrás, disse que Francisco Mangabeira sairá dentro de um mês, mas que ele estava preparando cuidadosamente o terreno a fim de evitar uma forte reação da esquerda, inclusive uma possível greve na Bahia, e estava em pleno processo de esvaziamento de Mangabeira, de forma que, quando chegasse o momento de demiti-lo, ele seria apenas um boneco cheio de pó. Quanto a João Mangabeira, ele o manteria no Ministério da Justiça até ficar pronta a revisão dos Códigos Civil e Criminal. E, então, demitiria com cumprimentos por uma importante tarefa bem executada. Disse que, se o governo americano estava convencido de que ele não é comunista, e que

> não deseja nem tem a intenção de entregar o país a comunistas, deve confiar nele, em que ele executará as complexas manobras políticas e pessoais que são uma especialidade brasileira, nas quais ele é mestre. Disse estar perfeitamente consciente de que seria a vítima número um no caso de uma tomada de poder pelos comunistas. Sobre a infiltração comunista entre militares, disse que esta é uma questão muito complicada. Não aceitou, porém, minhas investidas para discuti-la em detalhe. Disse que, realmente, sempre fizera tudo para estar bem com os sargentos, e que não via grande perigo de indisciplina nesta área. Quanto a Almino Afonso, Goulart disse estar a par das nossas graves reservas a seu respeito, mas que Almino é honesto e trabalhador, pretende disputar o governo de São Paulo e tem de conquistar a confiança da classe média paulista e que está trabalhando muito e pondo o Ministério em ordem. Ele está energicamente empenhado em desfazer o caos administrativo nos institutos de pensão, e trabalha para assegurar o apoio do operariado para o programa econômico do governo brasileiro. Eu pretendia ainda questioná-lo sobre as relações entre a Frente Parlamentar Nacionalista, o PTB e o Presidente, mas infelizmente não houve tempo. Gordon.

Como o senhor via a atuação do embaixador norte-americano naquele período? O senhor já fez menção à pregação de Gordon em favor do golpe, depois de março de 1964. Gostaríamos de ouvi-lo, agora, falar sobre a atuação dele anterior à detonação do golpe.

Paulo de Tarso: – A atuação do embaixador Lincoln Gordon nos episódios que antecederam ao movimento de 1964 são exemplos lapidares da interferência dos Estados Unidos em assuntos de países de Terceiro Mundo, especialmente da América Latina. A interferência deixou de ser discreta, disfarçada, para assumir aspectos de uma publicidade desabusada. Essa publicidade na verdade esteve autorizada pelo grau de identificação do embaixador com os vencedores de março de 1964.

Ninguém inventou nada a respeito do senhor Lincoln Gordon. As notícias que aparecem hoje nas bibliotecas norte-americanas de certa forma já estavam nos jornais brasileiros da época. A participação desse embaixador é um aspecto a mais na interferência das forças transnacionais e das forças norte-americanas na mudança das estruturas do poder no Brasil. Isso tudo está indicando que o grau de subserviência, de subordinação do Brasil ao Estados Unidos chegou a um extremo insuportável. De qualquer forma, eu não tinha consciência deste grau de subordinação do Jango ao Lincoln Gordon. Para mim é novidade que o Jango tivesse, assim, essa espécie de temor reverencial diante do Lincoln Gordon. Nunca surpreendi na atitude do presidente, nos longos contatos que ele teve comigo, nas apreciações que fez sobre os projetos que eu levei a ele, nenhum indício de temor da reação norte-americana. Ao contrário, no caso da minha atuação em Bogotá ele a prestigiou contra a nota do embaixador Gordon.

Uma adjetivação que cheira mal

Coimbra: – O BU volta a tratar dos ataques de Assis Chateaubriand a padres e bispos católicos, num artigo que, no número seguinte, o jornal identificaria como de autoria do padre-diretor da Faculdade de Filosofia de Caxias do Sul, no estado gaúcho. O artigo recebeu o título de "Catequese Para Um Apóstolo da Mentira", no BU n° 42, p. 13.

Dizia:

> Se alguém deseja perder a calma e a serenidade para viver minutos de revolta e nojo basta se aplicar à leitura dos artigos intitulados "Catequese dos gentios da Igreja" e "No focinho de porco" publicados pelo famigerado jornalista Assis Chateaubriand. Revolta, realmente enoja, e enche, chocantemente. O estilo é pesado e irreverente. Aliás, peculiar desse jornalista. Há uma adjetivação que cheira mal. Usa termos e ideias que não estimulam o apetite, nem de um subnutrido. Para cúmulo da desgraça, esse linguajar jornalístico se dirige contra as mais altas autoridades eclesiásticas do Brasil. Achincalha a honra e o idealismo do cardeal de São Paulo, do valoroso bispo de Santo André, Dom

> Jorge Marcos de Oliveira, que é tachado de "desfrutável e hipercínico", de inúmeros bispos do Nordeste, que são acusados de estarem filiados ao Partido Comunista, de muitos padres católicos que recebem a pecha de "padrecada infecta". Diante disto, nós nos perguntamos: – Que autoridade possui o sr. Assis Chateaubriand para criticar desta maneira os bispos do Brasil? – Quais as credenciais que apresenta? – Talvez a longa lista de bacanais por ele promovidas e mundialmente notórias? – Talvez as famosas chantagens políticas que praticou para galgar postos de destaque e dominação no panorama político? Talvez a ladainha de desgraças e difamações e imoralidades provocadas pela extensa rede de jornais e revistas que maneja a seu bel prazer. Ou talvez a vida nababesca que levou, e ainda leva, empoltronado em luxuosas "Casas Amarelas, Marrons etc", num verdadeiro desafio a mais da metade dos brasileiros que se refugia em favelas, malocas e cortiços?

A seguir, o autor do artigo faz uma comparação entre a reação provocada por Brasil, Urgente, em parte de alguns setores da Igreja, e, a que se segue aos ataques de Chateaubriand:

> Quando no Brasil se lança um jornal, com sentido popular, arrojado e descompromissado com cúpulas econômicas como Brasil, Urgente, a celeuma e o escândalo de muitos cristãos piedosos e devotos são ensurdecedores. Tudo o que este jornal afirma é analisado com escrúpulos de um psicopata. Procura-se nele o que se escreve e deduzir o que não se escreve. E a tempestade de protestos, reservas e condenações se levanta por toda a parte e nas mais diversas camadas católicas. Logo se apresentam os proprietários da ortodoxia católica, como únicos depositários da verdade e da justiça social. Não queremos subscrever todas as afirmações emitidas no referido semanário. Mas, agora, que outro jornal vomita, pela boca de seu proprietário, as maiores infâmias contra as maiores dignidades da Igreja, o silêncio é completo. Silêncio comprometedor. Silêncio que fala e diz tudo. Silêncio que existe porque os compromissos que existem com certas estruturas e determinadas ideologias emudecem vozes tão tonitruantes quando se trata dos interesses confessos ou escondidos.

Em entrevista anterior, o senhor pôde analisar demoradamente a atitude de Assis Chateaubriand face à facção do clero e dos leigos que ele acusava de comunista. Gostaríamos apenas de acrescentar ao que foi indagado a questão contida neste artigo do BU: como foi possível ao dono das Emissoras Associadas enxovalhar altas figuras clericais, sem provocar qualquer condenação oficial da Igreja, nem uma reação popular, num país majoritariamente católico?

Paulo de Tarso: – Se o IBAD, o IPES, a Ação Democrática Popular tinham recursos para catequizar os órgãos de comunicação de massa, está claro que os Diários Associados não iriam perder essa oportunidade. Chateaubriand procurou servir ao esquema que o subsidiava da maneira mais radical possível. Possivelmente os seus estipêndios estivessem diretamente relacionados com o grau de virulência de seus ataques. Com certeza, ele pensava que, quanto mais virulentos fossem os seus ataques, melhor repercussão esses ataques obteriam junto aos conspiradores. Quanto à omissão da Igreja, em relação aos ataques terríveis que ele dirigia a bispos e a padres, ela se explica pelo seguinte: a Igreja, em sua maioria, naquela época – é preciso dizer isso com toda clareza, com toda a coragem – estava favorável à conspiração. E isso foi provado na Marcha da Família Com Deus Pela Liberdade. A Igreja entendeu que estava em curso um movimento comunista. E que ela devia assumir a Guerra Santa contra o comunismo. Foram os meios de comunicação de massa que levaram a Igreja a essa posição alienada.

A luta pelas reformas era sustentada, no país, através das classes política e estudantil, de uma parte do operariado urbano, de uma pequena parte de camponeses, de algumas lideranças juvenis, e pelo prestígio relativo do presidente da República – que tinha, a propósito disso, como já vimos, uma posição dúbia. Diante desse quadro, a Igreja não hesitou em entender que os comunistas estavam comandando todos os cordéis das transformações estruturais no Brasil. E que o seu dever de defesa da fé cristã, era o dever de combater o comunismo, disfarçado ou não. Todos nós que não éramos comunistas, que éramos cristãos, mas estávamos apoiando as Reformas de Base, não podíamos ser admitidos como cristãos. Muito mais simples era nos jogar na vala comum do comunismo. A Igreja não reagiu porque a imensa maioria da hierarquia da Igreja, no fundo, admitia esses ataques do Chateaubriand ao que ela devia considerar os seus irmãos transviados, aqueles que haviam sido catequizados pelos comunistas.

Felizmente, o tempo se encarregou de mostrar a verdade. E a inverdade em tudo isso. Os abusos que se cometeram, em nome de um anticomunismo simplista. E a necessidade das Reformas de Base, que agora despontam novamente, como uma reivindicação do país todo. Ao se pleitear uma Constituinte, o que se quer é, através de uma nova Constituição, redefinir o pacto social vigente. O assunto continua em pauta. Passaram-se vinte anos. Alguns de nós foram crucificados literalmente, outros sofreram prisão, exílio. Mas este sofrimento significou, em certo sentido, uma semente que agora está dando alguns frutos.

Companheiro carpinteiro São José

Coimbra: – Num dos poucos artigos que assinou, Ruy do Espírito Santo publicou "O Cristão e o Comunista ou Jesus e a Samaritana", no BU nº 42, à página 15. Neste artigo, o diretor administrativo do BU escreveu:

> Todavia, para dar a dimensão exata da época em que vivemos e da atualidade do Evangelho, diria que o diálogo de Jesus com a samaritana, transportando para os nossos dias, é o diálogo dos cristãos com os comunistas. Não que os comunistas sejam os únicos afastados da verdade cristã. Mas, também eles, se apresentam com o espírito da procura do bem comum, e de certa forma, se enquadram na perspectiva dos que tem sede e fome de justiça. São homens de boa vontade. A nossa missão no século XX é testemunhar aos homens sem fé, a dimensão infinitamente maior da revolução cristã, face a simples revolução proposta por outros companheiros de jornada.

O senhor mesmo, no seu livro *Os cristãos e a revolução social*, já citado, à página 117, também escreveu:

> A encíclica Pacem in Terris, escrita para um mundo pluralista, rompe com a ideia de que os cristãos têm sempre a posse privada da verdade e de que uma transformação social somente pode ser feita por eles. Por isso não falamos de revolução social cristã, mas de revolução de inspiração cristã, da qual participariam cristãos e não-cristãos. A lição desta abertura para com os outros nos dá o grande pontífice João XXIII. As linhas doutrinais aqui traçadas brotam da própria natureza das coisas e, as mais das vezes, pertencem à esfera do direito natural. A aplicação delas oferece, por conseguinte, aos católicos, vasto campo de colaboração, tanto com cristãos separados da Sé Apostólica, como com pessoas sem nenhuma fé cristã, nas quais, no entanto, está presente a luz da razão e operante a honradez natural.

No entanto, a julgar pelos incidentes com membros da hierarquia católica no Nordeste, narrados pelo líder comunista Gregório Bezerra, em sua obra de memórias, esta compreensão da forma de convívio com não cristãos exprimida no artigo de Ruy do Espírito Santo e no seu livro, ainda era pouco aceita na Igreja Católica da época.

Gregório, com certo humor, no segundo volume de sua obra citada, às páginas 159 e 160, conta um destes incidentes, ocorridos depois de eleição de Miguel Arraes para a prefeitura de Recife:

> Voltei a Pesqueira, onde estavam surgindo problemas com o bispo. Iniciara-se um período de seca e o campesinato pobre do agreste e do sertão entrou a passar fome. O bispo conseguira uma grande quantidade de charque e gêneros alimentícios (feijão, farinha, milho, leite em pó) e ia distribuir os donativos à massa flagelada; mas só queria salvar o corpo das que já tinham a alma garantida, isto é, só queria dar alimentos aos que confessavam e comungavam. Isto provocou enérgicos protestos. Sua Eminência recuou, mas tratava-se de um recuo tático, limitado: passou a fazer discriminação na quantidade, de maneira que os católicos recebiam mais e os não-católicos recebiam menos. Surgiram atritos entre os flagelados e as pessoas que distribuíam a

comida. O Comitê Municipal do partido prestou toda a solidariedade à massa flagelada, mas orientou-a no sentido de evitar atritos graves. O bispo de Pesqueira passou a atacar, ainda mais furiosamente, a liga camponesa e o "agente do imperialismo russo Gregório Bezerra". Precisamos contra-atacar e desmascaramos o ilustre prelado como instrumento consciente dos latifundiários. O conflito refletiu-se na luta da Liga Camponesa de Pesqueira para alugar uma casa que lhe servisse de sede: soubemos de uma casa que ia vagar, perto da vetusta e abandonada igreja de São José, e nos mobilizamos para alugá-la. Mas havia oposição da parte de nossos adversários. O presidente da Liga, que se chamava José (José Alexandre), fez uma promessa a São José, seu homônimo e santo de sua devoção: se o santo obrasse o milagre da casa ser alugada pela liga, ele promoveria o conserto das paredes da igreja, pintá-la-ia, repararia as calçadas à frente do templo. Os carolas também fizeram promessas, com o objetivo de impedir que a casa fosse cedida em aluguel à liga. Criou-se na população um ambiente de expectativa: de que lado ficaria São José? São José não nos deixou na mão. Como carpinteiro que era, foi fiel às suas origens de classe e tomou posição em favor dos trabalhadores. A casa foi alugada à liga camponesa. São José deu sua contribuição à nossa luta para forjar a aliança operária-camponesa. José Alexandre pagou, corretamente, sua promessa: organizou um pequeno mutirão, rebocou e caiou as paredes da igreja, consertou a calçada. E, no dia da inauguração da nossa sede, fizemos celebrar missa na igreja – renovada – de São José. O bispo não compareceu à cerimônia de inauguração da sede da liga, apesar de convidado. Mandou seu secretário, um padre jovem, que fez um discurso violentamente anticomunista (não foi aplaudido em nenhum momento).

O que representava, dentro da Igreja Católica, naquele instante de exacerbada propaganda anticomunista, esta disposição para o diálogo com comunistas? Este diálogo chegou a ocorrer de forma efetiva? O estágio ainda embrionário da formulação da doutrina social cristã, aplicada no Brasil, e, também, uma certa pobreza da elaboração do pensamento marxista brasileiro não terão impossibilitado este diálogo no plano doutrinário, na época?

Paulo de Tarso: – É impressionante. O Ruy do Espírito Santo abordou com um certo sentido profético um diálogo que iria se desenvolver, depois, e que foi objeto de publicação, especialmente na França. Há vários livros sobre o assunto na França. Roger Garaudy, os chamados marxistas dissidentes ou neomarxistas, buscaram um humanismo comum, entre o marxismo e o cristianismo. Mas, na época, isso era profundamente avançado, para não dizer temerário. Eu próprio, relendo, agora, o meu texto, no livro que escrevi, sinto-o como – perdão pela imodéstia – profundamente claro, verdadeiro. Espanta-me agradavelmente que eu o tenha escrito, em 1963, porque eu assinaria isso, novamente, com a maior alegria. Isso significa que, depois de tantos anos, o pensamento que está exposto naquele livro não ficou assim tão velho, como eu temia.

Agora, está claro que a sociedade brasileira não estava preparada para entender essas ideias, para admitir que os cristãos em geral, mas, os católicos especialmente, pudessem conversar com os ateus. Ainda havia a ideia da Igreja triunfalista, da cristandade, do povo de Deus. A mensagem do Cristo destinava-se especialmente à cristandade, ou seja, àqueles que compunham a Igreja de Deus. Hoje, afirma-se que a mensagem de Cristo é dirigida a todos os homens de boa vontade, tenham eles as ideias que tiverem. Ampliou-se infinitamente, quase, o âmbito de incidência da mensagem cristã.

Na época, a ideia dominante de cristandade fazia com que houvesse uma espécie de maniqueísmo, na análise das posições que os vários grupos assumiam. A cristandade de um lado, dona da verdade revelada pelo Cristo, eleita pelo Cristo para ser a portadora dessa verdade. E, do outro lado, os transviados, aqueles que recusaram a graça de Deus e estavam contrários à verdade. Ora esse maniqueísmo não resiste à menor análise. Hoje é profundamente consolador para quem tem uma tradição católica, como eu tenho, verificar que o Papa, agora, na Espanha, criticou a Inquisição. Foi a primeira vez na História da Igreja, que eu saiba, que um Papa teve a coragem de dizer que a Igreja estava errada quando da Inquisição. Então, estamos vivendo, felizmente, dias diferentes daqueles. Mas, naquela época, realmente a posição do Brasil, Urgente era uma posição profética.

Eu não acho que tenha sido só a pobreza do pensamento marxista que dificultou o diálogo de cristãos com marxistas no Brasil, naquela época. Foi também a pobreza das elaborações políticas, a partir da Doutrina Social Cristã. Aí, também, havia muita pobreza de pensamento. Eu acho que havia um profundo subdesenvolvimento político nas duas áreas, e, portanto, não havia condições para o diálogo.

O fato que o Gregório Bezerra descreve aqui, com um certo humor cáustico, mostra aquilo que eu procurei salientar. A hierarquia dava preferência aos que compunham a cristandade, quer dizer, aos que eram católicos. Fui rejeitado pela Liga Eleitoral Católica, que aceitou muitos outros deputados, como contei. A liga tinha como slogan: – O voto dos fiéis católicos pertence aos católicos fiéis. Portanto, a falta de diálogo vinha de causas muito profundas, e com raízes históricas também bastante fortes. Hoje está havendo uma busca da verdade, acima das divergências nominalistas, respeitando aquilo que é irredutível, porque está claro que entre dois corpos doutrinários podem haver diferenças irredutíveis. Mas, muitas diferenças são diferenças puramente nominais e estas devem ser superadas em benefício de uma integração que permita ao pensamento humano dar alguns passos adiante.

Jango, o solitário de Brasília

Coimbra: – Em dois editoriais seguidos, nos BUs n°s 44 e 45, o jornal analisa a situação do presidente Goulart, naquele mês. No primeiro, "O Solitário de Brasília" (BU nº 44, p.2), diz:

> O presidente João Goulart tem uma curiosa capacidade de desagradar a todos. Ou, de não agradar permanentemente ou demoradamente a ninguém. O seu governo não será em todos os campos da administração pública mau. Há setores bem cuidados pelo presidente, setores que receberam ou estão recebendo de seu governo atenções especiais

> e efetivas. Nem a sua política é essencialmente má, como querem fazer crer os seus adversários mais furiosos e irracionais. Entretanto, ou mesmo assim, o presidente vai conseguindo, com uma maestria excepcional, agradar cada vez menos. A sua política oportunista, a sua habilidade de raposa, a matreirice de suas manobras e especulações, vão pouco e pouco, incompatibilizando o chefe do governo com um número cada vez maior de brasileiros. Não agrada ao poder econômico, o presidente que não se cansa de ameaçá-lo, que faz política na base das agressões, que procura estreitar contatos com o povo, acusando de mil e um pecados mortais as classes conservadoras. Não pode agradar ao povo, por outro lado, o presidente que apenas promete, que assume compromissos, que não respeita, que faz juramentos para desrespeitá-los, que coloca acima de quaisquer outros interesses – inclusive os supremos interesses da pátria – os seus interesses próprios, ou, os interesses que possam garantir a sua sobrevivência na vida pública, ou, a sua permanência na presidência da República. Aos poucos, todas as forças deste país, forças populares e forças da reação, se reúnem em torno de um mesmo sentimento. O sentimento de total desapreço pelo presidente da República e de absoluta desconfiança pela sua palavra. É impossível confiar em quem, como o sr. João Goulart, muda tanto de opinião, altera tanto as suas decisões, desrespeita tão seguidamente os seus mais solenes compromissos. Logo mais, o presidente retornará às promessas e ameaças, criando novas incompatibilidades, novas desconfianças, novas áreas de atrito. Quando chegar o término de seu governo, será apenas o pobre solitário de Brasília, sem amigos, sem adeptos, sem receber o apreço, nem a confiança do povo, porque, desgraçadamente, não soube merecê-lo.

No editorial seguinte, "A Serra do Presidente" (BU nº 45, p. 2), o jornal prosseguiu:

> O maior inimigo das forças populares no Brasil – das esquerdas, se preferirem – continua sendo o sr. João Goulart. Malgrado o presidente não venha fazendo um governo essencialmente mau, nem uma política intrinsecamente contrária aos interesses do povo, e, por consequência, à orientação dos grupos políticos populares. Entretanto, a política dúbia que é o forte do presidente João Goulart, a sua

> impressionante incapacidade de adotar decisões firmes, a sua vocação capitulacionista, o seu temperamento acomodatício tem trazido tantos prejuízos às forças populares quanto ao próprio país. Agora, pela nonagésima vez, o presidente recorre aos grupos progressistas e chama ao seu palácio de verão, na serra de Petrópolis, o governador Miguel Arraes e o deputado Leonel Brizola. Melhor seria que as forças progressistas não atendessem ao chamado presidencial. Não continuassem a constituir público fácil para as exibições, já sem graça, por monótonas e cansativas, do jovem presidente da República. Não é preciso ser profeta para afirmar que o presidente não mudará coisa alguma. Não aprofundará nada. Todos os seus gestos políticos não vão além da manobra politiqueira.

Um precioso registro do estado de espírito do presidente, naquela fase – após a rejeição do Congresso à sua tentativa de instauração de Estado de Sítio no país –, foi feito por Abelardo Jurema, ex-ministro da Justiça do governo de Jango, no seu livro citado, às páginas, 133 e 134. Neste registro, ficaram reações de Goulart que não eram tornadas públicas:

> Em muitas oportunidades, o presidente me contava histórias de sua vida, até de madrugada e sempre com muita cordialidade. Tratava-me, fraternalmente, chegando até a dizer que já não tinha irmãos e como tal me considerava. Na intimidade, sem o formalismo presidencial, o presidente me revelava até tédio pelo cargo que exercia. Afirmava que andava cansado, esgotado mesmo. Chegou a me dizer: – Não sei, seu Jurema, como o Juscelino ainda quer voltar para isto aqui. Ante a incompreensão das esquerdas e do centro, pela falta de apoio à sua mensagem de "Sítio", mostrava-se amargurado, queixando-se das injustiças, das incompreensões e até do que chamava de burrice de companheiros e amigos. O presidente, nesses momentos, se me revelava todo inteiro, humano, sensível, mas, igualmente surpreendido com todos os atropelos que marcavam a vida de um chefe de Estado. Em muitas ocasiões, sentia-se que havia perdido o encantamento pelo Poder. Falava em licenciar-se para fazer uma viagem para a Europa e pela Ásia. Mostrava-se desejoso de ausentar-se de tudo aquilo que começava a arranhar a sua alma. Chego a pensar que a sua mocidade – 45 anos – não estava em condições de suportar o peso de tantas responsa-

bilidades. Herdeiro de Getúlio Vargas, tendo vivido intensamente da província à metrópole, procurava arcar com o fardo, mas, se chocava com grandes decepções e até mesmo com problemas superiores às suas resistências espirituais. Homem sem problemas na sua vida de grande proprietário, tinha-os, agora, no mais alto posto da República. Jamais imaginei que um presidente da República tivesse vida tão atribulada! Inúmeras vezes saí, em ponta de pés, do quarto do presidente, deixando-o estirado na cama, de roupa, gravata e sapato, exausto, adormecido profundamente. Não raras eram as vezes que adormecia no avião presidencial, entre Brasília-Rio, ou Rio-Brasília, em meio a conversas com os seus auxiliares. Quantas vezes não o vi cochilando, de ar cansado, no meio de audiências, daquelas que iam madrugada a dentro.

Era facilmente perceptível o desgaste político de Jango, semanas antes de sua derrubada? O senhor acha verossímil este quadro de desânimo do presidente, visto pelo seu ministro da Justiça?

Paulo de Tarso: – A partir da ruptura da Frente de Mobilização Popular com o governo Goulart, passou a haver uma bipolarização. De um lado, os que queriam as Reformas de Base, e estavam um pouco isolados, na Frente de Mobilização Popular, sem ter muita consciência disso, porque Brasília, isolada do resto do país, facilitou essa inconsciência. E, do outro lado, os outros que estavam perfeitamente sabendo o que queriam, muito bem assessorados por técnicos estrangeiros, agrupados no IBAD, no IPES e na Ação Democrática Popular. É possível que o governo Goulart tenha procurado situar-se entre os dois grupos. Isso era uma posição absolutamente insustentável porque, pretendendo agradar a estes dois grupos, qualquer governo acabaria ficando sob os fogos deles dois. Foi o que o Brasil, Urgente procurou salientar, a meu ver, não sem alguma razão. Goulart passou a ser criticado pela Frente de Mobilização Popular, por falta de firmeza nas realizações das reformas. E continuou sendo criticado pelo IBAD e pelo IPES porque fazia um governo com os comunistas. As contradições internas do governo Goulart, de fato, existiam. Apenas eu acrescentaria em defesa da pessoa de Goulart que, ele próprio, procurava fazer esforços sinceros no sentido de integrar essas contradições. Mas não conseguiu resultado positivo. Ele se perdeu na busca da integração. O ceticismo do jornal, contra qualquer resultado prático dos esforços do presidente da República para realizar as Reformas de Base, não deixa de ter, também, a sua razão. Na realidade, não houve resultados positivos maiores, a não ser, por exemplo, alguma coisa na faixa da sindicalização rural. Goulart deu um certo prestígio às Ligas Camponesas, é certo. Mas isso era uma gota d'água diante das necessidades que o país tinha, naquele momento. Realmente, as Reformas de Base não chegaram a ganhar substância no Brasil, em parte pelas indecisões do presidente. Mas, em parte, também, pelo tumulto que começou a haver quando estas reformas estavam sendo estruturadas. Existia uma intuição de que devia haver reforma, mas as reformas não eram objeto de projetos específicos, a não ser numa exceção ou noutra. Por exemplo, em matéria de Reforma Agrária, com a colaboração do Plínio de Arruda Sampaio chegou-se a definir um projeto que mereceu um parecer favorável de Goulart. Mas, em muitos outros setores as coisas ficavam em experiências isoladas. A Universidade do Trabalho, por exemplo, que eu tentei com o Paulo Freire, aqui em São Paulo; a campanha De Pé No Chão Também Se Aprende A Ler, lá no Rio Grande do Norte; campanha de Cultura Popular, que eu fiz, com o Paulo Freire, em Brasília. Eram flashes das reformas, experiências-piloto, que não ganharam uma concatenação maior, talvez, também, porque elas tenham sido abortadas pelo movimento de 1964. Portanto, não só por culpa do presidente. Por ser Goulart um misto de senhor de terras e de herdeiro político de Getúlio Vargas, coexistiam contradições nele, que impediam houvesse maior coerência em suas ações políticas. Entendo o desânimo do presidente, diante das reações das chamadas forças populares que negaram apoio a sua mensagem de Estado do Sítio. Acredito na boa intenção dele, quando pensou, naquela mensagem. Mas acho que as forças populares estavam corretas na posição que assumiram. Imagine-se se tudo o que houve em 1964 tivesse ocorrido como reação a um golpe de Estado do Goulart. O desgaste das chamadas forças populares seria muito maior. Pareceria que as forças populares tentaram um golpe comunista no Brasil. E que este golpe comunista foi frustrado porque em reação a ele se deu um outro golpe. O fato de as forças populares terem negado apoio a uma solução de força fez com que, os que apoiavam o esquema IBAD/IPES, assumissem, sozinhos, a responsabilidade histórica terrível de romper com a legalidade no Brasil e de lançar o país no caminho do desconhecido, que começa com um golpe de Estado. Estes 18 anos de autoritarismo são de responsabilidade exclusiva de uma facção, daquela que assumiu a responsabilidade da conspiração em 1964. As forças populares ficaram preservadas nisso porque ao negar o seu apoio ao Estado de Sítio deram uma demonstração de espírito democrático. Na verdade, elas queriam uma solução democrática para os problemas estruturais brasileiros. Havia muito idealismo nisso, muita falta de praticidade ou de realismo. Mas havia, também, uma boa consciência democrática. Eu acho que este é um fato positivo a ser analisado a seu tempo pelos historiadores brasileiros. A esquerda brasileira, da época, não era autoritária, em sua substância ela era democrática. É certo, também, que não se pode afirmar, com toda certeza, que, no bojo do Estado de Sítio, viria algum golpe de Estado do Jango. Eu, pelo menos, não tinha evidências disso. Mas, pode-se especular sobre isso. Havia alguns indícios, tanto que os dois governadores mais visados, nos extremos, o governador Arraes, na esquerda, e o Lacerda, na direita, se opuseram, violentamente, ao Estado de Sítio. Temia-se que, sob pressão militar, o presidente Goulart reprimisse a esquerda e a direita para colocar-se numa posição de centro, ideologicamente anódina, em que ele pudesse sobreviver, sem resolver os problemas fundamentais. Pessoalmente, não tenho evidências de que ele estivesse tramando um golpe assim, mas é lícito supor que, no bojo do Estado de Sítio, pudesse vir alguma coisa desse tipo.

O erro da esquerda

Coimbra: – Não falta neste mês de janeiro de 1964, a insistente denúncia da preparação do golpe nas páginas do BU. Ela reaparece, na sua edição número 46, à página 6:

> O que há de positivo é a velha conspiração dos golpistas de direita. O bacharel Bilac Pinto, após um repasto com o governador de São Paulo, convocando a reação para armar-se e enfrentar o povo. Gozado, não? Toda a gorilada armada até os dentes para enfrentar trabalhadores que exigem tão somente justiça. O fato dá motivo a dois pensamentos: em primeiro lugar, é incrível que o governo federal, através de seu dispositivo de segurança, não enquadre os baderneiros, que estão pensando que isto é Dallas, que somos ianques, ao se transformarem em Ruby ou Lee Oswald; em segundo lugar, a conspiração – não fosse dos conservadores – envolve uma negociata que o Última Hora já denunciou. Os virtuosos defensores da ordem cristã, Adhemar de Barros e Carlos Lacerda, organizaram a sua caixinha e, na base da chantagem anticomunista, estão levantando dinheiro dos bobos. Porque, como diz a modinha, há bobos para tudo. E vão fazendo um pé de meia para a campanha que está próxima e que deverá, mercê de Deus, sepultar em definitivo os dois histriões.

Duas páginas adiante, na página 8, BU amplia a denúncia na matéria "Anticomunismo e Chantagem da Direita contra o Brasil":

> Enquanto denuncia uma suposta conspiração esquerdista, a partir do Rio Grande do Sul e com – entre outras, é claro – a finalidade de assassinar o governador pessedista daquele Estado, sr. Ildo Meneghetti, toda a reação se mobiliza, neste instante, numa nova aventura eminentemente subversiva. O governador de São Paulo transforma o seu estado num arsenal e faz, quase que diariamente, as suas grotescas provocações, ao mesmo tempo em que organiza a sua célebre caixinha, agora sobre o pretexto de "armar os conservadores contra a revolução comunista". O governador da Guanabara, após fracassar em várias tentativas de sensibilizar a opinião pública com gestos teatrais

> de mártir, cria uma entidade para a repressão policial violenta aos movimentos estudantis e operários. Ambos estão intimamente ligados, e, segundo se informa, com acordo para a compra (contrabando) de armas. Sacramentando a união da caixinha de Adhemar e a UDN--eterna-vigilância, o deputado Bilac Pinto, após um banquete com o sr. Adhemar de Barros, lança uma curiosa palavra de ordem: a reação deve armar-se para enfrentar os operários que estão armados.

O que chama a atenção, nesta última matéria do BU, é a presença da confiança em uma reação ao golpe planejado pela direita que, às vezes, acompanhava, no jornal, as denúncias do golpe.

Diz-se, por exemplo, nesta matéria:

> Ninguém ignora, no entanto, que a oposição não tem qualquer condição de desfechar um golpe vitorioso. Qualquer tentativa seria fulminantemente derrotada pelas forças legalistas. Politicamente falando, o dispositivo golpista da direita não tem expressão nenhuma. Existe mais em função de publicidade nos jornais da reação: O Globo, O Estado de S. Paulo, órgãos associados ou pasquins como o paulista, do deputado-banqueiro-negociante do café Herbert Levy.

Embora, eventualmente, estas demonstrações de ceticismo quanto ao êxito de um golpe de direita possam ser atribuídas ao autor das matérias em que elas apareciam, já que o jornal abrigava pontos de vista diferentes na análise da situação nacional, cabe lembrar que Thomas Skidmore, no seu livro citado, tem um capítulo cujo título é exatamente "A Esquerda Dividida e Superconfiante". Diz ele, neste capítulo, à página 343:

> Os românticos jacobinos de esquerda eram divididos entre suas visões de uma vasta mobilização popular em apoio de uma política nacionalista radical, e sua esperança de que tal política viesse a brotar miraculosamente de cima para baixo. Isto é, que Jango transformasse o regime "reformista, burguês", em um instrumento de reforma radical. Empenhados em esforços no sentido de ampla mobilização das "forças populares", estavam, ao mesmo tempo, tentados a acreditar que Jango viesse a poupar-lhes o trabalho de mobilização, impondo suas diretrizes de cima para baixo.

Do seu ponto de vista, um jornal lúcido como foi o BU, por vezes adotava esta posição de quem desdenhava da ameaça golpista por pagar o seu quinhão aos equívocos cometidos pela esquerda na avaliação da realidade política do momento, ou, por tentar desestimular os articuladores do golpe, acenando com a possibilidade de encontrarem obstáculos que, de fato, não existiam? Em outras palavras, a divulgação de possíveis reações a um golpe resultava de erros na avaliação da conjuntura política da época, ou, era uma atitude tática na guerra psicológica que se travava?

Paulo de Tarso: – O convite que Bilac Pinto dirigiu à nação para que se armasse foi a repetição daquele, feito pelo padre Pedro Maciel Vidigal, que, como sacerdote e político, propôs que se substituísse o Amai-vos Uns Aos Outros, naquele momento, por Armai-vos Uns Aos Outros. Isto mostra que, numa hora em que os interesses econômicos estão em choque, até a superestrutura ideológica cede. Todo o pensamento cristão veio abaixo. E o que prevaleceu foi o desejo de manter as estruturas, tais como elas estavam. Lamentável é que isso tenha partido de um representante da hierarquia católica que, por sinal, depois abandonou o sacerdócio. A referência ao Bilac Pinto, mostra que a atitude do padre Vidigal não era uma atitude isolada. Eles estavam convidando o povo a se armar porque acreditavam num enfrentamento armado. Foi uma surpresa para muitos deles que esse enfrentamento não se tenha dado. Nós estávamos, como se diz, de alegres nisso tudo. Não acreditávamos jamais em enfrentamento armado algum. Nós acreditávamos sabe em quê? No efeito milagroso da palavra. A gente pensava que a palavra da gente, onipotente, tinha o poder de mudar as coisas. Se eu fizesse um discurso inspirado em Goiás para mil estudantes, isso iria mudar o rumo da conspiração do IBAD e do IPES. Nós pedíamos ao nosso próprio discurso um efeito que não estava contido na natureza dele. O que havia não era um problema de verbalização. Era um problema muito mais profundo: o choque de interesses, o conflito social. Isto nós, com a formação incipiente que tínhamos, na época, não éramos capazes de alcançar.

Um aspecto terrivelmente contraditório do movimento de 1964 que, na verdade, começou a debilitá-lo, no seu nascedouro, era pretender vender à nação a ideia de um movimento anticorrupção, tendo, como um de seus porta-bandeiras, o Adhemar de Barros. O tempo se encarregou de mostrar que isto era uma contradição grande demais para prevalecer. Depois de algum tempo o próprio Adhemar de Barros foi cassado. Como se poderia combater a corrupção num país, com o Adhemar de Barros como porta-bandeira? É mais ou menos como convidar o Paulo Maluf para um Secretariado da Anticorrupção e da Antimordomia em São Paulo.

A afirmação implícita de Bilac Pinto de que os operários estavam armados era uma inverdade histórica e, eu acredito, intencional. Não é possível que o deputado Bilac Pinto não soubesse da absoluta deficiência de recursos dos operários, e até, de uma certa ingenuidade com que os operários pregavam aquelas reformas usando, talvez, um tom subversivo, sim, mas puramente verbal. Já a convicção de que o dispositivo golpista da direita não teria expressão nenhuma, era exatamente a que eu ouvi do presidente João Goulart, dez dias antes do golpe de 1964, como contei. Ele não estava isolado em seu otimismo ingênuo. Também o Brasil, Urgente participou deste otimismo ingênuo. Um jornal tão realista como este, que denunciou de maneira, tão correta, tantos aspectos da conspiração, de repente cai na linha de quem achava não ter o golpe da direita a menor possibilidade de êxito no Brasil. A minha própria ingenuidade, aqui confessada reiteradas vezes, também, não estava solitária. Tinha companhia, e, entre estas companhias, estava o meu querido Brasil, Urgente, dizendo que a direita não tinha dentes. Os que depois foram mordidos sabem que estes dentes existiam.

Só discordo do Skidmore quando diz que os elementos das esquerdas da Frente de Mobilização Popular estavam empenhados em esforços no sentido de ampla mobilização das forças populares. Não. Havia uma ou outra iniciativa nesse sentido. O grau de consciência de que as forças populares deviam ser mobilizadas era infinitamente menor do que o que a realidade exigia. Na verdade, o que se esperava mesmo era milagre de cima para baixo. Aquela experiência, hoje, serve para que a gente só acredite naquilo que venha de baixo para cima. Quer dizer, que venha de um diálogo, em que a base seja respeitada, em que o saber popular, inclusive político, seja admitido como fonte de cultura. Não há mais esta história de você achar que um presidente inspirado, através da intuição de um instante, vai transformar um regime em outro. Isso foi um pouco o que eu vi em 1964.

Termino esta resposta insistindo em que a crença em possíveis reações a um golpe da direita resultou claramente de um erro de avaliação da conjuntura política da época. Não foi nenhuma atitude tática na guerra psicológica que se travava. Nós estávamos todos convencidos de que era inviável um golpe de direita porque nós acreditávamos que as nossas posições eram as posições populares, e que o povo sabia disso. Ocorre que o povo não sabia porque os meios de comunicação não chegavam até o povo, ou chegavam até o povo com a pregação da direita.

Cristãos e revolução

Coimbra: – O BU deu ampla divulgação ao lançamento do seu livro *Os cristãos e a revolução social*. No BU n° 42, à página 8, havia a notícia do surgimento do livro, no título da página, "Paulo de Tarso Dá Lição (Em Livro) de Revolução Cristã". E, em quase meia página dela:

> Num dos salões do Mosteiro de São Bento, após a missa de Natal dos universitários, o ex-ministro Paulo de Tarso, numa tarde de autógrafos diferente, lançou o seu livro *Os cristãos e a revolução social*. Explicou que aquele local marcara a sua reaproximação com a Igreja e que nele desejava entregar aos universitários católicos o fruto de um longo estudo e de uma sincera ação cristã.

No BU n° 45, a seção Praça Literária, à página 16, registrava:

> Sugestão – O deputado Paulo de Tarso tem livro na praça. Trabalho de grande mérito e muito fôlego, que sugerimos à leitura de nossos amigos. Chama-se *Os cristãos e a revolução social*. O livro está assim dividido: Carta ao autor do Cardeal Motta; prefácio do Monsenhor Enzo Guzzo; introdução do autor; capítulos sobre Capitalismo; Neocapitalismo; Comunismo; Socialismo; Doutrina Social Cristã; Os Cristãos e a Revolução Social; Bibliografia. E, o discurso pronunciado na III Reunião Interamericana de Ministros da Educação em Bogotá. Livro seríssimo de primeira importância. Lançamento da Zahar Editores, do Rio de Janeiro.

Em duas das páginas seguintes (p.17 e 18), da mesma edição, o jornal transcrevia o capítulo "Os Cristãos e a Revolução Social".

Ressalta, na leitura deste capítulo, a importância dada à greve, como instrumento de luta para a realização da transformação social de inspiração cristã. Um trecho do capítulo:

> Como um dos instrumentos de que o povo dispõe, na pregação dessa revolução social, aparece com destaque a greve. O problema que se põe é o de saber se a greve pode surgir como instrumento válido de luta popular contra as estruturas vigentes, enquanto anticristãs. A resposta não pode deixar de ser positiva, se considerarmos que esta superação implica a defesa de interesses comuns de quantos vivem de seu trabalho. Impõe-se, como ponto fundamental de nossa revolução social pacífica, a regulamentação do direito de greve, com base no citado projeto da Câmara, revogando as disposições anacrônicas do decreto 9.070, proibindo a repressão policial aos movimentos grevistas pacíficos e permitindo, em determinados casos bem especificados, a greve pela justiça social. Mesmo porque se recordarmos que a justiça social geral é hierarquicamente mais importante do que a justiça distributiva e a justiça comutativa, chegaremos à conclusão de que a greve pela justiça social, regulamentada, é mais razoável que qualquer outra. E talvez seja o único meio de evitar uma eclosão violenta da insatisfação, quase desesperada, que caracteriza a atitude atual de nossas classes trabalhadoras.

Afirma, no prefácio do livro, edição citada, p. 17, monsenhor Enzo Campos Guzzo:

> É papel, é função da responsabilidade pessoal, da maturidade pessoal do leigo cristão, dentro dos princípios cristãos e dos ditames de sua consciência esclarecida, assumir os riscos previsíveis da sua opção tática. E é obrigação dos outros cristãos – unidos no mesmo Cristo, ainda que divergindo no campo concreto –, respeitarem a opção de seu irmão e conservarem-no, na comunhão da mesma caridade. Paulo de Tarso assume claramente sua opção política concreta, como cristão e dentro do Cristianismo. Disto, este livro-mensagem é testemunha.

Gostaríamos de saber em que circunstância este livro foi escrito? Foi elaborado depois de sua saída do Ministério da Educação? Por que à greve é atribuído o poder de quase, por si só, alterar as relações sociais dentro do sistema de produção, quando, normalmente, ela é entendida apenas como um momento da luta neste sentido?

Paulo de Tarso: – Eu não me lembrava mais que o meu livro havia sido lançado, após a missa de Natal dos universitários, no Mosteiro de São Bento. Isso me emociona porque dá uma ideia do nosso misticismo, do nosso espírito cristão, da boa consciência que nós tínhamos, do desejo que os católicos tinham de servir à Igreja, de estar em paz com a Igreja. Foi naquele mosteiro que começou o diálogo que levou depois à minha conversão. E esse diálogo foi com Franco Montoro. É curioso. O Franco Montoro era professor, no Colégio Universitário São Bento, de Psicologia e Lógica, e eu era aluno, preparando-me para o curso de Direito. Um dia, na escadaria do mosteiro, eu me lembro perfeitamente, no Largo de São Bento, ele fez um comentário qualquer. E eu fiz uma observação sobre o comentário que chamou a atenção dele. Ele entendeu que a observação revelava uma certa sensibilidade política. Então, ele disse assim: – Mas você é mineiro, você é um político nato. Nós estamos precisando de gente assim no Partido Democrata Cristão, o movimento que nós lançamos, agora, em substituição à Vanguarda Democrática.

Você não quer ir lá em casa, hoje à noite, para participar de uma reunião política? Aí, começou toda a "melodia". Toda a minha carreira política começou numa reunião, naquela mesma noite, após uma conversa na escadaria do mosteiro, na casa do Montoro, com toda a liderança do antigo PDC.

Eu estou lendo, de surpresa em surpresa, as matérias que as perguntas trazem, do jornal Brasil, Urgente. Estou tendo um drama de consciência. Não tinha ideia da cobertura que o jornal me deu naquela época. Sabia que era um jornal amigo, que as coisas que eu fazia repercutiam no jornal. Mas, só agora, noto a profunda identificação, a profunda preocupação de dar cobertura a tudo o que eu fazia e, sobretudo, a profunda confiança no meu trabalho. Quer dizer, havia, realmente, um grau de identificação do Brasil, Urgente com as minhas ideias e com as minhas ações políticas, que eu ignorava. Fui até injusto com o Brasil, Urgente. Eu devia ter dado a ele uma assistência moral maior. Eu devia ter participado de algumas reuniões da equipe. Devia ter estado com eles, no momento em que foi exilado o frei Josaphat. Eu me sinto em débito com o jornal ao tomar consciência de tudo o que o jornal fez para me defender sabendo, como sabia, que eu era uma figura, naquela hora, tão polêmica.

Em algum momento eu vou ter que reeditar este livro, atualizando-o e aplicando-o à realidade brasileira, comentando-o. Eu buscava, de fato, uma solução pacífica para a transformação social de inspiração cristã. Este era o meu objetivo fundamental. Eu cheguei a admitir a greve política, mediante condições rigorosas, como por exemplo, em apoio a um dos poderes da República. Vamos supor, o Executivo manda um projeto ao Legislativo. O Legislativo recusa o projeto. Poderia haver uma greve política de apoio ao Executivo contra o Legislativo. Era a admissão de uma greve política para dar, às forças ditas "dominadas", instrumentos de pressão, comparáveis aos imensos instrumentos que tinham as forças dominantes. Isso causou, na época, um escândalo imenso porque eu não apenas defendi a greve como a defendi como instrumento de uma transformação social pacífica. Lembro perfeitamente, essa ideia resultou do seguinte: falava-se muito, na época, em guerra fria, eu, então, por paralelismo, comecei a imaginar uma revolução fria. Veja quanta ingenuidade, quanto romantismo, quanta poesia havia nisso, quanta confiança no futuro. Eu diria até, em termos religiosos, quanta confiança na Providência! Só assim se explica o que se pedia: o milagre através da palavra. Eu queria uma revolução fria, na qual a greve funcionasse como o elemento de dissuasão. Esta análise que eu fiz da greve política, talvez, hoje, seja passível de uma revisão à luz da Teoria Social. De fato, dei à greve um poder que ela não tem, de alterar o regime de bens de produção, fruto muito mais das forças sociais em conflito, da correlação destas forças. Mas a que eu procurei foi para, constatando os conflitos de uma sociedade de classes, dar instrumento de luta pacífica a uma das classes. O poder da classe trabalhadora aumentaria muito se ela pudesse usar a greve como arma política, sobretudo, naquela hora. É preciso situar isso na hora em que a sugestão foi feita. Hoje, absolutamente, não formularia a questão nos mesmos termos. Procuraria fazer uma análise teórica mais profunda e procuraria situar a greve como um momento da luta. Naquela época, desesperadamente, pois não tínhamos tempo para organizar os trabalhadores, nós queríamos, através da votação de um projeto, dar aos trabalhadores instrumentos de luta pacífica. E o que imaginei na ocasião, bem ou mal, foi a greve política. Mas, mesmo pessoas católicas que me apoiavam, ao ler o livro, se chocaram com o problema da greve política. Houve uma dessas pessoas que disse, assim: – Olha, é uma pena que um livro como este, corajoso, ponderado, de repente, saia em defesa da greve. Isso levaria o país ao caos, levaria o país a uma confusão. Eu disse:– Não. O que está levando o país ao caos é a injustiça social. A greve que eu propunha não deveria ser feita a torto e a direito. Exigia-se maioria qualificada e deveria ser deflagrada em determinados casos, apenas. Só nos grandes momentos da vida nacional é que ela era admitida. Pode ter sido um sonho daquela época, mas foi um sonho digno de ser vivido.

A água suada e a água vencida

Coimbra: – Neste mês de janeiro de 1964, o BU dá um salto na história da sua evolução, deixando de lado a situação de simples semanário para adquirir a feição de um movimento social. Curiosamente, a mobilização em torno do jornal foi provocada pela extremamente difícil situação financeira por que ele passava. Numa matéria de duas páginas (p. 10 e 11) da edição n° 44, "Povo É Soldado Na Guerra Pela Sobrevivência de Brasil, Urgente", o jornal indagava:

> Você sabe, custa caro dizer a verdade no Brasil. Saberá que a nossa Redação é uma dependência alugada? Que compramos à vista nossa quota de papel, semanalmente, para cada edição? Que a composição da matéria de Brasil, Urgente é feita por empresas particulares? Que as linotipos que trabalham para nós, não nos pertencem? Que a rotativa que imprime BU é patrimônio de terceiro? Tudo é pago na boca do cofre. Uma em cima da outra. Poderíamos, ainda, falar nas bancas que fecharam as portas para o seu jornal porque recusamos favores e apoios que não possamos explicar. Observe que não temos anúncio. E que o anúncio é essencial para qualquer jornal.

Dorian Jorge Freire no artigo "Um Jornal a Salvar", publicado no BU n° 45, p. 6 assegurava:

> Não aposto na sobrevivência de Brasil, Urgente, dada a ausência de informações seguras sobre o exato grau de politização de nosso povo. Resistirá, na medida em que atinja, malgrado todas as deficiências, inclusive as próprias, um maior número de pessoas sensíveis à sua pregação.

Sobre a origem do BU, Dorian explicou, neste artigo, que o jornal:

> É fruto das contradições do capitalismo. Quando a ordem vigente arrolhou a imprensa e através do IBAD, IPES, embaixadas e agências de publicidade, controlou a sua opinião, surgiu a ideia de Brasil, Ur-

gente. Trabalhada de cidade em cidade, de casa em casa, por um grupo liderado por frei Carlos Josaphat.

Em relação às condições materiais do jornal, ele afirmou:

> E circula há 45 semanas, sem condições efetivas de existência. Aparecendo, muitas vezes, com a sua morte clínica já decretada. O gato teria 7 fôlegos. BU: 77. Na azáfama de fazê-lo, não se sabe se já atingiu o seu 77° fôlego, se está para alcançá-lo, ou, se já superou a sua hora H. Vai batendo recordes, desmoralizando planejamento e cálculo, zombando do bom senso. Para a sua vida todos contribuem. Jornalistas abrem mão de 50 a 70 por cento de seus salários, para que o jornal sobreviva. Funcionários fazem o mesmo. Todos se submetem esportivamente ao regime de vales.

Duas edições antes, Dorian, no BU n° 43, à página 6, havia escrito, sobre o BU:

> Sofre até agora um cerco como não há notícia em toda a história do Brasil.

A primeira reação ao grito de socorro do jornal apareceu numa nota publicada neste mesmo número (43), à página 4:

> Entendendo a situação econômica dificílima que atravessa Brasil, Urgente, democratas de Campinas, neste Estado, sob a liderança do padre Milton Santana criaram a Sociedade Amigos de Brasil, Urgente, com o objetivo de fazer finanças para o jornal independente, aumentando a sua circulação e o número de seus assinantes. Slogan do movimento: BU não pode parar.

A partir disto o movimento pela sobrevivência do jornal vai crescendo sempre. Uma outra nota publicada no BU seguinte, (n° 44), também à página 4, trazia:

Na posse da nova diretoria da Sociedade Amigos de Vila Palmares e Adjacências desta capital foi leiloado (com ótimo resultado), um exemplar do último número de Brasil, Urgente.

E, cinco páginas adiante, do mesmo número, o jornal anunciava em manchete: "São Paulo Fundou Sociedades de Amigos de Brasil Urgente".

Para acrescentar, no texto:

A exemplo do que vem sendo feito em dezenas de cidades do Brasil, São Paulo também já tem a sua Sociedade Amigos de Brasil, Urgente em pleno funcionamento. A notícia de que Brasil, Urgente vive momentos decisivos, de grandes dificuldades financeiras, estando em perigo a sua própria sobrevivência, a própria continuidade de uma missão a serviço da Justiça Social, reuniu em torno da novel Sociedade Amigos de Brasil, Urgente gente de todas as condições sociais, de todos os partidos políticos, de todas as crenças religiosas, impulsionada por um só desejo: garantir a existência do jornal que frei Carlos Josaphat fundou. A reunião de terça-feira última contou com a presença de uma verdadeira multidão, uma demonstração a mais do crescente prestígio do jornal do povo. Estudantes, operários, sargentos, donas-de-casa, advogados, todos estiveram presentes ao encontro, oferecendo suas sugestões, seus esforços, sua capacidade de luta na batalha iniciada nacionalmente pela preservação de uma obra ímpar na história jornalística e política do Brasil. Assistentes houve que, na oportunidade, pagaram seis meses de contribuição. Foi organizado um plano de ação e constituídos na mesma oportunidade, dois grupos de trabalho, dentro da SABU: o grupo estudantil e o grupo militar.

No BU n° 45, a secretaria de redação assinava uma matéria, à página 3, em que falava do movimento e fazia uma revelação comovente:

Sobre a nossa campanha – a sua campanha – temos a dizer que ela vai muito bem. Em São Paulo, a Sociedade de Amigos de Brasil, Urgente – SABU – já tem uma diretoria provisória, um setor estudantil, com uma comissão executiva eleita, e funcionando, e muitos outros passos mais. Em Campinas, a coisa está pegando fogo: assinaturas, aumento de circulação, promoções de toda espécie, doações. A última de que tivemos notícia nos comoveu e alentou: os bancários daquela cidade resolveram doar um dia do seu salário para Brasil, Urgente. De outras cidades do país, começam a chegar comunicações de leitores informando que já iniciaram os preparativos para a fundação da Sociedade de Amigos Brasil, Urgente, cercados do maior entusiasmo.

Neste número, ainda, à página 12, falando da reunião semanal da SABU paulistana, o jornal dizia sob a manchete "SABU: Já Começou a Funcionar em São Paulo. Apelo ao Leitor":

> Vale acentuar a presença, na última reunião da SABU, de grande número de estudantes, bancários, operários, sargentos e do ex-ministro e deputado federal Paulo de Tarso.

No BU seguinte, o de nº 46, a campanha atingia um de seus pontos altos. À página 14, o jornal transcrevia um boletim informativo do Centro Popular de Esclarecimento dos Telegrafistas:

> Conclamamos todos os companheiros telegrafistas para que, num gesto patriótico ajudem o jornal Brasil, Urgente. Assim, companheiros, imitando outras categorias como a dos bancários campineiros, que doaram a esse jornal brasileiríssimo um dia de seus salários, ajudemo-lo também, para que ele continue a esclarecer nosso povo sobre o saque que está sendo levado a efeito em nosso país pelo capitalismo, principalmente, o estrangeiro.

À pagina 17, vinha um telegrama de Santa Maria, no Rio Grande do Sul:

> Santa Maria não ficará alheia apelo pt dobre remessa exemplares nosso jornal. Luiz Maurício Soares.

O gesto mais impressionante de solidariedade ao BU, porém, estava nesta mesma página em outra matéria, sobre o bispo de Santo André, Dom Jorge Marcos de Oliveira, cujo título era a manchete da página: "Bispo Doa Seu Báculo Para Que o BU Continue".

> Sem outro recurso a entregar a Brasil, Urgente, para a sua campanha de finanças, Dom Jorge Marcos de Oliveira, doa ao "jornal do povo" seu próprio báculo de prata, objeto de sua maior estima e melhor significação. Este jornal ainda não decidiu o que fará do báculo de Dom Jorge, dentro da luta pela sobrevivência. Registrando o fato, chamamos sobre ele a atenção do povo. Porque não deixa de ser um acontecimento inédito e um fato histórico o que acabamos de assistir.

Nesta página, havia outra informação importante, sob o intertítulo "Presidência de Honra":

> A Sociedade Amigos do Brasil, Urgente desta capital por aclamação entusiástica de seus membros, elegeu dois nomes dos mais respeitados e queridos, para a sua presidência de honra. A escolha recaiu no ilustre fundador deste jornal e seu colunista frei Carlos Josaphat e no deputado federal e ex-ministro de Estado, Paulo de Tarso.

Na página seguinte, o jornal mostrava seu presidente de honra, mergulhado na luta pela sua sobrevivência, debaixo da manchete "Estudantes de Campinas Entram na Luta Para Salvar Brasil, Urgente":

> Inaugurando um ciclo de estudos sobre a reforma do ensino, promovido pela União Paulista de Estudantes Secundários de Campinas, o deputado Paulo de Tarso pronunciou naquela grande cidade, no Teatro Municipal, uma conferência sobre "Educação e Desenvolvimento". Aplaudido entusiasticamente pelos presentes, pediu ao povo de Campinas sua ajuda efetiva ao jornal Brasil, Urgente, instrumento de esclarecimento do povo brasileiro, órgão de imprensa desvinculado de grupos econômicos e comprometido apenas com o país e com a luta de todos pela justiça social. O Teatro Municipal estava todo decorado para a grande festa, com faixas e cartazes alusivos à luta dos estudantes

> pela alfabetização e conscientização do povo e à luta nacional em favor de Brasil, Urgente. Este jornal era vendido na porta do teatro por estudantes de Campinas. Encerrando a reunião e falando em nome de Brasil, Urgente, o padre Milton Santana mostrou a necessidade que há de uma imprensa independente, denunciou a impostura da grande imprensa e defendeu Brasil, Urgente e suas posições. Arrancou grandes aplausos dos presentes quando leu mensagem que lhe foi dirigida, diretamente de Paris, em favor do BU, pelo nosso fundador, frei Carlos Josaphat. Hoje, em São Roque, o deputado Paulo de Tarso pronunciará para trabalhadores uma conferência, subordinada ao tema: "Educação, Desenvolvimento, Brasil, Urgente". Como na reunião de Campinas, representarão este jornal os seus diretores Dorian Jorge Freire, Ruy do Espírito Santo e José Reinaldo, bem como Júlio Zuquim, presidente da SABU paulistana (BU nº 46, p. 18).

A mensagem de frei Carlos, dirigida ao monsenhor Milton Santana, que a notícia diz ter sido muito aplaudida em Campinas, o BU a publicou na sua edição anterior, a de n° 45, à página 12. Dizia o seguinte:

> Meu querido amigo padre Milton Santana. Somos dois sacerdotes brasileiros, vindos de rumos diferentes. Por uma delicada fineza da Providência, encontramo-nos nesta nossa pregação da Justiça e da Caridade, mesmo e sobretudo, em suas exigências revolucionárias. Sei que o seu grito de brasileiro e de homem evangélico, sedento de fraternidade realista, está encontrando ressonância: – BU não pode parar! Quero juntar-lhe minha voz de soldado (de sargento, se me dão a honra) distante mas sempre presente nesta luta nacional. Pode o Jornal do Povo ter cometido, e de certo cometeu, erros de pormenores. Mas, no conjunto, na sua inspiração e na sua atuação, é um magnífico exemplo de autenticidade, de pioneirismo. E isto mesmo em confronto com o que se vê de melhor na Europa. Leu, meu querido amigo, o número de setembro-outubro de *Économie et Humanisme*? Aí se declara simplesmente (n° 10) que só existe um semanário francês que não depende de grupo financeiro, publicidade ou poder político. Reconhecemos, assim, que embora tarde, BU é uma amostra de "como começar a arrancar o carro do atoleiro". Desculpe a expressão de interiorano impenitente, que na sua infância sempre rendeu homenagem aos choferes pioneiros, que além de guiar o carro, pegavam

do enxadão e da pá, e vinham dar uma mãozinha nos caminhos escorregadios, batizados de estradas pelo otimismo verde-amarelo. Se não há caminho, faz-se o caminho. Estou certo de que o ano de 1964 não trará apenas o primeiro aniversário de BU, a 17 de maio. A campanha que está estourando em Campinas e em tantos pontos do Brasil será o marco da consolidação definitiva e da expansão vitoriosa do Jornal do Povo, a Serviço da Justiça Social. BU não pode parar! Para nós cristãos isto significa: – A cruz vencerá o cifrão. Meu grande padre Milton Santana, meu querido irmão, transmita a todos os amigos o abraço e os votos de um ano novo de lutas e vitórias. Frei Carlos Josaphat.

Se confrontarmos estes relatos com depoimentos de três dos mais importantes jornalistas brasileiros da grande imprensa, sobre a situação dos profissionais, nestes órgãos, torna-se claro um contraste. O contraste existente entre o entusiasmo com que o BU era feito em comparação com uma indisfarçada porção de amargura, criada nestes profissionais da grande imprensa, devido às imposições sobre o trabalho deles das conveniências empresariais. Estes depoimentos estão no livro *A censura política na imprensa brasileira*", já citado, às páginas 167, 178 e 181, respectivamente:

Hélio Fernandes (proprietário do Tribunal da Imprensa, do Rio de Janeiro): Por que a imprensa brasileira foi tão bem comportada? É porque quando Gutemberg inventou a primeira máquina de imprimir acabou com a liberdade de imprensa. O jornal livre é aquele que a gente vê nos filmes de faroeste, onde tem aquele velhinho compondo na caixa o jornal tabloide com quatro páginas, ele mesmo escrevendo o editorial e o filho distribuindo pessoalmente o jornalzinho pela cidade. Esse é o jornal livre. O jornal-empresa, que tem os mesmos problemas de uma fábrica de sabonetes, de uma siderúrgica, de uma fábrica de cimento, não se pode dar ao luxo de ter a liberdade que vai afetar o desenvolvimento de sua empresa. A minha tese é que o estrangulamento da imprensa vem principalmente do jornal-empresa, com custos muito elevados.

Cláudio Abramo (Um dos mais brilhantes jornalistas de A Folha de São Paulo): É preciso também dizer que, no Brasil, jamais houve liberdade de imprensa. Essa expressão eu não sei o que quer dizer, porque jamais gozei de liberdade de imprensa, nunca tive isso.

Alberto Dines (Criador do Observatório da Imprensa): Antes de 1964 não havia censura institucional. O que havia era... vamos chamar de controles da imprensa. Todos os jornais em que trabalhei tinham sua lista negra, composta de nomes e pessoas que não podiam ser criticadas ou elogiadas. Nos Associados, a lista era enorme, manejada pelo Austregésilo de Athayde que, na época em que eu estava lá (1960/1961), era o homem que impunha os temas que podiam ser tratados ou não. No Última Hora também havia os temas tabus e no Jornal do Brasil, quando cheguei lá, tinha uma série de assuntos proibidos. Esse é um vício da imprensa brasileira, que nunca esteve preocupada com isenção. Os jornais sempre controlaram o noticiário, isto é, a liberdade de imprensa, mesmo quando houve uma formal, assim, era uma coisa realmente formal, superficial. O jornal brasileiro sempre viveu à sombra do poder e, segundo, sempre controlando a informação. Tanto que você não tem jornais que fossem abertos à informação, à opinião de seus colaboradores. Tristão de Athayde foi perseguido dentro do Jornal do Brasil, durante anos, porque tinha uma posição contrária à do jornal. Há muita tradição na imprensa brasileira desde suas origens, que é uma imprensa de louvação, áulica, como chama Nelson Werneck Sodré.

Pelo que o senhor conheceu do Brasil, Urgente, na época em que ele circulava e pelo que acabou de ler, como o senhor descreve a força que animava o jornal?

Paulo de Tarso: – O Brasil, Urgente, em certa medida, representou um aspecto novo da realidade brasileira. Os cristãos estavam, na sua maioria, acomodados. Achavam que a política devia ser feita pelos políticos, que se as coisas não andavam de maneira perfeita, andavam bastante bem e que estrutura perfeita não existiria nunca. Não havia aquele sentido de missão cristã, o de ser a levedura, o fermento da massa, isto é, o de atuar no sentido da libertação do oprimido. Tudo isso estava muito sufocado por outros tipos de preocupações religiosas: o ritual, a liturgia, a piedade individual, o aperfeiçoamento individual. Não havia noção do pecado social. O Brasil, Urgente foi uma reação contra o pecado social da cristandade do Brasil, naquele momento. Hoje o pecado social está na consciência de todos os cristãos e a abertura da Igreja para o mundo sepultou, definitivamente, aquele conceito de cristandade, como eu já disse antes.

O Brasil, Urgente surgiu num instante em que a grande imprensa no Brasil era eminentemente conservadora, com a consciência de que este conservadorismo era um desserviço prestado ao povo brasileiro que precisava se libertar de estruturas injustas. Por outro lado, o ideal cristão deu forças à equipe do jornal para vencer todas as dificuldades. Hoje, para alguém fazer um jornal, precisa aliar-se a quem tenha recursos financeiros e isso tem um custo político que afeta a liberdade do jornal. Muito esclarecedor o exemplo daquele jornal feito num filme de faroeste por um velhinho que compunha ele próprio a sua matéria.

Dom Jorge Marcos, como Dom Hélder Câmara, em crise com a Igreja, doou seu próprio báculo para ser leiloado em benefício do jornal.

Só este jornal artesanal é que prescinde de apoio financeiro. Prova disto é que o Brasil, Urgente, por ter posto o dedo em tantas feridas e ter contrariado tantos interesses, acabou desaparecendo. Nos seus estertores finais, viu-se com clareza a contradição entre um jornal contestatório-alternativo e a estrutura que não o financia. A falta de financiamento, de publicidade, a exigência do pagamento à vista da impressão, tudo isso são formas de repressão contra os jornais mal comportados, jornais que, entre aspas, agitam a opinião pública contra o governo ou contra as chamadas instituições.

A transformação do Brasil, Urgente em movimento representa a tomada de consciência do jornal: ele era inviável sem uma força social que o respaldasse. O desejo de organizá-lo como movimento foi o desejo, ainda ingênuo, de que o jornal passaria a contar com apoio social naquela conjuntura. Um jornal como este só teria longo curso se, realmente, um segmento importante da sociedade brasileira o assumisse como instrumento seu na sua luta social e isso não ocorreu. O que houve foi a mobilização dos próprios leitores do jornal.

Relembro, agora, com muita alegria, que eu participei muito ativamente deste movimento de mobilização dos leitores, leiloando números do jornal, fazendo conferências. Revivo até a alegria de ter sido presidente de honra dessa campanha. Mas tudo isso eram soluções paliativas. Não era uma solução em profundidade. A única solução em profundidade seria a de criar um movimento político importante que sustentasse o jornal, através de seus militantes, ou uma força social de peso que assumisse o jornal como instrumento seu. Ora, não ocorreu, nem uma coisa, nem outra. A única coisa que houve foi a mobilização dos que já acreditavam no Brasil, Urgente e um pouco de esforço no sentido de ampliar o número dos leitores. Isso permitiu que se publicassem mais alguns números do jornal. No entanto, se as coisas se fizessem de maneira tão racional não teria existido o Brasil, Urgente, no Brasil. Nós teríamos perdido a oportunidade de ter um fato tão importante como a existência deste jornal nos idos de 1964 para explicar tão bem o aspecto confuso e misterioso do movimento de 1964. Às vezes, é preciso ter a ousadia de agir contra a evidência da inviabilidade. Não chego a dizer aqui que a gente deve ser realista e pregar o impossível, como os revolucionários da França de 1968. Mas, um pouco, o Brasil, Urgente, naquela época, sem o saber, adotava essa norma da revolução parisiense de 1968: – Seja realista, acredite no impossível. Ora, o impossível para o cristão, para o católico, é um milagre.

No fundo, todos do Brasil, Urgente quando saíamos à rua querendo defender, vender o jornal, ampliar a sua tiragem, ampliar o número de seus assinantes, propalar suas ideias, nós estávamos acreditando no milagre que Deus operaria através do nosso discurso. Deus viabilizaria o jornal, através do esforço dos que o dirigiam. Faltou muito o sentido da complexidade da realidade brasileira daquela época. A propósito Vieira tem a seguinte passagem: "Observem a barquinha, quando desce rio abaixo. Mesmo que o remador seja fraco, mais depressa a barquinha voa que caminha. Agora, observe a mesma barquinha, subindo o rio acima. Por robusto que seja o remador, mais é água que ele sua que a água que ele vence". Sempre achei muito feliz essa formulação do Vieira, muito bonita. Eu aplicaria isso ao Brasil, Urgente. Nós estávamos remando rio acima, com muita robustez de consciência, com muita coragem. Mas maior era a água que nós suávamos que a água que nós vencíamos.

Solidariedade da Igreja

Coimbra: O senhor conheceu o cônego Milton Santana, mencionado na pergunta anterior?

Paulo de Tarso: – Quero fazer uma retificação a uma resposta dada por mim, numa entrevista nossa, anterior, quando eu disse que não havia recebido nenhum apoio, nenhuma cobertura da Igreja. Houve quanto a isso uma exceção. Foi a do cônego Milton Santana, de Campinas. Após o episódio do Mackenzie, houve duas reuniões de desagravo a mim: uma num cinema japonês do bairro da Liberdade, com a participação maciça de pessoas, talvez do mesmo grupo do

Brasil, Urgente e de pessoas ligadas à pregação social cristã nossa. O cinema estava absolutamente lotado. Devia haver umas duas mil pessoas, talvez. Depois, houve uma reunião no Teatro Municipal de Campinas, num clima de entusiasmo impressionante, do qual eu não me esquecerei nunca mais. Os estudantes cantavam: – Paulo, Paulo, vamos fazer revolução. Nossa bandeira é você. Oh! Paulo, nossa arma é a união. Isso cantado por uns quinhentos estudantes me comoveu profundamente. Marcou um momento da minha vida pública, e, sobretudo, me despertou para a importância da minha presença no contexto grave das coisas que estavam sendo feitas. Quando percebi que havia aquela imensa juventude falando em revolução, e dizendo que eu era a bandeira da luta social deles, tive um dos momentos da minha vida política de mais aguda tomada de consciência do que eu estava fazendo. E eu estava, ainda, sob o impacto dessa manifestação coletiva, quando o cônego Milton Santana pediu a palavra. Ele estava na Mesa e fez um discurso público saudando-me, defendendo as minhas posições. Quando eu fui para o Chile, ou estava ainda asilado na embaixada, no Flamengo, no Rio – não tenho certeza –, recebi uma carta manuscrita dele, de uma coragem extraordinária, assumindo solidariedade total com as minhas posições. Foi a única exceção naquele momento.

Fevereiro de 1964 (Um conto de vigário)

Naquele mês de fevereiro de 1964, poucas semanas antes do golpe militar, o BU circulava sustentado pelas SABUs – Sociedades de Amigos. Por isto, podia dizer em sua manchete de primeira página, da edição nº 50: "BU Na Rua É Comício".

O conteúdo inteiro dos cinco números impressos neste mês, desde as manchetes de suas páginas, refletia, intensamente, a exacerbação de ânimos no ambiente político, daquele instante. Mostrado, por exemplo, nas manchetes de duas paginas (p. 8 e 13) da edição n° 47: "Hanna Muda de Nome Para Voltar a Agir"; "João Dória Denuncia: EUA Financiam Golpe da Direita".

O mesmo tom de linguagem se estendia às manchetes de outros números do jornal naquele mês. Como as das páginas do BU nº 48: "Capital Mineira Virou Dallas: Espetáculos de Nazifascismo" (p.8); "Minas Gerais: Latifundiários Armam Bandidos Para Massacrar Camponeses" (p. 10 e 11); "Lomanto na Direita: Polícia da Bahia Espanca Grevistas" (p. 14); "Santa Catarina: Agente de Adhemar é Bicheiro e Mandante de Crimes" (p.18).

No BU seguinte, n° 49, mais manchetes incandescentes: "Firma Americana de Publicidade Organiza Luta Contra Camponeses" (p. 5); "Aumento Salarial em Fevereiro ou Greve Nacional em Março"(p. 9); "Brasil, 64: Revolução ou Contrarrevolução" (p. 10 e 11); "Hanna e Dema: Assalto aos Minérios Continua" (p. 18).

No BU n° 50, ainda aquele tom elevado: "Gorilismo Em Campinas: Prefeito Faz o Jogo Sujo dos Fascistas" (p. 8); "Reforma Urbana Para Acabar Com o Latifúndio do Asfalto" (p. 10 e 11); "Ladrão de Terras Lidera Latifundiários, Em Minas Gerais" (p. 12); "Confinamento de Meretrício É Proxenetismo do Governo" (p. 14); "Professor Fascista Introduz Teste Ideológico no ITA" (p. 18).

Até na última edição do mês, a de n° 51, aquele tom foi mantido: "Em Minas Quem Invade Terras é Fazendeiro" (p.5); "Explosão Nazista em Minas é Desafio ao Governo e ao Povo" (p.10 e 11); "Fisiológicos do PTB Querem Institutos para Politicagem"(p. 13); "Pernambuco: Governo do Povo Desafia a Reação (p.14).

As Sociedades de Amigos do Brasil, Urgente movimentavam-se febrilmente. Aquele era o 12° mês de existência do jornal que vivera com cerca de um sexto da publicidade necessária para torná-lo viável. Portanto, era claro que o jornal só sobrevivera, ainda que pobremente, porque conseguira milhares de amigos que trabalharam por ele.

Ainda a registrar neste mês uma página inteira da edição n° 50 escrita pelo professor Alfredo Bosi sobre um livro a respeito da *Mater et Magistra* (p.13).

12ª entrevista com Paulo de Tarso Santos (Pauta: Fevereiro de 1964)

Nós já nos sentíamos amigos da família de Paulo de Tarso, nesta penúltima entrevista. Seus netos, em bandos, às vezes, nos rodeavam enquanto gravávamos a conversa e ele tinha de mostrar um pouco de severidade para garantir um ambiente adequado ao trabalho.

"Diáspora democrata cristã", assim é denominada por Paulo a diversidade de rumos que políticos do seu partido tomaram depois do golpe.

Nesta entrevista, ele relembra dois parlamentares daquele período: o deputado federal João Dória. Diz dele: -Um homem capaz de atitudes desassombradas.

Lembra também do deputado estadual, de Santa Catarina, Paulo Stuart Wright, com quem ele conversou no Chile, durante o exílio, e que depois passou a integrar a lista de militantes políticos desaparecidos elaborada pelo Comitê Brasileiro pela Anistia.

Paulo de Tarso recua no tempo e conta a situação vexatória em que colocou Adhemar de Barros, atendendo a pedidos de seus colegas, na festa de formatura da sua turma do Centro de Incorporação de Oficiais da Reserva.

Retorna à década de 1960 e recorda a visita que fez à sua família, em Brasília, o padre norte-americano Peyton, depois líder do movimento do Rosário em Família, quando foi acusado de ser membro do serviço de inteligência norte-americano, a CIA.

Fala, ainda, do aviso profético que lhe deu Dom Hélder Câmara sobre o comportamento da Igreja Católica quando a sua atuação de político cristão fosse reprimida.

Por fim, trata do movimento em favor da sobrevivência do Brasil, Urgente. E alegra-se por se ver no noticiário do jornal como uma peça importante da campanha. Com modéstia, constata: – Não me tornei inútil depois que saí do ministério.

Diáspora da democracia cristã

Coimbra: – Doutor Paulo, durante este mês o jornal manteve mais um debate com o seu partido, o PDC – Partido Democrata Cristão. A polêmica desta vez começou com esta nota publicada no BU n° 47, à página 4, com o título de "Jogada":

> O deputado Franco Montoro vai sugerir que o PDC proíba quaisquer de seus membros, sob pena de exclusão do partido, de pertencer a qualquer frente, de esquerda ou de direita. A intenção do parlamentar é clara: afastar do partido os deputados Paulo de Tarso e Plínio de Arruda Sampaio, que possuem efetivas condições para serem candidatos à Prefeitura paulista. Como está claro, o sr. Franco Montoro também deseja ser candidato.

No número seguinte, 48, Dorian Jorge Freire, à página 6, deu maior extensão à crítica, no artigo "PDC e Impostura":

> Aí temos o PDC e aí temos os srs. Ney Braga e Juarez Távora. O PDC passado de armas e bagagens para as hordas da direita e a fazer o seu jogo iníquo. O sr. Ney Braga a tentar todos os passes de mágica para a sua autopromoção na esperança de conquistar uma vice-presidência da República que, por acaso sobre, e o deputado e marechal Juarez Távora, no Parlamento, a repetir sandices, que nos áureos tempos das escaramuças de briosos "tenentes", já constituíam coisas de pouco ou nenhum préstimo efetivo. De lá para cá, vimos o PDC dos srs. Ney Braga e Juarez Távora comprometido até o tutano com a excrescência chamada IBAD, através de seus "nobres deputados" Arruda Câmara, Juarez Távora, Euclides Triches, Cid Furtado, José Menck, Henrique Turner, Emílio Gomes, Carlos Werneck, Minoro Miyamoto, Aniz Ba-

dra. De lá para cá, o PDC transformado em alegre comadre, prestando os seus serviços à reação nacional e aos trustes na campanha contra o "subversivo" ministro da Educação e Cultura, sr. Paulo de Tarso, membro destacado – até então – do clã pedecista. O PDC arranca os seus disfarces, quem sabe para colocá-los à venda. Mostra-se tal qual é, na sua triste realidade: nem partido, nem democrata, nem cristão. Um conglomerado de neis, com alguns juarezes, do mesmo número, do mesmo gênero e do mesmo caso, de quaisquer outras legendas. Linha auxiliar da UDN e linha auxiliar, sem nenhuma grandeza, e destituída de maior importância. Perguntará o leitor desavisado em assuntos demo-cristãos: e Paulo de Tarso, e Geremias Fontes, e João Dória, e Plínio de Arruda Sampaio? Não constituirão problema. Para tanto, o trio mais demo deste mundo – Ney, Juarez e Franco Montoro – encontrou uma solução habilidosa: todo pedecista está proibido de participar de organizações apartidárias ou extrapartidárias. Exemplo: Frente de Mobilização Popular, Frente Parlamentar Nacionalista, IBAD, Ação Democrática. Ora, como o IBAD, por medida de higiene já foi fechado, e a Ação Democrática dos nazistas João Mendes e Raimundo Padilha agoniza, a medida atingirá apenas os membros dos movimentos populares. Em poucas e mal traçadas linhas, aí está um flagrante do PDC. Uma impostura partidária, uma impostura política, uma impostura pseudocristã. Dizem-nos, no exato instante que damos por terminado este artigo, que, em 1965, o PDC apoiará o candidato Carlos Lacerda. Cabe-nos dar a única resposta: bem feito!

A resposta do PDC veio no BU nº 51 (p. 15) através de uma carta, dirigida a Ruy do Espírito Santo, assinada por Guilherme Quintanilha de Almeida, de São Paulo:

Você já sabe, a esta altura, porque estou escrevendo. O artigo de Brasil, Urgente "PDC e Impostura" é típico de quem lá não esteve, nada viu, nada ouviu, antes prejulgou e inferiu. Existe no PDC uma coisa que nos outros partidas não existe. Quer vocês queiram ou não. Existe na direção do PDC, faz parte integrante do "ser" de seus elementos mais representativos, um idealismo incomensurável e uma fé inabalável nas ideias que defendem. Assim foi o Queiroz Filho, assim é o Paulo de Tarso, o Montoro, assim é o Marechal Távora, assim o são tantos outros nomes da retaguarda partidária. Chopin, Teófilo, Moraes Neto,

Plínio Sampaio, Cortez, Clóvis Garcia, Darcy, José Oswaldo. Concordam todos na fé cristã, na aplicação prática das encíclicas papais. Concordam todos com as palavras do Marechal Távora, quando, depois de elogiar todo o trabalho apresentado por Plínio Sampaio, qualificou de "muletas" os apoios extrapartidários oferecidos à aplicação da tese. Ainda bem que o sr. Dorian fala, ao final do seu artigo, que "em poucas e mal traçadas linhas, aí está um flagrante do PDC". Pena que seja um desses flagrantes do "Estado" em comício do Adhemar. Flagrante ruinzinho, de poucas e mal traçadas, muito poucas e mal traçadas linhas. Impostura flagrante, isto sim. "Dizem-nos"... Você sabe, Ruy, tão bem quanto eu, que o PDC jamais apoiaria a candidatura do governador da Guanabara. Quem sustentou a candidatura Fernando Ferrari? De quem é o projeto do salário-família? De quem o da participação nos lucros? Quem, acusado de comunista, defendeu a alfabetização das massas? Quem se empenhou a fundo na Reforma Agrária? Quem está discutindo intensamente para apresentar, ainda nesta legislatura, a reforma da empresa? Teoricamente, a decisão do PDC é inatacável. Não pode um partido político, que queira representar alguma coisa, permitir a participação individual de qualquer de seus membros em quaisquer grupos extrapartidários. Decisão difícil para quase todos os partidos, exceção feita ao PDC. Prever uma guinada que terminaria num apoio a Lacerda é, sem dúvida, uma conclusão maldosa. Maldosa, sim, porque aceito que qualquer um de vocês acredite nela. Apenas para desacreditar um partido que vocês nem sequer querem conhecer. Partido de homens sem grandes recursos financeiros. Partido que não dispõe de jornais, nem emissoras de rádio. Nem de dinheiro para comprá-las. Partido que dispõe apenas do espírito de luta e verdade, daqueles que creem numa democracia cristã. Não são muitos, mas não temem o diálogo com quem quer que seja.

Na mesma página, ao lado da carta, Ruy do Espírito Santo treplicava num artigo chamado "PDC e Ópio":

De fato, Quintanilha. Não duvidamos de seu idealismo. Não duvidamos das linhas mestras que orientam o PDC. Mas duvidamos, isto sim, da aplicação prática destas ideias. Não esqueça que os fariseus eram os "doutores da lei" e, no entanto, foram duramente atacados por Jesus, pois, conhecendo tão bem a lei, não tinham o direito de ignorar suas implicações práticas. Quando Ele se referia aos doutores da lei, que não se salvavam e não deixavam que os outros se salvassem, referia-se a profundos conhecedores da doutrina e dos preceitos. Assim, não é pelo programa, pelos homens, pelas palavras proferidas em reuniões que podemos aplaudir ou criticar o seu trabalho. Até que as conclusões de Águas da Prata foram excelentes. Mas, e daí? O que foi feito concretamente? Se somos rigorosos com o PDC é justamente porque vocês têm parcela maior de responsabilidade nas posições que tomam, eis que se baseiam no "Livro da Vida", nos "Evangelhos". O Partido Democrata Cristão, ou é realmente cristão ou será o mais pernicioso dos partidos porque espalha o pior fermento, que é o fermento dos fariseus. Os maiores inimigos não são os que estão de fora, mas o que, de dentro, dizendo-se porta-vozes da verdadeira doutrina, traem a Igreja. Não pense que queremos passar por pais da ortodoxia ou donos da verdade. Claro que erramos. Está na nossa contingência. Mas está na própria finalidade do jornal a crítica e a análise das forças políticas em luta no país. E nesse sentido temos que ser sinceros. Sem omissões. Principalmente porque a doutrina Daquele que inspira nossos trabalhos corre o risco de ser minimizada e colocada em termos de "ópio do povo". Não podemos entender a decisão prática do PDC ao eliminar do partido os elementos que participam das Frentes Populares. Por quê? Vão se contaminar? Cremos que, como o Cristo, o cristão deve se assentar com todos os homens e mais particularmente com o povo. Jesus era visto com os publicanos e com as meretrizes, porque dizia que não veio salvar os justos, mas os pecadores. Ou o PDC dá o exemplo do diálogo com o povo ou estará destinado a ser mais um partido defensor da burguesia privilegiada. Com o agravante de trair o cristianismo nesse trabalho. As Frentes Populares de Mobilizações e outras contêm elementos representativos de todas as correntes – trabalhadores, estudantes, sargentos, camponeses – por que não são dignos da convivência pedecista? Por que alguns são comunistas? Por que outros não são cristãos? Tudo isso, se verdadeiro, deveria ser mais um motivo para os cristãos estarem presentes. Cristo não veio trazer a mensagem para os justos, mas para os pecadores. Está no "Evangelho". Por que a omissão? Mais grave, ainda, que a omissão dos pedecistas ausentes das Frentes Populares é a crítica que fazem àqueles que tomam a iniciativa de participar. Quando um Paulo de Tarso, um Plínio Sampaio ou um João Dória integram os movimentos populares sofrem cerradas críticas da "ortodoxia" partidária. Por que, Quintanilha? Onde está a coerência? Quanto ao apoio à candidatura Lacerda, mencionada neste jornal, parece que se confirma, pois alguns diretórios do Nordeste já se manifestaram nesse sentido. Aliás, dentro da linha de "ação" que vocês se impõem, não há outra saída. Quintanilha: aqui estaremos para aplaudir, sempre que vocês estiverem com o povo. Para denunciá-los, quando entenderem a doutrina cristã como ópio do povo. Até sempre. R. E. S.

No livro de Cândido Mendes *Memento dos Vivos – A esquerda católica no Brasil*" (Rio de Janeiro, Tempo Brasileiro, 1966) há a repercussão da decisão do PDC que provocou este debate (p. 44 e 45).

Diz Mendes:

> O PDC, indicando o seu compromisso estrutural com a opção, a priori, por um determinado modelo ou pelo menos cerceando um debate aberto sobre as alternativas exigidas pela política nacional de desenvolvimento, foi o único partido que vedou a seus membros a participação nas "frentes" nacionais. Excluiu-se da renovação pela qual o próprio curso do desenvolvimento se encarregara de obter um alinhamento político significativo, vivendo as questões que importariam em opções, e em vivência de instâncias concretas da problemática nacional. Desligados de pretensão ideológica, mas abertos à realidade nacional, os clássicos partidos clientelísticos encontraram, praxisticamente, fórmula de atualização constante através das "frentes". Sintomaticamente, só o PDC se excluiu desse cadinho histórico, dessa retomada de pesquisas, de rumo e definição do processo nacional, ao impulso largo de seus efetivos impasses e motivações.

Como o senhor conviveu com esta proibição de seu partido, uma vez que o BU continuou noticiando a sua participação nos comícios da Frente de Mobilização Popular? Acha que o BU foi excessivamente severo no julgamento do seu partido?

Paulo de Tarso: – O PDC nunca chegou a ter uma proposta concreta, global, para a solução dos problemas econômicos, sociais e políticos do Brasil. Como já disse, nós tínhamos uma lista de princípios gerais que pensávamos aplicar à realidade brasileira, no sentido de adequá-los às necessidades fundamentais do homem brasileiro. A proposta democrata cristã para o Brasil pode ter existido de maneira fragmentada. De uma maneira, assim, coesa, coerente, ela não chegou a ser formulada. Esta foi a razão pela qual alguns dos militantes democrata-cristãos, entre eles, o João Dória, o Plínio Sampaio e eu, procuramos nos filiar a elementos de outros partidos. Militamos na Frente Parlamentar Nacionalista, primeiro, e na Frente de Mobilização Popular, depois, porque essas frentes surgiram em função de problemas muito específicos, tais como: remessa de lucros das empresas transnacionais para o exterior, distribuição da renda, modelo econômico, defesa das riquezas nacionais etc.

Nessas frentes nós tínhamos a nossa atenção voltada para o estudo, a análise e a solução de problemas que, na verdade, existiam e precisavam ser resolvidos. Mas, realmente, surgiu no partido uma reação contra essa militância de alguns democratas cristãos nas frentes. Pela memória que tenho do episódio, posso afirmar que não houve consequências dessa determinação. Nós continuamos militando nas frentes e o partido não tomou medida nenhuma contra a gente. Houve manifestação de desagrado de certos elementos que estavam na direção do partido com esta nossa militância, considerada por alguns companheiros, de maneira, a meu ver, equivocada, de dupla militância. A nossa militância era a do Partido Democrata Cristão. Como o partido estava, ainda, num plano de abstração muito elevado e o país pedia soluções concretas, para problemas muito específicos, nós conciliamos a nossa ação no partido com a nossa ação nessas frentes.

O Brasil, Urgente quando deu cobertura a essa participação nossa nas frentes, estava dando coerência à sua posição de que os problemas nacionais deviam ser discutidos e solucionados. Na verdade, a polêmica ocorreu muito mais em nível de direção do partido. Quintanilha de Almeida, por exemplo, polemizou com o Brasil, Urgente, mas não chegou a polemizar conosco. Nós não mantivemos polêmica com os companheiros do partido, publicamente. A nossa discussão era mais interna, no interior do partido. O Brasil, Urgente, por sinal, nessa altura, já começava a ser um movimento. Já começava a assumir posições muito concretas, até mesmo de polêmica política com outros grupos. Pouco a pouco ia deixando de ser um jornal para ser um movimento político, de inspiração cristã, voltado para a transformação social brasileira.

Ocorreu que, num determinado momento, alguns elementos do PDC se filiaram às frentes de direita, tipo IBAD e Ação Democrática Popular, e outros às frentes de esquerda, como a Frente de Mobilização Popular. Houve a coincidência do desaparecimento do IBAD com a proibição de militância nas frentes. Com isso, ficou unilateral a proibição. Ela deu a impressão de que o partido estava fechando os olhos à realidade ao supor que essa proibição era bilateral. Na verdade, ela tinha um endereço certo: era contra a Frente Parlamentar Nacionalista e a Frente de Mobilização Popular.

Os fatos posteriores vieram comprovar que no partido havia elementos de todas as tendências. O próprio Geremias Fontes que o Brasil, Urgente defende, como parte do nosso grupo, foi governador do Estado do Rio, durante o regime militar. Isto, aliás, é o que eu chamo de Diáspora Democrata Cristã. Houve as coisas mais inesperadas, as mais contraditórias. O PDC, depois do golpe, deu elementos para governo do Estado, deu elementos para os corpos legislativos, deu prisioneiros políticos, deu exilados. Havia gente para todos os quadrantes do universo político brasileiro. Por quê? Exatamente porque a doutrina era pouco concreta. Como a doutrina estava muito abstratizada, era possível ser governador do regime militar – e ficar em paz, entre aspas, com o partido –, engajar-se num movimento contrário ao movimento militar, estar preso, estar exilado, e continuar democrata cristão.

Acho que hoje o que se tentou, através da campanha do Montoro e no interior do PMDB, tem uma longínqua vinculação com a imprecisão programática do PDC daquela época. Pouco a pouco, formou-se a consciência política de que declarações de princípios era pouco ou nada, pois, não resolviam, na prática, os problemas nacionais. Eram necessárias propostas que enfrentassem os desafios, as contradições, os conflitos, e fossem capazes de permitir tomar posição, ainda que contrariando interesses. Este é o ponto fundamental. Houve uma época em que se procurava, de algum modo, realizar a coisa em nome do Homem, abstrato, sem contrariar interesses concretos. Quando nós tentamos dar consequência às nossas convicções, os ataques vieram de todos os lados.

A CIA no golpe

Coimbra: – O deputado do PDC, João Dória, deu uma entrevista exclusiva ao jornal para fazer uma denúncia (BU n° 47, p.13 e 14). A manchete daquela matéria ocupava as duas páginas do jornal. Era a seguinte: "João Dória Denuncia: EUA Financiam Golpe da Direita".

No texto de abertura, dizia o BU:

> O denunciante é um homem de responsabilidade, parlamentar que merece o respeito de seu país. Trata-se do deputado federal João Dória, do PDC da Bahia, que teve atuação destacada na Comissão Parlamentar de Inquérito, que investigou os negócios criminosos de IBAD e IPES. No momento pertence à CPI que investiga a ação, no Brasil, de órgãos de imprensa estrangeira. (E é) membro da Frente Parlamentar Nacionalista.

Na entrevista, o deputado revelava:

> A mão oculta que provocou o golpe de deposição de Mossadeg, no Irã; os tumultos no Laos, no Vietnã, no Congo e na Argélia; que financiou o exército secreto francês contra De Gaulle e depôs os presidentes reformistas de Honduras e São Domingos, para substituí-los por títeres gorilas da *United Fruit Co*; que assassinou em Dallas o presidente Kennedy e desembarcou armas nas costas da Venezuela, de aparente procedência cubana, é precisamente a mesma e criminosa mão que planejou, financiou e executou os planos do IBAD no Brasil, e segue alimentando, sob novos rótulos, a mesma organização subterrânea na-

zifascista que conspira contra a segurança, a independência e o desenvolvimento do povo brasileiro. Esta mão é acionada pelo organismo secreto conhecido por CIA (*Central Intelligency Agency*), que, a partir de 1947, no governo do presidente Truman, passou a centralizar os serviços de informação e espionagem dos diversos departamentos militares e civis dos Estados Unidos. Empregando métodos totalitários, é o órgão responsável pela diplomacia negra que se aplica, fora das regras do Direito Internacional e das boas normas diplomáticas, e que intervém pelos canais subterrâneos na vida interna das outras nações. A diplomacia do "vale tudo" em que a corrupção, o suborno, a violência, o atentado e a ação direta, a traição e o crime, enfim, se praticam acima dos códigos e das leis. Repetindo os mesmos métodos de ação subterrânea já aplicados e desmoralizados em outros países, a CIA selecionou e treinou agentes especiais para o Brasil. Tudo a pretexto de combater a ameaça comunista. Mas, na realidade, o que a CIA (através do IBAD) pretendia – e pretende ainda – é levar ao insucesso a Aliança Para o Progresso (pelo menos nos termos idealizados por Kennedy) e a desmoralização completa das reformas lideradas por Goulart. Para isto, estão dispostos às últimas consequências. E por quê? É simples a resposta: aos grupos financeiros que presidem o pacto industrial-militar do Pentágono não interessa, senão como simples demagogia inoperante, a emancipação econômica e o desenvolvimento da América Latina. O êxito, portanto, da Aliança Para o Progresso, juntando a colaboração financeira do governo Americano às reformas estruturais dos países subdesenvolvidos, constituiria o fim da grande aliança entre as oligarquias nacionais dominantes (representadas pela associação de três poderosos interesses: o latifúndio rural, o sistema bancário e o alto comércio exportador) e os grupos financeiros envolvidos no comércio internacional de matérias-primas coloniais e os parques manufatureiros das grandes potências industriais do mundo capitalista.

Logo depois, desta análise ampla, João Dória, na entrevista, se tornou mais explícito com relação à ação da CIA no Brasil. Disse:

A conjuração orientada e financiada pela CIA no Brasil obedece a um plano em três etapas: 1ª) alienação da consciência nacional pela propaganda dirigida e corrompida pelo suborno de veículos e agências de publicidade e pela neutralização ou destruição de órgãos independentes. Nessa etapa, a campanha ganhou corpo na imprensa, no rádio e na televisão, visando desmoralizar o governo de Goulart e ao mesmo tempo estigmatizar de comunista as reformas de base para incompatibilizá-las com a consciência cristã do povo brasileiro. Conseguiram, em parte, o seu intento nas áreas conservadoras das classes alta e média. 2ª) Nesta segunda etapa, o objetivo era mais direto: mobilização das forças políticas e entidades de classe contra as reformas e os seus líderes. Para isso, derramaram bilhões de cruzeiros para corromper o processo eleitoral, eleger parlamentares e governos estaduais e municipais antirreformistas, bem como líderes militares, sindicais e estudantis na presidência de suas associações representativas. Lograram êxito relativo. Direta ou indiretamente formaram uma maioria parlamentar que obstruiu todo o esforço em favor da tramitação dos projetos de reforma estrutural. 3ª) a terceira etapa, que é o processo atualmente em curso, caracteriza-se pela ação direta, o esquema golpista que os estrategistas da CIA e do IBAD planejaram para dar o golpe e assaltar o poder pela violência, implantando uma ditadura de extrema-direita, ainda que, momentaneamente, se pudesse revestir até das aparências de um governo popular. Nos planos iniciais figurava o golpe como terceira alternativa, na hipótese de falharem as duas etapas anteriores do plano. Acontece que falharam, pois a despeito do derrame fabuloso de dinheiro, da corrupção da imprensa e da alienação parcial do Congresso, o que o IBAD conseguiu foi muito pouco em relação ao grau de conscientização em que se encontra o povo, o governo e a maioria esmagadora das classes armadas em favor das reformas de base. Assim começa a funcionar em termos de conspiração, de fato, o esquema subversivo montado pelo sr. John Foster Dulles (que veio ao Brasil especialmente para transmitir as instruções da CIA) com o concurso do integralista Marechal Inácio de Freitas Rolim, o General Gentil João Barbato e outros militares da reserva que integram a Câmara Alta da ADEP e antes pertenceram, muitos deles, à Câmara dos 40, da antiga Ação Integralista Brasileira. A CIA está distribuindo armas e munições em São Paulo e na Guanabara. Esquemas de resistência civil estão em curso, em apelos públicos e dramáticos de líderes políticos de direita, conclamando as classes dirigentes a se armarem na luta contra Goulart. A Esso acelera as suas manobras de desmoralização e decomposição da Petrobrás. A ação subversiva, dentro dos próprios escalões do governo, conspira contra o presidente da República. O campo da guerra revolucionária está traçado: reformistas de um lado, antirre-

> formistas de outro. Resta saber quem vencerá. Mas aqueles que acompanham de perto, como eu, a ação desastrosa da CIA em vários países do mundo, onde a sua diplomacia negra penetrou, não alimentam a menor dúvida de que o vencedor será o povo brasileiro, na batalha final, com as reformas de base que hão de vir, nessa altura, a qualquer preço, e das conquistas democráticas que saberemos preservar a qualquer sacrifício.

Quando o golpe de Estado já havia derrubado Goulart, o ex--agente da CIA, Philip Agee, escreveu em seu diário, numa nota já citada de 1° de abril de 1964 (p. 366):

> No Brasil, está tudo terminado com relação a Goulart. E muito mais depressa do que se esperava. Nossa campanha contra ele seguiu a mesma linha que as efetuadas contra a infiltração comunista nos governos de Velasco e Arosemena, dois ou três anos atrás, no Equador. Segundo Holman, a base do Rio e suas outras dependências estavam financiando as manifestações urbanas em massa contra o governo Goulart, para provar que velhos temas como Deus, Pátria, Família e Liberdade sempre prevalecem. A queda de Goulart se deve, indubitavelmente, em grande parte, à operação eleitoral que retrocede ao ano 1962. A preocupação de Holman é a nova e crescente onda de exilados, que serão somados aos paraguaios e argentinos já sob a nossa supervisão.

O senhor conheceu bem o deputado João Dória, seu companheiro de partido? Poderia nos dizer o que representava a denúncia da interferência da CIA no processo político institucional brasileiro? Esta interferência era conhecida nos meios políticos esquerdistas?

Paulo de Tarso: – O deputado João Dória foi um dos mais consequentes políticos que militaram no Partido Democrata Cristão, nos idos de 1964. Ele teve atuação destacada na Comissão Parlamentar que investigou as atividades do IBAD. E obteve informações muito concretas sobre o que ele chama de diplomacia negra da CIA. Na verdade, hoje, não é segredo para ninguém que a desestabilização do governo Goulart foi planejada pelo Serviço de Inteligência do governo norte-americano, auxiliado por certos setores brasileiros, que estavam convencidos – pelo menos eles diziam isso – de que o governo Goulart levaria o país ao comunismo. Na verdade, o problema era bem outro. Quando a Petrobrás começava a ganhar força de grande empresa internacional de petróleo, e caminhava para atender, pelo menos parcialmente, à nossa demanda de petróleo, contrariou interesses das chamadas Sete Irmãs, as sete maiores companhias multinacionais de petróleo. O Brasil tentava sair de sua condição de colônia ou de neocolônia, para buscar uma atuação autônoma, tanto no plano da economia, como no plano político. Esta tentativa do Brasil de assumir uma posição autônoma e de se libertar da obrigação do alinhamento automático com os Estados Unidos, em nome de uma política ocidental cristã – que representava, e, em grande medida, hoje, ainda representa os interesses norte-americanos –, foi uma das causas mais importantes da queda do governo Goulart. O governo Goulart, ainda que de maneira, às vezes, um pouco frouxa, não suficientemente consequente, sem dar o valor devido à necessidade de mobilização das bases populares, representou uma ameaça porque ele passou a usar um discurso político que dava a impressão de que o Brasil caminharia para uma libertação da influência imperialista norte-americana, no seu destino. Isso estava bem longe de acontecer porque não é possível pensar-se num esforço neste sentido sem que as forças populares estivessem organizadas e conscientizadas, o que não ocorria no Brasil, naquela época, como já disse diversas vezes.

O deputado João Dória é um homem capaz de tomar atitudes desassombradas. As suas atitudes, naquela época, comprovaram isto. Quando denunciou que aquilo que estava acontecendo no Brasil já havia acontecido em muitos outros países, e era apenas uma repetição de fatos iguais, ocorridos em outras latitudes, ele estava procurando chamar a atenção da opinião pública brasileira, na tentativa de impedir que o resultado visado fosse alcançado. O otimismo das forças que militavam na Frente de Mobilização Popular, naquela época, era tão grande, que o deputado João Dória concluiu sua denúncia dizendo que ele não tinha nenhuma dúvida de que a vontade do povo brasileiro acabaria fazendo-se sentir, e de que o povo brasileiro derrotaria as forças coloniais. Era uma ilusão, uma esperança vã, que os fatos não confirmaram. No entanto, as pessoas no interior do Partido Democrata Cristão ganharam consciência do drama que o país vivia, naquela época. Essas pessoas atuavam com um sentido ético-político e social muito claro, mas estavam, ainda, muito longe de ter uma visão coerente da política externa brasileira e das suas repercussões no quadro interno nacional.

Essa é uma oportunidade apropriada para contar quem foi o deputado João Dória, naquela época, no Congresso Nacional. Além de ser um homem desassombrado moralmente, ele revelou ter uma coragem física muito grande. Ficou conhecido o episódio em que, num debate no Congresso Nacional, um deputado de Goiás – creio que pertencente às hostes do IBAD – sacou, ou ameaçou sacar, um revólver para atirar no João Dória, de plena tribuna da Câmara. Dória largou o microfone de aparte e caminhou na direção em que estava o deputado. Abriu o paletó e disse: – Atira, covarde, atira. Isso ficou famoso na Câmara porque rasgou a carta de valente do tal deputado que estava lá, e que, por traços culturais conhecidos, precisava dessa carta para manter uma falsa liderança na Câmara dos Deputados. E essa liderança foi grandemente afetada pelo gesto do João Dória.

O drama de Paulo Wright

Coimbra: – Um outro deputado, que, anos depois, viria a fazer parte da lista de presos políticos desaparecidos, divulgada pelo Comitê Brasileiro pela Anistia, Paulo Stuart Wright, foi assunto da única matéria publicada na página 18 do BU n° 48. A manchete da página dizia: "Santa Catarina: Agente de Adhemar é Bicheiro e Mandante de Crimes". Sob a manchete, o seguinte texto:

> A Polícia Militar do Estado de Santa Catarina e a Delegacia Regional de Polícia de Florianópolis instauraram inquéritos a pedido da mesa da Assembleia Legislativa para apurar responsabilidades na tentativa

de homicídio efetuada contra o deputado estadual Paulo Wright. O jornal Folha Catarinense denuncia que o inquérito já entrou no seu "quadragésimo dia, sem que se apurasse nada de concreto. A polícia, alimentada pelo Ponto IV, simplesmente arrasta a processo". O autor da trama contra a vida do deputado Paulo Wright seria o suplente de deputado e bicheiro Manoel Santos, elemento de confiança do sr. Adhemar de Barros e encarregado da reestruturação do PSP, em Santa Catarina.

O jornal prosseguia:

O deputado estadual Paulo Wright foi eleito pela legenda do PSP. Como único deputado eleito pelo partido, foi pressionado para que se licenciasse, dando vaga ao seu suplente. Apesar de todas as pressões, o deputado Paulo Wright não se licenciou, sabendo que os seus 5 primeiros suplentes são elementos comprometidos com o sr. Adhemar de Barros. Diante disto, os suplentes Delamar Vieira e Manoel Santos conseguiram fazer caducar o diretório regional e receberam carta branca do sr. Adhemar de Barros, credenciando-os a reestruturar o partido. A primeira medida dos dois suplentes foi anunciar que expulsariam o deputado Paulo Wright do partido, devido às suas ideias "comunistas". O suplente Manoel Santos, sabendo que não conseguiria assumir o cargo com o deputado Paulo Wright vivo, resolveu mandar matá-lo. Conforme os autos do inquérito já instaurado pela Polícia, o bicheiro Manoel Santos contratou o sargento Júlio D'Ávila para matar o sr. Paulo Wright, pelo que receberia cem mil cruzeiros de entrada e cinquenta mil cruzeiros por mês, até o fim da presente legislatura. Depondo no inquérito, o sargento Júlio D'Ávila afirmou que Manoel Santos queria a morte a facadas, para "despistar e não deixar provas". O depoimento do sargento foi confirmado por testemunhas. O mandante do homicídio que se pretendia cometer contra o deputado Paulo Wright já assassinou um caixeiro-viajante na cidade de Tubarão, estando atualmente em liberdade. O mais estranho disto tudo e que demonstra a total conivência do governo de Santa Catarina com o bicheiro é que normalmente o inquérito deveria ser presidido pelo Secretário de Segurança Pública, encontrando-se solução em 48 horas; a polícia já deveria ter providenciado a convocação de todas as testemunhas, coisa que não foi feita; Manoel Santos já deveria estar preso pelas declarações feitas durante o inquérito. No início de janeiro, a Frente Operário-Estudantil-Popular de Santa Catarina divulgou manifesto, em que atacava o secretário de Segurança Pública, acusando-o de cumplicidade com o bicheiro.

Este incidente também aparece no livro *Desaparecidos políticos*, editado pelo Comitê Brasileiro pela Anistia, do Rio de Janeiro, em conjunto com a Edições Opção (Rio de Janeiro, 1979), nas páginas 133 e 134, depois de um breve resumo da biografia política de Paulo Wright:

> Filho de missionários norte-americanos, Paulo nasceu a 2 de junho de 1933, em Joaçaba, Santa Catarina. Apesar de sociólogo formado nos Estados Unidos, Paulo se empregou como ajudante de torneiro mecânico, ao voltar para o Brasil, com o objetivo de se manter perto do operariado, para melhor compreendê-lo. Foi então convidado e assumiu uma secretaria da prefeitura de Joaçaba, sua cidade natal. Em 1960, Paulo assume a secretaria regional da União Cristã dos Estudantes do Brasil. E passa a dirigir a Imprensa Oficial do governo catarinense. Constatando as precárias condições de vida dos pescadores do litoral catarinense, Paulo decide criar, com o apoio dos amigos, a Federação das Cooperativas de Pesca de Santa Catarina, com objetivo de organizar e dinamizar as colônias, envolvendo uma população de 25 mil famílias, 15.031 das quais viviam exclusivamente do pescado. Entretanto, por falta de recursos financeiros, o projeto foi arquivado. Também, por essa razão, ele se candidatou a deputado estadual: tinha esperança de que, como parlamentar, pudesse criar condições de apresentar seu projeto e obter a aprovação do governo visando sua implantação. Com o apoio dos pescadores, elegeu-se pelo PSP. Em meados de dezembro de 1963 registrou-se uma tentativa de assassinar Paulo Stuart Wright, sob a responsabilidade de seu suplente imediato, o deputado e bicheiro Manoel Santos, homem de confiança de Adhemar de Barros e encarregado de reestruturar o PSP catarinense. Na verdade, quando a prática política de Paulo começou a incomodar a direção estadual do partido, foram iniciadas as articulações para neutralizar sua liderança, e, depois, para afastá-lo de uma vez do cenário político local. A direção do partido solicitara, oficialmente, a renúncia de Paulo Wright, por causa de uma série de críticas feitas por

ele aos poderosos de Santa Catarina. Mas Paulo não atendeu. Sabia que os seus cinco primeiros suplentes estavam comprometidos com Adhemar de Barros. Este exigia, através de uma carta, o seu mandato. E defendia, ainda, a expulsão de Paulo do partido, sob a alegação de que o parlamentar pregava ideias comunistas. Foi a partir do insucesso destas primeiras gestões que o suplente Manoel dos Santos contratou um sargento da PM para matar o deputado. Ao saber deste plano, Paulo o denunciou na Assembleia Legislativa. A Secretaria de Segurança instaurou um inquérito, onde o sargento revelou que o deputado seria morto a facadas. E limitou– se a enviar alguns policias à casa de Paulo para protegê-lo. Manoel dos Santos ficou impune, graças à orientação de Adhemar de Barros.

Regina Sampaio, em sua obra citada, às páginas 153 e 154, afirma sobre o partido pelo qual Wright foi eleito – o PSP:

> Diante dos obstáculos para a conquista de um espaço político próprio, a estratégia de Adhemar volta-se para duas direções opostas. De um lado, para a montagem de uma máquina partidária clientelística, atrelando, assim, o eleitorado das regiões menos urbanizadas e as parcelas do eleitorado urbano cujo comportamento político era baseado em padrões mais tradicionais. Paralelamente, procura captar a adesão das massas trabalhadoras através de um apelo populista bastante difuso, muito mais baseado nas características de seu estilo pessoal do que em conteúdos concretos de seu discurso político.

Em relação ao discurso político de Adhemar de Barros, o maior líder do PSP, Guita Grin Debert, no livro, *Ideologia e populismo* (São Paulo, T. A. Queiroz, Editor Ltda., 1979), diz à página 147:

> Povo, em Adhemar, é sobretudo um conjunto de indivíduos pulverizados, frente aos quais o Estado – fonte inesgotável de doação de bens, esfera transcendentalizada – aparece como o único meio capaz de realizar suas necessidades individuais. Este caráter ambíguo do Estado, que atende a todos, de acordo com a capacidade de cada um, ao mesmo tempo em que é hipostasiado no divino, poderia abrir espaço tanto para um projeto de ascensão individual como para a esperança de uma redenção vinda de fora.

Como o senhor conheceu Paulo Stuart Wright?

Paulo de Tarso: – Jânio Quadros despontou para a vida política brasileira, é sabido, apregoando a sua condição de adversário de Adhemar de Barros e como denunciante da corrupção que marcava a atuação política do Adhemar. A luta contra o PSP encarecia essa corrupção como a marca fundamental do partido. Não havia naquela época grau de consciência política suficiente para que se identificasse, no PSP, um partido populista, ou seja, um partido capaz de fazer um pacto entre classes, para, aumentando a participação dos oprimidos no consumo, eles pudessem se deixar anestesiar, para que nada mudasse fundamentalmente, substancialmente. O populismo, como todos nós sabemos, é uma forma conservadora de encarar a política. O partido de Adhemar de Barros era um partido eminentemente conservador.

O Paulo Wright foi um homem que, embora viesse de origens nitidamente cristãs e ele próprio fosse um militante de igrejas cristãs protestantes, tinha uma posição revolucionária muito clara. Não estava conformado em mudar apenas as superfícies das coisas, em Santa Catarina e no país. Pouco a pouco, foi assumindo uma posição cada vez mais revolucionária. Ele pagou por essa posição o preço da própria vida. Eu tenho impressão de que ele está entre os que foram mortos no contexto do movimento de 1964. Estive, depois de 1964, uma única vez com o Paulo Wright, no exterior. Ele, nesta ocasião, conversou comigo de maneira cordial, mas já não tão aberta politicamente. Percebia-se que ele estava num esquema clandestino ou semiclandestino. E que não queria ter comigo uma conversa mais aberta, certamente, por considerar que a prudência recomendava não mencionar os planos nos quais ele estava envolvido. Por outro lado, eu próprio procurei não o pressionar para que pudesse conhecer estes planos porque eu tinha intenção de voltar ao Brasil, e sabia que a melhor maneira de não comentar uma coisa era desconhecê-la. Embora tenha estado com ele, no total, duas ou três vezes apenas, conheci Paulo Wright suficientemente para dizer que ele era um homem idealista. O fato de ele ter tido a coragem de oferecer a própria vida pela ideia que defendia comprova esta afirmação.

Figura menor da política

Coimbra: – No seu editorial "O Papel de Adhemar", publicado no BU nº 47, p. 2, o jornal voltava a tratar do governador de São Paulo:

> O que é preciso dizer e o que é indispensável, compreenda a nação, é o papel que vem desempenhando numa monstruosa docilidade o chefe do Executivo bandeirante. É preciso dizer que o governador Adhemar de Barros é, hoje, um instrumento nas mãos dos que, brasileiros ou estrangeiros, estão traindo o Brasil e preparando contra ele a pior das perfídias. É preciso denunciar – é necessário que as autoridades de Segurança Nacional meditem sobre a denúncia – o sr. Adhemar de Barros, como peça no que é, sem qualquer dúvida, uma conspiração contra o regime democrático, ainda vigente. Lembrar que o governador de São Paulo transformou a Estado a que vem desservindo no quartel-general das forças antipopulares e anti-Brasil. Que vem montando aqui, a serviço de interesses que evidentemente não são nossos, um dispositivo golpista que objetiva fascistizar o Brasil, para subjugá-lo às matrizes do imperialismo internacional. Para alcançar tal desiderato – e fora dele não alcançará, nem a confiança, nem o apoio dos grupos econômicos – o governador do Estado, de acordo com denúncias formuladas por eminentes autoridades do país, vem armando a reação, sob o pretexto de que prepara São Paulo para reagir "à guerra comunista". Chamaríamos as atenções gerais para a coerente linha política que vem seguindo, desde que assumiu o governo de São Paulo, o sr. Adhemar de Barros. Citaríamos a sua estreitíssima vinculação com o governador da Guanabara, seu desafeto até a véspera. O seu relacionamento com as forças da reação, sem delas excluir a UDN e o PSP, nos seus grupos mais golpistas e menos brasileiros. E sem esquecer dois jornais ao inteiro serviço da reação, como o Estado de S. Paulo e O Globo. Lembraríamos as repetidas declarações de que São Paulo está armado e se armando "para o que der e

vier". Lembraríamos a nomeação de golpista notório para o comando da Guarda-Civil. O adestramento de policiais da Força Pública e da Guarda-Civil por elementos norte-americanos do Ponto IV. Lembraríamos, ainda, a presença indiscutível do sr. Adhemar de Barros em todos os complôs golpistas em preparo e do conhecimento das autoridades federais. Informa-se que o governo da República conhece, de perto, as atividades do governador de São Paulo. Tem tal número de provas estarrecedoras contra ele, capaz de fulminá-lo no instante em que ele passe da conspiração à agressão. Cremos necessário, contudo, que tais autoridades, para a tranquilidade do país, tragam a público todas as provas. Apontem culpados à execração nacional. Não deixem pedra sobre pedra. Não porque amanhã possa ser tarde demais. Mas pelo mal que tais crimes podem causar e já estão causando ao povo brasileiro. Sobretudo, o exposto acima, gostaríamos que meditassem o povo e as autoridades desta República.

Em duas notas na página 4, desta mesma edição, seção Notas e Informações, o BU, ainda, registrava a ação do governador de São Paulo:

Policialismo: Enquanto, imitando o governador Carlos Lacerda, prepara um órgão policial específico para o "combate ao comunismo", a polícia do governador Adhemar de Barras apreende, no município paulista de Santo André, "livros subversivos". Entre eles, um de autoria do escritor Franklin de Oliveira. Outro do deputado Francisco Julião.
Proibição: O governador de São Paulo proibiu os formandos de 1963 da Faculdade de Filosofia do Rio Preto de convidar o deputado Almino Afonso para seu paraninfo. Em sinal de protesto, os universitários paulistas vão realizar, naquela cidade, ato público de repulsa ao governador e desagravo ao parlamentar nortista.

Na obra citada de Thomas Skidmore, p. 331 e 332, Adhemar de Barros merece as seguintes linhas:

O primeiro aspirante de importância à presidência era o eterno candidato Adhemar de Barros. Eleito, com estreita margem de votos, governador de São Paulo em 1962, esse populista démodé era uma figura anômala em meio à crise política que se agravava. Embora tivesse alicerçado sua carreira em promessas de bem-estar, tendo se tornado governador pela primeira vez com apoio comunista, em 1947, cerrara fileiras contra a esquerda radical no conflito ideológico desde meados de 1963. Adhemar, por exemplo, adotara uma atitude dura em fins de 1963, em relação à infiltração comunista nos sindicatos operários paulistas, e chegara mesmo a incentivar a violência para pôr fim às greves.

O senhor teve algum contato pessoal com Adhemar de Barros naquele período, imediatamente anterior ao golpe, ou em algum outro instante?

Paulo de Tarso: – Adhemar, na verdade, o que queria era continuar na onda política, salvar a própria posição, coisa que nós sabemos não ocorreu. O Adhemar não tinha nenhuma dificuldade para assumir essa posição antidemocrática em São Paulo. O seu compromisso era só com a sua própria carreira. O populismo é um corpo de ideias políticas que não cria nenhuma obrigação maior do líder populista com este ou com aquele grupo social.

Meu primeiro contato com o Adhemar de Barros deu-se quando eu me formava pelo Centro de Incorporação de Oficiais da Reserva de São Paulo e havia sido escolhido orador da turma. Naquele instante falava-se abertamente numa intervenção federal em São Paulo e a juventude, sobretudo, da Faculdade de Direito de São Paulo, estava violentamente contra o Adhemar. Se tivesse havido a intervenção teria encontrado resistência, pelos menos por parte da juventude. Aqueles que haviam votado em mim para orador da turma, reunidos, sugeriram que eu não fizesse referência a Adhemar de Barros, embora ele estivesse presente na cerimônia. Eu disse: – Vocês é que sabem. Se vocês desejam isto, eu faço o que vocês estão pedindo. E realmente fiz. Comecei dirigindo-me ao general comandante da Região Militar, na época. Omiti qualquer referência ao Adhemar. Isso provocou um burburinho terrível. Os oficiais corriam de um lado para outro. Pensei que ia sair preso da tribuna. Por sorte, não saí, mas o desaire ao Adhemar, a pedido da minha turma, ocorreu nessa oportunidade, em 1948.

A partir disto, como aliado do Jânio Quadros, eu sempre o combati, em todas as campanhas das quais participei, inclusive na última em que o Jânio Quadros disputou com ele o governo de São Paulo. Portanto, o Adhemar não tinha motivos para me tratar de maneira diferenciada. Não estava absolutamente preocupado, nem comigo, nem com aqueles que, como eu, defendiam a preservação da democracia no Brasil. Ele queria apenas aproveitar o momento político em benefício do seu partido, PSP, e queria fortalecer-se como candidato à Presidência da República. Em 1964, ele queria criar méritos junto ao comando do movimento de desestabilização do Goulart, para vir a ser o candidato do movimento à presidente da República. Mas Adhemar de Barros era um homem que tinha algumas virtudes pessoais de chefe político. Era tido por alguns dos seus seguidores como o bom amigo, como um político leal. Porém, no contexto da política brasileira dos anos 50 para cá, ele foi assim um exemplo muito bom de como não se deve fazer política no Brasil. Era um clientelista, um homem que representava a corrupção e, praticamente, não se defendia quando era acusado de ser corrupto. Procurava falar uma linguagem compadresca, assim, de amigo para amigo, sem qualquer preocupação de politizar o povo. Foi um líder populista enfrentado por um outro, este carismático, Jânio Quadros. Adhemar nunca teve condições de uma análise mais profunda da realidade brasileira e daquilo que ele pretendia realizar, chegando à Presidência da República. Acho Adhemar de Barros uma figura que o tempo vai reduzir às suas devidas proporções, isto é, a de uma figura menor na História Política brasileira.

O falso seráfico

Coimbra: – BU não deixou passar sem críticas a amedrontadora utilização política do sentimento religioso, em Minas Gerais, naquele mês. Na matéria "Capital Mineira Virou Dallas: Espetáculos de Nazifascismo", publicada no BU n° 48, à página 8, o jornal relatava:

Depois de sofrerem pesadas derrotas, com a realização vitoriosa da Semana do Minério, em Belo Horizonte, as forças reacionárias, sob o comando da Mannesmann, resolveram vingar-se, na primeira oportunidade. A oportunidade surgiu com o Congresso da Central Única de Trabalhadores de América Latina, que contou com a participação de representantes da ONU, FAO, Confederação dos Sindicatos Livres da Europa, Estados Unidos, além de observadores da França e da Itália. Contando com a participação da grande imprensa, resolveu a direita lançar a costumeira balela: comunismo. O conclave é comunista. E os quatro grandes jornais mineiros, mais suas emissoras de rádio e televisão, passaram a anunciar, aos quatro ventos, a "invasão de Belo Horizonte por elementos de Moscou e de Pequim". Invasão da "capital eucarística" do Brasil, por agentes marxistas da União Soviética, China Popular, Polônia, Vietnã. Milhões e milhões de cruzeiros (alguns falam em bilhões) foram gastos em Minas para ludibriar a sua boa e confiante população. Associações de senhoras, congregados marianos, caíram no conto da reação. Nele caindo, infelizmente, o próprio Arcebispo-Metropolitano de Belo Horizonte, Dom João Resende Costa. O dignatário católico transformou o que era apenas mais uma trapaça da reação num caso religioso. A cruz contra.... a foice e o martelo. Enquanto os grupos econômicos financiavam a vastíssima propaganda (rádio, jornais, televisão, distribuição de volantes, viaturas com alto-falantes etc) todos os templos católicos faziam, também, a sua parte na luta, sendo que até um comício foi realizado na Igreja de São José. O ódio passou a ser o clima de Belo Horizonte. A grande cidade se transformou numa odienta Dallas. O próprio arcebispo a mandar o povo reagir contra a "canalha vermelha". O prefeito Jorge Carone decretou luto de sete dias em Belo Horizonte e reforçou o movimento, ajudando financeiramente a grande mentira. Um comício de ódio foi empreendido. Tendo como oradores principais os srs. Último de Carvalho (latifundiário, direitista e presidente da Associação Comercial); Josaphat Macedo (presidente da Federação das indústrias), prefeito Carone, padres Vidigal e Botelho e integrantes de pseudos entidades operárias, rurais e estudantis. Tudo gente do IBAD. Até mesmo o famoso deputado Luciano, envolvido em episódios policiais com meninas. Todos os oradores pedindo morte e sangue. Um rapaz de 18 anos de idade, apontado como comunista pelo "tira" Sarmento, do DOPS, é quase estrangulado pela reação enfurecida. Na Rua Bahia, outro "tira", empunhando um revólver 45, procurou assassinar um popular.

Os capangas do prefeito (Wilson Lourenço, Araújo, Sarmento, Paulão) eram os donos da cidade. Até que a CUTAL, prudentemente, para evitar o massacre do povo mineiro, resolveu realizar em Brasília o seu importante conclave.

Dreifuss conta como se deu a preparação deste estado de ânimo dos mineiros, em sua obra citada, p. 394 e 395:

Em janeiro de 1964 o general Mourão Filho entrou em férias, enquanto o general Guedes assumiu a supervisão do desenvolvimento da conspiração. Na reunião de Acaiaca, como ficou conhecida, os empresários e profissionais liberais do IPES tentaram insistentemente aliciar o general Guedes para que o oficial em comando e os militares de Minas Gerais se comprometessem firme e ativamente com uma operação ofensiva contra o governo. Provaram também ao general Guedes o forte apoio dos empresários pela sua presença à reunião e por suas atitudes manifestas. A resposta do general Guedes foi que os empresários deveriam "tomar as ruas de Jango". O general Guedes frisou que, uma vez que a opinião pública estivesse mobilizada pelos empresários contra o governo, "nós, os militares, como parte do povo, apesar de armados, simplesmente usaríamos nossas armas para o que fomos criados, a defesa da segurança interna", ameaçada pela esquerda. Este esquema era semelhante ao elaborado em novembro de 1961 no Rio, e igual ao posto em prática em São Paulo. Através de seu comando civil e juntamente com a mídia de Minas Gerais, em particular os Diários Associados e várias organizações de ativistas femininas da classe média, especialmente a Liga de Mulheres Democráticas e o Movimento Familiar Cristão, com as associações empresariais, a FAREMG e a Federação das Indústrias, a Liga Anticomunista, organizações estudantis e grupos paramilitares, como a UDN estudantil e a GAP, a liderança do IPES realizou operações semelhantes às desenvolvidas no Rio e em São Paulo. A campanha de propaganda que custeava a publicação de manifestos de associações de profissionais liberais – especialmente advogados e médicos – na imprensa, televisão e programas de rádio, comícios e marchas organizadas pelos IPES-Belo Horizonte e suas associações paralelas culminou, em fevereiro de 1964, com a Marcha do Terço organizada pelo Padre Peyton, pelo Padre João Botelho e por várias organizações femininas patrocinadas pelo IPES.

Especificamente, sobre a utilização de veículos de comunicação de massa de Minas Gerais, na campanha desencadeada, Dreifuss informa, na mesma obra, em nota de fim de capítulo, à página 414:

> Isto foi relativamente simples, considerando que o complexo de mídia mais poderoso de Minas pertencia a Assis Chateaubriand, com rádio, TV e jornais, e que, em São Paulo, ele era dirigido pelo líder do IPES, Edmundo Monteiro.

Quanto às informações sobre o envolvimento do general Carlos Guedes, Dreifuss as retirou do livro deste militar, *Tinha que ser Minas* (Rio de Janeiro, Ed. Nova Fronteira, 1979).

A figura do citado padre Peyton aparece, assim, no livro *A Igreja e a política no Brasil*, já citado, de Márcio Moreira Alves, às páginas 111 e 112:

> Um caso exemplar de ação de um grupo de pressão católica sobre a superestrutura política do Brasil foi a utilização da Cruzada pelo Rosário em Família para preparar as Marchas com Deus, pela Família e pela Democracia, que faziam parte de um plano de conjunto dos que fomentavam o golpe de Estado contra o presidente João Goulart. Em fins de 1963, a maior parte da hierarquia parecia convencida de que a agitação pelas reformas sociais, orquestradas pelo governo Goulart, abriria a porta do país para o comunismo. Esta posição política, conforme com o passado conservador da Igreja, era reforçada pela irritação que os bispos sentiam contra os católicos de esquerda, que contestavam a sua autoridade no interior da instituição. Contudo, esta maioria do episcopado não desejava manifestar-se muito abertamente. Financeiramente, a Igreja era demasiada dependente do Estado para se atrever a um conflito público; organizacionalmente, Dom Hélder ocupava o secretariado-geral da CNBB, os seus amigos ocupavam outros postos-chaves e eram favoráveis às reformas; hierarquicamente, uma frente de cardeais era impossível porque Dom Motta, cardeal de São Paulo, apoiava o grupo de Dom Hélder; internacionalmente a situação dos conservadores era delicada, pois o Vaticano multiplicava declarações favoráveis às transformações que conduzissem a uma maior justiça social e abandonava as rígidas posições de Guerra Fria

do tempo de Pio XII. O núncio no Brasil agia em consequência. Era necessário, portanto, encontrar um instrumento capaz de influenciar o resultado da luta política sem comprometer demais os seus manipuladores. Este instrumento foi fornecido por esse universal anjo da guarda dos reacionários que é a CIA. De repente, sem que se soubesse por que, o Cardeal Jaime de Barros Câmara, do Rio de Janeiro, pôs-se a falar de um padre norte-americano que realizava milagres pela fé, nas Filipinas. Esta informação chegou ao escarpado palácio do cardeal por caminhos misteriosos. O fato é que o padre americano foi rapidamente transferido para o Rio de Janeiro. Demonstrou ser não apenas um perito em *mass media*, como também um cruzado do anticomunismo e um verdadeiro Creso, cujos fundos pareciam inesgotáveis. Desta forma, com grandes fanfarras de imprensa, precedida por centenas de milhares de cartazes, saudada pelos jornalistas conservadores, difundida pela televisão e pelo cinema, entrou no Brasil a Cruzada pelo Rosário em Família do Pe. Patrick Peyton. A Cruzada pelo Rosário em Família inseria-se no quadro mais vasto da mobilização da classe média das cidades contra o regime Goulart. Os conspiradores militares e seus aliados da alta burguesia precisavam de manifestações massivas para se justificarem junto aos colegas que queriam atrair para a conspiração, para intimidarem os adversários e para terem uma ideia das próprias forças. A campanha tornava-se um ponto de aglutinação para os adversários do governo – e neste sentido trabalhava com outras organizações, tais como a CAMDE (Campanha da Mulher pela Democracia) – e um centro de difusão para a rápida transmissão de ordens de mobilização. Preparava também o terreno pela propaganda anticomunista, para as grandes mobilizações de março de 1964, o objetivo do seu esforço, as Marchas com Deus, pela Família e pela Democracia. Estas marchas foram financiadas pelas grandes empresas norte-americanas e pela CIA.

As fontes consultadas por Márcio Moreira Alves, neste trecho, são as seguintes: Joseph Page, *The Revolution That Never Was* (New York, Grossman, 1972, p. 116), e Jérome Levinson e Juan de Onis, *The Alliance That Lost its Way* (New York, Quadrangle Books, 1970, p. 89).

No seu n° 50 o BU publicou esta carta de um leitor mineiro de Belo Horizonte (Lázaro Onofre de Macedo), à página 15:

> Outra vez os "democratas" se esquecem e tiram as máscaras! Mais uma vez a palhaçada se agita no circo, tentando desviar as atenções dos injustiçados? Não adianta. O que é podre, mais cedo ou mais tarde, chega ao conhecimento público e tende a desaparecer. Não adiantam as explorações do sentimento religioso de nosso povo, como se deu agora em Belo Horizonte por ocasião do Congresso da CUTAL. Não foi difícil identificar os sentimentos fascistas de homens que só "realizam mesmo" o que lhes possa satisfazer a vaidade pessoal e servir de trampolim para cargos mais honrosos e rendosos. E quem não entreviu o Carlos Lacerda por detrás da imensa campanha feita pelos "Associated" que não vacilam em publicar os artigos do patrão amarelo que chama alguns prelados brasileiros de "carniça da religião", vindos depois à praça pública para defenderem os "sentimentos católicos do povo mineiro", como se viu ainda no já famoso Congresso da CUTAL?

Ao lado da carta deste leitor, o jornal publicava a resposta que lhe deu Ruy do Espírito Santo:

> Realmente, Lázaro. A exploração do sentimento religioso é uma das mais terríveis armas da reação. O recente episódio de Belo Horizonte, como você bem analisou, revela todo o farisaísmo e toda a hipocrisia de uma imprensa a serviço dos privilégios.

O senhor conheceu o padre Patrick Peyton?

Paulo de Tarso: – Realmente, o ódio dominou Belo Horizonte, durante muito tempo, um ódio alimentado por campanhas de opinião pública, através dos meios de publicidade. No caso da reunião da CUTAL, de fato, o próprio arcebispo tomou posição contrária. O prefeito Carone decretou luto na cidade. A transferência do congresso para Brasília foi uma vitória das forças que, em Belo Horizonte, se organizaram para impedir que ele lá se realizasse.

Quando eu era prefeito de Brasília – isto foi no ano de 1962, mais ou menos – fui procurado pelo padre Peyton, na minha residência oficial, na Granja do Riacho Fundo, em Brasília. Àquela altura, ele falou uma linguagem sacerdotal, com a minha família e comigo, procurando insistir na recitação do terço. Enfim, ele aparecia apenas como um homem preocupado com o apostolado religioso. Mas, ele veio a desenvolver nesses episódios um papel muito importante com a chamada Cruzada pelo Rosário em Família. Creio que essa cruzada foi uma das motivações mais decisivas da Marcha com Deus pela Família, que possibilitou a saída dos militares dos quartéis, para dar apoio à queda do governo Goulart. Com essa cruzada, ele criou a impressão de que a opinião pública católica no Brasil havia tomado posição contra o governo Goulart, ao confundir o governo Goulart com o comunismo. A cruzada contra Goulart foi apresentada como uma cruzada contra o comunismo. E, como sempre, a luta anticomunista teve um fascínio muito grande, tanto junto a setores religiosos católicos, como junto a militares, por razões diferentes. Junto aos católicos, por causa do ateísmo, e, junto aos militares, ainda, pelos acontecimentos de 1935. Isso explica por que foi tão fácil arregimentar, em São Paulo, um número tão grande de manifestantes que depois viabilizaram o movimento de 1964. Na realidade, a ameaça comunista só existia na imaginação dos homens do IBAD. Se os comunistas estavam presentes em alguns organismos políticos do governo, eles eram pouco expressivos, não eram hegemônicos. Portanto, a impressão que eu tive do padre Peyton, na época, não foi, assim, a de um homem que tivesse condições de deflagrar o movimento urbano de opinião pública que respaldou o golpe de 1964. Ele parecia mais um sacerdote tradicional, aparentemente seráfico. Dava a impressão de que estava mais interessado numa atividade pastoral do que numa atividade política. Percebi, depois, que essa aparente atividade pastoral dele estava integrada numa estratégia política que precisava do cristianismo como a sua suposta fonte inspiradora.

Luta armada contra Goulart

Coimbra: – A elevada exacerbação de ânimos numa região do estado de Minas ficou estampada no dramático depoimento de um líder camponês publicado no BU n° 49, p. 5. A matéria tinha por título "Firma Americana Organiza Luta Contra Camponeses":

> O depoente desta semana é um homem marcado para morrer. Condenado à morte pelos exaltados latifundiários de Minas Gerais. Trata-se de um camponês, líder de camponeses, na atribulada região de Governador Valadares. O seu nome não aparecerá nesta página para que não venha cair amanhã varado de balas dos bandidos do coronel Pedro Ferreira, o empijamado militar da Força Pública daquele Estado, agora transformado em líder dos latifundiários das Alterosas.
>
> Ao BU o líder camponês denunciou:
>
> Camponeses foram demitidos das fazendas por se terem ligado aos sindicatos rurais. Os camponeses, agora demitidos, num total de mil e novecentos, vieram juntar-se aos favelados em situação desesperadora. São centenas de famílias em situação de absoluto flagelo. Não têm casa, empregos, nem meios para adquirir alimentos. Estão contando até agora com uma única solidariedade: a solidariedade comovedora dos favelados de Governador Valadares. São eles que dividem a sua miséria colocando-se em disponibilidade para atuar a qualquer instante em qualquer luta de sobrevivência. Se há armas em Governador Valadares? Há, e muitas. Os latifundiários compraram grande número de armas, especialmente rifles, bem como fartíssima munição. Nós não estamos armados. Não temos dinheiro para a compra de armas.

No final daquela matéria, BU informava que o movimento organizado pelos latifundiários contra o órgão oficial encarregado de executar a reforma agrária, Superintendência de Reforma Agrária – SUPRA, era patrocinado pela empresa de publicidade MCann-Erickson, a mesma firma organizadora da campanha eleitoral de Carlos Lacerda.

O próprio delegado da SUPRA, em Minas Gerais, Antônio Lins, disse numa entrevista ao BU, publicada dois números adiante do jornal, à página 5.

Ele afirmava:

> Como as Forças Armadas estão tranquilas e coesas, os politiqueiros da reação, os alucinados Lameirões de agora, servem-se de "coronéis", donos de terra e latifundiários que, se não são de todo alucinados, se prestam muito bem àquelas manobras. Em Governador Valadares, os trabalhadores estão com as mãos e os estômagos vazios. Não têm armas. Não têm terras. Não têm oportunidade de trabalhar, são famintos, marginalizados deliberadamente do processo social. Quando pretenderam utilizar um próprio do governo, um próprio do Ministério da Agricultura, sofreram os mais rudes ataques e foram obrigados a viver um clima que somente aumentou sua aflição. Para completar a desgraça, que tem sido companheira constante de todos os camponeses do Vale do Rio Doce, aumenta ali o índice de desemprego. Os contratos de arrendamento não estão sendo renovados. Os fazendeiros deixam de cuidar de suas fazendas para tratar de seus arsenais e da lubrificação de suas metralhadoras. Objetos inconscientes de uma manipulação política escandalosa, estão cegos de ódio e não percebem que preparam um processo que lhes será fatal.

Estes conflitos também foram registrados pelo jornalista Carlos Castelo Branco em crônicas políticas publicadas em vários dias do mês de fevereiro de 1964 (Obra citada, v. 2, p. 175 a 179):

> Dia 4: Os fazendeiros do Vale do Rio Doce, prevendo invasão de suas propriedades pelos trabalhadores rurais da região recém-sindicalizados, pretendem defender-se à mão armada contra qualquer assalto. Recentemente, desceu no campo de pouso de uma fazenda do vale um avião carregado de armamentos. Dois dos proprietários ameaçados são oficiais reformados pela polícia mineira, com experiência em combate.
>
> Dia 7: "A sorte das nossas propriedades rurais em Minas está cingida à sorte do mandato do Presidente da República", declarou está tarde o deputado Último de Carvalho, líder da bancada do PSD mineiro na Câmara Federal. "Se o presidente confiscar as nossas propriedades ou

se permitir que alguém as confisque, haverá também quem confisque o seu mandato de Presidente", acrescentou.
Dia 8: Com relação às fazendas do Vale do Rio Doce, autoridades governamentais asseguram que é insustentável a situação de, pelo menos, três fazendas situadas nas margens da Rio-Bahia e próximas a uma cidade em que o problema social se agrava, como é o caso de Governador Valadares. Essas fazendas, abrangendo grandes áreas escassamente exploradas ou mesmo não exploradas, são do Ministério da Agricultura, abandonadas, há longos anos, e já em divisão, a do Frigorífico Anglo e a da Grã-Duquesa de Luxemburgo (Belgo-Mineira).

Na entrevista do delegado da SUPRA, em Minas Gerais, ele explicou ainda:

A SUPRA foi criada para planejar e executar reforma agrária que for votada pelo Congresso Nacional. Este, no entanto, está demorando na sua decisão, enquanto os fatos sociais se desencadeiam. Esperando a reforma agrária que o país inteiro está reclamando, a SUPRA procura atender aos acontecimentos sociais que vêm ocorrendo no Brasil. Ao contrário de provocar invasões de terras, tem procurado solucionar as tensões existentes e resolver os conflitos que vêm surgindo, não por sua influência, mas como consequência de uma estrutura podre, antissocial e desumana. É também a finalidade da SUPRA a promoção e organização dos camponeses. Assim, em convênio com o Ministério do Trabalho e Previdência Social, através da Comissão Nacional de Sindicalização Rural, tem a SUPRA procurado assistir aos sindicatos fundados, auxiliando-os. A SUPRA, diga-se de passagem, não cria sindicatos, nem nomeia as suas diretorias. O sindicato é órgão do trabalhador, do camponês, é livre na sua criação, na sua orientação e na sua direção. Em Minas Gerais, os camponeses já criaram 120 sindicatos rurais, com o auxílio da Comissão Nacional de Sindicalização Rural e desta delegacia, mas sem que os órgãos do Estado tivessem interferência na livre administração das entidades. E como vêm reagindo os fazendeiros, ao exercício pelos camponeses de um direito legal, de um direito líquido e certo, o direito de sindicalização? A reação dos fazendeiros de Minas Gerais vai desde a surda e imediata perseguição ao sindicalizado, com a sua dispensa do serviço, até a absurda e gritante pregação da luta armada, como ocorreu em Sete Lagoas, Luz, Lagoa da Prata, Piumhi, Governador Valadares, Galiléia e outras localidades.

O senhor teve oportunidade de conhecer algo a respeito da ação da SUPRA?

Paulo de Tarso: – Aquilo que o deputado Último de Carvalho disse, mencionado na pergunta, foi um slogan. Que eu saiba, ninguém cuidou de confiscar propriedade rural de quem quer que seja. O que havia era uma ideia favorável à Reforma Agrária, que previa a desapropriação de terras por interesse social. Mas isto, num quadro institucional de Estado de Direito. O confisco significa uma violência praticada contra a propriedade privada, coisa da qual o governo Goulart nunca cuidou. Mas era preciso terminar com as nuances, com os matizes. Era preciso apresentar a coisa radicalizada, em posições diametralmente opostas, como se, maniqueisticamente, houvesse o comunismo e o anticomunismo. O governo Goulart representava o comunismo, com as forças que o acompanhavam, e aqueles que se opunham ao governo Goulart, representavam o anticomunismo. E tudo o que se fazia em termos de Reforma Social era apresentado como comunismo. Como essas forças que agiam assim dispunham dos meios de comunicação quase que totalmente, foi fácil convencer a nação de que isso era verdade. Houve uma espécie de logro. A nação foi lograda. Uma espécie de conto do vigário foi passada à nação. De um momento para outro levou-se a nação a confundir o movimento das suas transformações sociais com uma mera agitação comunista, fora de qualquer quadro jurídico. A confusão foi criada com fatos como o que o deputado Último de Carvalho denunciou, entre aspas.

Estive sempre relacionado com as tentativas de elaboração da Reforma Agrária, conhecia muito bem o Plínio Sampaio, relator do projeto de Reforma Agrária, na Câmara, e posso assegurar: absolutamente ninguém pensava fazer isso de maneira assim tão atabalhoada, tão caótica, tão anarquista. O anarquismo veio como uma reação àquilo que se pretendeu que fosse anarquismo. A SUPRA não conseguiu cumprir seu objetivo porque, embora o Congresso Nacional se estivesse preparando para votar o projeto de Reforma Agrária, os fatos se precipitaram, antes da votação, e não foi possível dar nenhuma consequência maior à ação da SUPRA. A SUPRA tentou organizar alguns sindicatos rurais, chegou a pensar no assentamento de algumas famílias em terras expropriadas pelo interesse social. Mas, tudo foi muito pouco, diante das necessidades do meio rural brasileiro. A SUPRA surgiu em um ambiente inteiramente tumultuado, convulsionado. Ela esteve no centro dessa convulsão social e não pôde realizar seus objetivos. Teve duração efêmera, porque surgiu com o objetivo de ser um instrumento da Reforma Agrária, e foi surpreendida pela virulência das forças que se mobilizaram contra esse projeto.

Eternos conspiradores

Coimbra: – Não só em São Paulo e em Minas havia, já naquele mês de fevereiro de 1964, uma situação profundamente conflituada. O BU n° 48 revelava a perigosa ebulição política em outros Estados. Numa nota, à página 4, o jornal dizia:

> Contrabando: Continua o contrabando de armas. Uma grande remessa – 10 rifles, 10 metralhadoras e 200 caixas de munições – foi apreendida no Estado do Rio e era destinada a latifundiários de Alagoas. "Argumento" para conter os camponeses daquele Estado.

Na página 2, do BU n° 51, matéria com o título "Intolerância", dizia:

> A polícia política da Guanabara, ainda sob o comando do famigerado Cecil Borer, invadiu uma gráfica carioca, para ali apreender exemplares do livro *Lutar é viver*. Em face da grande repulsa causada pelo desmando, notadamente entre estudantes e intelectuais, o governador Carlos Lacerda veio a público para justificar a arbitrariedade de seu

governo e a selvageria daquele gangster, seu parceiro desde a matança de mendigos e o espancamento de presos políticos, nos campos de Olaria. E disse, com a maior sem-cerimônia possível, que o livro surrupiado era "comunista". Pois bem, pasmem os leitores: o livro *Lutar é viver* foi editado pelo Ministério da Educação e Cultura, sob a responsabilidade do Secretariado-Geral da Conferência Nacional dos Bispos do Brasil - CNBB. Secretariado-Geral, que tem como seu ilustre titular Dom Hélder Câmara, arcebispo do Rio de Janeiro, e, atualmente, uma das figuras mais marcantes da Igreja, em todo o mundo. E não é só. Os exemplares apreendidos pelos beleguins da polícia política da Guanabara destinavam-se ao Norte do país, de acordo com encomendas do episcopado daquela região.

Na página 18 da mesma edição do BU, mais notícias de conflitos. Agora, na Bahia:

Na medida em que a polícia baiana passa da responsabilidade do Governador Lomanto Júnior e do secretário de Segurança, coronel Francisco Cabral, para a domínio do norte-americano Ponto IV, as suas arbitrariedades se tornam maiores. Bem, recentemente, violências contra os trabalhadores grevistas da companhia norte-americana de cigarros, a Souza Cruz. Agora, um atentado contra o jornalista e radialista Jeová de Carvalho, alvejado com uma bala de calibre trinta e dois pelo "coice-de-mula" conhecido como Veloso. As viaturas da polícia baiana são agora apelidadas de "andorinhas" (pintura preta e branca) e ocupadas por três policiais. A polícia age sempre com violência, especialmente, depois de meia-noite e no contato com trabalhadores, estudantes ou simples notívagos. A ordem é "prender para depois resolver". O que começa a acontecer na Bahia – segundo denúncia de nossa sucursal de Salvador – já, há muito tempo, vem acontecendo em São Paulo, onde um tal mister Costello passou a ser eminência parda (ou loura?) do dispositivo policial do governador Adhemar de Barros. É legal tal "assistência?" É legal que policiais norte-americanos tenham acesso pleno aos fichários das polícias estaduais brasileiras? Que vantagem traz para o Brasil o chamado Ponto IV? Que interesse têm os Estados Unidos em continuar oferecendo tal "contribuição"? O que opinaria sobre tão importante assunto o Conselho de Segurança Nacional? E de tudo isso o princípio de soberania nacional não está saindo atingido?

Segundo o editorial do BU nº 50 "A Grande Conspiração", publicado à página 20, o chefe da Casa Civil da Presidência da República, Darcy Ribeiro, afirmara: "O grupo social que se preparava para derrubar Goulart era o mesmo que havia conspirado contra a democracia brasileira em várias oportunidades nos últimos anos." Disse o BU:

> Tomando como base o ano de 1950, o chefe da Casa Civil da presidência da República provou que, desde há 14 anos, os grupos que agora falam em conspiração não fazem outra coisa senão conspirar. E conspirar contra a autoridade legítima, escolhida em eleições livres pela multidão que vota; e conspirar contra os mais justos direitos do povo. Conspiraram em 1950 para impedir a posse do sr. Getúlio Vargas, levantando a bandeira ridícula da maioria absoluta. Conspiraram em 1954, quando depuseram o presidente, levando-o ao suicídio. Conspiraram com o presidente Café Filho para impedir as eleições de 1955. Em 1955, conspiraram contra a posse dos srs. Juscelino Kubitschek e João Goulart. No governo do primeiro conspiraram abertamente e levaram à prática as aventuras criminosas de Aragarças e Jacareacanga. No governo Jânio Quadros, monstruosamente conspiraram contra o presidente, determinando aquele gesto desesperado e inconsequente de renúncia. Conspiraram, depois, contra a posse legítima do sr. João Goulart. Através do histriônico parlamentarismo conspiraram contra as prerrogativas indiscutíveis do presidente. Depois, conspiraram contra o plebiscito. E de lá para cá vêm conspirando sempre de dia e de noite, com o auxílio fracativo de desmoralizados politiqueiros nativos, ou poderosamente, com a participação efetiva e decisiva de trustes internacionais.

Mas, a julgar-se pelo que publicou Carlos Castelo Branco, em nota de 1 de fevereiro de 1964 (livro citado, v. 2, p 174), o presidente João Goulart parecia sentir-se muito seguro:

> O presidente João Goulart encara a ofensiva da UDN, a partir da denúncia da guerra revolucionária, como manifestação de desespero de uma elite tradicionalmente comprometida com as técnicas de golpe de Estado. Referindo-se, especificamente, às sucessivas declarações do

sr. Bilac Pinto, em recentes conversas, disse o sr. João Goulart que o Presidente da UDN vem se revelando um perigoso leitor de Sherlock Holmes, mas que deverá ficar advertido de que qualquer tentativa de derrubar o governo pela força "vai custar muito sangue". O sr. João Goulart insiste em que, de 1945 para cá, os únicos golpistas na vida brasileira tem sido os udenistas e que há sinal de perigo sempre que eles começam a denunciar golpes e a falar em golpes. Isto revelaria que eles estão caindo novamente em tentação. O governo, no entanto, estaria preparado militarmente para esmagá-los de norte a sul do país, tão logo ponham a cabeça de fora. O Presidente da República alega ter constituído sólido dispositivo militar, de caráter legalista e defensivo, o qual, pela primeira vez, é apoiado por uma nova força organizada, a que o Presidente dá o nome de "V Exército". Esse "V Exército" é o poder sindical.

Como interpreta o quadro traçado acima?

Paulo de Tarso: – Essa apreensão de livros na Guanabara praticada pelo Cecil Borer, como comandante da polícia política do Estado, dá bem um exemplo do quadro anarquista que se criou, na época. Um quadro quase surreal. Eu já me referi a um certo otimismo do presidente Goulart diante das conspirações que se tramavam contra o seu governo. Havia nele, por exemplo, esta confiança exagerada e irreal na atuação sindical, num momento de crise. Ora, nós sabemos que é absolutamente impossível enfrentar tropa militar armada, disposta a depor o presidente da República, com lideranças sindicais, mais ou menos derivadas do governo, com uma representatividade discutível, pequena, insuficiente. O "choque" dessa liderança sindical com as tropas armadas foi o que se viu. Não houve derramamento de sangue, não houve nenhum esmagamento de Norte a Sul do Brasil. O que houve foi pura e simplesmente um desfile de tropas com uma pacífica queda do governo federal que, com isso, mostrou a sua fragilidade.

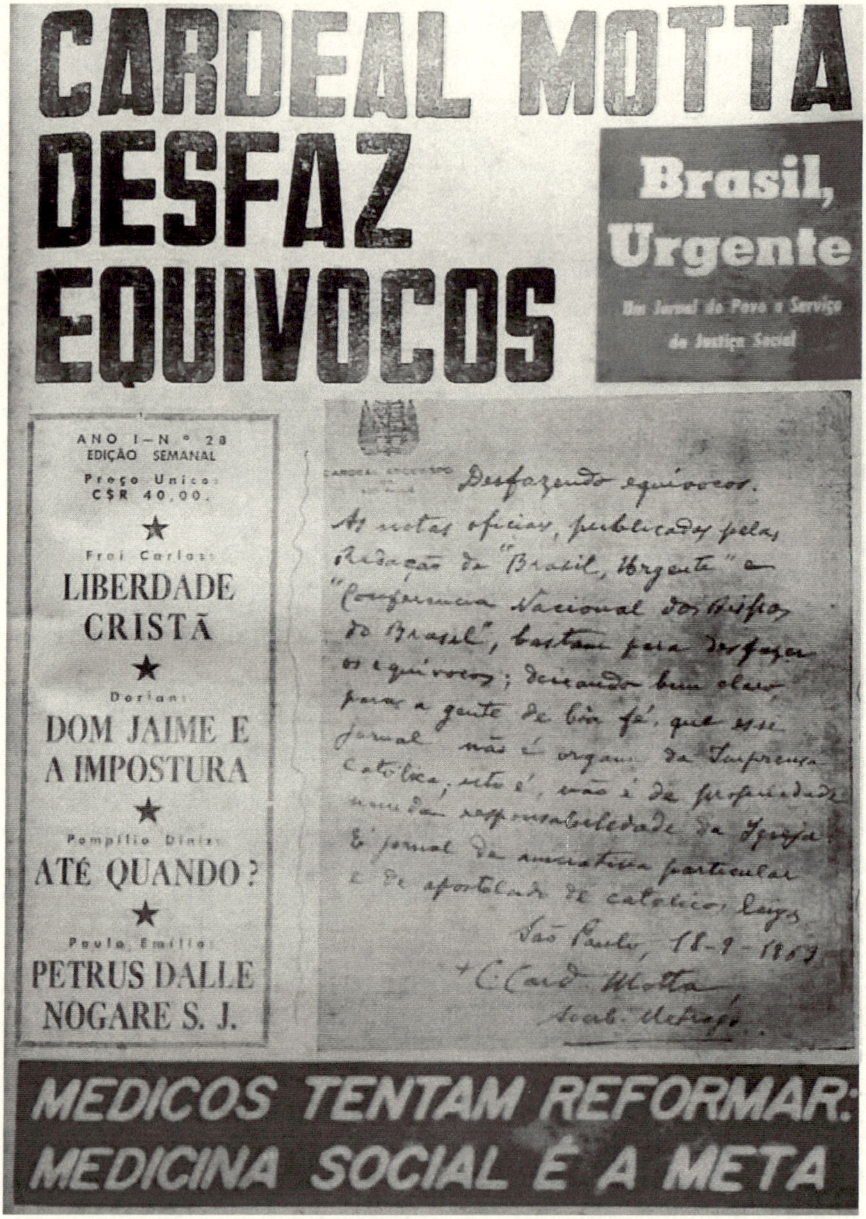

CARDEAL MOTTA DESFAZ EQUIVOCOS

Brasil, Urgente

Um Jornal do Povo a Serviço da Justiça Social

ANO I – N.º 28
EDIÇÃO SEMANAL
Preço Único: C$R 40,00.

★

Frei Carlos:
LIBERDADE CRISTÃ

★

Dorian:
DOM JAIME E A IMPOSTURA

★

Pompílio Diniz:
ATÉ QUANDO?

★

Paulo Emílio:
PETRUS DALLE NOGARE S. J.

Desfazendo equívocos.

As notas oficiais, publicadas pela Redação do "Brasil, Urgente" e "Conferência Nacional dos Bispos do Brasil", bastam para desfazer os equívocos; deixando bem claro para a gente de boa fé, que esse jornal não é órgão da Imprensa Católica, isto é, não é de propriedade nem da responsabilidade da Igreja. É jornal de iniciativa particular e de apostolado de católicos leigos.

São Paulo, 18-9-1963

+ C. Card. Motta
Arceb. Metrop.

MEDICOS TENTAM REFORMAR: MEDICINA SOCIAL É A META

Começa o abandono pela Igreja, quando a CNBB, numa nota, declara que o BU não é jornal católico. Mas é feito por católicos, declara o cardeal de São Paulo.

Coimbra: – Este V Exército a que se referiu João Goulart na nota de Carlos Castelo Branco tinha, também, os seus problemas, como denunciava a manchete: "Fisiológicos do PTB querem Institutos para Politicagem" (BU n° 51, p. 13). Sob a manchete, este texto:

> Desvinculados da classe operária, e, não raro, lutando contra ela, os fisiológicos do PTB querem os órgãos de previdência, não para servir aos trabalhadores, mas para arrecadarem fundos para as suas milionárias campanhas eleitorais. O que provoca a repulsa dos trabalhadores, que querem, nos institutos de previdência, um órgão que os ampare, e não uma fonte de mamatas e cabides de emprego.

Dante Pellacani, que foi vice-presidente do Comando Geral dos Trabalhadores – CGT, e diretor do Departamento Nacional de Previdência Social, no governo Goulart, em seu depoimento ao livro *História vivida*, já citado, v. 2 p. 297, reconhece:

> Claro que havia empreguismo, não sei se ligado ao PTB. Ele existia na Previdência, como em qualquer repartição pública. Todos aqueles cargos que eram de livre provimento dos colegiados eram preenchidos por eles. É bom esclarecer que o DNPS não tinha poderes para nomear ninguém. Quem nomeava eram os institutos. Não digo isso para me eximir de culpa. Que eu tinha influência nisso, tinha, porque um pedido meu era uma ordem e os companheiros atendiam. Claro que alguns exageravam na nomeação de familiares ou amigos, principalmente no Norte e Nordeste, regiões onde um cargo público conta muito para efeito de voto. Mas esses companheiros me diziam: – Dante, se não nomearmos esse Fulano, vamos ter de nomear algum outro, porque o cargo está vazio. Lembro-me perfeitamente de uma passagem. Jânio Quadros era presidente e havia projetos de lei que seu governo tinha interesse em que tramitassem rapidamente. Certa vez, um de seus ministros me procurou: – Você devia dar uma mão ao Jânio, porque esses deputados levam os projetos para casa e só apresentam o parecer no fim do mandato. Fiz diversas vezes isso, isto é, procurei

deputados da oposição, que constituíam a maioria no Congresso, para perguntar-lhes: – O que vocês querem para dar andamento nesse projeto no qual o presidente tem interesse? A resposta era, por exemplo: – Quero 10 cargos de fiscal na Previdência Social. Verificava se os cargos existiam e mandava que fossem dados a eles. Essa era a minha interferência direta. Quanto aos colegiados, através de seus presidentes, eles atendiam aos pedidos dos partidos políticos, e, sem dúvida nenhuma, davam preferência ao PTB.

Até mesmo a representatividade dos sindicatos da época é colocada em dúvida, por Paulo Schilling, ao apontar mais um problema na área do "V Exército" de Jango. No seu livro citado, v. 1, p. 154 e 155, ele diz:

> Confirmando que o nosso é efetivamente um proletariado de primeira geração, com um nível muito baixo de consciência de classe e uma visão muito limitada de seu papel dentro da sociedade, temos o índice de sindicalização, que alcançava, em 1963, a 15% entre os trabalhadores industriais; a 5-6% entre os empregados de comércio, e não ultrapassava 3% na construção. São índices dos mais baixos do mundo capitalista e que contrastam violentamente com os níveis alcançados pelos trabalhadores uruguaios e argentinos, entre 80-90% nas atividades econômicas urbanas.

Paulo Schilling menciona a CGT e a organização intersindical PUA – Pacto de Unidade e Ação, ao acrescentar, ainda, à página 159:

> Apesar de representar um passo adiante, a CGT estava longe de ser uma central operária autêntica, forte, que representasse efetivamente o proletariado. Com exceção dos setores originários do PUA, as demais organizações congregavam somente uma pequena minoria das categorias profissionais respectivas.

O que o senhor pensava do movimento operário da época, e como via os seus líderes?

Paulo de Tarso: – Não havia um movimento sindical que, vindo de baixo para cima, tivesse uma representatividade real das bases operárias. Historicamente, o peleguismo tem origens antidemocráticas porque os líderes sindicais são indicados pelos donos do poder e não pela classe operária. O fato de estes líderes não serem demissíveis pela classe operária torna essa gente um pouco dona da classe operária, ou, pelo menos, candidatos a dono da classe operária, o que lhes diminui muito a representatividade. Essa representatividade era praticamente nenhuma, no enfrentamento político-militar que houve em 1964. A classe operária, na época, estava, como se sabe, muito atrasada, não tinha consciência dos seus objetivos, não tinha lideranças autênticas projetadas.

Os camponeses, por exemplo, eram liderados pelo Julião, que era intelectual pequeno-burguês, e que, depois, foi ser professor no México. Acredito que ele teve muito boa intenção, mas não era um homem nascido das lutas camponesas, como um camponês a mais. Ele era um advogado que se interessou pelos problemas do camponês, e se transformou, com isso, em líder dos camponeses.

Acho, portanto, que o movimento operário, na época, estava absolutamente subdesenvolvido, muito mais do que hoje. Confiar nele, como uma forma de neutralizar os esforços conspiratórios contra o governo Goulart, foi uma ingenuidade política. E nós, que procurávamos falar aos oprimidos, aos camponeses, aos operários, também dávamos uma demonstração de uma certa ingenuidade.

Já mencionei que, quando Paulo Freire e eu dizíamos que tínhamos a forma pacífica de fazer revolução, e que era jogar dois ou três milhões de novos eleitores no processo eleitoral desequilibrando-o em favor dos oprimidos, quem ouvia isto era a direita. Foi por isso que a direita ficou tão espezinhada, tão envenenada contra a nossa atuação no Ministério da Educação. Mas nós também pecávamos por acreditar que o movimento popular estava num estágio de desenvolvimento que absolutamente não representava a realidade. Falava-se muito de movimento popular e de organizações populares, mas tudo, na verdade, era um arremedo de organização porque elas não tinham vivência, de fato, dos problemas da classe popular. Ao primeiro safanão da reação, esse movimento se esboroou, como um castelo na areia.

“A Igreja vai abandoná-lo”

Coimbra: – Num mês tão cheio de conflitos, o clero que, dividido, iria exercer papéis importantes tanto no apoio, como na oposição, ao golpe militar, se encontrava, também, em ebulição. O BU, jornal que nascera nas dependências de um convento, animado por um religioso e era lido por muitos jovens católicos, dava grande importância ao que acontecia na sua Igreja. Era natural que divulgasse uma corajosa carta de Dom Hélder Câmara, endereçada a todos os bispos do mundo, publicada no *Informations Catholiques Internationales*, de Paris, a qual, projetada no tempo, mostrou-se profética. A carta veio no BU n° 48, p. 12, com o título: “Dom Hélder aos Bispos do Mundo: Sejamos Humildes”. Trechos dela:

> Terminemos de uma vez por todas com esta representação de bispo-príncipe que mora em palácio, separado de seu clero – secular e regular –, que é mantido à distância, e que olha à distância. Terminemos, de uma vez, com tudo que pode dar aos padres a impressão de que eles não são vistos e conhecidos, senão através do “guichet” da cúria diocesana, no momento de pagar e receber as consignações. Terminemos – de uma vez por todas – de dar a impressão de uma autoridade que julga mais importante se fazer temida do que amada; de se fazer servir, do que servir. Há visitas pastorais que, diríamos, não ser senão a “promoção” do bispo (no sentido publicitário da palavra), inspeções para os vigários e acúmulo de fadigas e dispensas para os fiéis. Pobre bispo, aquele que parece não haver retido do Evangelho senão a passagem da expulsão dos vendilhões do templo, esquecendo-se dezenas de outros trechos de pura e infinita misericórdia. A vida nos ensina que, se a bondade não resolve tudo, aquilo que ela não resolve, não será a violência que resolverá. A violência cria revoltas, hipócritas e covardes. A nosso clero devemos, entre outras coisas, dar o exemplo de um trabalho planificado, com a ajuda de especialistas verdadeiramente qualificados. Demos um exemplo de estudo metódico, ligado à vocação profunda e a nosso dever de estado. Demos ao clero (e aos leigos) o exemplo de que não tememos competições: rejubilemo-nos de que em torno de nós hajam padres mais santos, mais inteligentes, mais

hábeis, melhor compreendidos e mais amados que nós. Fiquemos distantes das intrigas e sejamos incapazes de ler uma carta anônima (aquele que não tem coragem de assumir suas acusações não merece o respeito de ser ouvido). Quando um padre está doente – de corpo ou de alma – ele tem direito à solicitude que se tem por um filho. Quando ele envelhece, fatigado e abatido, em nós deve encontrar um pai. Quando ele está em perigo, e sobretudo, quando cai, em nós, mais do que nunca, ele deve reencontrar Jesus Cristo. O Concílio Vaticano II terá ou não coragem de pensar nos irmãos de sacerdócio, caídos no caminho? Há os que desejam retornar. E deveríamos ao menos permitir que eles retomassem o direito de celebrar a missa, mesmo que tenham cometido a loucura de contrair um casamento civil. Há os que preferem conservar uma família, mas que sonham com a possibilidade de retornar à vida sacramental. Teremos também de nos ocupar de colocar em dia a cultura de nosso clero. O exemplo deve partir de nós, ainda uma vez. Mesmo nas regiões onde se está afundando em excesso de trabalho, é preciso descobrir um meio prático de estudar. Não para nos tornarmos especialistas, mas termos um mínimo de conhecimento dos problemas atuais, o que tornará mais facilmente aceitável a posição de vanguarda da Igreja em nossa diocese.

Três anos depois, em agosto de 1967, trezentos padres divulgaram uma carta encaminhada por eles aos bispos brasileiros (*Revista Paz e Terra*, Rio de Janeiro, Ed. Civilização Brasileira, n° 6, abr. 1968, p. 229 a 243). Foi, então, o momento em que veio à tona problemas da vida religiosa católica no Brasil, em grande medida, já revelados na carta de Dom Hélder. Diziam os padres, em alguns de seus trechos:

Longe da vida do povo: a começar da casa onde moramos. Nível da classe média, na localização e no conforto. Quando quase sempre a maioria da população é mais pobre. E mais que a casa, os nossos diários de vida, de mentalidade, de educação nos distancia. Aprendemos a viver separados e a evitar o mundo. Uma falsa noção do *segregatus*, ligada à antiga aproximação da vida do padre secular ao ideal monástico, levou-nos a um isolamento social, de vida. Longe das preocupações vitais do povo. A vida dos homens é marcada por problemas de manutenção de mulher e filhos, de emprego estável, de salários, de saúde, de educação. Nossa manutenção, além de só individual, não depende de uma política salarial de governo, de luta sindical, dos interesses de patrões injustos ou em má situação econômica. Não temos preocupação de profissão para o futuro, como a juventude operária e universitária. Por isto, ficamos alheios e não entendemos a luta do camponês, do trabalhador urbano, a luta do universitário, e, com grande desembaraço, lançamos nossas opiniões. Das últimas reuniões do Episcopado temos a sensação profunda e séria de uma Igreja que não entra na vida cotidiana dos homens e do mundo de hoje. Constatamos que as linhas mestras da pastoral renovada vêm de cima para baixo, vêm prontas. Não há, na elaboração, a revisão de planos e efetiva participação de padres que exercem a pastoral de base, em contato direto com o povo. Que bispo conversa de verdade com seus padres sobre os temas a tratar e decisões a tomar em assembleias nacionais e regionais? Quem ouve suas necessidades, aspirações e sugestões? Há muitos padres que desejam falar, mas não se dá oportunidade e plena liberdade. Por que esta dificuldade em escutar? "O bom pastor conhece suas ovelhas". Não se estimulam iniciativas, experiências novas e mais originais. Não se favorece um espírito de busca. Tudo está predeterminado. Há mais executores que criadores. Somos mais objetos da pastoral que sujeitos. Crê-se na força de estruturas bem montadas, e não na ação criadora do Espírito e dos carismas. Não nos escapa também à percepção o fato de que os senhores bispos aguardam demais decisões de cima, das autoridades romanas, e não assumem com mais sentido de autonomia e responsabilidade coletiva os rumos da Igreja no Brasil. Celibato: que possam ser chamados à ordenação sacerdotal, em função das necessidades eucarísticas das comunidades existentes ou em criação, homens casados daquela comunidade. Há padres que deixaram o ministério, há muito tempo, e não estão se importando com a possibilidade de um processo, ainda mais que ele é visto por alguns como um tanto humilhante. Não pediram e não vão pedir laicização. Não está na hora de se pensar numa anistia geral, sem processo, para todos eles, num grande espírito de reparação?

Uma pesquisa, com 250 padres, do Centro de Estatística Religiosa e Investigações Sociais – CERIS, organização ligada à CNBB, realizada sobre a realidade da Igreja na América Latina, depois do golpe militar, em 1968 e 1969, foi divulgada por Márcio Moreira Alves, em sua obra citada (1979 p. 94 a 96), com os seguintes resultados:

> A primeira constatação é que os padres não se sentem suficientemente formados para o exercício do seu ministério. Os pesquisadores acrescentam que isso "não é exclusivamente defeito dos seminários, porque os padres ouvidos estudam muito pouco. Num mundo em que a especialização profissional é a norma, o padre considera-se como um profissional não especializado, que tem uma visão bastante ampla, uma boa cultura geral, mas que não tem autoridade profissional em matéria nenhuma. Os leigos progridem nos seus estudos teológicos, filosóficos ou morais, enquanto o padre não se sente suficientemente preparado para impor-se profissionalmente".
> Em seguida vêm as reclamações sobre a situação econômica, que, julgam, só poderia melhorar se os padres fossem autorizados a exercer uma profissão civil. O problema do celibato é muito importante para a maioria dos padres. Todos os padres entrevistados concordavam em aceitar o valor carismático do celibato, mas só 20%, na maior parte velhos e estrangeiros, afirmaram também o valor das leis atuais sobre o celibato sacerdotal. Para os outros, o celibato deveria ser facultativo.
> A última razão de descontentamento diz respeito às estruturas de poder no interior da Igreja, que, pensam, dão continuidade a um modelo de cristandade. Desejariam uma maior participação nas decisões da Igreja, sobretudo nas que lhes dizem respeito e desejariam também a descentralização das organizações eclesiásticas.

Como o senhor via, no período de 1963 e 1964, o bispo que antecipou a revelação destes problemas, Dom Hélder Câmara?

Paulo de Tarso: – Eu noto lendo a pergunta a presença de uma Igreja que hoje, por sorte, já não existe mais, ou, pelo menos, que começa a deixar de existir. Já se caminhou bastante a partir da época em que o Brasil, Urgente publicava estas coisas. Dom Hélder Câmara surgiu em 1963 ou 1964, como o profeta destas transformações. Eu tive com ele vários contatos. Ele me estimulou muito. Quando eu era prefeito de Brasília, ele foi almoçar em minha casa. Disse que aplaudia a linha que eu estava assumindo, acrescentou, confiante, que a Igreja fatalmente caminharia, com o tempo, naquela linha. Mas me preveniu de que eu não deveria esperar nenhum apoio da Igreja, porque, na hora da repressão, a Igreja não me apoiaria. Disse que eu deveria estar preparado para uma atitude de sacrifício individual, uma coisa muito meritória. Segundo ele, a Igreja, no Brasil, não estava preparada para apoiar um tipo de atuação como a que eu estava desenvolvendo. Disse: – Isso não impede que eu diga a você que esta sua atuação é correta, e que eu a aplaudo. Do abandono que viria eu soube de Dom Hélder, em 1962.

BU vira movimento político

Coimbra: Neste mês de fevereiro de 1964, o número de SABUs – Sociedades de Amigos de Brasil, Urgente continuava a crescer, segundo informava o próprio jornal. Lia-se no BU n° 48, p. 17:

> Dizíamos que SABU é um movimento nacional. Exagero? Vamos às provas. SABU, já temos em funcionamento pleno em Campinas, sob o comando do Cônego Milton Santana. SABU, em Ijuí, Rio Grande do Sul. SABU, em Monte Alegre, Minas Gerais. SABU, em Curitiba, Paraná. SABU, em organização em Juazeiro do Norte, Ceará. SABU, em organização, em Três Corações, Minas Gerais. E outros Estados, logo mais, terão SABUs: Paraíba, Piauí, Alagoas, Bahia, Pará, Santa Catarina, Goiás, Rio Grande do Norte.

E, no final do texto:

> Notícias de última hora: SABU, também em Lagarto, Sergipe. O companheiro Antônio Santos de Andrade, munido do artigo "Um Jornal a Salvar", de Dorian Jorge Freire, fez uma subscrição popular para esta folha, primeira atividade da SABU sergipana. E o resultado financeiro (alentador) já chegou às nossas mãos. SABUs, noutras cidades: Americana (SP), Cruz Alta (RS) e Victória (ES).

Havia mais, no BU n° 50, p. 17:

> Cachoeira do Sul, no Estado do Rio Grande do Sul aderiu à campanha de sobrevivência de Brasil, Urgente. Foi criada uma comissão de líderes locais para fundar a SABU.

E, também, no BU n° 51, à página 17:

> Está fundada a SABU de Santos, que já realizou várias reuniões, com comparecimento sempre maior de companheiros. Os amigos da grande cidade elegeram a primeira diretoria de sua SABU. Osasco, também tem a sua SABU. No próximo dia 2 de março, às 20 horas, na Rua Júlio Silva, n° 3 (fundos da CIMAF), na sede da Frente Nacional do Trabalho, realizará a sua instalação solene. Impressionante o dinamismo da SABU do bairro da Penha, nesta capital. Os colegas do grande bairro já elegeram sua diretoria provisória.

Duas notas publicadas neste mês no BU mostravam a penetração do jornal até fora do país:

> No BU n° 48, à página 4: BU em Louvain: frei Carlos Josaphat foi convidado e aceitou realizar uma conferência em Louvain, na Bélgica, sobre "Brasil, Urgente, jornal e movimento". O nosso fundador e colaborador deverá viajar de Paris, nos próximos dias, para a realização de mais uma tarefa-BU.

> No BU n° 49, p. 4: Pimenta: BU chega nas principais cidades da Europa. Há dias, uma parisiense perguntava a um leitor deste jornal: – Qual a tendência desta folha? A resposta foi rápida: – É uma espécie de *Temoignage Chrétien* com muita pimenta. Comentário de um bolsista brasileiro, na França: – Também com Claudius, Dorian e Arapa, na cozinha, não há de faltar tempero.

De várias áreas chegavam demonstrações de solidariedade ao BU. O II Conselho de Presidentes de Centros Acadêmicos da União Estadual dos Estudantes – UEE, com a participação de 120 membros, aprovou a seguinte proposta (BU n° 47, P. 18):

> Nós, estudantes universitários do Estado de São Paulo, reunidos no II Conselho de Presidentes da UEE, propomos: 1º – Aprove-se um voto de solidariedade à luta que é empreendida pela sobrevivência do jornal Brasil, Urgente. 2º – Que a UEE compre uma assinatura desse jornal, exemplo a ser seguido na situação concreta, dentro das possibilidades, pelos DCEs, CA, concretizando parcialmente a solidariedade proposta no item anterior. 3º – Repúdio veemente aos atos de terrorismo praticado contra Brasil, Urgente, chegando a danificar o prédio onde o jornal está instalado. E um repúdio violento dos universitários paulistas aos atos fascistas daqueles que, vendo ameaçados os seus privilégios estúpidos e antipovo, partiram para a agressão que é o reflexo natural da ínfima minoria que pretende perpetuar-se na dominação do povo.

O padre Noberto Luiz de Souza, do Ginásio Salesiano Sta. Terezinha, de São Paulo, dizia numa carta publicada na seção Diálogo, do BU, nº 47, p. 15:

> Tenho propagado e defendido BU e frei Carlos e esse tipo esclarecido de cristianismo aclimatado por vocês.

Do Ceará, chegara um telegrama, publicado no BU n° 49, p. 17:

> Centro Acadêmico Dias da Rocha, entidade que congrega todos os estudantes de Agronomia do Estado do Ceará, hipoteca irrestrito apoio à campanha de sobrevivência de Brasil, Urgente. Acompanhamos com ansiedade o desenrolar dos acontecimentos. Reafirmamos o nosso apoio e nossa luta pela emancipação econômica do Brasil. Ou ficar a pátria livre ou morrer pelo Brasil.

Na mesma página, o jornal anunciava:

> O Boletim Informativo da Juventude Socialista desta capital, publicou no seu número 5, de 25 do mês passado, artigo de primeira qualidade, assinado pelo companheiro Moacir Macedo. Título: "Uma interpretação do Brasil, Urgente".

Mas era, em São Paulo, onde a campanha parecia alcançar maior sucesso, contando com o apoio firme do ex-ministro de Educação, Paulo de Tarso Santos. O BU n° 47, à página 17, trazia a manchete: "São Paulo Inteiro de Pé na Luta para Salvar BU".

E, na matéria:

> Sem exagero: São Paulo está pegando fogo para que Brasil, Urgente continue. Os leitores já sabem o que aconteceu em Santos e Campinas. Chegou, agora, a vez de São Roque e Jaboticabal. Em ambas as cidades esteve a caravana-BU, levando a sua palavra e o seu sentido apelo. A acolhida recebida em ambas as cidades foi impressionante. Em São Roque, a reunião foi realizada à noite do dia 24, no teatro. Em Jaboticabal, o encontro foi na sede do Atlético Clube, contando com a presença do prefeito local, vereadores, operários e estudantes. Em ambas, foi conferencista o ex-ministro, deputado Paulo de Tarso. Nas conferências pronunciadas em São Roque e Jaboticabal, o sr. Paulo de Tarso declarou: 1° – "Este, e não outro, é o momento de fazer a revolução democrática". 2° – "Povo é comunidade dos não privilegiados". 3° – "Lutamos por um governo nacionalista e anti-imperialista". 4° – "Governo popular não teme as armas na mão do povo, porque o povo é o próprio governo". 5° – "Somos favoráveis ao voto para o analfabeto e à alfabetização e conscientização de todo o povo". 6° – "Educa-se, enquanto se desenvolve, no processo". 7° – "Ministro da Educação encontrei o ensino industrial entregue, há 17 anos, à direção de norte-americanos, que formavam apenas mil técnicos por ano e técnicos em cosméticos, fabricação de flores artificiais, cabeleireiras e manicures de senhoras. Agora o ensino técnico está sendo ministrado por brasileiros e teremos dez mil técnicos por ano". 8° – "Em Belo Horizonte, constatamos coisa pior: o ensino médio era também dado por técnicos e livros norte-americanos sendo proibido aos alunos o exame de assuntos políticos. Dentro de tal perspectiva, discutir os problemas do Nordeste, determinou que uma aluna fosse repreendida, tivesse diminuída sua média e fosse enviada a um psiquiatra". 9° – "Somos cristãos e nossos adversários, materialistas práticos, que perderam a sua fé e fizeram de Cristo um guarda-noturno para a defesa de suas riquezas, nem sempre bem adquiridas". 10° – "Brasil, Urgente não pode desaparecer. Se desaparecer é porque não teremos condições efetivas de enfrentar e ganhar a grande luta deste instante histórico".

O jornal revelava em seguida:

> Nunca um exemplar de jornal e de jornal pobre, tabloide, despretensioso, alcançou preço mais elevado. Em São Roque e Jaboticabal houve leilão de um número do BU, autografado pelos seus diretores e pelo líder democrata cristão. E os assistentes, na sua grande maioria, homens e mulheres do povo, estudantes e trabalhadores, arremataram o jornal por nada menos de cinquenta mil cruzeiros. Das "torrinhas" do teatro a assistência jogava dinheiro para a sobrevivência do seu jornal, enquanto imensas filas eram organizadas para registro de novos assinantes, novos responsáveis pela nossa circulação, novos propagandistas e amigos. No dia 2, estaremos todos em Sorocaba, para ouvirmos o deputado Paulo de Tarso e assistirmos ao lançamento da campanha em favor de BU naquela cidade. Dia 7, ainda em Sorocaba, fundação da Sociedade Amigos de Brasil, Urgente de Sorocaba, às 20 horas, no Círculo Operário local.

O BU, naturalmente, beneficiou-se, nesta fase, do prestígio que o senhor gozava, por sua atuação como político que havia chegado ao comando da Educação brasileira, e tivera um desempenho elogiado pelos que liam o jornal. Como eram estas plateias que ouviam o senhor nessa época? O que elas queriam saber?

Paulo de Tarso: – Curioso. O Brasil, Urgente surgiu como movimento político de inspiração cristã, à margem do Partido Democrata Cristão e da Igreja, o que significa que havia um vazio que o jornal, como movimento, veio preencher. Este vazio não foi coberto pelo Partido Democrata Cristão pelas imprecisões de suas formulações doutrinárias. Não foi coberto pela Igreja porque ela, com razão, estava mais preocupada com sua função apostólica. Infelizmente, o jornal não chegou a se estruturar completamente como um movimento. Ficou na metade do caminho, entre ser jornal e ser movimento, e, por má sorte, terminou a sua carreira como jornal sem chegar a ser movimento. Esta obra de solidariedade ao jornal em que se constituíram as SABUs - Sociedades de Amigos do Brasil, Urgente, dá indícios de que, mesmo naquela época, 1962/1963/1964, já havia alguma consciência cristã despertada para a necessidade de uma transformação social no Brasil e de que havia pessoas dispostas a superar as posições reacionárias de certos setores católicos. Ocorreu que, com a eclosão do movimento de 1964, houve uma terrível repressão. Se não tivesse havido, possivelmente, do Brasil, Urgente sairia uma síntese de inspiração cristã, muito mais vibrante, mais real, mais adequada à realidade brasileira. Eu acredito que o Brasil, Urgente evoluiria para isso. Só não evoluiu porque a repressão caiu sobre o jornal.

Que alegria que eu tive, agora, ao ver que nas SABUs-Sociedades de Amigos do Brasil, Urgente, nas conferências promovidas para que houvesse leilão, em benefício do jornal e do aumento do número de assinaturas, tive, afinal, participação maior do que a minha própria memória registra. A pergunta me faz lembrar, por exemplo, do leilão onde um número do jornal chegou a alcançar, para aquela época, a espantosa soma de cinquenta mil cruzeiros. Fico, mesmo, muito contente de relembrar a atuação que eu tive naquela ocasião, junto com a equipe do Brasil, Urgente porque ela me traz a certeza reconfortante de que eu não me tornei inútil, depois de ter deixado o Ministério da Educação. Continuei dando testemunho das coisas nas quais eu acreditava. Ocupei o meu tempo procurando ajudar o Brasil, Urgente. Se eu pudesse fazer isso, de novo, eu o faria com muita alegria porque acho que este era o caminho correto. No entanto, nós lutávamos contra forças desproporcionalmente mais poderosas. Isso não desmerece o esforço que se realizou. Tive a felicidade de participar disso tudo para salvar o jornal. Se houvesse um clima de liberdade política, de convivência democrática, no Brasil, essa luta das Sociedades de Amigos do Brasil, Urgente teria salvo o jornal. Nota-se, aqui, que havia uma receptividade popular muito grande à campanha que se começava a desenvolver.

Quanto ao meu prestígio de ex-ministro de Estado e de político, claro, eu o pus de maneira consciente a serviço do jornal. Eu deveria entender, certamente, que, se o jornal desaparecesse, com ele desapareceria toda uma consciência política cristã, haveria novamente um vazio dificilmente preenchível. As plateias que nos ouviam, como eram plateias muito conscientes, me levaram a assumir posições cada vez mais claras, já que do diálogo delas comigo e do diálogo meu com elas estava com certeza resultando, pouco a pouco, a formulação de um pensamento político mais consistente. Pena que a repressão tenha posto um ponto final nesta evolução.

Março de 1964 (O recado)

No último mês do "Brasil, Urgente", sua edição de nº 53 trouxe mais uma modificação importante no expediente do jornal. Nele, já não constava mais o nome daquele que tinha carregado consigo para o jornal o grupo de profissionais do Última Hora – Josimar Moreira.

Disse Ruy do Espírito Santo: – Josimar era um profissional que tinha outros voos.

Ruy prosseguiu: – Não acredito que a saída dele tenha se dado por pressões. O rumo dele é que era outro. Ele acreditava que o jornal não duraria mais um mês. Então, ele foi para um outro lado, fazer outra coisa. Não houve brigas, nem rompimento com Josimar. Ele achava que tinha dado ao jornal aquilo de que o jornal precisava: o lançamento, as ideias. Realmente, foi muito da cabeça dele o tipo de jornal que foi o BU, sua diagramação, todo o seu estilo. Ele deixou, no jornal, o Dorian que era um grande companheiro dele.

Múcio Borges confirma as palavras de Ruy: – Não houve briga, não houve nada. Josimar era um profissional que estava querendo fazer um jornal popular e durante algum tempo se integrou num grupo que fazia um jornal engajado numa causa. Imagino que o BU não tinha recursos para pagar um salário para Josimar. E ele era um profissional que tinha uma família e cinco filhos.

Deste modo os últimos três números do BU circularam com apenas três dos dez nomes de diretores que apareceram em seu primeiro número. Permaneceram até o fim como diretores: Dorian, Ruy e Fausto. Roberto Freire, que não interrompeu suas colaborações, neste mês publicou, nas quatro últimas edições do jornal, quatro capítulos de uma peça de teatro chamada *Padre Ladrão*. Antônio

Albino, cujo nome não aparecia no expediente, também ficou desde o surgimento até o fim do jornal.

Neste mês de março de 1964, há mais uma colaboração do professor Alfredo Bosi, publicada no BU n° 54, p. 9, sobre o padre Lebret.

Na mesma edição, o BU, à página 17, publica também uma colaboração da sua mulher, professora Ecléa Bosi, em que ela, no estilo dos cantadores nordestinos, faz um *ABC de Dom Jorge*, para o bispo de Santo André.

Como ocorrera no mês anterior, o BU neste é sustentado inteiramente pelas SABUs, já que a publicidade mínima que manteve ou era do próprio jornal ou de permuta com outros veículos.

13ª entrevista com Paulo de Tarso Santos (Pauta: Março de 1964)

A última entrevista com Paulo de Tarso foi emocionante. Desde a fase em que éramos recebidos de forma arredia, arisca, um processo de degelo foi-se desenvolvendo até chegar à acolhida calorosa deste último dia.

Quando a entrevista terminou, fomos cear juntos. Deram a cadeira da cabeceira da mesa para nós sentarmos. Dona Maria Nilse, esposa do ex-ministro, tocou um pouco de órgão, enquanto ele espalhava vários trabalhos seus de pintura no chão de seu escritório para que nós escolhêssemos um para nós.

Antes de sairmos, ele nos deu dois de seus livros autografados. No *Dialogar é preciso*, escreveu: "Ao Oswaldo Coimbra, ao fim de muitas horas de reflexão conjunta sobre a pátria amada". E no *O diálogo no Grande Sertão Veredas*: "Ao Oswaldo Coimbra, a cuja sensibilidade encomendo estas notas sobre o maior de nossos livros, com o muito obrigado pelas 15 h de entrevista".

Nesta última entrevista, Paulo de Tarso descreve o carregado ambiente de tensão em que ocorreram os comícios da Frente de Mobilização Popular.

Ele contou sobre o comício de São Paulo: – A Conceição da Costa Neves nos xingava de comunistas o tempo todo. No de Belo Horizonte, alguém ofereceu a ele um revólver.

Paulo lembra de um recado ameaçador que o governador de Minas, Magalhães Pinto, enviou, através dele, ao presidente Goulart.

Quanto ao famoso comício na Central do Brasil, no Rio de Janeiro, no dia 13 de março, dele Paulo só tomou conhecimento, na época, através dos jornais. Afirmou: – Foi festejado pela Frente de Mobilização Popular como um reencontro com o presidente da República, numa hora em que o destino do presidente da República já estava traçado.

A Marcha da Família com Deus pela Liberdade, segundo ele: – Mostrou que a Igreja funcionou como os organizadores do movimento de 1964 esperavam que ela funcionasse.

Paulo de Tarso, pela última vez, volta a falar de Dom Carlos Carmelo Motta: – A posição moderada de Dom Carlos era intolerável, para os golpistas.

Ele encerrou a série de suas entrevistas comparando os episódios de 1964 com a última campanha eleitoral. E concluiu: – O importante é que se tenha consciência de que não existe democracia sem povo organizado e conscientizado.

"Vão assassinar vocês todos!"

Coimbra: – O BU, que já havia noticiado os conflitos ocorridos durante um dos comícios da Frente de Mobilização Popular, aquele realizado em Belo Horizonte, na edição anterior, a de número 51, voltou, na edição de nº 52, aos comícios da frente popular, tratando desta vez não só daquele na capital mineira, como ainda dos de São Paulo e de Santo André. E na edição nº 54, à página 12, tratou do comício da FMP em Juiz de Fora. Registrando em todos a presença do deputado federal Paulo de Tarso Santos. Nesta volta ao assunto, o BU nº 52, dedicou-lhe as suas duas páginas centrais da edição (10 e 11), para tratar de novo do comício na capital de Minas Gerais, numa matéria com a manchete: "IBAD e Ponto IV Orientaram Explosão Nazista em Belo Horizonte".

Dizia o texto desta matéria:

> A reunião fora autorizada pelo governo Magalhães Pinto, para acontecer no grande auditório da Secretaria da Saúde daquele Estado.

> Dali falariam ao povo, além dos grandes líderes populares mineiros, os deputados federais Leonel Brizola, Paulo de Tarso, Neiva Moreira, Plínio de Arruda Sampaio, Max da Costa Santos, além dos padres Francisco Lage e Alípio de Freitas. A polícia de Minas Gerais – que não obedece, na prática, à orientação do governador, mas que está conduzida pelos norte-americanos do Ponto IV – cercou o prédio onde o encontro seria realizado, impedindo o ingresso no mesmo, de mais de três mil populares. Às 20 horas, chegavam ao comício os favelados das favelas frei Carlos Josaphat, padre Alípio, padre Lage, União Operária-Estudantil-Camponesa, conduzindo os seus cartazes. Foram recebidos por cerca de trezentos mercenários pagos pelo IBAD que gritavam "Lacerda" e "Fora a canalha!". Em seguida, trinta soldados da cavalaria da Polícia Militar, brandindo espadas, atiravam seus cavalos contra o povo. Os desordeiros, de caminhões colocados em pontos estratégicos, bombardeavam os populares com pedras e tijolos. Estabelecido o pânico, os padres João Botelho e Caio de Castro passaram a rezar com as mulheres que conduziam o "terço contra o comunismo". Lá fora, os deputados Sinval Bambirra e José Gomes Pimenta, ambos nacionalistas, eram selvagemente agredidos. Às 20h30, a Polícia Militar ainda continuava espancando o povo e atirando bombas de gás lacrimogêneo, dentro e fora do local da reunião.

Na página seguinte, 12, o BU passa a falar, inicialmente, do comício em São Paulo:

> A sra. Conceição da Costa Neves, bem como elementos da UDN, PSD e PSP e indivíduos do IBAD, IPES e MAC procuraram tumultuar a reunião, com apartes e insultos aos oradores e ao povo. Foram repelidos. A fascista – protegida pela polícia do governador Adhemar de Barros – dava gritos furiosos, sendo levada ao ridículo pelos oradores, especialmente pelos srs. Paulo de Tarso, Plínio Sampaio e Padre Alípio. A assistência, entendendo que o objetivo era impedir a reunião, deixou que a parlamentar desse gritinhos, enquanto os oradores, sob aplausos, continuavam na tribuna. No fim da reunião, a polícia do sr. Adhemar de Barros que não impediu, mas protegeu as arruaças da salazarista, passou a espancar os populares fazendo dezenas de prisões e tendo o desplante de prender o deputado federal Rubens Paiva. Até metralhadoras eram exibidas no auditório, pelos "mantenedores" da ordem, na tentativa de amedrontar o povo.

Depois, o BU, na mesma página 12, passa a tratar do comício em Santo André:

> O lançamento da Frente de Mobilização Popular de Santo André também alcançou grande sucesso. Estavam presentes líderes de todos os movimentos populares, homens de todos os partidos, dirigentes sindicais, camponeses e estudantes. A reunião foi presidida pelo ex-ministro Paulo de Tarso. Os oradores mais aplaudidos foram os padres Alípio de Freitas e padre Heitor, daquela diocese. Especialmente o último quando declarou: – Ser cristão é ser revolucionário e a cartilha desta revolução é o Evangelho que prega o amor ao próximo.

Finalmente, no BU no 54 (p.12), o jornal fala da concentração da FMP, em Juiz de Fora, Minas Gerais, igualmente tumultuada:

> Aconteceu no último domingo. Juiz de Fora: Minas Gerais. Realizava-se naquela grande cidade uma concentração da Frente de Mobilização Popular, com a presença do governador Miguel Arraes, dos deputados Paulo de Tarso e Múcio Ataíde, de líderes sindicais e estudantis, de dirigentes camponeses e do padre Francisco Lage, também convidado e que seria um dos oradores da reunião nacionalista. Minutos depois, no local por onde acabara de passar o mencionado padre Vale da Costa, a poucos metros do padre Lage, estourava uma bomba. Foi o sinal convencionado (ou simples coincidência?) para que uma dúzia de policiais empunhando cassetetes norte-americanos, fornecidos pelo Ponto IV, investisse contra o padre Lage, que tranquilamente e sob a chuva conversava com os estudantes. Energicamente, o sacerdote revidou a agressão, esmurrando um dos beleguins. A desproporção, no entanto, era absoluta. Os doze policiais caíram sobre o padre, consumando a covarde agressão. Por três vezes, o sacerdote caiu. Ensanguentado, com a batina rasgada, foi socorrido pelo líder bancário Osvaldo Machado que, vítima também da brutalidade policial, pouco conseguiu fazer em favor do padre. Altivo, enfrentando com destemor os agressores fortemente armados, padre Lage só conseguiu dizer: – Vocês serão castigados porque surram um ministro de Deus. Padre Francisco Lage, coberto de sangue, com a batina estraçalhada, foi levado pelas ruas de Juiz de Fora, para a perplexidade e revolta do povo, à prisão, de onde foi retirado por amigos que pagaram a fiança de cinco mil cruzeiros e exigiram o competente exame do corpo de delito.

Moniz Bandeira, através da entrevistas que fez com Magalhães Pinto, o governador dos mineiros, para o seu livro citado, obteve dele o que pretendiam os golpistas de Minas:

> Em Minas Gerais, onde até mesmo se planejava o assassínio de Goulart, Brizola e outros líderes trabalhistas, quando fossem a Belo Horizonte para o comício de 19 de abril, o movimento se afoitou (p.172).

Bandeira acrescenta, neste trecho do livro, em nota de rodapé:

> Entrevista do ex-governador Magalhães Pinto ao autor, Rio de Janeiro, 3. 1. 1977. Segundo ele, o atentado fora planejado por um grupo radical, chamado Águia e composto por membros do Clube Mineiro de Caçadores. O general José Lopes Bragança, numa entrevista à imprensa, revelou que o designado para abater Goulart fora o coronel José Oswaldo Campos do Amaral, campeão de tiro. Ver Folha de São Paulo, 9.1.1977. Tancredo Neves estranhou a insistência de Magalhães Pinto para que Brizola comparecesse ao comício. Entrevista de Tancredo Neves ao autor.

Ainda sobre o comício da FMP em Juiz de Fora conta, em suas memórias, o general Olympio Mourão Filho, o líder militar que deu início ao golpe (*Memórias: a verdade de um revolucionário*, Porto Alegre, L & PM Editores, 1978, p. 292 e 293):

> Para cúmulo da infelicidade, Magalhães resolveu garantir o comício de Miguel Arraes em Juiz de Fora, para quebrar a castanha dos mineiros que não deixaram realizar nem o CUTAL, nem o comício de Brizola em Belo Horizonte. Era de estarrecer a atitude deles: Arraes, governador de Pernambuco, deixava suas funções para vir fazer comício subversivo em Juiz de Fora, garantido por Magalhães, que nem sequer me deu a honra de ligar-se comigo. O general Bragança foi a Juiz de Fora no próprio dia do comício e esteve em casa, em companhia do deputado Olavo Costa, que estava muito agitado. Bragança me afirmou sempre, e me repetiu naquele dia, que o Magalhães estava me traindo. O mesmo afirmavam os dois Lima, Lima Júnior e Lima Neto. Mas eu fui fazendo ouvidos moucos àquelas insinuações. Tinha

> convicção que Magalhães era um homem valente e estava disposto a derrubar Goulart. Apenas, como político mineiro, usava processos tortuosos para desviar a atenção de sua pessoa. Resolvemos, o delegado regional Jair Fortes, o cel. Falcão, comandante do Batalhão da Força Pública e eu, que o comício seria realizado exclusivamente dentro de um velho cinema onde cabiam, no máximo, 300 pessoas. A rua foi bloqueada, antes e depois do cinema, e a faixa assim limitada foi interditada ao público. Riani ficou furioso e foi ao QG me falar. Respondi-lhe que se ele não estava satisfeito poderíamos suspender totalmente o policiamento. Ele tremeu na base e desistiu, pois sabia que o povo os estraçalharia, tamanha a reação que a comício estava provocando. Mandei padre Wilson agitar a multidão.

No arquivo pessoal de Carlos Lacerda, divulgado pela Folha de São Paulo, há um documento do chamado Ponto IV que confirma as constantes denúncias feitas pelo BU, de que este programa de cooperação dos EUA com o Brasil estava armando as polícias estaduais brasileiras, que reprimiam as manifestações populares (Folha de São Paulo, São Paulo, 29 de novembro de 1982. p. 5):

Diz o documento:

> O Ponto IV vem oferecer ao Estado da Guanabara as munições abaixo relacionadas: 55 mil espoletas metálicas para recarga de munição: 300 granadas CN de gás lacrimogêneo, 300 granadas CS de gás lacrimogêneo; 100.000 cartuchos carregados calibre 38 especial; 100.000 cartuchos carregados calibre 45 ACP; 500.000 espoletas metálicas tipo 'small pistola' e 500.000 espoletas metálicas tipo 'large pistol'.

O senhor foi testemunha dos incidentes em cada um destes comícios da FMP. Como os recorda?

Paulo de Tarso: – Essa reunião, na Praça da Sé, em São Paulo, a que compareceu a, então, deputada Conceição da Costa Neves, ocorreu num teatro que hoje não existe mais, num clima de profundo choque. Ela nos xingava de comunista o tempo todo, protegida pelos adeptos dela. Havia todo um esquema do IBAD em ação nessa concentração. Do outro lado, estava o Plínio de Arruda Sampaio que falava de cima da mesa de coordenação dos debates porque não havia clima de tranquilidade para sentar. Nós falamos de pé sobre a mesa, o Plínio, eu e outros companheiros. Ao chegar a este teatro na Praça da Sé, notei que havia tropas do Exército nas proximidades, e tive a ingenuidade de supor que estas tropas estavam ali para nos proteger. Na época, eu voltara a ser deputado federal. Então, perguntei a um soldado quem era o oficial do dia. Eu me aproximei do oficial e disse: – Olha, eu vim aqui para agradecer a proteção que o senhor está nos dando. Ele simplesmente não me respondeu. Não me disse uma só palavra. Quer dizer, o silêncio dele foi uma forma agressiva de responder que não estava ali para me proteger, coisa nenhuma. Estava ali para evitar, possivelmente, que as forças que iam entrar em choque lá dentro criassem um escândalo. Não era hora de se criar escândalo. Mas ele fez questão de mostrar, com o seu silêncio, que não respaldava a posição política que eu simbolizava naquele episódio.

Participei também da reunião de Belo Horizonte, em que se tramava o assassinato de gente. Aqui devo dar um testemunho que me parece oportuno. O padre João Botelho, mencionado como um dos líderes da reação contra esta reunião, tinha um programa em uma rádio de Belo Horizonte, que se chamava "Hora da Ave Maria". Neste programa, ele assumia a posição militante contra todos os que estavam na Frente de Mobilização Popular. Por coincidência, o padre João Botelho, hoje falecido, estava na condição de primo-irmão meu. Digo estava na condição porque era filho adotivo de irmã do meu pai. Nós fomos criados juntos em Araxá. Depois ele foi para Roma, estudou lá e voltou. Padre Botelho estava em Belo Horizonte, quando eu fui convidado para participar com o Brizola, o Neiva Moreira, o Max da Costa Santos e outros companheiros, da reunião naquela cidade. Minha tia, mãe adotiva do padre, telefonou para Brasília e falou:

– Meu filho, pelo amor de Deus não venha para Belo Horizonte. Estou informada de que eles vão assassinar todos vocês.

Naturalmente, ela estava a par das reuniões que se realizavam com a presença do padre João Botelho. O clima era de absoluta exacerbação, e mais que isso, de ódio mesmo. Cheguei a Belo Horizonte e fui procurar a minha tia. Minha tia chorava como uma criança, pedindo pelo amor de Deus que eu não fosse à reunião. Eu respondi:

– Mas, tia, eu não posso deixar de ir porque os jornais já noticiaram a minha presença. Se eu não for isso será interpretado como uma retirada, uma covardia. Não tenho alternativa, eu preciso ir.

Ela repetia:

– Meu filho, pelo amor de Deus, não vá à essa reunião. Estou informada do que vai ocorrer. Vocês não têm ideia da violência que vai cercar a chegada de vocês ao recinto da reunião.

Ela me contou isto com o objetivo de impedir que eu fosse. Acabei indo.

Depois disso, antes da concentração, nós tivemos um encontro no palácio do governo com o Magalhães Pinto e com o José Aparecido. Desse encontro participamos o Max da Costa Santos, José Aparecido, creio que o Neiva Moreira e eu. O Brizola estava na casa de um correligionário. Procurei saber de Magalhães Pinto se havia garantia suficiente para que a reunião se realizasse. Ele dizia:

– Olha, eu pus a polícia lá. Mas se a polícia vai ser capaz de conter as manifestações hostis contra vocês, eu não sou capaz de dizer. O clima é de muita violência.

Fiquei com a impressão de que faltou pouco para que ele recomendasse que a reunião não se realizasse. Nós saímos do palácio e fomos para a casa onde estava o Brizola. O Brizola dizia:

– Não, a reunião está marcada e nós temos que realizar a reunião. Se nós não a realizarmos nós estaremos desmoralizados.

A gente vê como as grandes tragédias acontecem mais ou menos por acaso. Entrei no mesmo carro com Brizola, o Neiva Moreira e o Max da Costa Santos. Nós nos dirigimos para a Secretaria da Saúde. Lembro que alguém me ofereceu um revólver e que eu não quis. Disse:

– Não, eu não quero revólver porque eu não sei mexer com isso. Eu tenho mais medo de matar do que de morrer assassinado. Se eu matar alguém com um tiro de revólver, sou um homem imprestável para o resto da vida.

Com toda aquela candura cristã de quem acredita que as coisas vão ser resolvidas pela persuasão, eu fui ver meia hora ou quinze minutos depois, com pedras e xingatórios, a brutal realidade de que nos tinham prevenido.

Nós passamos entre duas filas de gente que nos atiravam pedras e nos xingavam. Eu, ao lado de Brizola, fomos os dois primeiros que desceram do carro e caminharam para a Secretaria. A esposa do Brizola que estava por ali, nos acompanhou. Um soldado da Força Pública empurrou a mulher do Brizola, o que provocou uma reação violenta do Brizola contra esse soldado.

Imagine-se o que poderia ter ocorrido, se tivesse havido o primeiro tiro. Teria havido uma carnificina. A polícia de Belo Horizonte fez um cordão de isolamento na entrada do prédio e impedia a entrada dos oradores. Para conseguirmos entrar nós tivemos que argumentar com as nossas prerrogativas de deputado. Falamos, como eu disse, das escadarias do prédio porque o salão principal estava totalmente destruído, com as cadeiras todas no chão, quebradas. O ar do salão estava impregnado do cheiro de gás lacrimogêneo.

Sobre o governador Magalhães Pinto eu tenho uma informação inédita que me parece muito importante para compreender o movimento de 1964. Tempos antes desta reunião, eu, ainda ministro da Educação, fui visitar oficialmente Belo Horizonte. O governador Magalhães Pinto me recebeu, com surpresa para mim, com a tropa formada, em frente ao seu palácio. Fui recebido com honras militares. Tive uma conversa com ele de uma hora e meia, mais ou menos. Só eu e ele ficamos numa sala do Palácio da Liberdade, depois de passarmos em vista as tropas da Polícia Mineira. Tudo isso me pareceu estranho, porque um ministro de Estado não costumava ser recebido com honras militares tão formais assim. Depois, na conversa, verifiquei que aquilo fazia parte de uma estratégia. Ele quis receber o ministro da Educação Paulo de Tarso que representava o governo Goulart e, pode-se dizer, o setor mais progressista daquele governo, de uma maneira tão formal, tão cavalheiresca, tão solene, porque ele estava em plena conspiração contra o governo Goulart.

Na conversa que ele teve comigo mandou um recado ao presidente Goulart. Na época, não o entendi bem. Hoje, eu entendo maravilhosamente. Eu perguntei a ele se ele estaria de acordo com que as verbas do Ministério da Educação fossem divididas em Minas entre deputados do partido dele com deputados de outros partidos como o PSD, por exemplo. Eu disse:

– Olha, governador, pensei em distribuir estas verbas de uma maneira equânime, de tal forma que os deputados que indiquem as obras sociais a serem beneficiadas por estas verbas possam ser, de forma equitativa, tanto do seu partido quanto do PSD.

Ele se irritou muito e disse assim:

– Eu queria que você dissesse ao presidente Goulart o seguinte: ele está muito enganado a meu respeito. Ele pensa que, pelo fato de eu estar antagonizado com o Carlos Lacerda, não sou adversário temível para ele. Mas saiba ele, por seu intermédio, que eu sou um homem capaz de conversar amanhã cedo com o Carlos Lacerda para, junto com ele, me opor ao governo Goulart, se o governo Goulart continuar tratando Minas dessa forma, discriminando o governador de Minas.

Ele mandou por meu intermédio esse recado ao Goulart.

O comício da Central do Brasil

Coimbra: – Desde o seu primeiro número, neste mês de março de 1964, o BU jornal começou a falar do comício da Central do Brasil, do Rio de Janeiro, marcado para o dia 13. No BU n° 52 ele já aparece na página 13, na matéria "200 Mil Trabalhadores No Comício Proibido":

> Caravanas e delegações de todos os Estados do Brasil serão enviadas pelas entidades sindicais – urbanas e rurais – ao comício promovido pelo Comando Geral dos Trabalhadores, Confederação Nacional dos Trabalhadores Agrícolas, Confederação Nacional dos Trabalhadores na Indústria e demais confederações operárias e estudantis. Dois trens especiais partirão de São Paulo – um, da capital, outro, do interior –

que deverão levar aproximadamente 3.000 operários e camponeses. Trem das Reformas é o nome que os operários deram a estes trens. Além dos trens, haverá caravanas de ônibus, caminhões e automóveis. Os Estados do Rio, Minas Gerais, Espírito Santo e Paraná, também, deverão enviar caravanas idênticas às de São Paulo, sendo que o Estado do Rio deverá mandar cerca de 20.000 camponeses ao comício.

Para o BU, o comício significou, acima de tudo, a integração de Goulart no que o jornal chamava de luta das forças populares. Na edição de nº 54, às páginas 10 e 11, uma grande matéria sobre aquele comício, já então, realizado, se abre assim:

> Dia 13 de março, o Brasil não assistiu simplesmente a um comício político ou ao maior ato público de sua vida política. Naquele dia, uma época nova foi inaugurada no país. Governo e povo, irmanados, encerraram a fase do proselitismo e dos apelos, passando aos atos concretos, às decisões definitivas, às graves e lúcidas opções.

Na página 2, da mesma edição, o jornal era mais explícito:

> Assinala-se, como vitória autêntica do povo, o reinício do diálogo do presidente da República com as forças populares.

Na edição seguinte, a última que o jornal publicaria, a de n° 55, o editorial também saúda o que BU acreditava ser uma adesão de Goulart:

> O presidente João Goulart demonstrou grande espírito público e sensibilidade às causas da nação, quando resolveu integrar-se, em ato público como outro jamais conheceu o Brasil – o comício de 13 de março, na Guanabara –, na Frente Popular, já constituída pelas mais poderosas e expressivas representações de operários, camponeses, estudantes, intelectuais, sargentos e oficiais democratas, classe média e clero autenticamente cristão. Voltando-se para a Frente Popular, reconheceu o chefe do governo que nenhuma outra entidade melhor interpreta o sentir geral do país e que somente ela possui condições de garantir a execução rigorosa de uma verdadeira política nacionalista de emancipação político-econômico-social do Brasil.

O discurso de Goulart, pronunciado naquele comício, é transcrito por Carlos Castelo Branco, em sua obra citada, volume 2, às páginas 262 a 266.

Um trecho do final daquele discurso:

> Proclamar que esta concentração seria um ato atentatório do governo ao regime democrático é como se, no Brasil, ainda fosse possível governar sem o povo. Desgraçada a democracia, se tiver que ser defendida por esses democratas. Democracia para eles, trabalhadores, não é regime de liberdade de reunião do povo, mas a de um povo emudecido e abafado nas suas reivindicações. A ameaça à democracia não é vir ao encontro do povo na rua, é enganar o povo brasileiro, é explorar seus sentimentos cristãos na mistificação do anticomunismo, insurgindo o povo até contra as mais expressivas figuras do quadro nacional, os grandes pronunciamentos dos Santos Papas. O inolvidável Papa João XXIII disse que a dignidade da pessoa humana exige, normalmente, como fundamental, o direito ao uso da terra e a obrigação de conceder propriedades para todos. É dentro desta autêntica doutrina que o governo brasileiro vem procurando fixar sua política social, particularmente a realidade agrária. O cristianismo nunca foi um escudo para os privilégios, condenados pelos Santos Padres. Nem, também, brasileiros, podem ser levantados os rosários contra a vontade do povo. Não podem ser levantados os rosários da fé contra o povo que reclama a justiça social mais humana. Os rosários não podem ser erguidos contra aqueles que proclamam a discriminação da terra. Ao encerrar, quero dizer que me sinto reconfortado e recuperado para enfrentar a luta, que tanto maior será contra nós, quanto mais perto estivermos do cumprimento do dever. Na medida em que a luta apertar sentir-me-ei confortado porque o povo também lutará contra aqueles que não reconhecem a sua vontade e exploram a nação. Eu sei, trabalhadores, das reações que nos esperam, mas estou tranquilo porque cumpro com o dever e acima de tudo porque sei que o povo brasileiro já está amadurecido, já tem consciência de sua autoridade e que não faltará com seu apoio às medidas nacionalistas de sentido social.

Já o polêmico discurso de Leonel Brizola está na obra de Paulo Schilling citada, volume 2, p. 23 a 25, com comentários daquele autor colocado entre parênteses. Disse Brizola:

> Este é um encontro do povo com o governo, encontro com esta multidão e com os milhões que, através dos seus rádios, desde o seio de seus lares, estão presentes não para aplaudir, mas para dialogar com o governo. Quando uma multidão se reúne como nesta noite significa um grito do povo que vai a caminho da sua libertação. Na verdade, se hoje conseguimos a restauração daquela unidade, através da manifestação do povo, o presidente poderá retornar às origens do seu governo. E para isto será suficiente que termine com sua política de conciliação e organize um governo realmente democrático popular e nacionalista. Pode ser que neste momento minha palavra esteja sendo impugnada (neste momento um dos organizadores do ato puxava o paletó de Brizola, tentando fazer com que mudasse de tom). Podem pensar que minhas credenciais não são suficientes. Mas o meu lugar está do lado do povo, interpretando as suas aspirações, e por isto aqui estou como um dos seus representantes. Desejo perguntar ao povo: querem que continue a política de conciliação ou preferem um governo nacionalista e popular? Aqueles que desejarem um governo nacionalista e popular levantem a mão! (Com um só gesto a multidão respondeu "sim" a Brizola). Chegamos a um impasse na vida do nosso povo. O povo brasileiro já não suporta as suas atuais condições de vida. Hoje, até as liberdades democráticas estão ameaçadas. Vimos isso em Belo Horizonte, em São Paulo e no Rio Grande do Sul, onde um governo reacionário está queimando os ranchos dos camponeses. O que acontece no Estado da Guanabara é uma prova desta ameaça, pois a Guanabara está governada por um energúmeno. Outra prova disto é que o próprio Presidente da República, para falar em praça pública, precisou mobilizar as valorosas Forças Armadas. A partir destes dois atos – assinatura do decreto do SUPRA e daquele que expropria as refinarias particulares – neste país será desencadeada a violência. Devemos, pois, organizar-nos para defender nossos direitos. Não aceitaremos nenhum golpe, venha de onde vier. Nosso caminho é pacífico, mas saberemos responder à violência com a violência. Que o nosso presidente se decida a caminhar conosco e terá o povo do seu lado. E quem tem o povo do seu lado, não tem o que temer.

O norte-americano Phyllis R. Parker entrevistou o Adido da Defesa da Embaixada Norte-Americana no Brasil, coronel Vernon Walters, na qual ele mencionou aquele comício (obra citada, p. 86 e 87).

Conta Parker:

> O general Castelo Branco observava o comício do outro lado da rua, no edifício do Ministério da Guerra. Na opinião de Vernon Walters, a decisão de Castela Branco de depor Goulart foi tomada provavelmente enquanto ele contemplava e escutava a multidão e os discursos exigindo reformas radicais que atacavam as instituições básicas e a propriedade privada e pediam a legalização do Partido Comunista. Walters visitou Castelo Branco mais tarde, naquela noite. No decorrer da conversa, Castelo perguntou: – Você viu o comício pela televisão? Ante a resposta afirmativa de Walters, Castelo comentou: – Os únicos símbolos que eu vi foram foices e martelos. O embaixador Lincoln Gordon assistiu ao comício pela televisão e ouviu até o fim o discurso de Goulart, no rádio do automóvel, a caminho do aeroporto. Ficou impressionado com a atmosfera instável, a participação comunista aberta no comício e os ataques à propriedade privada.

O senhor assistiu ao comício? Enxergou-o da mesma forma que o BU?

Paulo de Tarso: – O conhecimento desse comício, eu o tive, apenas, através de jornais. Lembro que quando o presidente João Goulart se reuniu com os sargentos, no Clube dos Sargentos, onde foi recebido apoteoticamente, tive assim um pouco a intuição de que a coisa estava chegando ao fim. Sabia que os militares não iriam admitir, um atentado à hierarquia militar. O presidente da República, depois de um comício como aquele, ao invés de se dirigir a um grupo de oficiais superiores dirigiu-se ao Clube dos Sargentos. Para muitos militares com os quais eu tive contato, depois de 1964, na condição de detido para averiguações, este atentado contra a hierarquia militar foi a gota d'água que fez com que vários militares hesitantes tomassem partido contra o Goulart. Eles sentiram ameaçada a própria sobrevivência da sua instituição. Diziam: – Não é possível que o presidente da República prestigie os sargentos. Isso termina com a hierarquia e sem hierarquia não existe as Forças Armadas.

O comício foi festejado pela Frente de Mobilização Popular como um reencontro com o presidente da República, numa hora em que o destino do presidente da República já estava traçado. Daí para a frente a deposição dele se acelera. O comício deu a sensação de que Goulart, que era acusado de ser inocente útil dos comunistas, havia se acumpliciado com os comunistas e era um instrumento deles contra a democracia no país. Depois, a pretexto de se terminar com ameaças à democracia, acabou-se implantando no país um regime antidemocrático.

A abertura política, que veio a ocorrer em nossos dias, foi o termo deste processo doloroso, cuja história não foi ainda suficientemente registrada. Acho que ainda passaremos vários anos antes de serem escritos todos os capítulos desse período de nossa história. Adianto, que de minha parte, espero não deixe este período na consciência do povo brasileiro marcas demasiadas dolorosas para não dificultar um trabalho de construção nacional que o ódio entre os segmentos sociais costuma dificultar. Tenho a esperança de que ainda haja no Brasil clima para algum tipo de consenso, um clima que, sem anular os conflitos sociais, seja capaz de preservar as conquistas democráticas que nós já obtivemos. Tenho a esperança de que não haja retrocessos e que, pouco a pouco, o povo vá encontrando o seu caminho e vá podendo construir uma nação onde haja lugar para suas reivindicações.

O diálogo do Vernon Walters com o general Castelo Branco mostra que o comício fez com que parecesse estar o comunismo a um passo do poder no Brasil. Deu-se a impressão, de resto, falsa, de que os comunistas eram o grupo hegemônico da Frente de Mobilização Popular e de que eles tinham a maioria no comício. Assim, teriam também a maioria no futuro governo da Frente de Mobilização Popular. Foi o que determinou o apressamento do golpe de 1964. O comício serviu maravilhosamente aos objetivos da reação. Não mobilizou o povo suficientemente e deu à reação o pretexto que ela necessitava para sair às ruas e depor o presidente.

Marcha da Família

Coimbra: – No seu último mês de existência, a preocupação central de BU, era ainda com a utilização política do sentimento religioso. Dorian Jorge Freire, no BU n° 54, à página 6, escreveu um artigo intitulado significativamente "Rosário", políticamente lúcido, mas no qual transparece certa incompreensão, existente na época, entre católicos, das religiões de origem africana:

> Empunhando um rosário, o sr. Adhemar de Barros, diante do público espectador do Brasil, em programa milionário pago pelo mal cuidado erário de São Paulo, concitou os católicos a reagir à política reformista exigida pelo povo e adotada, finalmente, pelo presidente João Goulart. Para o governador, cumprir a lei Getúlio Vargas que criou a Petrobrás é ultrajar a Igreja. Impedir que a especulação imobiliária transforme os operários em marginais é um opróbrio ao Senhor. Dar à propriedade a sua destinação social, uma ofensa à Mãe de Deus. O presidente da República, na medida em que atende a nação, passa a representar o Anticristo. E é para enfrentá-lo e enfrentar as hordas dos sem-Deus (leia-se: sem-terra, sem-casa, sem-caixinha, sem-privilégios) que o estadista de São Miguel convidou o povo católico à "guerra santa do rosário contra a foice e o martelo". Trata-se de evolução julgada impossível. Dizendo-se publicamente católico, o sr. Adhemar de Barros repeliu o espiritismo e as práticas de macumba, candomblé, quimbanda e umbanda. Trocou a superstição do trevo de cinco folhas pela cruz e o slogan do "pé na tábua", pela "Salve Maria". O que não deixa de ser, na perspectiva católica, uma evolução. Como cristão novo, comete o governador fascista um pecado de difícil perdão. Confunde fé com fanatismo, autenticidade religiosa com superstição e não faz senão escandalizar o povo de Deus, com os procedimentos fetichistas que trouxe dos terreiros. Se, do ponto de vista paulista, cometeu grosseiro desrespeito ao povo, do ponto de vista religioso, é culpado de uma blasfêmia e réu de uma heresia. Apelando para a mistificação, a reação não só ultraja o sentimento cristão do povo, mas confessa a sua impotência. Jogando com a religiosidade de nossa gente, declara a sua falência, ao mesmo tempo em que exibe, em penoso espetáculo, nova faceta de seu intrínseco amoralismo. Desmascarada, repudiada pelo

povo, sem mensagem, sem público sem perspectiva histórica e diante de um país que partiu para novos tempos, a direita perdeu até o senso do ridículo. Ninguém esconderá, por trás das contas de um rosário, as suas abominações.

O jornal trazia mais duas notas sobre a manipulação do sentimento religioso na mesma edição, em outra página (p. 4):

Policialismo: A polícia paulista desligou dois alto-falantes que transmitiam, para a multidão da Praça da Sé, os discursos do comício da reforma, realizado no último dia 13. Logo depois, dissolvia os populares que vaiavam as "damas paulistas" que, diante da Catedral, rezavam o rosário.
Piedosas: Lidera as mulheres paulistas que, munidas de um rosário, entregam-se à impostura religiosa, dentro da campanha ibadiana contra as reformas populares, a deputada Conceição da Costa Neves, cujas virtudes de piedade e qualidade de "católica" eram até então ignoradas. O movimento "piedoso" é integrado, ainda, por conhecidas figuras do café-society paulistano.

Na edição seguinte, a última do BU, a de nº 55, à página 4, mais duas notas sobre aquele assunto:

Telegrama: O Governador Adhemar de Barros dirigiu a todos os prefeitos de São Paulo, o seguinte telegrama: "A preservação das instituições democráticas e o intransigente combate às infiltrações comunistas, no país, estão a exigir, sobretudo neste Estado, um grande movimento no sentido da unidade da fé cristã, cujos milagrosos rosários hão de se levantar em preces pela tranquilidade da família brasileira. Sendo propósitos do meu governo a ampla pacificação dos espíritos, peço que, em meu nome, visite o reverendíssimo pároco local, com o maior número de nossos amigos, para testemunhar-lhe quão valioso será seu concurso através da sua superior inspiração e das piedosas orações de seus fiéis".
Colégios: Reuniões para a realização da passeata da UDN foram realizadas no Colégio Rio Branco. No Colégio Bandeirantes, as aulas foram interrompidas para que um professor fizesse um ultimato aos alunos: "ou participem da luta anticomunista ou peçam transferência".

A diretoria do Colégio Madre Cabrine exigiu que as suas alunas comparecessem à "marcha".

Ruy do Espírito Santo, na seção Diálogo, deste último número do BU advertia um leitor, à página 15:

> Cuidado, professor Braga. Como fizeram com Jesus Cristo no Domingo de Ramos, os fariseus agora promovem "desagravos ao rosário" e batem nos peitos em praça pública, para iludir o povo de Deus, os verdadeiros fiéis, a traírem e assassinar a Cristo, como vêm fazendo no Brasil, há tanto tempo, em cada criança que morre de fome, em cada camponês que não pode manter seus oito filhos. A oração se faz em silêncio, em casa ou na Igreja, e não sob toque de cornetas e com a "proteção" da polícia.

E ainda na grande matéria que publicou, neste seu último número inteiramente dedicada à Marcha da Família, com Deus, pela Liberdade, em São Paulo ("Adhemar Intranquiliza São Paulo e Ameaça Instituições Democráticas", p. 10 e 11), disse o jornal:

> A direita, contando com o seu enorme dispositivo publicitário (imprensa, rádio, televisão, cinema), convocou o povo para uma passeata. Sem capacidade de reunir senão os seus apaniguados, a direita apelou, mais uma vez, para a exploração da fé. Nos seus anúncios convocatórios, afirmava que a sua passeata não tinha caráter político: visava apenas a defesa da família, da liberdade e de... Deus.

Não bastaram todas estas matérias para o jornal exprimir a sua preocupação com o que estava acontecendo em relação à manipulação política de sentimento cristão. BU publicou, também, a respeito, dois documentos oficiais da Ação Católica. O primeiro, de Belo Horizonte, assinado pela Ação Católica Operária, Ação Católica Independente, Juventude Universitária Católica, Juventude Operária Católica, Juventude Estudantil Católica e Juventude Independente Católica, vinha com a inesperada autorização expressa do arcebispo de Beto Horizonte, Dom João Rezende Costa (BU n° 52, p. 12).

E dizia:

> Os acontecimentos desta semana em Belo Horizonte em que grupos políticos extremados procuraram manipular o sentimento religioso do povo mineiro colocando-o a serviço de seus interesses, impõe-nos o dever de publicamente expor as nossas posições, consubstanciadas nas seguintes afirmações: Lamentamos, os equívocos a que são lançados alguns cristãos levados a identificar posições políticas que respeitamos, com imposições de consciência religiosa, que inexistem. Permitam-nos esses irmãos que fraternalmente lhes ofereçamos uma palavra de advertência contra os perigos de serem os nossos sentimentos religiosos usados como instrumento de luta política.

O segundo documento, embora emitido em São Paulo, trazia a assinatura do presidente da Ação Católica Brasileira, Pedro Calil, seguida da do vice-presidente da Federação das Congregações Marianas (BU n°55, p. 19).

Em um de seus itens dizia:

> Expressamos nosso profundo constrangimento às explorações da fé e do sentimento religioso do povo brasileiro e à utilização política da religião, criando um clima de divisão na Igreja a partir das diferenças de opções existentes no plano temporal. Constatamos que estas atitudes são contrárias ao espírito de unidade vivido pelos cristãos, neste tempo de Igreja em Concílio.

Hélio Silva dedica um capítulo inteiro de seu livro citado à Marcha da Família. Neste capítulo, p. 335 a 340, assinala:

> "A Marcha da Família com Deus pela Liberdade foi, realmente, o ponto de partida para a Revolução de 1964. Não ponho, absolutamente, em dúvida a disposição de um significativo número de militares do mais alto escalão que estavam dispostos a fazer qualquer coisa a fim de impedir que o país continuasse marchando aceleradamente para o caos. Entretanto, pela observação que tenho feito de episódios históricos do Brasil, as Forças Armadas, em geral, só se decidem a atuar quando elas estão absolutamente seguras de poderem contar com o

respaldo da opinião pública." Esta afirmação é do dep. Antônio Silvio da Cunha Bueno, um dos mais ativos organizadores daquele movimento.

E Dreifuss, às páginas 297 e 298, de seu livro citado, complementa:

> O auge dos esforços das associações orientadas pelo IPES se deu seis dias depois, no dia de São José, padroeiro da família, com a coordenação da "Marcha da Família com Deus pela Liberdade", em São Paulo. Aproximadamente 500.000 pessoas compareceram para protestar contra o comício de João Goulart no dia 13 de março. A ideia da organização da marcha fora defendida pelo deputado federal Antônio Silvio Cunha Bueno (rico proprietário de terras e diretor da Willys do Brasil), pela deputada Conceição da Costa Neves, José Carlos Pereira de Souza (alto funcionário da Confederação Nacional do Comércio), e Oscar Thompson Filho (secretário da Agricultura do Estado de São Paulo, político do PSD e homem de confiança do Governador Adhemar de Barros). De fato, a organização da marcha se realizou no prédio da Sociedade Rural Brasileira – SRB, sob a supervisão de ipesianos, que eram membros da Associação Comercial, da Federação das Indústrias, da Federação das Associações Rurais, do Clube de Diretores Lojistas e do estado-maior civil-militar do IPES. A elite orgânica assegurou a participação das companhias aéreas e de ônibus que ofereceram transporte gratuito para os representantes de todos os municípios de São Paulo e de outros Estados, proposição não muito difícil, já que muitos dos próprios executivos das companhias de transportes eram membros e financiadores do IPES. A Marcha foi ostensivamente uma manifestação de classe alta e classe média alta e, em decorrência disso, muito restrita, pois, de uma cidade de cerca de 6.000.000 de pessoas, apenas 500.000 dela participaram.

De sua parte, Paulo Schilling faz a seguinte anotação correspondente ao dia 18 de março de 1964, na sua obra citada, v. 2, p. 44:

> As mulheres paulistas, entre as quais se destacava a deputada estadual Conceição da Costa Neves, antiga vedete do teatro rebolado, combinavam os últimos detalhes da Marcha da Família com Deus pela

Liberdade. Seu inspirador é o padre Peyton, o sacerdote norte-americano idealizado da campanha "a família que reza unida, permanece unida", é o homem que lançou o rosário como arma antiprogressista. A prática foi adotada e oficializada pelos técnicos em guerra psicológica.

Márcio Moreira Alves traz informações sobre o que aconteceu com o movimento, após a Marcha da Família de São Paulo (Obra citada, p. 113 e 114):

> Uma semana mais tarde, uma outra "marcha" era convocada para o Rio de Janeiro. Entre as organizações responsáveis encontravam-se a Cruzada Pelo Rosário em Família, os Círculos de Operários Católicos, o Grupo de Reabilitação do Rosário, a Associação dos Antigos Alunos do Sagrado Coração de Jesus e todas as associações filiadas na Confederação Católica do Arcebispado do Rio de Janeiro. Uma vez derrubado Goulart; a Cruzada Pelo Rosário perdeu o interesse, não só para as classes dirigentes, como para a hierarquia conservadora. O padre Peyton propôs-se a continuar a sua campanha, evidentemente sem qualquer despesa para os bispos, em todas as dioceses com mais de 300.000 habitantes, durante um período de cinco anos. Anunciava poder dispor de 200 projetores de cinema, de filmes de propaganda e de numerosas equipes especializadas. A reação dos bispos foi frouxa, e a Cruzada dissolveu-se lentamente. O pe. Peyton volta, uma vez ou outra, ao Brasil, onde é alvo de grandes homenagens, mas a sua importância pertence ao passado. No decorrer de sua última visita ao presidente-general Garrastazu Médici foi encarregado de redigir a mensagem oficial para o dia da família.

Moreira Alves cita como fontes deste trecho do seu livro o Comunicado Mensal da CNBB, de novembro-dezembro de 1964, p. 19, e o Jornal do Brasil de 27 de outubro de 1970.

Que impressão deixou no senhor a Marcha da Família com Deus pela Liberdade?

Paulo de Tarso: – A referência à mobilização anti-Goulart que se fez nos colégios dá uma ideia de como a Igreja foi utilizada em 1964.

Isso mostra que a Igreja Católica era peça fundamental na estrutura do golpe. Se essa peça tivesse falhado, isto é, se a Igreja tivesse assumido uma atitude diferente, talvez outro tivesse sido o resultado. Mas a Igreja funcionou como os organizadores do movimento esperavam que ela funcionasse. Ela se convenceu, enquanto hierarquia, do mesmo modo como as Forças Armadas também se convenceram, num determinado momento, de que o país estava na iminência de se transformar num país comunista. Isto para a Igreja era insuportável. O comício do dia 13 de marco de 1964 significou para a Igreja que os homens que não acreditavam em Deus, que não tinham religião e que transformavam isso numa bandeira de apostolado, pois eram militantes do seu ateísmo, estavam na iminência de conquistar o poder. Daí a união entre a Igreja e as Forças Armadas, que se tornou invencível, e deu condições para que o golpe de 1964 ocorresse.

A Marcha da Família com Deus me causou a impressão – à distância porque eu não estava em São Paulo, eu estava em Brasília, mas as fotografias, realmente, não deixavam dúvidas – de que o comparecimento havia sido maciço. Seus organizadores sabiam que a condição que os militares haviam imposto para que saíssem dos quartéis era o apoio indiscutível da opinião pública como já foi dito. Este apoio houve em São Paulo, com a ajuda de Adhemar de Barros, com a ajuda da Igreja Católica, com a ajuda dos colégios, com a participação maciça da classe média urbana. Isso houve. A marcha foi a grande catalisadora positiva do movimento de 1964. Criou a conjuntura que os militares esperavam para intervir. Portanto, foi o sentimento cristão a alavanca ideológica para que o movimento de 1964 ocorresse. Depois, uma boa parte da hierarquia católica foi vítima deste mesmo movimento, foi reprimida porque a Igreja mudou a sua posição. Vê-se como a História caminha através de contradições. O que se espera hoje é que tudo isso conduza a uma síntese que permita a este país existir em condições de dignidade, especialmente para a grande maioria de seu povo, que vive em condições de miséria.

Ofensas ao cardeal

Coimbra: – Durante o mês do golpe, o cardeal de São Paulo esteve permanentemente na mira dos ataques dos golpistas. E o BU esteve sempre ao lado dele. No BU n° 52, o primeiro de março de 1964, já na 2ª página, a matéria cujo título era "Cardeais e Imposturas", dizia:

> É útil chamar a atenção dos leitores, sempre e sempre, para a grande impostura a que se entrega, num total amoralismo, a grande imprensa do Brasil. O caso que iremos examinar, nesta oportunidade, é extremamente típico. O jornal carioca O Globo, que com O Estado de S. Paulo, disputa a liderança da "imprensa sadia", publicou que uma Liga Contra o Comunismo fora fundada em São Paulo, sob a responsabilidade de alguns conhecidos (ou desconhecidos) próceres neofascistas e com a presidência de honra do Papa Paulo VI, do Cardeal Motta e do deputado Plínio Salgado. Logo que tomou conhecimento da notícia, o eminentíssimo Dom Carlos Carmelo de Vasconcelos Motta, falando ao Brasil, Urgente, apôs o seu enérgico desmentido. Não fora nem ao menos convidado a ser presidente de honra da nova entidade e, se o fosse, recusaria o convite. Mais: a inclusão do nome do Santo Padre constituía um abuso, de vez que nem mesmo associações religiosas podem usar o nome do Sumo Pontífice, sem expressa autorização deste. O Cardeal Motta acabou por definir o episódio como "equívoco grave e lamentável". A grande imprensa, contudo, permaneceu firme na sua mentira. Pouco lhe importa o desmentido do senhor cardeal. O que lhes interessa é mentir, para enganar uns últimos ingênuos. E continuou publicando a excrescência com tal destaque que o Cardeal Câmara, arcebispo do Rio de janeiro, em palestra proferida numa emissora carioca, fez referência ao assunto, congratulando-se com o Cardeal Motta. Com uma só notícia a grande imprensa enganou o povo, procurou comprometer o Cardeal-Arcebispo de São Paulo e, indecentemente, ludibriou a própria boa fé do Cardeal Câmara.

Uma visita de Miguel Arraes ao arcebispo de São Paulo provocou outro ataque da imprensa. Dorian Jorge Freire comentou-o no BU n° 53, p. 6:

O governador de Pernambuco e líder máximo do Nordeste, sr. Miguel Arraes, quis visitar, num gesto de delicadeza e respeito, o Cardeal-Arcebispo de São Paulo e foi recebido, em audiência, pelo eminente Cardeal Motta. Vejamos agora, como o jornal da UDN, porta-voz do sr. Carlos Lacerda, da direita neofascista, comenta o fato. Diz o Estadão: "Não nos admiramos de que o sr. cardeal e o governador de Pernambuco tenham em comum o mesmo desprezo pelas instituições do país e o mesmo empenho em vê-las destruídas para que o regime democrático seja substituído por uma ditadura de esquerda e nem sequer lhes negamos as preferências que pessoalmente possam ter pelo totalitarismo". E depois de fazer referências às "normas cristãs e católicas", o jornal do liberalismo continua seus insultos ao Cardeal Motta: "Os fiéis desta Arquidiocese tem pleno direito, portanto, de estranhar que essas normas nada signifiquem para quem, por ofício, deveria ser o principal defensor dos princípios cristãos e o primeiro a aplicar a orientação dada pela Santa Sé". A reação não perdoa o fato de o Cardeal Motta não pactuar com a sua impostura, nem cobrir com o seu elevado prestígio, a sua rendosíssima indústria anticomunista. Jornal que defende uma ordem condenada pela Igreja Católica, através de várias encíclicas pontificais – a ordem capitalista – o Estadão insulta o grande chefe espiritual dos católicos paulistas.

O BU pôde ainda encerrar a sua existência colocando-se, na página editorial do seu último número (p. 2 do n° 55) ao lado do cardeal que sempre o apoiou, no artigo "Cardeal Motta", que dizia:

Na sua edição de domingo último, no artigo "O Manifesto da Ação Católica", e, na nota "Clero Mal Dirigido", o jornal O Estado de São Paulo continuou a sua campanha contra a Igreja Católica, injuriando o cardeal-arcebispo de São Paulo e presidente da Conferência Nacional dos Bispos do Brasil. Já acusara o Cardeal Motta de inimigo da Democracia e totalitário, de inocente útil a serviço do comunismo. Agora, falando do eminente purpurado afirma que "os católicos de São Paulo já não estão à espera de sua orientação" e que "nem mesmo dela têm necessidade". Não é a primeira vez que se investe indignamente contra o grande cardeal. Nem é o jornal dos fascistas de S. Paulo o único a fazê-lo. Outra folha – Tribuna da Imprensa, do governador Carlos Lacerda – acaba de afirmar: Dom Carlos foi elevado ao cardinalato por

> imposição de Getúlio Vargas e Mussolini, atendida docilmente por Pio XII. Brasil, Urgente protesta contra métodos políticos tão imorais, junta a sua repulsa à geral, solidário com a Igreja caluniada, com a comunidade católica insultada e com o grande Cardeal Motta, que começa a pagar o "crime" de não transigir com as coisas de Deus, não trair a causa do Senhor, não se acumpliciar com a iniquidade, não se vergar diante dos fariseus, não se amedrontar em face das chantagens e ameaças e não silenciar diante das imposturas daqueles que usam a religião para acobertar seus interesses e suas abominações.

A última matéria publicada por BU, antes da página de humor de Arapuã que encerrou a derradeira edição do jornal, era o "Manifesto ao Povo". Assinado pelo presidente da Ação Católica Brasileira, já citado, o documento respondia a este último ataque ao Cardeal Motta.

Dizia o documento à página 19 do BU n° 55:

> Sentindo que a Ação Católica só é autêntica na medida em que estiver unida a seu Bispo, disposta a servi-lo, fazemos questão de expressar nossa absoluta filiação ao Eminentíssimo Cardeal Arcebispo de São Paulo, Dom Carlos Carmelo de Vasconcelos Motta, a quem declaramos nossa obediência total. Cremos e proclamamos que só se está integrado na Igreja na medida exata em que se estiver aderido ao Bispo, reconhecendo na sua pessoa o pastor escolhido por Deus para conduzir o rebanho. Nestes termos, os católicos de Belo Horizonte devem obediência pública a Dom Rezende, assim como aqueles que em São Paulo, se alegram de serem católicos e proclamam esta sua condição, só o serão, de fato, na medida em que estiverem unidos ao Bispo de São Paulo, o Eminentíssimo Cardeal Motta.

Roberto Freire, já sem a visão de um dos olhos, perdida devido às torturas na prisão política.

Finalmente, ao responder a um padre que escrevia de Livramento, Bahia – padre Sinval Laurentino –, contando uma situação parecida com a que vivia o cardeal de São Paulo, Ruy do Espírito Santo teve de usar uma expressão bem contundente para definir aquele que julgava ser o destino dos padres.

Dizia, antes, Pe. Sinval no BU n° 54, p. 15:

> A história é sempre a mesma. Em 1953, quando, no Rio Grande do Norte, éramos atingidos pela seca, mobilizamos em Currais Novos o povo contra a fome e contra a morte. Foi o bastante. Eu que até então era tido como santo e chamado de santinho, passei a ser taxado de subversivo e comunista. Na mesma época, lá, por ter defendido e combatido pela imprensa a situação de fome do soldado de polícia mereci ser chamado ao quartel de polícia. Agora, aqui, na Bahia, quando, em Livramento, todos me proclamam padre santo, ao fundar o Sindicato Rural, sindicato que teve a glória de fornecer o presidente da Federação, depressa as raposas gritaram: – Ele é comunista.

A resposta de Ruy, na mesma página:

> Quantos serão em todo o Brasil? Quantos sofrem no silêncio a dor da calúnia e do ódio que lhes são movidos pela única razão de não traírem sua fidelidade ao Cristo? Realmente, como diz Chebrons, "o padre é um homem que deve ser comido pelos homens". Sua presença na terra é recordar Aquele que um dia se deu pela redenção da humanidade.

Paulo Schilling classifica Dom Carlos Carmello Motta como reformista e assistencialista, na sua obra citada, v. 1, p. 96. No entanto, cita uma antiga carta pastoral, de agosto de 1955, do arcebispo de São Paulo, em que ele já revelava as mesmas inclinações políticas das vésperas do golpe.

Dizia a antiga carta pastoral de Dom Carlos:

> No Brasil República, a ofensiva mais perigosa que se tenta lançar contra o catolicismo é essa ofensiva econômica, essa ditadura do assim chamado poder econômico, pelo qual se pretende subornar e comprar as consciências, implantando-se a mais negra escravidão de almas.

Essa é a tentativa de aqueles "quorum deus venter est" (cujo deus é o próprio ventre), que creem que o dólar é, na realidade, todo-poderoso.

O senhor concorda em que a moderação de Dom Carlos Carmello Motta só se tornou motivo de tanta irritação porque os golpistas não podiam esperar dele, dada a importância da arquidiocese que chefiava, uma outra atitude que não a de adesão total, já que a sua serenidade, naquele momento, dificultava enormemente o funcionamento do esquema golpista? Isto é, não eram propriamente inclinações esquerdistas do cardeal o que se combatia, mas o seu pouco entusiasmo para colaborar com a propaganda anticomunista. Concorda?

Paulo de Tarso: – Dom Carlos nunca foi um homem a quem se pudesse chamar de esquerdista. Ele tinha tido, na sua juventude, atividade política: foi vereador de Caeté. E ao longo da vida, se revelou um grande cardeal da Igreja, um grande homem, amigo dos amigos dele e um grande pastor. Foi um homem que apoiou os católicos nos momentos mais difíceis. Mas ele estava longe de ser um radical. Era um homem de política moderada. E o que não se tolerou nele foi esta moderação porque era necessário radicalizar para que não houvesse meio termo. Se um cardeal brasileiro pudesse ficar com a bandeira do meio termo, a da moderação, possivelmente a maioria dos católicos acompanhasse esse cardeal e não teria havido a marcha que possibilitou o movimento de 1964. A posição moderada de Dom Carlos era insuportável e ele a assumiu por causa de suas convicções democráticas e não por qualquer convicção esquerdista. Ele acreditava que a Igreja não devia assumir a responsabilidade de truncar a evolução do sistema democrático no país e ficou numa posição moderada. O combate a ele ocorreu porque se acreditava que essa moderação poderia perturbar especialmente a Marcha da Família, sem a qual não haveria o movimento. Dom Carlos foi marcado para ser exilado, no momento em que ele se mostrou pouco entusiasmado com a Marcha da Família. Vitorioso o movimento, ele foi de fato, exilado em Aparecida do Norte.

Capitulação da CNBB

Coimbra: – No mês de maio, do ano anterior, em duas páginas (6 e 7) do BU nº 9, foi transcrita, quase integralmente, a Mensagem da Comissão Central da Conferência Nacional dos Bispos do Brasil, na Páscoa de 1963. Nesta mensagem oficial da CNBB, a hierarquia católica se colocou, firmemente, ao lado dos que lutavam pelas Reformas de Base, como uma aliada do governo de João Goulart. Teve apenas o cuidado de inserir na mensagem este alerta:

> Alguns, aproveitando-se do anseio comum de reformas, passam a promover agitação estéril e destrutiva e que grupos levados por ideologias extremistas, querem instalar no país um sistema totalitário estatal.

O que nem de longe foi suficiente para tranquilizar os golpistas, pois, segundo o BU, na mesma matéria, a CNBB:

> Foi vítima de insinuações do deputado João Mendes na Câmara e do sr. Julio Mesquita em seu matutino.

Os dois criticavam os bispos, segundo o jornal, por que não eram técnicos nos assuntos que abordavam e não entendiam de Reforma Agrária. O documento, contudo, defendia não só a Reforma Agrária, como também as Reformas da Empresa, Tributária, Administrativa, Eleitoral e Educacional. Dizia:

> Ninguém pode pensar que a ordem em que vivemos seja aquela anunciada pela nova encíclica (*Pacem in Terris*) como o fundamento inabalável da paz. Nossa ordem é, ainda, viciada pela pesada carga de uma tradição capitalista, que dominou o Ocidente nos séculos passados. É uma ordem de coisas na qual o poder econômico, o dinheiro, ainda detém a última instância das decisões econômicas, políticas e sociais.

No entanto, este documento, de 30 de abril de 1963, foi espantosamente esquecido pela CNBB. Apenas dois meses depois do

Golpe Militar, no dia 29 de maio de 1964, a instituição lançou outro documento oficial "Declaração sobre os acontecimentos de Abril e Maio", publicado pela Revista Paz e Terra nº 6, de abril de 1968, p. 160 a 162. Nele, os bispos passaram a afirmar:

> Atendendo à geral e angustiosa expectativa do Povo Brasileiro, que via a marcha acelerada do comunismo para a conquista do poder, as Forças Armadas acudiram em tempo, e evitaram-se consumasse a implantação do regime bolchevista em nossa Terra. (...) Logo após o movimento vitorioso da Revolução, verificou-se uma sensação de alívio e de esperança, sobretudo porque, em face do clima de insegurança e quase desespero em que se encontravam as diferentes classes ou grupos sociais, a Proteção Divina se fez sentir, de maneira sensível e insofismável. De uma à outra extremidade da pátria, transborda dos corações o mesmo sentimento de gratidão a Deus, pelo êxito incruento de uma revolução armada. Ao rendermos graças a Deus, que atendeu às orações de milhões de brasileiros e nos livrou do perigo comunista, agradecemos aos militares que, com grave risco de suas vidas, se levantaram em nome dos supremos interesses da nação, e gratos somos a quantos concorreram para libertarem-na do abismo iminente.

Neste documento, nem mesmo católicos foram poupados, pois, a CNBB afirma em seguida:

> Reconhecemos e lamentamos que, até mesmo em movimentos de orientação católica, tenha havido facilidades e abusos por parte de um ou outro elemento que burlou nossa vigilância, ou de outros que foram vítimas de seu próprio idealismo, da falta de malícia ou de inadequada apreciação dos fatos. Mas, na medida em que essas falhas chegaram ao nosso conhecimento, antes mesmo da Revolução jamais nos omitimos no sentido de advertir e corrigir os culpados, fossem leigos ou sacerdotes.

Quando este segundo documento foi lançado o BU não mais existia, e o senhor estava preso ou exilado. Como viu o comportamento da hierarquia de sua Igreja neste instante?

Paulo de Tarso: – Uma das teses que eu sustento é a de que Puebla, Medellín e o Concílio Vaticano II, ao contrário do que parece a algumas pessoas, não romperam assim de maneira brutal com a tradição teórica da doutrina da Igreja anterior. É possível encontrar, em documentos anteriores, posições de vanguarda quanto a problemas sociais, de apoio a reformas sociais etc. O que eu dizia num artigo, e quero repetir, é que o comprometimento da Igreja estava muito menos na linha teórica de formação de um modelo de estrutura social cristã, e muito mais na linha de compromisso com o poder temporal.

Esses dois textos apresentados na questão, brutalmente diferentes, da hierarquia católica, a meu ver, confirmam a tese que eu defendi na Folha de S. Paulo. Enquanto se estava discutindo o esquema de Reformas de Base no Brasil, a hierarquia da Igreja, argumentando com a *Pacem in Terris* e outros documentos pontifícios, embora discretamente, apoiava. No momento em que o grupo contrário às Reformas de Base assumiu o poder, a hierarquia da Igreja assumiu, concomitantemente, uma posição submissa ao poder que chegava. Essa como que submissão ao poder temporal, que numa resposta anterior eu disse que tem suas origens remotas no ano 313, com o Pacto de Constantino, voltou a ocorrer em 1964, no Brasil. Aqui houve, é preciso dizer com toda a coragem, um oportunismo da hierarquia, oportunismo como o que a própria hierarquia, no documento de Puebla, embora usando outras palavras, reconhece, quando ela pede perdão ao Terceiro Mundo, aos cristãos em geral, dos seus pecados sociais. Ora, o pecado social da Igreja não foi dizer, nas encíclicas, que era preciso proteger o pobre, ampará-lo, ou que o liberalismo econômico devia ser recusado em nome de um solidarismo cristão, ou que o comunismo ateu devia ser combatido por seu totalitarismo. A Igreja tinha uma posição bastante coordenada e harmônica no plano social. A fraqueza da Igreja é que não sabia viver sem alianças com os que estavam no poder. Então, em 1964, a Igreja abandonou a sua teoria social para se aliar aos que ocuparam o poder. E vem toda essa linguagem louvaminheira, desagradável, nessa altura em que a Igreja está numa postura de opção preferencial pelos pobres. Por um lado, a gente tem a alegria de verificar que houve um salto qualitativo da Igreja. Por outro, mostra que historicamente a Igreja cometeu pecados sociais extremamente graves numa linha de composição oportunista com o poder temporal.

É impressionante reler hoje o texto que a CNBB publicou no dia 29 de maio de 1964. Eu poderia chamar esse texto de capitulacionista. A CNBB havia apoiado as Reformas de Base, num documento de 30 de abril de 1963. No entanto, no dia 29 de maio de 1964, ou seja, pouco mais de um ano depois, usava uma linguagem inteiramente polemista, fora da realidade, fora dos contornos objetivos da realidade, pagando um tributo às paixões políticas da época e ao desejo de estar com quem ganhou. Eu lamento ter que dizer isso, mas essa e a sensação que me vem, lendo isso, hoje. O que me chama particularmente a atenção é este trecho: "Reconhecemos e lamentamos, que até mesmo em movimentos de orientação católica, tenha havido facilidades e abusos por parte de um ou outro elemento, que burlou nossa vigilância". Eis o total paternalismo da hierarquia sobre os leigos que atuavam na política, quando a Doutrina Social da Igreja ensina que o campo político é campo de ação preferencial dos leigos. Imagine se os leigos podem aceitar uma vigilância da hierarquia católica. Esse texto é da maior importância para comprovar o que a minha intuição já tinha me indicado, e que está num artigo que eu publiquei na Folha de S. Paulo. A Igreja formulava corretamente as suas posições sociais, mas na hora do terreno concreto, das alianças de poder, ela capitulava para ficar ao lado dos que detinham o poder. Como o grupo de 1964 ganhou, ela tinha que ficar com os vitoriosos. Lastimo que tenha tido que pagar um preço tão alto em subserviência.

A palavra final

Coimbra: – O jornal não desapareceu sem a última palavra de advertência a seus adversários. No último BU, o 55, à página 4, foi publicada esta nota, com o título de "Atenção, General":

O jornal Brasil, Urgente está recebendo seguidas ameaças por parte dos baderneiros alugados pelo IBAD-IPES. As ameaças indicam que, logo após a Semana Santa, este jornal será empastelado e metralhado. Não duvidamos: São Paulo está entregue à desordem e à subversão. Registrando o fato, queremos de público responsabilizar pessoalmente o general Aldévio Lemos, secretário da Segurança do Estado, por tudo que venha a acontecer à nossa sede ou a nosso jornal.

Convidamos o senhor a encerrar esta entrevista com o que julgar mais oportuno dizer.

Paulo de Tarso: – Eu gostaria de fazer uma comparação entre os episódios que eu vivi em 1964 e a última campanha eleitoral em São Paulo, em 1982. Há sem dúvida um grau de concreção muito maior agora. Os problemas reais são abordados com muito mais objetividade do que naquela época. A discussão naquela época era muito doutrinária, ideológica. O discurso era muito mais sobre o sentido do socialismo, o que era o comunismo. Discutia-se se a transformação social no país devia ser levada através da luta de classes ou se devia ser uma revolução nacional apenas, contra o imperialismo.

Então, acho que houve, nesse sentido, um progresso. Hoje, nós não perdemos mais tempo em discutir as posições ideológicas de uns e de outros, com detalhes nominalísticos. – Você é neomarxista. – Você é socialista. – Você é neossocialista. – Você, socialista democrático. – Você, comunista. – Você, neocomunista.

Isto ficou um pouco superado, um pouco desprestigiado, o que não quer dizer que a ideologia não tenha um lugar muito importante na luta política. Mas o que eu notei, sobretudo nestas eleições de 15 de novembro de 1982, foi que a luta política se tornou mais pragmática, menos teórica. A gente sabe que essa distinção entre teoria e prática é somente metodológica. Não há prática sem uma palavra pensada e a teoria já é o início de uma prática. Mas, digamos, agora, houve mais ênfase na prática. Discutiram-se problemas concretos e em torno destes problemas concretos é que se deu a divisão das águas com a vitória da oposição em vários Estados e com a diferença no Colégio Eleitoral que vai eleger o presidente da República de apenas vinte votos em favor do situacionismo. Creio que esta é uma conjuntura política extremamente favorável à aceleração da evolução democrática entre nós. Eu acho que nós estamos, hoje, vivendo momentos de esperanças democráticas no Brasil.

Confesso que quando estava no exílio, eu era pessimista. Nunca imaginei que fosse viver o que eu estou vivendo hoje. Eu pensava que esta transformação, ainda que relativa, só ia ser vivida pelos meus filhos. Por sorte, eu a estou vivendo. Quem sabe se os nossos filhos não vão viver num país completamente diferente deste em que estamos vivendo, muito melhor que este. Se a minha apreciação, no exílio, do futuro imediato do Brasil, foi pessimista é possível que os acontecimentos vindouros me surpreendam também, como me surpreendeu esta relativa abertura de agora.

O importante, a meu ver, insisto, é que se tenha consciência de que não existe democracia sem povo organizado e conscientizado. Todo o nosso esforço deve ser no sentido de aumentar o nível de organização do povo. Devemos aproveitar o clima de liberdade política que, inegavelmente, existe e dar a este povo uma consciência democrática.

Existe uma luta comum dos vários partidos de oposição, sem prejuízo das suas divergências, pelos valores democráticos. Tenho conversado com gente do PDT, do PT, do PTB, sobre isso. Há um certo consenso sobre a existência de valores democráticos comuns a todos estes partidos, como por exemplo, a crença na necessidade de revisão da Lei de Segurança Nacional, da lei dos partidos políticos, da Lei de Censura.

Não acho que nós estamos hoje vivendo um anti-1964. Mas nós estamos vivendo um momento completamente diferente daquele que se viveu em 1964. A causa dessa transformação foi o fracasso das forças que chegaram ao poder com o golpe de 1964. Estas forças se revelaram incapazes de equacionar os problemas brasileiros. Eles se justificam com a conjuntura econômica internacional difícil. Mas este é somente um dos componentes da problemática. Um outro é o fato de que não se pode construir uma nação com um divórcio entre o Estado e a população. Não é admissível que haja um divórcio entre os que governam e os que são governados.

Acho que outro fato importante acontecido no Brasil, recentemente, foi um certo despertar da juventude para a necessidade de sua militância política. O mais grave desses dezoito anos de autoritarismo foi a repressão que impediu a juventude de assumir um papel de liderança política que só a ela cabe por uma razão simples: ela é maioria na população brasileira. Acho que a participação da juventude na vida política do país, nos próximos anos, vai ser um fator decisivo para a nossa evolução. Acredito, hoje, nessa juventude muito mais do que acreditava na vitória das posições que eu defendia em 1964. Em 1964, eu estava, sinceramente, empenhado naquelas lutas todas. Porém, tinha um certo ceticismo. Havia em mim um pouco do desejo cristão de martírio político, de ser derrotado, sem deixar de dar um testemunho. Hoje, não. Hoje, acho possível conquistar o poder, sobretudo, com o apoio da juventude que constitui maioria no Brasil. Se houver consciência política na oposição, se houver prudência – o que não exclui a coragem – acho que nós podemos conquistar para as oposições o poder democrático no Brasil. Isso vai nos permitir reconstruir a nação. Pessoalmente acho que essa reconstrução deve ser feita sem revanchismo. Mas o historiador de amanhã vai apontar tudo aquilo que se fez nesse país, durante estes dezoito anos de repressão violenta. Se ele for inclemente com os que fizeram barbaridades, a culpa é das barbaridades que eles fizeram.

O exílio

Dias depois do encerramento da série de entrevistas que fizemos com ele, Paulo de Tarso nos encaminhou este texto de despedida, com uma evocação melancólica e poética do seu exílio, no Chile, depois de duas prisões no Brasil.

> Não foi o final como se pensava. Havia ainda várias luas e muitos sóis. Vieram invernos e verões, entremeados de folhas secas, de flores e de frutos. Em algum momento, ficou a impressão dolorosa de invernos de mil anos. E só a neve assistia a tudo, com manto branco que é cor de luto para muitos, e para nós surgia assim como uma cortina de desesperança, da não volta.
>
> Mas era preciso confiar contra toda evidência. Acreditar na teimosia da História, na sucessão de dias e noites, e na burrice e desonestidade de tantos. Era necessário, sobretudo, crer na gente mesmo e não morrer. Fingir de imortal enquanto durasse aquilo tudo; querer o sorriso de Irene; apostar na perpetuidade do sonho; afastar pesadelos e confiar mais na aurora que na noite.
>
> E ressaber o óbvio: que o mal não insiste sempre e que o tempo é aliado dos sonhadores que fingem, a sério, de imortais. (São Paulo, 1982).

O destino dos jornalistas do BU depois do golpe

Enquanto circulou durante seus 13 meses de existência, os jornalistas Josimar Moreira, Dorian Jorge Freire, Roberto Freire, junto com o advogado Ruy do Espirito Santo, não só estiveram preparados para defender o jornal e se defenderem dos ataques dos políticos e empresários conservadores, como Lacerda, Adhemar de Barros, Chateaubriand e os Mesquitas, que não aceitavam a imersão da igreja na luta política, por solução dos problemas sociais, como propunha o Papa João XXIII. Estavam também conscientes de que incomodavam os aliados destes políticos e empresários dentro da Igreja Católica. Por isto, não lhes perturbaram muito os diversos tipos de ataques vindos de setores católicos da grande imprensa e do clero. Como o que iria fazer contra o BU o cardeal do Rio de Janeiro, Dom Jaime Câmara.

Desta parte conservadora da igreja estes jornalistas e o advogado, companheiro deles, suportaram a chegada da hostilidade previsível. Mas não só ela. Quando a pressão contra a linha editorial do jornal se acentuou, suportaram ainda a debandada da maioria dos diretores do BU, supostos católicos esclarecidos da alta classe média, do bairro das Perdizes, em São Paulo, cujos nomes apareceram nos expedientes das primeiras edições do jornal. Os quatro eram diretores do jornal e estavam ainda seduzidos pela possibilidade de, no BU, exercitar a verdadeira vocação política do jornalismo, – a de servir aos interesses coletivos dos leitores –, através de ampla mobilização da população católica em favor da luta por justiça social, como recomendava João XXIII. Afinal, a instituição da qual proveio o BU, a Igreja católica, era a única, além do Partido Comunista Brasileiro, a ter suas raízes fincadas em quase todos os municípios brasileiros, e que amplo poder de mobilização tinha, portanto. Assim, para eles, valia a pena suportar os ataques dos conservadores, as defecções inevitáveis de ex-companheiros burgueses, e até mesmo o risco de futuro abandono pelas hierarquia católica – sobre o qual Dom Hélder Câmara tinha prevenido Paulo de Tarso, presidente honorário das Sociedades de Amigos do BU, no esforço de tentar melhorar todo o quadro político-social do nosso país, como recomendavam àqueles jornalistas as normas éticas da profissão deles. Algo que nem sempre podiam fazer dentro dos órgãos da grande imprensa empresarial brasileira, pelos quais os três jornalistas já tinham passado.

Josimar havia ocupado cargos de chefia em redações do Rio e de São Paulo, como nas do Última Hora e do Diário Carioca. Era considerado, entre os jornalistas, um profissional completo. Tinha fama de saber tudo relacionado com seu ofício, "desde os detalhes das oficinas, até as maquinações econômico-financeiras das grandes empresas de jornalismo", como escreveu Homero Paiva sobre ele, no livro *Josimar Moreira, um jornalista de combate*, produzido pela Associação Pernambucana de Imprensa.

Dorian Jorge Freire era o repórter em quem as publicações na quais trabalhou – as da Editora Abril, Correio Paulistano, Diário Carioca, Última Hora – confiavam para a realização de entrevistas importantes, como as que ele fez com Aldous Huxley, autor do clássico *Admirável mundo novo*, e com o filósofo francês Jean Paul Sartre. Sua produção na imprensa foi recompensada com o Prêmio Esso de Jornalismo, o mais importante de sua profissão no Brasil.

Roberto Freire, médico psiquiatra, havia coberto a área da Saúde, para o Estadão, valendo-se do conhecimento obtido na sua faculdade, e no Instituto de Biofísica do Brasil, onde atuara como pesquisador em Eletrofisiologia e em Biofísica Celular, sob a supervisão do professor Carlos Chagas Filho, e no Collège de France, em Paris, onde desenvolveu pesquisas de Endocrinologia Experimental, sob a orientação do professor Robert Courrier.

Quando o BU sofreu o seu maior abalo com a defecção do seu fundador, frei Carlos, abruptamente transferido para a Europa, coube aos três jornalistas e ao advogado manterem sozinhos o jornal em circulação por 13 semanas, antes de sua extinção pela ditadura militar. O que receberam em pagamento eram importâncias mínimas que não pouparam de sacrifícios, a eles e seus familiares.

Diante de tudo o que suportaram, aqueles jornalistas e advogado só haviam mostrado inconformismo e indignação com a perda da presença de frei Carlos entre eles. Até que ocorreu o Golpe de Estado, o BU foi empastelado, a CNBB soltou aquela nota mudando radicalmente sua postura política, em favor dos militares. E o abandono da Igreja anunciado por Dom Hélder a Paulo de Tarso recaiu sobre ele, o presidente honorário das SABUs, sobre Carlos Alberto Franco, o jovem estudante que distribuía os exemplares do jornal na Amazônia, e certamente sobre muito outros católicos influenciados pelo BU.

E, claro, sobre os três jornalistas.

A respeito de Josimar, disse frei Carlos, no livro *Utopia urgente*, de 2002, à página 501:

> Levava a vida, não tinha seguro de nada, ia ganhando apenas para a sobrevivência, mantendo a família com aquela dificuldade.

Dorian Jorge Freire, nascido no Rio Grande do Norte, não escondeu sua amargura, na carta que nos enviou, em 1981:

> Cristão. Quem foi cristão? Quem debandou antes que o galo cantasse ou quem arriscou tudo? Quando veio o golpe a correria foi total. Antigos diretores voltaram para apagar suas pegadas. Na televisão, Maurício Loureiro Gama dizia que o Exército apreendera correspondência para o jornal vindo de Pequim e Havana. Padre Calazans nos chamava de canalhas. Tive de fugir. Quando a tormenta passou, os segmentos da Igreja se mobilizaram e protegeram os "cristãos". Eu fiquei desempregado de 1964 a 1972. Quem me apoiou sempre? Ruy do Espirito Santo e Alceu Amoroso Lima. Alceu escreveu mil cartas pedindo por mim. Escreveu ao cardeal Arns, a Roberto Civita, a Montoro, ao monsenhor Walfredo Gurgel (governador do Rio Grande do Norte), a Dom Nivaldo Monte (arcebispo de Natal). Escreveu um belíssimo artigo no Jornal do Brasil, onde contava a minha tragédia, o desem-

prego, a fome, o abandono, e me comparava a Bloy e a Hello. Depois, passou a me ajudar até com dinheiro. Todos temiam contatar comigo. Nunca vi tanta dessolidariedade cristã. Eu, mulher, cinco filhos ao léu. Desempregado, despejado da casa, perplexo. De Campinas, cônego Milton Santana me escreveu oferecendo a sua própria casa. Alguém me sugeriu um emprego de vendedor do jogo do bicho. Assim agiram os "cristãos".

Nada, porém se comparou, com o que aconteceu com Roberto Freire, que havia assumido a função de diretor responsável pelo BU.

Prisão e tortura do diretor do BU

Frei Carlos tinha um grau de amizade/cumplicidade tão profundo com Roberto Freire, o único membro da equipe do BU a aparecer nos expedientes do jornal como seu diretor-responsável, a ponto de incluir o nome dele entre as palavras finais do último artigo que enviou da França para o jornal, antes de seu fechamento ("Brasil, Urgente – Ano 2", BU nº 55, p.7).

Tratava-se de um texto escrito com muita emoção porque, nele, frei Carlos comemorou o primeiro e único aniversário do jornal, sem saber que não voltaria mais a dispor daquele veículo para se comunicar com inúmeros católicos, sobretudo jovens estudantes, que liam, discutiam e divulgavam as matérias publicadas nas suas páginas.

Para festejar aquele evento, frei Carlos evocou uma visita que fizera, dias antes de sair do Brasil, à favela de Belo Horizonte, cujos moradores deram a ela o nome dele.

Ele escreveu, dirigindo-se à equipe do BU:

> Muita coisa teríamos de lembrar destas tantas noites passadas em vigília, dos longos dias de viagem, dos momentos bons de perfeita harmonia ou das horas de incertezas e incompreensões. Vou destacar um fato apenas, desconhecido de vocês, e, para mim, o supremo testemunho em favor do nosso jornal, em um instante duro para o Brasil, Urgente e para sua equipe de direção. Convidaram-me a visitar uma vila de trabalhadores, uma favela que nascera como um protesto contra a exploração imobiliária e crescia como um símbolo da capacidade realizadora de nosso povo. A favela trazia o nome deste companheiro de vocês que, numa atitude de cavalheirismo e despreendimento, (vocês) batizaram de "fundador" deste jornal, que vocês lançaram e que pertence ao povo. No meio da favela já se erguia uma cruz e estavam construindo uma escola. Não foi assim que o Brasil despontou? De-

baixo da cruz, novidade de nossos tempos, lá estava um palanque improvisado, onde se debatiam os problemas desta comunidade singela de nosso Brasil. Quiseram que eu subisse. Que deslumbramento! As montanhas faziam recortes firmes e escuros no céu vermelinho. Uma beleza de fogo no horizonte de Minas. Perto de mim, humildes mas destemidas, agrupavam-se mães de família com seus filhinhos nos braços. Os trabalhadores, que tinham vendido mais um dia de seu sangue e de seu suor por um quase nada de salário, vinham chegando para a pequena vila, por eles planejada e construída nas horas de "folga"...

Meus companheiros, se tudo o mais se perder na história de nosso jornal e do nosso movimento, deixo-lhes um apelo. Guardem esta palavra. É uma exclamação, uma "blasfêmia", aliás, segundo os cânones dos gramáticos. Para nós é uma benção e uma definitiva aprovação.

– Nós tem Deus no céu. Mas, aqui na terra, tá faltando justiça, siô padre.

Me foi gritado por uma voz decidida, brotada do meio de dezenas de mulheres presentes. E uma outra respondeu, como se fosse uma peça de teatro popular:

– Mas nós tem o Brasil, Urgente!

Neste clima de "alta tensão", escrevi, então, uma carta para vocês, endereçada, se não me engano, a Roberto Freire:

– Prefiro morrer a ver nosso jornal desaparecer.

Vocês compreenderam e desculparam o exagero de linguagem. Pois, também eu sou brasileiro de Minas...

Não se iludam com as medidas de tempo e espaço. Dez mil quilômetros não são capazes de nos separar neste 17 de março (de 1964).

(a) Frei Carlos Josaphat.

Outra evidência do caráter particularmente intenso adquirido pelo companheirismo estabelecido entre frei Carlos e Roberto Freire surgiu no momento mais drámatico da retirada do religioso do Brasil, ocorrido na escala de seu avião no Rio. Os dois conversaram com um grau de sinceridade só possível quando entre os interlocutores há absoluta confiança mútua. Roberto Freire inquiriu vigorosamente frei Carlos, naquela oportunidade, a respeito da decisão tomada pelos superiores da ordem dominicana de retirá-lo do Brasil. E mais ainda a respeito da aceitação desta decisão por parte de frei Carlos. Roberto estava revoltado, inquieto, angustiado. Frei Carlos, então, confidenciou-lhe que se não aceitasse aquela decisão teria de renunciar à sua condição de sacerdote. Quem narrou este diálogo ocorrido em situação tão excepcional, num momento extremamente tenso, foi o próprio Roberto Freire, quando ele nos concedeu entrevista, em 1980. Naquela oportunidade, Roberto Freire ressaltou que só poderia perdoar frei Carlos por ele ser sacerdote. Mas que não o perdoaria como companheiro de luta política. Para ele, frei Carlos o havia traído, ao abandonar a frente de luta na qual permaneciam ele e os outros membros da equipe do BU.

Mais tarde, Roberto revelou, no seu livro *Tesudos de todo o mundo – uni-vos* (FREIRE, 1995, p. 198):

> Discutimos muito, pois eu achava ser aquela ordem absurda e reacionária, pois estavam querendo retirá-lo da luta política. Foi inútil. Acompanhei-o discutindo e apelando até a porta do avião. Mas ele embarcou e nunca mais o vi.

O que aconteceu com Roberto, depois do Golpe Militar, quando frei Carlos já estava em segurança na Europa, ele só contaria 15 anos depois daquela entrevista dada a nós, naquele livro há pouco citado, e, 22 anos depois, na sua última obra, publicada em 2020 (*Eu é um outro*).

Sobre o momento imediatamente posterior ao Golpe Militar escreveu:

> Soube, dias depois, por um companheiro do Brasil, Urgente, por telefone, que a sede do jornal havia sido invadida, empastelada e de lá levaram uma coleção de todas as edições, bem como os arquivos com nossa documentação. A invasão fora à noite e não prenderam ninguém. O telefonema fora de Rui do Espírito Santo, também da direção do Brasil, Urgente. Ele me disse estar preocupado comigo, por ser o diretor responsável do jornal. Procurei tranquilizá-lo e não contei de imediato a Gessy (esposa de Roberto) esse fato. Mas, à noite, antes de irmos dormir, dei-lhe meu talão de cheques completamente assinado. E, como não havia muito dinheiro depositado em minha conta, acabamos rindo de nós mesmos. Deviam ser duas horas da madrugada, quando acordamos com enorme ruído dentro de casa. Nossos filhos,

assustados, entraram em nosso quarto. Em seguida, ele foi invadido de modo violento por alguns policiais que me deram ordem de prisão e me arrancaram da cama. Não respondiam a nenhuma pergunta nossa e foram me arrastando escada abaixo. Enfiaram-me num camburão e pude ver as janelas das casas vizinhas iluminadas e pessoas na calçada assistindo, espantadas, à minha prisão. Pela janela pequena da traseira do camburão, vi meu filho mais velho correndo atrás do carro e logo desistindo. Um vizinho, de pijama, o agarrou (FREIRE, 2002, p. 195 e 196).

No outro livro, Roberto acrescentou:

O menino perguntou (ao vizinho) por que eu havia sido preso daquele jeito. O sujeito, um comerciante, respondeu prontamente:
– Ou seu pai é ladrão ou comunista.
Minha mulher me contou como foi difícil explicar ao garoto que eu não era nem um coisa, nem outra (FREIRE, 1995 p.193).

Seu relato, nas obras já citadas, é retomado no momento em que já estava na prisão:

Diante do delegado (do DOPS – Departamento de Ordem Política e Social, de São Paulo), eu já havia esquecido todas as minhas fantasias sobre o significado subjetivo da vivência da primeira prisão e passava a encarar sua medíocre realidade. Embora posasse de autoridade, o delegado, de terno e gravata, sentado atrás de sua mesa, olhava aquele homem diante dele, vestindo um pijama e descalço, com evidente, mas disfarçado, constrangimento. Esclareceu-me os motivos da prisão: participação em atividades subversivas dos comunistas e por ter sido diretor responsável de um jornal subversivo contra o governo e contra os militares no poder. Responderia, preso, a um processo que teria início no dia seguinte, com interrogatórios e acareações. E mandou que me tranficassem numa cela com mais de dezesseis prisioneiros. A cela, um quarto com janela quadrada e porta de aço, tinha uns quatro por cinco metros e, a um canto, o vaso sanitário e uma pia. Lá me esperavam presos comuns, ladrões, marginais, e presos politicos. O problema era o uso do espaço. Não podíamos todos nos deitar ao mesmo tempo sobre o assoalho, pois não cabia.

Vêm então os dois trechos mais chocantes do seu relato:

> Passei por vários tipos de interrogatórios, acareações e torturas, com bofetões, pontapés no saco, tentativas de afogamento e paus-de-arara, mas decidi, defintivamente, não escrever nada sobre isso. O importante a contar dessa e de outras prisões foi o fato de não ter denunciado ninguém, apesar de toda as violências a que fui submetido (FREIRE, 2002, p. 197 e 198).
>
> Entretanto, numa de minhas múltiplas prisões, tive de responder por todas as ideias, sobre os pensamentos e os artigos de frei Carlos Josaphat publicados no jornal. Por alguns deles, porque os defendia, fui submetido a torturas e a celas solitárias por algumas semanas. Foi uma experiência terrível, diária. Diante da pilha de jornais Brasil, Urgente que eu era obrigado a ler alto, artigo por artigo e responder as perguntas dos policiais e dos militares. Respondia a tudo como diretor responsável que tinha sido, não neguei nada, confirmando sempre as brilhantes e corajosas ideias de meu colega na criação e feitura daquele jornal de que tanto me orgulhava (FREIRE, 1995, p.198).

Aquelas "brilhantes e corajosas ideias" frei Carlos havia deixado impressas nas edições do BU, cuja coleção foi apropriada pelos policiais que invadiram a Redação do jornal. Mas, sobre elas, frei Carlos não precisou responder porque havia sido retirado do Brasil, antes do Golpe Militar, pela ordem dominicana. Alguns dos artigos nos quais estavam aquelas "corajosas e brilhantes" foram estes:

14 de abril de 1963.

Título do artigo: "Caridade e Agressividade":

> É preciso não esquecer, ao entrar em Jerusalém, na hora de seu sacrifício supremo, Jesus foi terno até as lágrimas. Mas foi igualmente intransigente até o chicote. Em cada momento da História é preciso que a cristandade contemple Jesus Cristo tal como Ele é. Lágrimas nos olhos e chicote nas mãos. A agressividade brotada do ódio e motivada no ressentimento é negação do Evangelho. Mas também a passividade diante do mal. A incapacidade de se unir para enfrentar a injustiça triunfante. Contentar-se com suspiros e lamentações face à iniquidade que domina em toda parte. (BU nº 5, p. 9)

5 de maio de 1963.
Título do artigo: "Credo Social Cristão":

Cremos que a democracia não passará de uma farsa se o seu exercício estiver nas mãos de um só partido, de uma só casta ou sob o predomínio de grupos econômicos. Sem a difusão da propriedade em sua forma pessoal, familiar, e em comunidades de trabalho, não existe povo capaz de independência e opção, mas apenas, massa volúvel, facilmente escravizada pelos ditadores individuais ou coletivos. (BU nº 8, p. 9)

12 de maio de 1963.
Título do artigo: "Reformas e Imposturas":

Mobilize-se a opinião pública a fim de que uma minoria parlamentar, constituída aliás de latifundiários ou de seus representantes, não venha a impedir a reforma (agrária) constitucional deveras necessária para que o estatuto agrário seja plenamente eficaz... As reformas amplas, profundas e adequadas virão tão somente na medida em que forem exigidas pela opinião popular. (BU nº 9).

14 de julho da 1963
Título do artigo: "Batizar a luta de classe?":

Devemos acabar universalmente com a injustiça, estabelecer uma ordem social em que o direito à vida – a vida humana é digna, – o direito à educação, o direito ao trabalho e à participação em seus frutos, se assegure efetivamente, estruturalmente, a todos os homens.(BU nº 18)

21 de julho de 1963
Título do artigo: "Os cristãos e a não-violência":

A aceitação de estruturas injustas, a cumplicidade com sistemas desumanos vem a constituir um pecado gravíssimo. Aceitas estas evidências morais, no tocante ao direito e ao dever da revolução, resta o problema, este sim, sumamente melindroso da escolha dos meios eficazes e justos para se combater a tirania e a injustiça, quando estas estão garantidas por uma ordem legal, que, em verdade, é uma desordem e uma violência estabelecida. É incontestável que os meios pacíficos hão de ter prioridade e o ideal será sempre a revolução social, a mudança de estruturas desajustadas, sem a rebelião armada, sem o derramamento de sangue, com o mínimo de prejuízos materiais e desavenças entre cideadãos. Mas, se a tirania, se a ditadura dos privilégios torna impossível esta revolução pacífica, devemos nós pregarmos, em nome da moral e do Evangelho, a aceitação conformada do sistema injusto e desumano? Padre Jaime, não estamos nós dois de acordo em responder pela negativa?

29 de dezembro de 1963/ 4 de janeiro de 1964.
Título do artigo: "Fora da Radicalização Não Há Salvação":

Apesar da conspiração reacionária e de sua engrenagem publicitária o povo não se deixa iludir. Está vigilante. Que estamos esperando? Vamos ludibriar as aspirações de nossa gente, com meias medidas, com peditórios de esmolas, fazendo de conta que as migalhas do imperialismo nos podem conduzir ao progresso? Chegou a hora da revolução social brasileira e cristã. Levantem-se os líderes e o povo brasileiro não vacilará em segui-los. E não será uma palavra vazia o primeiro grito radical com que se iniciou a nossa emancipação: Independência ou Morte. Frei Carlos Josaphat. (BU n° 42, p.7)

A tragédia de Roberto Freire não acabou nas salas do DOPS. Porque as agressões que sofreu na cabeça, ali, trariam-lhe sequelas graves, manifestadas anos mais tarde, numa viagem de avião, como ele contou:

Vivi uma estranha e dramática experiência que resultou numa deficiência permanente em minha vida física e exigiu grandes esforços para evitar comprometimento também da vida emocional e psicológica. Fui fazer uma palestra em Ribeirão Preto, e viajava num destes aviões comerciais menores. Súbito percebi uma espécie de cortina preta, que vinha de baixo e subia para o alto da visão, cegando-a. Logo em seguida, nova cortina preta subia no outro, cegando-o também. Minhas retinas haviam se deslocado e caído no fundo dos meus olhos. Pedi para que me retirassem do avião sem mover minha cabeça. Meu irmão contatou o Instituto Rocha e seu pessoal foi me retirar do avião.

> Com todos estes cuidados, minhas retinas ficaram imobilizadas nos locais onde caíram. Os médicos do instituto inicialmente se espantaram pelo fato de as duas retinas haverem tombado quase que simultaneamente, coisa extremamente rara. Mas quando souberam dos espancamentos que eu sofrera na cabeça, especialmente os "telefones", pancadas com as mãos, simultaneamente nos dois ouvidos, no período da prisão política, puderam, enfim, compreender o acontecido (FREIRE, 2002, p. 333 e 334).

Roberto ficou mais de um mês com as vistas tapadas, praticamente imóvel. Um amigo e companheiro dele, Fausto Brito, passou a visitá-lo quase diariamente. E registrou, com gravador, as reflexões e discussões políticas que eles faziam nestes encontros. Juntos publicaram, em 1984, o livro *Utopia e paixão*.

Por algum tempo Roberto parecia ter recuperado a visão dos dois olhos. Mas apareceu catarata neles, sobretudo no olho direito, e ele voltou a ficar quase cego. Foi submetido à cirúrgia da catarata neste olho. Na fase pós-operatória, se manifestou, contudo, uma infecção hospitalar produzida por bactéria que nenhum antibiótico foi capaz de combater. Terminou cegando definitivamente seu olho direito. Durante dois anos, Roberto permaneceu num estado de quase cegueira total, sem poder ler ou escrever, andando de bengala. Em geral, acompanhado. Por fim, uma nova cirurgia corrigiu a retirada da catarata do olho esquerdo (FREIRE, 2002, p. 334 e 335). Mas, até seu falecimento, ele teve de usar tapa-olho para cobrir a cegueira do olho.

Roberto jamais quis voltar a se encontrar com frei Carlos. Sobre o rumo que tomou seu relacionamento com o religioso, ele escreveu:

> O medo das prisões e da dor nas torturas passaram com o tempo. Mas a dor e a mágoa que a traição e a fuga de um amigo e companheiro produzem é coisa bem mais dolorosa que o medo das prisões e das torturas. Essa dor é ideológica e nos ensina não ter sido verdadeiro e sincero nada do que houve antes da traição. Foi tudo miséria e mentiras, nada passou de fraquezas, paranóias e fantasias destituídas de realidade ética. Então, para suportar esta dor, a gente anula a existência do traidor, ele passa a não existir mais e começamos um trabalho

diário e difícil, mas que depende de nossa força ideológica para se conseguir ficar livre um dia da vergonha, da tristeza e da humilhação de ter sido enganado e traído (FREIRE, 1995, p. 198 e 199).

De qualquer forma, teria que ser mesmo de autoria de Roberto Freire o texto mais belo publicado pelo BU ao longo de suas 55 edições. Porque sua criatividade afloraria, quando ainda andava atormentado com as mazelas físicas das agressões que sofreu não só naquela prisão, como em outras 12, entre os anos de 1964 e 1979, por causa de sua militância contra a ditadura militar. Neste período, por exemplo, ele pôde proporcionar a Chico Buarque a oportunidade de se firmar no mundo artístico brasileiro. Roberto havia ajudado a fundar o TUCA, o teatro da Pontifícia Universidade Católica de São Paulo. E, em 1965, se tornou diretor artístico do grupo, quando seus membros resolveram encenar o texto *Morte e vida severina*, de João Cabral de Melo Neto. Roberto não teve dúvida, confiou ao jovem Chico Buarque, então com 21 anos de idade, a responsabilidade de musicar um trecho do texto do poeta pernambucano, intitulado "Funeral do lavrador". O espetáculo causou impacto na plateia e na crítica de São Paulo e o grupo foi convidado a apresentá-lo no Festival de Teatro Universitário de Nancy, na França, onde obteve o primeiro lugar, numa consagração que levou-o a permanecer em temporada no Théâtre des Nations, com apresentações em outros países da Europa, por 50 dias. No ano seguinte, 1966, Roberto agiu de novo de maneira criativa: recuperou as anotações que ele havia feito em margens de jornais, durante os intervalos das sessões de tortura, em suas prisões. E com elas escreveu a mais densa história de amor entre jovens já criada no Brasil, o romance *Cleo e Daniel*. Hoje, visto como uma obra clássica da nossa literatura juvenil, lida por milhares de pessoas, em dezenas de edições. Ainda, naquele período, ele foi contratado como repórter pela revista Realidade, a grande publicação da história das reportagens impressas do Brasil. Para a revista, ele escreveu uma impressionante reportagem sobre os meninos de rua, capitães de areia, de Recife, com a qua obteve o maior galardão profissional jornalístico nacional, o Prêmio Esso de Reportagem. Nos anos seguintes, Roberto retomaria sua condição de médico psiquiatra, para criar a somaterapia, uma terapia corporal embasada nas teorias anarquistas e na de Wilhelm Reich. Ele também dirigiu filme, escreveu peças de teatro, programas de televisão, fez inúmeras palestras. No total, escreveu mais de 20 livros.

O texto que ele deixou numa edição do BU, "Aprendiz de Poeta", circulou no mês anterior à implantação do regime militar. Nele colocou seu sonho do mundo delicado e poético evocado no convívio com seu filho, uma criança de um ano de idade.

Aprendiz de Poeta
(BU n° 49, p. 8)

Domingo. No jardim público brincávamos, meu filho e eu. Ele não fala ainda, mas sabe pedir, explicar e comentar por fórmulas inéditas e secretas, por nós dois inventadas.

Um céu de inverno, muito azul e limpo. Limpo de frio.

Chegou o vendedor de bolas de gás. Deslumbramento de cor, transparência e agilidade para os olhos de meu filho. Toma-me da mão e leva-me a contemplá-las mais de perto. Escolhe a vermelha, como eu o faria, tanto agora, como em outros tempos. Fi-lo segurar a metade do fio e, por segurança, retive em minha mão a extremidade.

Que festa!

Ele achava graça na determinação de subir de seu balão vermelho. E ria de encantamento ao vê-lo dançar ao sopro da brisa. Corríamos no gramado, seguindo os caminhos da leveza. Eu o atrapalhava, certamente, pois resolveu afastar-me do brinquedo, exigindo o controle total do fio e da bola.

À primeira lágrima, amuado, frustrado, mas com dignidade, pretextei um cigarro e entreguei-lhe todo o fio. Deitei-me de costas contra o chão e alarguei-me no azul. Ouvia-lhe o riso, os passos e os gritos ao meu redor.

E, uma vez ou outra, o balão boiava ligeiro no meu pedaço de céu. Em seu único ano, ainda não conhecera a gravitação como lei. Cruzando meu campo visual, surge o balão, que começa a subir. Assusto-me, pois tenho a impressão de que leva meu filho também. Levanto-me de um salto.

A dois passos de mim, braços erguidos, olhar da mais profunda incompreensão, ele ainda procurava alcançar no ar, a ponta do fio. E o balão sumiu.

Correu para mim, tomou minha mão, apontou para o céu e fez-me entender que o levasse a buscar. Ofereci-lhe outro, vermelho mesmo. Não quis. Apontava para o céu. Insisti. Chorou.

Um dia, muito mais tarde, mostrei-lhe a Lua. Sorriu, bateu palmas e esticou o braço, pôs em pinça os dedos, à procura do fio. Mantinha-me calado, e à distância. Olhou para mim, sério, e, vendo-me sério também, sentou-se no chão, apoiou o rosto nas mãos e ficamos os dois, silenciosos e graves, contemplando a Lua cheia.

Abril. Numa tarde de vento, corríamos no terreno baldio, em frente à Igreja, tropeçando em latas velhas, agarrados ao fio de um papagaio por nós mesmos fabricado.

– Olhe que cabeçada!

– Cuidado com os fios dos postes!

– Acho que o rabo ficou um pouco pesado...

– Você usou cola demais...

E, assim, a tarde de sábado escoou-se calmamente, lá no céu e em nossos olhos, onde o papagaio viajava pela mão do menino, como os pássaros e as nuvens, por outra mão.

– Dê mais fio – berrei, pressentindo uma rajada de vento mais forte que agitava as folhagens das palmeiras do parque. E ele deu mais fio e a rajada passou, levando o resto da tarde.

A noite se encheu de estrelas e, no caminho de casa, ensinava-o a reconhecer as constelações.

– Veja como a do Escorpião se parece com um papagaio! – exclamou, descobrindo para mim a razão de uma velha predileção sideral.

Na manhã seguinte, contou-me que sonhara com o papagaio. Ventava muito e eu lhe dizia para dar mais fio, mais fio, mais fio, até que ele acabou sumindo entre as nuvens e veio a noite, sem que nós pudéssemos desenroscá-lo. Num puxão mais forte, a linha partiu-se e logo depois, saindo do horizonte, surgiu a constelação do Escorpião trazendo à curva da cauda, enroscado, o nosso papagaio de papel.

Noite de São João. O rosto afogueado e os olhos brilhando, trouxe-me pronto o balão verde e vermelho que, desde o dia de Santo Antônio, vinha fazendo com paixão. Ao lado da fogueira, agachados, acendemos a mecha e, em gestos coordenados, levantamos o balão que inflava, crescia e depois, mansamente, pôs-se a subir, quase tocou o mastro com o santo e o carneirinho e galgou a distância com seu suave balanço, entre palmas, vivas e rojões.

Na hora de deitar, no banheiro, com a boca cheia de pasta de dente e um misterioso sorriso, contou-me o segredo:

– Papai, eu grudei um retrato meu no balão...

Um ano depois, ensinei-lhe a rosa.

Em 2002, Roberto Freire conta, outra vez, em sua autobiografia, que teve de responder na prisão, sob torturas, pelos artigos de frei Carlos.

A prisão do distribuidor do BU na Amazônia

Carlos Alberto Franco era quem ia ao aeroporto de Belém receber os exemplares do BU enviados de São Paulo. Depois, ele os distribuía pelos grêmios estudantis que tinham assinatura do jornal. Encarava essas tarefas como partes de suas obrigações de líder estudantil, responsável pela coordenação regional da JEC-Juventude Estudantil Católica, na Amazônia. Como é sabido, o movimento liderado por ele na sua região, o da JEC, era parte da Ação Católica, que a Igreja havia criado para ampliar sua influência na sociedade, através da incorporação nela de setores específicos do laicado – o dos estudantes secundaristas, o dos universitários, o dos operários etc – com base na sua Doutrina Social.

Nesta entrevista concedida por Franco, em Belém, no ano 2000, ele fala do BU, da JEC, do convívio com membros do clero local, e das prisões dele e dos padres que apoiavam os jovens católicos.

Coimbra: – Na formação dos membros da JEC, na Amazônia, que importância teve o Brasil, Urgente?

Franco: – Nós estudávamos profundamente e debatíamos a Doutrina da Igreja. E nos fundamentávamos no Cristo socializante que nos chegava através da encíclica do Papa João XXIII, *Mater et Magistra*. Nós tínhamos base religiosa suficiente para sonharmos com uma revolução, através da Bíblia. Além disto, a nossa visão política era muito influenciada pelos filósofos humanistas franceses, como o padre Lebret, Mounier, Jean Paul Sartre, Simone de Beauvoir. No Brasil, o padre Carlos Josaphat contribuiu muito conosco, através de ensinamentos, que nos levavam a nos comprometer, enquanto católicos, com o que chamávamos homem total. Nós colecionávamos o Brasil, Urgente porque o jornal nos dava muito embasamento político, e nos trazia informações, com uma visão ideológica, além de boas entrevistas. Nós tínhamos a coleção do jornal como um material de consulta. Frequentemente, usávamos as interpretações políticas dos acontecimentos que o jornal trazia como temas dos nossos debates. Em nossos seminários divulgávamos muito as posições do Brasil, Urgente. Chegamos a ser responsáveis pela distribuição do jornal, em Belém. O distribuíamos também durante as nossas programações de fins de semana.

Coimbra: – A JEC teve expressão dentro do movimento estudantil secundarista na sua região?

Franco: – Desde a gestão do José Severo, que foi presidente em 1960, tendo como vice José Carlos Castro, as direções da União dos Estudantes dos Cursos Secundários do Pará passaram a ser dominadas pela ação política da JEC. Em 1962, o Francisco Gomes Coelho, que também era da JEC, tornou-se presidente. Quando fui preso, na cidade de Santarém, em 1964, já tinha o apoio de todos os grêmios estudantis necessário para a minha eleição, naquele ano.

Coimbra: – Vocês tinham alguma aspiração política?

Franco: – O nosso sonho, na JEC, era criar uma grande civilização solidária na Amazônia. Já que, entre nós, tínhamos estudantes vindos do Baixo Amazonas e de vários lugares, queríamos criar uma consciência cívica, para que, quando voltássemos para nossas comunidades, depois de formados, pudéssemos fazer surgir nas sedes dos nossos municípios uma base política. E, assim, criando uma grande movimentação, mudarmos a estrutura política vigente em nossa região. Não com armas, porque sabíamos que não tínhamos força bélica, mas através da evolução cultural.

Coimbra: – Como você viu as atitudes que o arcebispo de Belém, Dom Alberto Ramos, tomou, logo após o golpe militar?

Franco: – As atitudes de Dom Alberto faziam parte de um jogo estrategicamente bem planejado. A gente sabe que o movimento de 1964 estava envolvido numa estratégia de Segurança Nacional, que era ditada pelo Pentágono. Agora, se ele tinha consciência crítica do alcance deste governo mundial, inteligente, só ele poderia dizer. Mas, ele contracenava perfeitamente com os outros atores naquela cena. Quando ele denunciava o padre, o leigo, na televisão, ele, ou era induzido a fazer isto, ou tinha mesmo consciência plena do seu papel.

Coimbra: – O que você lembra da relação pessoal com ele? Você conviveu com ele?

Franco: – Nós, jovens da época, tínhamos consciência de que ele era um elemento conservador e que pertencia a uma Igreja comprometida com o poder dominante da época. Ele não tinha nada a ver com a Igreja revolucionária. A gente coexistia com ele, mas nós já o conhecíamos. Ele era muito criticado por nós. Nosso relacionamento se dava mais nas programações litúrgicas. A gente sentia, pelos comentários que ouvíamos nos bastidores, que ele fazia questão de frequentar as festas, as cerimônias militares. Gostava das homenagens palacianas e de mostrar que ali, naquelas horas, a Igreja se fazia presente.

Coimbra: – Como ele tratava a JEC?

Franco: – Ele fazia restrições muito grandes ao movimento da Ação Católica. Tanto nós da JEC masculina, como colegas da JEC feminina, quando nos reuníamos com ele para pedir providências, fazer solicitações, percebíamos a resistência dele em ceder algo, em colaborar conosco. Ele já tinha uma precaução muito forte contra nós. Não aceitava o movimento da Ação Católica.

Coimbra: – Por quê?

Franco: – A JEC, a JUC-Juventude Universitária Católica, já atuavam numa linha da chamada Igreja da Libertação. Não pertencíamos a uma Igreja contemplativa. Tínhamos uma visão crítica do que chamávamos Plano Temporal. Acreditávamos que o homem, para ter um diálogo com Deus, precisava estar bem, tanto orgânica como psicologicamente. Então, para nós, a salvação começava aqui mesmo. O cristão tinha que ser um guerreiro para fazer o processo social avançar e para libertar o homem da miséria, da fome, da falta de educação, de saúde, de habitação. Sabíamos que a Igreja não poderia ser assistencialista. Não podia se limitar a dar cesta básica, a dar extrema-unção, a rezar missa de sétimo-dia. Teria de analisar, com maior profundidade, a pobreza, dentro de uma visão sociológica e antropológica. E tentar identificar quem, dentro do macrossistema político, induzia as pessoas a serem pobres, analfabetas.

Coimbra: – Com relação ao padre Aloízio Neno que foi preso e se viu obrigado a sair de Belém, sendo acolhido pelos católicos de Nova Friburgo, no Estado do Rio de Janeiro, o que você sabia dele?

Franco: – O padre Aloízio procurava criar uma autoestima na Igreja de Dom Alberto. Procurava ser um mediador. Ele conhecia o nosso pensamento e o de Dom Alberto. E sabia que não podia haver conflito, atrito, entre o bispo e a Ação Católica. Ele era o grande conciliador, não o do tipo vaselina, mas o que ajudava a entender aquele bispo conservador no seu momento histórico. E também tentava fazer um trabalho de conscientização do bispo sobre o nosso movimento. Se o bispo estava pecando pela má interpretação de seu papel, dentro da Igreja, e por sua visão da Ação Católica, não era por falta de diálogo, nem por falta de mensagens, pois, o Aloízio lhe dava isto. O Aloízio era muito capaz, neste trabalho que visava evitar que a Igreja no Pará tivesse duas linhas e até dois pastores.

Coimbra: – Vocês tinham contato com o outro padre, Diomar Lopes, que também foi preso depois do golpe militar e teve de se transferir para o clero de Dom Hélder, em Recife?

Franco: – Nós convivíamos e discutíamos com eles, permanentemente, a doutrina da Igreja. O Diomar, com a sua profundidade de teólogo, também nos dava embasamento. Ele mostrava as filigranas do Evangelho que nos levavam a ver a manifestação do plano da Criação, a compreender a Doutrina do Corpo Místico de Cristo, a entender que o princípio científico não contesta o princípio religioso. Ao contrário. Estes princípios se unem perfeitamente, desde que você tenha algum conhecimento de Antropologia. O padre Diomar nos deu uma convicção de que estávamos no caminho certo. Ele tinha muito conhecimento das doutrinas dos doutores da Igreja, sobretudo, de Santo Tomás de Aquino. Isto é, conhecia a essência do cristianismo. O Diomar nos ajudava a encontrar uma interlocução entre esta essência do cristianismo e a nossa vida, na Ação Católica, através da JEC. Só uma pessoa muito lúcida, com muita capacidade de análise, como ele, poderia nos dar esta ajuda. Ele foi muito importante na elaboração da nossa visão da História: do caminho do povo de Deus e da orientação que lhe dá o Evangelho.

Coimbra: – Como foi sua prisão? O que você estava fazendo em Santarém?

Franco: – Eu estava lá organizando a eleição do presidente da UECSP-União dos Estudantes dos Cursos Secundário do Pará, para a qual estava indicado pelas forças políticas estudantis. Como a JEC tinha muita presença entre estas forças, eu fui articular minha eleição no Baixo Amazonas. Eu tinha comigo muitos documentos que precisava ler. E, quando precisei ir a Óbidos, por um descuido, esqueci no aeroporto de Santarém minha valise, com estes documentos e com minhas roupas. Quando cheguei de volta a Santarém os documentos já estavam com a Aeronáutica. Fui preso no aeroporto, junto com Hamilton Guedes e Walderley Rodrigues, que seria meu vice na UECSP. Os dois eram da JEC. Nós fomos abordados por um sargento da Aeronáutica que disse que precisava ter uma entrevista conosco. Nós o acompanhamos, e ele nos informou que havia uma ordem de prisão contra nós. Fomos recambiados para a 1ª Zona Aérea. Viemos num avião de carreira, ainda usando as passagens que o Ministério da Educação havia nos dados, mas já acompanhados pelos militares.

Coimbra: – Vocês foram algemados?

Franco: – Não viemos algemados. Chegamos à 1ª Zona Aérea, no aeroporto de Belém, e fomos levados até a casa do comandante. De lá, fomos conduzidos para um Alojamento de Trânsito. Jantamos no refeitório dos militares, junto com um sargento e um cabo. E, já neste mesmo dia, à noite, pela primeira vez, fomos interrogados. O interrogador foi o próprio comandante da Base Aérea de Belém. Mas havia, também, um sargento que fazia o registro das nossas declarações numa máquina de datilografia. No dia seguinte, fomos transferidos para o comando da 1ª Zona Aérea, na Avenida Júlio César. O Hamilton Guedes foi solto dois dias depois. Eu fiquei preso sozinho na Aeronáutica, sendo constantemente interrogado, mas sem torturas.

Coimbra: – Em que dia aconteceu sua prisão?

Franco: – Depois do Dia de Tiradentes, isto é, 21 de abril. Mesmo depois do golpe, eu não parei de articular minha eleição. Esta articulação tinha muita guarida dentro da Igreja. Padres, irmãs e o bispo de Santarém, Dom Thiago Ryan, nos davam apoio, mesmo sendo nosso trabalho discreto, meio escondido.

Coimbra: – Você ainda não tinha sido procurado pelos órgãos de repressão?

Franco: – Tanto a UECSP, como a União Acadêmica Paraense, tinham sido invadidas e vasculhadas. Mas nós montamos nosso trabalho fora de lá. Nos reuníamos nas casas dos colegas. Nunca nos concentrávamos na UECSP. Eu estava somente meio clandestino. No Pará, não houve uma repressão raivosa, naquele momento. Houve alguns poucos militares que exorbitaram no processo de repressão, como o Peixe Agulha, o brigadeiro Camarão, o major Brabo Câmara. Mas os militares, como um todo, não desencadearam aqui uma perseguição forte, como aconteceu no Sul do país, no Nordeste, sobretudo, em Recife. Eu tinha consciência de que a qualquer momento eu poderia ser preso. Mas, por idealismo, não parei.

Coimbra: – Como eram os interrogatórios a que você foi submetido na prisão?

Franco: – Eram longos, e sempre à noite. Duravam 2, 3 horas. Havia pressão psicológica sobretudo para que eu confessasse envolvimentos com pessoas do poder político, como deputados e militares, principalmente com sargentos da própria Aeronáutica. O período da minha permanência no comando da zona aérea foi dilatado por causa destes interrogatórios que eles queriam fazer.

Coimbra: – Você ficou preso quantos dias?

Franco: – Vinte e três dias.

Coimbra: – Em cela?

Franco: – Fiquei, não propriamente numa cela, mas numa área do Pelotão da Polícia Especial da Aeronáutica reservada para dormitório, no alojamento dos sargentos que faziam plantão. Não recebi nenhum tratamento hostil, por mais que, às vezes, houvesse veemência nos interrogatórios, quando, por exemplo, queriam sacar de mim alguma declaração.

Coimbra: – Havia ameaças?

Franco: – Havia. A de me transferirem para a Ilha Grande, se eu não revelasse o que eles queriam. Diziam que eu poderia complicar a minha vida e que, portanto, era melhor que eu facilitasse o trabalho deles. Mas eu estava preparado para o surgimento de uma situação diferente na política brasileira. Nós já sabíamos que, a qualquer instante, poderia haver um golpe militar. Isto porque o governo de João Goulart era muito desarticulado politicamente. As esquerdas eram muito divididas. Nos depoimentos, revelei coisas do nosso movimento, mas com o cuidado de não comprometer a estrutura dele. Precisei ter astúcia. Por exemplo, eles me perguntavam se aquilo que chamávamos de revolução pela Bíblia nada mais era que um movimento revolucionário armado encoberto. Não passava pela cabeça de muitos militares que a Igreja pudesse ter um movimento de vanguarda. Nem que o Cristo não fosse apenas um elemento manso, pacífico. A Justiça Social que ele pregava não era bem interpretada pelos militares. Não entendiam como, através do Evangelho, se pode chegar à Justiça Social. E a Justiça Social era, exatamente, a base da nossa discussão, na JEC.

Coimbra: – Em suma, existia alguma lógica nos interrogatórios?

Franco: – Não havia. Os interrogadores eram muito vazios, com pouco conhecimentos políticos. Os militares foram muito influenciados por uma propaganda massificante que mostrava a esquerda só através do uso de alguns chavões com os quais se pregava a luta revolucionária. Eles se deixavam impressionar por esta propaganda. Eu acredito até que estes chavões foram fabricados pela direita e colocados nas bocas das pessoas de esquerda para que ela servisse de bode expiatório. Havia muito discurso destemperado e os interrogadores pareciam acreditar naqueles chavões, que, a gente sabia, não passavam de bravatas. Estes discursos, talvez, fossem feitos até por quem não era de esquerda. Nós tínhamos ciência de gente do serviço de informações dos golpistas infiltrada no movimento estudantil.

Eu percebia que, às vezes, os interrogadores faziam perguntas sobre fatos que eles já conheciam. Só para ver se eu estava mentindo. Eles tinham informações precisas sobre nosso movimento, obtidas talvez por seus informantes.

Coimbra: – Durante seu período de prisão, você teve algum tipo de assistência por parte da Igreja?

Franco: – Eu soube que Dom Tadeu Prost, bispo auxiliar de Belém, apareceu por lá, algumas vezes. Numa destas vezes, ele foi conversar comigo. Diante de mim, ele adotou a postura de quem ia me aconselhar. Disse que eu não devia ser ingênuo de achar que não havia conhecimento por parte dos militares dos nossos passos e das nossas ações políticas. Sugeriu que eu fosse mais prático e não ficasse muito preocupado em ser chamado de delator. Sustentou que era melhor para mim falar a verdade, pois, assim, poderia sair logo dali. E que havia a possibilidade de eu ser logo liberado. Eu disse para ele que não tínhamos nenhum movimento clandestino, que nossas manifestações eram públicas, dentro da Igreja Católica, e que, por isto, tínhamos até quatro programas de rádio semanais, nos quais revelávamos o nosso pensamento para a comunidade paraense.

Coimbra: – Ele poderia estar ali apenas para ajudar a quebrar a sua resistência, nos interrogatórios?

Franco: – Não saberia dizer se ele pretendia apenas me conscientizar de que, naquela altura, eu não devia criar uma resistência inútil. Talvez ele tivesse um grau de informações muito maior que o meu, obtido através da cúpula militar, pois, naquelas circunstâncias, eu estava totalmente isolado. Não podia ler jornal, nem ter nenhum acesso à imprensa. Mas não tenho elementos para desconfiar, para pensar que ele foi lá só para ajudar os interrogadores. Acho que foi me tranquilizar de que não iria ocorrer nenhum ato mais grave contra a minha pessoa e me convencer a ser mais prático, nos meus depoimentos.

Coimbra: – Então, ele conhecia os seus depoimentos?

Franco: – Não sei se ele conhecia. O brigadeiro Armando Menezes, comandante militar da Aeronáutica na nossa região, tinha um bom relacionamento com ele.

Coimbra: – Este foi o único contato que você teve com um membro da Igreja, no seu período de prisão?

Franco: – Foi.

Coimbra: – Vocês da JEC recuperaram a UECSP?

Franco: – Não, porque, depois da minha prisão, todo mundo ficou amedrontado. O movimento estudantil secundarista recuou bastante e aí elegeram o outro candidato que era o Sérgio Leite.

O caminho da cruz, para frei Carlos. 1º ato: a notícia da decisão (Novembro de 1963)

O cerco ao "Brasil, Urgente" se fechava mais naquele mês de novembro de 1963. Depois dos ataques permanentes à equipe do jornal feitos por pessoas como Lenildo Tabosa e Gustavo Corção em O Estado de S. Paulo, passou-se, em agosto de 1963, à investida de Lacerda, no Congresso Nacional e, em seguida, em setembro, à preocupante nota da Comissão Central da Conferência Nacional dos Bispos do Brasil, assinada pelo cardeal conservador do Rio de Janeiro, Dom Jaime Câmara, com a declaração peremptória, mas dispensável, de que o Brasil, Urgente não era um jornal católico. Pois, de fato, ele não era isto, embora fosse um jornal feito por católicos, guiados pelas encíclicas papais, como atestou, em seguida, o cardeal de São Paulo, Dom Carlos Motta.

Aquela declaração da Comissão Central da CNBB, acrescida da ressalva de que a entidade não aprovava tudo o que o jornal publicava – deixando implícito que reprovava algumas das matérias veiculadas nele – e emitida naquele momento delicado atravessado pelo BU, no seu confronto com forças políticas agressivas e poderosas, assumiu a gravidade de uma facada pelas costas dada no jornal pela Igreja Católica. Já prenunciando o abandono dos militantes da Doutrina Social propagada por João XIII, como alertara de que isto acontecia Dom Hélder Câmara a Paulo de Tarso Santos, conforme o autor de *Os cristãos e a revolução social* revelou em entrevista para este trabalho.

Para agravar a situação do BU, neste mês de novembro de 1963, os inimigos do jornal chegam ainda mais perto dele: alcançam o âmbito da Ordem a que pertencia o seu fundador. Sobre este instante da vida do jornal, Dorian Freire escreveu, em sua carta/depoimento enviada para nós:

> Através de nossos ex-diretores e ex-companheiros sentíamos as pressões cada vez mais rudes. A própria Ordem dos Dominicanos sentia: a igreja da rua Caiuby passou a receber menos ajuda dos paroquianos do Alto das Perdizes.

O depoimento mais rico sobre este momento das pesadas investidas contra o BU foi dado por Roberto Freire, o membro da equipe do jornal que se sentiu mais atingido por elas, por ter, nela, ocupado o cargo de diretor-responsável. O comportamento, então, assumido pela Ordem dos Dominicanos, naquele contexto, marcaria Roberto Freire até o fim de sua vida, como ele fez questão de deixar registrado em dois de seus livros publicados muitos anos depois: *Tesudos de todo o mundo, uni-vos*, de 1995, e *Eu é um outro*, de 2002.

Roberto era não só a ponte entre o grupo de católicos e o grupo de jornalistas do BU, título com o qual ele próprio, modestamente, se definiu dentro da equipe do jornal. Ruy do Espírito Santo, diretor administrativo do BU e um dos membros de sua equipe mais fiel ao jornal, a ponto de ter-se mantido nele, desde seu lançamento, até sua extinção pelo Golpe Militar, confirmou aquele título de Roberto Freire, mas lhe acrescentou outro, mais significativo.

Disse Ruy:

> O Roberto Freire era também, por assim dizer, um ideólogo do jornal. O grupo confiava na síntese que o seu pensamento político representaria naquele momento, como visão ideológica do Brasil. Tanto isto é verdade que ele apareceu no expediente do jornal como diretor-responsável.

Roberto Freire disse sobre aquele instante:

> À medida em que o BU ia se desenvolvendo, eu fui percebendo, fui sentindo que a Ordem dos Dominicanos ia cair fora. Que a Igreja ia cair fora, também. Ao meu ver, as posições radicais, corajosas e até loucas que nós assumíamos levariam, evidentemente, a Igreja a ter que enquadrar a Ordem dos Dominicanos. Eu sentia que o jornal acompanhava um processo que não dependia dele, que era o processo mesmo de 1963: o das duas radicalizações. Uma, a do Jango – uma radicalização artificial – e outra, a da direita que se sentia ameaçada.

Roberto prosseguiu:

> A Ordem dos Dominicanos assumiu no Brasil uma liderança muito grande na conscientização política do católico, através da pregação dos seus sacerdotes. Essa pregação tinha um embasamento no trabalho de alguns sacerdotes importantes para a Ordem, sacerdotes franceses como o padre Louis-Joseph Lebret e o padre Jean Cardonnel. Estes sacerdotes traziam para o Brasil aquilo que a própria Ordem estava procurando: a ligação da Igreja com o mundo subdesenvolvido. Eram pregações baseadas em pesquisas, em estudos. A Ordem, então, foi assumindo no país, a meu ver, uma posição de liderança com relação aos estudos, pesquisas e denúncias dos problemas do Terceiro Mundo. E esta posição dos dominicanos foi muito favorecida pelo Papa João XXIII. Então, o que aconteceu foi isto: os dominicanos quiseram ser coerentes com a imagem que tinham de Cristo, com as novas posições que eles assumiram neste século. Tentaram colaborar com o Brasil. Mas, evidentemente, o outro lado da Igreja Católica, o dos conservadores, reagiu violentamente. Eu interpreto isto assim: a Igreja Católica comete sempre o mesmo erro. É um sonho dela participar do plano social, ver a injustiça, ver Cristo no proletário. Mas, no momento em que parte para a ação, entra em choque com um traço da natureza dela que é o da administração e da política externa do Vaticano, extremamente conservador e até aliado ao capitalismo.

Perguntamos a Roberto Freire se, de qualquer forma, o jornal não teria exposto demais frei Carlos Josaphat, e, por consequência, a ordem religiosa à qual ele pertencia, ao transformá-lo num verdadeiro astro, quando divulgava suas conferências, fazia reportagens sobre ele, falava de seus livros, dava-lhe, pelo menos, uma página para que escrevesse, em cada edição. Roberto respondeu:

> Frei Carlos era um líder. E, realmente, o jornal precisava viver desta imagem dele. Nós exigiamos de frei Carlos seu artigo. E ele reconhecia que era muito mais de falar do que de escrever. A gente o obrigava a escrever porque, quando faltava um artigo dele no BU, logo as reclamações vinham. Nós estávamos usando a figura dele como algo concreto, vivo, que representava, exatamente, o que nós queríamos, isto é, um catolicismo aberto às lutas do povo. Houve, sim, esta valorização da figura dele, mas ele assumia isto muito bem. Ele tinha coragem, tinha energia, uma energia monstruosa. De fato, eu acho que frei Carlos foi um dos grandes responsáveis pela crise da Igreja no Brasil. Como todo líder, tem aquilo que ele faz e aquilo que nós o fazemos fazer, aquilo que nós precisamos que ele faça. Eu me lembro de momentos de sofrimento do frei Carlos, ao fazer coisas que não eram do feitio dele fazer e que ele fazia porque achava que a luta precisava dele.

O golpe certeiro e inesperado contra o BU, neste mês de novembro de 1963, foi dado pela Ordem dos Dominicanos, com certa crueldade, através do jornal O Estado de S. Paulo, para o qual escreviam os inimigos públicos do jornal, Lenildo Tabosa e Gustavo Corção. Numa nota cheia de rodeios, que deveria ter sido encaminhada para o próprio BU, numa atitude de respeito e consideração ao jornal criado por frei Carlos, os superiores dele justificaram, na verdade, mal e estranhamente, diante dos leitores de O Estado de S. Paulo, a decisão que tomaram a respeito do destino dele. A nota publicada pelo órgão da família Mesquita, na página 12, da sua edição de 6 de novembro de 1963, dizia:

> Reunidos em Capítulo Provincial (reunião dos membros da Ordem), em Belo Horizonte, julgamos oportuno nos dirigir aos nossos amigos e à opinião pública em geral no desejo de desfazer equívocos e reafirmar alguns dados, às vezes distorcidos por certos órgãos publicitários: 1º: Fundada por São Domingos, a Ordem dos Pregadores, como seu próprio nome indica, tem como missão essencial a pregação do Evangelho, através da palavra falada e escrita. Como os demais sacerdotes católicos, os frades dominicanos se empenham em apresentar a

doutrina católica aos homens de nosso tempo, dentro da obediência à autoridade da Igreja e na docilidade ao seu magistério. 2º: Reconhecendo que a 'doutrina social cristã' é parte integrante da Mensagem Evangélica (*Mater et Magistra*) que lhes cabe anunciar, os frades dominicanos se preocupam em participar do processo histórico brasileiro, não tendo, entretanto, coletiva e oficialmente, posições políticas ou opções concretas no plano econômico ou social. Cabe, com efeito, aos cristãos leigos, ajudados e orientados pelos sacerdotes, engajarem-se, sob sua responsabilidade pessoal no domínio temporal. 3º: De modo particular, desejamos esclarecer a posição dos dominicanos em relação ao jornal 'Brasil, Urgente'. Fundado e mantido por um grupo de leigos, esse semanário tem contado com a participação e colaboração de frei Carlos Josaphat Pinto de Oliveira, professor de Teologia Moral na Escola de Teologia dos Frades Dominicanos de São Paulo, o qual, para isto, contou com a devida autorização de seus Superiores. Mas as tomadas de posição do jornal são de responsabilidade de sua direção, constituída por um grupo de leigos e não envolvem a pessoa do frei Carlos Josaphat nem, menos ainda, a Ordem Dominicana. 4º: Desde o Capítulo (a reunião) precedente de nossa província (cf. Acta Capituli Provincialis – 1960 – 'Ordinationes' nº 5) foi decidido que frei Carlos Josaphat faria um curso de especialização na Europa. Sua partida para o estrangeiro, no fim deste ano de 1963, e a duração de sua permanência lá obedecem às necessidades culturais da Província Brasileira da Ordem Dominicana e aos planos de nosso apostolado. 5º: Aproveitamos a oportunidade para manifestar nosso veemente protesto contra os artigos publicados pelo presidente proprietário dos Diários Associados e formular nossa inteira solidariedade com o Episcopado e o Clero Brasileiros, vilmente atacados por aquele jornalista. Belo Horizonte, 27 de outubro de 1963.

Era evidente, no item 3 da nota, que a Ordem Dominicana pretendeu negar a condição que tinha frei Carlos de elemento-chave daquele grupo de cristãos que faziam o jornal, para esconder o fato de que com aquela decisão dos seus superiores, ele iria abandonar seus companheiros à própria sorte no país convulsionado onde atuavam. No 5º item da nota, onde fazem seu "veemente protesto" contra os ataques de Chateaubriand ao episcopado e ao clero brasileiros, os superiores de frei Carlos "esquecem" de defender os católicos que faziam e os que liam o Brasil, Urgente.

O Estado de S. Paulo não iria perder a oportunidade de tripudiar sobre o BU, quando a própria ordem religiosa do fundador do jornal parecia se colocar de joelhos diante dos membros da família Mesquita, ao anunciar, como se fizesse uma grande concessão a eles, que iria afastar frei Carlos de seus companheiros no BU, transferindo-o para o Exterior.

Assim, depois de aceitar publicar aquela nota, O Estado de S. Paulo editou-a maliciosamente. Antes de transcrevê-la fez questão de identificar individualmente cada superior de frei Carlos responsável por aquela tomada de decisão. Divulgou os nomes de quem havia assinado a nota:

> Os padres dominicanos frei Alexandre Oscar Lustosa, vigário provincial, frei Mateus Rocha, ex-provincial, frei Francisco de Araújo, frei André Muniz de Resende, frei Elizeu Lopes e frei Domingos Maia Leite.

Para aumentar o constrangimento, tanto daqueles dominicanos como da equipe do BU, e, ainda, dos leitores do jornal, O Estado de S. Paulo pôs um título na matéria – onde a nota estava – no qual revelava a verdadeira razão da proibição a frei Carlos de atuação pessoal em nosso país, imposta pela Ordem Dominicana. E deixava, ao mesmo tempo, subjante, sua descrença e certa ironia com relação à razão invocada na nota. O título da matéria era: “Os dominicanos e a situação político-social”.

Talvez por se sentirem, num primeiro momento, surpresos e desorientados, os companheiros de frei Carlos reagiram, inicialmente, com certa moderação, através do editorial “Frei Carlos Josaphat”, publicado no BU n° 36, à página 2:

> Frei Carlos Josaphat, op., fundador, ex-diretor e colaborador deste jornal, atendendo às determinações de seus superiores, viajará dentro de alguns dias para a Europa, devendo demorar-se na capital da França. Os diretores, redatores, funcionários, amigos e leitores do Brasil, Urgente, neste instante, reafirmando as diretrizes de seu jornal, reiteram sua integral, sua absoluta, sua total solidariedade ao seu fundador

e líder. Estão enganados os que pensam que a ausência de frei Carlos Josaphat significará o termo desta difícil caminhada. Ao contrário, o episódio vem revigorar as nossas forças, reanimar nossa coragem, intensificar nosso entusiasmo e provar, novamente, que estamos certos, absolutamente certos.

Frei Carlos não foi obrigado a sair imediatamente do país. E, em outra concessão dada a ele, poderia enviar do Exterior artigos para o jornal.

Mas, no que escreveu em duas das edições seguintes à divulgação daquela decisão de sua ordem religiosa, frei Josaphat parecia querer reafirmar a sua visão clerical com atuação na realidade sociopolítica brasileira.

O BU nº 36, à página 7, trouxe o artigo dele com este título: "Cristãos Indomáveis". Nele, frei Carlos afirmou:

> Muitos se deixam levar à conciliação, à capitulação, a todas as palavras menos rudes que dissimulem traição. É a hora dos cristãos indomáveis.

Já no artigo "Espiritualismo da Ação", publicado BU nº 37, à pagina 7, ele disse:

> Cabe ao cristão assumir a responsabiliade não apenas de sua vida individual, mas ainda das estruturas que condicionam as existências e até mesmo os destinos de seus irmãos... A espiritualidade cristã reclama presença na esfera política, no domínio econômico, no campo social, no plano cultural, nas reivindicações sindicais e profissionais.

Não demorou para que Gustavo Corção seguisse a trilha de O Estado de S. Paulo e também tripudiasse sobre o jornal. No BU nº 37, vemos Dorian Jorge Freire responder a ele, no artigo "O 'outro' Corção" (p. 8). Nele, porém, o experiente cronista parece ainda atordoado com a decisão da Ordem Dominicana de São Paulo. Troca a palavra Evangelho do título do livro de frei Carlos a que se refere por A Igreja. E, no final do seu texto, mostra-se disposto a aceitar a alegação usada para retirar frei Carlos do Brasil, mas, ao mesmo tempo, diz, com razão, que a nota dos superiores de frei Carlos "por motivo de ética, deveria ter ficado fora das especulações de quem se tem mostrado inimigo dos dominicanos, de frei Carlos e do Brasil, Urgente".

Sobre Corção, Dorian afirma:

> Ele vem de um incidente com um padre dominicano: velha é a sua antipatia por cristãos, especialmente padres que discutam problemas político-sociais. Recebeu com desagrado esta folha, porque viu na sua direção um dominicano e na sua declaração de princípios, um ato de fé cristão. Não titubeou em endossar calúnias do sr. Carlos Lacerda contra nós, indiferente aos deveres de prudência e submissão à verdade. Esfolada a mentira, acreditou que atingiria os seus objetivos criticando o livro "A Igreja (sic) e a Revolução Social", de frei Carlos Josaphat. Foi decepcionante. Omitiu dados, tirou frases de seu contexto, deformou opiniões, chegou à má fé de sonegar aos leitores o título da obra. Recebendo daquele padre resposta fulminante, passou a desenvolver a sua luta através de insinuações e malícias indignas de um cristão e mais ainda de quem deseja exercer uma liderança católica. Depois, na sua intriga contra o senhor Alceu Amoroso Lima, estivemos com o último. Ninguém menos credenciado a examinar uma nota referente a esta folha e a seu fundador. Contudo, logo que surgiu a nota da Província dominicana sobre as suas relações com este jornal, anunciando que, de acordo com decisão antiga, frei Carlos viajaria à Europa para fazer um curso de especialização, corre o escritor a ridicularizar o documento e apontá-lo como mentiroso. São conclusões suas: nada há entre nós e os dominicanos (ele sabe que este jornal nasceu sob a inspiração de um dominicano que foi o seu diretor até há pouco e continua seu colaborador e líder) ele diz que frei Carlos é exportado como punição: "Para o bom entendedor, meia palavra basta e eu creio que os padres dominicanos disseram um pouco mais de meia palavra". Não discutiremos a nota, nem temos procuração para defendê-la. Julgamos que, por motivo de ética, ela deveria ter ficado fora das especulações de quem se tem mostrado inimiga dos dominicanos, de frei Carlos e do Brasil, Urgente.

Na entrevista com Paulo de Tarso sobre as edições do BU deste mês de novembro de 1963, perguntamos a ele como via, naquele período, a figura de frei Carlos. Paulo de Tarso respondeu:

– O frei Carlos Josaphat foi um profeta do Cristianismo Social, da Teologia da Libertação. Eu diria, mais exatamente, um profeta da Política da Libertação que deve existir ao lado da Teologia da Libertação. Numa época em que se utilizavam as encíclicas para sublinhar o caráter conservador do cristianismo social, ele procurava utilizá-las para mostrar como o cristianismo, numa estrutura injusta, é uma força de transformação. E ele próprio se transformou, num determinado momento, em São Paulo, numa força de influência muito poderosa. Começou fazendo conferências para grupos pequenos, estes grupos foram aumentando e ele teve que passar para o prédio da igreja dominicana. Eu assisti a inúmeras conferências dele com a igreja dos dominicanos lotada. E quem conhece a igreja sabe que ela não é pequena. Frei Carlos falava a linguagem mais clara possível, a mesma linguagem dos artigos dele. Ele passou a ser uma espécie de ponto de referência de todos nós que estávamos engajados na luta política porque ele conhecia a Teologia muito bem e tinha um domínio verbal que permitia formular o problema brasileiro à luz das categorias evangélicas, de uma maneira que amedrontou a reação. Frei Carlos foi para a Europa, como Dom Carlos Carmelo foi para a Aparecida do Norte. Dom Carlos Carmelo, na sua condição de cardeal, tinha uma atuação mais discreta, embora muito incisiva nos momentos mais difíceis. Frei Carlos Josaphat contava com a amizade e com a estima do Cardeal Motta que reiterou isso várias vezes. Frei Carlos foi o defensor da posição anti-IBAD, anti-IPES, anti-1964. Quando o movimento IBADE/IPES/1964 foi vitorioso, ele passou a ser o inimigo que era preciso remover, tirar do caminho. Como ele era um homem muito vinculado à Igreja não quiseram reprimi-lo com prisão ou com outro tipo de pena. Preferiram o caminho dúbio, camuflado, de obterem a transferência dele para a Europa. Eu pessoalmente não acredito que esta transferência tenha sido feita em virtude das necessidades intelectuais da Ordem dos Pregadores do Brasil, me desculpem os que assinaram essa nota. Eles fizeram isso em função da defesa da Ordem dos Pregadores numa hora de paixão social, de paixão política. Dizer que Frei Carlos Josaphat foi para a Europa porque estava precisando estudar Teologia Moral, sanar vazios da formação intelectual da Ordem dos Pregadores é um exagero que os fatos se encarregam de desmentir. Frei Carlos foi para a Europa como um semiexilado e ficou na Europa talvez pelo desencanto que o episódio do Brasil, Urgente causou a ele. Foi o clima das conferências dele na igreja dos dominicanos, o entusiasmo gerado, que produziu como fruto o jornal. Quem assistiu os primeiros momentos, após 1964, passou pelo dissabor, pela tristeza, de observar que os grupos cristãos integristas ou reacionários, paramilitares, jogavam tinta vermelha na porta da igreja dos dominicanos. Quem passava pela igreja, tendo a estima que eu sempre tive por eles, que me orientaram nos primeiros momentos de conversão ao cristianismo, tinha vontade de chorar ao ver como a porta principal da igreja não podia ficar limpa porque permanentemente havia manchas de tinta vermelha nela. Os dominicanos, depois, sofreram barbaridade nas mãos policialescas do regime.

Frei Carlos foi um professor de todos nós, soube alentar a nossa vida política. A minha convicção, a de quem viveu aqueles momentos tão dolorosos, é a de que frei Carlos foi vítima de uma repressão. Frei Carlos foi semiexilado.

O caminho da cruz, para frei Carlos.
2º ato: a partida
(Dezembro de 1963)

Este mês ficou marcado na breve história do BU pela retirada de frei Carlos do Brasil através da Ordem dos Dominicanos. Em dois números do jornal (40 e 41) quase só se falou disto.

Até mesmo um atentado cometido contra a Redação do jornal ficou em segundo plano. Deste fato aparece apenas um registro na Carta do Leitor, do BU nº 39, à página 3, com poucas palavras:

> Eles vieram à noite, como as forças do medo. Vieram na tentativa de semear o pânico. Vieram no desejo de ver recuar. Já não adiantara nada o outro tipo de pressão, recorreram ao que mais lidimamente representam: a força bruta. Vândalos pensando-se heróis não passaram de pobres moleques, quebrando vidraças numa vingança besta. Pobres rastejadores que só cospem ódio, ódio que não atinge ninguém.

Uma foto mostrava a fachada da sede do jornal depredada.

Em defesa do BU saiu apenas frei Carlos, às vésperas de sua viagem, em artigo assinado ("Moralismo Imoral", BU nº 39, p. 7):

> Quanto aos desordeiros e a seus patrões, apenas uma informação a mais: não será a agressão que calará uma voz que o Brasil inteiro reclama e aplaude. Imperturbavelmente continuaremos no mesmo caminho. Ladrem os cães, que a caravana passa.

Naqueles seus últimos dias, no Brasil, o religioso se manteve em intensa atividade. No BU nº 36 ele apareceu, à página 7, numa viagem a Belo Horizonte, visitando uma favela, onde moravam 284 famílias. Surge na matéria esta informação comovente: por decisão de seus habitantes, a favela passara a se chamar Vila Frei Carlos Josaphat.

Mesmo na edição nº 40 do BU, na qual foi noticiada a partida dele do Brasil, ainda havia uma reportagem com o registro da presença de frei Carlos, em Porto Alegre. Lá, ele ministrou uma aula para os alunos de um curso sobre Problemas Brasileiros, promovido pelo Movimento Nacionalista Feminino, sobre o tema "O Cristão e a Revolução Nacional Brasileira".

Os alunos estavam informados da proximidade do dia da retirada de frei Carlos do Brasil. E se emocionaram com a presença dele naquele evento. Destacou o BU:

> Após sua palestra, frei Carlos Josaphat debateu o tema com o público, respondendo, entre aplausos, a cerca de cem perguntas. No final do ato, foi aclamado em pé pela assistência que gritava o seu nome e o nome de Brasil, Urgente, seu jornal.

Chegou, porém, o dia de sua saída do Brasil. E, para não deixar nenhuma dúvida sobre como seus companheiros, na luta para manter o jornal, passaram a ver a retirada forçada de frei Carlos do convívio deles, a capa daquela edição nº 40 foi ocupada com uma foto do religioso. Sobre a foto, eles puseram esta manchete: "Frei Carlos parte para o exílio".

As incumbências de acompanhar frei Carlos até o aeroporto e de, lá, se despedir dele, em nome da Redação do BU foram dadas ao cônego Milton Santana, de Campinas, colaborador do jornal.

A reação de frei Carlos ao que ouviu do cônego foi registrada pela BU:

> Emocionado, Frei Carlos teve poucas palavras para o seu agradecimento e a sua despedida. Começou por dizer que muito havia meditado diante das ordens recebidas. Até que ponto ele poderia rompê-la,

até que ponto deveria acatá-las. Preferiu a obediência total, mesmo reconhecendo que o caminho da obediência é o caminho da cruz. Que sua obediência servisse como uma afirmação a mais de sua luta.

O religioso havia deixado, antes, com a Redação do jornal uma declaração, na qual assumia, naquele momento de despedida, sua completa identificação com o BU. O jornal a publicou também na edição nº 40, à página 7, com o título de "Até Breve, Companheiros":

> Faço questão de declarar minha solidariedade, o meu acordo total com a atual direção de Brasil, Urgente. Incompreendidos, caluniados, vítimas de fofocas da grã-finagem, vocês não traíram a confiança dos trabalhadores, dos homens e mulheres de nosso povo, que resolveram protestar contra a impostura da imprensa venal e vendida, lançando, de S. Paulo para o Brasil, o jornal da Justiça Social.

O avião em que frei Carlos estava levantou voo no aeroporto de São Paulo. Mas, o momento mais dramático da partida do religioso estava ainda por acontecer. Porque, em seguida, o avião fez um pouso de abastecimento no Rio de Janeiro, onde morava Roberto Freire. Ao descer do avião, naquela escala, frei Carlos o encontrou aguardando-o.

Roberto Freire falou sobre aquele encontro, naquelas circunstâncias, com seu companheiro no BU, na entrevista que nos concedeu. Disse ele:

> O episódio da saída de frei Carlos é extremamente delicado. Está ligado ao problema seríssimo da obediência que as ordens religiosas impõem. Uma obediência que, se não é cega, é absoluta. Frei Carlos acredito que tenha discutido um pouco a saída dele do Brasil. Ele estava magoado, muito triste. Nós nos encontramos no aeroporto do Rio de Janeiro e ficamos conversando por mais de uma hora. Eu o inquiri com a maior violência. Queria que ele, em primeiro lugar, me desse uma explicação razoável sobre as razões da Igreja para ter tomado aquela decisão. E, em segundo lugar, que ele me desse uma explicação razoável da parte dele mesmo por aceitar aquela ordem da Igreja. Ele me mostrava sua dificuldade, dentro da grande honestidade dele.

> Nosso relacionamento foi sempre de profunda honestidade. Dizia o seguinte: "Eu não posso perder Deus, não posso perder minha fé, minha esperança. Se eu não cumprir esta ordem, se eu não obedecer terei que mudar e abdicar destas coisas que conquistei na minha vida". Era um drama existencial profundíssimo. Eu respeito-o nestes termos. Ele estava vivendo um drama maior, talvez, que o meu e o dos nossos companheiros de jornal porque nós não temos a quem obedecer a não ser à nossa consciência. Ele tinha superiores e não tinha sequer o direito de julgá-los sem romper com a sua fé.

Ao ouvirmos Roberto Freire, em 1980, era-nos perceptível que seu temperamento intenso e apaixonado não havia se apaziguado, passados 16 anos, desde que aqueles fatos ocorreram. Ele disse, em 1980:

> É uma das coisas que eu não posso compreender. Como um homem tão apaixonado, tão corajoso, tão lúcido, como frei Carlos se submeteu a um troço destes. Eu o respeitei como um sacerdote e como um homem vivendo um drama de consciência. Mas eu não o perdoei como companheiro. Eu fui ao aeroporto e ficamos conversando até ele pegar o avião. Mas eu nunca escrevi para ele. Ele veio ao Brasil várias vezes. Minha ex-mulher foi visitá-lo. Meus filhos o viram. Eu não quis encontrá-lo porque eu sei que ele não vai dizer nada que acrescente algo a esta história toda e, também, não estou mais interessado em questioná-lo. As coisas para mim continuam. Continuamos aqui tentando diferentes formas de luta. E ele está em Friburgo. Eu o culpo por ser sacerdote. É o máximo que posso fazer. Ele, que se ofereceu a tudo, teve este único momento em que falhou como líder. Quando aceitou, apenas com dor, a ordem de sair do Brasil. Nós poderíamos ter tido um fim mais glorioso, uma história mais bonita. De qualquer maneira, ele iria ser preso, claro, como eu fui preso, como outros foram presos. Ele teria que pagar a parte dele. Mas, eu acho que ele não teria medo nenhum disto.

Roberto, quando o entrevistamos, disse que suspeitava que a ordem para retirar frei Carlos do Brasil havia partido do Vaticano. Ele imaginava que o Vaticano tenha sabido, antecipadamente, da preparação do golpe e quis poupar frei Carlos de punições políticas.

No mesmo número em que a transferência forçada de frei Carlos para o exterior foi chamada de exilio na manchete de capa, Roberto Freire havia escrito, em sua coluna "Gente Como (e Contra) a Gente":

> Frei Carlos Josaphat está sendo expulso do Brasil, por ordens de seus superiores, devido a pressões que pessoas ligadas às classes dominantes brasileiras sobre eles exerceram.

Os companheiros dele no jornal, naquele momento, também não economizaram palavras para expressar o que pensavam. Na matéria "Diretores de Brasil, Urgente: Frei Carlos foi Exilado" (BU n° 40, p. 5) disseram:

> Dorian Jorge Freire: Impossível aos órgãos oficiais da Igreja o anátema contra o grande dominicano. Possível e bem possível obter do Estado do Vaticano, através de seu Secretário de Estado, uma ordem esdrúxula: a expulsão de Frei Carlos Josaphat do Brasil. E a determinação foi feita. E a ela se submeteu sem protesto, nem repugnância, numa docilidade tão dolorosa quanto suspeita a Ordem Dominicana. Num servilismo que só encontra similar naquele do próprio Vaticano, em face das pressões dos grupos econômicos.

> Ruy do Espírito Santo: Predominou o esquema político. A fisiologia clerical que preferiu a acomodação política à autenticidade de sua pregação.

> Josimar Moreira: Frei Carlos é Brasil, Urgente. A ideia foi sua. Sua foi a concretização de um sonho longamente acalentado nas celas dominicanas, com o apoio e a solidariedade dos seus companheiros de Ordem, desta mesma Ordem que, agora, cedendo a estranhos apelos, exila-o na Europa, renegando sua criação e empurrando-o para longe da tribuna de sua pregação verdadeiramente cristã.

> Fausto Figueira de Mello: Sua ausência foi desejada e bem recebida por muitos que julgam BU fruto de uma opinião particular ou da ca-

pacidade de persuasão de um único homem. BU, porém, é expressão de uma consciência coletiva, como tal supera as contingências humanas e pessoais.

José Reinaldo: Vimos, então, mais uma vez a Igreja humana capitular diante de uma pressão. Frei Carlos foi um incompreendido pelos cristãos acomodados, pelos vendilhões da pátria, mas temos a certeza de que enormemente compreendido pelos oprimidos e até pelos que, embora não aceitem a doutrina, o respeitam como homem lúcido, como verdadeiro líder da revolução brasileira.

Frei Carlos já estava em Paris mas ainda conseguiu encaixar logo na edição seguinte do jornal (BU nº41, p.7) um artigo, no qual mencionou a conversa com Roberto Freire, na escala do avião, no Rio de Janeiro. Porém, mencionou-a de passagem, sem fazer qualquer referência a seu conteúdo. Como se quisesse compensar Roberto Freire por aquela omissão, ele o chamou, no artigo, de "jovem líder da classe teatral e da cultura brasileira". Sobre o encontro deles no aeroporto, escreveu apenas:

Foi a desejada oportunidade para uma boa conversa com Roberto Freire.

Depois disto, iniciou-se o silêncio de frei Carlos, que se alongou por décadas, sobre seu caminho para a cruz, como ele havia chamado, na pista do aeroporto de São Paulo, no final de 1963, a sua retirada forçada do país. Em 1981, quando lhe enviamos algumas perguntas por carta, ele ainda guardava aquele silêncio. Antes disto, o pesquisador acadêmico Paulo César Botas também fez uma tentativa de ouvi-lo. Recebeu de frei Carlos esta resposta escandalosa:
– Não lembro.

Mas, naquele artigo publicado no BU nº 41, frei Carlos se mostrava até bem-humorado, quando voltou a mencionar a escala de seu avião no Rio. Bom-humor manifestado desde o título que escolheu para o artigo, no qual brincou com o nome do Brasil, Urgente. Chamou-o de "França, Urgente". Mas, talvez, sem se dar conta disto, ele também trouxe à tona no artigo aquilo que estava sendo sacrificado com sua transferência para fora do país: a projeção nacional obtida por ele através do BU, como líder cristão, a qual o tornava responsável pela influência que exercia sobre muitas pessoas, no Brasil.

Ele relata:

> Só decolamos ao meio-dia, 12 de dezembro, após uma noite e uma manhã na Guanabara. Falei em greve. Comentava-se entre os passageiros a eventualidade de uma parede, por parte dos funcionários do Galeão. Brincando, observei a um colega, missionário no Amazonas, em viagem para Madrid: – Há greve? Sou a favor. – O senhor até se parece com um tal de frei Josaphat, que foi mandado para fora do Brasil. Respondeu o bom servo de Deus. E ia prosseguindo: – Dizem que este dominicano é fogo. Interrompi, apresentando-lhe o meu cartão, a fim de evitar-lhe possíveis dissabores de uma identificação tardia.

A partir daquele mês de dezembro de 1963, o nome de Roberto Freire deixou de constar no expediente do jornal entre os de seus diretores. Dos 10 nomes que apareceram ali, no BU nº 1, restaram quatro. Os de Dorian, Josimar, Fausto e Ruy. O jornal, porém, manteve a coluna de Roberto Freire "Gente Como (e Contra) a Gente".

A possibilidade da exclusão do nome de Roberto do expediente do jornal estar relacionada com a partida de frei Carlos, porém, foi afastada por Ruy do Espírito Santo. Disse Ruy:

– O Roberto Freire, com toda a sua pureza, com toda a sua amplitude de visão, foi sempre solidário com a gente. Eu e o Dorian sabíamos que sempre podíamos contar com ele. Mas ele tinha certos compromissos familiares que não eram fáceis de cuidar. Ele até acabou se separando de sua mulher. As pressões da família dela se tornaram insuportáveis para ele. De qualquer forma, eu acredito que o problema maior foi mesmo a falta de tempo dele. As propostas de trabalho que ele recebia implicavam sempre no uso do tempo que ele dedicava ao BU. Acho que isto culminou com a ida dele para a direção do Serviço Nacional de Teatro, quando ele teve até que mudar sua residência para o Rio de Janeiro. Chegou um momento em que ele disse: – Olha, não dá mais! No entanto, nunca houve um rompimento de Roberto Freire com a linha ideológica do jornal. A gente sabia que ele era um irmão.

Os ânimos dos membros da equipe do BU pareciam acalmados, depois da partida de frei Carlos.

No número seguinte (BU nº 41, p. 2) o jornal até se penitencia, em seu editorial "Frei Carlos Josaphat":

> Na realidade, fomos levados pela emoção que não pudemos controlar, e envolvidos num clima de grande passionalismo, o que determinou confundíssemos, naquele instante, pelas palavras, e nunca pelas intenções, a Igreja Católica e a Ordem Dominicana, com todos aqueles que há vários anos, cruelmente, vem desafiando uma parcela de nossa população cristã, mais digna de respeito e consideração.

Mas a questão principal gerada pela decisão de retirar frei Carlos do Brasil permanecia: foi lícito poupar única e privilegiadamente a ele na hora em que a repressão provocada pela atuação política de que ele participava atingiu seus companheiros? Na entrevista que nos concedeu dezesseis anos depois, Ruy do Espírito Santo forneceu informações sobre o provincial dos dominicanos de São Paulo, a maior autoridade da ordem, entre os superiores de frei Carlos que tinham assinado a nota com a decisão de mandá-lo para fora do Brasil, entregue a O Estado de S. Paulo. E o que ele disse novamente confirmou que, naquela decisão, havia uma preocupação unicamente com frei Carlos e com os interesses da ordem dominicana.

Ruy contou:

– Na época em que frei Carlos saiu do jornal eu realmente escrevi um texto em que denunciava a estrutura eclesial católica que eu chamei de fisiológica. Porém, depois, passado algum tempo, fiquei conhecendo o prior do Convento dos Dominicanos na época da saída de frei Carlos, o frei Alexandre Oscar Lustosa, num período curioso, porque ele havia se afastado da ordem e casado. Depois, ele retornou à ordem. Mas, exatamente naquele instante, eu o conheci mais de perto. Eu o visitei e conversamos sobre aquele episódio do frei Carlos. Ele lembrava da minha posição contra a saída do frade.

Disse, então, claramente o seguinte: ele queria preservar o frei Carlos, a sua cabeça, a sua capacidade como teólogo de um empreendimento que era cada vez mais leigo e que devia ser assumido não pela Igreja, nem por frei Carlos. Achava que frei Carlos tinha uma missão dentro da Igreja, aquela pela qual ele ainda hoje responde na Europa, como grande teólogo. A única forma de se conseguir isto, dizia frei Oscar, era tirá-lo daquele burburinho. Até porque estava em risco a própria carreira sacerdotal, naquele momento, de frei Carlos. As tensões e as pressões que ele sofria, de todas as naturezas, levariam a um esvaziamento do sacerdócio dele e do seu potencial intelectual, em favor de um empreendimento que, possivelmente, não daria muito resultado. E que – ele achava – era muito mais de leigos que propriamente de um padre. Isto não implicava, como de fato não implicou, dizia ele, num descompromisso dos dominicanos com o jornal, nem mesmo num descompromisso do próprio frei Carlos que, à distância, poderia continuar, como continuou, a escrever para o jornal, sem nenhuma proibição. Esta foi, em síntese, a versão que o frei Oscar ofereceu. Ele assume a responsabilidade de, como prior, ter tirado o frei Carlos de circulação. É um dado em que eu não tenho como não acreditar porque ele me disse isto já não mais como padre. Ele dizia isto como um homem, já fora da estrutura da Igreja. Não havia para ele, àquela altura, necessidade de inventar uma história. Eu aceitei a versão dele e, de fato, teria de rever, se fosse o caso, algumas coisas, como estou fazendo, agora, do que eu disse naquela ocasião.

Numa entrevista com Paulo de Tarso, sobre os números do BU editados em dezembro de 1963, perguntamos se, de qualquer forma, frei Carlos poderia ter se transformado num líder da revolução social brasileira, caso não tivesse sido retirado à força do país. Ele respondeu:

– Pela Doutrina Social Cristã, que frei Carlos ensinava, e na qual todos nós buscávamos inspiração, a política é terreno principalmente reservado à ação dos leigos. A atuação dos padres é uma atuação supletiva. Eu acredito que frei Carlos jamais aceitaria a condição de líder da revolução brasileira. Ele poderia, e pôde, participar das medidas tendentes a uma transformação que se chamou, com propriedade, de revolucionária porque alterava a maneira segundo a qual se compreendia no Brasil o poder político, a economia e a cultura. Mas, a condição de líder da revolução brasileira era incompatível com a sua condição de sacerdote. Ele teria que optar entre esta condição e o seu papel de liderança no processo de transformação social brasileira. E eu acho que a decisão penosa para o frei Carlos foi no sentido de que o seu sacerdócio deveria prevalecer sobre tudo o mais, embora a convicção social e política dele continuasse a mesma. Mas, não há dúvida de que ele foi expulso daqui. A esta altura da história já se sabe que não houve nada de espontâneo na saída dele. Assim como não houve nada de espontâneo na saída de Dom Carlos Motta para Aparecida do Norte. Isso foi parte de uma política de acomodação da Igreja para evitar choques com as autoridades que estavam, àquela altura, na iminência de assumir o poder. E já haviam assumido uma posição conspiratória conhecida de força. A Igreja não ia querer ficar sob o fogo cerrado das forças do IBAD e do IPES que deflagraram o movimento de 1964. Então, a Igreja preferiu, nesse caso, aceitar a realidade e pedir às pessoas envolvidas nos episódios, como frei Carlos, que saíssem. Isso ocorria com os que integravam a própria hierarquia.

Em seguida, nós perguntamos a Paulo de Tarso por que a ação da Igreja para neutralizar a própria liderança pessoal dele entre os católicos não foi tão contundente quanto a sofrida por frei Carlos.

Sua resposta:

– Sobre mim a hierarquia da Igreja não tinha o mesmo tipo de poder que tem sobre frei Carlos. Assim, a determinação para que ele saísse do Brasil envolvia um problema de obediência à ordem da Igreja. A Igreja oficial não poderia nunca pedir a um leigo que saísse de seu país, fossem quais fossem suas razões. A mim, por exemplo, caberia recurso extremo de exclusão da Igreja. Não creio que a hierarquia tenha pensado em qualquer momento numa decisão radical como esta. O que aconteceu com os leigos foi um abandono. A Igreja abandonou os leigos. No meu caso só não houve um abandono total por duas razões. Primeira porque me levavam a comunhão, quando eu estava preso. Naquela ocasião eu frequentava os sacramentos com regularidade. Mas curioso, quem levava a comunhão para mim, num dos lugares em que eu fiquei preso, era um franciscano que não tinha nada a ver com as lutas políticas de que eu participei, como católico. Ele, espontaneamente, por relações de família, se dispôs a enfrentar todo um mecanismo complicado e levava a comunhão, quase diariamente, para mim. O segundo ponto de apoio eu vim a ter já no exílio, no Chile. Lá sim, a Igreja, pode-se dizer, me apoiou. Facilitou o colégio para os meus filhos e o vigário do lugar onde eu morava foi de uma dedicação evangélica, a mim e a minha família. Ele se desdobrou para nos ajudar. Depois nós viemos a descobrir que ele até mesmo artifícios encontrou, através de outras pessoas, para fazer chegar a nós uma ajuda, que ele sabia, nós não aceitaríamos se soubéssemos que era uma dádiva direta dele. Então, não posso dizer que eu tenha sido totalmente abandonado. Mas, faltou, de parte da Igreja brasileira, apoio à nossa pregação político-social que – eu posso dizer –, se formou ao lado do apostolado evangélico, ouvindo as lições dos dominicanos. Frei Carlos começou a sua pregação pública na igreja de São Domingos, seguindo uma praxe muito mais antiga. Nós assistíamos aulas sobre a Doutrina Social Cristã, no interior do convento dos dominicanos, havia muitos anos. Essas reuniões são muito mais antigas do que as reuniões com o frei Carlos. Ele foi, digamos, um lado público desse apostolado. Mas o apostolado no interior do convento, o apostolado discreto, silencioso, esse veio de longe. Nós podemos dizer, eu inclusive, que fomos formados para a vida pública pelos dominicanos. Eles é que nos deram essa dimensão social do Evangelho que hoje está incorporada à Pastoral Social da Igreja.

Em vários instantes da sua entrevista, Paulo insistiu conosco para que tentássemos levantar no Convento dos Dominicanos os motivos pelos quais frei Carlos, até aquele ano de 1982, ainda não havia retornado definitivamente ao país.

Disse:

– Realmente, quanto mais eu penso, menos eu sou capaz de compreender as razões pelas quais frei Carlos permanece fora do Brasil. Porque ele não é, nem de longe, uma ameaça a este clima de relativo entendimento e anistia que existe aí. Ao contrário, acho que ele se inseriria nisso de uma maneira perfeita. Ele saberia adaptar-se à conjuntura que nós estamos vivendo e ele seria um homem que prestaria à Igreja, nessa hora, serviços relevantes pela experiência que ele tem, pela cabeça privilegiada que ele sempre foi.

Depois da entrevista, retomamos nossos contatos com o convento dos dominicanos e conseguimos obter o que, então, julgamos ser uma boa notícia.

Nos disseram: o processo de retorno do frade será iniciado a partir do segundo semestre deste ano de 1983. Ele não deverá ficar permanentemente em São Paulo. Por três meses, em cada ano, residirá no convento da Ordem em Belo Horizonte, nos informaram. Na verdade, frei Carlos só retornou definitivamente ao Brasil 30 anos depois da saída forçada dele, em 1994.

Às colaborações com o BU, no entanto, ele voltou logo.

Cardeal Motta procurava garantir ao jornal seu direito de existir.

A entrevista de frei Carlos

No dia 23 de fevereiro de 1996, dois anos após seu retorno definitivo ao Brasil, frei Carlos ao Brasil, nos concedeu uma entrevista, no mesmo convento dos dominicanos, do bairro da Perdizes, em São Paulo, onde o BU havia nascido. Quinze anos antes havíamos tentado obter, através de uma carta enviada para o endereço dele, na Bélgica, respostas a perguntas que gostariamos de ter feito a ele pessoalmente. E ele não respondeu à nossa carta.

Agora, aos 75 anos de idade, coberto de glórias conquistadas nas universidades da Europa, ele nos recebia não mais na condição que tínhamos, em 1981, quando escrevemos para ele – a de quem fazia uma pesquisa sobre o BU, dentro de seu programa de mestrado. Mas na condição que tínhamos, em 1996, de repórter *freelancer* do jornal com o qual o BU havia mantido muitas divergências, O Estado de S. Paulo. Assim, nos ocorreu naquela ocasião a possibilidade de que talvez ele tivesse aceitado nos dar a entrevista numa deferência ao Estadão, parecida com aquela dispensada ao jornal por seus superiores quando, em 1963, preferiram enviar para ele, que os atacava duramente, a nota com a decisão deles de tirá-lo do país, em vez de entregá-la ao BU.

Antes de começarmos a entrevista, frei Carlos, sem que pedíssemos, espontaneamente, nos entregou – ou melhor, entregou ao repórter *freelancer* de O Estado de S. Paulo – dois textos dele, desconhecidos e inéditos. O primeiro, nos surpreendeu porque se tratava de uma palestra que ele havia pronunciado na Escola Superior de Guerra, antes do Golpe Militar, completamente desconhecida pelas dezenas de autores de livros sobre 1964, consultados por nós. O outro texto poderia ser encarado como mera curiosidade histórica se não contivesse um óbvio significado simbólico. Era uma fábula sobre animais da floresta escrita por ele, entre 1963 e 1964, numa escola dominicana da França, que mostrava o conhecimento dele da dinâmica de funcionamento das assembleias nas quais os ativistas políticos daquele periodo tomavam suas decisões.

Aquela entrevista com frei Carlos havia sido encomendada por um dos editores de O Estado de S. Paulo. Depois de pronta, nós a entregamos a ele e fomos pagos por ela. Mas, aparentemente, os proprietários do jornal não tinham sido informados da encomenda feita pelo editor, pois, quando souberam dela, a vetaram, numa nova demonstração, naquele ano de 1996, de que continuavam a considerar inimigos quem eles haviam combatido no periodo de 1962 a 1964. Disposição para a preservação de inimizades antigas que já tinham manifestado antes, quando no início dos anos de 1980, vetaram a citação do nome de Paulo de Tarso numa matéria publicada por aquele jornal. Tampouco, os donos do Estadão quiseram tomar conhecimento dos textos inéditos oferecidos por frei Carlos. Portanto, pela primeira vez a entrevista de frei Carlos, a sua palestra na Escola Superior de Guerra e a fábula escrita por ele estão sendo publicados aqui.

Na Escola Superior de Guerra

Coimbra: – Para uma atuação política como a sua, em 1964, que importância tinha um jornal como o Brasil, Urgente?

Frei Carlos: – O jornal tinha uma importância fundamental porque o nosso trabalho visava mobilizar a opinião pública. Nós sentimos que uma ação social cristã eficaz, operacional, exigia o apoio de um jornal próprio.

Coimbra: – O senhor se acha dotado de vocação política?

Frei Carlos: – Eu não tenho uma vocação de político profissional. A minha é mais a de quem procura uma competência em Ética Política. Não se trata, no meu caso, de fazer política, mas, de procurar indicar os grandes rumos dela.

Coimbra: – Concorda que as maiores irritações e preocupações dos católicos que não aceitavam o Brasil, Urgente eram provocadas pela militância do jornal ao lado de comunistas?

Frei Carlos: – Eu não saberia interpretar as reações que outros tiveram, diante do trabalho que realizávamos. Mas, penso que o mais importante, naquilo que fazíamos, era o trabalho pelas reformas sociais, cerca de doze reformas: agrária, urbana, bancária, educacional, eleitoral etc. Tais reformas não agradavam a quem estava satisfeito com o regime. Acho que o ponto central do desacordo era esse. Nós propúnhamos, de fato, uma nova forma de sociedade. É verdade, porém, que para uma certa parte dos católicos, a nossa presença em atos públicos, ao lado de comunistas, parecia contrariar a orientação da Igreja, embora a nossa colaboração com eles fosse anunciada como uma não-adesão doutrinal, como não sendo nem mesmo um apoio ao Partido Comunista. E mais, fosse acompanhada da afirmação reiterada de que um partido único era uma forma absolutamente inadequada para a realização democrática de nossos projetos.

Coimbra: – O convite, que o senhor recebeu, para falar aos oficiais da Escola Superior de Guerra que tramavam o Golpe Militar foi um fato desconhecido no momento que antecedeu sua partida do Brasil, dele acabamos de tomar conhecimento, agora, através do senhor, quando nos entregou seus textos inéditos. Do que o senhor tratou, ali?

Frei Carlos: – Falei dos valores morais e a importância deles para a segurança nacional. Inicialmente, tratei dos valores morais, como infraestrutura ou superestrutura da vida nacional, e da relação entre moral e dinamismo psicossocial. Depois, me referi à ideia de nação, como um dado natural e como criação natural, e à relação entre valores morais e consciência nacional. No final da exposição, durante o debate com os oficiais, deixei bem marcada a afirmação de que não há segurança nacional, ainda que a nação seja a mais municiada, se o povo for injustiçado, porque a injustiça é vivida como uma força social.

Vaticano *versus* João XXIII

Coimbra: – A atitude punitiva, de retirá-lo do Brasil, tomada aparentemente pela Secretaria do Vaticano, não representou uma oposição ao poder do Papa João XXIII, que, através de suas encíclicas, estimulava a ação política cristã?

Frei Carlos: – Na verdade, as encíclicas são documentos de caráter doutrinal. Elas propõem grandes linhas de atuação. E, nós aqui, estávamos num trabalho de enfrentamento de problemas concretos. Então, a gente compreende que muitos católicos, benfeitores da Igreja, e muitas forças capitalistas, que davam à Igreja a possibilidade de realizar muitas boas obras, tivessem uma motivação, não para excluir a Doutrina Social da Igreja do Brasil, mas para impedir uma forma de aplicação desta doutrina – aquela que nós visávamos.

Coimbra: – Portanto, o que talvez a Secretaria do Estado do Vaticano tenha tentado fazer foi controlar a forma de aplicação da Doutrina social da Igreja no Brasil?

Frei Carlos: – A orientação concreta que foi tomada em relação a vários outros líderes religiosos e religiosas provinha de uma interpretação de que eles eram imprudentes, se deixavam manobrar pelos comunistas, e que – fossem quais fossem as intenções deles – objetivamente, eram aliados dos adversários da Igreja.

Coimbra: – De qualquer forma, a avaliação do comportamento de um religioso em São Paulo cabia ao cardeal arcebispo, Dom Carlos Motta. Por que a autoridade dele não foi respeitada?

Frei Carlos: – Seria, de minha parte, muita pretensão apreciar, na sua amplidão tudo o que se passou. Mas, é certo, que a orientação da diocese, comparte, de fato, ao bispo diocesano. No entanto, em momentos excepcionais, de perturbações sociais, às vezes, não se respeitam muito os pormenores formais da organização da Igreja. De qualquer maneira, posso dar meu testemunho de que Dom Carlos Carmelo de Vasconcelos Motta, um grande pastor, pelo qual tive a maior estima, sempre agia com muita ponderação, não se deixando levar por entusiasmos. Só depois de um exame cuidadoso, foi que ele concordou com o movimento social que estávamos tentando levar adiante, e apoiou o Brasil, Urgente. E, muitas vezes, ele nos pedia explicações de tudo o que fazíamos.

Traição da Igreja?

Coimbra: – Frei Carlos, Roberto Freire tem declarado, em entrevista e em livros, que encarou o seu afastamento do Brasil como uma traição da Igreja. Ele tem razão?

Frei Carlos: – Antes de mais nada, manifesto aqui uma grande estima por Roberto Freire, e renovo uma amizade com ele que jamais foi rompida. Ele ajudou enormemente tanto o Brasil, Urgente como a mim, pessoalmente. Devo muito a ele, sempre o considero como uma personalidade de grande valor. Com relação às suas críticas, quero dizer que compreendo bem a caminhada realizada por ele. Gostaria que Roberto Freire encontrasse a plena realização de seus projetos. E que levasse em conta as falhas da Igreja, tendo uma compreensão das dificuldades extremas dela, naquele momento. Ninguém como esta inteligência peregrina de Roberto Freire pode apreciar bem o túnel que tivemos de atravessar, e todo o drama, a tragédia, as incertezas que tivemos de enfrentar, naquela fase pré-revolucionária do golpe militar.

Coimbra: – Como o senhor acompanhou, do exterior, o golpe dos militares, em 1964?

Frei Carlos: – Eu estava ensinando Teologia, na França, e preparava a minha tese de doutorado. Acompanhei pelo rádio. A revolução me surpreendeu, grandemente. Acompanhei, desde o movimento de tropas, em Minas, à fuga do presidente João Goulart. Naquele momento, aquilo me causou um abalo muito grande.

Coimbra: – O seu silêncio, durante décadas, e, o fato de o senhor não ter retornado para uma vida clandestina, no Brasil – como fizeram tantos opositores do regime pós-1964 – indicariam que o senhor admitiu que o caminho tomado pela sua carreira sacerdotal, precisava ter seu rumo corrigido?

Frei Carlos: – Absolutamente. Jamais fiz oposição a qualquer regime. Quando a revolução de 1964 chegou, eu já estava empenhado em outro tipo de trabalho. Não guardei silêncio porque durante este tempo, na Europa, ensinei os mesmos princípios que defendia aqui, através das minhas pregações e do jornalismo. E ensinei estes princípios numa universidade – a Internacional de Friburgo – em que havia dezenas de latino-americanos, muitos dos quais, brasileiros. Não me desviei daquilo que considero como essencial. Sempre acho que um cristianismo desprovido de mensagem social não é o verdadeiro cristianismo evangélico, pregado por Nosso Senhor. Não me afastei do combate social cristão, mas o continuei, de outra maneira.

Coimbra: – Mas, durante longo tempo, o senhor, por exemplo, não quis falar sobre o Brasil, Urgente, não é verdade?

Frei Carlos: – De fato, eu não queria tratar de nenhum assunto brasileiro no Exterior, por causa da minha condição de estrangeiro que lecionava numa universidade estatal. Qualquer dificuldade de interpretação de uma ou outra frase pronunciada, poderia causar embaraço ao trabalho que eu estava fazendo lá. Além disto, eu, também, não conhecia, em toda a sua complexidade, a situação que se instalara aqui. Não estava a par, por exemplo, de quais eram os sistemas jurídicos e de vigilância policial vigentes no país, o que levava a uma atitude de prudência para resguardar pessoas que estivessem ligadas a mim.

Longe do Brasil

Coimbra: – O que representou para o senhor todos estes anos de afastamento da vida da Igreja, no Brasil?

Frei Carlos: – Naturalmente que o afastamento era, para mim, um grande sacrifício, mas, me considerei, para usar uma expressão vulgar, como um soldado que mudara de trincheira. Durante este tempo todo, os meus superiores sempre me disseram que o trabalho feito por mim, na Europa, era válido para outras partes do mundo, e, muito particularmente, para a América Latina e para o Brasil.

Coimbra: – Por que o senhor nunca pediu a cidadania suiça, mesmo tendo permanecido mais de um quarto de século naquele país?

Frei Carlos: – Eu sempre me senti um cidadão brasileiro. Para mim, a cidadania brasileira não é uma espécie de acidente. Considero o meu ser mais profundo, como um ser brasileiro. Sou um brasilino radical. Sempre me empenhei em ver os problemas sociais e éticos, a partir da inserção no meu país. Esse enraizamento é substancial para mim. Sou um mineiro, de Abaeté.

FREI CARLOS DESCONHECIDO
(Textos Inéditos)

A palestra na Escola Superior de Guerra

(De quem teria sido a iniciativa de promover a palestra de frei Carlos no ambiente onde se reuniam tanto os militares que apoiavam João Goulart como aqueles que preparavam o golpe de estado contra o governo dele? Foram os favoráveis a Jango que talvez tenham feito o convite para valorizar um aliado na figura de frei Carlos? Foram os golpistas que quiseram criar uma oportunidade para conhecer a fundo o pensamento de um de seus inimigos?).

Seu tema: os valores morais, sua importância para a segurança nacional.

Posição do problema: o fator moral na base das crises das noções modernas.

Desejaríamos, inicialmente, partir de alguns fatos suficientemente característicos para situar a nossa perspectiva e igualmente nossa tese. O primeiro dado histórico será o confronto de dois manifestos revolucionários, em que a "nação" emerge para a consciência social do Ocidente de maneira bastante diversa. No primeiro, ela vem a ser a categoria suprema, a natural personificação do povo e de suas aspirações; refiro-me à Revolução Francesa, em seu momento de eclosão, quando as modernas nações européias e americanas sentiam conjuntamente o ímpeto da afirmação ou emancipação política. "La nation assemblée ne peut recevoir d´ordes" ("A nação reunida não pode receber ordens"). Reunidos como representantes da nação, os cidadãos recusavam definitivamente a antiga legalidade, declaravam perimida (extinta) a autoridade histórica do príncipe e, em lugar da velha ordem herdada como tradição imemorial, erigiam a soberania nacional, fundada no contrato livremente estipulado ou ratificado pelo povo. A nação moderna, e o estado que a institucionalizava, surgiam num clima de euforia social, como o desejado instrumento para a realização dos profundos ideais de "liberdade, igualdade e fraternidade". Como um furacão que varre as tiranias e as opressões, a nação moderna exigida sem dúvida pelas condições econômicas e culturais do nascente capitalismo mercantil, afirmava-se às consciências como um dado moral, como o clima social de plena realização dos valores morais, radicados no íntimo do homem comum.

Mas, meio século mais tarde, um manifesto se dirigia igualmente à consciência deste homem comum, com o intuito de levá-lo a pronunciar a sentença de morte ou pelo menos de descrédito da nação moderna. Tenho em vista, é claro, o Manifesto Comunista, de Marx-Engels, divulgado em 1848. Analisado em profundidade, o Manifesto é justificação da recusa do *status quo*, mediante o apelo aos valores morais autênticos. Por paradoxal que pareça, o Manifesto é um documento moral e mesmo moralizante. Vem a ser a condenação das instituições, particularmente das pátrias, em nome da realidade humana e moral. Suas categorias fundamentais, utilizadas como critério de julgamento dos fatos e estruturas sociais, não são outras senão: opressão e libertação, justiça e injustiça, verdade e impostura, dados elementares e primeiros do senso moral. Poderíamos acenar para outros fatos que são indícios deste julgamento das nações à luz dos valores morais. Tomemo-los ainda, na França, onde a liberdade de pensamento e de expressão se mantém com relativa firmeza, mesmo nos momentos mais difíceis. Citarei a crise de consciência cada vez mais acentuada e mais ampla representada pela guerra da Argélia. Os objetivos da guerra e os meios empregados chocavam-se com os sentimentos e os princípios morais, aprendidos na família e na escola; e o menos que se pode dizer é que faltou entusiasmo para empunhar as armas e matar e morrer por uma causa nacional pouco decente. "Le mépris des lois naturelles et civiques les plus élémentaires entraine la démoralisation, au sens propre du terme, chez beaucoup d'hommes du contingent" ("O desprezo pelas leis naturais e cívicas mais básicas leva à desmoralização, no sentido literal do termo, entre muitos homens do contingente") é uma das declarações comovedoras de trinta e cinco jovens sacerdotes franceses mobilizados e que não puderam silenciar diante do conflito. Sem dúvida, muito pode fazer a moderna publicidade, no caso a mobilização psicológica, no sentido de atenuar semelhantes conflitos e criar, ao menos por algum tempo, uma unidade nacional em torno de um sacrifício sem fundamentação objetiva e moral, mas será, precisamente, aguçando o senso moral da coletividade e procurando justificar diante do seu tribunal exigente todas as medidas tomadas e todos os sacrifícios impostos. Evoco estes fatos para partir com realismo no encaminhamento de uma reflexão moral; eles me parecem apontar um fenômeno facilmente constatável: nos momentos de crises, quando as nações são sacudidas até os seus fundamentos, sua coesão aparece como cimentada por valores morais.

Ora, aquilo que a crise revela não seria a verdade constante, menos acessível à análise nas fases de normalidade e de paz, a saber: só a comunhão cívica num conjunto de valores morais pode conferir à nacionalidade a unidade intrínseca, donde decorre a segurança a longo prazo ou diante das ameaças repentinas.

Para facilitar o nosso diálogo, enunciarei uma tese de caráter didático: a estabilidade nacional depende grandemente dos valores morais (particularmente de caráter social), enquanto estes são chamados a animar as estruturas bem como o dinamismo do país, tanto nas fases de evolução como de revolução social. Procedendo sempre de maneira didática, começarei por evocar as noções básicas, com que procurarei justificar em seguida minha asserção.

Noções básicas

O primeiro dado de que havemos de partir parece-me ser justamente a própria consistência original dos valores morais. Constituirão eles algo de irredutível, de primeiro? Ou não serão eles resultantes de outros fatores primordiais, superestruturais acidentais, e, quem sabe, artificialmente fabricados ou fabricáveis? Indagaremos em seguida sobre o caráter dinâmico desses valores, isto é: até que ponto são eles parte integrante da vida humana, particularmente no plano social.

Valores morais como infraestrutura ou superestrutura na vida nacional.

Será o homem capaz de uma orientação racional e livre para um bem apreendido como absoluto, isto é, como imposição imanente e incondicionada, como exigência de uma opção, acima de todos os interesses ou apreciações utilitárias? Nossa observação da vida humana, particularmente nos momentos de crises sociais agudas, não nos levaria à aceitação do relativismo moral, pois todas as exigências morais parecem nessas circunstâncias cederem à pressão dos instintos de conservação ou agressividade?

Diversas camadas de realização da vida moral

Para equacionarmos devidamente problema de tal profundidade não será inútil relembrar uma distinção clássica tanto em filosofia moral como na tradição cristã. Como raiz e explicação de todo julgamento e todo comportamento moral, temos uma percepção ou um senso moral, que precede não apenas toda doutrina, mas mesmo toda conceptualização explícita. Semelhante intuição vivida no agir concreto é que dá sentido a todas as noções, enquanto morais e confere a todos os ditames da consciência seu conteúdo de elã para um bem que fascina ou de obrigação face ao que se apresenta como dever. Esse senso moral, constatado na criança e no primitivo, como algo de embrionário e maleável, é susceptível de cultura tanto teórica como vivida. É chamado a desenvolver-se num sistema moral mais ou menos complexo, conforme o clima de desabrochamento das outras virtualidades humanas. E é igualmente chamado a enriquecer-se de um universo de virtudes, isto é, de habilitações morais, que constituem como que a "arte de viver", segundo a consciência. Educável de direito, como exigência imanente deste núcleo da consciência moral, o homem e os grupos humanos são igualmente deformáveis, no plano das sistematizações doutrinais, bem como dos comportamentos múltiplos e complexos, em que se ramificam concretamente o agir moral. Sejam quais forem as diferenças de conceituação e de vocabulário, todos quantos analisam o fato moral afirmam como um princípio primeiro, verificável por indução, a coextensividade entre a atividade racional e o senso moral no homem. Entendamos: de maneira vivida não necessariamente formulada, todo ser humano psicologicamente adulto, faz apelo aos valores morais, repelindo de maneira, como que instintiva, as formas elementares de vileza e optando de modo analógico pelas exigências primordiais positivas.

Mas a vida humana, como imperativo de necessidade e como apelo de perfectibilidade, aparece como natural e necessariamente social. Dentro do grupo, nas relações interpessoais ou na sua referência ao todo social, o homem desenvolve um tecido de atitudes e costumes que uma vez sistematizados constituirão a moral social. Há uma interpenetração entre o caráter moral e o caráter social de todos esses comportamentos. Na sua formulação, no seu desenvolvimento, a influência ou a pressão social tem uma função importante, senão decisiva. Todo grupo é portador de uma tradição moral, grandemente sujeita ao relativismo de sua cultura humana. Mas quanto à sua natureza estritamente moral, enquanto valor que se impõe incondicionalmente, levando o sujeito a opor-se às injunções socais, a consciência se manifesta como um dado absoluto, original. O grupo não cria o senso moral, mas faz apelo a ele, dele haurindo o caráter de obrigatoriedade íntima para suas normas ou tradições.

Moral e dinamismo psicossocial

Assim, a configuração de um todo social nos aparece como a resultante de um dinamismo, onde se equilibram de maneira mais ou menos estável interesses e valores, aspirações pessoais e pressões sociais. Se nos utilizarmos, a um tempo, dos esquemas de S. Freud e de K. Marx, tentando, no entanto, completar e superar suas perspectivas, por vezes, limitadas, reconheceremos no todo social uma unidade, onde as tensões se defrontam e equilibram, e onde explodem ocasionalmente conflitos, desde que o equilíbrio dinâmico se desfaz. A normalidade em psicologia social, isto é, a unidade a coincidir com a própria vitalidade do grupo estará a exigir uma harmonia entre um conjunto de elementos tendenciais: – Harmonia entre os dados primeiros do senso moral e a cultura que lhe é ministrada na convivência social; e esta cultura estendida tanto no plano intelectual como no plano da vida. – Harmonia entre os valores socialmente prestigiados e os valores intimamente presentes à consciência pessoal.

É inegável que o desprezo dos interesses individuais por parte do grupo seja um fator de desagregação social; mas afirmamos que uma sociedade está condenada à dissolução desde que ela se desmoraliza, desde que ela se apresente moralmente indigna, como incapaz de atender às aspirações da moral social, e mais ainda quando se apresenta em oposição a elas. Porque o homem é um misto de interesses e aspirações, diremos: no plano da psicologia individual profunda, a normalidade estará condicionada a um equilíbrio, que por vezes é mero compromisso entre as tendências de vida, de afirmação de si e a consciência da realidade externa, com os seus limites e imposições. No plano da psicologia social, a normalidade ou a estabilidade profundas dimanam (fluem) da capacidade concreta da sociedade de satisfazer simultaneamente às exigências dos interesses, particularmente àqueles que são ligados às necessidades vitais, e às aspirações e imperativos da consciência moral.

Nação como dado natural e como criação cultural

Prolongando a analogia entre a unidade pessoal e a unidade social, verificamos que em um e outro caso, temos uma complexidade de fatores potenciais e dinâmicos que a cultura deve atualizar e unificar. Inicialmente, no período de formação da nacionalidade, esses elementos naturais, geográficos e raciais notadamente, estão como justapostos; com o desenvolvimento, hão de aprimorar-se e ajustar-se em vista de uma simbiose, de uma unidade vital, coroada por uma unificação política, organização artificial que terá como ideal ser a expressão de síntese dinâmica de nacionalidade.

Síntese dinâmica

Silenciando os demais aspectos que não interessam diretamente nossa exposição, destacamos dentre os elementos humanos que concorrem para essa síntese, de uma parte, os dados tradicionais, os fatores de conservação das formas estruturais, tudo quanto contribui para a inércia ou manutenção da ordem estabelecida; de outra parte, as forças de renovação, resultantes dos progressos técnicos, com sua repercussão nos modos de produção e no conjunto do processo econômico-social. De sua natureza, a moral autêntica, a moral em sua originalidade e pureza, não se enquadram nem no campo das forças conservadoras, nem dentre as forças de renovação. Ela constituirá um critério, não teórico ou abstrato, mas encarnado na consciência coletiva, permitindo a apreciação do dinamismo psicossocial. Sua identificação com um dos elementos significará a degeneração do processo, e mais cedo a ruptura do equilíbrio, uma vez que uma parte do todo nacional se sente frustrada nas aspirações de sua consciência.

Grandes forças em tensão

Concretamente, portanto, interpretamos cada momento da vida nacional como uma tensão equilibrada entre interesses e valores; interesses que exprimem a procura de satisfação do que no homem é relativo, os bens materiais, o enriquecimento, o conforto, a afirmação de si mesmo; os valores, expressão daquilo que no homem é a marca do absoluto, é aspiração, é ideal; no plano social, os valores morais terão concretização no Direito e na Justiça, como forma estrutural e como espírito vivificador das relações entre pessoas, entre grupos, no interior do estado.

Na fase de socialização acelerada que a humanidade vai vivendo, destacam-se camadas sociais e regionais dentro de cada unidade nacional, todas elas ciosas de seus direitos, bem como de seus interesses; afirmando-se num reflexo de defesa e igualmente reivindicando numa maior ou menor sede de justiça. O estudo histórico nos convence de que, fundamentalmente, temos aí uma constante da vida social; mas modernamente intensificou-se o dinamismo do processo, graças aos progressos técnicos, aplicados muito particularmente no plano publicitário.

Entre as formas estruturais, da economia, da política e da cultura, e as tendências naturais dos interesses e aspirações humanas, situa-se a grande máquina intermediária e modeladora. Sua força é imensa na dupla dimensão: extensiva, pois tende a atingir todos os membros do corpo social; intensiva, pois as modernas técnicas e artes dinâmicas não se limitam aos elementos representativos do conhecimento; não veiculam apenas imagens e ideias; tendem a influir na afetividade consciente e inconsciente, a impor às massas comportamentos pré-fabricados.

Notemos a eficácia formadora e deformadora da publicidade;

largada nas mãos da concorrência comercial, será uma expressão de interesses e degenerará finalmente no plano inclinado da futilidade; nas mãos de um estado ideológico tenderá a plasmar a alma nacional segundo normas totalitárias. Na linha do que estamos desenvolvendo, há de a publicidade estar a serviço dos interesses e dos valores, ser útil e ser educativa, ser a expressão da alma de um povo e aprimorá-la cada vez mais.

Valores morais e consciência nacional

Lembrados esses dados elementares de moral e psicologia social, passamos à fase assertiva de nossa palestra.

Necessidade de um *substratum* moral para a consciência nacional

A nação dever ser e aparecer, de maneira insuspeita, à consciência coletiva como a encarnação dos valores morais fundamentais; desde que ela não se apresente como o instrumento adequado para a promoção dos valores inatos e dinâmicos na consciência de um povo, irá perdendo a vinculação mais profunda e radical, aquela primeira estima, acima dos interesses individuais ou de grupos, capaz de levar aos supremos sacrifícios.

A altiva confiança, a generosa doação e a solidariedade efetiva, todos esses elementos do patriotismo, secam na alma de um povo desde que a nação se avilte porque se colocou ou parece se ter colocado a serviço de interesses e se mostre ineficiente na realização das aspirações de todas as camadas ou regiões que a integram. Acresce que as nações tem seu desenvolvimento cultural e moral; ela passa por idades, correspondentes a fases de maturação na sua tomada de consciência dos valores morais. A exploração do homem pelo homem, a escravidão em suas formas mais abjetas puderam perdurar durante séculos. Mas, desde que a consciência comum foi sensibilizada à mensagem de liberdade, a escravidão, ao menos em sua forma ostensiva, tornou-se insuportável para o homem civilizado.

Assim, desde que os valores morais básicos, no plano social, como a igualdade fundamental de todos os homens, a dignidade intocável da pessoa, o acesso afetivo de todos os membros da coletividade à participação das vantagens e dos encargos comuns; desde que tais valores venham a impregnar a consciência nacional, crescerá a tensão e sobrevirão os conflitos, não em virtude de uma agitação acidental, mas em virtude do dinamismo intrínseco da própria vida social, naquilo que ela tem de mais irredutível: sua aspiração para o bem absoluto, enquanto pode ela exprimir-se no plano da organização social. Neste momento, nada de mais imoral do que a força conservadora, que, em nome da ordem estabelecida ou de outro qualquer título aparentemente moral, venha a impedir a concretização das aspirações renovadoras; nada de menos moral do que impedir o ajustamento constante das estruturas à progressiva tomada de consciência das exigências da justiça, nas sucessivas conjuntura históricas.

A análise das crises e dilaceramentos decorrentes do esvaziamento moral

Assim, sob o aspecto psicossocial, em que nos colocamos, o que importa, antes de tudo, é a harmoniosa correlação entre as aspirações da consciência social, de uma parte, e as estruturas nacionais, de outra parte. Verificada a desarmonia entre aquilo que personifica a nação e os valores que ora dinamizam um povo, o corpo social está virtualmente em crise e ameaçado de dilaceramento. Essa crise será tanto maior e mais profunda quanto mais profundos e dinâmicos são os valores atingidos, e as faixas sociais a que se estendem. Assim, se as regiões de um país se julgam exploradas ou injustiçadas; se camadas inteiras da população, como o proletariado, se consideram defraudadas, a nação terá perdido sua alma, a unidade será procurada alhures, em organizações que seccionam a pátria ou transcendem as suas fronteiras. E isso não apenas em virtude de interesses ou egoísmos pessoais ou coletivos, como expressão espontânea da sede de justiça e de uma mais adequada realização moral. Não dentro de um raciocínio explícito, mas sim mediante o dinamismo vivido que caracteriza a profundeza de atividade moral.

Estruturas sociais e valores morais – o amoralismo como fator de insegurança

Foi muito notada pela opinião pública internacional a insistência de um documento solene, a encíclica *Mater et Magistra* (III p. nn, 202 ss) sobre a insegurança coletiva decorrente do amoralismo no plano político e social. A falta de senso moral, quer nas mentalidades, quer nas estruturas, gera a insegurança na medida em que estabelece o relativismo dos interesses como norma das decisões dos grupos e dos povos. O caráter dinâmico desses interesses será, então, uma ameaça, tanto mais comprometedora para a paz social, quanto mais se generalizar o amoralismo, isto é, se atrofiar o senso moral por falta de cultura ou se ministrar uma cultura que não o desenvolva adequadamente.

Representação democrática e aspiração popular

Historicamente, a democracia penetrou no Ocidente fazendo apelo ao senso moral mas, sem contar, ainda, com uma formação moral dos povos, no sentido de sua responsabilidade, educados que estavam mais no sentido do respeito à autoridade dos príncipes do que no seu exercício coletivo, através da representação. A democracia significava, assim, a concretização de uma aspiração popular, vaga, e indefinida de procura de valores humanos autênticos, particularmente, a igualdade, a liberdade e a solidariedade, em uma palavra: a justiça social. Todas as vicissitudes históricas das nações modernas vêm a ser a história dos acertos ou desacertos das estruturas políticas e econômicas, em relação à sede coletiva de justiça e igualdade, que se vai acentuando com os programas da educação e da cultura populares.

Sede coletiva de justiça social

Dentro dos diversos processos sociais e políticos, a procura de justiça vem de mistura com interesses e ressentimentos que contaminam as aspirações morais. De um lado, se avolumam formas de lutas entre classes e grupos, o que justifica ou coonesta moralmente a atitude de defesa sistemática do *status quo*. A segurança de cada nação e das nações em geral, considerada a longo prazo, está dependendo da harmonização dessa dupla aspiração moral: a liberdade de que a democracia pretende a estruturação concreta e a justiça social de que os socialismos se apresentaram como as correntes históricas.

Evolução e revolução

Diante da consciência nacional, surgem assim, os caminhos para a realização autêntica das aspirações, particularmente da generalização da justiça para todas as camadas e regiões sociais. A evolução é o caminho normal, tanto para o progresso da vida, como das formas sociais, mas ela só se legitima face ao senso moral coletivo, na medida em que ela aparece como, verdadeiramente, eficaz para a promoção dos grandes valores humanos. Na medida em que a inércia a retarda e os progressos técnicos e materiais se adiantam excessivamente em relação ao progresso propriamente social e moral, a revolução inicialmente repelida pelo bom senso coletivo, passa a solicitar à consciência comum, como forma única, verdadeiramente eficaz de restauração da ordem violada ou de instauração de uma ordem ideal. Nessa conjuntura, a Segurança Nacional só pode ser garantida, a longo prazo, na medida em que se encontram meios não só eficazes para a instauração da justiça, mas igualmente, em consonância com as aspirações concretas de um povo determinado.

Conclusões e sugestões

Ao concluirmos essas indicações sumárias, limitamo-nos a sugerir essas duas conclusões:

A primeira: a educação integral de um povo, a realizar-se conjuntamente pelo seu sistema escolar e por uma orientação elevada e democrática da publicidade, deve compreender, antes de tudo, o desenvolvimento dos valores morais. Essa educação global há de variar segundo as situações e tradições de cada povo. Mas, deverá obedecer a uma norma constante, aplicada segundo as exigências dos povos e das conjunturas. Essa norma deve ser o desenvolvimento dos valores humanos em si mesmos, dentro do grau de progresso da consciência nacional. Uma das causas de mal-estar do chamado mundo livre, vem a ser a falta de sentido moral das forças publicitárias, simples mercenárias de forças econômicas que, por sua vez, são joguetes de interesses e procura de lucros.

A segunda: a necessidade de estruturas ajustadas, capazes de evoluir sob o influxo das aspirações sociais e de atender à consciência dos valores morais. Desde que se generaliza, como aspiração do homem comum, o anseio de igualdade efetiva, e não apenas nominal, o que é efeito da universalização gradativa da educação dos ideais democráticos e cristãos.

Só há um caminho para a paz: a procura de justiça social e a criação de uma nação em que o direito seja o fundamento da solidariedade. A humanidade amadurece capacitando-se para essa realização harmoniosa. O cristão não se surpreende. Já Isaías proclamava, olhando para o futuro: "A paz é fruto da justiça e o direito é a base da segurança" (Is. 32).

A fábula

Jabuti vivaldino, a onça e o coelho: história social da bicharada.

Escrita por frei Carlos em Le Saulchoir, escola dominicana da França, entre novembro de 1963 e maio de 1964.

> "Liberdade, ó céu, liberdade!
> Felicidade pra todos
> Na terra!..."

Capítulo I

Era uma vez uma Onça, um Gorila e um Coelho. Viviam os três em um país de verdes florestas. O Gorila era amigo da Onça. As más línguas chegavam mesmo a espalhar umas coisas sobre as intimidades dos dois.

O Coelho era um trabalhador honesto, pai de numerosa família. Dava um duro danado, para conseguir alimentar aquela filhotada, que tinha um apetite voraz. E sofria, como um cachorro na chuva. Aliás, essa expressão foi ele quem inventou, um dia em que viu um irmão da raça canina remexendo um lixo já muito remexido, debaixo de um aguaceiro do inferno. O Coelho queria trabalhar por conta própria, fazer economia e educar os filhos. A Onça não deixava. Coelho tinha que suar é na roça da Onça. Tinha de capinar de sol a sol. De vez em quando, a Onça perguntava ao Gorila, que era um malandrão e vivia comendo as bananas que o Coelho plantava: – Como é, compadre Gorila, a minha roça vai bem? – Qual o que, comadre Onça; este vagabundo de Coelho não faz nada. Só sabe é botar filho no mundo.

E, mostrando as dentuças, numa gargalhada maldosa, meteu a mão no samburá. E retirou de lá de dentro um lindo Coelhinho. Daí a pouco, os dois se sentaram à mesa. E se regalavam com aquela carnezinha tenra, bem preparada com molho pardo; comiam, bebiam, trocando sorrisos e piscadinhas de olhos. – Coisa boa é Coelho, comadre Onça! – Essa raça não pode acabar, não, compadre Gorila.

Já de noitinha, o Coelho voltou para casa. Encontrou a mulherzinha dele chorando que nem uma doida. A Mulher do Coelho trabalhava de empregada no castelo do Gorila. A pobrezinha saía de casa de madrugada, fechava bem a portinhola. Mas, não adiantava nada. O Gorila tinha força até para arrancar a casinha deles do lugar. A Mulher do Coelho se abraçou com o marido, soluçando: – Olhe, meu bem, você está muito molóide. Garanto para você, foi o desgraçado do Gorila quem fez isso, para dar prazer àquela safada da Onça. Fêmea ordinária está ali.

– Que que eu hei de fazer, minha flor? Quando eu quero reclamar a Onça dá um miado. E o miado da Onça abafa o meu grito. Se eu teimo, xingando, aí o Gorila pega e torce o meu braço. Se eu não calar a boca, o sem-vergonha me arrebenta todas as juntas. Mas, mesmo assim, amanhã cedinho, antes do trabalho, eu vou reclamar, eu vou gritar, eu vou sapatear na frente da casa da Onça.

Capítulo II

No outro dia, de madrugada, o Coelho bateu para a casa da Onça. Esperou um tempão, até que o Gorila escorregasse do cipó que servia de elevador e chegava até os apartamentos dela. O Coelho não era bobo de se arriscar a acordar os dois. Seja como for, ainda era melhor falar com a Onça sozinha. Quando a Onça chegou à janela, o Coelho teve vontade de sumir. Mas, levantou a cabeça, se benzeu e fez uns exercícios respiratórios. E disse baixinho para se dar coragem: – Te aguenta, bicho. Mostra que tu és Coelho. Não és filhote de Gorila amigado com Onça.

No entanto, quem gritou primeiro foi a Onça: – Olá, vagabundo! De greve, hoje? Por isso é que esses matos não vão para a frente. Em vez de trabalhar, Coelho só quer é zanzar pelos bairros de bicho distinto e enervar a gente com os seus gritinhos idiotas. Deixe Gorila saber disso....

– Dona Onça, eu estou aqui por causa dos meus filhos. Ontem, mais um filhinho meu desapareceu. – Desapareceu? Coitado!

O Coelho sentiu que a Onça estava zombando dele. Mas antes de poder perguntar por que ela estava com aquela cara de riso, a Onça falou com muita afabilidade: – Escute, meu amigo Coelho. Meus filhos estão fazendo turismo no estrangeiro e vivo morta de saudade. Soube que seu filhinho era lindo demais e mandei buscar o bichinho, pois vou ser a madrinha dele. O Coelho ficou pensativo. Depois murmurou só para ele mesmo ouvir: – A tristeza é que afilhado da Onça ninguém vê nunca mais. Qual é o bicho que vai acreditar que coelhinho cresce na toca da Onça?

Daí a pouco, o Coelho ouviu um barulhão. Lá vinha o Gorila, com um cacho de banana. – Que fedor de Coelho é este por aqui? Não gosto de bicho com catinga de suor. Lugar de proletário é no cabo da enxada.

– Desculpe, dr. Gorila (disse o Coelho, tirando o boné). Já estava indo para o trabalho, resolvi cumprimentar a comadre Onça.

– Virou sua comadre agora? Olhe, Coelho, não se meta de engraçado. Amigo da Onça sou eu, está entendendo? Aprenda de uma vez por todas. Lé com lé, cré com cré. Quem nasceu bicho miúdo, não se misture com graúdo.

Já ia estendendo a garra enorme para torcer a patinha do Coelho. Mas, o Coelho tirou o corpo e saiu na disparada.

De longe, gritou ainda com o bonezinho na mão: – Não se zangue, doutor Gorila. Vossa Excelência é o nosso protetor. Estou aqui e já estou no trabalho. Um pé cá e outro lá.

Na mesma horinha, a Mulher do Coelho também ia fechando a portinhola, e partia para mais um dia de labuta no castelo do Gorila. Parou. Olhou um tempo enorme para cada um dos seus filhinhos: – Coitados dos meus bichinhos. Ninguém zela por eles. São uns amorecos de filhotes. Mas nem mãe os pobrezinhos têm. Mas por que será que bicho miúdo não tem vez neste mundo de Deus?

Capítulo III

Naquela noite, o Coelho não pôde fechar os olhos. A companheira dele só fazia era chorar, chorar, chorar. Coração de mãe não engana, não. Ela tinha visto os filhos do Gorila brincando com um courinho, bem macio e bem branquinho. – E aquele era o bichinho mais lindo do mundo, dizia ela. E chorava, chorava. Mal raiou o dia, Coelho tomou uma decisão. Ia reunir tudo quanto era bicho miúdo e sofredor, para enfrentar aqueles malvados exploradores. Falou primeiro com os mais trabalhadores e os mais politizados, que eram liderados pela Abelha. A Abelha, com toda a sua simpatia, saiu espalhando a coisa, de ouvido a ouvido. Loirinha, toda perfumada, a Abelha conquistou bicho que não foi vida. O Besouro ajudou um pouco na convocação. O Marimbondo se recusou a tomar partido. Egoísmo chegou ali e parou.

No fim de semana, houve a primeira reunião. Numa toca distante e escura, iam chegando os animais mais representativos. O Vagalume se encarregava de receber na porta, e ir alumiando até cada companheiro tomar o seu lugar. As Cobras Venenosas notificaram sua desaprovação. Sempre foi lei na floresta: – Cada um por si, declararam elas.

Escorpiões, Aranhas também manifestaram estranheza. Disseram mesmo que tudo aquilo não era mais do que exibicionismo das Borboletas, das Abelhas, manobradas pela companheira do Coelho.

Começou a reunião. Coelho assumiu provisoriamente a orientação dos trabalhos e tentou consolidar a sua liderança. O Macaco aparteava, desde o primeiro instante, fazendo gracinhas para os elementos femininos presentes. Foi preciso que a Paca passasse uma descompostura no Macaco, para que ele se aquietasse um pouco. Mas aí, deu de fazer obstrução cerrada.

Era inútil o Coelho explicar que seria convocada uma assembleia geral, para constituir uma Liga, dentro das normas do reino animal, dotada de diretoria definitiva. O Macaco insistia: aquela reunião lhe parecia clandestina e espúria. O Gambá pediu a palavra. E apresentou uma moção completamente louca. O susto da companheirada feminina foi grande. Imagine-se que o Gambá propôs cruamente que se confiasse a uma comissão bem escolhida a tarefa de castrar o Gorila. A Cotia protestou. Afirmou que o Gambá é complexado, anarquista e bem conhecido pelos seus excessos alcoólicos. A sessão se tumultuou. Ninguém se entendia.

Com muito custo, um Camundongo conseguiu se fazer ouvir. Declarou que a proposta do Gambá era semelhante a uma velha decisão do sindicato dos ratos contra um Gato feroz. Mas, quando terminou dizendo que o problema era só encontrar o camarada para executar o serviço, a assembleia só faltou vir abaixo de tanta risada. Alguns bichos menos conscientizados já ameaçavam abandonar o recinto. Uma Jaratataca empestava o ambiente. O Macaco sorria e triunfava.

Nessa hora, a companheira do Coelho fez sinal para ele que se impusesse. Era o momento do tudo ou nada. Coelho se levantou. Olhou firme para o Macaco. E se dirigiu à assembleia com energia. Foi, talvez, um dos melhores discursos de toda a sua carreira. – Nada de discussões bestas. Vamos meter os peitos. Se houver aí três companheiros decididos, fundamos é agora uma Liga para a libertação da Bicharada.

Queixada bateu os queixos, garantiu que não largava essa luta nem vivo nem morto. O Teiú deu três chicotadas com o rabo. E gritou que entrava para valer. O entusiasmo foi contagiante. Os indecisos se resolveram. O Coelho foi aclamado Presidente da nova Liga e saiu carregado nos ombros da bicharada.

Queixada aproveitou do reboliço, deu uma esbarrada no Macaco e advertiu: – Deixe de se meter a engraçadinho, seu Gorila encroado. Quem vai se encarregar da segurança do Coelho agora sou eu. Está entendendo? A senhora Coelho quis cumprimentar o Queixada. E dizer-lhe: – Obrigada, companheiro. Mas cadê poder falar? Nova reunião foi marcada para a semana seguinte.

Capítulo IV

O casal Coelho estava moído de cansaço e também de emoção. A sorte estava lançada. Tinham de enfrentar a Onça e o Gorila. Tinham que lutar pela emancipação da bicharada. De sábado para domingo, caíram na cama. E dormiram que nem uma pedra. De madrugada, acordaram assustados: – Que barulho será este? O Coelho abriu a janelinha. Lá estavam Queixada e Teiú de prontidão. – Pode dormir sossegado, companheiro (disse Queixada). Está havendo coisa na toca da Onça.

Havia, de fato, muito zumzum e muito movimento lá para os lados do palacete da madame. O Papagaio, que ficara encarregado do setor de Informações e Propaganda, explicou que se tratava de uma festa para a fundação do Sindicato dos Amigos da Onça. Queixada, Coelho e Papagaio resolveram ir até lá perto, sondar a coisa. Teiú, por segurança, ficou tomando conta da residência do Coelho. – Que festança! murmurou o Coelho.

A Onça estava toda lustrosa. Sacudia os quadris em um galanteio descarado. Gorila, todo empenado, recepcionava em grande estilo. O sem-vergonha do Macaco não descansava na sanfona. Sanfoneiro bom, aquele safado! A Cascavel dava o que podia no chocalho. Os Sapos e as Gias se esfalfavam no baixo e no contrabaixo. O Gambá, bêbado como ele só, sapateava e cantava, agarrado com tudo o que era bicho nojento: Cobras, Calangos, Lagartixas... Chegou a beijar até uma Lesma.

Bicho decente não aceitou o convite do Gorila. Papagaio pôde fornecer uns pormenores curiosos. O Macaco convidara com insistência as Cigarras, para a parte cantante. Teve de se contentar com a Sinfonia das Muriçocas e Pernilongo. Oficiou ao Sindicato dos Pássaros Cantadores. Mas os Canários, Curiós, Bicudos e Pintassilgos responderam com muita dignidade que não eram profissionais. Não alugavam os seus bicos, cantavam era para tudo quanto é bicho escutar. O Sabiá foi mais longe. Irritado com a proposta, declarou na cara do Macaco: – Nosso canto é como o sol. É oferecido de graça para a alegria da floresta. Não há dinheiro que nos compre. Privilégio, seu Macaco, é coisa do diabo.

O Morcego, que estava ao lado do Macaco, foi encarregado de apunhalar o Sabiá, numa tardinha qualquer, quando o pássaro-poeta se puser a cantar, romântico e distraído como ele é. Na toca da Onça, a orgia chegava ao fim.

Ficou constituída a diretoria da Associação dos Amigos da Onça: o Macaco, a Cobra-Jararaca, e, por incrível que pareça, o Gambá. O Macaco propôs que se mudasse o nome da entidade para Associação Cultural pela Liberdade, sendo muitíssimo aclamado.

Encostada no Gorila, a Onça falou agradecendo. Suas garras estavam a serviço de todo o reino animal. (Aplausos generalizados). Manifestou o seu desejo amigo de que a mata fosse limpa de bichos com pretensões revolucionárias e malévolas. O Macaco pegou a coisa no ar. Requisitou o auxílio de duas Cobras. E garantiu que no dia seguinte, o Coelho estava na prisão. Ou debaixo da terra. Queixada até tremia de raiva: – Traidor duma figa! Você vai ver a surra que o Teiú lhe vai ministrar amanhã. O Coelho, bom coração, estava um tanto desolado. – Por que será que até bicho miúdo dá para ruim e para agressivo e se mete na escola da Onça e do Gorila?

De fato, da toca da Onça vinham saindo e se dispersando: Cobras e Escorpiões, Marimbondos, Vespas, Aranhas e Caranguejos, tudo enfezado e com a boca cheia de ameaças.

Capítulo V

Nesta mesma horinha, os Coelhinhos viviam momentos de forte emoção. Ainda bem que o Teiú chegou a tempo. Uma Cobra, chamada Capitão-do-Mato, tinha vindo surpreender os filhotinhos do Coelho. Mas o Teiú gritou: – Quem vem lá? Como resposta, o Capitão-do-Mato deu um bote no Teiú. Os Coelhinhos ficaram gelados de medo, agarrados à mãezinha deles. Mas o Teiú tirou o corpo fora. E sapecou uma chicotada bem no lombo do Capitão-do-Mato. Então, os Coelhinhos começaram a torcer para o Teiú. Quando este dava um drible no Capitão, a torcida miúda gritava: – Olé! Olé! Mas quando o Teiú acertava uma chicotada daquelas no seu adversário, aí a petizada batia palmas: – Mais uma, mais uma.

Era um verdadeiro baile. O Teiú tinha muito espírito. Dançava. Chegava pertinho das garras do Capitão. A Cobra pesadona bufava de raiva. Pulava até revirar de costas. Então, o Teiú lenhava que fazia gosto. Os Coelhinhos até choravam de tanto se dobrar de rir.

Queixada, Coelho e Papagaio foram chegando e ficaram admirados. – Papagaio! Exclamou o Coelho. – Esse Teiú é grande. Não tem veneno, mas não foge de Cobra. Se todo bicho miúdo aprendesse a se defender na vida desse jeito, o mundo era outro. Ouvindo o conselho do Papagaio, um Coelhinho já queria descer e dar uma patadinha na Cobra. A Mãe dele puxou-lhe a orelhinha. – Cresça, primeiro, depois apareça, meu pequenino valentão...

Os bichos miúdos que iam chegando para a Assembleia, ainda puderam se divertir com a surra, bem caprichada que o Capitão acabava de levar. De fato, o Segundo Encontro dos Bichos Miúdos se realizou na data e na hora marcadas. O que foi uma vitória dos líderes e um sinal certo de que a bicharada estava se politizando. A nota mais surpreendente foi o comparecimento expressivo do elemento feminino, agrupado em torno da companheira do Coelho. Todo mundo apreciava a discrição, o jeito meio sumido, mas eficiente dessa corajosa mãe de família.

As Aves começaram a fluir em lindas revoadas. Elas sempre foram muito livres. E acham que o céu, o ar, as flores, as fontes, a terra, tudo deve ser para todos. Nada de egoísmo bestinha. Onde já se viu essa história de monstro graúdo ficar dono das coisas e a raia miúda andar no ora veja? Egoísmo é doença que pega em bicho que rasteja. Com a passarada não tem disso, não.

A Codorna, a Perdiz e a Juriti, como sempre, chegaram juntas. Que coisinhas mais encantadoras. Foi um reboliço. Quando a Garça aterrissou, majestosa e elegante, o Coelhinho mais velho que, desta vez, acompanhara a Mãe, não despregava os olhinhos daquela lindeza. Ela era branquinha que nem ele.

Capítulo VI

Mas quem abafou mesmo foi a Araponga. Por proposta do Jabuti, foi ela aclamada líder da passarada. Começou por dar uma demonstração do seu sistema sonoro que deveria retransmitir todas as comunicações e instruções do Papagaio.

A preocupação, manifestada pelo Jabuti, primeiro orador, muito apoiado pelo Coelho, era a unidade do Movimento. – Gritinho isolado não resolve. Jabuti concluiu, apresentando um anteprojeto elaborado por uma equipe de seis ou sete categorias de bichos. O trabalho pareceu equilibrado. Também na equipe havia de tudo quanto era bicho. Uns muito práticos, por falar claro, muito terra-a-terra, como o Tatu. E outros, meio poetas, como o Quati. Foi lançado em ata que o Bicho-Preguiça não aceitou nem o compromisso de dar recados.

O Manifesto, embora tenha saído de uma equipe bastante representativa, foi muito discutido. Tudo quanto é bicho pôde falar à vontade. É verdade que, perto do Papagaio, um Perequitinho marcava o tempo e indicava quando o companheiro já estava falando demais. Tudo num ambiente de muita franqueza e simpatia. No fim chegaram a um acordo: mobilizar a Bicharada em torno de uns poucos pontos mínimos. As Aves não abriam mão do seu primeiro postulado: – A mata é de todos. Cada bicho há de ter sua toca, seu galho, seu cantinho do jeito que gosta. Esta moção foi sustentada pela bancada feminina. O Coelho insistiu sobre a necessidade de melhorar a mata, de ajeitar as aguadas e outras coisas que servem para toda espécie de animal.

A última parte da assembleia foi bastante movimentada. O casal Coelho, definitivamente eleito para a liderança, sentiu necessidade de ver traçado um plano prático e imediato de ação. Ora, alguns cabras nervosos, encabeçados pelo Quati e com certo apoio do Queixada, agitavam toda a ala esquerda do plenário. Pensavam, nem mais nem menos, do que em aproveitar da próxima queimada e deitar fogo na mata toda. – Assim se eliminam as Cobras, se encantoca aquele casal de safados. Referiam-se, é claro, à Onça e ao Gorila.

A mulher do Coelho, com um filhotinho no colo, aparteou que aquilo não era solução. E que, na opinião dela, não se deveria estragar nem o coro da Onça. – Ele vai ficar para mim, gritou o Coelhinho. Uma gargalhada geral foi o sinal da aprovação do plenário.

Bom número de bichos sensatos fazia notar a atitude, pouco inteligente, por demais agressiva, em relação a elementos recuperáveis. O Coelho, que nestes últimos dias vinha amadurecendo a olhos vistos na liderança, resolveu fazer uma jogada audaciosa. Submeteu à votação uma proposta, ao que parece, emanada da Paca e da Cotia. Tratava-se de um encontro, em um lugar neutro, com o Macaco, a fim de reconquistá-lo à boa causa. Ao mesmo tempo se empreenderia uma campanha de esclarecimento da bicharada toda. Os dois pontos, votados em separados, foram aprovados. No tocante ao encontro com o Macaco, o Queixada preferiu se abster. – Macaco é Gorila sofisticado – declarou ele –, mas estou disposto a formar com a maioria. Divisionismo é a pior peste que existe.

O Teiú votou afirmativamente pelas duas medidas. Mas fez questão de explicar o seu voto. De forma alguma concordaria em um ponto: o Macaco viria ao encontro. Mas não escoltado por cobras. – Cobra é cobra, companheiros!

Como medida preventiva, a Garça foi então encarregada de advertir o Sindicato das Seriemas, que jamais enjeitara a luta com os raios das Cobras. E o próprio Teiú se ofereceu para ficar de prontidão, na defesa dos bichos pequenos e humildes.

Papagaio deu ciência à assembleia das maquinações do Morcego contra o Sabiá. -Nossa vida é trabalhar e cantar – desabafou o Sabiá, no meio da emoção geral –, encher esta mata de beleza e de sinceridade. Se furarem este fole velho, outro sabiá cantará amanhã no mesmo galho. Ninguém sabia o que dizer. Mas a reunião terminou com uma nota jocosa. Pois não é que o Coelhinho branco achou de se meter no meio da sala e declarar com toda a solenidade que ia casar com aquela lindeza de Garça. E que o Sabiá já estava convidado para cantar naquele grande dia. – Esse filhotinho não se cria, disse a Mãe, como se estivesse repreendendo a ousadia. No fundo, ela estava toda vaidosa do seu bichinho, o mais parecido com o pai, como sempre ela dizia.

Capítulo VII

Os acontecimentos se precipitavam. Tudo quanto era bicho ambicioso ou parasita fez questão de se solidarizar com a Onça. A espionagem se tornou lei geral, naquela mata onde os Bichos Miúdos sonhavam ver despontar a liberdade. Recrudesceram os Carrapatos, Bichos de pé, Pulgas e Percevejos, tirando o sono e a tranquilidade dos Bichos Trabalhadores.

E pior ainda: juntamente com Mosquitos e Pernilongos, esses parasitas do Gorila, infernizavam a vida dos outros, em um leva-e--traz, um diz-que-diz, cada vez mais insuportável. As Cobras invadiam os ninhos e as tocas, vasculhando tudo, intimidando os filhotes. A culpa de tudo era lançada sobre o Coelho, chamado de provocador e de anarquista. A Onça e o Gorila já marcavam data para a pacificação geral, ou, o acerto de contas. O Coelho, a Cotia, a Paca, a Capivara e o Queixada deveriam ser presos e encaminhados para o castelo do Gorila.

As Cobras faziam questão de tomar conta do Teiú. Lambiam os beiços, imaginando transformar este velho lutador em um brinquedinho, para as Cobrinhas aprenderem a dosar o uso do veneno. Os outros bichos seriam dispersados. Foi justamente neste clima de terrorismo e insegurança que se realizou o encontro do Coelho com o Macaco.

A reunião começou em um tom muito desagradável. O Macaco, com um sorriso amarelo, declarou, para começo de conversa, que não reconhecia ao Coelho qualquer título para se envolver na vida da Macacada, menos ainda para bancar o líder da Bicharada em geral. Alguns animais violentos quiseram abandonar o recinto, em sinal de protesto. A companheira do Coelho, com muito jeito, e entre piscadinhas de olhos, explicou que era natural aquela agressividade. Era um simples reflexo de defesa. O Macaco se sentiu inferiorizado, numa posição de réu. Aguardassem os acontecimentos. Mas a coisa não ia bem. Pois o Macaco passou a fazer em seguida uma longa defesa da Onça e do seu desinteresse.– Se a Onça quisesse, como já declarou várias vezes, poderia viver em paz. Mas tem bom coração e quer defender a mata. – Melhor seria que aparasse as suas próprias garras – retrucou o Coelho. – E mandasse para o diabo-que-o-carregue aquele Gorila, bicho que não nasceu nessas matas e aqui se meteu de enxerido, disse o Queixada o que levou a discussão ao auge.

A companheira do Coelho cochichou no ouvido do marido que não perdesse o controle. – O Macaco está repetindo aqui uma lição aprendida. Se ele sentir que pode se firmar no meio da Muiçada, ele fica. Tudo parecia em pura perda. O Macaco se levantou e disse que ia fazer uma declaração importantíssima e que pedia a atenção de todos e até mesmo apelou para o julgamento da História. Jabuti sorriu. – As garras da Onça vêm a ser a garantia da mata contra a invasão do Urso estrangeiro. Discorreu longamente sobre o perigo do Urso, assegurando que a infiltração já era mais do que evidente. – O Queixada, por exemplo, não é mais do que um urso mal desenvolvido. Aí, ninguém se entendeu. – Basta! – gritou o Queixada –, o pau vai comer! Mas centenas de Cobras, sobretudo Cascavéis e Urutus, cercavam o lugar da reunião.

Quem salvou a situação foi a Cotia. Dominando a emoção, procurou serenar o ambiente. Manifestou sua simpatia, por que não dizer sua afeição, ao Macaco. – Macaco não é Gorila. É bicho nosso. Tem tradição. Sempre foi sanfoneiro em festa de bicho humilde e em todo casamento de pobre. Aplausos generalizados. O engraçado é que quem começou a bater palmas foi o Coelhinho branco. Falou em casamento, mexeu com ele. A Cotia prosseguiu mais firme. – Quantas vezes Macaco não tem quebrado galho que Bicho Miúdo não pode alcançar. Toda a assembleia ficou em suspense, quando a Cotia terminou com um apelo veemente. – Que o Macaco venha para o lado de cá. Venha sofrer. Venha lutar. Que ele também é Bicho Miúdo. A intervenção da Cotia mudou o tom e o rumo da reunião. O Macaco hesitava, gaguejava, agradecia os elogios imerecidos. – Não encontro palavras, para... como dizer...

Nessa hora, levantou-se a Capivara, amicíssima da Cotia e sugeriu ao Macaco que ele pensasse durante 48 horas, que decisão deveria tomar. Macaco aceitou o conselho. Despediu-se. E saiu de braço dado com a Cotia e ladeado pela Capivara. – Isso está virando um caso amoroso, murmurou o Queixada. – Se a Cotia conseguir alguma coisa nessa base, quem lucra é a Bicharada –, retrucou delicadamente o Coelho. E encerrou a reunião.

Capítulo VIII

Em menos de 48 horas, Macaco manifestou sua decisão. O alvoroço foi geral. O Papagaio e Araponga transmitiam o acontecimento à companheirada. A todo vapor, alertavam a mata, ajudados felizmente pelo Colibri, que chegava de uma excursão pelos jasmineiros em flor. A adesão do Macaco foi considerada espetacular, nesta altura dos fatos. Ademais vinha expressa em um documento, qualificado pelo Quati, em entrevista coletiva, como da maior relevância. O Macaco conhecia coisa para valer, pois sua intimidade com o Gorila e a Onça vinha de longa data. Por outro lado, estava disposto a agir com eficiência e rapidez. – Jogar o tudo pelo tudo – dizia ele –, colocarei toda a minha esperteza a serviço de uma causa que merece. Na linha do Manifesto da Bicharada, exigia: – Que fosse assegurado, desde logo, a cada bicho vivo uma toca ou um galho de pau, para agasalhar sua família de maneira decente. Mais ainda: – Que todo bicho honesto se virasse para o conforto dos seus filhotes e que a mata fosse valorizada dentro de um trabalho constante e planificado.

Inteligente e maroto, o Macaco descia a vários pormenores sugestivos, quando não altamente jocosos para os animais de melhor cabeça. Assim, por exemplo, a propósito da expressão dignidade de bicho trabalhador, que ele criticava como muito vaga e boboca, proclamava o velho matreiro, agora tornado valente lutador: – Seja negado suprimento de banana a malandro, por mais qualificado que seja. O que era uma alusão clara ao Gorila, que vivia nas costas da macacada, quando não dos suores do Coelho. – Se houvesse bicho incapaz para o trabalho, que fosse submetido a um tratamento especializado, quer com a raposa, em grupos, quer com o joão-de-barro, na manipulação da argila. Esta última sugestão provocou comentários pra chuchu. Todo mundo via nessas palavras uma alusão ao caso do Tamanduá, que era um desequilibrado afetivo, vivendo a abraçar os outros até matar. – Qual nada! – achavam outros –, a coisa é com o Gambá, antigo companheiro de peleguismo do Macaco e cujo alcoolismo hereditário constituía um exemplo lembrado na educação da filhotada.

Capítulo IX

– Há sinceridade nisso? Tal foi a pergunta do Tuiuiú e do Queixada ao Coelho, ao tomarem conhecimento do Manifesto em que o Macaco tornava pública a sua virada espetacular. Coelho observou que, de fato, Macaco sempre fora um companheiro exibicionista. Sempre cresceu neste meio. O oportunismo é sua eterna tentação. – Mas será que, no fundo, não estava sempre mais do lado de cá do que do lado de lá? A companheira do Coelho, com aquele seu jeitinho discreto, pediu licença para dar um aparte na conversa. – Para mim – disse ela –, desculpem a expressão, o Macaco andou servindo de pau-de-amarrar-égua para este Gorila estrangeiro. Macaco é Bicho Miúdo, é bicho nosso. Mas é a tal história. Por necessidade de se afirmar muito bicho, dá cabeçada na vida. Acharam graça na reflexão da jovem líder. Queixada pensou, pensou. Depois, desabafou: – Está na hora de unir, companheiros. Vamos para a frente. Na luta é que o bicho mostra se é sincero ou não. O passado ficou para trás. – Tanto mais – acrescentou o Coelho –, que o Macaco está vindo na hora do fogo. Na hora da Onça beber água. – E ela está querendo secar é a aguada toda, comentou, sorrindo, a mulher do Coelho.

Mal o casal Coelho acaba de falar que um barulho infernal atordoou a mata. – Começou a coisa, companheiros, exclamou o Teiú, no seu tom combativo. Gorila vinha na frente de tudo o que é bicho venenoso e parasita, para a sua campanha de limpeza da mata, como ele dizia. Os bichinhos desarmados fugiam e se amoitavam como podiam. O Macaco tentava uma resistência louca. Pois, foi ele o primeiro visado. Infelizmente, um bocado de companheiros bons não conseguia ter confiança na liderança dele. – Isto dá tudo para fazer uma pirueta e ganhar um aplauso, murmuravam com tristeza, embora admirassem a bravura do conhecido sanfoneiro. Capivara, Cotia, Paca se dispersaram. A iniciativa do Teiú foi imediata. Azulou para a casa do Coelho, que já estava cercado de cobras. Entrou firme, sem pedir licença aos lacaios do Gorila. – Coragem, seus coelhinhos! E empreendeu uma retirada estratégica das mais memoráveis. Dava uma corrida. Esparramava cobra para todo lado. E, depois, empurrava os coelhinhos para libertá-los do terrível cerco.

Calmamente, a mãe dos bichinhos colaborava na operação, impedindo que os bichinhos se pusessem a brigar com bicho venenoso. Terminada a arrancada, o Teiú, com aquela maneira esportiva dele, confiou aos coelhinhos a tarefa de dar umas boas sovas nas minhocas e lagartixas que escoltavam as cobras. – Essa mocidade é o nosso futuro, dizia cansado o velho lutador.

Foi a batalha mais desesperada do mundo. Companheiros leais, como o Bem-te-vi, avisavam aos animais pacíficos que aí vinha a turma amotinada pelo Gorila. Pois não é que Jararacas, Cascavéis e Urutus invadiam os ninhos e as tocas? Estrangulavam filhotes e matavam bichinhos quietos. Avançavam sempre enfileirados, para dar uma ideia de que eram representantes da Ordem.

Queixada tentava organizar o contra-ataque, coordenando a ação com o Macaco e o Teiú. O Coelho dirigia toda a manobra, dando pulinhos daqui e dali.

Vendo tanta maldade, tanta luta, o Sabiá se pôs a cantar uma coisa triste. Triste de cortar o coração da bicharada. No ar, é verdade, dominavam os pássaros, lindos pregoeiros da liberdade. Pois o Morcego foi obrigado a refugiar-se nos cantos escuros, onde comete suas covardias. É pena que as aves mais gentis não possam mais divertir-se na relva. Quantas vezes não são surpreendidas pelas cobras, camufladas no verde das folhagens.

Coelho perde terreno, mas não perde coragem. – Haja o que houver – declarou ele –, não é possível que a força bruta domine aqui.

O Teiú já não ouvia mais nada. Estava completamente surdo o grande combatente, de tanto levar patada na cabeça. Mas não desistia. Lutava. Avançava, recuava, chibatava. Quanta bravura! E que lealdade aos companheiros! Esquecido de si, sem olhar para os golpes que recebe, não deixa Bicho Miúdo apanhar ou ser pisado por Animal Graúdo. – Tamanho não é documento – dizia entre os dentes –, viver é direito de todo bicho.

Capítulo X

Papagaio e Araponga avançam até dentro do campo de luta, a fim de estarem em condições de informar a companheirada. Beija-flor passa por todo lado, levando alegria para os combatentes. Perigo. Atenção, Alô, alô, companheiros!

Aqui termina a História Social da Bicharada.

Pois, infelizmente, Jabuti Vivaldino sucumbiu no cumprimento do dever. Foi preso na sua tentativa louca de dar completa cobertura ao desenrolar dos acontecimentos. A Araponga, em um gesto de audácia, mal conseguiu salvar essas notas, que já estavam na boca de uma Cobra. No fim, só os Pássaros, voando e cantando, na imensidão do céu, jogavam a mensagem da esperança por toda parte.

Vendo os Bichos Grandes dominando os Miúdos, que vivem escorraçados, sem toca, sem ninho, sem nada, o Sabiá queimou todas as suas canções alegres. Mas quando a tardinha vem chegando, aí ele não resiste. Lá está o sonhador, cantando o seu chorinho de sempre. Ninguém se aguenta de ver o bichinho repisando, repisando a mesma cantilena.

As Cobras, ruinzinhas como elas são, param, no entanto, de perseguir o Sapo ou de armar botes aos passarinhos incautos. Ficam escutando, sem saber por que. Até a Onça fica presa pela nostalgia, fascinada feito boba pelo maravilhoso poeta. Vai digerindo algum animalzinho mais saboroso. Mas tem os olhos grudados no galho, donde vem a música do abençoado cantador.

Também ela tem seus sonhos de bondade. Sonhos passageiros, nas tardes de muita poesia. Porque depois vem a vida. Vem a luta pela existência. Cada qual que se vire. – Deixe o Sabiá conversar com as estrelas.

Será que, um dia, os Bichos Miúdos e Decentes vão levar a sério a cantiga do poeta, incansável? Lá está ele. Cantando, cantando. Parece exalar o mesmo pedido. Sempre o mesmo pedido, atirado para o azul do céu e o verde da mata:

– Liberdade, ó céu, Liberdade! Felicidade pra todos na Terra!

O longo silêncio de frei Carlos

Não foi gratuita a escolha, por frei Carlos, da palavra Veritas para denominar a editora que iria produzir o BU, desde a primeira, até a última de suas 55 edições. Nos expedientes de cada número do jornal a palavra escolhida por ele apareceria imediatamente depois do nome da publicação, antes da data e do local de suas impressões, antes de seu endereço, antes dos nomes que compunham seu Conselho de Direção, antes da identificação de seu diretor-responsavel e de seu diretor administrativo.

Tão importante era, para frei Carlos, aquela palavra, em latim ou em português, que ela apareceria três vezes, na mesma página, a de apresentação do BU, na sua edição de lançamento.

No expediente, onde se manteria até o fim da circulação do jornal.

Na carta dirigida aos acionistas, encerrada assim:

– *Até sempre, Veritas Ltda.*

E, mais relevante ainda, no primeiro editorial, onde foi exibido para os leitores o bordão que sintetizaria a natureza e o programa do BU:

– *Jornal livre, a serviço exclusivamente da verdade e da justiça social.*

Certamente, não surpreendeu aos jornalistas e aos leigos que se juntaram para lançar o BU, esta manifestação de amor à verdade, num dominicano, como frei Carlos. Pois, os membros da ordem religiosa dele se assumem, dentro da Igreja Católica, como os "Anunciadores da Verdade". Num compromisso reafirmado, com insistência, na literatura existente sobre aquela ordem.

Por exemplo, no prefácio do livro produzido em homenagem aos 80 anos de idade de frei Carlos, *Utopia urgente*, à página 18, os organizadores, entre os quais, frei Betto, escreveram, ao relembrar a década na qual o fundador do BU atuou no jornal:

> Na década de 60, a Província dos Dominicanos tinha como patrono Tomás de Aquino, o intelectual de inteligência consagrada à Verdade. E, o lema era Veritas.

Mesmo, hoje, no site da província – já com seu novo patrono, Frei Bartolomeu de Las Casas –, a que continuou pertencendo frei Carlos, é dito que, para um dominicano,

> (...) a busca da Verdade torna-se um modo de vida que equilibra a oração e os estudos.

Quem, então, poderia ter dimensionado o grau e a intensidade do mal-estar e do constrangimento de frei Carlos por ter sido levado a se omitir – calando-se, até quase o fim de sua longa vida –, diante da necessidade de revelar a verdadeira razão de sua transferência brusca para a Europa, em dezembro de 1963, entendida, pelo diretor responsável do BU, Roberto Freire, como vergonhosa deserção de seus companheiros no jornal e dos jovens estudantes influenciados por ele, exatamente num momento de extremo perigo da luta política na qual frei Carlos tinha envolvido todos eles, para passar a gozar, longe deles, de segurança nos conventos dominicanos da Bélgica e da França?

O próprio Roberto Freire, o último de seus companheiros a vê-lo antes de ele se retirar do Brasil, reconheceu, na entrevista que nos concedeu, que frei Carlos enfrentava naquele momento um drama humano profundo.

Muitas daquelas pessoas, cujas existências, de uma forma ou de outra, foram fortemente marcadas pela atuação de frei Carlos no Brasil, naquele período, envelheceram, outras morreram – algumas na mesma luta por justiça social incentivada por ele, como frei Tito, seu irmão mais jovem na ordem dominicana – sem terem visto ele corrigir publicamente a nota fantasiosa enviada ao jornal inimigo do BU, o Estadão, como única explicação dada por seus superiores àquela sua mudança de país.

Mal explicada desse o início a transformação repentina do papel social desempenhado por frei Carlos – de líder de um movimento político renovador, num pulsante Brasil, para a de um estudioso erudito recolhido em convento na Europa – a passagem do tempo trouxe mais confusão. Aos poucos foi se impondo a versão de que frei Carlos havia sido asilado na Europa por 30 anos pela ditadura militar. Ora, em dezembro de 1963, quando ele embarcou para a França, ainda estava em vigência no Brasil o regime democrático, presidido pelo presidente eleito João Goulart. Como então, o afastamento de frei Carlos de nosso país poderia ter sido imposto pelo regime militar? E mais: este regime durou até 1985, encerrado pela eleição de Tancredo Neves. Durou, portanto, 21 anos. Como ele poderia ter imposto 30 anos de exílio a alguém?

Até mesmo um homem profundamente conhecedor dos males trazidos aos brasileiros pela ditadura militar, como o arcebispo metropolitano de São Paulo, Dom Paulo Evaristo Arns, terminou afetado pela falta de acesso à verdade sobre o que aconteceu com frei Carlos. No texto publicado na orelha do livro *Utopia urgente* (2002) ele escreveu que frei Carlos foi atingido por um "mal-feito pela ditadura militar". Acrescentando:

– Seu destemor e sua fala custaram-lhe um exílio na Suiça por mais de trinta anos.

Somente 38 anos depois de ter deixado o Brasil, frei Carlos, finalmente, aos 80 anos de idade, revelou a verdade sobre o que aconteceu com ele em dezembro de 1963.

Ainda assim, fez isto em dois curtos trechos do livro *Utopia urgente* (2002), em suas 565 páginas.

Para entender bem o que, então, frei Carlos disse, convém saber que um Capítulo Provincial, mencionado por ele, é uma reunião dos membros de uma ordem religiosa, convocada para, como dizem as Constituições Gerais dos franciscanos:

> Analisar o estado atual da vida e atividade dos irmãos da Província, procurar propor meios oportunos de melhorias e crescimento, deliberar e de comum acordo tomar decisões sobre novas iniciativas e assuntos de maior importância.

Agora, vamos deixar que o próprio frei Carlos se manifeste:

"O mesmo capítulo provincial dos dominicanos que decidiu que o jornal (BU) era desvinculado da ordem disse também que frei Carlos, uma vez que trabalhou (no jornal), deveria continuar seu trabalho intelectual, indo completar sua formação na Europa. Isso disse o capítulo da ordem antes que se tivesse caracterizado diante do público a necessidade de minha ida à Europa.

É verdade que o capítulo sabia que o provincial tinha recebido uma ordem do mestre geral para que eu partisse para a Europa. Essa ordem fora feita em nome da Secretaria de Estado do Vaticano, que tinha sido pressionada pelo núncio apostólico do Vaticano" (*Utopia urgente*, 2002, p. 501).

"Eu considero que (esta) é uma situação excepcional em que a maioria (dos dominicanos) tem boas ideias. Mas, na hora da fritada dos ovos, na hora de tomar uma posição, diante de uma situação tão quente, tão complexa, para não se dizer confusa, muitos se abstém, outros recomendam prudência, e, finalmente, aceitam a tese de que seria melhor que eu partisse para a Europa para completar os estudos.

E que os leigos se arranjassem como pudessem, sem a presença do fundador do jornal e do iniciador do movimento" (*Utopia urgente*, 2002, p. 503).

“Com relação ao Vaticano, é interessante. Quando falamos ‘o Vaticano’, se fala nos padres, nas grandes instituições e organismos romanos. E há uma certa variedade. Os dois grandes organismos que orientam o Vaticano são a Congregação para a Doutrina da Fé que, naquele tempo, era o Santo Ofício e a Secretaria de Estado, que corresponde ao Ministério das Relações Exteriores do Vaticano. Este organismo faz a política, cabendo ao Santo Ofício, em especial, fazer a doutrina. São dois órgãos dominantes da Cúria Romana.

E nós não tínhamos a simpatia nem de um, nem de outro.

Houve uma pressão dos capitalistas católicos, paulistas, italianos, escandalizando-se diante da (nossa) Igreja. De que católicos fizessem um jornal evidentemente comunista porque contra os patrões, contra as empresas.

Eles pressionaram a nunciatura, porque, honra seja feita, o cardeal de São Paulo, Dom Carlos Carmelo de Vasconcelos Motta, dizia:

– O jornal é dos leigos.

Mas, achava que o jornal tinha todo o direito de existir, de ter apoio. Ou seja, ele nunca aceitou pressão. E era nosso amigo particular.

Mas aqueles capitalistas, então, faziam pressão sobre o núncio, que a transmitiu à Secretaria de Estado do Vaticano. E foi por intervenção desta, junto à Ordem dos Dominicanos, que eu fui forçado a deixar o Brasil. E isso foi antes do golpe, porque toda essa pressão vinha finalmente daqueles que estavam preparando o golpe. Essa preparação do golpe é muitíssimo importante para compreender o nosso problema” (*Utopia urgente*, 2002, p. 495).

“É nesse sentido que eu digo que fui para a Europa livremente, porque recebi essa intimação diretamente da Ordem dos Dominicanos. E eu aceitei, como religioso. Portanto, fui para a Europa, desse ponto de vista, livremente e forçadamente, ao mesmo tempo. Às vezes, eu procuro uma forma mais delicada de dizer que fui convidado a me retirar, forçosamente livre, docemente constrangido.

Eu disse aos dominicanos:

– Olhem, eu não critico vocês. De modo que eu vou. Eu não critico, nem aprovo.

E disse aos leigos:

– Eu estou de acordo com vocês, não só compreendo que vocês critiquem. Mas, acho que a crítica de vocês é uma crítica objetiva, que a Igreja está, de fato, cedendo. Está tomando a responsabilidade de ceder.

A Igreja-hierarquia, a Igreja-instituição hierárquica. E a instituição dominicana" (*Utopia urgente*, 2002, p. 503).

Le Saulchoir, o convento dos dominicanos, na França, onde se instalou frei Carlos Josaphat, três meses antes do Golpe Militar.

Requiescant in pace

Frei Carlos Josaphat morreu em 2020.

Paulo de Tarso Santos, em 2019.

Roberto Freire, em 2008.

Dorian Jorge Freire, em 2003.

Josimar Moreira, em 1965.

Antônio Albino, em 2007.

Múcio Borges da Fonseca, em 2005.

Carlos Alberto Franco, em 2008.

AUTOR E OBRA

O compromisso do autor desta obra com o tema tratado nela, revelado na sucessão das fases temporais da sua produção, teve início quando Oswaldo Coimbra, um jovem adolescente, estudava no Seminário Metropolitano de Belém, instalado no conjunto arquitetônico de Santo Alexandre. O mesmo conjunto no qual, em seu palácio, habitava o arcebispo do Pará. Este compromisso atravessou toda a carreira profissional de Coimbra, ao longo dos últimos 50 anos. Em atividades exercidas no jornalismo de São Paulo, no magistério superior deste Estado, do Paraná, do Mato Grosso do Sul e do próprio Pará. Em momentos diversos, ele tratou deste tema na sua monografia final do mestrado cursado na Universidade Metodista de São Paulo, em livros – *1964 e outros anos*, *A denúncia de frei Betto contra o arcebispo do Pará, em 1964* –, e em inúmeros artigos e crônicas publicados, tanto em São Paulo, como em Belém. Mas, este compromisso – gerado na vivência juvenil que teve o autor, em Belém, da instalação de uma duradoura ditadura militar no Brasil –, iria se desdobrar em outro, que ele mantém, enquanto jornalista–pesquisador. É o compromisso com a sua região amazônica que Coimbra viu ser tão prejudicada pelos ditadores militares. Ele o assumiu na contramão do que buscou a propagando oficial, ao aprisionar a Amazônia à imagem de "maior manifestação vegetal do planeta". Com propósito evidente de manter os amazônidas excluídos das tomadas de decisão sobre a região deles. Coimbra passou a se dedicar ao estudo que comprovava a milenar presença humana na Amazônia através de sua desconhecida História da Cultura. Ele pôde, assim, escrever seus livros sobre a região nos anos de 1600, 1700 e 1800, entre os quais *A saga dos primeiros construtores de Belém*, *A engenharia–militar da Amazônia no século XVIII*, *A crônica dos "jovens de 1886"*, *Cláudio Barradas – O lado invisível da cultura amazônica*, entre outros. Com o acúmulo da experiência na elaboração destes textos longos de Jornalismo de Pesquisa – inicialmente sobre 1964, depois sobre a Amazônia–, ele conseguiu elaborá–la teoricamente durante seu doutorado na USP, apresentando diante da banca examinadora uma proposta de criação de material didático para o ensino da reportagem impressa extensa. A proposta, aprovada, foi impressa pela Editora Ática. E seu livro *O texto da reportagem impressa* – um curso sobre sua estrutura – passou a ser adotado em inúmeras disciplinas ministradas na cadeia nacional de faculdades de Jornalismo.

FONTES DE INFORMAÇÕES

Entrevistas

Antônio Albino, São Paulo, 5/jun./1980.
Carlos Alberto Franco, Belém, 1/jul./2000.
Dorian Jorge Freire, Mossoró, 14/maio/1980.
Frei Carlos Josaphat, São Paulo, 2/ag./1998.
Lenildo Tabosa Pessoa, São Paulo, 4/dez./1982.
Múcio Borges da Fonseca, São Paulo, 1/jun./1980.
Paulo Cézar Botas, Rio de Janeiro, 4/maio/1980 – 5/maio/1980 – 6/fev./1981.
Paulo de Tarso Santos, São Paulo, 23/ago./1982 – 29/ago./1982 – 1/set.1982 – 5/set./1982 – 9/set./1982 – 26/set./1982 – 3/out./1982 – 10/out./1982– 17/out./1982 – 24/out./1982 – 31/out./1982 – 7/nov./1982 – 26/nov./1982.
Roberto Freire, São Paulo, 14/maio/1980.
Ruy do Espírito Santo, São Paulo, 8/set./1980.

Documentos Oficiais

CARTA de Dom Carlos Carmello Motta, de 14/nov./61.

JOSAPHAT, frei Carlos. *A justiça social – comentários à encíclica Mater et Magistra*. São Paulo. Apostilas – Pro-Manuscrito. 1961. Mimeografado.

COMITÊ PRO-ANISTIA GERAL DOS PRESOS POLÍTICOS NO BRASIL. *Dos presos políticos brasileiros*. Lisboa: Maria da Fonte, 1976.

CONFERÊNCIA NACIONAL DOS BISPOS DO BRASIL. *Mensagem da Comissão Central da CNBB na páscoa de 1963*. Revista Paz e Terra. Rio de Janeiro: Paz e Terra. N° 6. p. 151 a 159. abr./1968.

DECLARAÇÃO *sobre os acontecimentos de abril e maio de 1964*. Revista Paz e Terra. Rio de Janeiro: Paz e Terra. N° 6. p. 160 a 162, abr./1968.

JOÃO XXIII, Papa. *Carta Encíclica Mater et Magistra* (Sobre a evolução da questão social à luz da doutrina cristã). São Paulo: Paulinas, 1961.

______________. *Carta Encíclica Pacem in Terris* (Sobre a paz de todos os povos). São Paulo: Paulinas, 1963.

MENSAGEM *da Comissão Central da CNBB na Páscoa de 1963*. Revista Paz e Terra. Rio de Janeiro: Civilização Brasileira, abril, 1968.

Artigos

BOTAS, Paulo Cézar. *Brasil, Urgente: engajamento cristão no Brasil*. Cadernos do Instituto Superior de Estudos da Religião. Rio de Janeiro: Tempo e Presença. n° 8. p. 42 a 45. abr./79.

LACERDA ANIMA JÂNIO A NÃO DESISTIR – *Dossiê Folha. Folha de São Paulo. São Paulo*. 29/nov. /1982 p. 5.

OS DOMINICANOS E A SITUAÇÃO POLÍTICO-SOCIAL. O Estado de S. Paulo. São Paulo: 6/nov./63.

Bibliografia Básica

BRASIL, URGENTE, São Paulo. 55 edições, entre março de 1963 e março de 1964.

DREIFUSS, René Armand. *1964: a conquista do estado*. Petrópolis: Vozes, 1981.

FONSECA, Múcio Borges da. *Nas Suas Veias Corriam Tinta de Jornal*, Recife: Associação de Imprensa de Pernambuco, 1980.

FREIRE, Roberto. *Tesudos de todo o mundo: uni-vos*. São Paulo: Siciliano, 1995.

______________. *Eu é um outro: autobiografia de Roberto Freire/Roberto Freire*, Salvador: Maianga, 2002.

JOSAPHAT, frei Carlos. *Evangelho e revolução social*. São Paulo: Duas Cidades, 1962.

__________________. *Abaeté sem Lagoa. Brasil, Urgente*. São Paulo: Editora Veritas Ltda. 15. p. 9. 23-29/jun./1963.

__________________. *O evangelho da unidade e do amor*. São Paulo: Duas Cidades, 1966.

__________________. *O sermão da montanha*. São Paulo: Duas Cidades, 1967.

SANTOS, Paulo de Tarso. *Os cristãos e a revolução social*. Rio de Janeiro: Zahar, 1963.

___________________. *O diálogo no Grande Sertão: Veredas*. São Paulo: Hucitec,1978.

___________________. *Dialogar é preciso*. São Paulo: Hucitec, 1981.

___________________. *64 e outros anos*. São Paulo: Editora Cortez, 1984.

UTOPIA URGENTE: *escritos em homenagem a Frei Carlos Josaphat nos seus 80 anos/* org. Frei Beto, Adélia Bezerra de Menezes, Thomas Jensen – São Paulo: Casa Amarela; EDUC, 2002.

Bibliografia Complementar

AGEE, Phillip. *Diário da CIA. São Paulo: Círculo do Livro*, 1976.

ALBUQUERQUE, Caio: *Carta aberta a frei Carlos*. Brasil, Urgente. São Paulo: Editora Veritas Ltda. 41. p. 15. 22-28/dez./63.

ALVES, Márcio Moreira. *O Cristo do Povo*, Rio de Janeiro: Editora Sabiá, 1966.

____________________. *Torturas e torturadores*. Rio de Janeiro: Idade Nova, 1966.

____________________. *A Igreja e a política no Brasil*. São Paulo: Brasiliense, 1979.

ANTOINE, pe. Charles. *O integrismo brasileiro*. Rio de Janeiro: Civilização Brasileira, 1980.

ARAPUÃ. *Ora, bolas!* 3 ed. São Paulo: Francisco Alves, 1963.

BANDEIRA, Moniz. *O governo João Goulart: as lutas sociais no Brasil*. 5 ed. Rio de Janeiro: Civilização Brasileira, 1978.

BARBOSA, Marialva. *História Cultural da Imprensa no Brasil 1900-2000*, Rio de Janeiro: Mauad Editora Ltda, 2007.

BASBAUM, Leôncio. *História Sincera da República* – de1961 a 1967. 2 ed. São Paulo: Alfa Ômega, 1977.

BEAUVOIR, Simone. *A cerimônia do adeus*. Rio de Janeiro: Nova Fronteira,1982.

BEISIEGEL, Celso de Rui. *Política e educação popular.* São Paulo: Ática, 1982.

BENEVIDES, Maria Victória de Mesquita. *A UDN e o udenismo*. Rio de Janeiro: Paz e Terra, 1981.

BETO, Frei. *Batismo de sangue*. Rio de Janeiro: Civilização Brasileira, 1982.

BEZERRA, Gregório. *Memórias*. Rio de Janeiro: Civilização Brasileira, 1979. v. 1-2.

BRANCO, Carlos Castello. *Introdução à revolução de 1964*. Rio de Janeiro: Artenova, 1975. v. 1-2.

CABRAL, Reinaldo & LAPA, Ronaldo. (organizadores). *Desaparecidos políticos*, Rio de Janeiro: Opção: Comitê Brasileiro pela Anistia, 1979.

CALDAS, Álvaro. *Tirando o Capuz*. Rio de Janeiro: Codecri, 1981.

CALLADO, Antônio. *Tempo de Arraes*. 2 ed. Rio de Janeiro: Paz e Terra, 1979.

CARDONNEL, frei et alii. *Cristianismo hoje*. Rio de Janeiro: Universitária, 1962.

CONY, Carlos Heitor. *O ato e o fato*. 3 ed. Rio de Janeiro: Civilização, 1964.

CORREA, Marcos Sá. *1964 visto e comentado pela Casa Branca*. Porto Alegre: LPM Editores, 1977.

COSTA. Alcir Henrique da. *Barão de Mesquita, 425 – A fábrica do medo*. São Paulo: Editora Brasil Debates, 1981.

CRONOLOGIA *da História do Uruguai segundo o* ALMANAQUE DA ABRIL. São Paulo: Editora Abril, 1978.

DANIEL, Herbert. *Passagem para o próximo sonho*. Rio de Janeiro: Codecri, 1982.

DEBRET, Guita Grin. *Ideologia e populismo*. São Paulo: T. A. Queiroz, 1979.

DÓRIA, Seixas. *Eu, réu sem crime*. Rio de Janeiro: Equador, s. d.

DUTRA, Eloy. IBAD, *sigla da corrupção*. Rio de Janeiro: Civilização Brasileira, 1963.

FILHO, general Olympio Mourão. *Memórias: a verdade de um revolucionário*. Porto Alegre: LPM Editores, 1978.

FINAMOUR, Jurema. *Vais bem, Fidel*. São Paulo: Brasiliense, 1962.

FON, Antônio Carlos. *Tortura, a história da repressão política no Brasil*. São Paulo: Global, 1979.

FONSECA, Gondin da. *Senhor Deus dos desgraçados!* 4 ed. São Paulo: Fulgor, 1959.

FRANCO, Cid. *Anotações de um cassado*. São Paulo: Martins, 1965.

FREITAS, Alípio de. *Resistir é preciso*. Rio de Janeiro: Record, 1981.

GABEIRA, Fernando. *Carta sobre a anistia*. Rio de Janeiro: Codecri, 1979.

________________ . *O que é isso, companheiro?* 2 ed. Rio de Janeiro: Codecri, 1979.

GORDON, Lincoln. *O progresso pela Aliança*. Rio de Janeiro: Record, 1962.
HARDY, Francisco. *Kazakuta, crônicas do Terceiro Mundo*. São Paulo: Livramento, 1979.
JOSÉ, Emiliano & MIRANDA, Oldack. *Lamarca, o capitão da guerrilha*. São Paulo: Global, 1980.
JUREMA, Abelardo. *Sexta-feira, 13*. 3 ed. Rio de Janeiro: O Cruzeiro, 1964.
LIMA, Alceu Amoroso. *Revolução, reação ou reforma?* 3 ed. Rio de Janeiro: Tempo Brasileiro, 1964.
MARCONI, Paolo. *A Censura política na imprensa brasileira: 1968/1978*. São Paulo: Global, 1980.
MEDEIROS, Benício. *A Rotativa Parou. Os Últimos Dias da Última Hora de Samuel Wainer*, Rio de Janeiro, Civilização Brasileira, 2009.
MEMÓRIAS DO EXÍLIO. Obra coletiva. São Paulo: Livramento, 1978.
MENDES, Cândido. *Momentos dos vivos, a esquerda católica no Brasil*. Rio de Janeiro: Tempo Brasileiro, 1966.
MORAES, Denis de & VIANA, Francisco. *Prestes: lutas e autocríticas*. Petrópolis: Vozes, 1966.
MOTA, Carlos Guilherme & CAPELATO, Maria Helena. *História da Folha de S. Paulo: 1921-1981*. São Paulo: Impres, 1981.
MOTA, Lourenço Dantas. (coordenador). *A História vivida (entrevistas)*. São Paulo: O Estado de S. Paulo, 1981.
OLIVEIRA, Albertina et alii. *Memórias das mulheres do exílio*. Rio de Janeiro: Paz e Terra, 1980.
PARKER, Phyllis R. *1964: o papel dos Estados Unidos no golpe de Estado de 31 de março*. Rio de Janeiro: Civilização Brasileira, 1977.
POERNER, Arthur José. *O Poder jovem*. 2 ed. Rio de Janeiro: Civilização Brasileira, 1979.
POLARI, Alex. *Inventário de cicatrizes*. São Paulo: Comitê Brasileiro pela Anistia; Teatro Ruth Escobar. 1978.
____________. *Em busca do tesouro*. Rio de Janeiro: Codecri, 1982.
QUEIROGA, Gervásio Fernandes de. *CNBB, comunhão e responsabilidade*. São Paulo: Paulinas, 1977.

REBELLO, Gilson. *A guerrilha de Caparaó*. São Paulo: Alfa-Ômega, 1980.
SALLES, Pinheiro. *Confesso que peguei em armas*. Belo Horizonte: Veja, 1979.
SAMPAIO, Regina. *Adhemar de Barros e o PSP*. São Paulo: Global, 1982.
SCHILLING, Paul R. *Como se coloca a direita no poder*. São Paulo: Global. 1979, v. 1-2.
SILVA, Hélio. *1964: golpe ou contragolpe?* Rio de Janeiro: Civilização Brasileira. 1975.
SKIDMORE, Thomas. *Brasil: de Getúlio a Castelo*. Rio de Janeiro: Saga, 1969.
SODRÉ, Nelson Werneck. *História da Imprensa no Brasil*. Rio de Janeiro: Civilização Brasileira, 1966.
SOUSA, Herbert José de. *Cristianismo, hoje*. Belo Horizonte: Editora Universitária, 1962.
STARLING, Heloisa Maria Murgel. *Os senhores das gerais*. Petrópolis: Vozes, 1986.
TOLEDO, Caio Navarro de. *O governo Goulart e o golpe de 64*. São Paulo: Brasiliense, 1982.
UNIÃO NACIONAL DOS ESTUDANTES. *História da UNE: depoimentos de ex-dirigentes*. São Paulo: Livramento, 1980.
VARGAS, Índio. *Guerra é guerra, dizia o torturador.* Rio de Janeiro: Codecri, 1981.

Este livro foi composto na tipologia Janson Text e impresso sobre papel Pólen Bold 90 gr/m², na gráfica D'Print Editorial Gráfica, Rua Caetano Pinto, 195, 2º Andar, Brás, São Paulo, SP, para a Editora Letra Selvagem, em abril de 2024.